南浔年鉴

2022

《南浔年鉴》编纂委员会　编

方志出版社
Publishing House of Local Records

图书在版编目（CIP）数据

南浔年鉴. 2022 /《南浔年鉴》编纂委员会编. —
北京：方志出版社，2022. 12
ISBN 978-7-5144-5679-0

Ⅰ. ①南… Ⅱ. ①南… Ⅲ. ①区（城市）—湖州—
2022—年鉴 Ⅳ. ①Z525.54

中国版本图书馆 CIP 数据核字（2022）第 253213 号

责任编辑：陈 菁
责任校对：刘玉霞
责任印制：梅中英
出 版 者：方志出版社
地　　址：北京市朝阳区潘家园东里 9 号（国家方志馆 4 层）
邮　　编：100021
网　　址：http://www.zgfzcb.cn
发　　行：方志出版社图书营销中心（010-67110500）
印　　刷：杭州余杭人民印刷有限公司
开　　本：889 毫米×1194 毫米　1/16
印　　张：26.75
字　　数：881 千字
版　　次：2022 年 12 月第 1 版
印　　次：2022 年 12 月第 1 次印刷
定　　价：210.00 元

重 要 会 议

10 月 20—21 日，全国农业水价综合改革技术研讨现场会在南浔召开

6 月 18 日，2021 第二届长三角一体化古镇发展大会在南浔举行

9 月 29—30 日，高水平推进健康浙江行动现场会在南浔召开

12 月 24—26 日，中国共产党湖州市南浔区第五次代表大会召开

中共湖州市南浔区第五届常务委员会委员合影［左起：沈振宇、杨国志、沈威、范海鸣、陈纯志、温建飞、程佳、唐小明、臧丹（女，满族）、范学良、陈晓、翟海峰］

2月24—25日，湖州市南浔区第四届人民代表大会第五次会议召开

2 月 23—25 日，政协第三届湖州市南浔区委员会第五次会议召开

10 月 27 日，南浔区召开全区领导干部会议

领导活动

5月20日，省委书记袁家军（前排中）在练市镇农兴村考察“万套乡墅”贴心工程

11月18日，省委副书记、代省长王浩（右三）到南浔基层一线宣讲中共十九届六中全会精神并调研扩大有效投资工作

5 月 17 日，中国文联党组书记、副主席、书记处书记李屹（中）率中国文联调研组到南浔调研

1 月 1 日，区委书记杨卫东（前排中）率区四套班子主要领导及区委常委赴嘉兴南湖，瞻仰革命圣地，重温入党誓词，践行“红船精神”

11 月 7—8 日，区委书记温建飞(站排左四)率区党政代表团赴丽水市松阳县对接两地山海协作工作,签订《南浔—松阳山海协作工作框架协议》

12 月 2 日，区委副书记、代区长程佳（左一）赴南浔镇专题调研重点工作和 2022 年工作思路

6 月 10 日，区人大常委会党组书记、主任梅爱祥（前排左一）带队开展《浙江省粮食安全保障条例》执法检查

11 月 30 日，区政协党组书记、主席孙根祥（主排左二）专题调研练市“红美人”产业发展工作

南 浔 要 闻

1月8日，中共湖州市南浔区委四届十一次全体（扩大）会议暨经济工作会议召开

3月19日，南浔区召开东迁街道、旧馆街道成立大会并举行揭牌仪式

4月23日，新时代建设共同富裕的探索与实践暨浙江南浔共富样本观察报告发布会在北京举行

4月27日，第八届“徐迟报告文学奖”颁奖典礼在南浔举行

5 月 25 日，湖州南浔共同富裕学院及新时代共同富裕研究院成立

6 月 29 日，南浔区庆祝中国共产党成立 100 周年文艺演出在南浔文化艺术中心举行

6 月 29 日，南浔区庆祝中国共产党成立 100 周年文艺演出

7 月 8 日，2021 年首届“浔创”大会——融入长三角·接轨沪苏杭重大项目集中签约仪式在南浔（上海）科创中心举行

编 辑 说 明

一、《南浔年鉴》以马克思列宁主义、毛泽东思想、邓小平理论、“三个代表”重要思想、科学发展观、习近平新时代中国特色社会主义思想为指导，坚持辩证唯物主义和历史唯物主义的立场、观点和方法。

《南浔年鉴》是地方综合年鉴，是记载南浔区改革开放和现代化建设历史进程的年度资料性文献，旨在逐年记述南浔区行政区域自然、政治、经济、文化、社会和生态等方面的基本情况和重大事件，为宣传南浔、总结南浔、研究南浔和建设南浔提供服务。

二、《南浔年鉴》的年号采用国内外通行的编年法，即封面上标明的是编辑年份，而内容记载的是上一年资料。采用分类法编辑，主体部分采用类目、分目（部分分目下增设次分目）、条目 3 个结构层次，以条目为记载资料的基本单位。全书由文前彩图、地图、编辑说明、编纂人员名单、目录、正文和附录等部分组成。

三、《南浔年鉴（2022）》主体部分共设 28 个类目，包括特载、大事记、区情概览、党政、民主党派、人民团体、法治、军事、外事 台湾事务 侨务、人力资源 社会保障、农业、工业、旅游 商务、城建 环保、交通 通信、财政 税务 统计、金融、经济管理与监督、教育、文化 科技、体育 卫生、社会生活、开发（园）区、乡镇（街道）、人物、文件选编、统计资料，另设附录。

四、《南浔年鉴》的编辑工作在《南浔年鉴》编纂委员会指导下，按编辑部的组稿计划和撰稿要求，由区级机关各部门、各单位和开发区、各镇确定专人负责撰写或提供稿件，并经主管领导审核。凡涉及区内国民经济和社会发展全局性的数据，以区统计局的数据为准。为尊重撰稿部门的意见，条目中保留由撰稿部门提供的数据，如有出入，均以“统计资料”所刊数据为准。

五、《南浔年鉴》使用的文字、标点、数字和计量单位均按照有关国家标准和规定执行。文字使用规范简化字，标点符号用法执行《标点符号用法》（GB/T 15834—2011），数字用法执行《出版物上数字用法》（GB/T 15835—2011），计量单位用法执行《量和单位》系列国家标准。

《南浔年鉴》编纂委员会

《南浔年鉴（2022）》编辑部

目　　录

特　　载

接轨大上海　唱响“双城记”　走好共富路
高质量打造美丽繁华新江南　高水平建设美好生活新家园
——在中国共产党湖州市南浔区第五次代表大会上的报告……………………（1）
政府工作报告
——在湖州市南浔区第四届人民代表大会第五次会议上……………………（11）
湖州市南浔区人民代表大会常务委员会工作报告
——在湖州市南浔区第四届人民代表大会第五次会议上……………………（20）
政协第三届湖州市南浔区委员会常务委员会工作报告
——在政协第三届湖州市南浔区委员会第五次会议上……………………（25）

大 事 记

1 月……………………（30）
2 月……………………（30）
3 月……………………（31）
4 月……………………（31）
5 月……………………（32）
6 月……………………（32）
7 月……………………（33）
8 月……………………（33）
9 月……………………（34）
10 月……………………（34）
11 月……………………（35）
12 月……………………（35）

区情概览

•综述•……………………（37）
概况……………………（37）
区位优势……………………（37）
地形地貌……………………（37）
气候特征……………………（37）
历史人文……………………（38）
旅游资源……………………（38）
年度财政……………………（38）
•经济与社会发展•……………………（39）
农业……………………（39）
工业……………………（39）
服务业……………………（40）
对外经济……………………（40）
城乡建设……………………（40）
教育……………………（40）
文化体育……………………（40）
医疗卫生……………………（41）
人民生活……………………（41）
社会保障……………………（41）
平安南浔建设……………………（41）
机构编制……………………（41）
•精神文明建设•……………………（42）
概况……………………（42）
理论武装……………………（42）
党史学习教育……………………（42）
宣传引导……………………（43）
文明创建……………………（44）
文化发展……………………（44）
队伍建设……………………（45）

•美丽乡村建设• ……（45）
概况 ……（45）
美丽乡村创建 ……（45）
历史文化（传统）村落保护利用 ……（46）
•区、镇（局）级机构及负责人名录• ……（46）

党　政

•中国共产党湖州市南浔区委员会• ……（63）
区第五次党代会 ……（63）
区委全委会议和全委（扩大）会议 ……（63）
区委常委扩大会议 ……（63）
全区领导干部大会 ……（64）
区委常委会 ……（64）
区委理论学习中心组学习活动 ……（66）
组织工作概况 ……（67）
领导班子和干部队伍建设 ……（68）
基层组织和党员队伍建设 ……（68）
人才队伍建设 ……（69）
统战工作 ……（70）
•湖州市南浔区人民代表大会• ……（73）
区四届人大五次会议 ……（73）
区四届人大常委会第三十五至四十三次会议 ……（73）
区四届人大常委会第六十至七十三次主任会议 ……（75）
政治建设 ……（77）
监督工作 ……（78）
代表履职 ……（79）
•湖州市南浔区人民政府• ……（79）
区政府常务会议 ……（79）
人大代表建议和政协提案办理工作 ……（85）
民生实事项目 ……（85）
区政府其他重要会议 ……（85）
区政府重要文件 ……（85）
•政协湖州市南浔区委员会• ……（87）
概况 ……（87）
区政协三届五次会议 ……（87）
三届区政协常委会会议 ……（88）
三届区政协主席会议 ……（88）
重要活动 ……（90）
统一思想 ……（93）
协商民主 ……（93）
凝聚共识 ……（94）
•中共湖州市南浔区纪律检查委员会• ……（94）
区纪委四届六次全会 ……（94）
政治监督 ……（94）
反腐工作 ……（94）
履行职责 ……（95）
落实巡视整改 ……（95）
维护群众利益 ……（95）
深化体制改革 ……（95）

民主党派

•综述• ……（97）
概况 ……（97）
思想引领 ……（97）
多党合作 ……（97）
新阶层统战 ……（97）
•民革南浔区总支委员会• ……（97）
概况 ……（97）
学习交流 ……（98）
队伍建设 ……（98）
参政议政 ……（98）
民主监督 ……（98）
社会服务 ……（98）
对台工作 ……（99）
•民盟南浔区总支委员会• ……（99）
概况 ……（99）
强化学习 ……（99）
服务大局 ……（99）
服务社会 ……（100）
•民建南浔区基层委员会• ……（100）
概况 ……（100）
理论学习 ……（100）

参政议政 …………………………………… (100)
社会服务 …………………………………… (101)
·民进南浔区基层委员会· ……………………… (101)
概况 ………………………………………… (101)
思想建设 …………………………………… (101)
参政议政 …………………………………… (101)
社会服务 …………………………………… (102)
·农工民主党南浔区总支委员会· ………………… (102)
概况 ………………………………………… (102)
思想建设 …………………………………… (102)
参政议政 …………………………………… (103)
社会服务 …………………………………… (103)
·九三学社南浔区基层委员会· ………………… (103)
概况 ………………………………………… (103)
思想建设 …………………………………… (103)
参政议政 …………………………………… (103)
社会服务 …………………………………… (104)

人民团体

·工会· ……………………………………… (105)
概况 ………………………………………… (105)
队伍建设 …………………………………… (105)
助推经济社会发展 ………………………… (105)
维护职工合法权益 ………………………… (106)
做实工会普惠服务 ………………………… (106)
·共青团· …………………………………… (107)
概况 ………………………………………… (107)
关爱活动 …………………………………… (107)
协作帮扶 …………………………………… (107)
助力共富 …………………………………… (107)
基础建设 …………………………………… (108)
服务品牌 …………………………………… (108)
青少年宫设施 ……………………………… (108)
青少年宫管理 ……………………………… (108)
培训活动 …………………………………… (109)
实践活动 …………………………………… (109)
接待活动 …………………………………… (109)
研学活动 …………………………………… (109)
网络活动 …………………………………… (109)
·妇女联合会· ……………………………… (109)
概况 ………………………………………… (109)
思想建设 …………………………………… (109)
助推妇女创业 ……………………………… (110)
家庭建设行动品牌 ………………………… (110)
维权关爱 …………………………………… (110)
·区工商联· ………………………………… (110)
概况 ………………………………………… (110)
思想建设 …………………………………… (111)
营商环境 …………………………………… (111)
助力共同富裕 ……………………………… (111)

法　　治

·政法委及综治· ……………………………… (112)
概况 ………………………………………… (112)
服务发展大局 ……………………………… (112)
平安建设 …………………………………… (112)
维护社会稳定 ……………………………… (112)
数字赋能基层治理 ………………………… (112)
队伍建设 …………………………………… (113)
·公安· ……………………………………… (113)
概况 ………………………………………… (113)
庆祝中国共产党成立 100 周年安保维稳工作 ……………………………………… (113)
扫黑除恶专项斗争 ………………………… (113)
打击违法犯罪 ……………………………… (114)
打击经济犯罪 ……………………………… (114)
打击食药环知违法犯罪 …………………… (114)
特警队伍建设 ……………………………… (114)
“最多跑一次”改革 ……………………… (114)
“浔安居码 2.0”平台建设 ………………… (115)
道路交通安全治理 ………………………… (115)
·检察· ……………………………………… (115)
概况 ………………………………………… (115)
服务大局 …………………………………… (115)
法律监督 …………………………………… (116)
保障民生 …………………………………… (116)

·法院·……………………………………………（116）
概况……………………………………………（116）
护航社会经济发展……………………………（116）
执法办案………………………………………（117）
多元化司法服务机制…………………………（117）
自觉接受监督…………………………………（117）
·司法行政·………………………………………（117）
概况……………………………………………（117）
法治建设………………………………………（117）
智慧矫正………………………………………（118）
人民调解………………………………………（118）
法律服务………………………………………（118）

军　事

·人民武装·………………………………………（119）
概况……………………………………………（119）
思想政治建设…………………………………（119）
战备训练工作…………………………………（119）
民兵队伍建设…………………………………（119）
春季征兵工作…………………………………（119）
军民共建………………………………………（119）
安全稳定………………………………………（120）
·人民防空·………………………………………（120）
概况……………………………………………（120）
项目执法………………………………………（120）
实战演习………………………………………（120）
宣传教育………………………………………（120）

外事　台湾事务　侨务

·外事·……………………………………………（121）
概况……………………………………………（121）
对外交流………………………………………（121）
涉外活动………………………………………（121）
·台湾事务·………………………………………（121）
概况……………………………………………（121）
交流基地………………………………………（121）
交流活动………………………………………（121）
助力台企………………………………………（122）
服务工作………………………………………（122）
·侨务·……………………………………………（122）
概况……………………………………………（122）
政治学习………………………………………（122）
选树典型………………………………………（122）
阵地建设………………………………………（122）
联络联谊………………………………………（122）
情系教育………………………………………（123）
爱心助力………………………………………（123）
维护侨益………………………………………（123）

人力资源　社会保障

·综述·……………………………………………（124）
概况……………………………………………（124）
·就业服务·………………………………………（124）
概况……………………………………………（124）
大学生就业创业………………………………（124）
困难群体就业帮扶……………………………（124）
保障企业用工…………………………………（125）
·引才育才·………………………………………（125）
概况……………………………………………（125）
高层次人才招引………………………………（125）
技能人才增量提质……………………………（125）
专业技术人才培育提升………………………（125）
·人事管理·………………………………………（126）
概况……………………………………………（126）
人才招引………………………………………（126）
事业单位管理…………………………………（126）
人事改革………………………………………（126）
·劳动保障监察·…………………………………（126）
概况……………………………………………（126）
数字化处置……………………………………（126）
精细化治理……………………………………（126）
立体化宣教……………………………………（127）
·劳动人事争议仲裁·……………………………（127）
概况……………………………………………（127）
“互联网+调解仲裁”…………………………（127）

强化案前调解……（127）
劳动纠纷多元化解……（127）
推进裁审衔接……（127）
劳动法律法规宣传……（128）
•社会保障•……（128）
概况……（128）
服务提升……（128）
政策落实……（128）
基金安全……（128）
•医疗保障•……（128）
概况……（128）
保障水平……（128）
医保改革……（129）
医保经办……（129）
基金监管……（129）

农　业

•综述•……（130）
概况……（130）
农业产业化……（130）
农业“大好高”项目……（130）
农业重大活动……（130）
粮食生产功能区……（130）
农产品质量安全……（130）
农村经营管理……（131）
“两进两回”行动……（132）
市校合作……（132）
产学研联盟……（132）
农业信息化……（132）
农业综合行政执法……（132）
渔政管理……（133）
农机管理……（133）
畜禽定点屠宰……（134）
美丽乡村建设……（134）
•种植业•……（134）
概况……（134）
技术服务……（134）
粮食绿色高产高效创建……（134）
植物疫情防控……（134）
•蚕桑业•……（135）
概况……（135）
桑园建设……（135）
技术培训……（135）
项目建设……（135）
蚕业产业化……（135）
桑基鱼塘文化建设……（135）
•畜牧业•……（136）
概况……（136）
重大动物疫病防控……（136）
畜产品质量安全……（136）
畜牧产业建设……（136）
畜牧监管……（137）
•水产业•……（137）
概况……（137）
名特优水产养殖……（137）
水产种业发展……（137）
生态循环养殖……（137）
数字渔业工程……（137）
•供销•……（138）
概况……（138）
本地农产品影响力……（138）
为农服务职能……（138）
金融支农服务……（138）
农合联数字化转型……（139）
•林业•……（139）
概况……（139）
平原绿化建设……（139）
自然保护地建设……（139）
森林资源保护……（139）
•水利•……（139）
概况……（139）
防汛防台风……（139）
投资建设……（140）
民生实事……（140）
改革创新……（140）

数字化改革 ……（140）
行业监管 ……（140）
水环境治理 ……（140）

工　业

•综述• ……（142）
概况 ……（142）
产业发展 ……（142）
梯度培育 ……（142）
重大项目 ……（142）
•节能降耗• ……（143）
概况 ……（143）
能源双控 ……（143）
淘汰落后产能 ……（143）
绿色制造 ……（143）
•经济运行• ……（143）
概况 ……（143）
转型升级 ……（144）
技术创新 ……（144）
•数字经济• ……（144）
概况 ……（144）
数字产业化 ……（144）
产业数字化 ……（144）
治理数字化 ……（145）
•平台建设• ……（145）
概况 ……（145）
平台拓展 ……（145）
基础设施建设 ……（145）
•项目建设• ……（145）
概况 ……（145）
项目推进 ……（146）
•综合改革• ……（146）
概况 ……（146）
嘉湖一体化发展先行区 ……（146）
绿色金融改革 ……（146）
“两山银行”转化改革 ……（146）
“亩均论英雄”改革 ……（146）
社会信用体系建设 ……（147）
•服务业• ……（147）
概况 ……（147）
体制机制 ……（147）
项目引推 ……（147）
重点培育 ……（147）
平台集聚 ……（148）
特色亮点 ……（148）

旅游　商务

•旅游• ……（149）
概况 ……（149）
文旅项目 ……（149）
微精工程 ……（149）
产业融合 ……（149）
数智改革 ……（149）
市场安全 ……（150）
•商务• ……（150）
概况 ……（150）
提高招商引资水平 ……（150）
促进外贸市场拓展 ……（150）
提升商贸消费能级 ……（151）
推动电商创新发展 ……（151）
保障粮食、应急物资安全 ……（151）

城建　环保

•住房和城乡建设• ……（152）
概况 ……（152）
城市建设 ……（152）
行业监管 ……（152）
民生共富 ……（152）
城乡融合 ……（152）
•环境保护• ……（153）
概况 ……（153）
生态文明 ……（153）
污染防治 ……（153）
审批改革 ……（154）
执法监管 ……（154）

宣传教育 …… (155)
环境质量 …… (155)
·综合行政执法· …… (155)
概况 …… (155)
执法办案 …… (155)
污染防治 …… (156)
市容管理 …… (156)
市政环卫 …… (156)
服务民生 …… (156)
“数字”创新 …… (157)

交通　通信

·交通建设与管理· …… (158)
概况 …… (158)
前期项目 …… (158)
在建项目 …… (158)
农村路网 …… (158)
安全生产 …… (158)
行业管理 …… (158)
质量监督 …… (159)
农路管养 …… (159)
码头治理 …… (159)
扬尘治理 …… (159)
交通治堵 …… (159)
疫情防控 …… (159)
数字化改革 …… (159)
公交事业 …… (159)
乡村振兴 …… (159)
政务服务 …… (160)
清廉建设 …… (160)
·通信· …… (160)
邮政 …… (160)
概况 …… (160)
政治建设 …… (160)
服务地方经济 …… (160)
疫情防控 …… (160)
安全监管 …… (161)
快递业发展 …… (161)
爱心服务 …… (161)
电信 …… (161)
概况 …… (161)
责任担当 …… (162)
数字化转型 …… (162)
信息安全 …… (162)
服务质量 …… (162)
移动 …… (163)
概况 …… (163)
双千兆网络 …… (163)
服务社会 …… (163)
服务政企 …… (163)
联合网络通信 …… (163)
概况 …… (163)
党建工作 …… (164)
能力提升 …… (164)
服务社会 …… (164)
5G 网络建设 …… (164)

财政　税务　统计

·财政· …… (165)
概况 …… (165)
强化财政收支管理 …… (165)
支持经济转型发展 …… (165)
改善社会民生事业 …… (165)
深化财政体制改革 …… (166)
完善财政监督机制 …… (166)
·税务· …… (166)
概况 …… (166)
精准服务 …… (166)
办税缴费 …… (167)
税费收入 …… (167)
税收法治 …… (167)
税收政策 …… (167)
税种管理 …… (167)
征收管理 …… (167)
电子税务 …… (167)
国际税收 …… (167)

税收经济分析……（167）
风险管理……（167）
税务纪检……（167）
政务管理……（168）
督察内审……（168）
绩效管理……（168）
税收宣传……（168）
•统计•……（168）
概况……（168）
做好国家统计督察迎检工作……（168）
筑牢防惩统计造假堤坝……（168）
提升统计服务水平……（169）
推进基层基础建设……（169）

金　融

•金融管理•……（170）
概况……（170）
金融保障……（170）
金融政策……（170）
挂牌上市……（170）
绿色金改……（170）
助推共富……（170）
风险防范……（171）
•金融机构•……（171）
中国工商银行南浔支行……（171）
概况……（171）
支持地方经济……（171）
完善服务机制……（171）
坚持合规经营……（171）
中国农业银行南浔支行……（172）
概况……（172）
支持重大项目……（172）
深化绿色金改……（172）
服务乡村振兴……（172）
加强风险管控……（172）
中国建设银行湖州南浔支行……（172）
概况……（172）
推进党史学习教育……（172）
赋能业务发展……（173）
助力住房租赁……（173）
助推产业转型……（173）
支持地方经济……（173）
中国银行南浔区支行……（173）
概况……（173）
支持地方建设……（173）
开拓绿色金融业务……（173）
加大实体经济力度……（173）
提升金融服务水平……（174）
提升风险管控能力……（174）
浙江南浔农村商业银行……（174）
概况……（174）
深化网格管理……（174）
助力乡村振兴……（174）
帮扶小微企业……（174）
加快数字转型……（175）
坚守风险底线……（175）
湖州银行南浔支行……（175）
概况……（175）
服务实体……（175）
改革发展……（175）
风险防控……（175）
•保险机构•……（175）
中国人寿保险股份有限公司湖州市南浔区支公司……（175）
概况……（175）
践行“双成”文化……（176）
履行社会责任……（176）
中国人民财产保险股份有限公司湖州市南浔支公司……（176）
概况……（176）
服务社会治理……（176）
服务乡村振兴……（176）
服务实体经济……（176）
服务民生工程……（177）

经济管理与监督

·国有资产管理· (178)
概况 (178)
优化国企考核机制 (178)
加强国企制度规范 (178)
推进重点领域监管 (178)
推进国企改革创新 (178)
推进国企日常监管 (179)
·物价管理· (179)
概况 (179)
价费政策 (179)
价格监测 (179)
成本监审 (180)
·自然资源管理· (180)
概况 (180)
规划编制与管理 (180)
综合测绘改革 (180)
农村土地全域整治 (180)
自然资源保护 (180)
土地要素保障 (181)
自然资源执法监察 (181)
平安自然资源建设 (181)
自然资源管理数字化转型 (181)
·市场监督管理· (181)
概况 (181)
推进质量提升 (181)
优化营商环境 (182)
关注小微企业 (182)
打造知产品牌 (182)
推进智慧监管 (182)
打击违法行为 (183)
深化依法行政 (183)
保障食品安全 (183)
加强药械管理 (183)
建设放心市场 (184)
维护公平竞争 (184)
监管特种设备 (184)
监督产品质量 (184)
保护消费权益 (185)
·安全生产与应急管理· (185)
概况 (185)
责任压实 (185)
风险防控 (185)
安全监管 (186)
数字化改革 (186)
防汛减灾 (186)
宣教培训 (186)
应急管理 (187)
·行政审批服务· (187)
概况 (187)
政务服务改革 (187)
公共资源交易 (188)
·审计· (188)
概况 (188)
财政审计 (188)
内部审计 (188)
经济责任审计 (188)
政策跟踪审计 (189)
审计管理 (189)

教　育

·综述· (190)
·基础教育· (190)
概况 (190)
学前教育 (190)
义务教育 (191)
德育工作 (192)
体育工作 (193)
艺术工作 (193)
民生工程 (194)
·成职教育· (194)
概况 (194)
成人（社区）教育 (194)

职业技能培训……（195）
·民办教育·……（195）
概况……（195）
民办机构“压减”……（195）
民办教育协会……（196）
·跑改工作·……（196）
概况……（196）
综合查一次……（196）
·办学条件·……（196）
概况……（196）
阶段推进布局调整工程……（197）
教育经费……（197）
财务管理……（197）
条件装备……（197）
·队伍建设·……（197）
概况……（197）
师德建设……（197）
教师管理……（197）
教师专技评审……（198）
教师资格认定……（198）
教师工资福利……（198）
民办教师基保……（198）
·教育督导·……（198）
概况……（198）
督政工作……（198）
督学工作……（199）
发展性评估……（199）
依法治校……（199）
·监察审计·……（200）
概况……（200）
党风廉政建设……（200）
审计工作……（200）
·平安校园·……（201）
概况……（201）
安全责任落实……（201）
维稳和应急工作……（201）
安全教育培训……（201）
日常安全管理……（201）
校园及周边综合治理……（202）
·教育工会·……（202）
概况……（202）
助推师德建设……（203）
助力创业成才……（203）
丰富文体生活……（203）
情系教师职工……（203）
·教育科研·……（203）
概况……（203）
教学研究与课改推进……（203）
质量提升与评价改革……（204）
教师业务学习与发展……（204）
教师科研探索与发展……（204）
语言文字工作……（205）
·教师培训·……（205）
概况……（205）
教师全员培训……（205）
四大工程……（206）
校本研修……（206）

文化　科技

·文化建设·……（207）
概况……（207）
文化阵地……（207）
文化活动……（207）
精品创作……（207）
基因解码……（207）
遗产保护……（207）
文化市场……（208）
·档案管理·……（208）
概况……（208）
献礼百年……（208）
指导监督……（208）
接收管理……（208）
开放利用……（209）
征编宣教……（209）
数改智治……（209）

人才队伍 ………………………………………… (209)
·新闻传媒· ………………………………………… (209)
概况 ………………………………………… (209)
广电节目 ………………………………………… (210)
新闻报道 ………………………………………… (210)
对外宣传 ………………………………………… (210)
主题宣传 ………………………………………… (210)
精品创作 ………………………………………… (210)
信息报送 ………………………………………… (211)
·广电网络· ………………………………………… (211)
概况 ………………………………………… (211)
广播电视网络传输 ………………………………………… (211)
融媒体智能广播平台 ………………………………………… (211)
广电低保工程 ………………………………………… (211)
客服体系标准化 ………………………………………… (211)
多功能全业务拓展 ………………………………………… (211)
·科学技术· ………………………………………… (212)
概况 ………………………………………… (212)
科技型企业培育 ………………………………………… (212)
凝聚科技人才 ………………………………………… (212)
产学研合作 ………………………………………… (212)
科技平台建设 ………………………………………… (212)
科技创新环境 ………………………………………… (212)
·科普工作· ………………………………………… (212)
概况 ………………………………………… (212)
院地院企合作 ………………………………………… (213)
科普宣传教育 ………………………………………… (213)

体育　卫生

·体育· ………………………………………… (214)
概况 ………………………………………… (214)
场地建设 ………………………………………… (214)
活动赛事 ………………………………………… (214)
融合发展 ………………………………………… (214)
智慧体育 ………………………………………… (214)
·卫生· ………………………………………… (214)
概况 ………………………………………… (214)
疫情防控 ………………………………………… (214)
健康南浔 ………………………………………… (215)
综合医改 ………………………………………… (215)
数字化改革 ………………………………………… (215)
公共卫生 ………………………………………… (215)
家庭发展 ………………………………………… (215)
项目建设 ………………………………………… (216)
人才队伍 ………………………………………… (216)

社会生活

·民政事务· ………………………………………… (217)
概况 ………………………………………… (217)
救助帮扶工作 ………………………………………… (217)
弘扬慈善文化 ………………………………………… (217)
构建养老服务体系 ………………………………………… (217)
基层自治融合共建 ………………………………………… (218)
“一件事”集成联办 ………………………………………… (218)
智慧养老社区场景 ………………………………………… (218)
关爱留守和困境儿童 ………………………………………… (218)
为民办实事 ………………………………………… (218)
社会事务工作 ………………………………………… (218)
·退役军人事务· ………………………………………… (218)
概况 ………………………………………… (218)
服务体系建设 ………………………………………… (219)
拥军优抚 ………………………………………… (219)
移交安置 ………………………………………… (219)
就业创业与权益维护 ………………………………………… (219)
·消防救援· ………………………………………… (220)
概况 ………………………………………… (220)
应急救援 ………………………………………… (220)
火灾防控 ………………………………………… (220)
技术指导 ………………………………………… (220)
服务民生 ………………………………………… (220)
宣传教育 ………………………………………… (221)
·红十字会· ………………………………………… (221)
概况 ………………………………………… (221)
基层基础建设 ………………………………………… (221)
应急救护体系建设 ………………………………………… (221)
应急救护培训 ………………………………………… (221)

人道服务……………………………………………（221）
东西部协作……………………………………………（221）
“三献”工作……………………………………………（221）
红十字志愿服务……………………………………………（221）
红十字青少年……………………………………………（221）
·老干部工作·……………………………………………（222）
概况……………………………………………（222）
展现“银领先锋”使命担当……………………………………………（222）
推进“银雁返乡”迭代升级……………………………………………（222）
协同“银领乐活”增进福祉……………………………………………（222）
·关心下一代工作·……………………………………………（223）
概况……………………………………………（223）
讲好红色故事……………………………………………（223）
下一代素质提升工程……………………………………………（223）
青少年心理健康活动……………………………………………（223）
·民族　宗教·……………………………………………（224）
概况……………………………………………（224）
民族团结……………………………………………（224）
扶贫帮困……………………………………………（224）
宗教领域平安建设……………………………………………（224）
基层宗教治理……………………………………………（225）
生态寺院建设……………………………………………（225）
宗教慈善活动……………………………………………（225）

开发（园）区

·南浔经济开发区·……………………………………………（226）
概况……………………………………………（226）
招商引资……………………………………………（226）
项目推进……………………………………………（226）
平台建设……………………………………………（226）
企业发展……………………………………………（226）
外资外贸……………………………………………（227）
体制改革……………………………………………（227）
人才工作……………………………………………（227）
共同富裕……………………………………………（227）
安全生产……………………………………………（227）
环境治理……………………………………………（227）
城市管理……………………………………………（228）
·南浔古镇旅游度假区·……………………………………………（228）
概况……………………………………………（228）
生态建设……………………………………………（228）
攻坚克难……………………………………………（228）
产业复兴……………………………………………（228）
文化复兴……………………………………………（228）
古镇面貌……………………………………………（229）
项目建设……………………………………………（229）
民生事业……………………………………………（229）
·南浔科技新城·……………………………………………（230）
概况……………………………………………（230）
招商引才……………………………………………（230）
规划建设……………………………………………（230）
经济实力……………………………………………（230）
平台提升……………………………………………（230）
工程管理……………………………………………（230）

乡镇（街道）

·南浔镇·……………………………………………（231）
概况……………………………………………（231）
攻坚克难……………………………………………（231）
产业发展……………………………………………（231）
城乡面貌……………………………………………（231）
生态环境……………………………………………（231）
社会事业……………………………………………（231）
政府效能……………………………………………（232）
·练市镇·……………………………………………（233）
概况……………………………………………（233）
经济动能……………………………………………（233）
平台要素……………………………………………（234）
城乡统筹……………………………………………（234）
生态环境……………………………………………（234）
民生保障……………………………………………（234）
·双林镇·……………………………………………（236）
概况……………………………………………（236）
经济运行……………………………………………（236）
农业农村……………………………………………（237）
城乡面貌……………………………………………（237）

生态环境 …… (237)
民生福祉 …… (238)
·菱湖镇· …… (239)
概况 …… (239)
产业提质 …… (239)
镇貌提升 …… (240)
环境提标 …… (240)
民生提优 …… (240)
文化建设 …… (241)
·和孚镇· …… (242)
概况 …… (242)
经济实力 …… (242)
生态环境 …… (243)
镇村面貌 …… (243)
社会态势 …… (243)
·善琏镇· …… (244)
概况 …… (244)
经济实力 …… (244)
农业农村 …… (245)
文旅融合 …… (245)
镇村面貌 …… (245)
社会福祉 …… (245)
·千金镇· …… (246)
概况 …… (246)
项目双进 …… (247)
乡村振兴 …… (247)
城乡规划 …… (247)
生态优化 …… (247)
·石淙镇· …… (248)
概况 …… (248)
现代农业 …… (248)
水乡旅游 …… (249)
综合实力 …… (249)
城乡面貌 …… (249)
民生福祉 …… (249)
·旧馆街道· …… (250)
概况 …… (250)
擦亮旧馆名片 …… (250)
增强经济实力 …… (251)
提升发展质量 …… (251)
注入后劲动力 …… (251)
改善城乡面貌 …… (251)
加码幸福指数 …… (251)
平安建设 …… (251)
提高生活品质 …… (251)
·东迁街道· …… (252)
概况 …… (252)
护航经济 …… (252)
农业生产 …… (252)
集体经济 …… (253)
城乡环境 …… (253)
民生改善 …… (253)
慈善救助 …… (253)
劳动保障 …… (253)
社会治理 …… (253)
疫情防控 …… (254)

人　物

·新闻人物· …… (255)
姚玉林 …… (255)
姚子宝 …… (255)
孙培清 …… (256)
沈水娟 …… (256)
·先进人物· …… (256)
温奕弋 …… (256)
钱建强 …… (257)
沈方根 …… (257)

文件选编

南浔区高水平建设社会主义现代化共同富裕示范样本行动方案（试行） …… (258)
湖州市南浔区国民经济和社会发展第十四个五年规划和二〇三五年远景目标纲要 …… (269)

统计资料

·2021年南浔区国民经济和社会发展统计公报· ……（301）
·统计图· ……（305）
·统计表· ……（308）

附　　录

·报告· ……（332）
湖州市南浔区2020年国民经济和社会发展计划执行情况及2021年国民经济和社会发展计划草案的报告
——在湖州市南浔区第四届人民代表大会第五次会议上 ……（332）
湖州市南浔区2020年预算执行情况及2021年预算草案的报告
——在湖州市南浔区第四届人民代表大会第五次会议上 ……（336）
湖州市南浔区人民法院工作报告
——在湖州市南浔区第四届人民代表大会第五次会议上 ……（345）
湖州市南浔区人民检察院工作报告
——在湖州市南浔区第四届人民代表大会第五次会议上 ……（349）
·表彰名单· ……（353）
国家级先进集体 ……（353）
国家级先进个人 ……（354）
省级先进集体 ……（355）
省级先进个人 ……（359）
市级（市委、市政府表彰）先进集体 ……（363）
市级（市委、市政府表彰）先进个人 ……（366）
区级（区委、区政府表彰）先进集体 ……（370）
区级（区委、区政府表彰）先进个人 ……（381）
各级各类文明荣誉称号 ……（391）

特　载

接轨大上海　唱响“双城记”　走好共富路
高质量打造美丽繁华新江南　高水平建设美好生活新家园

——在中国共产党湖州市南浔区第五次代表大会上的报告

中共湖州市南浔区委书记　温建飞

2021 年 12 月 25 日

一、高水平全面建成小康社会取得丰硕成果

区第四次党代会以来的五年，是南浔直面重大风险、经受重大考验、实现重大突破的五年。区委团结带领全区人民，坚持以习近平新时代中国特色社会主义思想为指导，全面落实中央和省市委决策部署，攻坚克难、砥砺奋进，以高水平全面建成小康社会的实践成果，为开启全面建设社会主义现代化新征程奠定了坚实基础。五年间，地区生产总值年均增长 6.7%，突破 500 亿元大关。财政总收入和一般公共预算收入年均分别增长 13.86%和 14.66%，达 73.3 亿元和 43.05 亿元。城镇和农村居民人均可支配收入年均分别增长 8%和 9%，达 6.52 万元和 4.07 万元，城乡居民收入倍差为 1.6:1。

过去五年，我们以汗水为墨，以实干作笔，在南浔大地上绘就了高质量赶超发展的壮美画卷。

五年来，我们加快推动产业转型升级，发展质量跃上更高台阶。预计 2021 年规上工业总产值突破千亿大关，五年增长 56.2%。智能电梯产业入选省产业集群新智造试点，家具及竹木制品行业入选省传统制造业改造提升试点。规上工业增加值五年增长 47.5%，规上工业企业达 1148 家，五年净增 642 家。A 股上市企业达 5 家，新增隐形冠军企业 4 家，高新技术企业达 202 家，培育省级以上企业研发机构 56 家，全社会研究与试验发展经费支出占地区生产总值比重达 3.54%。高端装备制造业、木地板消费品列入国家级标准化试点，入选国家知识产权强县工程示范区，质量工作获国务院督查激励。服务业增加值五年增长 40%，入选省数字生活新服务标杆区创建名单，荻港村成为全国乡村旅游重点村，南浔古镇入选省大花园耀眼明珠。组建农业高新技术产业示范区，打造“五个万”基地 9333 公顷，形成粮食、蔬菜、湖羊和渔业四条省级示范性农业全产业链，承办全省乡村产业高质量发展推进会，粮食增产保供工作入选全省争先创优行动“最佳实践”案例，乡村振兴工作获省政府督查激励。桑基鱼塘系统列入全球重要农业文化遗产。

五年来，我们抢抓长三角一体化重大机遇，改革开放取得重要突破。以“最多跑一次”改革持续优化营商环境，在全省率先推行涉企证照通办、企业开办“零成本”，打造嘉湖一体化全省首个跨区域政务通办圈。深入推进重点领域改革，承办全国农业水价综合改革技术研讨会，入选全省首批“三位一体”改革示范区，获评全省机构改革成绩突出集体，设立旧馆、东迁两个街道。持续扩大高水平对外开放，获评省级进口贸易促进创新示范区。成功引进 8 个 50 亿元以上项目，泰嘉光电、正威集团华东总部等 2 个百亿级项目顺利开工。开发区连续两年进入全省前十强，嘉湖一体化合作先行区成为全省 5 个合作先行区之一，建成南浔（上海）科创中心等 5 个“人才飞地”。引进“南太湖精英计划”

创新创业团队和人才项目 162 个、大学生及各类人才 6.3 万人。

五年来，我们掀起城市建设新高潮，城市品质和格局得到全方位提升。规模化推进頔塘两岸、褚家漾等区块旧城改造，頔塘社区成为全省首批未来社区。城市展览馆、华美达酒店、吾悦广场等一批标志性建筑相继建成。累计建成水晶晶公园、南林公园等 6 个城市公园，新增绿道 140 千米，建成区绿地率达 43.1%。完成古镇东大门改造提升工程，北市河水系恢复贯通。实施城市精细化管理全域提升行动，垃圾分类、老旧小区改造等工作成效突出，助力湖州市全国文明城市“二连冠”。沪苏湖铁路南浔段全线开工，湖浔大道、湖山大道、“三高”连接线一期、南浔大桥等重点工程建成通车，雨污管网、电力、5G 通信等基础设施显著完善。

五年来，我们忠实践行绿色发展理念，全域人居环境发生历史性变化。坚决打好污染防治攻坚战，全面完成中央生态环境保护督察整改任务，荣获省级生态文明建设示范区。开展木业、电梯、电机三大行业低挥发性有机物源头替代，整治提升“散乱污”企业 5000 余家，空气质量优良天数比率提高 18 个百分点，$PM_{2.5}$ 年均浓度下降 38.1%。出台全省首个平原地区幸福河湖建设、评价规范，连续三年夺得治水最高奖项“大禹鼎”。高质量完成美丽乡村全覆盖、500 千米农村公路建设和 21 个小城镇环境综合整治三大收官战，省级“森林城镇”实现全覆盖，获评省新时代美丽乡村示范区、小城镇环境综合整治省级优秀区和“四好农村路”省级示范区。全面开展全域土地综合整治与生态修复工程，完成土地复垦 753 公顷，建成乡村农墅 9313 套，南浔镇、旧馆街道列入国家试点，连续两年获省政府督查激励。

五年来，我们竭尽全力锻长板补短板，民生社会事业实现跨越式发展。全力开展新冠疫情防控工作，实现本地居民零感染，17 名援鄂医护人员圆满完成任务凯旋。投入 191 亿元用于民生支出。新改扩建学校 40 所，新增普惠性幼儿园 14 所，增加学位 5720 个，南浔高级中学投入使用，引进省教育领军人才 20 人。高等教育实现突破，浙江水利水电学院南浔校区 2022 年正式投入使用。承办全省高水平建设健康浙江行动现场推进会，实施“三医联动、六医统筹”省级集成改革试点，与省人民医院组建紧密型医联体。人均期望寿命提高至 83.11 岁，达到发达国家平均水平。圆满完成低收入群众三年奔小康行动，构筑“六无六有”综合救助帮扶体系，低收入群众人均收入增长 80%。建立困难人员专项医疗救助制度，户籍人口医保参保率全市第一，覆盖城乡的社会保障体系进一步完善。新增就业 10.9 万人，成功创建省“无欠薪区”。全区村均集体经济经营性收入突破 100 万元，强村公司做法入选全省共同富裕示范区典型案例清单。新时代文明实践中心（所、站）实现全覆盖，成功创建省文明区。深入推进法治南浔、平安南浔建设，扫黑除恶专项斗争取得决定性胜利，政法队伍教育整顿扎实开展，创新开展“无隐患”系列创建，生产安全事故控制性指标持续下降，摘得全省首批一星“平安金鼎”。

五年来，我们全面加强党的建设，各级党组织创造力凝聚力战斗力不断增强。形成常委会常态化政治学习机制，第一时间学习贯彻习近平总书记最新重要讲话和指示精神。扎实开展“两学一做”学习教育、“不忘初心、牢记使命”主题教育和党史学习教育，隆重庆祝中国共产党成立 100 周年。深入实施“双创双全”组织力提升工程，圆满完成镇党委、村（社区）“两委”集中换届工作，启用全省首个教育系统党群服务中心。树立“以实绩论英雄”用人导向，大力选派年轻干部担任“项目专员”，开展一般干部“制度性交流”，推进干部跨部门、跨领域锻炼。层层压实管党治党责任，严格落实中央八项规定及其实施细则精神，全面开展“破慢纠风”“纪审协同”等专项行动，高质量抓好省委巡视整改，完成四届区委巡察全覆盖。始终保持惩治腐败高压态势，严肃整治群众身边腐败和作风问题，风清气正的政治生态持续巩固。坚决扛起党管武装政治责任，民兵工作蝉联全省先进，征兵考评全市第一、全省前列。首次召开区委人大工作会议和区委政协工作会议，人大代表评议“一府两院”、代表联络站活动创新开展，政协“请你来协商”“民生议事堂”等平台有效搭建。积极动员民主党派、工商联和无党派人士参政议政，扎实做好民族、宗教、港澳台侨、乡贤等各项工作，大统战工作格局不断完善。同时，群团、老干部、党校、关心下一代、双拥、退役军人、对口援建等工作迈上新台阶。

五年探索实践，经验弥足珍贵。我们深切体会到：旗帜关乎道路，越是面对挑战越要维护核心。我们坚持以习近平新时代中国特色社会主义思想定向领航，坚定不移贯彻中央和省市委各项决策部署，科学应对各种复杂局面，战胜了一个又一个艰难险阻、取得了一个又一个发展成果。实践证明，只要我们坚持和加强党的全面领导，不断增强“四个意识”、坚定“四个自信”、做到“两个维护”，就一定能够战胜各种风险挑战，推动南浔发展行稳致远。人民创造历史，越是加快发展越要改善民生。我们始终牢记为民宗旨，厚植为民情怀，着力解决群众急难愁盼问题，在全社会形成了同心同德、群策群力、共建共享的良好局面。实践证明，只要我们始终把人民放在心中最高位置，保持同人民群众的血肉联系，一切为了人民，紧紧依靠人民，不断造福人民，就一定能得到群众的衷心拥护和全力支持。团结就是力量，越是任务艰巨越要共同奋斗。我们始终坚持“一家人、一条心、一盘棋”“一起努力用心、一起加油鼓劲、一起争气出彩”，共同顶住了经济下行的压力、新冠疫情的冲击、安全环保的考验，一次又一次的风雨洗礼，让我们更加团结也更为强大。实践证明，只要全区上下心往一处想、劲往一处使，就没有越不过的山、跨不过的坎。实干成就梦想，越是千帆竞发越要勇争一流。我们始终坚持以发展为第一要务，全力以赴争先创优，积极打造“单打冠军”，办成了一系列大事难事，取得了一系列重大荣誉，引领全区上下形成了激情奋进、担当实干的浓厚氛围。实践证明，创业维艰，实干以成。只要我们保持“比”的意识、发扬“拼”的精神、鼓足“争”的劲头，就一定能够推动各项工作走在前列、争创一流。这些经验是我们在改革发展中积累的宝贵财富，也是未来发展必须遵循的重要原则，应当长期坚持、不断完善。

同志们！五年砥砺奋进，成绩来之不易！这是党中央和省市委坚强领导、关心支持的结果，是历届区委及各位老领导、老同志薪火相传、无私奉献的结果，是全区人民团结拼搏、不懈奋斗的结果。在此，我谨代表中共南浔区第四届委员会，向全区广大党员和干部群众，向区各民主党派、人民团体和各界人士，向所有关心支持南浔发展的同志们、朋友们，致以崇高敬意和衷心感谢！

在肯定成绩的同时，我们也清醒地看到发展中存在的矛盾和困难：最大的不足在于产业结构性矛盾比较突出，战略性新兴产业和生产性服务业的支撑作用相对偏弱；最大的短板在于城市的集聚辐射力不强，城市对高端创新要素特别是高层次人才的吸引力有待进一步提升；最大的制约在于国土空间、能耗压力、资源环境约束加大，推动生态环境实现根本性好转还需持续用力。城乡建设、民生供给、社会治理领域和党的建设方面仍有不少短板弱项，少数党员干部的作风能力与现代化建设新要求还不相适应。对于这些问题，我们一定要高度重视，采取有效措施，切实加以解决。

二、满怀激情擘画未来五年南浔新的发展蓝图

今后五年，是南浔奋进全面建设社会主义现代化新征程的首个五年，也是乘势而上、赢得新一轮发展机遇的关键五年。立足新的历史起点，我们要把多重机遇优势与各种困难挑战综合起来，把上级指示要求与自身目标定位贯通起来，把人民期盼愿望和干部干事创业统一起来，奋力走好新征程，建功新时代。

奋进新征程，不忘来时路，对历史最好的致敬，是书写新的历史。回顾过去，南浔在改革开放的伟大历程中曾经创造过多个奇迹，成就了“没有钢铁的电梯之乡”“没有森林的木业王国”等美誉，这是所有南浔人的荣光。2003 年建区以来，历届区委始终把重振南浔当年辉煌作为矢志不渝的奋斗目标，从一届区委的接轨大上海、建设新南浔，到二届区委的又好又快建设新南浔，到三届区委的奋战五年、再造南浔，到四届区委的聚力大赶超、实现新跨越，时代在变，南浔人民奋斗不息的心气志气没有变，五届区委将继续传承和发扬这种意志，继续为重振当年辉煌而努力奋斗。

奋进新征程，风好自扬帆，重振南浔当年辉煌，正逢最好的时代。进入新阶段，国内外环境正发生新的深刻变化，世界百年未有之大变局进入加速演变期，尽管挑战前所未有，但我国仍处于重要战略机遇期。随着长三角一体化发展的纵深推进和沪苏湖铁路的即将贯通，制约区域协同发展的思想束缚、空间阻隔、市场障碍加快打破，为南浔全面、快速、深度融入上海都市圈发展创造了有利条件。放眼周边，未来五年，区域竞争的最大潜力在南浔，交通能级的最大提升在南浔，新一轮发展最好的“时与势”也在南浔。我们要本着对历史负责、对人民负责的态度，抢抓机遇、奋力前进，在现代化新征程中展现更大作为、成就更好发展。

奋进新征程，建功新时代，争取更大的荣光，需要全区人民撸起袖子加油干。过去五年，我们在风险考验和发展历练中夯实了基础、积累了经验、壮大了实力，广大干部群众精神振奋、干劲十足。

放眼当下，我们身处最好的时代，拥有最好的发展之势，人生价值的实现与第二个百年奋斗目标紧密相连。路虽远行则将至，事虽难做则必成。南浔的干部有担当、有能力、有情怀，南浔的企业家有修养、有眼光、有格局，南浔的百姓勤劳智慧、朴实善良，还有一支肯钻研、懂技术、能吃苦的产业工人大军，这是我们成就未来大势的坚实依托和底气所在。我们坚信，有党中央和省市委的坚强领导，有全区上下的强大合力，一个既有都市繁华、又有田园诗意，既有乡愁古韵、又有文明新风的美丽繁华新江南，一定会展现在世人面前！

今后五年，全区工作的指导思想是：高举中国特色社会主义伟大旗帜，深入贯彻党的十九大和十九届二中、三中、四中、五中、六中全会精神，坚持以马克思列宁主义、毛泽东思想、邓小平理论、“三个代表”重要思想、科学发展观、习近平新时代中国特色社会主义思想为指导，全面贯彻党的基本理论、基本路线、基本方略，争做“两个确立”忠诚拥护者、“两个维护”示范引领者，以守好“红色根脉”的政治自觉，深入落实习近平总书记对浙江、对湖州工作系列重要讲话指示精神，坚持稳中求进工作总基调，立足新发展阶段、贯彻新发展理念、构建新发展格局、推动高质量发展，忠实践行“八八战略”、奋力打造“重要窗口”，勇当绿色低碳发展探路者，坚定不移接轨大上海、唱响“双城记”、走好共富路，高质量打造美丽繁华新江南，高水平建设美好生活新家园。

未来五年，全区的奋斗目标是实现“五争创、三提升、两翻番”。“五争创”即全力争创国家级开发区、国家级高新区、国家级旅游度假区、国家级农业现代化示范区和国家级生态文明建设示范区。“三提升”即对全市贡献度大幅提升，地区生产总值冲刺 800 亿元，对全市经济贡献率达 20%左右；经济质量大幅提升，规上工业增加值率提升 8 个百分点，科技进步贡献率达 70%左右；居民收入大幅提升，城镇和农村居民人均可支配收入年均分别增长 9%和 9.5%，收入倍差缩小至 1.55:1。“两翻番”即财政总收入和一般公共预算收入力争翻一番，分别达 150 亿元和 90 亿元。

围绕上述目标，必须聚焦“一大引擎”、放大“三大优势”、优化“四大布局”。

聚焦“一大引擎”即聚焦“接轨大上海，融入长三角”主引擎。南浔与上海有着深厚历史渊源，一百多年前，南浔的丝商依托大运河将辑里湖丝运到上海、走向世界，成就了“四象八牛七十二黄金狗”的浔商传奇；上世纪八九十年代，新一代浔商面向上海等地大力发展民营经济，打造了以“三电一板”为代表的特色块状经济。随着高铁时代的到来，“20 分钟到上海”为我们与上海再续前缘创造了前所未有的历史机遇，我们要聚焦接轨上海首位战略，更加主动地服务上海、融入上海，加快构建与上海更高等级、更深层次、更广维度的区域协作新格局。

放大“三大优势”：一是放大“世界文化遗产，江南古镇封面”新优势。南浔古镇是全国首个整体被列入世界文化遗产的古镇，是南浔的根与魂。擦亮古镇“金名片”是我们续写百年篇章、重振当年辉煌的题中之义，也是我们集聚创新要素、厚积赶超势能的关键所在。我们要以古镇的繁荣，加快撬动城市形态的蝶变、商贸流通的兴旺、人气活力的跃升；要以古镇的复兴，为全区改革发展提供强大的价值引导力、文化凝聚力、精神推动力。二是放大“低成本创业，高品质生活”新优势。南浔是长三角名副其实的房价洼地，是最适合企业“养人”的地方，同时，得益于秀美灵动的水乡风光和开放大气的人文气质，南浔更是现代都市人群向往的“诗和远方”。我们必须巩固和发展好低成本创业的比较优势，厚植一流的教育、医疗等公共服务，加快重现“低密度、高颜值”的江南水乡美好图景，吸引更多“低年龄、高智力”的创新创业者走出大城市的“钢铁森林”，拥抱新江南的“田园风光”。三是放大“民营经济活跃，民间资本雄厚”新优势。无论是近代丝商群体“富可敌国”的辉煌历史，还是改革开放后南浔人民踊跃办企业、办市场的繁荣景象，都彰显了南浔人善于经商、习于经商的历史传统。在新的征程中，我们要善待每一个怀揣梦想的南浔人，努力为广大民营企业家二次创业、广大勤劳百姓兴办实业、广大有志青年创新创业，提供最真诚的服务、搭建最广阔的平台，政企同心、携手奋进，再创一个激情燃烧、全民创业的火红年代。

优化“四大布局”：一是优化区域总体布局。紧扣“一体化”“高质量”“差异化”三个关键，构建“中心极化、两翼北进、菱和振兴、南部开发”区域总体生产力布局。“中心极化”即极化北至 G50 高速、东至吴江交界、南至三环南路、西至吴兴交界的中心城区，推动更多资源向中心集聚，打造区域经济主引擎。"两翼北进"即练市和双林作为中心城区南部两翼加快向北发展积极融入主城区，练市依托工业平台向北拓展，加速浔练一体化进程，双林结合全域土地综合整治快速打开北大门，打造中部新高地。"菱和振兴"即菱湖、和孚借助未来交通能级大跨越和存量空间优势，打造全区新的经济增长极，菱湖要以区域副中心的定位引领西部加快振兴。"南部开发"即善琏、千金、石淙以全域土地综合整治为总抓手，推进全领域土地开发，重点培育现代农业和农文旅融合产业，建设精美特色小镇，全力打造乡村振兴的南浔样板。二是优化产业发展布局。以平台为基础、产业为支撑、创新为引领，构建一二三产协同发展的现代产业体系。以"上海湾"、南浔古镇、中心城区"一湾一镇一城"为主平台，引进培育集技术创新、文化创意、教育科研、总部经济、城市服务等于一体的未来产业板块。以开发区、高新区、嘉湖一体化先行区及双林、菱湖、和孚、旧馆工业平台"三区四平台"为主阵地，打造光电通信、新能源汽车核心部件两大主导产业，电梯、电机及电磁线、绿色家居、绿色纺织、绿色建材、精细化工（新材料）六大优势产业和若干新兴产业的"2+6+N"高质量工业体系。以"一核三带六片区"为主载体，形成现代农业特色明显、乡村旅游蓬勃发展、农文旅深度融合的现代乡村产业格局。三是优化城市空间布局。实施城市"南拓西进、东优北改、中间提升"战略，构建"一盘棋、双组团、三廊牵引、四区联动"城市开发建设新格局。"一盘棋"即按照生产、生活、生态"三生融合"理念，实现中心城区功能布局、基础设施、公共服务、项目建设"一张图"规划、"一盘棋"统筹。"双组团"即包含高新区、南浔镇、度假区的东南组团，以提升功能品质、发展城市经济、培育未来产业、优化肌理风貌为重点，打造美丽繁华新江南的核心区；包含开发区、东迁街道、旧馆街道的西北组团，以拓展产业平台、强化城市配套为重点，打造产城人深度融合的新典范。"三廊牵引"即以长湖申航道和湖浔大道为横向轴将中心城区划为北、中、南三条廊道，北部廊道以推进全域城市更新和建设G50南浔古镇互通为牵引，向西拓展形成工贸一体的产城融合新片区；中部廊道以古镇复兴、城市风貌提升和开发区"万亩千亿"平台建设为牵引，向西推进带动旧馆同城开发；南部廊道以"上海湾"和高新区建设为牵引，向西拓至双林北部、旧馆南部，以全域土地综合整治撬动农文旅融合发展，为高铁经济带预留发展空间。"四区联动"即开发区、高新区、度假区、旧馆新区联动发展、一体推进，打造科产城人深度融合的繁华活力之城。四是优化交通规划布局。全面融入长三角轨道交通网，构建"1555+N"现代化综合交通体系，即构建1个综合交通枢纽、5条铁路、5条高速公路、5条国省道、N条（个）区域重要县道、高等级航道和内河港口的综合交通运输体系。轨道交通方面，沪苏湖铁路2024年建成通车，如通苏湖和水乡旅游线城际铁路基本建成，中心城市轨道交通一号线力争开工，以南浔高铁枢纽为中心形成"X"形轨道交通网。高速公路方面，苏台高速、湖杭高速建成通车，加上现有3条高速，形成区域绕城高速环。干线公路方面，建设S213、S214、三环南路、318国道湖州市区段迁建工程、湖盐公路西延至104国道等10条干线公路，加上现有4条主干路，形成覆盖全区的"六纵四横四连"干线公路网。

做好今后的工作，我们必须保持战略定力，脚踏实地、真抓实干。要始终坚持以民为本。把实现好、维护好、发展好最广大人民的根本利益作为我们一切工作的出发点和落脚点，坚持把共同富裕理念精准落实到"扩中""提低"的工作中去，率先走出以民为本、全面进步的共同富裕之路。要始终坚持实事求是。坚持重实干、出实招、求实效，不提不切实际的口号，不提超越阶段的目标，不搞形象工程、面子工程、政绩工程，集中精力"办好自己的事情"。要始终坚持创新实干。弘扬创新精神、争先精神，推动干部树立现代理念、人民情怀，破除惯性思维、传统路径，以更科学的方法、更有效的打法、更管用的办法，努力推动各项工作取得更大突破。

三、奋力开启南浔高质量赶超发展新征程

美好发展蓝图，必须靠奋斗来实现。我们要紧紧抓住这关键五年，立大志、创大业、成大事，奋力走出一条彰显南浔特色的高质量赶超发展之路。

（一）以接轨上海为引领，打造能级更高、支撑更强的长三角新兴城市。主动融入上海城市总体规划与功能布局，促进高端资源要素加快导入，更高水平实现与上海同城化发展。一是全面提升中心城区能级。统筹推进高铁新城建设、旧城有机更新、高新区创新发展，打造长三角"新势力城市"。以国际标准高起点规划建设高铁新城，全面建成中心城区"三大地标"，打造高铁沿线极具标识度的城

市天际线。以“绣花”功夫提升老城区功能品质，有序推进城中村改造、老旧小区提升，开展“十美细胞”创建，有效破解停车难、交通拥堵等城市病。加强城市景观风貌设计和管理，精心打造頔塘南岸、金象湖城市中心、城南门户等6个城市风貌样板区，新建褚家漾公园、甲午塘文化水街等公园绿地，织密城市绿道网，实现街区可漫步、滨水可游憩。二是加快布局发展枢纽经济。南浔高铁枢纽未来将是沪苏湖铁路、如通苏湖城际、水乡旅游线等多条轨道交通的换乘交会点，要坚持“站城一体”推进，探索TOD经济示范区新模式，积极发展总部经济、平台经济、楼宇经济、会展经济，打造要素集聚全、流通效率高、聚合能力强的枢纽经济增长极。大力发展智慧物流、保税物流等新业态，引进现代物流龙头企业，推动建材市场转型，建成南浔综合物流园区。提升河海联运水平，实施杭湖锡线、东宗线航道提升改造项目，实现区域内三级航道纵横成网，建立与制造业发展相匹配的综合物流体系。三是打造重大合作发展平台。全面融入长三角科技创新共同体、G60科创走廊，强化与上海张江综合性国家科学中心对接联动。规划建设“上海湾”科创基地，着力引育一批具有核心竞争力的科技型、创新型企业和高端研发平台、新型研发机构，谋划开设上海人才高铁专列，力争三年时间引进世界500强及大型央企国企第二总部10家、上市公司及大型企业产业转换基地100家、科技型企业1000家，导入各类人才10万人以上，努力把“上海湾”打造成为“上海大企业的第二总部、上海年轻人的创新工场”。全面提升开发区、高新区、嘉湖一体化先行区三大主平台承载能力，全力支持菱湖竹墩工业园区打造万亩大平台、双林工业园区扩容提升。

（二）以工业强区为支撑，打造结构优化、产业高端的高质量产业体系。坚持把做大做强工业经济作为重振辉煌的根本途径，推进传统产业迭代升级，大力发展先进智能制造，增强全产业链把控力和竞争力。一是突出产业招商，招引大项目。瞄准产业链关键环节特别是“链主企业”，紧盯国际国内500强、行业百强、上市公司、专精特新企业开展精准招商。构建“8+5”地方招商局+产业招商局的新格局，探索实行市场化招商和招商顾问制度。锁定上海、苏州、杭州、深圳、武汉等地进行清单式、定点式招商，力争百亿级项目再突破，每年招引3亿元以上项目不少于60个。完善区领导联系项目等服务机制，每季度举行项目签约和现场比看活动。强化用地、资金、能耗等要素保障和全周期服务，探索实行工业基准地价浮动机制。二是实现集群发展，打造大产业。举全区之力引育千亿级光电通信产业集群和新能源汽车核心部件产业集群；支持电梯产业大力发展核心零部件、智能电梯、售后服务；电机产业向新能源汽车电机、医疗电机等转型；支持木业产业加快转型，争当一站式整体家居服务的领先者，倾力打造长三角“光电湾”“电梯谷”“家居城”。积极发展物联网、大数据、云计算、人工智能等数字化产业，建设数字园区、培育数字企业，让南浔经济加快转入数字时代。开展好新一轮“腾笼换鸟、凤凰涅槃”攻坚行动，持续抓好行业公平工作，优化升级企业综合绩效评价体系，严控“三高三低”企业和项目。三是强化梯度建设，培育大企业。旗帜鲜明地支持本土民营企业做大做强，关心支持民营经济健康发展。建立新象新牛、股改上市、专精特新和重点骨干企业等四大类企业培育库，在专项资金、土地要素、能耗指标、金融支持、公共服务等方面予以优先保障，加快形成既有“大象军团”也有“蚂蚁雄兵”的企业矩阵。鼓励企业有序抱团“走出去”，推动企业创新外贸业态、发展跨境电商，巩固提升国际市场份额。建立以企业为主体的人才奖补政策体系，探索人才招引“揭榜挂帅”机制，把人才需求单、评价权交给企业，确保高端人才和技能人才同等重视、同步引进。弘扬新时代浔商精神，加强“创二代”培养，打造更多基业长青的“百年老店”。

（三）以古镇复兴为牵引，打造文化繁荣、人气兴旺的美丽繁华新江南。统筹推进三大古镇保护利用，坚持“保护好形态、修复好生态、展示好文态、培育好业态”，以古镇复兴带动全域旅游高质量发展，打造成为长三角的文化会客厅和旅游首选地。一是推动南浔古镇特色化转型、精品化提升。以打造休闲度假江南秘境、烟雨江南文创人家和当代青年活力工场为方向，进一步优化古镇旅游空间和业态布局，高质量编制好《大运河江南运河南浔段保护规划》等专项规划，加快形成慢调文艺、运河度假、缤纷美食、时尚展演、园林韵赏五大主题板块，完成景区北部配套、栲栳湾历史水网恢复、东大街剧院等项目。探索实施片区、街区整体开发模式，引进战略合作伙伴，加快导入影视传媒、文化创意、游戏竞技等新经济、新业态。创新古镇门票收费机制，升级改造重点商圈、商业步行街，促进线上线下消费双向提速，争创省级夜间文旅消费集聚区。二是推动传统文化创造性转化、创新性发展。进一步丰富运河文化、丝绸文化、湖笔文化、建筑文化等内涵，启动南浔首轮区志修编，建成文化基因图谱数字化平台，让深厚的历史底蕴为城市现代化提供滋养。精心打造大运河诗路文化带，串起荻港古村、双林三桥、菱湖古镇等文化遗存。实施城市记忆工程，保护传承好双林绫绢、千金剪纸等非物质文化遗产，打造“江南文化”的南浔标识。充分发挥南浔籍名人及其后代资源，主动搭建交流平台，不断扩大对外文化影响力。三是推动全域旅游多主体参与、多元化经营。重点实施菱湖千年古城复兴、运河含山保护开发、桑基鱼塘保护利用、双林古镇文化街区等文旅项目。加快休闲度假旅游带建设，推动荻港古村、石淙花海、湖笔小镇等片区提档升级。建设一批高端精品民宿，着力打造房车露营、水上运动等特色旅游目的地，拉长旅游消费链、价值链。提升全域旅游市场化运营水平，坚持“无产业导入不投资、无市场主体不开发”，引进一批优质运营主体。

（四）以乡村振兴为抓手，打造城乡均衡、绿色共富的新时代鱼米之乡。聚焦农业农村现代化先行目标，争当全省农村改革探路者、城乡融合先行者、乡村振兴排头兵。一是以全域土地整治重塑江南水乡风貌。有序推进重点片区全域土地综合整治和生态修复工程，深入实施“13661”工程，全面展现“新鱼米之乡”的时代风貌。善琏、千金、石淙三镇依托古村、田园等风貌肌理，打造全区现代农业和农文旅融合发展的核心区。围绕“三高”连接线和浔练公路沿线、湖浔大道沿线、湖山大道沿线，集中布局乡村产业，打造城乡一体、农旅融合的3条示范带。精心打造和孚荻溪渔隐、石淙蚕花圣地、善琏笔韵含山等6个新时代美丽乡村典范片区，创建新时代美丽乡村精品村60个以上。持续推进农村人居环境整治提升，打造10个具有江南水乡特色的未来乡村，让南浔的乡村“望得见山、看得见水、记得住乡愁”。二是以工业化理念推进农业供给侧结构性改革。成立农业经济开发区，谋划组建农业发展集团，以片区化、项目化推进现代农业发展。打造“现代农业数字大脑”，发展绿色农业、智慧农业、高效设施农业，深化与浙江大学、省农科院等科研院校合作，加快实施一批农产品深加工、优质种业、冷链仓储项目，推动一二三产融合、上中下游一体、产供销加互促。实施农村“三地”联动集成改革，高质量建成10个万亩方，探索建立农村集体经营性建设用地产权流转和增值收益分配制度，以改革唤醒“沉睡的资源”、激活“希望的田野”。三是以打造绿色共富细胞促进农民增收。探索打造更多共富农场、共富园区、共富菜园、共富产品等绿色共富细胞，注重高素质农民队伍和新型农业经营主体培育，培养更多“农创客”“田秀才”“土专家”。持续推广“企业+基地+家庭农场”利益联结模式，积极发展稻虾共养、跑道鱼、温氏养鸡、湖羊、红美人等生态种养模式，绿色优质农产品比例超95%，进一步打响“南浔知味”全品类农业区域公用品牌。

（五）以深化改革为动力，打造政策高效、活力无限的创新创业新热土。坚持目标引领和问题导向，谋划实施更多具有全局性、引领性、撬动性的改革举措，持续激发体制机制新活力。一是打造最优营商环境。站在“企业侧”“群众侧”，深化“政府侧”改革，完善企业全生命周期服务机制，推行涉企执法包容审慎监管，做到“有求必应、无事不扰”。深入实施“互联网+政务服务”工程，加快实现线下“一窗受理”、线上“一网通办”。更好发挥行业协会、商会、律所等中介组织作用，持续完善社会信用体系。二是深化重点领域改革。持续深化数字化改革，围绕重大需求、多跨场景、重大改革“三张清单”，敢于刀刃向内，打破制度壁垒，构建集重大项目管理、创新评动力等特色应用为一体的集成动态管理系统。深化资源要素市场化配置改革，建立精准集约、闭环管控、公正公平的土地、能耗等供给机制，确保亩均增加值、亩均税收年均分别增长15%以上。深化国资国企市场化改革，推动国企对接资本市场，探索实行扁平化管理，五年后区属国有资产总额超5000亿元、年度营业收入超300亿元。深化财政专项资金管理改革，防止“撒胡椒面”的低效分配，建立集中财力支持重点企业培育的财政供给机制。三是激发全民二次创业。坚持“放绿水，养生态鱼”，把支持广大民众创业作为扩大中等收入群体的主要途径。全力支持本土小微企业发展，适当放宽小微园准入标准，建设绿色共富产业园。鼓励和支持本地青年创新创业，出台减息、减租等集成扶持政策，打造一批“拎包入住”的科创综合体和科创社区。鼓励骨干企业发起设立创投机构、并购基金，支持民间资本投资运营各类众创空间、孵化器、加速器，通过合作合资、公办民营等形式参与城乡建设、民生工程。

（六）以绿色生态为底色，打造低碳发展、宜业宜居的“水晶晶南浔”。坚持绿水青山就是金山银山理念，加快促进产业生态化、生活低碳化、能源清洁化，让绿色成为城市发展最鲜明的底色。一是优化国土空间布局。高水平完成新一轮国土空间规划，着力优化资源要素配置，实现规划空间管理“一张图”。积极盘活城乡空间、存量空间用地，开展全域老旧工业平台整治，加大“退二优二”改造力度，把每一寸土地都用好用足。做精做细城乡规划设计，持续推广“新江南住宅标准地”，突出未来城市和江南水乡特色，打造“城区即景区、水道即街道、公园即家园”的城市景观风貌。二是深化生态环境治理。坚持把精准治水放在突出位置，高标准实施“水韵湖城”、杭嘉湖北排通道后续工程等项目，谋划实施“清水入城”工程，构建“水下森林”生态系统，努力再现“水清岸绿、鱼翔浅底”的景象。扩面实施工业企业挥发性有机物治理，巩固“四非”整治成果，常态化落实扬尘治理，推进 $PM_{2.5}$ 和臭氧浓度“双控双减”，打赢蓝天保卫战。推进土壤污染风险管控和治理修复，建设全域“无废城市”。三是推进绿色低碳发展。构建与碳达峰、碳中和相适应的政策体系，聚焦“高端产能、绿色产业”持续做加法，聚焦“低效供给、低端产能”坚定做减法，严格落实“2345+节能减排”准入标准，发展节能环保产业、清洁能源产业，建立减污降碳激励约束机制。开展节约型机关、绿色家庭、绿色学校创建行动，倡导简约适度、绿色低碳的生活方式。探索生态资源价值实现机制，推进“两山银行”高效转化，加快建设共同富裕绿色样本。

（七）以美好生活为追求，打造共建共享、共同富裕的民生幸福标杆区。进一步围绕人民群众关切，坚持不懈办好民生实事，实施“321”共富工程，创造更多看得见、摸得着、体会得到的共同富裕成果。一是稳步提升居民收入。统筹“做大蛋糕”与“分好蛋糕”，持续缩小收入的地区差距、城乡差距、行业差距，深化“扩中”“提低”行动，推动更多劳动者通过辛勤劳动迈入中等收入群体。开展精准招聘，拓展高校毕业生、退役军人、农村青年、困难群众等重点群体就业渠道，实施职业技能提升工程，支持多渠道灵活就业。打造强村富民公司升级版，探索国企托管模式，全区村均集体经济经营性收入达 200 万元以上。发挥第三次分配作用，不断完善慈善助力共同富裕体系。统筹做好东西部协作、对口支援、山海协作等工作。努力把更多惠企利民政策措施纳入“共富班车”。二是健全完善社会保障。深化“六无六有”综合救助帮扶体系，开展困难群众“一件事”集成联办，稳步提高城乡低保、社会救助、抚恤优待等标准。率先推进新居民“市民化”待遇全覆盖工作，扎实做好新居民综合服务，建设蓝领公寓、职工公寓。积极应对人口老龄化，构建居家与社区服务相协调、医养与康养相结合的养老服务体系。落实三孩生育养育配套支持政策，促进人口长期均衡发展。三是打造区域教育高地。推进“现代化学校”创建，全面落实“双减”政策，打响“乐学南浔”教育品牌。新改扩建中小学校 12 所、幼儿园 18 所，新增学位 1.5 万个，着力解决择校热问题。推进城乡义务教育共同体建设，争创全国学前教育普及普惠县区、全国义务教育优质均衡发展区。推进普通高中优质特色发展，确保镇海中学南浔分校明年正式招生。创新实施区政府“园丁奖”评优评先活动，打造新时代高素质教师队伍。探索新居民适龄子女积分入学机制。建成浙江同济科技职业学院产教融合基地，力争新引进一所职业院校，培育适应南浔产业发展的高素质技能人才。四是提升全民健康水平。坚持人民至上、生命至上，慎终如始做好常态化疫情防控各项工作，坚决守护好人民的健康安全。深化医共体改革，建成整合型紧密型医疗卫生服务体系。支持区人民医院争创三乙综合性医院、区中医院与沪杭知名医院结成医联体，力争引进一家高端妇幼保健机构，全域推进社区卫生服务站分级分类改革。加强“两慢病”全周期服务，优化 5G+社区数字健康管理。加大商业补充医疗保险推广力度，持续深化医保支付方式改革，强化医保基金管理。

（八）以依法善治为保障，打造平安和谐、文明祥和的区域治理样板地。强化安全发展理念，增强安全发展能力，做到防风险与促发展同部署同落实，提高区域社会治理体系和治理能力现代化水平。一是完善公共安全体系。全面推进依法治区，实施“八五”普法规划，完善行政执法与刑事司法衔接机制，推动扫黑除恶常态化。深化平安南浔建设，推进“县乡一体、条抓块统”区域整体智治改革，创新完善新时代片区社会治理联动工作站，打造基层社会治理共同体，建成“最多跑一地、服务零距离”矛盾纠纷多元化解体系。突出做好初信初访工作，建立“关键小事”收集处置机制，以高度负责的态度对待群众诉求、解决实际问题，努力做到“微事不出格、小事不出村、大事不出镇、矛盾不上交”。开展安全生产八大领域“遏较大”攻坚战，打造“六控一体”社会治安防控体系升级版，争创全省首批三星“平安金鼎”。加强食品药品安全监管，创建省级食品安全示范区。二是提升数字治理能力。探索实施“网格管理、资源整合、力量下沉、数字赋能”管理体制改革，构建充满活力的城乡基层治理机制。构建“数字城市运行图”，形成纵向贯通、覆盖各领域的城市运行智能管理场景，增强城市治理的灵敏感知、快速分析、迅捷处置能力。推进新一代信息技术基础设施建设，加快湖州城市大脑南浔节点建设，推动各类数据融合应用，打造“物联、数联、智联”的数字城市基本框架。三是夯实社区治理基础。尽可能把资源、服务、管理充实到社区，让离群众最近、感知最灵敏的基层有人有物有保障。严格社区事务准入制度，尽最大努力减重复劳动、减不必要形式、减隐性负担。推行“一门受理、一站服务、全科社工”服务模式，构建“政社协同、功能齐全、运行规范、服务专业”的社区服务网络。进一步优化社区布局，全力推进“村改居”，破解无物管小区管理等难题。配强社区工作者队伍，完善激励评价机制，把更多热爱基层、热心社区、善做群众工作的优秀人才引进来、留下来、发展好。四是建设精神文明高地。坚持物质富裕与精神富有一体推进，积极创建全国文明典范城市。深化新时代文明实践体系，拓展文明实践基金、文明实践超市建设，建成“15 分钟文明实践服务圈”。进一步丰富“最美家风+”“五风五德五好五文明”等品牌内涵，积极选树各类先进典型，形成崇尚先进、争当先进的良好社会氛围。

四、继续推进新时代党的建设新的伟大工程

开创现代化建设新局面，关键在于加强党的建设。全区各级党组织要大力弘扬伟大建党精神，赓续红色血脉、扛起时代担当，深入贯彻落实新时代党的建设总要求，推进全面从严治党向纵深发展，为现代化建设提供坚强政治保证。

（一）突出知行合一，锤炼绝对忠诚的政治品格。严守党的政治纪律和政治规矩，不断增强“四个意识”、坚定“四个自信”，坚定不移做“两个确立”忠诚拥护者、“两个维护”示范引领者，不断提高政治判断力、政治领悟力、政治执行力。强化政治监督，有令必行、有禁必止，确保党中央大政方针和省市委决策部署落地见效。坚持不懈用习近平新时代中国特色社会主义思想武装头脑，完善党委（党组）理论学习中心组等各层级学习制度，切实做到知其然、知其所以然、知其所以必然。落实意识形态工作责任制、网络安全工作责任制，牢牢掌握意识形态工作主动权和主导权。坚持民主集中制，发扬党内民主，落实“三会一课”等制度。增强大局意识、全局观念，杜绝各行其是、各自为政，严格执行重大事项请示报告制度。

（二）突出大抓基层，筑牢能打胜仗的坚强堡垒。把抓基层打基础作为固本之策、长远之计，牢固树立“党的一切工作到支部”的鲜明导向。全面实施“红色根脉强基工程”，大力加强企业、农村、机关、学校、医院、街道社区、社会组织等基层党组织建设，实现党的组织和党的工作全覆盖。开展两新“双覆盖”专项行动，抓住律师、互联网等重点行业，及时有效把党的工作做到快递员、网约工等新就业群体中去。持续整顿软弱涣散党组织，推动基层党组织全面进步、全面过硬。切实抓好党员发展和日常教育管理工作，提高党员队伍建设质量。实施村党组织书记“雏雁计划”，健全“贤人回村”政策体系，选优配强基层党组织带头人，培育选树更多先进典型。

（三）突出实绩导向，锻造堪当重任的干部队伍。加快建设变革型组织，提高干部塑造变革能力，着力打造一支政治过硬、具备领导现代化建设能力的高素质专业化干部队伍。树牢“以实绩论英雄，凭实绩用干部”导向，坚持从改革发展一线、重大斗争前沿、急难险重关头中考察识别干部，切实把艰难困苦能扎根、疑难问题能攻坚、改革创新能突破的优秀干部选出来、用起来。扎实开展经济、科技、金融、法律等专业化培训，不断提高领导干部推动高质量发展的能力。深化“项目专员”制度，推动年轻干部深入一线经风雨、见世面、壮筋骨、长才干。坚持严管和厚爱结合、激励与约束并重，进一步健全容错纠错、澄清保护、松绑减负的体制机制，为担当者担当、为实干者撑腰，激发干事创业精气神。

（四）突出标本兼治，打造风清气正的政治生态。把严的主基调长期坚持下去，深入推进清廉南浔建设，坚定不移推进反腐败斗争，不断深化不敢腐、不能腐、不想腐一体推进。坚持把案件查办作为最有力的监督，紧盯“关键少数”和重点领域，深化运用“四种形态”，严肃查处影响经济发展、破坏营商环境、侵害群众利益、损害党和政府形象的腐败问题。锲而不舍纠治享乐主义、奢靡之风，全面整肃“一掌柜六先生”。深化整治形式主义、官僚主义顽瘴痼疾，下决心减少发文、减少会议、减少督查检查，切实为基层减负松绑。坚持把问题整改作为最严肃的责任，从严从实抓好纪检监察建议、巡察报告、审计报告、“七张问题清单”的整改落实，构建纠治问题、堵塞漏洞、完善制度、净化生态、系统治理的闭环体系。坚持厉行节约、杜绝浪费，禁止低效无效投资，取消低效无效支出，用政府的“紧日子”换取群众和企业的“好日子”。加强对“一把手”和领导班子监督，以数字化手段赋能权力运行制约机制，真正把权力关进制度的笼子。坚持警示教育常态化制度化，筑牢党员干部拒腐防变的思想防线，巩固风清气正的良好政治生态。

（五）突出党的领导，凝聚团结发展的整体合力。充分发挥党委总揽全局、协调各方的作用，改进和完善领导方式方法，构建“5912”工作体系，不断提高领导能力和执政水平。切实加强区委和区委常委班子自身建设，全面贯彻区委常委会工作制度和议事规则。充分发挥人大、政协重要作用，探索新形势下人大、政协围绕中心、服务大局的新途径、新形式，认真践行全过程人民民主，发挥政协专门协商机构作用，鼓励支持人大代表、政协委员积极参政议政、民主监督、建言献策。坚持党管武装原则，加强国防动员和后备力量建设，深化全民国防教育，巩固发展军政军民团结。用好统一战线重要法宝，广泛凝聚浔贤力量，建立健全浔贤助力高质量发展体系，全面落实党的民族、宗教、侨务等政策，做好对台、港澳工作。发挥群团组织政治优势、人才优势和群众优势，集中群众智慧，为全区经济社会发展打牢团结共事的基础。

同志们！回望走过的奋斗路，我们心潮澎湃；展望前方的奋进路，我们豪情满怀。让我们更加紧密地团结在以习近平同志为核心的党中央周围，在省市委的坚强领导下，以沸腾的状态、战斗的姿态，甩开膀子、撸起袖子，奋力走好现代化建设新征程，为打造美丽繁华新江南，建设美好生活新家园而努力奋斗！

政府工作报告

——在湖州市南浔区第四届人民代表大会第五次会议上

湖州市南浔区人民政府区长　温建飞

2021 年 2 月 24 日

一、2020 年主要工作和“十三五”发展成就

2020 年是新中国历史上极不平凡的一年，是南浔发展进程中极为难忘的一年。面对严峻复杂的宏观形势、艰巨繁重的改革发展任务，特别是新冠疫情的严重冲击，区政府坚持以习近平新时代中国特色社会主义思想为指导，在市委、市政府和区委的坚强领导下，在区人大、区政协的监督支持下，全面落实区委“一一二八”工作部署，大力倡导“以实绩论英雄”，统筹推进疫情防控和经济社会发展，较好地完成了区四届人大四次会议确定的主要目标任务。2020 年，全区生产总值增长 3.3%，财政总收入和一般公共预算收入分别增长 5.5%和 6.7%，城镇、农村居民人均可支配收入分别增长 4.2%和 7.4%。

过去一年，我们全力抗击新冠疫情，第一时间建立依法防控、群防群控、精密智控工作机制，率先启动来浔人员管控措施，“洗楼”式排查 59.62 万余人次，开展核酸检测 9 万余人次，实现本地居民零感染，3 个输入性确诊病例全部康复，4 月 12 日实现确诊病例清零；海内外南浔籍企业家和社会爱心人士抗疫捐款 2137 万元，21 名医护人员驰援湖北、新疆、河北等地区；复工复产成效明显，2 月下旬 1057 家规上企业全面开复工，经济社会迅速走上正常有序轨道。过去一年，我们集中力量抓重点、补短板、强优势，沪苏湖铁路、苏台高速、湖杭高速等重点交通项目相继开工，太阳酒店·水晶晶广场、大象酒店·国际会展中心、绿地南浔中心三大地标全面开工，浙江水利水电学院南浔校区正式获省政府批复并开工建设，为迎接高铁时代到来奠定了坚实基础。过去一年，我们敢为人先、奋勇争先，荣获全国县域数字农业农村发展先进区、省新时代美丽乡村示范区、省国土资源节约集约模范区等荣誉称号；全年争取上级各类政策性资金 13.39 亿元，其中中央预算内投资资金 2.16 亿元，位列全省第一；2 项重点工作获得省政府督查激励；圆满承办全省乡村产业高质量发展和全域土地综合整治两个高规格现场会；粮食增产保供工作入选全省争先创优行动“最佳实践”案例。这些成绩和荣誉极大激发了全区上下奋战新时代的干事创业激情。

一年来，我们主要做了以下五个方面：

（一）着力稳企业稳增长，经济运行稳中有进

助企发展深入见效。扎实做好“六稳”工作，全面落实“六保”任务，出台应对疫情支持企业健康发展一揽子扶持政策，兑现扶持资金 1.69 亿元。落实减税、减费、减租、减息、减支措施，为企业减负 28 亿元。4637 万元中央“两直”资金惠及小微企业和个体户 2.47 万户，覆盖面居全市第一。深入实施融资畅通工程，新增贷款 143.24 亿元，其中小微企业贷款 57.41 亿元，分别增长 31%和 26%。防范化解金融风险，全区银行机构不良贷款率 0.24%，保持全市最低。提高土地集约节约利用水平，处置“五未”项目 70 个，完成建设用地复垦 355 公顷、城镇低效用地再开发 49 公顷，全年供应土地 492 公顷，增长 49.8%。

产业升级有力推进。出台促进“三电一板”产业高质量发展五条意见，规上工业增加值增长 4.1%，电梯产业入选全省十大质量提升示范特色产业和长三角质量提升示范点。推动企业转型升级，淘汰整治“低散乱”企业 544 家，完成“个转企”309 家、“企升规”139 家，新增专精特新“小巨人”企业 2 家、省级“隐形冠军”培育企业 5 家、“新三板”挂牌企业 2 家，善琏湖笔厂入选国家工业遗产。加快发展数字经济，新增省级制造业与互联网融合发展试点示范企业 7 家。新增规上限上服务业企业 94 家，服务业增加值增长 5.9%，居全市第二。促进消费持续复苏，开展各类带货直播活动 30 场，发放电子消费券 2000 万元，网络零售额增长 24.7%，入选省数字生活新服务标杆区创建名单。菱湖古镇获评国家 AAA 级旅游景区。启动农业高新技术产业示范

区建设，新发展和改造提升“四个万亩”基地 1333 公顷，提标改造粮食生产功能区 553 公顷，入选省级乡村振兴产业发展建设示范区，以全省最高分通过省级稻渔综合种养重点示范区验收。引进千万元以上农业项目 102 个，其中市级“大好高”项目 12 个，均居全市第一。新增家庭农场 312 家，入选省级农业数字工厂 7 家，居全省第一。

创新动能有效集聚。出台科技创新发展十五条意见，高新技术产业增加值增长 4.3%。新增高新技术企业 33 家、省科技型企业 120 家、省级企业研究院 7 家、省级企业技术中心 2 家。深入实施产学研合作，与浙江大学、中国计量大学合作共建智能驱动研究院、标准化研究院，南浔（上海）科创中心投入使用。参与制订国际标准 2 项、国家及行业标准 38 项，发布全国首个既有多层住宅加装电梯地方标准规范。成立区人才产业集团，实施人才新政 4.0 版，引进顶尖、领军人才 69 人，招引大学生及其他各类人才 1.9 万人，新引育高技能人才 4270 人，选树“千名技能人才”1200 人。

（二）着力促开放拓平台，项目双进全面提速

开放合作持续扩大。出台“稳外贸十条”“浔信贷”等扶持政策，进出口总额增长 24.3%，获评省进口贸易促进创新示范区。南浔区跨境电商产业（孵化）园建成运行，实现跨境电商销售额 5.44 亿元，增长 105%。成功举办融沪接苏协同发展（上海）推进会等活动，签约引进亿元以上项目 163 个，华尚光电、弗兰德 5G 等 4 个 50 亿元以上项目顺利落户，新认定市级“大好高”项目 57 个。高质量实施东西部扶贫协作、对口支援合作、山海协作等扶贫项目 40 个，到位资金 3.06 亿元。“三产联动、国企引领”扶贫协作模式连续两年入选国务院扶贫办典型案例，区对口领导小组荣获浙江省东西部扶贫协作组织工作奖。

平台拓展取得突破。开展“喜迎高铁、万亩征迁”攻坚行动，頔塘北岸等四大片区和“三高一隧”征迁完成签约 1148 户，签约率 92.95%，已拆除 700 户，南浔镇渔业村、沪苏湖铁路工程实现征迁清零。启动頔塘北岸老工业园改造工程，开发区万亩大平台累计拓展面积 533 公顷，完成长三角绿色智造联动发展南浔合作园 56 公顷低效用地收储。双林工业园区拓展面积 67 公顷，嘉湖一体化发展先行区拓展 100 余公顷，成为全省大都市区建设 5 个一体化合作先行区之一。善琏湖笔小镇、湖州丝绸小镇（荻港片区）正式命名省级特色小镇。投入运营生产制造类小微园 10 个，投产企业 86 家。

有效投资高歌猛进。固定资产投资、工业性投入分别增长 7.6%和 28.6%，增幅均居全市第一。全省扩大有效投资重大项目集中开工仪式湖州分会场活动在南浔举行，全年开工建设亿元以上项目 118 个、竣工投产 81 个，分别增长 57%和 102%，泰嘉光电项目 39 万平方米主体厂房顺利结顶。抢抓政策窗口机遇，落实“2+6”重大项目清单，列入省重大产业项目 6 个、省服务业重大项目 7 个、省重点建设项目 20 个，省市县长项目落地率 100%，争取地方政府债券项目 10 个，到位资金 12 亿元。

（三）着力优品质提能级，城乡面貌显著改善

环境治理铁腕推进。扎实做好第二轮中央生态环境保护督察相关工作，空气、水环境质量进一步改善。探索“水乡综合体”治理模式，全面完成污水零直排区创建任务，基本实现全区污水管网全覆盖、雨污全分流。在全省率先实施木质家具、电机、电梯等行业挥发性有机物源头治理，完成 237 家重点企业源头替代工作，创新做法登上《焦点访谈》在全国推广。强化工地扬尘、餐饮油烟、车船尾气管控，完成 78 台燃气锅炉低氮改造。开展“四非”集中清理整治，拆除非法制砖厂、非法搅拌站等 102 家。绘制土壤污染状况管理“一张图”，完成 88 家工业企业危废仓库规范化整治提升，全区首家工业固废危废收贮运一体化中心投入运行。

城市建设再掀热潮。全年实施中心城区城建项目 100 个，完成投资 133.1 亿元。頔塘南岸城市阳台、广弘新天地、吾悦广场等城市综合体主体工程完工。改造老旧小区 7 个，整治易涝点位 9 个，创建“美丽小区”20 个，建成垃圾分类驿站 171 个。水晶晶公园、南林公园对外开放，新增城市绿道 11.8 千米、绿地 80 公顷。南浔城区获评全省首批 AAAA 级景区城。实施智慧交通项目，更新公共自行车 1100 辆，投放共享电单车 2000 辆，实现主要道路信号灯智能联网联控。完善优化城市路网，新增城市道路 7.4 千米，打通断头路 4 条，新安路、直港路、风顺路建成通车，S213 北延及隧道段、南林大桥、向阳大桥等工程开工建设。

美丽镇村巩固提升。高质量推进 8 个新时代美丽城镇建设，菱湖镇被评为省级样板镇，练市镇获评省园林城镇，菱湖镇、和孚镇获评省 AAAA 级景区镇。启动实施高水平建设新时代美丽乡村三年行

动计划，创建省级美丽乡村示范镇 1 个、特色精品村 3 个、美丽乡村精品线 1 条，新增省 AAA 级景区村庄 13 个。建成农村生活垃圾分类智慧化监管平台，创建省级垃圾分类示范村 3 个、市级标杆村 80 个，农村生活垃圾减量 15.3%。深入推进 15 个全域土地综合整治与生态修复工程，旧馆镇、南浔镇入选国家级试点，建成乡村别墅 5023 套。实施农村路网项目 115 项，湖盐公路、湖山大道、三新线等工程顺利推进，新增美丽经济交通走廊 151.3 千米。启动“幸福河湖”建设，出台全省首个平原地区幸福河湖建设评价规范，创建省级美丽河湖 3 个，完成标准化圩区整治 1273 公顷。

（四）着力惠民生保平安，百姓福祉持续增进

社会保障夯实有力。构筑低收入群众“六无六有”综合救助体系，募集善款 6592 万元，7516 名结对帮扶低收入人群年均收入达 2.08 万元。新成立强村公司 4 家，全面消除村集体年经营性收入 50 万元以下行政村，全区村年均经营性收入突破 100 万元。新增城镇就业 3.1 万人，帮扶失业人员再就业 7314 人，城镇登记失业率 1.52%。启用区级智慧养老平台，水晶晶颐养中心主体工程完工，建成示范型居家养老服务中心 10 家、幸福邻里中心 8 个、儿童之家 22 家。基本养老、医疗保险参保率分别达 99.09% 和 99.78%，低保标准提升至每人每年 1 万元以上。推进区、镇、村三级“枫桥式”退役军人服务站建设，转业军官和士官安置率 100%。

公共服务持续优化。推动教育优质均衡发展，实施公办民办同步招生，全区中考总平均分连续十年全市第一。庆同小学、水晶晶新城学校、横街中学等 6 所新改建学校项目投入使用，开发区实验幼儿园、双林镇中心幼儿园镇西分园等 8 所幼儿园完成建设。深化“健康南浔”建设，发布全省首个社区慢性病智慧健康管理地方标准，入选省“三医联动”“六医统筹”集成改革试点区。发布全省首个新时代文明实践户建设与评价地方标准规范，农村文化礼堂实现建制村全覆盖，获评省农村文化礼堂建设示范区。新增各类体育设施 25 万平方米，举办国际桨板赛等文体活动 580 余场，省级文化站创建实现全覆盖。练市镇获评全国文明镇。持续打响“水晶晶南浔”城市品牌，开展“寻找水晶晶女孩”全国选拔大赛。完成第七次全国人口普查登记工作。

社会治理创新完善。深入开展“两排查两见底”“四清六化”“四个秩序”等专项整治工作，扎实推进无隐患系列创建，全区县道无隐患公路实现全覆盖，安全生产事故控制性指标持续下降。成立区社会矛盾纠纷调处化解中心，镇级矛调中心建设实现全覆盖。成功创建省级“无欠薪区”和省级“无信访积案区”。以“五管”模式推进清廉乡村建设，实施村级小额工程智慧监管，实现村级结算“无现金”。举办家风建设与基层社会治理南浔案例分享暨中华老字号家风传承活动，建成全省首个县级民族宗教管理服务中心，区、镇、村三级乡贤联谊会实现全覆盖。扫黑除恶专项斗争取得决定性胜利，南浔公安“警务大脑”投入使用。成功摘得全省首批一星“平安金鼎”，入选中国社会治理百佳示范县市，平安南浔建设有望实现“十六连冠”。大力支持国防建设，大学生兵员征集比例、民兵新质力量比例均居全市第一，获评全省民兵工作和征兵工作先进单位。

与此同时，人民防空、政府咨询等工作扎实推进，外事、港澳台侨、档案、统计、邮政、关心下一代等工作有序开展，工青妇、红十字、残疾人等事业取得新进展。

（五）着力强作风抓改革，自身建设不断加强

政府改革全面深化。加快建设数字政府，在全市首创“零材料”申报、现场勘察审批“一线办”和工程建设项目“开工前办一次”，推出 52 项“智能秒办”事项，实现投资项目审批全流程“最多 80 天”。实施镇级便民服务中心“一站式”改革，可办政务服务事项平均达 300 余项，95 项政务服务事项实现嘉湖一体化跨城通办。率先完成农业水价综合改革，入选全省首批“三位一体”改革示范区。整合撤并事业单位 21 家，实施部分区域行政区划调整，组建东迁、旧馆两个街道。

依法行政扎实推进。严格执行重大行政决策法定程序，干部学法、行政负责人出庭应诉等制度全面落实。完成“七五”普法任务，创建省级以上民主法治村 16 个。开展“综合查一次”创新实践，划转综合行政执法事项 300 项，下放基层服务事项 379 项。“一支队伍管执法”改革列入全省县乡法治政府建设“最佳实践”案例。自觉接受人大依法监督、政协民主监督、纪检监察监督和社会舆论监督，办理人大代表建议 72 件、政协委员提案 110 件，满意率分别为 97.22%、100%。办理“12345”政府阳光热线 3.9 万件，群众满意率 99.82%。

作风建设持续改进。扎实开展深化“三服务”、

奋战“五个年”活动，实施“三长”领办机制，解决急事难题52个。严格落实中央八项规定精神，持之以恒整治“四风”，公共财政预算一般性项目支出压缩10%，“三公”经费下降10.07%。深化政府清廉工程，强化审计监督和审计结果运用，加强国有资产监督管理，开展工程建设领域突出问题专项整治，廉政风险防控机制不断健全。

各位代表，2020年是“十三五”发展的收官之年。五年来，区政府在区委的坚强领导下，不忘初心、牢记使命，顽强拼搏、开拓创新，较好地完成了“十三五”规划确定的主要任务，高水平全面建成小康社会取得决定性成就。

过去五年，是综合实力提升最快的五年。五年间，地区生产总值从338亿元增加到468亿元，年均增长6.3%，人均生产总值从6.88万元增加到9.6万元。规上工业总产值达940亿元，新增上市、新三板挂牌企业7家，规上工业企业达1130家，成为全市唯一超千家的区县。服务业增加值达170.37亿元，年均增长8%，成功创建南浔古镇省级旅游度假区。农业总产值达48.7亿元，建成市级以上现代农业园区26个，农业现代化发展指数列全省第12位。累计完成全社会固定资产投资963.1亿元。财政总收入从35.26亿元增加到67.22亿元，年均增长13.77%。组建城投、交投、旅投、新城四大国有集团，国企总资产增长2.6倍。

过去五年，是产业转型效果最好的五年。五年间，高新技术企业由77家增至169家，研发投入强度由2.81%提高到3.24%。全面开展“亩均论英雄”改革，在全市率先推出“亩产数字地图”，整治提升“低散乱”企业5455家，工业用地亩均税收提高6.1万元。打造产业创新载体，盘活存量建设用地720公顷，南浔经济开发区在全省考评中升至第7位，智能机电高新技术产业园升格为省级高新区，新增市级以上众创空间28个、省级产业创新综合体2个、国家级孵化器1个。

过去五年，是城市格局变化最大的五年。五年间，中心城区建成区面积达36.3平方千米，常住人口城镇化率由52.9%提高到60.5%。交通能级显著提升，湖浔大道、浔练公路改扩建、“三高”连接线、南浔大桥等建成通车。城市展览馆、华美达酒店、总部经济园等一批标志性建筑相继建成，城市新区框架拉开，頔塘南岸、褚家漾等旧城区块展现新颜，古镇北部景区扩容提质。累计建成城市公园6个、绿道130千米，建成区绿地率达42.89%。

过去五年，是生态环境改善最优的五年。五年间，坚定不移推进环境整治，剿灭劣Ⅴ类小微水体1253个，完成河道生态治理600千米，农村生活污水治理实现全覆盖，“三改一拆”面积达1729万平方米。$PM_{2.5}$平均浓度由44微克/米^{3}下降到29微克/米^3，空气优良率由62.5%提升至89.4%，空气质量改善率居全市第一。高质量完成美丽乡村全覆盖、500千米农村公路建设和21个小城镇环境综合整治，高标准推进“十线十景十小镇”，荣获省级生态文明建设示范区、省级“四好农村公路”示范区称号，连续2年夺得省“五水共治”工作“大禹鼎”。

过去五年，是人民群众得益最多的五年。五年间，坚持每年落实一批民生实事和富民惠民工程，城镇和农村居民人均收入年均增长7.9%和8.8%。城乡居民基本养老、医疗保险实现提档全覆盖，建立困难人员专项医疗救助制度，累计发放各类救助保障资金3.73亿元。社会事业得到全面发展，投入120.61亿元，新改扩建南浔区人民医院、菱湖人民医院、庆同小学、南浔实验幼儿园等一批民生工程。精神文明建设深入推进，累计入选道德模范、最美人物等90人、劳动模范70人，成功创建全国文明城市、省文明区、省级食品安全区。

各位代表，五年发展，成绩维艰；五年耕耘，收获满满。这是上级党委政府和区委正确领导的结果，是区人大、区政协监督支持的结果，更是全区干部群众团结奋斗的结果。在此，我代表区人民政府，向全区人民和所有新“南浔人”，向人大代表、政协委员，向离退休老同志，向各民主党派、工商联、无党派人士、各人民团体和社会各界人士，向所有关心、支持南浔发展的海内外朋友们，表示衷心的感谢！

同时，我们也清醒地认识到，我区经济社会发展和政府工作还存在不少问题和短板。主要是：稳增长压力较大，企业发展困难增多，外贸进出口面临较大挑战；自主创新能力不强，传统产业转型提升不够快，新兴产业占比还不高；中心城区的辐射带动作用还不够强，品质和能级亟须提升，教育、医疗等优质公共服务供给还不充分；资源约束趋紧，环境承载力下降，人口老龄化压力增大；公共安全基础还不牢固，各类风险隐患仍然较多；政府系统担当精神、创新意识、治理能力有待进一步提升，“四风”问题仍有发生。对这些问题，我们一定高度重视，采取更有效措施，切实加以解决。

二、“十四五”发展主要目标任务

根据中共南浔区委《关于制定南浔区国民经济和社会发展第十四个五年规划和二〇三五年远景目标的建议》，区政府制定了《南浔区国民经济和社会发展第十四个五年规划和二〇三五年远景目标纲要（草案）》，提请大会审议。

“十四五”时期是我国在全面建成小康社会、实现第一个百年奋斗目标，乘势而上开启全面建设社会主义现代化国家新征程、向第二个百年奋斗目标进军的第一个五年，也是南浔全面融入长三角一体化发展、加快赶超跨越发展的关键时期。面对百年未有之大变局，全区上下必须坚定发展信心，深刻认识危与机并存，努力在危机中育先机、于变局中开新局；必须把握发展规律，持续深化供给侧结构性改革，增强产业链供应链竞争力，推动质量变革、效率变革、动力变革；必须保持战略定力，抢抓“高铁时代”机遇，努力在融入长三角一体化发展中掌握主动、赢得先机。

站在新的历史起点，立足新发展阶段，区委四届十一次全体会议科学分析了面临的机遇和挑战，精心擘画了南浔经济社会发展的宏伟蓝图。今后五年，政府工作的指导思想是：高举习近平新时代中国特色社会主义思想伟大旗帜，深入贯彻党的十九大和十九届二中、三中、四中、五中全会精神，全面贯彻党的基本理论、基本路线、基本方略，统筹推进“五位一体”总体布局，协调推进“四个全面”战略布局，坚持党的全面领导，坚持以人民为中心，坚持新发展理念，坚持深化改革开放，坚持系统观念，坚持稳中求进工作总基调，忠诚践行“八八战略”，落实市委“一四六十”工作体系，以“融入长三角一体化”为突破，以深化改革和扩大开放为动力，全面落实区委“一一二八”工作部署，奋力重塑水晶晶南浔，建设美丽繁华新江南，高质量打造湖州“开放东大门、创业新高地”，高水平建设社会主义现代化共同富裕示范样本。

“十四五”时期发展的主要目标是：地区生产总值年均增速高于全省 1.5 个百分点，到 2025 年突破 700 亿元，人均生产总值超过 13 万元；财政收入、固定资产投资、规上工业产值三项重要指标实现翻番；城镇和农村居民人均可支配收入年均分别增长 9%和 9.5%以上，城乡居民收入比缩小到 1.6∶1 以内；研发投入强度提高至 3.5%左右。实现上述目标，总的是围绕重塑水晶晶南浔，高水平建设社会主义现代化共同富裕示范样本主题主线，实施四项倍增计划，深化四大幸福工程，加快四个城乡一体，培育四类特色文化，努力建设“五个地”：

（一）坚持创新发展，突出扩量提质，打造智能制造产业集聚地。坚持工业强区、产业兴区，着力提升产业链供应链竞争力，培育发展光电、木业、电梯、电机、电磁线等特色产业集群，到 2025 年，工业总产值突破 2000 亿元。继续实施“新象新牛”和中小企业培育工程，到 2025 年，招引产业链头部企业 10 家，培育销售收入超百亿元企业 5 家、超 50 亿元企业 10 家以上，新增上市公司 6 家，规上工业企业突破 2000 家。充分发挥企业创新主体地位，强化创新链产业链精准对接，到 2025 年，高新技术企业和科技型中小企业实现“双倍增”，高新技术产业增加值占工业增加值比重达 65%以上，新建省级以上研发中心 40 家、企业研究院 30 家以上。

（二）坚持开放发展，突出接轨上海，打造融沪接苏联杭新高地。深入实施“4216”交通工程，构建区域“双轨双环”新格局，确保沪苏湖铁路、苏台高速、湖杭高速等建成通车，实现主要轨道交通、干线公路航道、公共交通体系与沪苏杭紧密对接。建设高能级产业平台，南浔经济开发区争创国家级开发区，建成长三角绿色智造联动发展南浔合作园，创建南浔古镇国家级旅游度假区和国家现代农业产业园。营造一流创新创业生态，构建更具竞争力的政策体系，每年聚引大学生及其他各类人才 1 万人以上。发展更高水平开放型经济，建成一批总部经济集聚地和“科创飞地”，提高利用外资、跨国发展和国际合作水平。

（三）坚持协调发展，突出资源统筹，打造城乡融合发展示范地。全面提升城市能级，加快融入湖州主城区，高水平规划建设高铁新城等城市板块，着力推进城区景点化、城郊田园化，全面推行“新江南住宅标准地”，打造湖州东翼“低密度、高颜值”的现代田园城区，到 2025 年，中心城区 100 平方千米城市框架基本形成，建成区达到 50 平方千米，常住人口达 30 万人。完善带状组团式发展的城市形态，加大练市小城市、菱湖副中心、中心镇和特色小镇培育力度，促进城乡要素自由流动和公共资源合理配置，巩固提高城乡融合发展水平。打造区镇村一体的整体治理格局，构建以城市数字大脑为核心的智慧治理体系，推动区域治理现代化向纵深推进。

（四）坚持绿色发展，突出全域美丽，打造江南水乡旅游首选地。打好生态环境巩固提升持久战，统筹推进大气、水环境治理保护和土壤污染治理修复，到2025年，空气优良率达90%以上，地表水水质稳定在Ⅲ类以上，高质量重现“水晶晶南浔”。全面推进平原绿化建设，形成美丽城市、美丽城镇、美丽乡村共建的全域美丽格局，推动美丽繁华新江南的景象不断重现。全力挖掘南浔古镇旅游龙头效应，推动古镇从单纯旅游景区向创新策源地、人才集聚地和消费新高地转变，打造具有水乡韵味的创意基地和水乡慢生活度假胜地。持续拓宽“绿水青山就是金山银山”转化通道，打造融美丽产业、美丽乡村、美丽田园于一体的乡村振兴南浔模式，到2025年，新培育省级旅游度假区1个，省级景区镇实现全覆盖，建成万亩农业综合体1个、家庭农场5000家。

（五）坚持共享发展，突出惠民富民，打造百姓共同富裕样板地。坚持把不断满足人民群众对美好生活的需要作为一切工作的出发点和落脚点，让人民全生命周期需求普遍得到更高水平满足。持续完善“六无六有”综合救助体系，加强低收入人群动态精准管理，到2025年，全区低收入人群人均年收入达2.5万元以上。建设高质量教育体系，推进“现代化学校”创建，全面实施教育人才引育计划，到2025年，构建起从学前教育到大学教育的全系统教育高地。积极打造“健康中国示范区”，推进“三医联动”“六医统筹”改革，健全现代医院管理制度，加快建设整合型医疗卫生服务体系，确保三级综合医院实现“零”的突破。健全老幼关爱保护和服务保障体系，扩大各类社会保险覆盖面，大力发展社会救助、慈善公益事业。持续深化“最美家风+”创建活动，挖掘和弘扬新时代“南浔精神”，进一步丰富“水晶晶南浔”城市品牌内涵，全面提升社会文明程度和文化软实力。

各位代表，“十四五”对于南浔而言，发展机遇百年一遇，发展前景一片光明。我们坚信，经过全区人民的共同努力，“十四五”规划的美好蓝图一定能够实现！

三、2021年主要工作

2021年是中国共产党成立100周年，是“十四五”首战之年，也是我区高水平建设社会主义现代化共同富裕示范样本的开启之年。当前，宏观经济形势仍然复杂严峻，复苏不稳定不平衡，疫情冲击导致的各类衍生风险不容忽视。做好今年各项工作，总的要求是：全面贯彻中央和省市区委全会及经济工作会议精神，坚定不移落实区委“一一二八”工作部署，坚持系统观念，全面创新思维，扎实推进“12233”工程，统筹推进区委、区政府重大项目建设，巩固拓展疫情防控和经济社会发展成果，扎实做好“六稳”工作、全面落实“六保”任务，加快重塑水晶晶南浔，确保高水平建设社会主义现代化共同富裕示范样本顺利开局、全速推进，确保“十四五”迈好第一步、展现新气象，以优异成绩庆祝中国共产党成立100周年。

综合分析各方面因素，建议今年全区经济社会发展的主要预期目标是：地区生产总值增长8%；固定资产投资增长15%以上，其中工业性投入增长20%以上；财政总收入和一般公共预算收入均增长10%；规上工业增加值增长9%以上；研发投入强度达到3.3%以上；社会消费品零售总额增长7.5%；城乡居民收入分别增长9%和9.5%；节能减排降碳完成市定任务。

为实现上述目标，我们将重点做好六个方面工作：

（一）加快融沪接苏联杭，促进区域发展大融合

扩大一体化区域合作。深入实施融沪接苏“1152”工程，落实接轨上海行动计划，全方位对标研究，全力打造非接壤地接轨上海典范。谋划组建招商集团，推动项目招商向产业招商转变，围绕“1+3”产业集群精准强链延链补链，着力引进产业链上游国内外龙头企业和关联配套企业。确保签约亿元以上项目100个，其中5亿元以上项目40个、20亿元以上项目10个，新增市认定“大好高”项目60个以上、省重大产业项目10个以上，新开工、新竣工亿元以上项目均在100个以上。加强与青浦、吴江、桐乡等地合作，推进南浔至吴江省际通道、练市至乌镇“花乌线”城际通道建设，加快长三角绿色智造联动发展南浔合作园、嘉湖一体化发展先行区建设。发展更高层次的开放型经济，推动出口总额占全省比重继续提升，确保实到外资2.5亿美元，争创机电产业省级产业集群跨境电商发展试点。深化城市整体营销，增强“水晶晶南浔”城市品牌对外影响力和对内牵引力。继续推进东西部扶贫协作、对口支援合作和山海协作。

建设一体化交通体系。实施184个交通建设项目，完成投入82亿元以上。推进沪苏湖铁路南浔段和综合交通枢纽工程，做好如通苏湖城际铁路项目

前期，力争长三角水乡旅游线局部开工。加快苏台高速、湖杭高速建设，继续推进S213及北延隧道段、湖盐公路、三新公路、三高连接线二期等工程，突破三环南路、织菱公路、S213南延等项目前期。优化城区道路交通，加快南林大桥、向阳大桥新改扩建工程，推进站前大道、风顺路南延、沈塘路南延等8条城市道路建设。完成100条乡村公路无隐患美丽公路创建，力争农村公路优良路率达到95%，争创“四好农村路”全国示范区。转型发展内河水运，启动旧馆等综合性公用港口码头建设。

构建一体化产业平台。强化开发区、高新区工业主战场地位，改革管理体制，进一步提升平台承载能力。加快开发区万亩千亿平台建设，新拓展面积333公顷以上。推进高新区整合发展，完成总体规划编制，加快形成25平方千米核心区块。实施老旧工业园区改造，盘活存量建设用地200公顷。推动小微企业园向专业园区转变，新投入使用小微企业园10个，招引成长型企业100家以上，确保主导产业集聚度达到70%以上。推进“1+N”绿色高端智造家居谷建设，集聚绿色家居企业30家以上。

（二）突出建链延链补链，促进优势产业大转型

推动企业梯度化培育。迭代升级惠企政策，力争减轻企业各类负担30亿元。加大金融服务企业力度，新增贷款超125亿元。持续推进“新象新牛”“凤凰行动”等企业培育计划，新增规上工业企业150家、“个转企”200家、上市企业1家。强化企业创新主体地位，新培育高新技术企业35家、省科技型中小企业120家。参与制订国际国内标准10项，新增“品字标”企业6家、“浙江制造”标准6项，每万人有效发明专利拥有量达40件。建立“单打冠军”“隐形冠军”企业培育库，增强龙头企业产业链供应链引领力。提升国有企业市场化水平，规范产业投资基金设立、运作与监管，确保信用评级2A+企业实现零突破。

推动产业集群化发展。实施千亿产业集群倍增计划，做大做优做强标志性产业链，确保规上工业总产值突破1000亿元。大力培育以光电通信产业为重点的新兴产业，确保泰嘉光电、华尚光电、弗兰德5G等项目竣工投产。赋能“三电一板”等传统优势产业优化升级，打造特种装备绿色智造基地、绿色家居产业集群，构筑产业链上下游企业共同体，实施技术改造项目155个，确保国家高端装备制造业标准化试点通过验收、国家知识产权强县工程示范区完成创建。推进“两化融合”，实施数字转型项目20个，培育市级以上数字化车间、智能工厂15家，新增上云企业500家，数字经济核心产业增加值增长16%以上。

推动要素精准化配置。开展规上工业企业“创新评动力”活动，出台“亩均论英雄”2.0版，规上工业企业研发投入增长15%以上。高标准建设智能电梯、绿色家居两大省级产业创新服务综合体，新增10个校企联合研发中心。加快人才生态最优区建设，推进科创飞地扩容增效，新引进各类人才1.8万名以上，确保人力资源服务产业园投入使用。通过“五个一律”调整供地价格，健全“闭环管理”机制，强化工业用地差别化供给和全过程监管，实施“345+1.5”准入标准，保障各类建设用地533公顷以上。

（三）开展美丽城市创建，促进品质功能大跃升

实施城市更新行动。坚持规划引领，实施“新江南住宅标准地”改革，高标准推进高铁新城、城南上海小镇、頔塘北岸、褚家漾等区块开发建设。持续推进“三大地标”、浙江水利水电学院南浔校区、頔塘未来社区等项目，完成100个城市开发建设项目。启动新建2个农贸市场，整治适园路、风顺路等易涝区域，实施10个老旧小区改造，力争完成既有住宅加装电梯300台。以绣花功夫扮靓城市，做好沿河、沿路、城区空闲区域绿化美化，新建城市绿道10公里、绿地15公顷。统筹推进小城市、中心镇、特色小镇发展，支持开发区创建智能电梯小镇、和孚镇创建新时代美丽城镇。

强化城市精细管理。启动实施美丽城市十大专项行动，推动“十美细胞”创建，全方位提升管理水平和城市品质。打造南林路、适园路、古镇东大街3条“美丽街区”，建设示范“美丽小区”6个、“美丽单位”32家。推进垃圾分类提质扩面，实现生活垃圾分类示范小区全覆盖。高质量推进3条“美丽河道”综合整治，创建“美丽市场”3家、“美丽企业”10家、“美丽工地”6个。实施“美丽交通”创建，新增优化公交线路7条、港湾式停靠站10个，打造15分钟城市公交圈。强化城市“美丽夜景”整体设计，打造“美丽公园”3个，中心城区主要道路亮灯率达99%以上。加快湖州城市大脑南浔节点建设，实施10个以上数字化应用场景，新建5G基站466个。

培育城市新兴业态。积极培育经济新增长点，

新增市服务业“大好高”项目 5 个，力争服务业增加值增长 8%。加快培育现代化商圈，打造文明示范街 2 条，推进古镇步行街、頔塘未来社区商业中心等商业集聚区建设，确保吾悦广场、广弘新天地、佳源中心广场等商贸综合体投入运营。建成夜间经济集聚区 2 个。加快消费线上线下融合，力争网络零售额增长 20%以上。支持发展物流业、建筑业，促进房地产市场平稳健康发展。实施邮政快递业“两进一出”试点，新建镇级快递集中处理中心 9 个。

（四）持续优化生态环境，促进全域景区大建设

深化污染防治攻坚。巩固中央生态环境保护督察反馈问题整改成效，实施污染防治“双十”攻坚行动，积极创建国家生态文明建设示范区。开展木业行业废气治理及生物质颗粒行业标准化提升，实现涉挥发性有机物企业低挥发性涂料源头替代全覆盖，$PM_{2.5}$年均浓度持续下降，空气优良率保持在 85%以上。完成喷水织机行业专项整治，新建污水处理厂 1 家、改造提标 7 家，建设污水管网 19 千米，打造“污水零直排”示范样板区，确保“五水共治”再夺“大禹鼎”。推进固危废源头减量，打造固废管理标杆企业 20 家，实现区内产处平衡，创建省首批“无废城市”。巩固提升“四非”企业整治成效，实现“四无五违”企业清零，持续推进治危拆违，争创省“无违建区”。编制实施碳达峰计划，智能机电高新技术产业园争创全省首批低碳工业园区。

建设宜居宜业乡村。深化“千万工程”，新增省级美丽乡村特色精品村 3 个，完成石淙、荻港 2 个美丽乡村样板片区建设。深化全域土地综合整治，实施万套乡村别墅贴心工程，完成建设用地复垦 200 公顷，新建乡村别墅 8900 套。启动杭嘉湖北排通道后续工程，创建省级美丽河湖 2 条。实施农村乱占耕地建房问题专项整治三年行动，坚决守住耕地保护红线。持续推进农村生活垃圾精准分类，创建省级高标准示范村 3 个、市级标杆村 80 个。推动乡村治理“三治融合”，争创国家级乡村治理示范村 2 个、省级善治示范村 20 个。

打响全域旅游品牌。坚持规划先行、项目引领，全力创建省级全域旅游示范区。加速古镇复兴步伐，推进水系恢复、运河国际文化交流中心、景区南出入口改造等项目建设，新增优质业态 50 家、引进精品民宿 25 家以上。加快推进运河含山保护开发、桑基鱼塘保护利用、双林古镇文化街区、练市从家庄理想村等项目，谋划实施世界美食城、世界水利之窗、嘉湖一体化农旅示范区等项目，拓展“水晶晶南浔”水上游线。推动“十线十景十小镇”向美丽经济转变，打响“一镇一节”品牌，举办和孚鱼文化节、石淙花海龙虾节、菱湖淡水渔都丰收节等文旅节庆活动 10 场以上。

发展高质高效农业。加快农业高新技术产业示范区建设，引进 5000 万元以上农业项目 20 个，其中市级农业“大好高”项目 8 个以上。深入实施万亩园区、万亩红美人柑橘、万亩跑道鱼、十万亩稻虾、百万头湖羊“五个万”基地工程，确保东部省级现代农业园区通过验收。开展耕地“非农化”“非粮化”整治，提标改造粮食生产功能区 667 公顷，建成一站式万亩粮油基地 3 个以上，全力打造新时代“鱼米之乡”示范区。强化种质资源保护利用，启动淡水鱼种苗、湖羊种苗基地建设。深化农合联“三位一体+”改革，建成南浔乡村资源“一张图”，完成农产品产供销一体化数字平台，新增省级农业“数字工厂”8 家。提升强村公司市场化运营能力，消除村集体年经营性收入 60 万元以下行政村。

（五）紧盯共同富裕目标，促进民生福祉大改善

落实常态长效的疫情防控举措。全面落实外防输入、内防反弹防控策略，深化“源头查控+硬核隔离+精密智控”机制，坚持人防、物防、技防并举，强化重点人群健康管理，加强重点场所防控监管，从严控制集聚性活动规模，严格落实医疗机构防控措施，突出冷链物防闭环管控，有序开展疫苗接种，确保不发生疫情风险点失管漏管，确保疫情不出现规模性输入和反弹。完善重大传染病监测预警和联防联控机制，提升公共卫生应急响应和医疗救治能力。

加强全面优质的公共服务供给。全面落实教育优先发展战略，持续加大教育投入，优化资源布局，加快教育事业高质量发展。推进学前教育深化改革规范发展，普惠性幼儿园在园幼儿占比 95%以上。探索义务教育阶段集团化办学，组建 3 个教育集团。加快推进实验小学新校区、褚家漾小学建设，启动马腰小学、浙江水利水电学院附属学校、双林二中等新改扩建项目。加快高中教育体制改革，确保新南浔高中投入使用。推进浙江同济科技职业学院南浔分校建设，南浔产教融合基地投入使用。启动区老年大学建设。实施“十百千”引育工程，引进培育名校长 10 名以上、名师名班主任 100 名以上。深化医共体建设，全力支持区人民医院三乙创建，启动区疾控中心新建项目，加快练市人民医院、旧馆

镇卫生院、千金镇卫生院等医疗卫生能力提升项目建设，确保区中医院项目竣工，争创全国健康促进区。

完善全民共享的社会保障体系。实施就业精准化帮扶，新增城镇就业 2.6 万人、大学生创业主体1500 家以上，城镇登记失业率控制在 3%以内。实施“千场万户”收入倍增计划，新增家庭农场 800 家，建成产业扶贫基地 20 个，带动低收入农户 3000 户，全区低收入农户年收入增加 12%以上。稳妥推进被征地农民参加基本养老保险工作。关爱保护儿童，新增儿童之家 20 家，新未成年人保护中心投入运行。持续做好专项医疗救助，提高慢性病和重特大疾病保障力度，打造医保服务“最便捷区”。加快康养体系建设，建成康养联合体 2 家，改造提升养老机构 2 家，确保水晶晶颐养中心投入使用。深化“六无六有”低收入群众分类帮扶机制，确保困难群众救助帮扶全覆盖，年户均减少支出 1 万元以上。健全退役军人服务保障体系和双拥工作机制，建设枫桥式退役军人服务站 11 个。

构建全员参与的社会治理格局。创新发展新时代“枫桥经验”，高水平打造基层社会治理共同体，争创区域社会治理现代化“南浔样本”。完善矛调中心运行机制，开展“双十双百双千”行动，形成人民调解、行政调解、司法调解一体化工作格局，高水平实现社会治理“只进一扇门”“最多跑一地”。深入开展矛盾纠纷和安全隐患排查“两个见底”行动，深化“无隐患”系列创建，坚决防范和遏制重特大安全事故发生。完善立体化信息化社会治安防控体系，巩固扫黑除恶专项斗争成果，严厉打击各类违法犯罪活动。有效化解政府隐性债务，强化金融风险防控，加大国企国资监管力度，保障经济金融安全。持续加强食品药品安全监管。深化新时代文明实践中心建设，支持社会组织、社工人才参与社会治理。平安护航建党百年等重大活动，确保平安南浔建设“十七连冠”。

（六）打造整体智治政府，促进行政效能大提升

锤炼忠诚担当品格。学懂弄通做实习近平新时代中国特色社会主义思想，增强“四个意识”、坚定“四个自信”、做到“两个维护”，旗帜鲜明讲政治，不断提高政治判断力、政治领悟力、政治执行力。坚持区政府班子以身作则、以上率下，做到担当在前、干字当头、善作善成。继续高扬“以实绩论英雄”的工作导向，掌握综合集成、迭代升级、久久为功的方法，建立系统谋划、专班运作、比学赶超、政策激励的工作机制，争创省级以上“单打冠军”项目 20 个以上。完善容错纠错机制，为敢于担当、踏实做事、不谋私利的干部撑腰鼓劲，最大限度激发干部攻坚克难、改革创新活力。

深化数字赋能改革。深入推进政府数字化转型，全面普及掌上政府、指尖服务、刷脸办事，加快推进个人和企业全生命周期“一件事”提质扩面，实现“一套材料、一窗受理、一网通办、一次办结”。强化整体智治，持续推进跨部门数据共享、流程再造和业务协同，深化机关内部“最多跑一次”改革。加快打造智慧城市，探索推进中心城区“网格管理、资源整合、力量下沉、数字赋能”管理体制改革，加快区、镇两级政务服务中心服务窗口、事项标准、业务系统一体化建设。推动“互联网+政务服务”向乡村延伸覆盖，全面推进“数字化”归档工作。

提升依法行政水平。自觉接受人大依法监督、政协民主监督、纪检监察监督、审计监督和司法监督，进一步畅通社会监督渠道，让权力在阳光下运行。开展“八五”普法。深化“最多跑一次”“综合查一次”改革，全面推广练市镇“一支队伍管执法”改革试点，健全“互联网+监管”“双随机、一公开”监管体系。完善涉企政策制定企业参与机制，严格合法性审查和履约管理。善用法治思维推进各项工作，力争创建法治浙江建设示范区。

加强廉洁政府建设。切实履行全面从严治党主体责任和“一岗双责”，高标准落实中央八项规定精神，深入推进清廉政府建设。聚焦财政资金使用、项目审批建设、国有资产管理、公共资源交易等重点领域，持续推进国有投资项目工程建设领域突出问题专项整治，做深做细清廉南浔建设项目化精细管理。不断加强土地、排污、能耗等要素配置市场化改革和闭环管理，严防廉政风险。坚持政府过“紧日子”，压缩一般性支出，非刚性、非重点项目支出压缩不低于 10%。坚决支持纪检监察机关监督执纪问责，营造清正廉洁、干事创业的良好氛围。

各位代表，征程万里云鹏举，砥砺奋进开新篇。让我们更加紧密地团结在以习近平同志为核心的党中央周围，在中共南浔区委的坚强领导下，紧紧依靠全区人民，坚定信心、保持定力，拼搏实干、争先创优，为重塑水晶晶南浔，建设美丽繁华新江南，高质量打造湖州“开放东大门、创业新高地”，高水平建设社会主义现代化共同富裕示范样本而努力奋斗！

湖州市南浔区人民代表大会常务委员会工作报告

——在湖州市南浔区第四届人民代表大会第五次会议上

湖州市南浔区人大常委会主任　梅爱祥

2021年2月24日

一、过去一年的主要工作

2020年是全面建成小康社会和“十三五”规划收官之年，也是南浔发展历史上极不平凡的一年。一年来，在区委的坚强领导下，常委会以习近平新时代中国特色社会主义思想为指导，深入学习贯彻习近平总书记考察浙江、湖州时的重要讲话精神，自觉践行习近平总书记关于坚持和完善人民代表大会制度的重要思想，紧紧围绕区委“一一二八”工作部署，认真履行法定职责，充分发挥人大优势，为重塑水晶晶南浔和建设“重要窗口”示范样本作出了积极贡献。一年来，共召开常委会会议9次，主任会议16次，听取和审议专项工作报告26项，作出决议决定、审议意见33项，开展重点执法检查5次，审查规范性文件23件，依法任免国家机关工作人员60人次，圆满完成了区四届人大四次会议确定的各项任务。

（一）以政治建设为统领，在坚持党的领导中找准人大定位

常委会始终牢记人大是党领导下的政治机关，把政治建设放在首位，切实增强“四个意识”、坚定“四个自信”、做到“两个维护”，把坚持党的领导体现到人大工作的各方面和全过程。

学思践悟明方向。将深入学习领会习近平总书记考察浙江和湖州时的重要讲话精神、习近平法治思想、《习近平谈治国理政》第三卷和党的十九届五中全会精神作为重大政治任务，筑法治之基、行法治之力、积法治之势。一年来，共召开常委会党组学习会、专题讲座16次。着力加强思想政治建设，出台《关于加强人大政治机关建设的实施意见》，确保把政治建设落实到新时代南浔人大工作的实践之中。

行动自觉抓贯彻。自觉把人大工作置于党委的坚强领导下，做到与区委思想同心、目标同向、工作同力，寓监督于支持，寓监督于服务，切实保障区委重大决策有效落实。充分发挥常委会党组把方向、管大局、保落实作用，完善常委会党组向区委请示报告常态化机制，自觉做到重大事项提前请示、重点工作主动汇报、重要活动争取支持，全年向区委请示报告重大问题和重要事项21件次。

举措有力强担当。紧扣“六稳”“六保”任务、“两手硬、两战赢”目标等重大决策部署，充分发挥人大制度优势和职能作用，在一线听到人大声音、感受人大作用、展现人大作为。面对严峻的新冠疫情，常委会班子成员率先垂范、机关干部全员参与、各级代表示范引领，全面参与群防群治、复工复产、捐款捐物、医疗救助等工作，各级代表累计参加志愿活动万余人次，捐款捐物总价值超两百万元；常委会专题听取疫情防控和复工复产专项工作报告，扎实开展动物防疫和野生动物保护“两法两条例和两决定”执法检查，有力推动防控工作在法治轨道上顺利开展。积极参与“深化‘三服务’、助企开复工”专项行动，深入走访63家企业开展“三服务”200多次，累计协调解决实际问题81个。同时，常委会班子成员积极牵头参与“全面小康决胜年”、生活垃圾精准分类、全域土地综合整治、重大项目推进等中心工作，以人大实际行动助推区委决策落实。

（二）以助推发展为己任，在服务中心大局中展现人大作为

常委会坚持问题、目标和结果“三大导向”，打好“组合拳”，形成“闭合链”，促使人大监督更有深度和力度，有效助推全区经济社会发展。

助推经济高质量发展。多形式、多渠道推进《浙江省民营企业发展促进条例》宣传贯彻监督工作，共开展条例内容、条款解读等宣传活动21次、学习活动13次、问卷调查企业100家，重点监督配套政策制定落实情况，切实为民营经济高质量发展保驾护航。聚焦嘉湖一体化先行区建设、三大平台建设、

南浔智能制造高质量发展等重点，深入开展调研，积极为促进全区高质量赶超发展建言献策。精心开展“十四五”规划调研审议，通过分组调研、网络征求建议等方式，广泛收集意见，提出加快现代产业体系构建等6方面共20条有针对性的建议。推进预算联网监督实现常态化，加快延伸基层网络，实现全区29个“五星级”代表联络站预算联网监督系统全覆盖。提升专项资金使用绩效，开展减税降费政策落实情况和中央财政直达资金、抗疫特别国债、地方政府专项债券等预算执行监督，强化问题整改跟踪监督。在全市首创《预算监督专报》，定期通报部门预算执行情况，切实增强预算执行的规范性和严肃性，得到市区领导批示肯定。

助推区域治理现代化。深入开展社会矛盾纠纷调处化解“最多跑一地”改革专项监督，创新组织“‘四长’走进代表联络站，矛盾纠纷化解在一线”主题活动，由常委会班子成员带队，组织公检法司机关负责人走进代表联络站，共收到意见建议280余条，现场答复和办理落实260余条，通过各方努力，已成功化解多起困扰属地政府的信访积案。作出全省首个诉源治理决定，最大限度降低矛盾纠纷成讼率，切实把矛盾解决在萌芽、化解在基层，相关做法得到市人大常委会主要领导等批示肯定；积极争取区委、区政府支持，出台《南浔区规范法律服务市场专项行动方案》，联动15家单位，在全区范围内开展专项整治行动，打击“司法黄牛”，优化法律服务环境。深化员额法官、员额检察官述职测评，开展《中华人民共和国禁毒法》执法检查和认罪认罚从宽制度专题调研，不断推动司法队伍建设，促进司法公正。

助推增进民生福祉。以群众关心的热点作为监督工作的切入点和着力点，调研督查教育领域重点建设项目、医共体建设、医保基金监管和养老服务、退役军人服务保障、公共文化服务体系建设等工作，不断提升人民群众的幸福感和获得感。创新民生实事项目监督方式，常委会首次与区纪委监委开展联合监督，成立6个监督小组，对部分推进不力、进展缓慢的项目，倒查责任落实和作风问题，助推民生实事项目高质量、高标准完成。尤其是助推城乡居民困难人员专项医疗救助项目的顺利实施，切实解决了尿毒症等重特大疾病患者的后顾之忧，相关举措得到了《浙江日报》等媒体报道和市人大常委会主要领导的批示肯定。调研监督农房集聚质量问题，助推区政府制定《南浔区农房集聚工程建设质量安全指导意见》，相关经验做法得到《人民代表报》等媒体报道。上下联动开展“寻访低收入家庭”活动，组织826名各级代表参与寻访活动，收集汇总低收入家庭信息1469户，涉及2783人，形成“一户一表”档案，审议专项工作报告，落实帮扶救助措施。开展发展村级集体经济、培育壮大村级强村公司、深化“三位一体”农合联改革等专题调研，推动乡村振兴战略落实落细。

助推生态文明建设。全市首创《生态环境报告审查办法》，形成从年初计划备案、年中特定问题检查、年末人代会审查的全过程监督。创新镇人大关于环境状况报告审议形式，制定出台《关于镇人大审议环境状况和环境保护目标完成情况报告的指导意见》。开展《中华人民共和国土壤污染防治法》贯彻实施情况执法检查，有效推动土壤治理与修复工作，助力打好净土保卫战。持续跟踪监督生活垃圾精准分类，通过常委会会议“重点审”、机关委室“常态督”、代表部门“合力推”、镇（开发区）配合“交叉督”，全力补齐垃圾分类短板，有效推动垃圾分类工作落到实处，在市人大组织的生活垃圾分类第三方评估中取得较好成绩。

（三）以代表履职为依托，在深化代表工作中激发人大活力

常委会坚持把握“代表机关”职能定位，积极拓展代表履职方式和路径，不断擦亮南浔人大代表工作的“金名片”。

提升代表履职平台。做深“代表联络站＋”文章，推动联络站由覆盖“全域化”向功能“实效化”转变，使之真正成为密切联系群众的重要制度化渠道、群众参与基层社会治理的重要制度化渠道、人大深化“三服务”的重要制度化平台。深入推进“一站一品”创建，持续深化了“菱之花”“老娘舅工作室”“七彩代表”“选民说事堂”等一批各具特色、富有成效的工作品牌。菱湖中学西藏班“代表妈妈”的经验做法获时任省委书记、省人大常委会主任车俊的批示肯定。

完善代表履职机制。积极探索构建代表联系群众“扁平化”工作运行体系，有效打通代表联系群众“最后一公里”。深化落实“双联系”制度，建立常委会组成人员联系代表、代表联系群众、“一府一委两院”及政府工作部门联系代表群众“三联系”机制，推动领导干部进站、公检法司“四长”

进站、“局长”进站常态化，组织各级代表助推“四大建设”主题活动，面对面听取群众意见，实打实帮助解决问题，切实把显著的制度优势转化为强大的治理效能。相关经验做法得到省人大常委会党组副书记、副主任李卫宁的批示肯定。

增强代表履职实效。坚持从源头上把好代表议案建议质量关，综合采用集中交办、重点督办、代表反馈等形式，完善“提、办、督、评”的办理工作机制。着力在提升解决率上实现新突破，采取“督大户、督重件、督过程、督公开”的方式，盯过程、抓结果、重落实，实现重点建议件解决率100%。进一步细化对区级部门代表议案建议办理工作的考核标准，促使承办单位形成“一把手”负总责、相关单位具体办、责任落实到人头的工作机制。

（四）以守正创新为基石，在加强自身建设中夯实人大基础

常委会主动适应新时代人大工作新形势新任务新要求，坚持把自身建设摆在突出位置，把严的标准、实的作风落实到人大履职的方方面面，着力打造唯实惟先、善作善成的团队文化。

强化党建引领。常委会党组认真履行全面从严治党和意识形态工作主体责任，深入贯彻党组工作条例和“三重一大”事项集体决策制度，严格落实党内监督条例，主动接受政治体检。完善学习常态化机制，加强政治理论学习，坚持常委会会前学法制度，强化思想淬炼、政治历练、实践锻炼和专业训练，促进常委会组成人员和人大干部履职能力的提升。

强化整体效能。坚持“以实绩论英雄”工作导向，强化全区人大“一盘棋”效应，做到常规工作求深化、难点工作求突破，进一步提升全区人大工作整体水平。持续开展“一委室一镇（开发区）一品牌”创建活动，共创建品牌项目18个，切实以创建工作带动各项工作开展。深入推进数字人大建设，努力拓展人大“数字赋能”的方法和路径，为提高常委会和代表依法履职提供有力支撑。

强化人大制度宣传。围绕党委决策、政府力推、群众关注的事项，深入开展工作调研，形成高质量调研报告，为解决问题、推动工作建言献策，调研报告获省、市、区领导批示35次。加强信息宣传工作，唱响南浔人大“好声音”，全年市级及以上媒体共录用宣传信息248条，其中国家级26条，省级131条，我区连续五年被评为全省人大信息工作成绩突出单位。

各位代表，常委会过去一年的各项工作取得了新进展、新成效，这是在区委坚强领导下，常委会组成人员和全体代表共同努力的结果，是区政府、区监委、区法院、区检察院积极配合的结果，是开发区、各镇、区级各部门和全区人民、社会各界大力支持的结果。在此，我谨代表区人大常委会表示衷心的感谢！

在看到成绩的同时，我们也清醒地认识到，面对新使命新要求，我们在提高履职实效、精准刚性监督上，还需要进一步完善；在回应群众关切、推动民生问题解决上，还需要进一步努力；在服务保障代表、发挥主体作用上，还需要进一步拓展；在增强履职本领、提高工作质效上，还需要进一步加强。对此，我们要在今后工作中予以高度重视，认真加以改进。

二、2021年主要任务

各位代表，2021年是中国共产党成立100周年，是实施“十四五”规划开局之年，也是我区高水平建设社会主义现代化共同富裕示范样本启动之年，做好今年工作承前启后、意义重大。今年常委会工作的总体要求是：高举习近平新时代中国特色社会主义思想伟大旗帜，全面贯彻党的十九大和十九届二中、三中、四中、五中全会精神，深入践行习近平总书记关于坚持和完善人民代表大会制度的重要思想，在区委的坚强领导下，坚持法治思维、系统思维、创新思维，全力服务大局，聚力履职监督，奋力担当作为，充分发挥人大在建设“重要窗口”示范样本中的职能作用， 为加快重塑水晶晶南浔，建设美丽繁华新江南，高质量打造湖州“开放东大门、创业新高地”，高水平建设社会主义现代化共同富裕示范样本作出新的贡献。

根据这一总体要求，着重做好以下四个方面工作：

（一）坚持党的领导，在政治建设上更加坚定

常委会要始终坚持党对人大工作的全面领导，旗帜鲜明讲政治，在新征程中方向要更加明确、步伐要更加坚定。

把握正确政治方向。持之以恒推进人大政治机关建设，通过强化理论学习、组织开展人大庆祝建党100周年等活动，始终在思想上政治上行动上同以习近平同志为核心的党中央保持高度一致。自觉把党的领导、人民当家作主、依法治国有机统一的

要求贯穿于行权履职的全过程，把党委决策部署落实到人大工作的各方面，积极参与常态化疫情防控、“三服务”、重大项目推进和招商选资等中心工作，推动人大事业与时俱进、创新发展。坚持党管干部和依法任免干部相统一原则，确保区委人事安排意图顺利实现。

科学决定重大事项。修订完善区人大常委会讨论决定重大事项的办法，进一步明确讨论决定的重点和范围，把推动解决党委重视、政府力推、群众关注、社会急盼的重大问题纳入法治化轨道。切实推动政府严格落实重大决策出台前向本级人大报告的规定，确保人大讨论决定重大事项有效进行，不断提升讨论决定重大事项的科学化、民主化、法治化水平。

有序开展换届选举。在区委的统一领导下，切实加强对换届选举的组织和指导，促进依法做好各个环节工作。严格按照上级要求和职责分工，会同有关部门把好代表“入口关”，优化代表素质结构。加强对代表履职情况的综合分析，依法做好连任代表建议人选推荐工作。完善提名推荐、讨论协商预选、候选人介绍等工作程序，提高选举工作的规范化水平。

（二）坚持服务大局，在依法履职上更加担当

常委会要聚焦区委中心工作和重大民生关切，加强法定监督方式的系统集成，着力打造人大监督硬核成果。

加强法律监督。进一步完善法律法规实施跟踪监督常态化机制，针对群众反映强烈的突出问题，对安全生产法、家庭教育促进条例等法律法规开展执法检查。不断拓展监督范围，突出监督重点，稳妥审慎推进对监委的监督，常委会会议视情听取和审议区监委专项工作情况报告；支持检察机关法律监督工作，深化“两官”述职测评，开展诉源治理决定贯彻落实“回头看”活动，切实推动“一府一委两院”依法行政、依法监察、公正司法。积极参与地方立法调研，严格做好规范性文件备案审查，全力推进 “八五”普法工作并作出决议。

加强财政预算监督。点面结合强化财经审查监督，在依法开展对财政预算、审计情况、债务限额、国资报告、政府重大投资项目、国民经济和社会发展计划等法定议题监督的同时，紧紧围绕一个重点项目、一个重大专项、一个重点课题、一个整改制度和一次执法检查等“五个一”强化重点监督，全力助推全区经济社会高质量发展。

加强规划编制监督。创新方式推进规划实施监督，推进“十四五”规划、城市规划和国土空间规划体系实施情况常态化监督，有针对性地审议规划实施情况报告，重点围绕基础性长远性的重大问题、区域发展短板和群众关注重点难点发声发力。综合运用专题视察、专项审议等监督方式，探索构建对规划编制、实施和修订的全过程监督。

加强民生事业监督。坚持以人民为中心，推动民生实事项目落地，切实解决好群众的操心事、烦心事、揪心事，构建政府民生实事项目“全链条、全环节、全覆盖”的监督闭环，确保民生实事办到群众心坎上。推动社会事业发展，对公共卫生服务体系、医保支付方式改革、区人民医院“三乙”创建、高中教育、中小学体育教育等工作开展调研督查。推动城乡品质提升，对生活垃圾分类、高铁枢纽、“三高一隧”、粮食生产综合能力提升、幸福河湖建设等工作开展调研督查。

（三）坚持代表主体地位，在服务代表上更加高效

常委会要坚持尊重代表、依靠代表、服务代表，持续做实做亮我区代表工作“金名片”。

增强阵地建设活力。持续深化代表联络站“建管用”文章，积极拓展功效，注重“实体+网上+掌上”相结合，升级打造“一站一品”，指导推动全区 29 家代表联络站升级为定位更准确、机制更健全、活动更经常、保障更规范、效果更明显的“五星级+”代表联络站。启动区级“五星级”联络站复评工作，通过“菜单式”指导推进、“清单式”整改提升、“榜单式”动态管理，努力做到代表联络站更具特色、更具活力、更具实效。

增强代表履职能力。健全“机关·代表·群众”全覆盖联系新机制，推动领导干部进站、公检法司“四长”和“局长”进站常态化，完善“三联系”机制。坚持“民有所呼、我有所应”，打造集“说事、理事、议事、督事、评事”于一体的基层治理“代表一起来”品牌，推进代表工作和群众工作深度融合。加强代表履职考核，实施“代表期末考”，制定区人大代表“期末”考核活动实施方案，以“三评两推荐”为载体，评定本届区人大代表履职“成绩单”。

增强建议督办效力。注重代表议案建议“减量提质”，对不符合法定要求的代表议案建议试行“送

阅制”。合力推进重点建议领督办工作，健全完善建议办理“回头看”制度，持续推动代表建议办理满意率、解决率“双提升”。畅通民意反映传输渠道，对选民群众反映的问题和诉求，建立健全问题梳理清单化、分办督办机制化等工作流程，强化项目化推进、清单化管理、挂账式销号模式，真正做到“群众说了有人听、听了有人管、管了有效果”，切实提升群众获得感。

（四）坚持固本强基，在自身建设上更加过硬

常委会要顺应新时代人大工作发展的新要求，不断提升依法履职的能力和水平。

强化政治建设。以政治建设为统领，不断提高常委会政治判断力、政治领悟力、政治执行力。始终坚持全面从严治党，严格落实党风廉政建设责任制，扎实推进人大清廉机关建设。推进工作方式方法创新，对常委会重点工作、重大任务，加强统筹谋划、专班运作、整体推进，增强工作的科学性协同性能动性，形成攻坚破难的合力。

推进人大数字化改革。按照省市人大统一部署，围绕“整体智治、高效协同、数字赋能”的总要求，高标准推进“数字人大”建设，切实为人大常委会履行法定职责、代表“双岗建功”和机关工作全面赋能。充分调动相关部门和镇（开发区、街道）人大的积极性，形成联动效应，凝聚工作合力，优质高效推进，全面提升人大工作的科学化、智能化、现代化水平。

深化品牌建设。总结经验、完善制度和提高标准，擦亮现有“金名片”，打造更多新名片，继续深化代表履职、预算联网监督、规范性文件备案审查、“一委室一镇（开发区、街道）一品牌”建设等工作，积极探索依法加强对归口党委职能部门管理的政府部门、垂直管理部门监督的新途径新方式，注重第三方评估在监督中的作用，探索在专门委员会委员所在单位设立工作室。

狠抓队伍建设。坚持政治引领，强化学习培训，着力打造“更专更精、唯实惟先、善作善成”的团队文化，努力构建党建统领、整体智治、高效协同的工作格局。健全常委会各项工作制度，完善部门协作、建议交办、审议反馈等制度，推动人大履职监督更加顺畅。坚持人大系统“一盘棋”思想，通过完善考核办法、密切沟通联系，进一步加强对镇（开发区、街道）人大工作的指导。科学谋划街道人大筹备工作，制定工作方案，完善组织机构，健全制度机制，做好参政议政、预算监督、代表履职三篇文章。

各位代表，宏伟蓝图已绘就，砥砺奋进正当时。让我们更加紧密团结在以习近平同志为核心的党中央周围，在中共南浔区委的坚强领导下，敢于担当、善于作为，努力交出履职高分报表，为加快重塑水晶晶南浔，建设美丽繁华新江南，高质量打造湖州“开放东大门、创业新高地”，高水平建设社会主义现代化共同富裕示范样本作出新的更大贡献！

政协第三届湖州市南浔区委员会常务委员会工作报告

——在政协第三届湖州市南浔区委员会第五次会议上

南浔区政协主席　孙根祥

2021年2月23日

一、2020年工作回顾

2020年是极不平凡的一年，是充满挑战和机遇、责任和使命的一年。一年来，面对国际国内形势的深刻复杂变化，特别是突如其来的新冠肺炎疫情，区政协及其常委会在中共南浔区委的坚强领导和上级政协的精心指导下，高举习近平新时代中国特色社会主义思想伟大旗帜，深入学习贯彻中共十九大和十九届四中、五中全会以及习近平总书记考察浙江、湖州重要讲话精神，全面贯彻落实中央和省、市、区委政协工作会议精神，紧紧围绕区委“一一二八”工作部署，深化完善“13456+”协商议政新格局，充分发挥专门协商机构作用，为加快重塑水晶晶南浔，建设美丽繁华新江南，高质量打造湖州“开放东大门、创业新高地”做出了积极贡献。

（一）对标新定位、新使命，坚持把党的领导作为政协工作的根本保证

一年来，我们高举旗帜、筑牢根基，坚持以党的政治建设为统领，不断提高政治站位、把牢政治方向，切实增强“四个意识”、坚定“四个自信”、做到“两个维护”。

1. 强化政治引领。坚持深学深悟习近平新时代中国特色社会主义思想，深入学习贯彻习近平总书记考察浙江、湖州重要讲话精神、中共十九届五中全会和省、市、区委全会精神，营造学思用贯通、知信行合一的浓厚氛围。全年共开展党组会议、主席会议、常委会会议、主席读书会等集中学习38次、开展中共十九届五中全会精神专题宣讲10次。认真学习贯彻中央和省、市、区委政协工作会议精神，落实区委常委、统战部部长兼任区政协党组副书记要求。

2. 把牢政治原则。区委高度重视政协工作，把政协工作纳入区委工作全局。一年来，区委常委会专题听取政协党组工作汇报5次，区委书记参加市委督查中央和省、市委政协工作会议精神贯彻落实情况汇报会并做工作情况汇报。区政协自觉接受区委领导，把政协工作放到全区工作大局中去谋划和推进，重点工作、重大事项、重要问题及时向区委请示报告，做到区委有号召、政协有行动，区委有部署、政协有落实。

3. 广聚政治共识。始终把加强政治引领摆在重要位置，进一步巩固广大委员“跟党走”的共同思想政治基础。深化区政协领导联系走访政协常委、委员制度，举办民主党派、工商联、民营企业家、行业协会、商会、新生代企业家等多层次座谈会，及时向政协委员和各族各界人士传递中共中央和省、市、区委以及上级政协的决策部署，努力凝聚同心同德、共促发展的强大合力。

（二）凝聚组织力、战斗力，坚持把助力“两战”作为政协工作的重要实践

一年来，我们发挥职能优势、主动担当作为，广泛动员政协各参加单位和广大政协委员坚守岗位一线、踊跃捐款捐物、带头复工复产、积极建言献策，为助力“两手硬、两战赢”汇聚了政协智慧和力量。

1. 在大战大考中扛起政治责任。围绕党政所急、群众所盼、政协所能，第一时间向全体政协委员发出“抗击疫情、人人有责”的倡议书。全体政协委员和政协机关干部各展所长、各尽所能，自觉投身一线抗疫和志愿服务，努力争当最美“逆行者”，政协机关17名干部全部下沉村（社区）一线参与值班值守、宣传排查等疫情防控工作。各级政协委员和政协各参加单位累计筹集资金4500多万元，捐赠口罩、防护服、手套等物资40余万件。编发“众志成城抗疫情、南浔政协委员在行动”等系列专题报道，广泛宣传政协委员、政协工作者和政协各参加单位抗击疫情的先进事迹，充分展现了政协委员为国履职、为民尽责的时代风采。

2. 在建言献策中展现委员智慧。积极开展微信

协商、网络议政，打造委员协力抗疫的特殊风景。各级政协委员先后提出“居家观察人员生活垃圾专人收集、集中处理”“加强高速、干道等一线卡点人员防护工作”等疫情防控建议120多条，起草了《隔离不隔爱——致全体医学隔离观察人员及家属的一封信》，编报社情民意信息《关于补好农产品冷链物流设施短板的建议》得到全国政协副主席、省政协主席和市委书记批示。

3. 在复工复产中贡献政协力量。广大政协委员和政协机关干部通过主动参与、服务引领等方式，全力助推做好“六稳”“六保”工作。区政协领导带头深入基层开展“三服务”活动，选派15名机关干部担任驻企服务专员，特别是复工复产初期，聚焦打通省际交通绿色通道，促成南浔、吴江两地联合建立浙苏交界卡点人员及车辆互通互认机制，相关做法被人民政协网报道。同时，召开“稳外贸”企业家委员民情恳谈会等多种形式专题协商会，相关建议被区委、区政府采纳。

（三）助推大发展、大格局，坚持把服务中心作为政协工作的核心任务

一年来，我们围绕中心、服务大局，大力弘扬比学赶超、奋勇争先的精神，在助力南浔高质量赶超发展中体现了含金量高、有政协味道的履职成果。

1. 为服务中心大局主动担当。坚持围绕中心、服务大局，区政协领导和机关干部分别参与“喜迎高铁、万亩征迁”攻坚行动、生态治理、金融、頔塘南岸分房、项目专员、农村指导员等重点工作。围绕“十四五”规划制定，组织开展专题调研和政治协商。持续聚焦“长三角一体化”大格局，聚力“特色产业集群高质量发展”主题，开展区政协重点课题调研，提出打造特色产业链、平台链、品牌链、服务链等具体建议。圆满完成省政协领导来浔开展“三服务”活动。

2. 为助推改革发展协商建言。做精擦亮“政协365、请你来协商”品牌，认真落实“6+X”协商频次计划，开展以“加快推进全域土地综合整治，打造乡村振兴新引擎”为主题的区委书记与委员“面对面”活动、以“补短板、扬优势，大力提升城市能级”为主题的区长与委员“面对面”活动，以及“抢抓高铁湖州东站建设机遇，加快西部片区赶超发展”“提升住宅小区物业管理”“促进中华老字号品牌传承与创新”“加强低收入群众就业帮扶”等6场重点“请你来协商”活动，提出意见建议180多条，有效助推了相关工作。

3. 为深化重点工作加强监督。聚焦“项目双进双产、未来社区建设、社会矛盾纠纷调处化解中心建设及‘最多跑一地’改革、现代农业发展、古镇旅游”等主题，开展“聚焦争先创优、助力赶超跨越”专题视察。聚焦“城乡生活垃圾分类处理”“社会治理领域最多跑一地”等主题，开展省、市、区三级政协委员联动专项集体民主监督。围绕扫黑除恶、义务教育校园基础设施建设、农业转型升级、稳外贸、全域旅游发展、頔塘南岸工程建设等重点工作，向区委政法委等6家单位派驻民主监督小组，积极助推职能部门工作改进。

（四）建好主阵地、连心桥，坚持把履职为民作为政协工作的根本宗旨

一年来，我们关注社会民生、回应群众关切，坚持把以人民为中心的发展思想贯穿于履职的各个方面，在助力民生改善中体现了政协作用。

1. 视察调研更为精准。坚持贴近一线，注重问题导向，围绕“‘十四五’规划编制中“三农”领域需要重点关注的若干问题”“发挥社区基础作用，提高基层社会治理能力”“推进医共体建设，提升公共卫生应急管理体系”“智慧矫正工作”等主题开展专题调研，围绕“委员活动中心规范提升”“深化城乡生活垃圾精准分类工作”“提升我区产业用地集约利用”“全区产业工人队伍建设”“幼儿园项目建设”“公益诉讼工作”等主题开展专题视察，有力推动民生热点难点问题的解决。

2. 提案办理更加规范。区政协三届四次会议共收到委员提案148件，经提案委员会审查立案110件，所有提案均在规定时间内办复，提案办理满意率达100%。坚持“质量为先、量质并重”原则，确定“农村土地全域整治”“公共卫生应急管理”“基层社会治理”“稳定外贸经济”“稻渔共作生态养殖”等9件年度重点提案，由区委、区政府领导牵头领办、区政协领导联系督办。召开提案办理民主评议会，对区商务局、区人力资源和社会保障局进行“面对面”民主评议；对20件重要提案开展“背靠背”评议，进一步促进提案办理成果的有效转化。

3. 民情反映更有实效。积极探索政协工作向基层延伸的南浔模式，打造“三位一体”委员履职平台，建立民情联络站和“七个一”机制，全年通过民情联络站共收集基层民情民意300多条，相关做法被《联谊报》《浙江政协信息》专题报道，得到

省政协领导批示肯定。认真做好反映社情民意信息工作，全年共编报社情民意信息118篇，其中全国和省、市政协录用46篇。

（五）扩大同心圆、朋友圈，坚持把凝聚共识作为政协工作的关键环节

一年来，我们不断增强向心力、扩大团结面，为南浔改革发展凝聚共识、智慧和力量，有效发挥了人民政协的统战优势。

1. 搭建合作平台。不断密切区政协领导同各民主党派、工商联和无党派人士的联系，全力支持、安排各党派团体参加政协重大活动、重要会议、重点调研。鼓励党派团体与界别、委室联合开展履职活动，不断增进沟通合作和团结共事。一年来，各党派团体在政协协商活动中累计发言66人次，提交集体提案30件。

2. 开展联谊交流。加强与省内外政协的沟通交流。深化“一村一社区一委员”工作机制，组织开展“六送下乡”暨委员走进基层、走进群众集中服务活动。聚焦项目援建、产业帮扶、劳务协作、社会帮助等内容，组织政协委员广泛参与浙江南浔—四川广安东西部扶贫协作产业园、“湖羊”养殖、浔栖江南等项目建设，为广安区打赢脱贫攻坚战献计出力。支持茶文化研究会开展工作。

3. 加强文史宣传。协助省政协完成《浙江传统经典美食文化故事》的征集和编撰，协助市政协做好《湖州文史》第39辑的编选，围绕乡村振兴主题完成南浔镇息塘村、和孚镇荻港村、善琏镇窑里村微视频制作，编纂完成《南浔文史》第8期。加大对外宣传力度，在《人民政协报》《联谊报》《同心苑》等市级以上媒体刊发报道50篇，南浔政协工作影响力进一步扩大。

（六）激发内动力、协同力，坚持把自身建设作为政协工作的活力源泉

一年来，我们坚持守正创新、提质增效，深化政协工作联络组、政协委员和政协机关建设，进一步汇聚了政协系统的工作合力。

1. 健全工作机制，推进区镇联动。强化系统联动，举办区政协主席读书会和镇（开发区）政协工作联络组工作会议，进一步加强对镇（开发区）政协工作的联系指导，积极倡导视察协商、学习交流等履职活动协同推进，有效保障联络组作用发挥。坚持创新集成，鼓励镇（开发区）政协工作联络组积极开展探索创新，推进委员活动中心暨民情联络站履职阵地规范化、制度化、常态化建设。

2. 突出主体作用，凝聚委员合力。以“传承延安精神、牢记初心使命”为主题，组织部分优秀政协委员赴延安干部培训学院开展委员履职能力提升培训。开展书香政协建设，大力营造崇学善读的浓厚氛围。加强理论研究，在省政协理论研讨评选中有2篇文章获奖，在市政协理论研讨评选中有8篇文章获奖。深化开展政协委员“五个一”活动履职积分评价。发挥界别优势，市政协委员周桂珠牵头创建湖州法律服务政协委员会客厅并入驻区社会矛盾纠纷调处化解中心，成功举办以“法律护航‘无欠薪区’、让劳动者安心回家过年”为主题的首场活动。

3. 加强作风优化，提升机关效能。巩固深化“不忘初心、牢记使命”主题教育成果，组织机关党员赴红军长征追踪馆开展主题党日活动，重温长征精神和“半条被子”故事。大力倡导“实绩论英雄”导向，着力提高政协机关的服务保障能力水平，1人被聘为省政协农业和农村委智库成员。依托政协党组会议、“党性党纪教育一刻钟”等，深入开展党风廉政建设，支持派驻纪检监察组开展工作，确保政协机关风清气正、心齐劲足。

各位委员、同志们，一年来，在大家的共同努力下，区政协各项工作取得了新进展。中共南浔区委对政协工作领导坚强有力，区政府对区政协工作大力支持，区委、区政府领导参加区政协会议、活动35次，对区政协协商纪要、社情民意信息等履职成果批示24件次，其中，区委、区政府主要领导批示14件次。我们深切地感到，过去一年取得的成绩，是中共南浔区委坚强领导的结果，是区人大常委会、区政府和社会各方面大力支持的结果，是政协各参加单位、全体政协委员和政协工作者团结奋斗的结果。在此，我代表区政协常委会表示衷心的感谢！

我们也清醒认识到，工作中还存在一些薄弱环节，主要是履职活动数量虽然不少，但高质量的履职建言成果还不够多；政协工作向基层延伸的探索创新还不够丰富，团结联系服务界别群众需要进一步提升；委员履职参与度还不够全面均衡，履职能力有待增强，等等。这些问题要高度重视，认真加以解决。

二、2021年工作计划

2021年是中国共产党成立100周年，是“十四五”开局之年，也是南浔高水平建设社会主义现代

化共同富裕示范样本的开启之年，做好政协工作意义重大。区政协工作的总体要求是：坚持以习近平新时代中国特色社会主义思想为指导，全面贯彻中共十九大和十九届二中、三中、四中、五中全会精神，增强“四个意识”、坚定“四个自信”、做到“两个维护”，牢牢把握团结和民主两大主题，围绕立足新发展阶段、贯彻新发展理念、构建新发展格局，聚焦区委“一一二八”工作部署，强化思想政治引领，提高双向发力质效，加强专门协商机构建设，为重塑水晶晶南浔，建设美丽繁华新江南，高质量打造湖州“开放东大门、创业新高地”，高水平建设社会主义现代化共同富裕示范样本贡献智慧和力量，以优异成绩庆祝中国共产党成立 100 周年。

（一）加强政治引领，在肩负政协责任使命上更加自觉

坚持把加强政治建设摆在首位，始终坚持党对政协工作的全面领导，确保政协事业始终沿着正确方向前进。

1. 推动思想认识实现新提升。坚持把学习贯彻习近平新时代中国特色社会主义思想和中共十九届五中全会精神贯穿始终，深刻领会习近平总书记关于加强和改进人民政协工作的重要思想，坚持用党的创新理论成果武装头脑、指导实践、推动工作。健全完善以党组理论学习中心组学习为引领，党组会议、主席会议、常委会会议、主席读书会集中学习和委员培训相配套的学习体系。

2. 推动政协党建得到新加强。发挥政协党组的领导核心作用，坚持把加强党的领导贯穿于政协工作的各方面全过程，不断提高政治判断力、政治领悟力、政治执行力。围绕庆祝建党 100 周年，组织开展“同心向党”系列主题活动。积极探索在各镇（开发区）政协工作联络组建立功能性党支部，完善党员委员联系党外委员制度，健全党员委员经常性作用发挥机制，着力构建“支部建在联络组、委员聚在党旗下”的党建工作新格局，实现党的组织对党员委员全覆盖、党的工作对政协委员全覆盖。

3. 推动凝聚共识迈上新台阶。支持和保障各民主党派、工商联和无党派代表人士参与政协履职活动，团结引领政协各参加单位和广大政协委员进一步增强政治自觉、提高政治站位，确保在事关道路、制度、旗帜、方向等根本问题上思想统一、步调一致。深化“一村一社区一委员”机制，引导委员深入群众，宣传政策、倾听民声、联络感情，最大限度把各方面智慧和力量凝聚起来，为区委、区政府科学决策厚植民意基础和社会基础。

（二）聚焦中心履职，在强化跟踪助推落实上精准发力

精准对标区委、区政府重大决策部署，以高质量的协商建言成果展现政协责任担当。

1. 围绕发展大局搭建协商平台。围绕贯彻落实中共十九届五中全会和省、市、区委全会精神，把关注点向贯彻落实“十四五”规划和 2035 年远景目标明确的大事要事聚焦，向加快推动构建新发展格局、积极融入“双循环”、打造共同富裕示范样本用力，紧扣做强工业经济、提升城市能级、推进乡村振兴等关键环节，积极推进协商平台向基层延伸，为南浔高质量发展谋划更多有价值、有分量、可操作的实招、硬招。深化“6+X”“请你来协商”平台建设，高质量开展以“重塑水晶晶南浔，高水平建设社会主义现代化共同富裕示范样本”为主题的区委书记与政协委员“面对面”活动、以“推动南浔教育高质量发展”为主题的区长与政协委员“面对面”活动，以及“加强农村基层治理”“加大金融支持力度，推进经济高质量发展”等 6 次重点“请你来协商”活动，为“十四五”开局凝聚智慧、凝聚力量。

2. 紧扣民生关切开展视察调研。紧扣区委、区政府重大决策部署和人民群众的重要关切，围绕“公共卫生健康体系建设”“发展南浔研学旅游”等6个主题开展课题调研，围绕“加强公共体育设施建设”“加强基层社会治理智能化建设”等 6 个主题开展专题视察，提出改进意见和建议，助力工作推进。

3. 聚焦重点难点反映民情民意。围绕重大改革举措落地情况、重要政策贯彻执行情况，推动政协民主监督工作更深入、更高效。进一步发挥提案在服务发展、改善民生中的作用，加大提案立案和办前、办中、办后协商力度，健全提案办理“背靠背”“面对面”民主评议机制，切实提高提案落实率、满意率。调整优化特邀信息员队伍，激励政协委员、信息员深入一线收集和反映社情民意信息，提高社情民意信息质量，推动有关民生问题的解决。

（三）坚持双向发力，在深化团结促进共赢上主动创新

发挥政协联系广泛、兼容并蓄的特点，努力在凝聚人心、汇聚力量、增进团结、促进和谐方面发

挥更大作用。

1. 多层次增进各界团结联谊。主动加强与各党派团体的联系，深化与各界别、各领域、各行业的沟通与联系，认真做好港澳台侨人士、党外知识分子、新的社会阶层人士、非公有制经济人士的团结引领工作，吸引更多人才向南浔集聚、为南浔服务。鼓励委员和社会各界人士挖掘和整理文史资料，发挥好政协文史工作独特优势，加强纵向和横向协作、部门间交流合作，编好用好《南浔文史》等有关书籍。

2. 多渠道提升服务群众实效。坚持以人民为中心的发展理念，把打造共同富裕示范样本作为参政议政的重要议题，全力助推重大民生政策、民生项目、民生实事落地落实。扎实开展“三进三问三服务”“六送下乡”等活动，动员全体政协委员主动参与扶贫帮困、捐资助学、法治宣传等活动，帮助基层解决实际问题和困难。深化民情联络站和“七个一”机制建设，充分发挥政协优势、委员特长，积极助力乡村振兴和民生改善，全力架起党委政府紧密联系群众的“连心桥”。

3. 多方位加大对外宣传影响。进一步打响南浔“政协365，请你来协商”品牌，提升打造“五位一体”高质量委员履职平台，力争做到全市有地位、全省有影响、全国有名气。扩大政协舆论阵地影响，进一步提升在《人民政协报》《联谊报》《同心苑》等媒体平台上的“出镜率”，讲出南浔好故事、唱响政协好声音。

（四）强化责任担当，在推进政协自身建设上彰显特色

认真贯彻落实习近平总书记“懂政协、会协商、善议政，守纪律、讲规矩、重品行”的谆谆教诲，牢记初心使命，强化责任担当，全面展示新时代人民政协的新样子。

1. 加强政协常委会建设，有效发挥引领作用。常委会组成人员要进一步明确肩负责任，强化使命担当，在履职尽职中模范带头、积极作为，争当理论学习的表率、调查研究的表率、建言资政的表率、遵规守纪的表率。严格执行常委会工作规则，带头参加政协组织的各项活动，引领广大委员讲政治、守纪律、勤履职、严作风。

2. 加强委员服务管理，有效发挥主体作用。坚持把加强委员队伍建设作为政协工作的重要内容，积极协助区委健全完善委员协商推荐、考察公示及退出机制，严把委员队伍政治关、素质关。深化“书香政协”建设，打造“水晶晶讲堂”，推动委员读书与思想进步、能力提升、履职工作相互促进。加快数字政协建设，通过数字赋能，构建网上履职新模式，让委员思想在线、智慧在线、联系不断线，大力推动“指尖上的协商民主”。加强委员管理服务，健全关心关爱机制，深入开展委员走访活动，不断增强广大委员的责任感、使命感、荣誉感。

3. 加强政协机关建设，有效体现保障作用。加强机关干部队伍建设，突出政治强、能力强、服务强、作风强要求，进一步增强整体谋划、统筹协调和制度执行的能力。深化专委会联系界别委员制度，强化专委会组织协调功能，使专委会工作更富活力、更具实力。深入推进清廉机关建设，支持派驻纪检监察组工作，严守纪律规矩，筑牢思想防线，以精细精致的服务保障确保政协工作高效运转。

各位委员、同志们！新时代赋予新使命，新征程展现新作为。让我们更加紧密地团结在以习近平同志为核心的党中央，在中共南浔区委的坚强领导下，大力发扬为民服务孺子牛、创新发展拓荒牛、艰苦奋斗老黄牛的精神，奋力谱写我区人民政协事业新篇章，为重塑水晶晶南浔，建设美丽繁华新江南，高质量打造湖州“开放东大门、创业新高地”，高水平建设社会主义现代化共同富裕示范样本做出新的更大贡献！

大 事 记

1 月

1 日　区委书记杨卫东率领区四套班子主要领导及区委常委，集体赴嘉兴南湖，瞻仰革命圣地，重温入党誓词，践行红船精神。

同日　中国报告文学馆正式开馆。该馆坐落于南浔古镇垂虹公园，是中国报告文学领域唯一一家集大成的文学馆。

4 日　旧馆镇和南浔镇被列入国家全域土地综合整治试点名单。

5 日　四届区委第九十九次常委会会议召开。

8 日　中共湖州市南浔区委四届十一次全体（扩大）会议暨经济工作会议在南浔举行。会议审议通过《中共湖州市南浔区委关于制定国民经济和社会发展第十四个五年规划和二〇三五年远景目标的建议》，并提出“高水平建设社会主义现代化共同富裕示范样本”的奋斗目标。

12 日　区政府召开四届第七十八次常务会议。

13 日　四届区委第一百次常委会会议召开。

15 日　南浔区入选首批浙江省数字生活新服务样板县创建名单。

18 日　南浔区“象牛”后裔上海联谊会在上海百乐门成立。

22 日　四届区委第一百零一次常委会会议召开。

28 日　区政府召开四届第七十九次常务会议。

2 月

1 日　南浔区推动共同富裕的体制机制与政策体系研究项目启动暨理论研讨会举行。启动仪式上，区委、区政府与浙江大学社会治理研究院、浙江工商大学重要窗口研究院签订战略合作协议。

同日　全区领导干部会议召开，传达学习省两会精神，部署南浔区下一步贯彻落实意见。

3 日　区政府召开四届第八十次常务会议。

同日　湖州南浔人才产业集团有限公司挂牌成立。

5 日　按照党中央部署和省委、市委统一安排，市委书记王纲到南浔指导 2020 年度区委常委会民主生活会。会上，区委书记杨卫东通报了区委常委会“不忘初心、牢记使命”主题教育专题民主生活会整改措施落实情况和 2020 年度民主生活会征求意见情况，并代表区委常委会作了班子对照检查。区委常委个人依次作对照检查，其他区委常委发表意见、开展批评。区委书记杨卫东还代表区委常委会作表态发言。

同日　四届区委第一百零二次常委会会议召开。

9 日　区纪委四届六次全会在南浔召开。

20 日　南浔区召开工业经济高质量发展大会暨 2020 年度“最美南浔人”系列典型总结表彰大会。

22 日　南浔区高水平建设社会主义现代化共同富裕示范样本重大专项课题启动暨签约仪式举行。会议以视频连线形式，与新华社新闻信息中心、《瞭望》周刊社领导以及瞭望智库学者、专家畅谈共同富裕愿景。

23—25 日　中国人民政治协商会议第三届湖州市南浔区委员会第五次会议在南浔举行。

24—25 日　湖州市南浔区第四届人民代表大会第五次会议在南浔举行。

25 日　全国脱贫攻坚总结表彰大会在北京人民大会堂举行。中共南浔区委被授予全国脱贫攻坚先进集体称号，善琏镇公共事业服务中心主任、四川省广安市广安区农业农村局龙安柚产业发展办公室副主任（挂职）张开荣被授予全国脱贫攻坚先进个人称号。

26 日　区委、区政府召开重大项目推进工作例会。

3 月

4 日　省委第八巡视组向南浔区委反馈巡视情况。省委巡视工作领导小组成员、办公室主任周峰出席反馈会议，并对巡视整改提出要求。会议向区委书记杨卫东传达了省委书记专题会议精神，省委第八巡视组组长马万里代表省委巡视组分别向杨卫东和领导班子反馈了巡视情况。湖州市委副书记、政法委书记夏文星参加反馈会议并就抓好南浔区委巡视整改工作提出要求。杨卫东作表态讲话，区委副书记、区长温建飞主持领导班子反馈会议。

同日　区政府召开四届第八十一次常务会议。

5 日　四届区委第一百零三次常委会会议召开。

10 日　新华社瞭望智库总裁王建军率领课题组到南浔，开展“南浔区建设共富样本”重大课题专题调研。区委书记杨卫东出席见面会，社会主义现代化共同富裕（南浔）研究中心揭牌成立。

12 日　頔塘北岸（二期）改造提升和南浔镇三大片区征迁清零“百日攻坚行动”动员会召开。

15 日　全区领导干部会议召开，传达学习贯彻全国两会精神和全省、全市领导干部会议精神，部署全区下一步贯彻落实意见。区委书记杨卫东主持会议并传达。

17 日　全区党史学习教育动员部署会召开。

19 日　旧馆街道、东迁街道分别召开成立大会，举行揭牌仪式，正式宣告撤销旧馆镇。

同日　区委召开落实省委巡视反馈意见整改工作部署会，深入贯彻落实省委第八巡视组巡视南浔区情况反馈会议精神，全面部署巡视反馈意见整改落实工作。

同日　区委理论学习中心组召开学习研讨会，深入学习《习近平在浙江》采访实录，更好地学懂弄通做实习近平新时代中国特色社会主义思想，汲取高水平建设社会主义现代化共同富裕示范样本的强大力量。农业农村部软科学委员会专家、浙江省乡村振兴研究院首席专家顾益康应邀出席区委理论学习中心组专题学习（扩大）会议，并作题为《习近平在浙江“三农”工作创新实践与率先建设共同富裕示范区的创新路径》的专题辅导报告。

22 日　全区数字化改革工作动员大会召开。

23 日　南浔区举行一季度重大项目集中签约仪式，现场签约 21 个项目，总投资达 288 亿元。

同日　南浔区导师帮带制和年轻干部培养工作推进会暨区委党校 2021 年春季学期开学典礼举行。

24 日　全区深化“三服务”、“五战”开新局暨高水平建设共同富裕示范样本部署会召开。

29 日　区政府召开四届第八十二次常务会议。

30 日　区委召开习近平考察南浔古镇重要指示精神专题学习会，深入学习贯彻习近平考察南浔古镇时的重要指示精神。

31 日　四届区委第一百零五次常委会会议召开。

同日　区委常委会召开落实省委巡视反馈意见整改专题民主生活会。

4 月

1 日　开发区、高新区、镇（街道、度假区）工作例会召开。

2 日　位于南林中路与年丰路交叉口西北侧的中心城区方舱式新冠病毒疫苗临时接种点启用。

6 日　全区政法系统领导干部和中层干部全员政治轮训班开班，区委书记杨卫东为政法系统干部上专题党课。

同日　四届区委 2021 年巡察工作动员会暨区委第十轮巡察工作部署会召开。

7 日　南浔区国家生态文明建设示范区创建动员会暨 2021 年城乡人居环境大提升第一次工作例会召开，全面动员部署国家生态文明建设示范区创建工作任务，加快推进污染防治“双十”攻坚行动，进一步巩固提升城乡人居环境。

14 日　全区 2020 年度亿元以上独立选址竣工工业项目巡看走访活动举行。杨卫东、温建飞、梅爱祥、孙根祥等区四套班子领导集体赴开发区、部分镇（街道）走访，实地考察 22 个 2020 年度亿元以上独立选址竣工工业项目建设情况。

15 日　全国文明典范城市创建暨深耕“最美家风+”争创“六示范”开展移风易俗主题年建设工作动员部署会召开。

16 日　四届区委第一百零六次常委会会议召开。

19 日　区政府召开四届第八十三次常务会议。

20 日　区委书记杨卫东率区级相关部门，调研政法队伍教育整顿工作。

21 日　根据市委统一部署，市委宣讲团到南浔作党史学习教育宣讲报告。

23 日 由新华社新闻信息中心、瞭望智库主办的“新时代建设共同富裕的探索与实践暨浙江南浔共富样本观察报告发布会”在新华社举行。来自中央及国家部委有关负责人和研究机构、中央主要媒体等专家代表，以南浔共富样本为主题开展交流探讨。

27 日 清廉南浔建设第四次联席会议召开。

同日 由中国报告文学学会、浙江省作家协会、湖州市人民政府主办的第八届“徐迟报告文学奖”颁奖典礼在南浔举行。

28 日 全区共同富裕重点项目推进第一次工作例会召开。

同日 和孚镇被农业农村部、财政部列入 2021 年全国农业产业强镇创建名单。

29 日 四届区委第一百零七次常委会会议召开。

30 日 全区庆祝“五一”国际劳动节暨第四届区劳模表彰大会举行。

同日 国务院办公厅印发通报，对 2020 年落实有关重大政策措施真抓实干成效明显地方予以督查激励。南浔区获得“推进质量工作成效突出”的督查激励。

5 月

7 日 四届区委第一百零八次常委会会议召开。

8 日 全区 2021 年度全域旅游推进会暨“双创”“微改造、精提升”动员会召开。

14 日 区委、区政府召开重大项目推进工作例会。

17 日 中国文联党组书记、副主席、书记处书记李屹率领中国文联调研组到南浔调研。省文联党组书记、副主席、书记处常务书记陈瑶，市委常委、市政府党组成员吴登芬，区委书记杨卫东，区委常委、宣传部部长杨长海和省、市、区有关部门负责人参加。

同日 区政府召开四届第八十四次常务会议。

20 日 省委书记、省人大常委会主任袁家军到南浔调研“高质量发展建设共同富裕示范区”建设工作。

21 日 区委常委会召开扩大会议，深入传达学习省委书记袁家军调研湖州和南浔时的重要讲话精神，研究部署全区贯彻落实举措。

25 日 湖州南浔共同富裕学院及新时代共同富裕研究院揭牌仪式举行。

27 日 四届区委第一百一十次常委会会议召开。

同日 区委书记杨卫东率领党政代表团，赴长兴县考察，学习先进经验，拓宽视野思路，深化交流合作，共同推动美丽乡村建设走上共同富裕道路。

28 日 开发区、高新区、镇（街道、度假区）工作例会召开。

同日 南浔（深圳）人才科创中心在深圳华润前海大厦开园。

6 月

1 日 区慈善总会第四次会员大会召开。

3 日 全区平安南浔建设暨扫黑除恶专项斗争总结表彰会议召开。

5 日 省政协主席葛慧君在南浔区开展下访接访活动。

同日 南浔区在全国率先发布木业绿色生产地方标准规范——《木业绿色生产低挥发性有机化合物含量原料源头替代及废气治理技术规范》。

7 日 区政协举行“请你来协商”专题协商议政会。围绕“重塑水晶晶南浔，高水平建设社会主义现代化共同富裕示范样本”这一主题，区委书记杨卫东与区政协委员开展“面对面”协商，广泛听取意见建议。

8 日 第一期“水晶晶南浔 · 治村有道”论坛暨 2021 年南浔区行政村社党组织书记共同富裕能力提升班开班动员会举行。

同日 四届区委第一百一十一次常委会会议召开。

11 日 区委召开常委会（扩大）会议，传达学习贯彻省委十四届九次全体（扩大）会议精神。

15 日 区政府召开四届第八十五次常务会议。

17 日 2021 年南浔区企业人才服务例会暨企业家（青年企业家协会）交流会召开。

同日 区委加强法律监督工作会议召开。

18 日 2021 第二届长三角一体化古镇发展大会在南浔举行。来自浙江、江苏、安徽、上海三省一市文化和旅游厅局负责人、行业专家及重点古镇代表等，相聚南浔，共商长三角古镇一体化发展，探讨共同富裕新样本。

22 日 四届区委第一百一十三次常委会会议召开。

28 日 南浔区政府、宁波市镇海中学、浙江水利水电学院合作举办的镇海中学南浔分校签约仪式在南浔举行。

29 日 全区新发展党员集中宣誓仪式举行。区委书记杨卫东领誓并讲话，梅爱祥、孙根祥、王剑峰等区四套班子党员领导和来自全区各领域2021年度新发展党员参加宣誓。

同日 区委举行“两优一先”表彰大会暨党史学习教育专题党课报告会。区委书记杨卫东上专题党课。梅爱祥、孙根祥、王剑峰等区四套班子领导出席。

同日 南浔区庆祝中国共产党成立 100 周年文艺演出在南浔文化艺术中心举行。

同日 首届湖州市新生代企业家创新创业大赛启动仪式在南浔举行。

30 日 南浔古镇北市河水系恢复贯通仪式举行。

7 月

5 日 四届区委第一百一十四次常委会会议召开，传达学习习近平总书记在庆祝中国共产党成立100周年大会上的重要讲话精神、“七一勋章”颁授仪式上的重要讲话精神，研究全区推动全域未来社区建设、实施全区欠发达村“飞地抱团”项目等工作。

同日 区政府召开四届第八十六次常务会议。

8 日 2021 年首届“浔创”大会——融入长三角·接轨沪苏杭重大项目集中签约仪式在南浔（上海）科创中心举行。26个重大项目集中签约。

9 日 南浔区政府与中国农业发展银行浙江省分行在杭州举行“银政协同助力南浔区高水平建设共同富裕示范样本专项合作框架协议”签约仪式。该次合作是全国首例金融机构与地方政府全面合作建设共同富裕示范样本的专项合作。

12 日 区委专题读书班暨理论学习中心组学习会举行，围绕学习习近平总书记在庆祝中国共产党成立 100 周年大会上的重要讲话精神，开展学习交流研讨。

15 日 2021 年区委农村工作暨落实“五级书记抓乡村振兴”工作推进会召开。

21 日 四届区委第一百一十七次常委会会议召开。

同日 区政府召开四届第八十七次常务会议。

23 日 全区共同富裕建设第二次工作例会召开。

24 日 省、市防汛防台风工作视频会议召开。区领导杨卫东、温建飞、王剑峰等在南浔分会场参加。

同日 由市委常委、市纪委书记、市监委主任梁雪冬，市委常委、市政府党组成员吴登芬带队的市防指督察组到南浔检查指导防台风工作。区委书记杨卫东主持会议，区委副书记、区长温建飞做工作部署。

25 日 全区防汛防台风工作视频会议召开。区委书记杨卫东，区委副书记、区长温建飞就全面防御台风“烟花”各项工作进行再部署。区领导王剑峰、方科、肖体红、秦胜、单永杰、费学梅等参加。

28 日 四届区委第一百一十八次常委会会议召开。

30 日 中共湖州市南浔区委四届十二次全体（扩大）会议在南浔举行。

同日 区领导杨卫东、梅爱祥、孙根祥、沈威、秦胜等走访湖州军分区和区人武部，看望慰问部队官兵。

8 月

5 日 区委书记杨卫东深入中心城区集中医学观察隔离点、方舱接种点，部分酒店、商场等场所实地检查新冠疫情防控工作。

同日 区政府召开四届第八十八次常务会议。

6 日 区委、区政府重大项目推进工作例会召开。区委书记杨卫东在会上强调，要提高思想认识，全面提升领导干部执行力，带头深入落实“一个项目、一个领导、一个专班、一事一协调、一月一推进”的“五个一”工作机制，把数字化改革作为实现共同富裕的“船”和“桥” ，快而好地促进重大项目建设提速增效。

10 日 四届区委第一百一十九次常委会会议召开。

13 日 开发区、高新区、镇（街道、度假区）工作例会召开。

17 日 全区建筑业高质量发展座谈会召开。

18 日 南浔高级中学校园举行落成启用仪式。

区委书记杨卫东宣布校园启用，区委副书记、区长温建飞致辞，梅爱祥、孙根祥、王剑峰等区四套班子领导出席。

19 日 2021 年度浙江大学“黄土地计划”在南浔暑期挂职实践活动总结交流会暨区委书记大讲堂举行。

24 日 区政府召开四届第八十九次常务会议。

25 日 区委财经委员会第三次会议召开，传达中央财经委员会第十次会议精神，研究南浔区落实全省投资赛马机制和深化预算改革重点工作。

同日 四届区委第一百二十次常委会会议召开。

9 月

1 日 南浔高级中学举行开学典礼。南浔高级中学由区境内原南浔中学、双林中学和练市中学三校合并而成。秋季开学，原南浔中学整体搬迁入驻南浔高级中学；原双林中学和练市中学作为南浔高级中学的两个分校不再招收新生，暂时保留高二、高三两个年段。

2 日 全区“慈善助力共同富裕”募捐活动暨 2021 年“慈善一日捐”动员大会召开。

同日 南浔古镇东大街“高品质步行街”正式开街，获评省级高品质步行街。

同日 区文化和广电旅游体育局获 2017—2020 年度全国群众体育先进单位称号。

3 日 全区工匠之家工作推进会召开。按照区委“高水平建设社会主义现代化共同富裕示范样本”决策部署，会议鼓励企业新建或改建职工宿舍，多渠道提高职工住房保障，让各类蓝领技术职工“住有宜居”，全力打造具有南浔辨识度的工匠之家。

7 日 在第 37 个教师节来临之际，副市长闵云带队到南浔高级中学调研工作并慰问一线教育工作者。区领导杨卫东、吴冠宇等陪同。

同日 森赫电梯股份有限公司在深圳证券交易所上市。

10 日 四届区委第一百二十一次常委会会议召开。

同日 区政府召开四届第九十次常务会议。

13 日 由市委常委、市纪委书记、市监委主任梁雪冬，市委常委、市政府党组成员吴登芬带队的市防指督察组到南浔检查指导防台风工作。

同日 南浔智能机电高新技术产业园区被省发展和改革委员会确定为 2021 年省级先进制造业和现代服务业融合发展试点单位。

18 日 “迎中秋　教育情”南浔高级中学名师座谈会举行。

同日 开发区、高新区、镇（街道、度假区）领导干部集体谈话会举行。会上，区委书记杨卫东要求全区领导干部要站在讲政治、顾大局的高度，自觉服从组织的安排，坚决执行区委的决定，尽快熟悉新的岗位，适应新的角色，接受新的任务，履行新的职责。

23 日 湖州市德清县委书记敖煜新率领德清县党政考察团到南浔区考察。

26 日 四届区委第一百二十二次常委会会议召开。

27 日 湖州市区县“互看互学互比”活动举行。王纲、孙贤龙、杨建新、夏文星等市四套班子领导，各区县、市级有关部门负责人，集体赴各区县实地督查 2021 年主要经济指标完成情况，考察各区县在实施乡村振兴战略、推动共同富裕方面的创新做法。

29 日 高水平推进健康浙江行动首次现场会在南浔区召开。

30 日 区委书记杨卫东主持召开住有宜居——水晶晶无差别安居工程规划方案汇报会。

同日 在第 8 个国家“烈士纪念日”，南浔区向烈士敬献花篮仪式在南浔陵园举行。

10 月

9 日 四届区委第一百二十三次常委会会议召开。

11 日 区政府召开四届第九十一次常务会议。

21 日 检校合作与未检创新的“南浔试验”专题研讨会在南浔举行。会议回顾检校合作三周年工作历程，见证《南浔试验》新书发布，探讨高素质法治人才、检察人才培养新路径，展望检校合作未来取得更加丰硕的成果。

22 日 四届区委第一百二十四次常委会会议召开。

28 日 湖州市南浔区打造全国文明典范城市工作推进会召开。

11 月

1 日　区政府召开四届第九十二次常务会议。

2 日　全区区、镇两级人大换届选举工作部署会召开。

同日　区委常委（扩大）会议暨“决战全年红奋战开门红”动员大会召开。

3 日　四届区委第一百二十五次常委会会议召开。

4 日　区委书记温建飞主持召开全区疫情防控工作视频会议，对疫情防控工作作进一步部署。

同日　副省长王文序到南浔区调研退役军人事务工作。

7—8 日　区委书记温建飞率区党政代表团赴丽水市松阳县考察，深入交流对接两地山海协作工作事宜，并签订《南浔—松阳山海协作工作框架协议》及教育、科技、文化、卫生等领域合作框架协议。

9 日　市委书记王纲到南浔区调研绿色低碳发展，开展“三服务”工作。

11 日　浙江水利水电学院南浔校区现场办公室正式揭牌启用。浙江水利水电学院党委书记史永安、南浔区委书记温建飞为浙江水利水电学院南浔校区现场办公室揭牌。

15 日　区委书记温建飞主持召开全区共同富裕和数字化改革工作汇报会。会议专题听取共同富裕、数字化改革工作汇报，研究部署下阶段重点任务。

17 日　全区领导干部会议召开，传达学习贯彻中共十九届六中全会和全省领导干部会议、全市领导干部会议精神，推动全区上下迅速兴起学习宣传贯彻全会精神的热潮。

18 日　省委副书记、代省长王浩到南浔基层一线宣讲中共十九届六中全会精神并调研扩大有效投资工作。

同日　宁波旭升汽车模具及核心零部件项目签约仪式举行。

同日　全区骨干企业座谈会召开。

19 日　四届区委第一百二十六次常委会会议召开。

24 日　区委理论学习中心组举行专题研讨会。

同日　区委学习贯彻中共十九届六中全会精神“六讲六做”大宣讲活动动员部署会召开。

26 日　全区共同富裕建设与数字化改革工作例会召开。

27 日　湖州市南浔区第四届运动会开幕式举行。

同日　区委书记温建飞赴南浔古镇旅游度假区基层一线带头宣讲中共十九届六中全会精神，并调研南浔古镇复兴工作。

29—30 日　全省湖羊产业“机械强农”现场观摩交流会在南浔区举行。南浔区作为全省 3 个湖羊养殖重点县区之一在会上作交流发言。

12 月

2 日　全区领导干部会议召开，传达学习贯彻省委十四届十次全体（扩大）会议精神。

同日　东迁街道人大代表联络站正式启用“共享法庭”，“共享法庭”入驻人大代表联络站是南浔区在全市率先构建“四治融合”基层治理体系基础上的又一创新举措。

同日　全省首个人大代表联络站“共享法庭”在东迁街道镇北人大代表联络站挂牌成立。

7 日　高新区、南浔镇、度假区干部大会召开，成立中心城区东南组团，进一步捋顺“一镇两区”工作管理体制机制。

同日　开发区、高新区、镇（街道、度假区）工作例会召开。会议要求紧盯年度各项指标任务，扎实做好岁末年初各项工作，收好官，开好局。

9 日　区政府召开四届第九十三次常务会议。

10 日　区委书记温建飞主持召开全区疫情防控工作视频会议，对疫情防控工作再安排、再部署。

13 日　和孚镇、千金镇、石淙镇被认定为 2021 年度“浙江省森林城镇”。至此，全区实现省级森林城镇全覆盖。

14 日　中共湖州市南浔区委社会建设委员会揭牌仪式举行。

同日　南浔区举行新冠肺炎疫情防控综合演练。

16 日　全区重点拟上市企业座谈会召开。

同日　四届区委第一百三十一次常委会会议召开。

20 日　南浔区区、镇两级人大代表换届选举投票开始。

同日　全区信访工作会议召开。会议传达学习贯彻落实省委、市委信访工作会议精神。

21 日 区政府召开四届第九十四次常务会议。

22 日 区委书记温建飞调研中心极化工程西北组团工作，并召开座谈会。

24—26 日 中国共产党湖州市南浔区第五次代表大会召开。

26 日 中共湖州市南浔区委五届一次全体会议召开。温建飞当选为区委书记。

28 日 五届区委第一次常委会会议召开。

29 日 第十六届中国全面小康论坛暨首届中国经济社会高质量发展论坛在广东省广州市黄埔区举行。会上，南浔区获“2021 年度中国营商环境百佳示范县市”称号。

30 日 南浔—松阳山海协作工作联席会议以视频连线形式召开。会上，双方签订《南浔区—松阳县山海协作科创飞地合作框架协议》《南浔区—松阳县山海协作乡村振兴结对合作协议》。

31 日 区审计局被省审计厅评为2021年度全省优秀县级审计机关。

区情概览

·综　述·

【概况】 南浔区是2003年1月经国务院批准建立的湖州市辖区。2021年，南浔区部分行政区划进行调整。调整后，下辖南浔、练市、双林、菱湖、和孚、善琏、千金、石淙8个镇，旧馆、东迁2个街道和1个省级经济开发区。其中南浔、练市、双林、菱湖、和孚5个镇为全国千强镇，南浔、练市、菱湖被列为省级中心镇。区域面积702平方千米，其中，林地面积70平方千米，水域面积95平方千米，园地面积96平方千米，耕地面积294平方千米，其他用地面积147平方千米。2021年年末，全区共有211个行政村和34个社区，户籍人口为48.64万人，常住人口为62.5万人。

【区位优势】 南浔区地处浙江北部杭嘉湖平原，位于长三角城市群中心腹地，是上海都市圈和杭州都市圈的交会点，东北毗苏州市吴江区，东南邻桐乡市，南连德清县，西接吴兴区，北濒太湖，是湖州市接轨上海的东大门。区域内，申苏浙皖、申嘉湖、练杭3条高速公路横跨东西，浔练公路、“三高”连接线、三新公路穿越南北，318国道、湖浔大道、湖盐公路贯通全境，沪苏湖铁路南浔段及高铁站、苏台高速公路南浔段正在建设，京杭运河、长湖申和湖嘉申航道穿域而过，距离上海、杭州、苏州等大城市均为100千米左右，水陆交通便捷，区位优势独特。

【地形地貌】 南浔区是典型的江南水乡平原，地势较低，平均海拔在5米以下。境内河流纵横，湖漾密布，共有河道2339条，总长2105千米；湖泊和池塘615处，面积13.6平方千米；全区总水域面积95平方千米，水域水面率13.5%。地形平坦，仅有数座海拔百米以下的小山。土壤主要为冲积土和水稻土。

【气候特征】 南浔区处于中低纬度，属北亚热带季风气候区。气候总的特点是：季风显著，四季分明；雨热同季，降水充沛；光温同步，日照较多；气候温和，空气湿润。据1991—2020年气象资料统计，一般年份初霜约在11月中旬，终霜约在次年3月中旬，全年无霜期255天；年日照时数1781.9小时。据2009—2021年南浔自动气象站数据统计，年平均气温17.5℃，平均气温最高的年份为2021年，达18.4℃，最低的年份为2011年，达16.7℃；历年极端最低气温-7.9℃，极端最高气温41.5℃；年平均降雨量为1331.0毫米，降水日数为162.5天。通常情况下，年降水量的六到七成集中在4—9月，梅雨季一般出现在6月中旬至7月上旬。

2021年，南浔区天气形势复杂，气候异常显著，极端事件频发，出现寒潮、强对流、暴雨、台风、气象干旱等气象灾害，给工农业生产和人民群众生活造成不利影响。年平均气温18.4℃，为历史最暖年份。年内出现5次寒潮天气过程，分别是1月6—8日、11月7—9日、11月21—24日、11月29日至12月2日和12月16—18日，带来强降温、雨雪、大风和低温冰冻天气，其中，1月7—10日持续严重冰冻，最低气温为-6.6℃，对农业生产不利，造成果蔬、油菜和小麦等出现不同程度冻害。年降水量1411.6毫米，降水日数185天。6月10日入梅，7月5日出梅；梅雨期雨量比常年偏少，全区面雨量190.9毫米。年内强对流频发，出现短时强降水、强雷暴、大风和冰雹等恶劣天气，其中，8月11日，出现大暴雨，最大单站雨量为荻港气象站220.2毫米，最大3小时雨强为和孚气象站178.7毫米。7月下旬，受台风“烟花”影响，22日下午至27日夜里出现强降雨和大风天气，风雨影响时间长，破南浔区一次台风滞留时间最长纪录，过程面雨量256毫米，给人民生产生活带来严重影响；9月12—13日，受台风“灿都”外围云系影响，出现暴雨大风天气。年内出现阶段性气象干旱和连阴雨交替天气，1月上中旬、4月中旬后期至5月中旬初，出现轻到中度、局部重度的阶段性气象干旱，尤其是1月上中旬（前延至2020年12月）持续少雨天气，导致河湖库塘水位下降；9月上旬、9月下旬至10月上旬、11月中旬末和12月下旬，部分地区出现轻到中度气象干旱；年内较明显的连续阴雨寡照天气出现在3月上中旬、5月中旬、8月中旬和10月上中旬，对农作物生长发育及农事活动造成不利影响。

【历史人文】 南浔区历来是江南闻名遐迩的“丝绸之府”“鱼米之乡”“文化之邦”，历史文化底蕴深厚，名人辈出。区委、区政府所在地南浔镇具有独特的水乡古镇风貌、别具一格的江南园林、中西合璧的精美建筑，拥有一批独具特色的历史遗存，被列为浙江省15个历史文化名城之首，被联合国教科文组织列入世界文化遗产预备名单，曾获联合国教科文组织颁发的“2003年亚太地区文化遗产保护杰出贡献奖”。早在宋、明、清三代，南浔镇就有进士41名，有“九里三阁老，十里两尚书”之称；近代涌现出中国最大的丝商群体“四象八牛七十二金黄狗”，聚拥财富半壁江山。现代，南浔区名人更是层出不穷，有清末民国初期四大藏书家之一刘承干，国民党元老、西湖博览会创始人张静江，西泠印社创始人之一张石铭，中国历时最长、受奖学生最多、设置学校最广的“叔苹奖学金”创办者顾乾麟，著名经济学家桂世镛，著名实业家章荣初，著名报告文学家徐迟，著名书法家沈尹默、费新我等。当代，在全国颇具影响力的南浔籍专家、学者有80余人，其中有中国工程院原副院长卢良恕、“两弹一星”总设计师屠守锷、“中国导弹驱逐舰之父”潘镜芙等9位南浔籍“两院”院士。

【旅游资源】 南浔区旅游资源丰富，名扬四海。2014年6月22日，中国大运河项目被联合国教科文组织列入《世界遗产名录》，大运河南浔段（含頔塘故道和南浔镇历史文化街区）成为湖州市首个世界文化遗产，南浔镇也因此成为中国首个整体荣膺世界遗产的江南古镇和运河重镇。南浔镇享有“中国历史文化名镇”“中国十大魅力名镇”“全国文明镇”“国家卫生镇”“全国环境优美乡镇”“全国特色景观旅游名镇”等美誉称号，全镇有4处全国重点文物保护单位：嘉业堂藏书楼及小莲庄、南浔张氏旧宅建筑群、大运河—頔塘（南浔丝业会馆及丝商建筑为其子项目）、尊德堂（张静江故居）。粉墙黛瓦的民居建筑群百间楼沿河而卧，与不远处的市级文物保护单位洪济、通津二桥组成了一幅“小桥、流水、人家”的美丽风景，尽显江南水乡秀气。2005年中央电视台十大魅力名镇颁奖词中对南浔镇的评述是：“太湖边上的鱼米之乡，古镇中的文化重地。方圆十里，五座园林，处处庭院幽深；一镇之地，以丝绸闻名，曾经富可敌国；嘉业藏书楼，深藏文化底蕴；丝竹袅袅，演绎诗画水乡；人文荟萃，巨贾云集，江南好，最忆是南浔。”其中双林镇、菱湖镇、善琏镇也都是江南著名古镇，形成了全国少有的古镇群落。南浔区又是全国古桥保存最集中、最完整的地区，最具代表性的属双林镇的全国重点文物保护单位“双林三桥”和省级文物保护单位“幻溇古桥群”。和孚镇荻港村已列入第一批中国传统村落名录。善琏镇被评为“中国湖笔之都”，含山蚕花节被列为“中国民间艺术游”系列活动，2015年6月湖笔小镇成为浙江省首批特色小镇。全区现有文物保护单位79处，其中，全国重点文物保护单位5处，省级文物保护单位10处，市级文物保护单位64处；国家级非遗项目3项，省级非遗项目11项，市级非遗项目49项。2015年，南浔古镇景区成功创建为全市首个国家AAAAA级旅游景区，填补了湖州市国家AAAAA级旅游景区的空白；荻港景区成功创建为国家AAAA级旅游景区。在全面保护古镇（村）景区、文化的基础上，加大开发力度，旅游事业蓄势待发。全区拥有国家AAAAA级旅游景区1个、AAAA级旅游景区1个、AAA级旅游景区11个，省级旅游度假区1个，省AAAA级旅游景区1个，省级生态旅游区1个，三星级以上旅游宾馆3家，特色文化主题酒店2家，拥有全国乡村旅游重点村1个。

南浔区有名甲天下的辑里湖丝，有全国著名的菱湖淡水鱼生产基地，有技艺精湛被誉为文房之宝的善琏湖笔，有“轻如朝雾、薄如蝉翼”之称的双林绫绢等传统名特优产品享誉海内外。

【年度财政】 2021年，南浔区地区生产总值为528.95亿元，比2020年增长8.5%。分产业看，第一产业增加值28.28亿元，增长2.6%；第二产业增加值 309.69 亿元，增长 9.4%；第三产业增加值 190.98 亿元，增长 8.2%。三次产业增加值结构比为 5.4∶58.5∶36.1，第三产业比重比 2020 年提高 0.3 个百分点。

全年实现财政总收入 73.38 亿元，其中地方财政收入 43.05 亿元，分别比 2020 年增长 9.2%和 6.4%。财政总收入占地区生产总值的比重为 13.9%。地方财政收入中，税收收入 38.98 亿元，增长 4.2%，占比为 90.5%。从主要税种看，增值税、企业所得税和个人所得税分别为 17.82 亿元、5.58 亿元和 1.83 亿元，分别增长 15.6%、16.6%和降低 18.0%。

全年财政支出 66.18 亿元，比 2020 年增长 19.8%，教育、文化、社会保障和就业、医疗卫生、农林水、节能环保等民生领域共支出 39.56 亿元，占财政支出的比重为 59.8%。

全年固定资产投资额比 2020 年增长 29.8%，分产业看，工业投资增长 40.1%，服务业投资增长 24.5%。从结构性看，民间投资增长 18.3%，交通投资增长 571.1%，高新技术产业投资增长 50.0%，生态环保、城市更新和水利设施投资下降 7.0%。

（编辑部）

· 经济与社会发展 ·

【农业】 南浔区是全国粮食生产先进单位，浙江省农业特色优势产业综合强区，省级粮食生产先进县区，浙江省第一届“河姆渡杯”粮食生产铜奖区，浙江省畜牧业大区。2014 年 6 月，“桑基鱼塘”入选第二批中国重要农业文化遗产名单，成为全市首个入选中国重要农业文化遗产名单的传统农业系统。2018 年 4 月，在意大利首都罗马举行的全球重要农业文化遗产国际论坛上，“桑基鱼塘系统”正式接受由联合国粮农组织总干事若泽·格拉齐亚诺·达席尔瓦颁发的“全球重要农业文化遗产（GIAHS）”奖牌。农业以畜禽、水产、粮油、蚕桑、蔬果、苗木为主导产业，农业产业结构不断优化，效益农业、特色农业大力发展，高效生态农业发展势头良好。

2021 年，实现农林牧渔业总产值 52.32 亿元，比 2020 年增长 4.1%。其中，农业产值 11.48 亿元，下降 1.1%；林业产值 0.03 亿元，与 2020 年持平；牧业产值 7.26 亿元，增长 1.7%；渔业产值 28.25 亿元，增长 6.8%。经济作物播种面积 9547 公顷，其中，蔬菜面积 5827 公顷，果用瓜 600 公顷；油菜籽产量 0.66 万吨；生猪出栏 6.94 万头，下降 2.3%；蚕茧产量 0.19 万吨，下降 11.6%；家禽出栏 1678.54 万羽，增长 13.7%；禽蛋产量 0.44 万吨，下降 33.7%；水产品产量 19.76 万吨，增长 6.05%。

全年引进投资 1000 万元以上的农业项目 75 个，创建市级农业“大好高”项目 15 个，数量居全市首位；竣工投产重点项目 16 个；累计建成池塘内循环养殖跑道 496 条，发展稻渔综合种养 4333 公顷；已发展“红美人”柑橘 279 公顷，新流转土地 33 公顷；新增家庭农场注册 1789 家，累计达 2976 家；创建市级农业龙头企业 5 家。

【工业】 2021 年，全区规模以上工业实现增加值 178.00 亿元，按可比价计算，比 2020 年增长 9.0%。其中，轻工业 46.64 亿元，重工业 131.36 亿元，分别增长 12.2%和 7.9%。31 个大类行业中，有 27 个行业增加值实现增长，6 个行业超过 10 亿元。其中，通用设备制造业 28.77 亿元，增长 2.8%；电气机械和器材制造业 28.52 亿元，增长 17.2%；金属制品业 21.40 亿元，增长 11.7%；非金属矿物制品业 11.88 亿元，增长 4.0%。从重点产业看，高新技术产业 96.74 亿元，增长 8.5%，占比为 54.3%；战略性新兴产业 61.81 亿元，增长 7.8%，占比为 34.7%；装备制造业 83.42 亿元，增长 12.9%，占比为 46.9%（注：有的企业在 3 个重点产业中属于其中的 2 个，甚至 3 个，在统计时增加值重复计算）。

全年规模以上工业实现营业收入 1275.38 亿元，比 2020 年增长 28.4%；利税 78.91 亿元，其中利润 50.14 亿元，分别增长 8.9%和 4.9%。电气机械和器材制造业，金属制品业，通用设备制造业，木材加工和木、竹、藤、棕、草制品业营业收入均超 100 亿元，共实现营业收入 781.03 亿元，占全部规模以上工业的 61.2%。6 个行业利税超过 5 亿元，其中，金属制品业 12.80 亿元，增长 13.9%；通用设备制造业 16.46 亿元，增长 14.5%；电气机械和器材制造业 11.31 亿元，增长 12%；非金属矿物制品业 8.55 亿元，增长 22.5%；纺织业 7.78 亿元，增长 37.3%。

全区年末拥有建筑企业 52 家，其中在库总承包一级资质企业 6 家。全年完成建筑业增加值 21.73 亿元，占 GDP 比重为 4.1%；房屋建筑施工面积 519.5

万平方米，增长39.1%；竣工面积174.6万平方米，增长27.1%。

南浔区是全国科技进步考核先进区。2021年专利授权量2279项，其中发明专利154项。全区年末拥有国家重点扶持高新技术企业191家，比2020年增加22家；拥有省级高新技术研发中心78家；省级企业研究院29家，科学技术支出1.77亿元。

【服务业】 2021年，社会消费品零售总额比2020年增长9.1%。限额以上批发业销售额261.38亿元，增长36.7%；限额以上零售业销售额12.38亿元，增长17.5%；限额以上住宿业营业额1.30亿元，增长12.6%；限额以上餐饮业营业额1.98亿元，增长3.3%。限额以上批发零售业销售额273.76亿元，增长35.7%。其中，金属材料类123.34亿元，增长21.6%；食品、饮料、烟酒类15.39亿元，增长126.9%；石油及制品类7.28亿元，增长52.7%；化工材料及制品类15.69亿元，增长57.0%。

【对外经济】 2021年，实现外贸进出口总额147.37亿元，比2020年增长18.9%。其中，出口126.95亿元，增长16.0%；进口20.421亿元，增长41.3%。按贸易方式分，一般贸易出口111.76亿元，增长12.7%；加工贸易出口5.40亿元，下降43.2%。按企业性质分，内资企业出口88.51亿元，增长15.8%；外资企业出口16.54亿元，增长15.6%；流通企业出口21.9亿元，增长17.1%。按主要产品分，木及木制品出口13.87亿元，增长60.3%；塑料、橡胶及其制品出口16.65亿元，增长51.9%。按主要市场分，拉丁美洲出口增长较快，达70.3%；大洋洲、非洲、欧洲、亚洲、北美洲分别增长31.9%、20.0%、16.2%、13.2%、7.7%。

全年合同外资5.30亿美元；全年实到外资0.26亿美元。

【城乡建设】 2021年，城市基础设施建设进一步提升。完成修编《南浔城区给排水专项规划（2020—2035）》，启动城市内涝和海绵城市2个专项规划，全年完成给排水管网建设46千米，管网排查40.9千米，提标改造11千米。城市污水处理能力显著提升，累计完成专项债投资5亿元，新建完成新城污水处理厂，扩建完成和孚、善琏污水处理厂，启动练市、双林、菱湖、和孚、善琏污水处理厂清洁排放提标改造工程，日处理规模达26万吨。高质量推进节水型社会建设，加强节水宣传教育、节水潜力挖掘，秀水华庭、金象湾、公园一号、香墅湾、逸龙湾5个小区成功创建省级节水型小区，获评数量取得历史性突破。

城市绿化再提升。全年新增城市绿地42公顷，公园绿地约4.6公顷，绿道11.4千米。和孚镇、菱湖镇获评省级园林镇，水晶晶公园获得省级优质综合公园，振浔污水处理厂获评省级园林式单位。南浔大道（适园路—年丰路）、南林路（年丰路—湖浔大道）获评省级绿化美化路，绿化质量和水平得到进一步提升。

全年 $PM_{2.5}$ 平均浓度27微克/米^3，同比下降6.9%；空气质量优良率83.5%。7个县控以上地表水监测断面及4个行政交界出境断面水质均稳定保持在Ⅲ类以上，达标率100%。出台《南浔区喷水织机行业整治提升实施方案》及《南浔区印染行业深化整治指导意见》，喷水织机行业已完成整治提升100家、搬迁入园70家、关停淘汰153家；33家印染企业已明确整治提升目标规划，形成6个集聚点22家企业，推动涉水行业绿色高质量发展。

【教育】 2021年年末，全区共有小学20所，在校学生总数2.82万人；全年新招生4591人，毕业4014人，小升初比率保持100%。共有初中17所，在校学生总数1.08万人；全年新招生3828人，毕业3334人，初升高比率为99.4%。

全年全区教育经费总收入169948.59万元，比2020年增长19.46%。公共财政预算教育经费111877万元，比2020年增长10.90%。

【文化体育】 2021年年末，全区拥有剧场、影剧院9个，文化馆、艺术馆3个，全年举办展览353个，组织文艺活动900次；公共图书馆11个，总藏量68.28万册（件）；举办训练班结业人数44135人次；省、市中心村全民健身广场（休闲公园）3个。

文体活动形式多样。成功承办浙江省献礼中国共产党成立100周年音乐作品巡演南浔音乐会、浙江省第二十届群众音乐大赛入围作品加工会，举办南浔区庆祝中国共产党成立100周年文艺演出、“水晶晶南浔”第五届文化艺术节等大型线下活动4场和“运河情”等线上活动254期，受众7万余人次。全年开展文化走亲、送戏下乡242场，送书下乡2万册。连续举办南浔古镇桨板公开赛等大型品牌体育赛事，承办健步大运河、省射箭锦标赛等省级以上赛事活动10场，举办群众性赛事300场。

阵地建设提质扩面。建成4个文旅空间、10个文旅公共服务融合示范点，区图书馆新馆完成工程量的90%，区博物馆完成项建、可研和立项申报，区图书馆成为全省首批“满意图书馆”达标单位，区文化馆获评国家一级馆，3家场馆被列入省级公共文化场馆服务功能拓展先行先试单位。全区公共体育场地面积增量达50万平方米。

【医疗卫生】 2021年年末，全区拥有医疗卫生机构273个，其中医院8家、卫生院（社区服务中心）13家、门诊部17家、诊所91个、社区卫生服务站144个；拥有医疗床位1641张，其中医院实有床位1474张；卫生技术人员3060人，其中执业医师932人、执业助理医师246人、乡村医生104人、注册护士1139人。

【人民生活】 2021年年末，全区户籍人口48.64万人，其中男性23.78万人、女性24.87万人；城镇人口18.29万人；60岁以上人口15.78万人，占总人口的32.4%，占比提高0.8个百分点。全年出生人口2755人，出生率为5.66‰；死亡人口4202人，死亡率为8.64‰；人口自然增长率为-2.93‰。全区城镇新增就业17500人，城镇失业人员再就业6356人，困难人员再就业605人，城镇登记失业率2.02%。

据100户城镇居民家庭抽样调查，全年城镇居民人均可支配收入达65733元，比2020年名义上增长9.8%。其中，工资性收入增长11.1%，经营净收入增长6.4%，财产净收入增长13.0%，转移净收入增长14.3%。人均生活消费支出33886元，增长16.7%。据100户农村居民家庭抽样调查，全年农村居民人均可支配收入达41146元，比2020年名义上增长11.1%。其中，工资性收入增长11.7%，经营净收入增长8.9%，财产净收入增长17.4%，转移净收入增长18.9%。人均生活消费支出26017元，增长18.6%。

【社会保障】 2021年年末，全区城乡居民基本养老保险参保人数15.4万人，户籍人口参保率99.85%，人均待遇水平每月347.37元。社保扶贫应保尽保、待遇应享尽享，全区参加城乡居民基本养老保险困难人员为3606人，政府补助108.18万元。

以“六无六有”（学无忧、业无忧、居无忧、行无忧、水电无忧、用无忧，险有免、产有扶、病有助、梦有圆、教有伴、残有助）综合救助体系为抓手，全方位、系统化保障困难群众的教、住、行、医、用等方面需求。免除困难家庭学生学前教育、高中教育和高等教育阶段费用2846人次、314.65万元；补助低收入群众免费出行费用3.82万元；减免低收入家庭水电、燃气费406.49万元；补助重大疾病专项医疗救助费1072.77万元；开展低收入家庭生活标配“3+1”（3类必需家电：空调、电视、手机，1类其他生活家电：电饭煲或洗衣机）慈善捐赠行动，补助资金450万元；着力帮扶困难群众就业和创业，提升增收致富能力。全年，“六无六有”综合救助支出8440.36万元，惠及群众22.97万人次。全区低收入群众人均年收入达2.2万元，确保共富路上“一个都不掉队”。

【平安南浔建设】 深入推进平安南浔建设，荣获2021年度浙江省平安县（市、区）称号，实现平安南浔“十七连冠”。全年除火灾事故外，全区发生各类生产安全事故13起，死亡10人。一般以上道路交通事故105次，比2020年下降8.7%，经济损失22.76万元，比2020年下降7.3%；刑事案件立案数1868件，较2020年下降10.2%。火灾累计发生事故34起，比2020年下降15.0%，直接经济损失180.77万元，较2020年下降13.8%；2021年度无较大以上伤亡事故发生。

【机构编制】 2021年3月，设立湖州市南浔区东迁街道工作委员会、湖州市南浔区东迁街道办事处，湖州市南浔区旧馆街道工作委员会、湖州市南浔区旧馆街道办事处，机构规格为正科级。不再保留湖州市南浔区旧馆镇建制。7月，设立中共湖州南浔智能机电高新技术产业园区工作委员会、湖州南浔智能机电高新技术产业园区管理委员会，机构规格为正科级。不再保留湖州南浔科技新城管理委员会；在湖州市南浔区农业农村局增挂湖州市南浔区乡村振兴局牌子，不再保留区扶贫开发领导小组；在中共湖州市南浔区委党校增挂湖州市南浔区社会主义学校牌子；设立湖州市南浔区人大常委会监察和司法（法制）工作委员会，与湖州市南浔区人大监察和司法（法制）委员会合署办公。8 月，在湖州市南浔区文化和广电旅游体育局增挂湖州市南浔区文物局牌子。11 月，在湖州市南浔区综合行政执法局增挂湖州市南浔区综合行政执法指导办公室牌子。12 月，设立中共湖州市南浔区委社会建设委员会，作为区委派出机关，与区发展改革和经济信息化局合署办公；设立区委第四巡察组；在湖州市南浔区综合行政执法局增挂湖州市南浔区综合行政执法队牌子。（编辑部）

·精神文明建设·

【概况】 2021 年，南浔区宣传思想战线认真学习宣传贯彻习近平新时代中国特色社会主义思想和中共十九大和十九届历次全会精神，以庆祝中国共产党成立 100 周年为主题主线，立足新发展阶段，贯彻新发展理念，服务构建新发展格局，紧紧围绕中央和省、市宣传思想工作会议精神和市、区委相关工作部署，紧扣中心、服务大局，凝心聚力、守正创新，各项工作扎实推进、成效明显，为全区加快重塑“水晶晶南浔”，建设美丽繁华新江南提供强大的思想支撑、智力支持和精神力量。区委宣传部获 2021 年度浙江省“扫黄打非”成绩突出集体称号。

【理论武装】 培根铸魂，思想理论武装扎实推进。推动理论学习常态长效。以党委（党组）理论学习中心组为龙头，以习近平新时代中国特色社会主义思想为主线，及时制定下发《南浔区委理论学习中心组 2021 年度学习计划》，围绕“七一”重要讲话精神、中共十九届六中全会、党史学习教育等主题，组织开展交流研讨、集中学习和专题辅导报告等形式的学习 17 次，南浔区委理论学习中心组被评为“2021 年度湖州市优秀县处级党委（党组）理论学习中心组”。指导南浔经济开发区、高新区、各镇街、区级各部门党委（党组）中心组累计开展学习 800 余次。以“学习强国”学习平台为依托，进一步深化理论学习，60 周岁以下党员覆盖率 100%，向学习平台供稿 2227 篇（条）。

推动理论宣讲入脑入心。依托“浔先讲”青年理论宣讲团，围绕习近平新时代中国特色社会主义思想、中共十九届六中全会、党史学习教育等主题，开展宣讲近千场，受众 6 万余人次。在《浔先讲》电视宣讲栏目制作播映节目 13 期，《半条被子的故事》等宣讲微视频在“学习强国”学习平台和市级以上媒体展示 10 余次；在“习习轻风”抖音号、“今日南浔”App、“千千乡音”小广播等线上平台发布宣讲视（音）频 20 余个、播报 300 余期，服务受众 450 万余人次。获省级微党课大赛三等奖 1 个，省级基层理论宣讲成绩突出个人 1 人，获市级优秀理论宣讲稿和宣讲视频各 2 篇，获市级基层理论宣讲成绩突出集体、个人各 1 个。

推动社科普及与研究见质见效。紧扣主题开展社科研究，完成中国共产党成立 100 周年研究论文 21 篇，上报《忠实践行“八八战略”奋力打造“重要窗口”研究（湖州市卷）》相关题材 6 篇，申报市哲学社会科学规划课题 14 项，其中 2 项成为市重点课题并结题；省级课题“大运河文化保护传承与活化利用的研究——以南浔古镇为例”完成结题。社科基地建设提质升级，创建新型智库 1 家，标志性示范创新团队 1 家，“南浔文园”被命名为第十批省级社科普及基地。精心谋划“社科普及周”活动，全年共开展各类社科普及活动 55 项。南浔区未成年人道德法治体验馆社科普及基地实施的“红色法治研学”主题活动, 入选 2021 年度浙江省社科普及创新项目；南浔文园实施的“半条被子悟初心 红军精神永传承”主题活动, 入选 2021 年度浙江省红色科普基地精品项目。

【党史学习教育】 以学促行，党史学习教育走深走实。开展专班运作，实施主题式教育。组建党史学习教育领导小组办公室工作专班，下设四个小组，分别承担综合协调、巡回指导、监督检查、宣传报道等职责。扎实开展党史学习教育，深入学习贯彻习近平新时代中国特色社会主义思想和中共十九届六中全会精神，学习党的百年奋斗重大成就和历史经验，深入学习习近平总书记在浙江、湖州考察时的重要讲话精神，传承红色基因，守护红色根脉，坚决在思想上政治上行动上同以习近平同志为核心的党中央保持高度一致。突出“红船味”“两山味”“新时代味”，深入实施理论铸魂、溯源、走心三大工程，组织广大党员干部学习“四史”（党史、新中国史、改革开放史、社会主义发展史），深化“三为”（我为群众办实事、我为企业解难题、我为基层减负担）专题实践活动，坚持至真至诚学党史，坚持笃信笃行悟思想，坚持用心用情办实事，坚持唯实惟干开新局，争做学史明理、学史增信、学史崇德、学史力行的排头兵。

建立长效机制，形成联学式格局。区委理论学习中心组赴嘉兴南湖，重温入党誓词、感悟红船精神；赴江西井冈山、瑞金学习考察，在学党史、祭英烈、强党性中感悟思想伟力。在全区上万名干部职工中全面推行常态化“周一夜读”制集中学习、交流研讨，围绕 4 本必读书目和《习近平在浙江》等浙江特色教材，开展各类学习活动 40 场，邀请省、市多位专家作专题辅导报告 6 次，在全区 63 个政务微信公众号发布各单位“周一夜读”学习情况。组织全区基层党支部开展学党史主题党日活动 2552 场次，组织 22165 名党员参与组织生活会，实现各领域基层党组织书记学习党史轮训全覆盖；组织各级领导干部，到联系镇、村、企业开展“百场党课下基层”3215 场次，以“沿着红色足迹学党史”为主题，盘活“张新华烈士故居”等本土红色资源，组织近万名党员现场学习。在全区上下形成领导干部带头学、全体党员跟进学、基层组织结合学的学习大格局。

搭建展示平台，打造全民化宣讲。用好比拼擂台开展宣讲，构筑“今日南浔”App 等 15 个区、镇级线上平台，发布宣讲视频 100 余个；依托“水晶晶南浔”直播基地、“习习轻风”抖音号、“小城练市”抖音号等载体，推出“百年党史青年说”“马克思主义青年说”，打造 120 个“千千乡音读党史”小广播、217 家文化礼堂“青年宣讲台”等平台。打造青年党史宣教品牌“一镇一品”共 11 个品牌。举办全区党史学习教育理论宣讲暨微党课大赛决赛，并选派青年宣讲员参加省、市级各类微党课和党史知识竞赛，分获微党课大赛省三等奖 1 个、市二等奖 1 个、市三等奖 2 个，分获省党史知识大赛三等奖 1 个，市党史知识大赛特殊组特等奖 1 个，常规组二等奖 1 个。在“学习强国”学习平台发布南浔红色文物故事 5 个。广大党员干部积极撰写学习体会，在“学习强国”学习平台、“浔轩平”网评栏目等平台推送 70 余篇。

深挖特色亮点，推出全域式宣传。盘活本土红色资源，征集南浔抗日战争等珍贵史料 4000 余件，线上、线下举办南浔区庆祝建党百年大型图片展，修复并开放中共浙西北特委旧址。创作本土红色精品，演出话剧《百年守锷》、评弹《张新华》，推出红色广播剧、红色歌曲等各类文艺精品 25 件。讲好本土发展故事，在“南浔发布”微信公众号和“今日南浔”App 开设“奋斗百年路　启航新征程”等党史专栏；在《南浔新闻》开设《共同富裕　听书记说》主题专栏；推出“浔轩平”网评品牌，发布党史等相关评论文章 16 篇，阅读量 300 万人次。向《浙江新闻联播》、“浙江之声”、《湖州新闻联播》等省、市级平台推送相关动态信息 100 余篇（条）。被市级以上简报录用 30 余篇（条），其中中央简报录用 1 篇，省级党史学习教育数字化平台点亮星光 1 次；被市级以上主流媒体刊播相关报道 400 多篇（条），得到《人民日报》、新华社等中央媒体报纸和客户端平台关注报道 80 余次。

【宣传引导】 凝心聚能，主流价值引导铿锵有力。拓宽外宣渠道，精心组织重大主题宣传。围绕共同富裕、“十四五”规划开局起步 、党史学习教育、中国共产党成立 100 周年、中共十九届六中全会、“在湖州看见美丽中国”、中共“水晶晶南浔”城市品牌等重大主题，积极主动对接中央、省、市级媒体，全年在国家级主流媒体录用稿件 769 篇（条），其中头版 36 篇（条）；省级主流媒体（含上海）录用稿件 965 篇（条），其中头版 78 篇（条），专版 14 版；267 条新闻及专题片在省级以上广电播出。其中“共同富裕”选题的策划效果尤为明显，《人民日报》《浙江日报》等省级以上主流媒体刊发共富报道 880 余篇（条），新华网、“今日头条”等网络平台发表转载相关文章 186 篇，点击量累计超 4600 余万次。

塑造城市形象，用心讲好南浔精彩故事。新开设“今日南浔”抖音号，与“今日南浔”App 和“南浔发布”微信公众号共同构建快速、新颖、便捷的新媒体传播格局，做好“在湖州看见美丽中国”、“水晶晶南浔”城市品牌、防疫抗疫等主题宣传。焕新城市风貌，全面推进城市品牌建设。以“在湖州看见美丽中国”城市品牌为引领，按照“突出市级总品牌，围绕总品牌打造‘水晶晶南浔’子品牌”的要求，努力争创“在湖州看见美丽中国”城市品牌示范标杆。通过社会、新闻、网络等宣传途径实现区内全覆盖，提升城市品牌显示度。通过高铁冠名，央视、上海电视台等媒体展播，上海、杭州等地地铁广告，上海外滩、杭州武林门等大屏宣传推广，以及《水晶晶女孩》综艺节目打造等途径，“水晶晶南浔”城市品牌覆盖范围超75亿人次，初步形成以国内为主并触达海外的国际传播格局。

打造清朗空间，全面筑牢网络安全屏障。夯实网信工作阵地，打造湖州市南浔区未成年人防治网络沉迷服务中心、南浔区“浔夕 E 站”智慧养老示范点。扩大“浔情哨”哨兵队伍。积极开展“千百工程”等各类专项整治行动；常态化开展网络风险检查，累计发现并整改政务网站、系统安全漏洞45个。

【文明创建】 2021 年，全面打响全国文明典范城市创建攻坚战。召开全国文明典范城市创建工作动员部署会及南浔区打造全国文明典范城市工作推进会，制定《创建全国文明典范城市南浔区三年行动计划（2021—2023年）》，梳理任务项目69项。开展全国文明典范城市创建“大比拼”活动，已完成对全区 18 条主次干道、25 家重点小餐饮的 14 期亮晒比拼，以点带面推动全域文明，全域典范，在湖州市打造全国文明典范城市第二次市测中，取得区、镇“双第一”。统筹推进老旧小区线网整治，打造线网整治“南浔样板”，已完成97个小区、1034幢楼、2424个单元线网整治。

重点推动“最美家风 南浔风尚”品牌化。制定《深耕“最美家风+”争创“六示范”开展移风易俗主题年建设活动工作方案》，开展核心价值引领等六大行动，打造全国家风建设的南浔样本。积极挖掘培育道德典型和身边好人，评选“南浔好人”47人，其中，入选“湖州好人”10人、“浙江好人”5人、“中国好人”2人；《沈应珍：世纪笔工的传承与坚守》被《光明日报》、新华社、“学习强国”学习平台等媒体宣传报道。积极开展青少年心理健康护航六大专项行动，全区近 4 万名中小学生实现心理普测全覆盖，累计帮扶学生57人。《南浔区：守好三道“关口”精准开展“一对一”帮扶》《南浔区“三工程织三网”护航暑期青少年健康成长》等信息均获市相关领导批示肯定。

持续推进“浔愿”新时代文明实践项目化。加快新时代文明实践中心建管用体系建设，构筑“15分钟文明实践服务圈”。打造全国首个区、镇、村三级志愿者联合会，建立三级志愿者联合会224个，吸纳会员11650人。开展水晶晶家园志愿广场项目，发布活动378期。举办2021年南浔区新时代文明实践志愿服务项目大赛，“浔亲圆梦 助爱回家”寻亲志愿服务项目获浙江省第二届志愿服务项目大赛银奖，“银雁返乡，银领助渔”志愿服务项目获优秀项目奖。建立基层文明实践基金，全区 11 个镇（开发区、街道）吸纳社会资金330万元。擦亮“浔愿”志愿服务品牌，2021年发布志愿服务项目2308个，服务总时长超24万小时，通过“志愿浙江”App完成理论宣讲志愿服务点单881个。

【文化发展】 争先创优，文化事业发展欣欣向荣。文化礼堂建设提质增效。2021 年新建农村文化礼堂35 家，累计建成 217 家，实现全区农村文化礼堂建制村全覆盖。练市镇获评2021年浙江省农村文化礼堂示范乡镇（街道），练市镇水口村文化礼堂获评省级书香礼堂，练市镇达井村文化礼堂被列为 2021年省活力礼堂建设试点。承办2021年南浔区庆祝中国共产党成立 100 周年暨迎国庆“水晶晶南浔”第五届文化礼堂村歌展演；在省政研会“以农村文化礼堂为抓手，助推乡村振兴发展”课题调研座谈上作专题发言。依托湖州市农村文化礼堂智慧管理服务平台，推出1600余场“文化点餐”项目，实现已建文化礼堂点餐全覆盖。推行文化礼堂数字化改革，融入省“礼堂家”数字化改革驾驶舱，提升全区礼堂“效能指数”；创新开发“浔礼 e 家”智慧服务平台，申报推荐政府数字化转型和智慧城市建设领域全国示范优秀案例，并实现 217 家农村文化礼堂平台全覆盖。

文艺精品创作全市领先。紧扣中国共产党成立100周年、中共十九届六中全会等重要时间节点，围绕“绿水青山就是金山银山”“水晶晶南浔”等主题，深挖南浔人文内涵，推动文艺创作。报告文学实现历史性突破，《水无穷处》《江南豪门》分别获第八届“徐迟报告文学奖”长篇奖和优秀奖，南浔区成全市首获该奖项的县区。基层优秀文艺团队、优秀文艺作品扶持项目数量蝉联全市首位。融入南浔古镇、善琏湖笔、安吉余村、太湖等元素的动画片《奇幻水晶晶》完成制作，拟于省级以上卫视播出；以“展现南浔基层共产党员一诺千金为民情怀”为题材的广播剧《一诺千金》，先后在“学习强国”学习平台、中央人民广播电台播出；以“南浔嘉业藏书楼百年守护人”为题材的广播剧《国宝守护人》上线“央广云听”App；创作完成《小康密码》《红色故事》《念你一生》《一起踏上富裕路》等歌曲。

文化产业发展一路向好。推进善琏湖笔小镇研学营地等12个全市文化产业重点项目，新增入库城市美学设备智造基地、大运河历史文化街区改造等4个投资超亿元项目。成立湖州南浔海派影视文化发展有限公司，电影《破晓之战》《西行客栈》在“爱奇艺”播出，微电影《浔味水晶晶》在央视频上线播出，院线电影《春玲探案》上映，本土动漫团队打造科普动画《小神驾到》在央视首播。举办首届“水晶晶南浔”特色旅游商品评选暨文创产品设计大赛等重要活动。开展“新风”“正道”两大行动，2021年共查缴各类非法出版物、印刷品2000余册（份），查办“扫黄打非”类行政案件10起、刑事案件2起。开展“护苗2021”绿书签宣传月及版权宣传周活动，发放绿书签、护苗海报3万余份。累计审核印刷企业109家，出版物零售单位62家。创建省级“扫黄打非”示范点1个，已播放电影2652场。

【队伍建设】 夯实根基，队伍管理水平稳步提升。双管齐下抓信息增效。加强信息调研工作，深挖掘、精提炼、广推送宣传思想特色亮点工作。全年采写工作信息230篇。

多方锤炼抓干部提能。选派干部参加上级宣传部门举办的各类学习培训22场，共计32人次，牵头组织专题业务培训16场。重视年轻干部培养，积极选派干部参与挂职锻炼，抽调1名干部担任“项目专员”，1名干部担任“第一书记”（农村工作指导员），1名干部赴中央网信办挂职，1名干部外派招商，2名干部加入南浔区党史学习教育专班，2名干部专职参与南浔区社会（青少年）心理健康服务专班，1名干部参加区委巡察工作，开展意识形态工作专项检查。以“学习强国”学习平台为依托，强化全区宣传系统干部的理论学习。

内育外引抓人才培优。深入实施“宣传思想文化人才引育计划”，推进高层次文化人才队伍建设。以省、市重点人才项目为抓手，开展宣传思想文化人才推荐申报工作，1人入选南太湖优秀文化人才刚性B类，1人入选南太湖特支计划后备人才，2人入选首批市宣传思想文化青年英才，1人获评人才强市创新强市建设青年人才新锐，1人获评2021首届中国青年动漫家（提名），1人进入浙江省宣传文化系统“五个一批”推荐名单。发挥区文联组织协调作用，积极推进协会建设。成立区美术家协会等协会7个，会员900余人，基本实现文艺家协会全覆盖。区文化馆青年舞蹈艺术团、区文化馆老年舞蹈艺术队、区浔韵艺术团、双林文化中心少儿戏曲艺术团列入2021年度湖州市基层优秀文艺团队扶持名单。

（王志刚）

·美丽乡村建设·

【概况】 2021年，南浔区按照《南浔区高水平建设新时代美丽乡村三年实施方案（2020—2022）》要求，持续深化“千村示范、万村整治”工程，以“大花园、景区化”为建设方向，全面推进新时代美丽乡村建设，全力打造组团式新时代美丽乡村样板片区，扎实开展洁美行动，打好打赢高水平人居环境争先战，走出了一条具有南浔特色的美丽乡村蝶变之路，唱响了水晶晶南浔美丽乡村主旋律。年度成功创建省级美丽乡村示范镇1个、省级特色精品村3个、省级农村生活垃圾分类示范村3个、市级新时代美丽乡村样板片区2个、市级美丽乡村精品村3个，旧馆街道的“最艺港廊”成功列入省首批未来乡村建设试点。

【美丽乡村创建】 坚持“绿水青山就是金山银山”理念，深入实施乡村振兴战略，坚决落实“千村示范、万村整治”决策部署，走乡村绿色发展之路，扎实推进农业农村高质量发展，全面提升农业农村现代化发展水平，全力推进农业农村领域共同富裕目标，实现百姓富、生态美的统一。

以片区化、组团式打造美丽乡村“水乡样板”。成功打造练市镇省级美丽乡村示范乡镇，创建练市镇农兴村、和孚镇陈塔村、善琏镇观音堂村3个省级美丽乡村特色精品村，建成和孚镇荻溪渔隐、石淙镇蚕花圣地2个样板片区和菱湖镇新庙里村、和孚镇陈塔村、善琏镇观音堂村3个市级美丽乡村精品村。制定出台《新时代美丽乡村样板片区建设“实绩论英雄”考核办法》，加速推进平原水乡“六大样板”（和孚镇荻溪渔隐、石淙镇蚕花圣地、练市镇和南浔镇诗画琏溪、旧馆镇港廊未来乡村、菱湖镇未来鱼米之乡、善琏镇笔韵含山六大样板片区），续建的2个样板片区（石淙蚕花圣地样板片区、和孚荻溪渔隐样板片区），总投资3.54亿元、28个项目，并顺利完成市级验收；启动旧馆港廊未来乡村和南浔镇练市镇诗画琏溪2个样板片区，计划投资9050万元。以“美丽基础+农业资源+群众参与”的互动模式带动产业兴旺、促进产村融合、推动乡村经济多样发展，实施“十百千”产村融合示范建设工程，不断推动农文旅有效融合，加速美丽环境转化为美丽经济，助推乡村共富。和孚荻溪渔隐片区挖掘古村落+“桑基鱼塘”资源，构建“村庄+景区+渔庄”三位一体发展新模式，做好一、二、三产融合，打造荻溪渔隐美食一条街，推出不同特色店铺12家，带动村域内饭店、农家乐餐位数达3600多个，带动村民就业300多人，全年接待游客63万人次，增加村集体和村民收入。以数字改革推动乡村蝶变，港廊片区入围2021浙江数字乡村“先锋”榜数字化场景先行村，被列入省级第一批未来乡村试点，成功招引了一批优质好项目好产业，活化了村庄闲置资源，吸引社会资本8200万元推动产业集聚、168名村民就地就业、6位乡贤回乡创业，新增摄影基地、“好酒不见”、集成美屋等业态6家，创新星光数字农业发展合作共赢模式，增加集体收入80万元以上。

做优做特、全力提升精准分类。编制全省首个《南浔区农村生活垃圾分类处置专项规划》，构建区、镇、村互联互通的农村生活垃圾分类智慧化数字平台，实现农村生活垃圾分类市级认定全覆盖，新增省级示范村3个、市级垃圾分类标杆村80个。抓示范引领，在和孚镇新荻村建成全区农村生活垃圾分类科普展示基地，集展示、教育、培训、传播等功能于一体，致力于从体验中提升村民积极参与分类，编撰横街村“六老”助力垃圾分类等农村生活垃圾分类十大典型好经验、好做法，印发宣传手册4.5万本、快速读懂折页10万份、垃圾分类指南2000份，发放宣传海报6383幅，推动全区比学赶超促提升。抓督考成效，修订《南浔区农村生活垃圾分类处理考核办法（试行）》和出台《南浔区农村出租房生活垃圾分类集中联合整治执法行动方案》，全面推进落实“日晾晒、周报表、月通报”制度，推动农村生活垃圾资源化处理率和无害化处理率100%、可回收利用率60.1%。

从严从实、全域巩固人居环境。为全面巩固省级美丽乡村示范区和城乡人居环境大提升行动成果，出台《城乡人居环境长效管理督查考核办法》，以提升村庄环境、推进垃圾分类、落实长效管理为重点，严督查、补盲区、强联动、重引导，实现督查考核行政村全覆盖，持续提升人居环境水平，为高质量打造美丽繁华新江南和高水平建设美好生活新家园提供优质的环境支撑。全区共清理垃圾112088吨，清理杂物62116吨，拆违拆旧1752350平方米，清理简易棚厕30个，修复破损道路150670米，清理河沟漾塘2250166平方米，修复农村生活污水处理设施终端75座，修复排污管网37196米，清理违规小广告54636个，补种绿化122174平方米。

【历史文化（传统）村落保护利用】 2021年，南浔区历史文化村落保护利用在建项目有续建第七批重点村（菱湖镇竹墩村）、第九批一般村（和孚镇和孚村）。按照三年建设计划，2021年全面完成了竹墩村历史文化村落保护利用项目，总投资1998.37万元，于年末通过省、市、区三级验收，在省级验收中获优秀等次，排名全省第6、湖州市第1。第九批一般村和孚村计划投资120万元，已完成古桥修复等项目，完成投资90万元，完成总工程量的75%，确保2022年度全面完成建设任务。

（范洁涛）

·区、镇（局）级机构及负责人名录·

中共湖州市南浔区委员会

书　记：杨卫东（至10月）　温建飞（10月起）
副书记：温建飞（至10月）　程　佳（11月起）
　　　　王剑峰（至11月）　陈纯志（12月起）
常　委：方　科（至11月）　唐小明（8月起）

徐　娟（女，至12月）　杨长海（至11月）
黄卫军（至7月）　范海鸣
陈纯志（至11月）　沈　威
丁　罡（至11月）　肖体红（3月起至11月）
范学良（7月起）　臧　丹（女，11月起）
杨国志（11月起）　陈　晓（11月起）
沈振宇（11月起）　翟海峰（12月起）

委　员：（以姓氏笔画为序，书记、副书记、常委均为委员，从略）
丁一平（12月起）　丁利民（12月起）
卫　良（12月起）　王国权（12月起）
王培华（至12月）　文　涛（至12月）
毕　琳（女，至12月）　朱建学（12月起）
朱建章（至12月）　刘晓芬（女，12月起）
孙根祥（至12月）　李　强（12月起）
李学明（至12月）　杨言军（12月起）
吴林元（至12月）　吴叙良（至12月）
吴冠宇（12月起）　吴博文（12月起）
何琪虎（至12月）　闵金良
沈　健（12月起）　沈利建
沈其民（12月起）　沈佩明（12月起）
沈建强（至12月）　沈振华（12月起）
沈振宇（12月起）　沈晓强（12月起）
沈培明（至12月）　沈敏勇（12月起）
沈增赟（12月起）　陆卫良（12月起）
陆龙根（至12月）　陈勤泳（至12月）
罗祖盘（至9月）　季泉兴（至12月）
金荷新（至12月）　周洪声（至12月）
单永杰（12月起）　费学梅（女，12月起）
姚文斌（12月起）　姚永平（12月起）
钱宝荣（至12月）　徐　娟（女，12月起）
徐天林（至12月）　徐国华（至12月）
梅爱祥（至12月）　曹雪祥（至12月）
屠　峻（至12月）　屠赞宏（至12月）
彭　琳（女，12月起）　谢建伟（至12月）
潘雪祥（12月起）

候补委员：周益敏（12月起）　朱　峰（12月起）
孙国华（12月起）　沈吴勇（12月起）
钱建强（12月起）
吴群英（女，12月起）
姚豪杰（12月起）
鲁晓丽（女，至12月）

湖州市南浔区人民代表大会常务委员会

主　任：梅爱祥

副主任：金荷新（2月起）　李雪华　陆龙根
莫建华（至1月）　陈勤泳　徐天林
吴叙良（2月起）

常　委：（以姓氏笔画为序）
毛建强　朱锦方（1月起）　刘　英（女）
许建荣　李彬彬　杨文杰　杨晓钢
吴　丹（女）　吴根荣　吴　斌
何育锋（女）　沈利建　沈建平
沈家骅　沈新祥　宋伟杰　宋泉章
陆　斌　陈找根　陈剑青（至1月）周志江
周桂珠（女）　胡秉耀（至12月）
费娟华（女）　钱　江　倪方荣
徐伟中（1月起）　章沈强
屠　峻（9月起）　鲁晓丽　（女）

党组书记：梅爱祥（至12月）　陆卫良（12月起）

党组副书记：金荷新

党组成员：陆龙根　莫建华（至1月）　陈勤泳
徐天林　吴叙良（1月起）　宋伟杰

湖州市南浔区人民政府

区　长：温建飞（至10月）

代区长：程　佳（11月起）

副区长：方　科（至11月）　秦　胜（至11月）
单永杰　沈培明（至3月）　吴冠宇
费学梅（女）　沈振宇（3月起）
马新萍（挂职，女，至12月）
凯沙尔江（挂职，至12月）
杨国志（12月起）　陈　晓（12月起）
沈鑫钰（女，12月起）　沈　健（12月起）

党组书记：温建飞（至11月）　程　佳（11月起）

党组副书记：王剑峰（至12月）　方　科（至12月）
杨国志（12月起）

党组成员：单永杰　沈培明（至3月）　吴冠宇
费学梅（女）　吴林元（至12月）
马新萍（挂职，女，至12月）
凯沙尔江（挂职，至12月）

吴晓军（挂职，10月起）
沈振宇（3月起至12月）
陈　晓（12月起）　沈　健（12月起）
卫　良（12月起）

政协湖州市南浔区委员会

主　席：孙根祥
副主席：徐国华（2月起）　潘宇文（女）　郑　勇
　　　　王湘起　孙水根（兼）
副主席候选人：徐国华（至2月）　姚健忆（11月起）
　　　　　　　陈舟艳（女，11月起）
　　　　　　　邱国强（11月起）
　　　　　　　王培华（11月起）
秘书长：谢建伟
常　委：（以姓氏笔画为序）
　　　　干胤杰　王秀红（女）　王金康
　　　　冯　云（女）　宁林祥　朱国良　朱柏荣
　　　　孙伟强　严振华　沈思全　沈新华
　　　　陈云锋　陈康兴　於　丽（女）　姚明根
　　　　顾正韡　顾建平　徐　俊　殷　彤
　　　　屠赞宏　董明华　董根荣　程玉琴（女）
　　　　鲍劲松（至12月）　穆红卫（4月起）
党组书记：孙根祥（至12月）
　　　　　徐　娟（女，12月起）
党组副书记：徐国华　范海鸣
党组成员：王湘起　谢建伟　徐　俊

中共湖州市南浔区纪律检查委员会

书　记：徐　娟（女，至11月）
　　　　臧　丹（女，11月起）
副书记：曹雪祥（至12月）　王建萍
　　　　沈晓强（12月起）
常　委：沈　斌　宋新良　杨　伟（至12月）
　　　　徐　斌（至3月）　孙　婷（女，4月起）
　　　　孟鹏飞（12月起）
委　员：朱泽民（至12月）　闵肖立（至1月）
　　　　王宇飞（1月起）　沈光明（至12月）
　　　　沈振华（至12月）　张红卫（至12月）
　　　　范建芳（至1月）　徐法宝（至12月）
　　　　戴益民（至12月）　陈泽育
　　　　丁利民（至12月）　慎玉龙（至12月）
　　　　姚文杰（至12月）　石月荣（12月起）
　　　　吕宗铭（12月起）　许伟强（12月起）
　　　　杨　伟（12月起）　吴建林（12月起）
　　　　何琪虎（12月起）　沈　斌（12月起）
　　　　张春伟（12月起）　陈培英（女，12月起）
　　　　胡震四（12月起）　鲁海峰（12月起）

湖州市南浔区监察委员会

主　任：徐　娟（女，至11月）
代主任：臧　丹（女，12月起）
副主任：曹雪祥（至12月）　王建萍
　　　　沈晓强（12月起）
委　员：徐　斌（至3月）　宋新良　鲁海峰
　　　　孙　婷（女）　张春伟（4月起）

湖州市南浔区人民法院

院　长：沈佩明（2月起）
代院长：沈佩明（至2月）
副院长：慎玉龙　胡震四　尹建峰
党组书记：沈佩明
党组副书记：慎玉龙
党组成员：雷震云　胡震四　沈晓婷（女）
　　　　　朱泽民　尹建峰
政治部主任：沈晓婷（女）
审委会专职委员：刘英政　沈琴法
南浔法庭庭长：葛忠平（至1月）　邱剑锋（1月起）
练市法庭庭长：尹建峰（至1月）　江　焘（1月起）
双林法庭庭长：李倩倩（女）
菱湖法庭庭长：江　焘（至1月）　盛耀强（1月起）
执行局局长：雷震云

湖州市南浔区人民检察院

检察长：毕　琳（女，至11月）
代检察长：杨言军（12月起）
副检察长：闵肖立（至1月）　王宇飞（1月起）

钱　军（至9月）　沈　澄
党组书记：毕　琳（女，至11月）
杨言军（11月起）
党组副书记：闵肖立（至1月）　王宇飞（1月起）
党组成员：钱　军（至9月）　沈　澄
章春燕（女，至1月）　戴益民
李　超　王克文（1月起）
政治部主任：李　超
检委会专职委员：章春燕（女，至1月）
钱丽娟（女）　王克文（1月起）

区委工作部门

区纪委、监委机关
办公室主任：闫振员
干部室主任：沈国宏（4月起）
党风政风监督室主任：孟鹏飞
案件监督管理室主任：王克威
第一纪检监察室主任：沈　伟
第二纪检监察室主任：张　弘
第三纪检监察室主任：谈永生
第四纪检监察室主任：王征中
案件审理室主任：孙　婷（女，全4月）
驻委办纪检监察组
组　长：吴建林
副组长：杨　勇　吕建花（女）
驻府办纪检监察组
组　长：周建明
副组长：施海凤（女）　沈国宏（至4月）
倪笑彬（4月起）
驻宣传部纪检监察组
组　长：屠建文（女）
副组长：沈吴祥　李　程（女）
驻组织部纪检监察组
组　长：谢丽红（女，至12月）　杨　伟（12月起）
副组长：潘文贤（至4月）　钱培祥
张　丽（女，4月起）
驻法院纪检监察组
组　长：朱泽民
副组长：倪笑彬（至4月）　辅国平（4月起）
驻检察院纪检监察组
组　长：戴益民
副组长：张　丽（女，至4月）　潘文贤（4月起）
驻开发区纪检监察组（至9月）
组　长：徐法宝
副组长：杨佩红（女）
开发区纪检监察工委（9月起）
书　记：徐法宝
副书记：杨佩红（女）
办公室
主　任：翟海峰
副主任：陆松华（9月起）　李　强（12月起）
吴群英（女，至3月）　胡　赞（至9月）
陶文伟（至1月）　王银武（女，9月起）
吕丹枫（女，3月起）　周建军（3月起）
汤雪松（兼，至9月）　沈　亮（9月起）
沈伟利（兼，至3月）　徐渊潮（兼）
陈小红（兼，9月起）
任元清（兼，12月起）
室务会议成员：吕丹枫（女，至3月）　吴建林
台湾工作办公室
主　任：翟海峰
副主任：吕丹枫（女，至3月）
档案局
局　长：汤雪松（至9月）　徐渊潮（9月起）
组织部
部　长：范海鸣
常务副部长：沈利建
副部长：陈泽育　王银武（女，至9月）
吴博文（至1月）　陈　伟（3月起）
郭凤娟（兼，女，至1月）
石增中（兼）　潘小红（兼，女，3月起）
周海淇（女，12月起）
部务会议成员：谢丽红（女，至12月）
杨　伟（12月起）
周海淇（女，至12月）
郝成杰　章忠凯（至9月）
褚小龙　周益敏（兼，1月起）
老干部局
局　长：沈利建
副局长：王银武（女，至9月）
公务员局
局　长：沈利建
区直机关工委
书　记：范海鸣

副书记：陈泽育
专职副书记：章忠凯（至9月）
“两新”工委
书　记：陈泽育（4月起）
专职副书记：周海淇（女）
副书记：冯旭康（兼）　曹桂江（兼）
陈炳龙（兼）
区关工委
专职副主任：褚小龙
区委人才办
常务副主任：陈　伟（3月起）
专职副主任：郝成杰
宣传部
部　长：杨长海（至11月）　翟海峰（12月起）
常务副部长：沈振华
副部长：陈培英（女）　沈中心
部务会议成员：陈建伟　计奇花（女，至3月）
陆　剑　屠建文（女）
章　蓉（女）　徐　斌
文　联
主　席：沈振华
副主席：陆　剑
社科联
主　席：沈振华
专职副主席：计奇花（女，至3月）
章　蓉（女，3月起）
区政府新闻办专职副主任：徐根红（至4月）
倪董未（女，4月起）
互联网新闻舆情中心主任：郭志辉（至9月）
统战部
部　长：范海鸣
常务副部长：严振华
副部长：李民强（至1月）　李晓锋　熊　颖（女）
沈洪杰（1月起）
部务会议成员：冯旭康　戚伟敏（至9月）
民族宗教事务局
局　长：严振华（至4月）　李晓锋（4月起）
副局长：李民强（至1月）　李晓锋（至4月）
侨办
主　任：严振华
副主任：李民强（至1月）　李晓锋　熊　颖（女）
政法委
书　记：王剑峰（至12月）　陈纯志（12月起）
常务副书记：朱建学
副书记：何文彬　沈洪亮　徐建刚　单永杰（兼）
汪　浩（挂职，9月起）　翟海峰（12月起）
委　员：沈佩明　毕　琳（女，至12月）
王娟娟（女，至12月）
戴来香（女，12月起）　沈群松
黄　成（至1月）　胡　晓
杨言军（12月起）
政治处
主　任：王娟娟（女，至12月）
戴来香（女，12月起）
法学会
专职副会长：胡　晓
区委编办
主　任：郭凤娟（女，至1月）
潘小红（女，3月起）
副主任：马　烽　徐锡东（至4月）
室务会议成员：严　洁（女）
区委巡察办
主　任：沈　斌
副主任：张晓良
巡察组组长：陈剑青（1月起）　张根荣（至9月）
嵇银荣（至9月）　孙伟强（9月起）
费建民（9月起）
巡察组专职副组长：吴民强（至12月）　高云祥
俞　晴　徐　欢（女，12月起）
信访局
局　长：徐渊潮（至9月）　陈小红（9月起）
副局长：邵剑忠　李定桥
信访督查专员：黄　成（1月起）
政策研究室
主　任：任元清
副主任：沈伟利（至3月）　周建军（至3月）
张齐峰（3月起）
档案馆
馆　长：汤雪松（至9月）　徐渊潮（9月起）
副馆长：张宇锋（至12月）　金丹杰（至9月）
郑　斌（9月起）　王娟娟（女，12月起）
党组书记：汤雪松（至9月）　徐渊潮（9月起）
党组成员：金丹杰（至9月）　郑　斌（9月起）
计建国　王娟娟（女，12月起）
区融媒体中心
主　任：陈建伟

副主任：徐根红（4月起）　刘立群（女）
　　　　姚　健（至4月）

区委党校

校　长：范海鸣

常务副校长：周益敏（1月起）

副校长：欧子静（女）

区社会矛盾纠纷调解中心

主　任：王剑峰（至12月）

第一副主任：朱建学

常务副主任：徐渊潮（至9月）　陈小红（9月起）

副主任：凌慧琪（女）

区人大常委会工作部门

办公室

主　任：宋伟杰

副主任：周佩群（女，至1月）
　　　　朱丹娜（女，至12月）　金丹杰（9月起）
　　　　郑缓香（女，12月起）

研究室

主　任：宋伟杰

副主任：沈峰峰（1月起）

监察司法委员会

主任委员：宣永铃（至1月）　朱锦方（1月起）

副主任委员：吴　丹（女）

副主任委员候选人：侯楠松（9月起）

财经委员会

主任委员：杨文杰

副主任委员：陆　斌　胡维国（至9月）

副主任委员候选人：孙洪章（9月起）

社会建设委员会

主任委员：鲁晓丽（女）

副主任委员：沈益平

副主任委员候选人：杨徐伟（9月起）

农业农村工委

主　任：费娟华（女，至9月）　屠　峻（9月起）

副主任：郑缓香（女，至12月）
　　　　朱丹娜（女，12月起）
　　　　邹　颖（兼，女，至9月）

教科文卫工委

主　任：许建荣

副主任：金国英（女）

代表与选任工委

主　任：何育锋（女）

副主任：沈　敏（女，至4月）　张俊毅（4月起）

城建与环资工委

主　任：沈建平（至12月）　鲍劲松（12月起）

副主任：徐军民

监察和司法工委（7月起）

主　任：朱锦方（9月起）

副主任：陈春燕（女，12月起）

机关党组

党组书记：宋伟杰

党组成员：宣永铃（至1月）　鲁晓丽（女）
　　　　　许建荣　沈建平（至12月）
　　　　　费娟华（女，至9月）　何育锋（女）
　　　　　朱锦方（1月起）　屠　峻（9月起）
　　　　　鲍劲松（12月起）

政协南浔区委员会工作部门

办公室

主　任：徐　俊

副主任：栗　智（至12月）　张杨震
　　　　唐晓倩（女，12月起）

提案委

主　任：穆红卫（9月起）

副主任：钱伟娟（女）　张海清
　　　　章沈泳（兼，至4月）　王新权（至9月）

经济委

主　任：屠赞宏

副主任：施国芳（至12月）　刘　斌
　　　　费敏良（兼）　杨井水（至9月）
　　　　何　潇（女，12月起）

教科卫体委

主　任：孙伟强（至9月）　杨少华（9月起）

副主任：唐晓倩（女，至12月）　栗　智（12月起）
　　　　董新建（1月起）　姚明星（兼）
　　　　王益钟（兼）

社法民宗委

主　任：鲍劲松（至12月）　沈　岐（12月起）

副主任：吴小枫（女）　高国勇（9月起）
　　　　何文彬（兼）　吴建光（兼）
　　　　王忠洪（至9月）

委员工作委
主　任：王秀红（女）
副主任：朱桂翔　李民强（兼，至1月）
　　　　陈泽育（兼）
农业农委
主　任：董明华
副主任：文　涛（6月起）　金小晖
　　　　张兰轩（至9月）　吴明强（12月起）
机关党组
党组书记：谢建伟
党组副书记：徐　俊
党组成员：屠赞宏　董明华　鲍劲松（至12月）
　　　　　王秀红（女）　穆红卫（9月起）
　　　　　孙伟强（至9月）　杨少华（9月起）

区人民政府工作部门

办公室
主　任：吴叙良（至4月）　沈增赟（4月起）
副主任：章沈泳（至4月）　胡建强（至12月）
　　　　杨慧华　周杨晨　邱伟荣　沈晓斌
　　　　张华飞（9月起）　朱　慧（女，9月起）
党组书记：吴叙良（至4月）　沈增赟（4月起）
党组副书记：章沈泳（至4月）
党组成员：胡建强（至12月）　周建明　邱伟荣
　　　　　王乃新　张华飞（9月起）
　　　　　朱　慧（女，9月起）　杨慧华（12月起）
生态文明建设办公室
专职副主任：严奇峰（至12月）
大数据服务中心
主　任：陈东方（女，至9月）　张加林（12月起）
发改经信局
局　长：陆利斌（至1月）　董海辉（1月起至12月）
　　　　丁一平（12月起）
副局长：褚利斌（至1月）　姚国祥　戴　晶（女）
　　　　曹军军（至9月）　华小彬（9月起）
　　　　张洋健（挂职，至8月）
总经济师：詹家峰
金融发展服务中心主任：袁梦华（女，至1月）
区轨道交通建设管理服务中心主任：李广永（4月起）
党组书记：陆利斌（至1月）
　　　　　董海辉（1月起至12月）
　　　　　丁一平（12月起）
党组副书记：褚利斌（至1月）　姚国祥
　　　　　　陶文伟（兼，12月起）
党组成员：詹家峰　平臻宏（至1月）　袁梦华（女）
　　　　　陶文伟（兼，4月起至12月）
　　　　　张洋健（挂职，至8月）
社会建设委（9月起）
主　任：陈纯志
第一副主任：陈　晓
金融发展服务中心（1月起）
主　任：陶文伟
副主任：平臻宏
教育局
局　长：王培华
副局长：姚明星　陆国强　张俊毅（至4月）　陈　云
党委书记：王培华
党委副书记：陈　云　姚明星
党委委员：陆国强　黄海新　俞建华
　　　　　张俊毅（至9月）
科技局
局　长：於　丽（女）
副局长：邹贤华　潘雪祥（至4月）
党组书记：潘雪祥（至4月）　章沈泳（4月起）
党组副书记：邹贤华
党组成员：顾慧强（1月起至12月）
　　　　　徐志华（至3月）
民政局
局　长：吴建学（至12月）　胡秉耀（12月起）
副局长：姚小莉（女）　陈炳龙　王　良
党委书记：吴建学（至9月）　胡秉耀（9月起）
党委副书记：姚小莉（女）
党委委员：陈炳龙　王　良　孙萍萍（女）
司法局
局　长：沈群松
副局长：朱锦方（至1月）　马小红（女）
　　　　戴来香（女，至12月）　吴建光（12月起）
党组书记：沈群松
党组副书记：朱锦方（至1月）
党组成员：马小红（女）　戴来香（女，至12月）
　　　　　简国华
财政局
局　长：何琪虎
副局长：崔正云　孙　晖（女）　沈利明

总会计师：李卫英（女）
党委书记：何琪虎
党委副书记：崔正云
党委委员：孙　晖（女）　沈利明　李卫英（女）
　　　　　顾新江（至9月）　顾　靓（12月起）

人力社保局

局　长：石增中
副局长：段良英（女）　吴建光（至12月）　曹光景
　　　　胡建荣（12月起）
党组书记：石增中
党组副书记：段良英（女）
党组成员：曹光景　顾　辉　胡建荣（12月起）

住建局

局　长：文　涛（至6月）　叶伟强（6月起）
副局长：钱云飞　张　涛（至9月）
　　　　黄瑞春（至1月）　严建国（9月起）
　　　　王　翔（4月起）
总工程师：袁榴红（女）
党委书记：文　涛（至6月）　叶伟强（6月起）
党委副书记：钱云飞
党委委员：范建芳（至1月）　张　涛（至9月）
　　　　　黄瑞春（至1月）　王　翔　杨位国
　　　　　张　锋（4月起）

交通局

局　长：朱　峰
副局长：程华斌　邱小锋　孙钟良（1月起）
总工程师：施海峰
党委书记：朱　峰
党委委员：程华斌　邱小锋　施海峰
　　　　　孙钟良（1月起）　王　羽
　　　　　李广永（至4月）　沈海峰

水利局

局　长：孙国华
副局长：陆建军　邹　颖（女，至9月）
　　　　郑祥洪（1月起）
总工程师：沈敏毅（女）
党组书记：孙国华
党组副书记：邹　颖（女，至9月）
党组成员：沈敏毅（女）　陆建军　郑祥洪（1月起）
　　　　　沈雪良　胡媛娟（女，12月起）

农业农村局

局　长：卫　良
副局长：陈　宇　沈剑平　姜小东（至12月）
　　　　钱　勇　吴　豪　骆　诚（挂职，9月起）
总农艺师：盛雅萍（女）
农业综合行政执法队队长：梅　宽
党组书记：卫　良
党组副书记：陈　宇
党组成员：沈剑平　吴　豪　姜小东（至12月）
　　　　　钱　勇　方建强　潘仲星（1月起）

商务局

局　长：诸景华
副局长：宋新良　费　翔（至1月）　陆艳苑（女）
　　　　钦　青
党组书记：董海辉（至3月）　诸景华（3月起）
党组副书记：钦　青
党组成员：宋新良　费　翔（至1月）
　　　　　张　斌（12月起）
　　　　　王慧芳（女，12月起）

国际贸易促进会南浔区委员会

专职副会长：张　斌

文广旅体局

局　长：周光宇（至1月）
　　　　郭凤娟（女，1月起至12月）
　　　　沈振华（12月起）
副局长：邱建敏　沈　懿（女）　吴寅华（至9月）
　　　　邱忠华（9月起）
文化市场综合行政执法队队长：徐铁成
党组书记：周光宇（至1月）
　　　　　郭凤娟（女，1月起至12月）
　　　　　沈振华（12月起）
党组副书记：邱忠华（9月起）
党组成员：邱建敏　沈　懿（女）　李　彦　徐铁成
　　　　　温晓波（女，1月起）

卫生健康局

局　长：李　强（至12月）　陈海燕（女，12月起）
副局长：王益钟　程　萍（女）　潘明峰
党委书记：李　强（至12月）陈海燕（女，12月起）
党委副书记：王益钟
党委委员：朱洪根　马海霞（女）　潘明峰
　　　　　毛建强（兼）

退役军人事务局

局　长：徐晓荣
副局长：陆仲怡　汪　澄（至9月）
党组书记：徐晓荣
党组副书记：陆仲怡

党组成员：汪　澄（至9月）　宋　丽（女）

应急管理局

局　长：施永伟

副局长：杨少锋　吴　燕（女，至9月）
张国强（9月起）　施国芳（12月起）

总工程师：吴　杰

党委书记：施永伟

党委副书记：杨少锋

党委委员：吴　杰　吴　燕（女，至9月）
张国强（9月起）　章　晗
施国芳（12月起）

审计局

局　长：丁利民

副局长：王杰华　沈小燕（女）　车爱萍（女）
许晓斌（3月起）

总审计师：朱晓锋（至11月）

党组书记：丁利民

党组成员：王杰华　沈小燕（女）
朱晓锋（至11月）　许晓斌（3月起）

市场监管局

局　长：李学明

副局长：穆红卫（至4月）　曹桂江
褚良伟（9月起）　吴建平
严芳华（女，9月起）
郑锋英（女，至9月）
李建平（4月起至9月）

总工程师：王顺冬（1月起）

党委书记：李学明

党委副书记：穆红卫（至4月）　曹桂江
李建平（4月起至9月）

党委委员：褚良伟（9月起）　严芳华（女，9月起）
吴建平　黄惠良　郑锋英（女，至9月）

市场监管综合行政执法队队长：黄惠良

统计局

局　长：姚国峰

副局长：费敏良　陈春燕（女，至12月）
张宇锋（12月起）

总统计师：王学良

党组书记：姚国峰

党组副书记：费敏良

党组成员：陈春燕（女，至12月）　王学良
宋　琰（女）

医保局

局　长：冯　云（女）

副局长：张红卫　李　梅（女）

党组书记：张红卫

党组成员：李　梅（女）　郑林方

综合执法局

局　长：冯　强

副局长：沈国荣　蒋世明　温国荣　于　凯（兼）
胡国华

党组书记：冯　强

党组副书记：沈国荣

党组成员：蒋世明　温国荣　于　凯（兼）胡国华
胡冰健（女）

政务服务办

主　任：方　科（至12月）　唐小明（12月起）

常务副主任：陈海燕（女，至12月）
郭凤娟（女，12月起）

副主任：高曙光　王　丰　胡建荣（至12月）
宋美琴（女，12月起）

党组书记：方　科（至12月）　唐小明（12月起）

党组副书记：陈海燕（女，至12月）
郭凤娟（女，12月起）

党组成员：高曙光　王　丰　胡建荣（至12月）
宋美琴（女）　周　丰

度假区管委会

主　任：屠　峻（至9月）　吴　斌（9月起）

副主任：费建民（至9月）　朱丽华（女）　李　刚
倪董未（女，至4月）　陈　晨（至9月）
陈风平　温文泉（9月起至12月）
汪　健（9月起）　姚　健（4月起）

党委书记：屠　峻（至9月）　吴冠宇（9月起）

党委副书记：费建民（至9月）　朱丽华（女）

党委委员：李　刚　陈　晨（至9月）　陈风平
倪董未（女，至4月）
吴国华（兼，至6月）
温文泉（9月起至12月）
汪　健（9月起）　姚　健（4月起）
叶　徐

科技新城管委会（至9月）

主　任：沈　岐

副主任：满　涛　沈吴勇（至1月）

党组书记：沈吴勇（至1月）
丁一平（3月起至9月）

党组成员：满　涛　马君君
褚　斌（3月起至9月）

高新区（9月起）
主　任：沈　岐（至12月）
副主任：姚文斌（兼，12月起）　满　涛　褚　斌
　　　莫兆平（女，挂职）　何俊奇（挂职）
　　　吴　斌（兼，12月起）
党工委书记：吴冠宇（12月起）　丁一平（至12月）
党工委副书记：姚文斌（兼，12月起）
　　　　　吴　斌（兼，12月起）
党工委委员：满　涛　褚　斌　莫兆平（女，挂职）
　　　　何俊奇（挂职）　马君君（女）

机关事务管理服务中心
主　任：章荣明
副主任：陈荣华（至9月）　张守起
　　　王新凤（女，9月起）
党组书记：章荣明
党组副书记：王新凤（女，9月起）
党组成员：陈荣华（至9月）　张守起　蒋姗姗（女）

供销合作社（农合联）
主　任：陈　虎（至9月）　李建平（9月起）
副主任：袁　峰　钱宏斌
监事会主任：沈　杨（1月起）
党组书记：陈　虎（至9月）　李建平（9月起）
党组成员：袁　峰　沈　杨（1月起）　钱宏斌

计生协会机关
会　长：李雪华
常务副会长：李　强（兼）
专职副会长：马海霞（女）
副会长：金国英（女）　邱伟荣　陈泽育

上海联络处南浔工作部
主　任：沈德明
副主任：金江兰（女）

邮政管理局
局　长：顾伟民
副局长：李小强
党组书记：顾伟民
党组成员：李小强

群众团体

总工会
主　席：徐天林
常务副主席：周洪声（至1月）　沈吴勇（1月起）
副主席：崔雄文　沈林强（至3月）
　　　徐锡东（4月起）　章建英（兼，女）
　　　倪　威（兼）　吴寅华（挂职，至9月）
　　　顾　辉（挂职，12月起）
党组书记：周洪声（至1月）　沈吴勇（1月起）
党组成员：崔雄文　陆　敏（女）　沈林强（至3月）
　　　　徐锡东（4月起）　杨雪莉（女）
经费审查委员会主任：陆　敏（女）

团区委
书　记：王国权（至3月）　姚豪杰（12月起）
副书记：池静宜（女）　高海松（兼，至5月）
　　　姚豪杰（3月起至12月）　韦国栋（挂职）

妇　联
主　席：吴群英（女，3月起）
副主席：钱晓燕（女）　闵陈晨（女）
　　　高爱芬（女，兼）
　　　任　菲（女，挂职，至9月）
　　　章九英（女，兼）
　　　罗　璐（女，挂职，12月起）
党组书记：吴群英（女，3月起）
党组副书记：钱晓燕（女）
党组成员：陈洁英（女）

科　协
主　席：於　丽（女，1月起）
副主席：顾慧强（1月起至12月）　褚利斌（兼）
　　　陆国强（兼）　陈　宇（兼）
　　　朱洪根（兼）
　　　陈莉莉（女，挂职，12月起）

工商联机关
主　席：潘宇文（女）
常务副主席：严振华
专职副主席：冯旭康
党组书记：严振华
党组成员：李晓锋　冯旭康

残　联
理事长：宋国平
副理事长：孙荣荣　钱晓英（女）
　　　　范玲英（兼，女）　黄海新（挂职）
党组书记：宋国平
党组副书记：孙荣荣
党组成员：钱晓英（女）　陈　勇

红十字会机关
会　长：吴冠宇

专职副会长：朱洪根
副会长：陆国强（兼）　孙　晖（女，兼）　邱伟荣
　　孙萍萍（女）　潘明峰
党组书记：李　强（至12月）
　　陈海燕（女，12月起）
党组成员：朱洪根

区属国有集团

城投集团
董事长：虞　岱
副董事长：何小波
总经理：何小波
副总经理：胡官政（1月起）　张　峰
　　吴　强（9月起）
总经理助理：董旭鹏（至9月）
总会计师：沈建明（至3月）
总工程师：王　峰（至9月）　董旭鹏（9月起）
总审计师：周亚红（女，3月起）
党委书记：虞　岱
党委副书记：何小波　胡官政（1月起）
党委委员：张　峰　沈建明（至3月）　吴新卫
　　王　雨（女，至3月）
　　周亚红（女，3月起）
纪委书记：吴新卫
交投集团
董事长：闻爱祥
副董事长：姚强英（女）
总经理：姚强英（女）
副总经理：莫文杰　张　建（至3月）　张　言（女）
　　高少勇　莫兆平（女，9月起）
　　施志强（9月起）
总审计师：沈建明（3月起）
党委书记：闻爱祥
党委副书记：莫文杰　姚强英（女）
党委委员：张　建（至3月）　戴旭岚（女）
　　高少勇　沈建明（3月起）
　　莫兆平（女，9月起）　施志强（9月起）
纪委书记：戴旭岚（女）
旅投集团
董事长：刘厚平
副董事长：叶伟强（至6月）　胡建强（12月起）
总经理：叶伟强（至6月）　胡建强（12月起）
副总经理：张丽莉（女）　顾乾峰（至3月）
　　朱旭梅（女）　冯　悦　费震夏（女）
　　任　菲（女，9月起）
总经理助理：褚夏亮
总会计师：钟方俊
总审计师：顾乾峰（3月起）
党委书记：刘厚平
党委副书记：叶伟强（至6月）　胡建强（12月起）
　　张丽莉（女）　顾乾峰
党委委员：朱旭梅（女，3月起）　丁建强
　　任　菲（女，9月起）
纪委书记：丁建强
新城集团
董事长：姜　波
副董事长：张记生
总经理：张记生
副总经理：高　浩　屠国平　张　建（3月起）
党委书记（6月起）：姜　波
党委副书记（6月起）：张记生
党委委员（6月起）：高　浩　张　建
人才集团（1月起）
董事长：周剑明
副董事长：朱风明
总经理：朱风明
副总经理：王　雨（女，3月起）　徐志华（3月起）
　　孙漱石（9月起）
总经理助理：周云飞（3月起）
党委书记（6月起）：周剑明
党委委员（6月起）：王　雨（女）　徐志华
　　孙漱石（9 月起）　周云飞

区级部门（单位）

南浔区人武部
党委第一书记：杨卫东（至 10 月）
　　温建飞（10 月起）
部　长：沈　威
政　委：杨晓钢
副部长：邱琦绩
南浔区消防救援大队
政治教导员：马　俊（至 5 月）

党委书记、政治教导员：徐　刚（6月起）
党委副书记、大队长：王　军
副大队长：喻志林（至6月）
党委委员、副大队长：俞溢锋（6月起）
参　谋：雷文聘（至6月）
党委委员、南林路站指导员：阴　志
党委委员、双林站队长：王鹏帅

南浔区公安分局

党委书记、局长、督察长：单永杰
党委副书记、政委：沈翀炜（1月起）
党委委员、副局长：沈光明（至1月）
　　　　　　　　　许伟强（8月起）
党委委员、纪委书记：王晓华
党委委员、副局长：陆桂龙
党委委员、副政委兼政治处主任：包雪峰（至1月）
党委委员、副政委：党文超（1月起）
党委委员、副局长：何文庆　斯振聪（至3月）
　　　　　　　　　丁　楠（8月起）

南浔区自然资源和规划分局

党委书记、局长：姜建发
党委委员、副局长：姜玮康（至4月）
　　　　　　　　　陈启学（5月起）
党委委员、规划编制与研究中心主任：蒋学兵
党委委员、副局长：吕　培（5月起）
　　　　　　　　　宋海滨（2月起）
　　　　　　　　　王　金（至12月）
党委委员、开发区所所长：沈小民（5月起）
党委委员兼办公室主任：彭汇凯
党委委员、不动产登记服务中心主任：
　　许晓斌（至4月）
党委委员、练市所所长：王书国（至4月）
副局长：吕　培（至4月）

南浔区生态环境分局

党组书记、局长：姬胜军
党组副书记、副局长：丁国方
党组成员、副局长：沈美新　杨家旺
党组成员、执法队队长：徐灵捷
党组成员、大气环境科科长：陈尔祝
党组成员、办公室主任：冯春敏（1月起）

南浔区税务局

党委书记、局长：徐　毅
党委委员、纪检组长：任　芳（女）
党委委员、副局长：冯永良（至7月）
　　　　　　　　　茅学峰（至7月）
　　　　　　　　　朱兴江（至10月）
　　　　　　　　　施建良（10月起）
　　　　　　　　　翟旭强（10月起）
　　　　　　　　　杨琴峰（10月起）

工行南浔支行

党总支副书记、副行长（主持工作）：
　　温姚琪（至11月）
党总支书记、行长：温姚琪（11月起）
党总支委员、副行长：吴振华　蔡丽红（女）
　　　　　　　　　　蒋国华
行长助理：方依依（女，12月起）

农行南浔支行

党委书记、行长：丁　琴（女）
党委委员、副行长：许国良（至12月）
　　　　　　　　　朱晓明（至10月）
党委委员、纪委书记：求美羽（女）
党委委员、副行长：周天福　陆国华（10月起）

建行南浔支行

党委书记、行长：胡　涛
党委委员、副行长：沈　霞（女）　金　风（至2月）
　　　　　　　　　梅　妍（女，至10月）
见习副行长：罗　海（至5月）
副行长：罗　海（5月起）
党委委员、副行长：邱建梅（女，11月起）

中行南浔区支行

行　长：徐　霆（女）
副行长：傅晓天（至12月）　朱　娟（女）　李　舸

浙江南浔农村商业银行

党委书记、董事长：沈家骅
党委委员、行长：虞承杰
纪委书记、监事长：钱　霞（女）
党委委员、副行长：冯新达（至4月、7月）
　　　　　　　　　潘建妹（女）　邱全民
　　　　　　　　　曹国强（5月、7月起）
党委委员：宋伟锋（11月起）

湖州银行南浔支行

行　长：葛　飞
行长助理：陈宇栋　周吉卿（女）
　　　　　唐玉娟（女，2月起）

人寿保险南浔区支公司

党支部书记、经理：陈至列（至1月）
党支部书记、副经理（主持工作）：吴　辉（1月起）

纪检委员兼宣传委员、副经理：杨　光

人民财保南浔支公司

党支部书记、总经理：潘　华（至2月）
周　涛（2月起）
纪检委员、副总经理：金月雄（至11月）
钱春燕（女，11月起）
副总经理：金月雄（11月起）钱春燕（女，至11月）
周　涛（至2月）

中国电信南浔分公司

党委书记、总经理：杨建平
纪委书记、党委委员、副总经理：纪　敏（11月起）
蔡建明（至11月）
党委委员、副总经理：沈建飞（11月起）
陈伊炜（至9月）

新闻传媒南浔分中心

副主任（主持工作）：沈志伟（至9月）
主　任：吴秋艳（女，9月起）
副主任：吴秋艳（女，至9月）

南浔广播电视网络传输分中心

总经理：沈丽琴（女，至2月）　孙国洪（2月起）
副总经理：钱金根　沈健新

中国移动南浔分公司

总经理：谈国泉
副总经理：周卫东（至7月）　王佩芬（女）
杨欢捷　刘　昕（7月起）

中国联通南浔区分公司

总经理：陈　俊
副总经理：郑建锋
总经理助理：牛跃军

乡镇、开发区

南浔镇

党委书记：吴冠宇（至1月）　姚文斌（1月起）
党委副书记：姚文斌（至1月）　周光宇（1月起）
沈　亮（至9月）　费　军
陈　莉（女，9月起）
郭楼儿（挂职，至10月）
陶文伟（挂职，至1月）
诸芸伟（挂职，12月起）
党委委员：温文泉（至9月）　王晓丹（女）
姚　峰（至9月）　何丹丹（女）
陈　晨（9月起）　杜新梁（兼，至6月）
邹建新（至9月）　吕宗铭
范小明（9月起）　方　州（9月起）
人大主席：胡秉耀（至9月）　邹建新（12月起）
人大主席候选人：邹建新（9月起至12月）
人大副主席：顾振贤
镇　长：姚文斌（至1月）　周光宇（1月起）
副镇长：邹建新（至9月）　沈学峰（至9月）沈建新
吴书谊（至9月）　陈　晨（12月起）
何俊奇（12月起）何晶峰（12月起）
姚沈中（12月起）
副镇长候选人：陈　晨（9月起至12月）
何俊奇（9月起至12月）
何晶峰（9月起至12月）
姚沈中（9月起至12月）
纪委书记：吕宗铭
纪委副书记：褚忠惠
人武部长：姚　峰（至9月）　范小明（9月起）
副科级组织员：张国妹（女）

练市镇

党委书记：沈振宇（至3月，12月起）
丁　罡（3月起至12月）
党委副书记：罗祖盘（至9月）　顾月洪（9月起）
沈旭晟（挂职，至10月）
沈建钢（至9月）　钱建中（9月起）
陆丹凤（女，9月起）
马　永（挂职，12月起）
党委委员：钱建中（至9月）　陆丹凤（女，至9月）
严芳华（女，至9月）
王新凤（女，至9月）　余为荣
陶佳骅（女，9月起）　沈学峰（9月起）
陈东方（女，9月起）　黄国兴（9月起）
张康康（9月起）
人大主席：宋泉章（至9月）　沈建钢（12月起）
人大主席候选人：沈建钢（9月起至12月）
人大副主席：邱建忠（至9月）　高明明（12月起）
人大副主席候选人：高明明（9月起至12月）
镇　长：罗祖盘（至9月）　顾月洪（12月起）
镇长候选人：顾月洪（9月起至12月）
副镇长：钱建中（至9月）　朱风明（至1月）

徐宁峰（至9月）　潘明峰　张康康
姚文杰（12月起）　沈　波（12月起）
副镇长候选人：姚文杰（9月起至12月）
沈　波（9月起至12月）
纪委书记：石月荣
纪委副书记：章金南（女）
人武部长：余为荣
正科级组织员：潘菊良（至9月）

双林镇

党委书记：陆松华（至9月）　彭　琳（女，9月起）
党委副书记：彭　琳（女，至9月）　沈晓良
杨　斌（9月起）　王新光（9月起）
高升华（挂职）
党委委员：高国勇（至9月）　严雅利（女，至9月）
姚文杰（至9月）　杨　斌（至9月）
仰国红　吴高杰　施亚萍（女，9月起）
宋新华（9月起）　汪　澄（9月起）
胡春强（兼，至11月）
人大主席：吴　斌（至9月）　陈　虎（12月起）
人大主席候选人：陈　虎（9月起至12月）
人大副主席：杨徐伟（2月起至9月）
金晓风（12月起）
人大副主席人选：金晓风（9月起至12月）
镇　长：彭　琳（女，至9月）　沈晓良（12月起）
镇长候选人：沈晓良（9月起至12月）
副镇长：杨　斌（至9月）　唐　华（至3月）
沈徐华（女，至9月）　宋新华
朱晓锋（12月起）　张涵彦（女，12月起）
张开荣（12月起）
副镇长候选人：朱晓锋（9月起至12月）
张涵彦（女，9月起至12月）
张开荣（9月起至12月）
纪委书记：姚文杰（至9月）　施亚萍（女，9月起）
纪委副书记：蔡学杰
人武部长：高国勇（至9月）　汪　澄（9月起）

菱湖镇

党委书记：沈其民
党委副书记：徐伟中（至4月）
陈　莉（女，至9月）
李建平（至4月）　许跃平（挂职）
薛　景（4月起）　曹军军（9月起）
沈伟英（女，9月起）
王　奇（挂职，12月起）
党委委员：沈洪杰（至1月）　薛　景（至4月）
陆国民　侯朝阳　张国强（至9月）
沈伟英（女，至9月）　莫欣庆（兼）
沈杨欢（4月起）　吴　燕（女，9月起）
朱　莹（女，9月起）
人大主席：陈剑青（至1月）　徐伟中（2月起）
人大主席候选人：徐伟中（1月起至2月）
人大副主席：慎伟峰
镇　长：李建平（至4月）　曹军军（12月起）
镇长候选人：曹军军（9月起至12月）
副镇长：张国强（至9月）　姚浩良　沈峰勇
沈杨欢（至4月）　吴　斌（7月起）
吴　昊（挂职，至10月）
吴　燕（女，12月起）
副镇长候选人：吴　燕（女，9月起至12月）
吴　斌（4月起至7月）
纪委书记：沈伟英（女，至9月）
朱　莹（女，9月起）
纪委副书记：耿若曦（女，至3月）
崔国栋（9月起）
人武部长：陆国民
正科级组织员：高新明

和孚镇

党委书记：沈增赟（至4月）　潘雪祥（4月起）
党委副书记：周剑明（至1月）　倪春翔
张　弈（挂职）　褚利斌（1月起）
党委委员：邱建荣　褚良伟（至9月）　袁小锋
杨升辉（至9月）　郑　斌（至9月）
杨盛怡（女，3月起）　黄烽杰（兼）
郝俊伟　薛　方（9月起）
孙益平（9月起）
人大主席：杨建中
人大副主席：吴健伟
镇　长：周剑明（至4月）　潘雪祥（7月起）
镇长候选人：潘雪祥（4月起至7月）
副镇长：邱建荣　薛　方（至9月）
孙益平（至9月）　李哲新（女，至9月）

沈明芳（女，12月起） 胡国华（12月起）
章剑峰（12月起）
副镇长候选人：沈明芳（女，9月起至12月）
胡国华（9月起至12月）
章剑峰（9月起至12月）
纪委书记：郝俊伟
纪委副书记：胡成新
人武部长：袁小锋
正科级组织员：钱志宏（至9月）
副科级组织员：徐　欢（女，至12月）
组织员：杨升辉（9月起）

善琏镇

党委书记：丁　罡（至3月） 沈敏勇（4月起）
党委副书记：沈敏勇（至4月） 李莲莲（女）
周益敏（挂职，至1月）
朱　华（4月起）
党委委员：金晓风（至9月） 邱忠华（至9月）
姚惠良 陈有德（至9月）
朱　华（至4月） 曹晓波（兼）
朱建人（9月起） 俞丹萍（女，1月起）
冯　彬（9月起） 王　帅（9月起）
张丛益（挂职，12月起）
人大主席：陈瑞清
人大副主席：鲍学俊
镇　长：沈敏勇（至4月） 李莲莲（女，7月起）
镇长候选人：李莲莲（女，4月起至7月）
副镇长：朱　华（至4月） 余　溢
孙钟良（至1月） 钱月华（2月起）
姚惠良（12月起）
副镇长候选人：钱月华（1月起至2月）
姚惠良（9月起至12月）
纪委书记：金晓风（至9月） 王　帅（9月起）
纪委副书记：谈林雅（女）
人武部长：邱忠华（至9月） 朱建人（9月起）
副科级组织员：钱明华（女）

旧馆镇（至3月）

党委书记：姚永平
党委副书记：潘小红（女） 费海峰
党委委员：侯楠松 张华飞 沈永良 章瑚纬（女）
吴　斌（兼） 陈　建 徐　欢
朱玉婷（女，挂职）
人大主席：朱文伟
人大副主席：顾慧强
镇　长：潘小红（女）
副镇长：张华飞 田建强 徐国平
纪委书记：陈　建
纪委副书记：严利花（女）
人武部长：沈永良

旧馆街道（3月起）

党工委书记：姚永平
党工委副书记：徐　斌 费海峰（至9月）
章瑚玮（女，9月起）
党工委委员：张华飞（至9月） 沈永良
计奇花（女） 吴　斌（兼）
陈　建 徐　欢 朱玉婷（挂职，女）
人大工委主任：朱文伟（至9月） 费海峰（9月起）
人大工委副主任：侯楠松（3月至9月）
田建强（9月起）
主　任：徐　斌
副主任：张华飞（至9月） 田建强（至9月）
徐国平 陈　建（9月起）
吴寅华（9月起）
纪工委书记：陈　建（至9月） 严雅利（9月起）
纪工委副书记：严利花（女）
人武部长：沈永良

千金镇

党委书记：丁一平（至3月） 王国权（3月起）
党委副书记：陈小红（至9月）
邹　颖（女，9月起）
宋锦荣（至9月） 章忠凯（9月起）
党委委员：施亚萍（女，至9月）
朱　慧（女，至9月） 朱建人（至9月）
费海峰（女）
张涵彦（女，挂职，至9月）
邵忠贤（兼） 李正志（4月起）
费　翔（9月起） 徐　浩（9月起）
莫海平（9月起）
人大主席：沈祖良（至9月） 宋锦荣（12月起）

人大主席候选人：宋锦荣（9月起至12月）
人大副主席：孙洪章（至9月）
镇　长：陈小红（至9月）　邹　颖（女，12月起）
镇长候选人：邹　颖（女，9月起至12月）
副镇长：朱　慧（女，至9月）　朱凯敏
　　陈少锋（挂职，2月起至12月）
　　吴书谊（12月起）
副镇长候选人：陈少锋（挂职，至2月）
　　吴书谊（9月起至12月）
纪委书记：施亚萍（女，至9月）　莫海平（9月起）
纪委副书记：褚益可
人武部长：朱建人（至9月）　徐　浩（9月起）

石淙镇

党委书记：姚国祥（至1月）　吴博文（1月起）
党委副书记：顾月洪（至9月）　胡　赞（9月起）
　　黄瑞春（1月起）　蔡建良（挂职）
党委委员：华小彬（至9月）　陆建强　李如刚
　　汤松音（女）　汪　健（至9月）
　　张强亮（兼）　郭志辉（9月起）
　　戚伟敏（9月起）
人大主席：杨少华（至9月）　朱文伟（12月起）
人大主席候选人：朱文伟（9月起至12月）
人大副主席：杨维献（至9月）
镇　长：顾月洪（至9月）　胡　赞（12月起）
镇长候选人：胡　赞（9月起至12月）
副镇长：华小彬（至9月）　吴夏平（女，2月起）
　　徐宁峰（12月起）
副镇长候选人：徐宁峰（9月起至12月）
纪委书记：陆建强
纪委副书记：高根荣（至9月）
　　陆春丽（女，9月起）
人武部长：李如刚
正科级组织员：宋明霞（女）

南浔经济开发区

党委书记：陈纯志
党委副书记：闵金良　沈晓强（至12月）
　　董海辉（至1月）　张丹峰（至3月）
　　蔡建明（挂职）　刘晓芬（女，3月起）
党委委员：刘晓芬（女，至9月）　朱勤清（至3月）
　　杨占桩（至3月，9月起）
　　朱建国（至3月）　韦小泉
　　沈伟利（3月起）　徐法宝
　　张春伟（兼，至4月）　王新光（至9月）
　　陈　伟（挂职，至3月）
　　褚　斌（至9月）
　　许国良（挂职，至3月）
主　任：闵金良
副主任：刘晓芬（女，至9月）　沈晓强（至3月）
　　韦小泉　沈伟利（3月起）
　　朱勤清（至3月）　董海辉（至1月）
　　陈　伟（挂职，至3月）　张丹峰（至3月）
　　蔡建明（挂职）　杨占桩（9月起）

办公室

主　任：王新光（至9月）

党群工作部（至7月）

部　长：蔡建军（女，至9月）

社会治理办公室（至7月）

主　任：朱建国（至3月）

经济发展局

局　长：张康康（至1月）　徐　辉（女，9月起）

综合监督管理局（9月起）

局　长：罗　涛

财务融资局（至7月）

局　长：屠徐峰（至9月）

财政融资局（9月起）

局　长：屠徐峰

建设发展局

局　长：严建国（至9月）　邱森彪（9月起）

社会发展局（至7月）

局　长：张海清（至3月）

投资促进局

局　长：陈发兵

农业农村局（至7月）

局　长：赵　寅（至3月）

社区工作部（至7月）

部　长：闵　琦（至3月）

人武部（至7月）

部　长：杨占桩（至3月）

招商服务中心

主　任：陆　伟

企业发展服务中心

主　任：季琛贤

东迁街道（3月起）

党工委书记：沈晓强（至9月）
刘晓芬（女，9月起）
党工委副书记：张丹峰　章瑚玮（女，至9月）
蔡建军（女，9月起）
党工委委员：杨占桩　朱建国　蔡建军（女，至9月）
沈林强　耿若曦（女）
张春伟（兼，至4月）　许国良（挂职）
严奇峰（12月起）
人大工委主任：朱勤清（4月起）
人大工委主任人选：朱勤清（3月起至4月）
人大工委副主任：张海清（4月起）
杨维献（10月起）
人大工委副主任人选：张海清（3月起至4月）
杨维献（9月起至10月）
主　任：张丹峰
副主任：朱建国　赵　寅　闵　琦
沈徐华（女，9月起）
纪工委书记：耿若曦（女）
人武部长：杨占桩

党　　政

• 中国共产党湖州市南浔区委员会 •

【区第五次党代会】 12月24—26日，中国共产党湖州市南浔区第五次代表大会召开。24日，大会主席团举行第一次会议。25日，举行开幕式，区委书记温建飞代表中共湖州市南浔区第四届委员会向大会作题为《接轨大上海　唱响“双城记”　走好共富路　高质量打造美丽繁华新江南　高水平建设美好生活新家园》的报告，区长程佳主持会议。大会应出席代表280人，实到代表279人。26日，举行选举会议，选举产生中共湖州市南浔区第五届委员会委员39人、候补委员7人，中共湖州市南浔区第五届纪律检查委员会委员19人和南浔区出席市第九次党代会代表46人。选举会议后举行闭幕式，通过关于四届区委工作报告的决议和关于四届区纪委工作报告的决议，温建飞主持会议并讲话。

【区委全委会议和全委（扩大）会议】 1月8日，中共湖州市南浔区委四届十一次全体（扩大）会议暨经济工作会议召开。会议高举习近平新时代中国特色社会主义思想伟大旗帜，认真贯彻中共十九大和十九届二中、三中、四中、五中全会精神，深入践行习近平总书记赋予湖州“再接再厉、顺势而为、乘胜前进”的新期望新要求，全面落实中央经济工作会议、省委十四届八次全会和省委经济工作会议、市委八届十次全会暨经济工作会议决策部署。会议由区委常委会主持。区委书记杨卫东代表区委常委会作工作报告，并在会议结束时作总结讲话。区委副书记、区长温建飞部署2021年经济工作。会议讨论和审议杨卫东代表区委常委会所作的工作报告，审议通过《中共湖州市南浔区委关于制定南浔区国民经济和社会发展第十四个五年规划和二〇三五年远景目标的建议》，并提出“高水平建设社会主义现代化共同富裕示范样本”的奋斗目标。

7月30日，中共湖州市南浔区委四届十二次全体（扩大）会议召开。全会高举习近平新时代中国特色社会主义思想伟大旗帜，认真学习贯彻习近平总书记在庆祝中国共产党成立100周年大会上的重要讲话精神和省委十四届九次全会、市委八届十一次全会精神，听取和讨论区委书记杨卫东受区委常委会委托所作的工作报告，审议通过《南浔区以数字化改革推动共同富裕示范样本建设实施方案（试行）》，进一步坚定高水平建设社会主义现代化共同富裕示范样本的前进方向，系统研究部署以深化数字化改革全力推动共同富裕示范样本建设，动员和推进全区上下理念创新、方法创新、行动创新，加快实现经济社会深层次系统性制度性重塑，为全市奋力争创高质量发展建设共同富裕示范区的先行市提供南浔示范样本。

12月26日，中共湖州市南浔区委五届一次全体会议召开。会议选举产生了中国共产党湖州市南浔区第五届委员会常务委员会委员12人，温建飞当选为区委书记，程佳、陈纯志当选为区委副书记。会议审议通过了中国共产党湖州市南浔区第五届纪律检查委员会常务委员会委员和书记、副书记名单。会议还审议通过《中国共产党湖州市南浔区委员会工作规则》《中国共产党湖州市南浔区委关于加强自身建设的决定》。

【区委常委扩大会议】 5月21日，区委常委扩大会议召开。会议传达学习省委书记袁家军调研湖州和南浔时的重要讲话精神，研究部署南浔区贯彻落实举措。

6月11日，区委常委扩大会议召开。第一时间传达学习贯彻省委十四届九次全体（扩大）会议精神。会议强调，要紧紧围绕高水平建设社会主义现代化共同富裕示范样本的奋斗目标，努力走出一条具有南浔特色、典型特征、普遍意义的共同富裕之路，为全省示范区建设多做贡献。

11月2日，区委常委扩大会议暨“决战全年红奋战开门红”动员大会召开。会议动员全区上下进一步收心聚力、加油提速、加压奋进，迅速掀起“五百”攻坚行动热潮，全力打好年度“收官战”，胜利夺取2022年“开门红”，奋力交出“十四五”开局之年高分答卷，努力为新领导班子履新之年开好局、起好步。

【全区领导干部大会】 2月1日，全区领导干部会议召开。区委书记杨卫东主持会议并传达学习省两会精神，部署南浔区下一步贯彻落实意见。会议要求全区各级各部门充分运用党委（党组）理论学习中心组、“红色星期六”主题党日等载体，全方位、多层次组织学习领会两会精神，学深悟透核心要义，履职尽责抓好落实。

3月15日，全区领导干部会议召开。区委书记杨卫东主持会议并传达学习贯彻全国两会精神和全省、全市领导干部会议精神，部署南浔区下一步贯彻落实工作。

11月17日，全区领导干部会议召开。会议传达学习贯彻中共十九届六中全会和全省领导干部会议、全市领导干部会议精神，推动全区上下迅速兴起学习宣传贯彻全会精神的热潮。

12月2日，全区领导干部会议召开。会议传达学习贯彻省委十四届十次全体（扩大）会议精神。

【区委常委会】 1月5日，召开四届区委第九十九次常委会会议。会议由区委书记杨卫东传达学习习近平总书记在中央农村工作会议、中央全面深化改革委员会第十七次会议上和二〇二一年新年贺词的重要讲话精神，还传达学习了市委八届十次全会报告、《关于制定湖州市国民经济和社会发展第十四个五年规划和二〇三五年远景目标的建议》。会议听取关于区委四届十一次全体（扩大）会议暨经济工作会议建议方案及“全会报告”、《中共湖州市南浔区委关于制定南浔区国民经济和社会发展第十四个五年规划和二〇三五年远景目标的建议》起草情况。会议还书面通报2020年南浔区文明村、文明单位、文明校园、文明社区考评复评的情况，以及南浔区推进市域社会治理现代化行动计划。

1月13日，召开四届区委第一百次常委会会议。由区委副书记王剑峰传达学习中央政法工作会议精神，区委常委、组织部部长、统战部部长范海鸣传达学习《中国共产党统一战线工作条例》精神。会议听取关于南浔区疫情防控形势及下一步工作建议、《关于南浔区抗击新冠肺炎疫情行政奖励工作方案》、《关于2021年主要经济指标安排和一季度“开门红”行动方案》、《关于2021年困难群众春节慰问实施方案》和关于召开区四届人大五次会议、区政协三届五次会议有关情况，关于区四届人大四次会议以来代表变动情况和区代表建议补选情况，关于区政府、区人大常委会、区政协、区法院、区检察院党组2020年工作和2021年工作安排，全面从严治党主体责任履职情况及党组主要负责人第一责任人履职情况的汇报。会议还书面通报关于南浔区2020年度“最美家风+”诚信典型选树有关情况、关于2020年南浔区农村环境长效管理考核情况和2021年城乡人居环境长效管理督查考核办法、关于2020年南浔区法治政府建设工作及2021年工作要点、关于南浔区“低收入群众三年奔小康”行动完成情况、关于2020年度区委常委会成员履行党风廉政建设“一岗双责”情况。

1月22日，召开四届区委第一百零一次常委会会议。由区委常委、宣传部部长杨长海传达学习全省宣传思想工作会议精神和全省网信办主任会议精神，区委常委、组织部部长、统战部部长范海鸣传达学习市委关于深入学习贯彻习近平总书记重要批示精神暨全面深化“导师帮带制”工作会议精神。会议还传达学习了习近平总书记在省部级主要领导干部学习贯彻中共十九届五中全会精神专题研讨班开班仪式上的重要讲话精神及省委书记袁家军在县（市、区）委书记工作交流会上的重要讲话精神。会议听取关于2021年污染防治“双十”攻坚行动实施方案，关于出台《南浔区农村宅基地使用及管理工作的指导意见》，关于《南浔区高水平推进区域社会治理现代化打造基层社会治理共同体实施方案》，关于意向出资“浙航产业基金”情况，关于明确南浔经济开发区和东迁街道管理体制及东迁街道、旧馆街道科级领导职数核定等有关情况，关于2020年度区级“担当作为好干部”拟表彰人选情况的汇报。会议还书面通报2020年行政复议工作情况和区纪委四届六次全会方案。会议还讨论了干部问题。

2月5日，召开四届区委第一百零二次常委会会议。由区纪委书记徐娟传达学习十九届中央纪委五次全会精神。会议还传达学习习近平总书记近期重要讲话精神。会议听取关于南浔区2020年度各类表彰奖励和通报表扬情况、2020年度全区“新象新牛”及培育企业评选情况、税收百强和规模百强工业企业评选情况、关于2021年《政府工作报告》和民生实事项目、关于《湖州市南浔区人民代表大会常务委员会工作报告》《区政协三届五次会议常委会工作报告》及区政协三届四次会议以来提案工作情况的汇报。

3月5日，召开四届区委第一百零三次常委会会议。传达学习习近平总书记重要讲话精神，研究部署南浔区贯彻落实意见；开展党性党纪教育一刻钟活动；研究关于省委巡视反馈问题整改方案、制定《南浔区高水平建设社会主义现代化共同富裕示范样本行动方案》等。会议还学习《浙江省党委（党组）意识形态工作责任制实施细则》主要精神。

3月10日，召开四届区委第一百零四次常委会暨省委巡视反馈问题整改专题会议。会议听取关于省委巡视反馈问题整改方案的情况汇报。会议还书面通报《南浔区关于全面加强网络舆情安全工作的实施意见》。

3月31日，召开四届区委第一百零五次常委会会议。会议开展党性党纪教育一刻钟活动，专题学习上级巡视巡察有关文件及领导讲话精神；听取关于全省乡镇领导班子换届工作部署会有关精神的汇报，研究部署南浔区贯彻落实意见。

4月16日，召开四届区委第一百零六次常委会会议。会议传达学习习近平总书记系列重要讲话精神和指示精神，研究部署南浔区贯彻落实意见；研究区委关于开展党史学习教育的实施方案、清廉机关建设提质增效“十二条”意见和清廉工程建设“五大行动”方案。

4月29日，召开四届区委第一百零七次常委会会议。会议研究全区助力共同富裕“十村百园带千户”产村融合示范创建工程等。

5月7日，召开四届区委第一百零八次常委会会议。会议传达学习习近平总书记系列重要讲话精神，研究部署南浔区贯彻落实意见；研究制定《南浔区强村公司分类管理实施办法（试行）》《关于建立强村公司发展容错纠错机制激励担当作为的实施办法》；研究分析全区一季度经济运行情况，部署二季度工作。

5月21日，召开四届区委第一百零九次常委会（扩大）会议。会议传达学习省委书记袁家军调研湖州和南浔时的重要讲话精神，研究部署南浔区贯彻落实举措。

5月27日，召开四届区委第一百一十次常委会会议。会议传达学习全国巡视工作会议暨十九届中央第七轮巡视动员部署会上讲话精神，听取关于省委巡视组反馈意见整改进展情况，研究下阶段工作等。

6月8日，召开四届区委第一百一十一次常委会会议。会议传达学习习近平总书记重要讲话精神，研究部署全区人才工作、庆祝中国共产党成立100周年政法系统安保维稳工作。

6月11日，召开四届区委第一百一十二次常委会（扩大）会议。会议传达学习贯彻省委十四届九次全体（扩大）会议精神。

6月22日，召开四届区委第一百一十三次常委会会议。会议研究助力共同富裕实现“园区外无企业”、支持产业培育“双十双百双千”倍增行动、深化印染行业整治等工作。

7月5日，召开四届区委第一百一十四次常委会会议。会议传达学习习近平总书记在庆祝中国共产党成立100周年大会上的重要讲话精神、“七一勋章”颁授仪式上的重要讲话精神，研究全区推动全域未来社区建设、实施全区欠发达村“飞地抱团”项目等工作。

7月13日，召开四届区委第一百一十五次常委会会议。会议听取有关人事议题的通报；听取区委组织部有关人事议题的汇报。

7月16日，召开四届区委第一百一十六次常委会会议。会议听取有关人事议题的通报；听取区委组织部有关人事议题的汇报。

7月21日，召开四届区委第一百一十七次常委会会议。会议传达学习习近平总书记出席中国共产党与世界政党领导人峰会主旨讲话主要精神、中央全面深化改革委员会第二十次会议有关讲话精神、对防汛救灾工作作出的重要指示精神，研究关于制定全区永久基本农田集中连片整治十个“万亩方”工程三年行动计划等工作。

7月28日，召开四届区委第一百一十八次常委会会议。会议传达学习省委副书记、省长郑栅洁在湖州调研时的指示精神，研究部署下一步防汛防台风救灾工作，分析全区上半年经济运行情况，研究部署下半年工作，决定召开区委四届十二次全会。

8月10日，召开四届区委第一百一十九次常委会会议。会议传达学习习近平总书记在中共中央政治局会议上的重要讲话精神、在《求是》杂志发表的《加强党史军史和光荣传统教育，确保官兵永远听党话、跟党走》重要文章精神和向新冠疫苗合作国际论坛首次会议发表书面致辞的主要精神，研究2021年1—6月平安建设形势等工作。

8月25日，召开四届区委第一百二十次常委会会议。会议研究《南浔区关于打造无差别城乡推动共同富裕建设三年行动计划》等工作，提出要围绕“绿色发展、共建共富”主题主线，力争南浔在缩小城乡差距领域做到“全市成样板、全省作示范、全国有影响”，以共同富裕示范先行诠释“美丽繁华新江南”。

9月10日，召开四届区委第一百二十一次常委会会议。会议传达学习习近平总书记在中央党校中青年干部培训班开班仪式上的重要讲话精神和在2021年中国国际服务贸易交易会全球服务贸易峰会上的致辞精神，传达学习《中共中央关于加强新时代检察机关法律监督工作的意见》、省委文化工作会议精神，研究部署“双减”等工作。

9月26日，召开四届区委第一百二十二次常委会会议。会议传达学习中央及省委民族工作会议、省市委领导就“两非”整治工作批示和《浙江省自然资源厅关于耕地“两非”整治“五不准一严防”的通知》精神，研究城乡风貌整治提升（未来社区、城市能级提升）工作专班等工作。

10月9日，召开四届区委第一百二十三次常委会会议。会议研究中国共产党湖州市南浔区第五次代表大会、省委巡视尚未完成整改问题进展情况及下一步打算、第四届区政协人事安排等工作。

10月22日，召开四届区委第一百二十四次常委会会议。会议研究“劳有厚得”工程项目实施方案、近期中央生态环境保护督察整改事项及大气污染防治、各镇（街道）推选区第五次党代会代表候选人预备人选等工作。

11月3日，召开四届区委第一百二十五次常委会会议。会议分析全区前三季度经济运行情况，部署下阶段经济工作，研究新冠肺炎疫情防控等工作。

11月19日，召开四届区委第一百二十六次常委会会议。会议研究“七张问题清单”、信访事项督查督办工作规则、深化政府性专项资金改革情况等工作。

11月29日，召开四届区委第一百二十七次常委会会议。会议听取关于市第九次党代会代表选举工作有关情况、关于区五届人大代表候选人建议人选情况的汇报。

12月4日，召开四届区委第一百二十八次常委会会议。会议听取关于第二批区第五次党代会代表候选人预备人选有关情况、关于南浔区出席市第九次党代会代表候选人初步人选有关情况的汇报。

12月5日，召开四届区委第一百二十九次常委会会议。会议听取关于新任区领导报到有关情况的汇报。

12月6日，召开四届区委第一百三十次常委会会议。会议主要听取区委办公室关于有关工作安排情况的汇报，原则同意区委办公室提出的关于调整区委和区政府领导工作分工、区领导联系乡镇、建立“5912工作体系”以及进一步减轻基层负担、提高工作效率，促进基层腾出精力、真抓实干等一系列方案，要求根据会议讨论意见修改完善后组织实施。

12月16日，召开四届区委第一百三十一次常委会会议。会议传达学习中央经济工作会议、全省领导干部会议和市委常委会会议精神，研究部署南浔区贯彻落实情况；听取关于区第五次党代会筹备情况、支持菱湖镇加快建设南浔区副中心等汇报，研究部署下一步相关工作。

12月28日，召开五届区委第一次常委会会议。会议传达学习习近平总书记在中共中央政治局第三十五次集体学习时的重要讲话精神、中央农村工作会议精神及习近平总书记对做好“三农”工作重要指示精神、省委经济工作会议精神，研究南浔区贯彻落实措施；听取关于春节慰问困难群众实施方案、关于评选“嘉业鼎”企业等情况的汇报，研究部署下一步相关工作。（王国财）

【区委理论学习中心组学习活动】 2021年，区委理论学习中心组坚持以学习习近平新时代中国特色社会主义思想为主线，结合南浔区实际，制定《南浔区委理论学习中心组2021年度学习计划》，规范化推进理论学习，坚持做到学以致用、用以促学、学用相长，切实提高中心组成员运用科学理论分析和解决实际问题的能力。全年组织开展交流研讨、集中学习、专题报告等形式的学习活动17次。

1月1日，区委书记杨卫东率领区四套班子主要领导及区委常委，赴嘉兴市南湖区，瞻仰革命圣地，重温入党誓词，践行红船精神。

2 月 1 日，区委理论学习中心组围绕南浔区推动共同富裕的体制机制和政策体系研究，开展集中学习。

3 月 19 日，区委理论学习中心组专题学习（扩大）会议召开，邀请农业农村部软科学委员会专家、浙江省乡村振兴研究院首席专家顾益康做题为《习近平在浙江“三农”工作创新实践与率先建设共同富裕示范区的创新路径》的专题讲座。

同日，区委理论学习中心组召开主题研讨会，围绕共同富裕和学习《习近平在浙江》谈心得体会，杨卫东、温建飞、梅爱祥、孙根祥、徐娟 5 位中心组成员分别交流发言。

3 月 20 日，区委理论学习中心组成员集中收看党史学习教育中央宣讲团专题宣讲报告视频会，聆听中央宣讲团成员、中国社科院党组成员、当代中国研究所所长姜辉做宣讲报告。

3 月 30 日，区委召开专题研讨会，围绕习近平同志考察南浔古镇重要指示精神进行专题研讨，杨卫东、温建飞、梅爱祥、王剑峰、徐娟、杨长海、范海鸣、陈纯志、沈威、丁罡、吴冠宇、马新萍 12 位领导分别发言。

4 月 19 日，区委理论学习中心组举办“共同富裕”专题讲座，由浙江大学公共管理学院教授、院长郁建兴做题为《共同富裕的理论内涵与实践路径》的讲座，浙江大学行政管理研究所所长陈丽君做题为《共同富裕的指标体系初步构思》的讲座。

4 月 21 日，党史学习教育市委宣讲团成员谢占强为全体中心组成员做题为《从党的百年伟大征程中汲取前进的智慧、进步的力量》专题讲座。

5 月 24 日，区委理论学习中心组组织观看舞台剧《百年守锷》，致敬中国导弹与航天技术开拓者、“两弹一星功勋奖章”获得者屠守锷院士，弘扬爱国报国情怀，传承守正创新精神，为高水平建设社会主义现代化共同富裕示范样本凝聚全区上下强大合力。

6 月 29 日，区委书记杨卫东以《学史力行汲取前进力量　扛起共同富裕历史使命》为题，为区委理论学习中心组成员上“七一”专题党课。

7 月 1 日，区委理论学习中心组全体成员集中收看庆祝中国共产党成立 100 周年大会实况，并参观区委举办的“‘奋斗百年路　启航新征程’庆祝中国共产党成立 100 周年图片展”。

7 月 12 日，区委专题读书班暨中心组学习会举行，温建飞、梅爱祥、孙根祥、王剑峰、方科、徐娟、杨长海、范海鸣、陈纯志、沈威、丁罡、肖体红 12 位区领导，围绕学习习近平总书记在庆祝中国共产党成立 100 周年大会上的重要讲话精神依次作交流发言，其他区领导作书面交流。

8 月 10 日，区委理论学习中心组召开专题学习会，传达学习《中共浙江省纪委机关　中共浙江省委宣传部关于 7 起意识形态领域典型问题案例的通报》和《习近平关于网络强国论述摘编》。

9 月 15 日，区委理论学习中心组邀请中国政法大学应急管理法律与政策研究基地主任、博士生导师林鸿潮教授做《新修〈中华人民共和国安全生产法〉解读》专题讲座。

10 月 9 日，区委理论学习中心组召开专题学习会，学习《中华人民共和国监察法实施条例》。

11 月 24 日，区委理论学习中心组召开专题研讨会，温建飞、梅爱祥、孙根祥、王剑峰、方科、唐小明、徐娟、杨长海、范海鸣、陈纯志、沈威、丁罡、肖体红 13 位领导结合工作实际，围绕学习宣传贯彻中共十九届六中全会精神交流学习体会；其他区领导作书面交流。

11 月 29 日，区委理论学习中心组成员集中收看中共十九届六中全会精神中央宣讲团报告会实况。

（胡光玺）

【组织工作概况】　2021 年年末，全区共有行政干部 1522 人（不含下派和兼职），其中县（处）级领导干部 36 人、科级领导干部 433 人、一般干部 1053 人；共有女干部 544 人，占 35.7%；大专以上学历干部 1279 人，占 84.0%；35 周岁以下干部 634 人，占 41.7%；党外干部 283 人，占 18.6%。

全区共建立基层党组织 1552 个，其中党委 46 个、党总支部 200 个、党支部 1306 个。全区共有党员 28241 人。其中，女性 7818 人，占 27.7%；35 周岁及以下 6807 人，占 24.1%；60 周岁及以上 9864 人，占 34.9%。全区共有 211 个行政村，其中党委建制 6 个、党总支建制 134 个、党支部建制 71 个。村“两委”成员共 1158 人，其中 35 周岁及以下 398 人、高中及以上学历 1028 人。全区共有非公企业法人单位 2391 家，其中从业人员在 100 人以上的有 278 家、50～99 人的有 485 家；非公企业共建有党组织467个，其中党委11个、党总支部3个、党支部453个；共有党员5902人，其中业主党员307人。全区共有社区34个；社区党组织共63个，社区党员2669人。全区共有区级机关单位55个，其中，建立党委8个，党总支17个，党支部30个，共有党员2188人。

全区人才总量15.39万人，自主培育国家级引才计划人才13人，省级引才计划人才41人。省领军型创新团队1个，省级“海外工程师”34人次。入选省“151”人才工程培养人选15人，湖州市“南太湖精英计划”领军型创业创新团队263个（创业类项目155个，创新类项目108个），创业企业森赫股份在深圳证券交易所创业板挂牌上市，5家创业企业在省成长板成功挂牌，1家创业企业成功挂牌“新三板”（全国中小企业股份转让系统）。入选湖州市“南太湖特支计划”70人。拥有国家级科技孵化器1个；省级博士后科研工作站20家，其中3家为国家级；市级院士专家工作站21家，其中5家为省级。建有“南太湖精英计划”产业园、南浔（上海）科创中心等高层次人才创业创新平台。

【领导班子和干部队伍建设】 强化领导干部政治建设和专业化培养。发挥区委党校教育主阵地作用，全年举办区委主体班次20余期，开设长三角一体化发展、共同富裕等培训班11场，培训各级党员干部2500余人次。依托领导干部网络学院对区管领导干部进行党史网络培训，加大重点班次中党史学习教育课程比重。持续推进东西部协作教育培训工作，加强与四川省广安市广安区交流协作，全年累计培训党政干部700余人次，专技人才750余人次。强化政治纪律和政治规矩教育，结合档案审核、经济责任审计、个人事项报告等，全面掌握领导干部的政治表现。

强化“以实绩论英雄”推动干部担当作为。坚持在改革发展主战场、维护稳定第一线、服务群众最前沿考察、识别干部，选派驻外招商75人，三服务办等区重点专班21人，东西部扶贫协作28人，3名党政主要负责人因考核末位被调整岗位，对12名领导干部进行提醒谈话。深入实施“‘一把手’战略储备工程”，建立“一把手”储备人选“部委分片联系”日常跟踪机制。提拔使用18名在第一批“项目专员”中表现出色的年轻干部，继续选派20名有潜力、高素质的年轻干部担任第二批“项目专员”。2021年，全区科级领导干部中，35岁左右及以下年轻干部达21.7%，乡镇党政正职中35岁左右及以下年轻干部达38.9%。创新实施中层及以下干部制度性交流，首批50名干部进行交流轮岗。开展90后优秀年轻干部面对面活动，一对一面谈60人。

抓好省委巡视反馈问题整改落实。严格落实整改要求，逐条研究省委巡视反馈意见，建立巡视整改问题清单、任务清单、时间清单、责任清单。做好选人用人专项检查反馈意见查核及整改工作，两项立项督办件相关查核结论获省委组织部审定，19个选人用人问题全部完成整改销号。严肃处置相关责任人，对8人进行诫勉处理，对24人进行批评教育处理。做深做实“后半篇文章”，制定出台乡镇派出所所长担任乡镇党委委员（兼）实施办法、区级部门借用镇（街道、度假区）干部有关要求、区外公务员转任办法、机关事业单位（国企）工作人员配偶调入暂行办法、机关事业单位工作人员调出补充意见等一批务实管用的制度和机制。

【基层组织和党员队伍建设】 全面夯实基层基础。建立健全八项责任落实机制，通过项目领办、双周通报展示、月度现场推进、双月调研督查、季度亮晒排名等方式，压紧压实基层党建主体责任。规范推进党员发展工作，全年举办发展对象培训班5期，发展党员850人。扎实推进党员队伍分类管理试点工作，有序开展年老体弱、行动不便和失能党员管理，稳妥推进党性体检和不合格党员处置，落细落实党内关怀帮扶各项举措。深化探索党性体检“八要八不要+一票否决”指标体系，进一步提升操作性实效性，全年检出“党性亚健康”党员111名，“党性不健康”党员22名，经不合格党员处置流程劝退、除名2名。

培优育强雁阵队伍。突出政治过硬标准选好村社（社区）带头人，系统出台全面加强村（社区）干部队伍建设“1+5”文件，开设村（社区）干部“水晶晶能量学堂”，深化治村导师联盟，定期举办“治村有道”论坛，安排17名村党组织书记异地挂职，不断提升村（社区）干部能力素质。实行村（社区）干部月度常态化资格联审，调整不胜任村（社区）干部4名，确保党委、政府各项方针政策一贯到底。破除“就村抓村”惯性思维，着眼建好村级后备干部培养梯队，区、镇联动建立千人后备人才库，推出设岗实训、试岗考察、入岗履职等一系列举措，解决个别村发展后劲不足等影响乡村振兴的问题，涌现出农兴、后坝、港胡等一批新知名乡村。

推动赋能乡村振兴。紧紧围绕“红色根脉强基工程”，制定深化“双创双全”组织力提升工程三年行动计划，明确各领域重点建设任务和目标要求。集中选派46名曾担任过科级领导干部的临退休人员担任“驻村书记”，帮助村里向上争取资金1000余万元。出台组织系统全力服务保障共同富裕建设12条举措，推行全域党建联盟激发共同富裕活力。大力发展壮大强村富民公司，村均分红22万元，全面消除经营性收入60万元以下村，入选浙江省共同富裕示范区“典型案例清单”。持续加强基层阵地保障，开展“七多”[指涉村（社区）职责事项多、工作台账多、机构牌子多、考核督查多、创建评比多、政务工作App（或微信公众号）多、上墙制度多]问题清理整顿，实行党群服务中心星级管理，整合优化便民服务、文化礼堂等功能布局，提升基层阵地品位和人气，完成示范点建设18个，新建改建阵地25个，成功获评全市五星级党群服务中心13个。

推动党建统领城市治理。实施“浔城驿家”城市基层党建十大行动，加强红色联盟、红色网格等建设，建成增山社区、镇东社区等社区阵地，推进未来社区、南林社区阵地建设。全面推进“红色物业”建设，推行物业红黑榜和“六方会谈”（机关部门、街道、小区党组织、业委会、物业公司和居民代表共同参加的联席会议）工作机制，建立南浔区物业纠纷调解中心，提升城市基层治理水平。开展“红色物业四季为民破难”行动，陆续破解一批小区停车难、老旧小区加装电梯等百姓烦心事，切实提升群众满意度和幸福感。持续打通服务群众“最后一纳米”，打造“水晶晶党群之家”线上平台，统筹全区党群服务中心、宴会中心、卫生服务站等阵地资源，常态化、便捷化开展党群服务。

推动“两新”党建全面创优。开展“两新”党组织“强引领、优服务、争先进”行动，持续推进“三整一全”（整园建强、整楼推进和整线突破；全面提升，实现点面齐抓、条块齐动、企社齐进）。深入实施“红色接班人”计划，推荐40名新生代企业家入选湖州市新生代英才库，发展新生代企业家党员12人，成功举办全区新生代企业家“双传承”培训示范班，助力新生代企业家赋能成长、接班创业。聚焦新业态、新就业群体党建，成立互联网、快递物流2个行业党委，建成红色驿站85个。持续实施“南太湖红领人才计划”，新增中级党务红领4人，初级党务红领27人，有效提升全区“两新”党组织党务工作者能力水平。

整体抓强各领域党建。围绕“双建争先”要求，持续开展“浔遍红迹争朝夕”专项行动，大力推进“红堡超市”建设，有效提升机关党建工作质量。学校党建持续深化“育人浔梦”党建品牌，培育打造一支高素质党员名师队伍，紧紧围绕“双减”政策常态化开展党员名师无偿授课、“246”亲子课堂等，助力打造区域教育高地；医院党建依托医共体改革，持续深化“白衣红心”党建品牌，构建“医疗集团党委+分院党委+卫生服务站”的三级服务体系，结合双下沉、两提升，培养一批党员名医骨干，有效提升全民健康水平；快递物流行业打响“红色速递”品牌，加快推进快递园区建设，推动行业党员融入社会治理；互联网行业打造“e路共富”品牌，建优建强“水晶晶直播基地”，培育一支高素质党员主播队伍，打造一批优质直播平台。

【人才队伍建设】　深化人才工作机制。坚持党管人才原则，组织学习习近平总书记关于人才工作重要论述，深入贯彻中央、省委、市委人才工作会议精神，牢固树立人才引领发展战略地位。制定全区人才工作要点，将市对区人才工作考核任务细化成六大类共27项具体指标，落实至10个主要责任部门，形成指标清晰、责任明确的考核体系，凝聚起人才工作强大合力。坚持“以实绩论英雄”导向，建立健全“月度晾晒、季度亮牌、年度述职”的人才工作推进机制，定期召开人才办专项例会，实行“首末位”交流制度，深度剖析人才工作开展情况，推动人才工作指标争先进位。精准聚焦人才创新创业需求，加强人才政策保障，围绕人才购房安家、子女教育、配偶安置等要素，构筑全链条支持体系，进一步增强人才政策领先性与竞争力。

强化人才智力引领。积极拓展人才引育渠道，构筑全方位招才引才聚才用才体系，全年新引进B类人才12人、C类人才8人，申报国家级引才计划77人、省级引才计划122人，分别入选5人、9人，均创历史新高。培育全国技术能手4人、浙江杰出工匠1人，入选省“海外工程师”11人、“南太湖精英计划”20人、“南太湖特支计划”19人。成功举办第四届全球创新创业大赛，共吸引110个人才项目报名，3个项目进入市级决赛并获奖。开展首批“浔英计划”项目评审工作，共吸引15个项目参加，最终评选6个创业项目和1个创新项目。举办“春暖鸿雁归，浔城汇英才”活动，40余名海外高层次人才代表通过视频方式参加，3名博士通过“揭榜挂帅”解决企业技术难题。积极开展大学生招引直通车、“人才夜市”、网络直播等各类引才活动，全年共引进大学生人才7000余人、博士197人、外国人才33人，培育技能人才3050人。推进知识产权质押融资工作，全年共新增发明专利质押349件，充分发挥高价值专利作用。

提升人才平台能级。推进“南太湖精英计划”产业园二期建设，不断提升园区承载能级，为项目引进培育提供良好的平台支撑。积极导入高校智力资源，与浙江水利水电学院共同实施“南浔学者”“南浔青年学者”计划，以高校为载体加强高层次人才引育、建强师资队伍；与山东建筑大学等高校合作共建新型研发机构，不断强化产业创新驱动力，有效促进技术创新。复制南浔（上海）科创中心运营经验，积极布局上海虹桥、上海青浦、深圳前海等飞地建设，总面积达7.68万平方米，制定出台“飞地创新券”、人才飞地运行管理办法等管理机制，着力打造飞地数字化服务管理平台，放大飞地引才的前瞻性作用，有效提升飞地管理水平。依托人力资源服务产业园建设人才创新创业服务综合体，建立人才路演、项目孵化、猎头办公、线上会谈室、人才休闲等功能组团，满足人才创新创业各项服务需求。（蒋振辉）

【统战工作】 2021年，南浔区统战系统聚焦全区中心大局和全市统战工作重点，突出项目化运作，全力以赴抓好各项工作，为高质量打造美丽繁华新江南，高水平建设美好生活新家园凝聚最大向心力，画好最大同心圆。全年全区统战系统各项工作获得省领导批示4次、市（厅）级领导批示7次、区领导批示56次。区委统战部已连续三年在市对区统战工作考核中获得一等奖，连续六年在区级部门综合考核中获得优胜单位称号。区工商联获评全国“五好”工商联和全国2021年度民营企业调查点工作先进基层单位。湖州桑基鱼塘研学文化交流基地入选国家级华侨国际文化交流基地。区委统战部获得全省统战工作理论政策研究创新成果1项。区委统战部常务副部长严振华获全省统战系统先进工作者称号。

聚焦中心工作，同心助推全区发展大局。凝聚统战力量，助力共同富裕。区委统战部出台《关于发挥统战优势助力共同富裕示范样本建设的实施意见》，着力推进“民主党派积极建言献策、专项民主监督、海内外乡贤（侨贤）教育基金矩阵、民营企业深入参与光彩事业、办好少数民族群众民生实事、弘扬宗教公益慈善正能量、深化联系结对帮扶、开展统战系统文化艺术活动”八大行动，联合区慈善总会成立“同心·共富发展慈善基金”，得到区委书记杨卫东批示肯定。

突出乡愁元素，发挥乡贤作用。扎实推进新乡贤统战工作，围绕“水晶晶南浔、沉甸甸乡愁”工作品牌，理顺新乡贤工作“1+X”工作推进体系。梳理并建立在外博士教授高层次人才、副处级以上领导、重要企业家等知名乡贤数据库。完成知名乡贤蔡崇信故居蔡宅及双林镇乡贤记忆馆的修复建设。深入实施“百贤百企兴百村”助力共同富裕活动，推动全区企业家乡贤代表与行政村结对共建，进一步打好乡情牌、聚好乡贤力。2021年，全区在外乡贤带回产业项目23个，其中5亿元以上项目16个。知名乡贤周桂珠助力基层社会治理的工作在浙江电视台《和合天下》栏目播出。

建言献策，凝聚各方智慧。聚焦区委中心工作安排，用好“同心·金点子”“同心·微点子”等载体，组织统战各界人士积极建言献策，助力重塑“水晶晶南浔”。全年累计刊发“同心·金点子”7期、“同心·微点子”6期，各类“点子”得到区委、区政府主要领导批示52件次，有效发挥了服务中心、建言献策的积极作用。响应省、市、区委部署，创新破难、扎实推进数字化改革，社情民意报送系统（共同富裕·汇智通）入选首批全省统战系统重点培育应用场景目录，成功揭榜挂帅，系全区党政机关整体智治组唯一的揭榜挂帅项目，获区数字化改革工程先进集体。

积极融入，彰显工作担当。深入参与融沪接苏及引才引资工作，区委统战部抽调一位副部长常驻苏州招商，在谈项目10个，其中5亿元以上项目2个，已签约项目4个，区委统战部机关获得区开放融合工作成绩突出集体。强化“365天，天天服务”的鲜明导向，扎实开展“同心·三服务”活动，牵头开展“亲清直通车·政企恳谈会”4次，累计解决企业反馈的各类问题80余个。其中，开通“亲清直通车·政企恳谈会”搭建政企交流全新平台的服务案例入选全区第2批“三服务”典型案例。

聚焦思想引领，推动多党合作走深走实。提高政治站位，增进思想共识。以庆祝中国共产党成立100周年为契机，出台《关于开展“同心向党·携手共进”主题教育的实施方案》，在全区统一战线开展“同心向党·携手共进”主题教育和“四史”（中共党史、新中国史、改革开放史和社会主义发展史）教育，在区级主流媒体创设各民主党派主委论坛，在“南浔统战”微信公众号分别开设“党外人士征文”和“献礼建党百年”微视频专栏，举办全区统一战线“庆祝中国共产党成立100周年助力共同富裕书画展”，增强“以党为师、向党看齐”的思想自觉。组织区党外知识分子宣讲团成员开展党史学习教育“四进”（进农村、进社区、进企业、进校园）活动，费新我艺术馆被确定为全省党外知识分子思想教育基地。积极对接协调，完成全区统一战线综合体（区“同心之家”）的改造提升，为各民主党派和统战团体开展活动提供了阵地保障。为满足党外代表人士的教育培训需求，8月，创办南浔区社会主义学校。

凝聚智慧力量，深化多党合作。支持民主党派和无党派人士参政议政，协助区委制定出台《2021年度政党协商工作计划》。抢抓省、市民主党派组织换届和县区、乡镇领导班子换届契机，创新出台《关于实施“五个一批”针对性加强党外干部培养使用的实施意见》，构建党外干部成长需要的培养、选拔、使用和管理全链条工作新机制，实现党外干部选拔任用的闭环化管理，此做法作为统战工作创新实践成果上报省委统战部。完成第四届区政协人事安排有关工作。重视做好党派新成员发展工作，在全区机关事业单位遴选民主党派成员发展对象15人。指导各党派基层组织与结对行政村（社区）深入开展“双百结对·同心共治”活动，开展各类活动24场次。

突出特色创新，创优新阶层品牌。按照“规范化、载体化、实效化”的思路，指导各镇（街道、开发区）因地制宜，挖掘特色，打造了南浔区水晶晶网络文化园、南浔区跨境电商产业园等一批特色鲜明、重点突出、实效明显的实践创新基地。截至年末成功创建市级基地3个、区级基地12个，初步形成了“区域全覆盖、一域一品牌”的良好态势。完成区新联会换届工作。

聚焦“两个健康”（民营经济健康发展、民营经济人士健康成长），引领民营经济彰显责任担当。强化思想引领。组织新生代企业家2批35人次赴嘉兴南湖和河北西柏坡开展党史学习教育。联合民营企业党组织开展“支部主题宣讲”16场次。组织31家企业党组织开展党员宣誓活动，宣誓党员累计800多人。开展“民营企业党员学党史读金句”活动，累计参与人数达1160人。着力培育“红色工匠”，举办首批民营企业“红色工匠”提升培训班，培养对象40多人，3人获评湖州市优秀中国特色社会主义事业建设者。南浔区加强民营经济人士团结引领工作助力共同富裕有关做法在全市民营经济统战工作会议上作经验介绍。

推进清廉企业建设。牵头制定出台《关于开展“双诺双评”深入建设清廉企业加快推进政商亲清工程的实施方案》和《清廉企业建设驻企指导员工作职责（试行）》。以清廉企业示范点为依托，在各镇（街道）、开发区继续深入推广清廉企业示范点建设，新增清廉企业示范点12家，实现乡镇（街道）全覆盖。《创新开展“双诺双评”全力助推政商亲清》入选全省三季度服务“两个健康”最佳案例。区委统战部机关获“清廉南浔建设先进集体”称号。

全面助力共同富裕。向全区民营企业发出“积极助力共同富裕示范样本建设”等倡议，上海商会11名企业家捐赠11.1万元为37名品学兼优的贫困学生和少数民族学生提供助学金。首届湖州市新生代企业家创新创业大赛启动仪式在南浔举行，南浔区共获得大赛二等奖1个、三等奖3个。先后组织3批次20多家民营企业赴四川省广安市广安区实地考察，引导沃克斯电梯、世友木业、南洋电机等行业龙头民营企业入驻“南浔·广安东西部扶贫协作产业园”，帮助扶贫结对地区加快劳动力转移就业，促进共同富裕。

全力开展精准服务。积极开展民营企业统计调查，各项调查样本数和样本质量均居全省前列。区委统战部联合银行金融机构开展走访企业活动，为企业解决融资难题。累计走访企业35家，上报民营企业融资需求4.2亿元。深入开展“新时代新生代的新担当”主题教育，组织20名民营企业家赴山西转型综改示范区晋中开发区学习考察，组织2批次40多名新生代企业家参加北京大学“百人计划”培训班，帮助企业家开阔视野、提高素质。组织80多名民营企业家赴杭州空军疗养院等医疗机构开展健康检查，切实关心关爱企业家身体健康。《凝聚民企力量、助力脱贫攻坚，以奔跑姿态助力共同富裕》入选全省一季度服务“两个健康”最佳案例。

聚焦依法管理，保持民宗领域和谐稳定。注重民族融合促团结。牵头制定《关于在全区中小学广泛开展民族团结进步宣传教育工作的实施方案》，确定上海外国语大学附属浙江宏达南浔学校、湖州师范学院南浔附属小学、南浔思进小学、练市国强小学四所中小学为民族团结进步重点培育学校。上海外国语大学附属浙江宏达南浔学校、南浔古镇旅游度假区镇东社区入选全省第四批民族团结进步培育单位。组织开展首届南浔区“石榴籽”民族团结歌舞会演，结对帮扶困难少数民族学生，助力共同富裕示范样本建设。深度提炼菱湖中学开办内地西藏班20周年工作经验，精心打造菱湖中学民族团结进步工作展示阵地。菱湖中学办好内地西藏班促进民族团结进步的工作，先后在《浙江信息（工作专报）》《湖州信息（工作交流）》等专题刊载，得到省委书记袁家军，省委副书记、统战部部长黄建发等多位省领导的批示肯定。

推动宗教中国化。以庆祝中国共产党成立100周年为契机，组织宗教界代表人士举行“继承先烈遗志　传承红色基因”清明祭英烈暨“庆百年　学四史　跟党走”活动，不断深化“四史”学习教育，深化宗教“两化”（宗教中国化、宗教工作法治化）建设。组织宗教界人士前往井冈山、嘉兴南湖等地开展“同心向党·携手共进”庆祝建党百年主题教育。

突出长效治理保稳定。扎实开展安全生产风险普查、火灾隐患排查、房屋安全隐患排查整治、文物安全排查等行动，平安护航中国共产党成立100周年大庆。制定《关于建立全区基督教私设聚会点长效治理机制的实施意见》，常态化抓好宗教信仰场所消防安全工作。通过“浙江掌上宗教”App、完善线上流程审批等推动宗教领域数字化智治。

聚焦联谊联络，拓展港澳海外工作成效。加强组织建设，擦亮阵地品牌。结合中国共产党成立100周年庆祝活动，开展“侨心向党·助力共同富裕”活动，邀请市侨联领导开展专题党课教育，深入学习领会习近平侨务工作思想。以市侨联换届工作为契机，积极推荐侨界代表充实队伍，选树典型，提升南浔区侨联在全市工作的影响力。积极抓好侨务工作阵地建设，创优阵地品牌，湖州桑基鱼塘研学文化交流基地入选国家级华侨国际文化交流基地；中国湖笔文化馆、双林庆同小学“以侨为桥”励志教育基地入选省级华侨国际文化交流基地。“‘追梦中华·侨见湖州’——2021海外华文媒体负责人湖州行”走进南浔活动顺利举办，来自全球21个国家和地区的26名海外华文媒体负责人参加活动，向海外集中报道信息10余篇，为更好推动南浔文化向海外传播做出了积极贡献。

拓展平台载体，加强联络联谊。推进“寻根·筑魂·圆梦”工程，成立全市首个县区级欧美同学会，在南浔古镇建立“欧美同学会之家”，开展政治理论培训、交流研讨、引才活动3场次。组织南浔区欧美同学会向“同心·共富发展慈善基金”捐赠人民币100万元。做深“象牛”后裔联系文章，成立南浔区“象牛”后裔上海联谊会，建立达70余人的“象牛”后裔乡贤库，为海外联络联谊搭建新平台。组织40位“象牛”后裔回乡省亲，建立侨贤议事室，积极引导他们为故乡发展出力献策。通过联谊会联系上海百乐门、中版书房等项目3个，联系到包括中国可持续发展工商委员会副执行会长、前荷兰皇家帝斯曼集团中国区总裁蒋惟明等知名侨贤。联合区档案馆、区融媒体中心、南浔学研究会，启动“象牛”后裔及知名乡贤叙事项目，多维度展示南浔丰富的历史和人文。积极配合做好顾乾麟、沈炳麟、蔡崇信等侨界人士在湖州荣誉市民馆的布展工作，蔡崇信获“湖州市荣誉市民”称号。《南浔助推海外侨贤联络联谊工作结硕果》等信息被《人民日报》（海外版）、“浙江统战”微信公众号、《情系中华》等刊发肯定。完成“四象”之首刘镛墓地的修缮工作，牵头组织开展好刘承桓慈善奖学金、蔡崇信奖学金发放活动。

力求走心走实，提升服务水平。完善区领导联系重点侨资企业制度，组织浙江森林之星文化地板有限公司、浙江彩蝶实业股份有限公司等涉侨企业参加“政企恳谈会”，与区长面对面座谈交流，协助侨资企业第一时间反映融资、技改、人才招引等方面遇到的实际问题，畅通沟通“快车道”。协助浙江森林之星文化地板有限公司解决久拖未决的土地问题。《南浔区念好“引”字决　服务侨企健康发展》获省侨联主席连小敏批示肯定。积极参与“侨贤122”工程，南浔区侨贤议事室（周桂珠工作室）共组织各类法律讲座18场次，参加调解包括侨眷侨属涉及的债务纠纷问题等8起，调解率达100%。积极开展“海燕助飞”活动，组织归国留学生赴厦门大学考察学习；以区欧美同学会（留联会）副会长陈真的非遗“草帽编织技艺”为依托，组织开展技能培训50多期，培训人员1100多人。与意大利米兰华侨华人青年联合会建立引智工作站，聘请侨贤蒋惟明为荷兰招智大使，广泛拓展海外人才招引渠道。加强与叔苹同学会的联络联系，协调在南浔区城市书房设立叔苹图书室和叔苹人才服务中心。与叔苹同学会上海小组、上海欧美同学会、上海五角场双创学院等组织机构建立联系，深入融入长三角一体化发展。（朱梦娜）

·湖州市南浔区人民代表大会·

【区四届人大五次会议】 南浔区第四届人民代表大会第五次会议于2月24—25日举行。

会议的主要议程是：听取和审查湖州市南浔区人民政府工作报告；审查、批准湖州市南浔区国民经济和社会发展第十四个五年规划和二〇三五年远景目标纲要；审查湖州市南浔区2020年国民经济和社会发展计划执行情况的报告及2021年国民经济和社会发展计划草案的报告，审查、批准湖州市南浔区2020年国民经济和社会发展计划执行情况的报告及2021年国民经济和社会发展计划；听取和审查湖州市南浔区人民代表大会常务委员会工作报告；听取和审查湖州市南浔区人民法院工作报告；听取和审查湖州市南浔区人民检察院工作报告；审议湖州市南浔区人民政府关于2020年度民生实事项目实施情况和2021年度民生实事候选项目有关情况的报告，对湖州市南浔区人民政府2020年度民生实事项目实施情况进行满意度测评、票决确定湖州市南浔区人民政府2021年度民生实事项目；审查湖州市南浔区人民政府关于2020年度环境状况和环境保护目标完成情况的报告；选举事项；通过湖州市南浔区第四届人民代表大会有关专门委员会主任委员人选；其他事项。

2月23日召开预备会议，选举大会主席团和秘书长；通过会议议程；通报表扬2020年度代表工作中表现突出的集体和个人。整个会议共安排全体会议4次，主席团会议4次，计划预算审查会议1次。区四届人大五次会议期间，共收到代表建议件59件，其中城建交通类11件、社会事业类25件、工业财经类3件、农业农村类10件、旅游商贸类6件、生态文明类4件。这些议案，内容主要涉及城乡统筹发展、道路交通改善、生态文明建设、民生社会保障、现代农业提升、旅游商贸发展等方面。根据地方组织法、代表法的有关规定，大会秘书处在收到代表联名提交的议案建议后，及时进行认真研究，并征求了有关方面的意见，建议将这59件议案建议，全部转为建议处理。在大会闭幕后，分别交由有关部门研究办理，并负责答复代表。

【区四届人大常委会第三十五至四十三次会议】 2021年，区四届人大常委会共召开9次常委会会议。

1月22日，召开区四届人大常委会第三十五次会议。主要议题是：书面审阅关于召开区四届人大五次会议有关情况的汇报，审议通过关于召开区四届人大五次会议的决定；通过有关人事任免事项；审议通过关于接受有关辞去湖州市南浔区第四届人民代表大会代表职务请求的决定；审议通过关于在部分选区补选湖州市南浔区第四届人民代表大会代表的决定；听取和审议区政府重点评议部门关于2020年工作情况的报告和主要负责人2020年度述职报告，书面审阅区人大常委会评议调研组关于重点评议对象的调研报告及区级其他有关部门2020年工作情况的报告、主要负责人2020年度述职报告，并进行工作评议；听取和审议区法院、区检察院主要负责人2020年度述职报告，并进行工作评议。

2月7日，召开区四届人大常委会第三十六次会议。主要议题是：听取和审议关于区政府2020年民生实事项目完成情况和2021年民生实事候选项目有关情况的报告；听取和审议关于区政府2021年度政府重大投资项目计划草案的报告；审议通过关于同意区政府2021年度政府重大投资项目计划报告的决定；审议通过关于补选的湖州市南浔区第四届人民代表大会代表资格的审查报告；审议通过区四届人大五次会议列席人员名单；听取和审议关于区人大常委会在区四届人大五次会议上的工作报告（送审稿）及起草情况说明；审议通过区人大常委会2021年工作要点；通过有关人事任免事项；书面审阅关于南浔区国民经济和社会发展第十四个五年规划和二〇三五年远景目标纲要（送审稿）；书面审阅关于南浔区2020年国民经济和社会发展计划执行情况及2021年国民经济和社会发展计划草案的报告（送审稿）、关于南浔区2020年国民经济和社会发展计划执行情况及2021年国民经济和社会发展计划草案的审查报告（送审稿）；书面审阅关于南浔区2020年预算执行情况及2021年预算草案的报告（送审稿）、关于南浔区2020年预算执行情况及2021年预算草案的审查报告（送审稿）；书面审阅关于2020年度湖州市南浔区环境状况和环境保护目标完成情况的报告（送审稿）、关于2020年度湖州市南浔区环境状况和环境保护目标完成情况的审查意见（送审稿）；书面审阅区政府关于区四届人大四次会议及闭会期间代表议案和建议、批评、意见办理情况的报告；书面审阅关于2021年部门预算编制情况的报告（送审稿）；书面审阅关于区人大监察司法委在区四届人大五次会议上的报告（送审稿）；书面审阅关于区人大财经委在区四届人大五次会议上的报告（送审稿）；书面审阅关于区人大社会建设委在区四届人大五次会议上的报告（送审稿）；书面审阅区四届人大五次会议选举办法（送审稿）；书面审阅区四届人大五次会议大会报告决议表决办法（送审稿）；书面审阅区四届人大五次会议关于南浔区人民政府2020年度民生实事项目实施情况满意度测评办法（送审稿）；书面审阅区四届人大五次会议关于南浔区人民政府2021年度民生实事项目代表票决办法（送审稿）。

4月15日，召开区四届人大常委会第三十七次会议。主要议题是：审议通过《关于提请湖州市南浔区人民代表大会常务委员会关于高水平建设社会主义现代化共同富裕示范样本的决定》；审议通过《湖州市南浔区人大常委会关于进一步支持检察机关法律监督工作的意见》；听取和审议区政府关于南浔城区2020年度规划执行和2021年度规划安排情况的报告及区人大常委会调研组的审议意见；有关人事任免事项。

6月21日，召开区四届人大常委会第三十八次会议。主要议题是：听取和审议区政府关于2020年度南浔区国有资产管理情况的综合报告，书面审阅关于2020年度南浔区国有自然资源资产管理情况的专项报告；审议通过《南浔区人大常委会听取和审议区监察委员会专项工作报告办法（试行）》；审议通过《南浔区人大常委会员额法官员额检察官述职测评办法（试行）》；审议通过关于接受有关辞去湖州市第八届人民代表大会代表职务请求的决定；通过有关人事任免事项。

8月20日，召开区四届人大常委会第三十九次会议暨2021年半年度政情报告会。主要议题是：听取和审议区政府关于2021年上半年工作完成情况和下半年工作安排的报告；听取和审议区政府关于2021年半年度民生实事项目推进情况的报告；书面审阅区政府关于2021年上半年国民经济和社会发展计划执行情况的报告；书面审阅区政府关于2021年上半年预算执行情况的报告；书面审阅区政府关于2021年上半年环境状况和环境保护目标完成情况的报告；审查和批准区政府关于2020年区财政决算的报告，听取区政府关于2020年区本级财政预算执行和其他财政收支情况的审计工作报告，书面审阅区人大财经委关于2020年区财政决算的审查报告；审议通过关于同意南浔区2021年上半年区级财政预算调整方案的决定；书面审阅区法院关于2021年上半年工作完成情况和下半年工作安排的报告；书面审阅区检察院关于2021年上半年工作完成情况和下半年工作安排的报告；书面审阅区政府关于区四届人大五次会议代表议案和建议、批评、意见办理情况的报告。

9月17日，召开区四届人大常委会第四十次会议。主要议题是：听取和审议区政府关于粮食生产综合能力提升工作情况的报告，书面审阅区人大常委会调研组的调研报告；听取区政府关于“七五”普法情况的报告，审议通过关于“八五”普法的决议；听取和审议区监委关于整治群众身边不正之风和腐败问题工作情况的报告，书面审阅区人大常委会调研组的调研报告；审议通过《湖州市南浔区人民代表大会常务委员会关于审计查出问题整改工作监督暂行办法（草案）》；审议通过《湖州市南浔区人民代表大会常务委员会街道预算审查监督暂行办法（草案）》；审议通过《湖州市南浔区人民代表大会常务委员会街道工作委员会工作规则（试行草案）》；审议通过关于新一届镇人民代表大会代表名额的决定；通过有关人事任免事项。

10月25日，召开四届人大常委会第四十一次会议。主要议题是：听取和审议区政府关于南浔区中小学体育教育情况的报告，书面审阅区人大常委会调研组的调研报告；听取和审议区政府关于《中华人民共和国安全生产法》贯彻实施情况的报告，书面审阅区人大常委会执法检查组的执法检查报告；审议通过关于同意2021年南浔区区级财政预算调整方案的决定；审议通过关于批准2021年南浔区地方政府债务限额的决定；听取和审议区人大常委会关于开展员额法官、员额检察官履职评议工作情况的报告；听取和审议区人大常委会关于本届以来备案审查工作情况的报告；审议通过《湖州市南浔区人民代表大会常务委员会审议意见处理办法（草案）》；审议通过关于开展区、镇两级人民代表大会换届选举的决定；审议通过关于成立湖州市南浔区选举委员会的决定；审议通过关于成立各镇选举委员会、街道选举办事处的决定；审议通过关于新一届镇人民代表大会代表名额的决定；通过有关人事任免事项。

11 月 25 日，召开区四届人大常委会第四十二次会议。主要议题是：有关人事任免事项。

12 月 14 日，区四届人大常委会召开第四十三次会议。主要议题是：听取和审议区政府关于 2020 年度区本级预算执行和其他财政收支专项审计问题整改情况的报告；听取和审议区政府关于 2021 年政府投资项目立项计划调整情况的报告；审议通过关于同意 2021 年政府投资项目立项计划调整的决定；审议通过《湖州市南浔区人大常委会关于支持全面加强“共享法庭”建设的意见》；审议通过关于接受有关人员辞去选举委员会职务请求的决定；通过有关人事任免事项；书面审阅区政府关于 2021 年大气污染防治情况的报告；书面学习新《中华人民共和国审计法》。

【区四届人大常委会第六十至七十三次主任会议】 2021 年，区四届人大常委会共召开 14 次主任会议。

1 月 22 日，召开区四届人大常委会第六十次主任会议。主要议题是：听取有关人事任免事项的汇报；听取关于部分区人大代表辞去有关职务情况的汇报；听取关于区四届人大四次会议以来代表变动情况和区代表补选有关情况的汇报；听取关于 2020 年度人大代表工作表现突出的集体和个人推荐评比情况的汇报；听取关于贯彻实施《湖州市人民代表大会常务委员会关于坚决制止餐饮浪费行为的决定》专项监督方案（草案）的情况汇报；听取关于召开区四届人大五次会议有关情况的汇报；听取关于加快推进全区“数字人大”建设实施方案的汇报；确定区四届人大常委会第三十五次会议的建议议程、时间、地点、日程；书面审阅区级部门 2020 年工作情况的报告及重点评议对象的调研报告；书面审阅区级部门主要负责人 2020 年度述职报告；书面审阅区法院、区检察院主要负责人 2020 年度述职报告。

2 月 7 日，召开区四届人大常委会第六十一次主任会议。主要议题是：听取有关人事任免事项的汇报；听取区政府关于 2020 年民生实事项目完成情况和 2021 年民生实事候选项目有关情况的报告；听取区政府关于 2021 年度政府重大投资项目计划草案的报告，书面审阅区人大财经委的初审意见；听取关于区四届人大五次会议有关建议名单（文件）的汇报；听取关于补选的湖州市南浔区第四届人民代表大会代表资格的审查报告（草案）；听取关于区人大常委会在区四届人大五次会议上的工作报告（送审稿）及起草情况说明；听取关于区人大常委会 2021 年工作要点（草案）、监督工作计划（草案）、讨论决定重大事项工作计划（草案）和会前学法计划（草案）及起草情况说明；确定区四届人大常委会第三十六次会议的建议议程、时间、地点、日程；书面审阅区政府关于 2020 年度法治政府建设工作情况及 2021 年工作要点的报告；书面审阅区政府关于区四届人大四次会议及闭会期间代表议案和建议、批评、意见办理情况的报告；书面审阅关于南浔区国民经济和社会发展第十四个五年规划和二〇三五年远景目标纲要（送审稿）；书面审阅关于南浔区 2020 年国民经济和社会发展计划执行情况及 2021 年国民经济和社会发展计划草案的报告（送审稿）、关于南浔区 2020 年国民经济和社会发展计划执行情况及 2021 年国民经济和社会发展计划草案的审查报告（送审稿）；书面审阅关于南浔区 2020 年预算执行情况及 2021 年预算草案的报告（送审稿）、关于南浔区 2020 年预算执行情况及 2021 年预算草案的审查报告（送审稿）；书面审阅关于 2020 年度湖州市南浔区环境状况和环境保护目标完成情况的报告（送审稿）、关于 2020 年度湖州市南浔区环境状况和环境保护目标完成情况的审查意见（送审稿）；书面审阅关于 2021 年部门预算编制情况的报告（送审稿）；书面审阅关于区人大监察司法委在区四届人大五次会议上的报告（送审稿）；书面审阅关于区人大财经委在区四届人大五次会议上的报告（送审稿）；书面审阅关于区人大社会建设委在区四届人大五次会议上的报告（送审稿）；书面审阅区四届人大五次会议选举办法（送审稿）；书面审阅区四届人大五次会议大会报告决议表决办法（送审稿）；书面审阅区四届人大五次会议关于南浔区人民政府 2020 年度民生实事项目实施情况满意度测评办法（送审稿）；书面审阅区四届人大五次会议关于南浔区人民政府2021年度民生实事项目代表票决办法（送审稿）；书面审阅区四届人大五次会议全体会议主席台领导座次说明及安排建议表。

4月13日，召开区四届人大常委会第六十二次主任会议。主要议题是：听取有关人事任免事项；听取区政府关于南浔城区2020年度规划执行和2021年度规划安排情况的报告及区人大常委会调研组的审议意见；听取《湖州市南浔区人大常委会关于进一步支持检察机关法律监督工作的意见（草案）》及起草情况说明；听取《湖州市南浔区人民代表大会常务委员会关于高水平建设社会主义现代化共同富裕示范样本的决定（草案）》及起草情况说明；听取关于开展以“五个一”全力助推共同富裕示范样本建设的实施方案（草案）的情况汇报；听取关于2021年度区政府民生实事项目分组监督实施方案（草案）的情况汇报；听取关于推进南浔经济开发区（高新区）人大工作的实施方案（试行）（草案）的情况汇报；听取关于确定区四届人大五次会议重点建议件的情况汇报；确定区四届人大常委会第三十七次会议的建议议程、时间、地点、日程；书面审阅区人大常委会2021年调研工作方案（草案）。

5月20日，召开区四届人大常委会第六十三次主任会议。主要议题是：听取区政府关于《中华人民共和国统计法》宣传贯彻实施情况的汇报；听取关于开展“局长走进人大代表联络站”活动的实施方案（草案）的情况汇报；听取关于担任领导职务人大代表赴代表联络站开展联系人民群众主题活动实施方案（草案）的情况汇报；听取关于调整湖州市南浔区第四届人民代表大会常务委员会代表资格审查委员会组成人员的情况汇报。

6月21日，召开区四届人大常委会第六十四次主任会议。主要议题是：听取关于市人大代表缺额情况的汇报；听取有关人事任免事项；听取区政府关于 2020 年度南浔区国有资产管理情况的综合报告，书面审阅关于2020年度南浔区国有自然资源资产管理情况的专项报告；听取区政府关于南浔区公共卫生服务体系建设情况的报告及区人大常委会调研组的调研报告；听取区政府关于《浙江省家庭教育促进条例》贯彻实施情况的报告及区人大常委会调研组的调研报告；听取关于《南浔区人大常委会员额法官员额检察官述职测评办法（试行）（草案）》及起草情况说明；确定区四届人大常委会第三十八次会议的建议议程、时间、地点、日程；书面审阅《南浔区人大常委会听取和审议区监察委员会专项工作报告办法（试行）（草案）》。

7月29日，召开区四届人大常委会第六十五次主任会议。主要议题是：听取关于《街道工作委员会工作规则（试行）（草案）》及起草情况说明；听取关于《街道工作委员会年度工作报告制度（试行）（草案）》及起草情况说明；听取关于《街道预算审查监督暂行办法（草案）》及起草情况说明；听取《关于开展街道民生实事项目议决制工作的实施方案（试行）（草案）》的情况汇报；听取《关于推行街道议事会制度的指导意见（草案）》及起草情况说明；听取关于区四届人大常委会第三十九次会议暨2021年半年度政情报告会的建议方案的情况汇报。

8月18日，召开区四届人大常委会第六十六次主任会议。主要议题是：听取区政府关于2021年上半年工作完成情况和下半年工作安排的报告；听取区政府关于2021年上半年民生实事项目推进情况的报告；听取区政府关于2020年区财政决算的报告、关于2020年区本级财政预算执行和其他财政收支情况的审计工作报告及区人大财经委关于2020年区财政决算的审查报告；听取关于开展《中华人民共和国安全生产法》执法检查的实施方案（草案）的情况汇报；听取关于《2021 年度镇（街道）和区级部门人大工作考核办法（草案）》及起草情况说明。

9月15日，召开区四届人大常委会第六十七次主任会议。主要议题是：听取有关人事任免事项；听取区政府关于粮食生产综合能力提升工作情况的报告及区人大常委会调研组的调研报告；听取区政府关于“七五”普法情况的报告、区人大常委会关于“八五”普法的决议（草案）及起草情况说明；听取关于区监委整治群众身边不正之风和腐败问题专项工作报告初审情况的报告；听取《关于审计查出问题整改工作监督暂行办法（草案）》及起草情况说明（汇报单位：区人大财经委）；听取关于对新一届镇人民代表大会代表名额作出决定的议案（草案）的情况汇报；确定区四届人大常委会第四十次会议的建议议程、时间、地点、日程。

10月20日，召开区四届人大常委会第六十八次主任会议。主要议题是：听取有关人事任免事项；听取区政府关于幸福河湖建设情况的报告及区人大常委会调研组的调研报告；听取区政府关于南浔区中小学体育教育情况的报告及区人大常委会调研组的调研报告；听取区政府关于2021年南浔区区级财政预算调整方案（草案）的情况汇报；听取区政府关于2021年南浔区政府债务限额的情况汇报；听取区政府关于《中华人民共和国安全生产法》贯彻实施情况的报告及区人大常委会执法检查组的执法检查报告；听取关于开展员额法官、员额检察官履职评议工作情况的报告及评议结果建议；听取关于本届以来备案审查工作情况的报告；听取关于提请审议开展区、镇两级人民代表大会换届选举的决定（草案）的议案（草案）；听取关于成立湖州市南浔区区、镇两级人大换届选举工作联席会议的建议；听取关于提请审议成立湖州市南浔区选举委员会的决定（草案）的议案（草案）；听取关于提请审议成立各镇选举委员会、街道选举办事处决定（草案）的议案（草案）；听取关于《湖州市南浔区人民代表大会常务委员会审议意见处理办法（草案）》及起草情况说明；确定区四届人大常委会第四十一次会议的建议议程、时间、地点、日程。

11月18日，召开区四届人大常委会第六十九次主任会议。主要议题是：听取关于区级部门预算提交区五届人大一次会议审议的实施方案（草案）的情况汇报；听取关于开展2021年区级部门工作评议的实施方案（草案）的情况汇报；书面审阅区政府关于2021年度政府投资项目立项计划调整有关情况的汇报；书面审阅区人大各委室2021年度重点调研课题报告。

11月25日，召开区四届人大常委会第七十次主任会议。主要议题是：听取有关人事任免事项；确定区四届人大常委会第四十二次会议的建议议程、时间、地点、日程。

11月25日，召开区四届人大常委会第七十一次主任会议。主要议题是：听取有关人事任免事项。

12月14日，召开区四届人大常委会第七十二次主任会议。主要议题是：听取有关人事任免事项的汇报；听取关于区、镇两级正式代表候选人辞去区、镇两级选举委员会和办事处职务的情况汇报；听取区政府关于2020年度区本级预算执行和其他财政收支专项审计问题整改情况的报告；听取区人大监察司法委关于《湖州市南浔区人大常委会关于支持全面加强“共享法庭”建设的意见（草案）》及起草情况说明；听取区人大常委会办公室关于确定区四届人大常委会第四十三次会议的建议议程、时间、地点、日程的汇报；书面审阅区政府关于2021年大气污染防治情况的报告；书面学习新《中华人民共和国审计法》。

12月14日，召开区四届人大常委会第七十三次主任会议。主要议题是：听取区政府、区人大常委会代表与选任工委有关人事任免事项的汇报。

【政治建设】 区人大常委会牢记人大机关政治属性，旗帜鲜明讲政治，把党的全面领导贯彻人大工作全过程、各方面。

自觉坚持党的全面领导。始终把政治理论学习放在首位，深入学习领会习近平法治思想、习近平总书记关于坚持和完善人民代表大会制度的重要思想、中央人大工作会议以及习近平总书记在浙江及湖州考察时的重要讲话精神，坚定不移做“两个确立”忠诚拥护者、“两个维护”示范引领者。五年来，党组组织集中学习58次，常委会集中学习27次。自觉向区委请示报告重大事项，出台《关于向区委请示报告重大事项的实施办法》，累计报告85件次。积极协助区委召开人大工作会议，认真抓好《中共湖州市南浔区委关于高水平推进新时代人大工作和建设的意见》的贯彻落实。着力加强思想政治建设，出台《关于加强人大政治机关建设的实施意见》，确保把政治建设作为根本性建设落实到新时代南浔人大工作的实践之中。

认真贯彻区委决策部署。坚持“区委有号召、人大有行动”，常委会班子成员主动担当作为，牵头和参与行政区划调整、全面小康决胜年、生活垃圾精准分类、美丽提标争先战、重大项目推进、全域土地综合整治等中心工作，以实际行动助推区委决策落实。依法行使重大事项决定权，作出“规上工业企业土地及厂房未批先建历史遗留问题处置”“南浔古镇水系修复”“设立南浔区全民健康日”等决定。积极主动、全力以赴投入疫情防控工作，专题听取全区疫情防控工作和工业企业复工复产情况的报告，及时向各级代表发出倡议，扎实开展“深化‘三服务’、助企开复工”专项行动，累计深入68家企业开展“三服务”300多次，协调解决实际问题109个。充分发挥人大“政治、制度、职能、组织、智治”五大优势，以“五个一”全力助推共同富裕建设，相关做法在全省人大专题会议上作经验交流，省人大常委会党组书记、副主任梁黎明给予了充分肯定。全面贯彻区委意图，按照党管干部与依法任免相结合的原则，任免国家机关工作人员，组织任命人员向宪法宣誓，做到人事任免讲确保。积极争取区委重视和支持，配合区委出台《关于全面开展“五星级”人大代表联络站争创活动的指导意见》等文件。

切实发挥党组把方向作用。深入学习贯彻党组工作条例，健全完善常委会党组学习、议事、决策工作制度和机制，切实发挥常委会党组在人大工作中把方向、管大局、保落实的领导作用。围绕区委中心工作和常委会年度工作重点，定期召开党组会议及时研究解决工作中遇到的突出问题，有力推动工作落实落细。认真履行管党治党主体责任，严格落实全面从严治党、党风廉政建设和意识形态工作责任制，严格执行党组议事规则和决策程序，严格遵守各项纪律规矩，积极营造风清气正的政治生态和干事创业的良好环境。

【监督工作】 区人大常委会坚持问题、目标和结果“三大导向”，打好“组合拳”，形成“闭合链”，促使人大监督有深度、有力度，全力助推南浔高质量发展。

助推经济高质量发展。开展《浙江省民营企业发展促进条例》宣传贯彻监督工作，针对调研中部分规上企业有未批先建的实际情况，进行“定点式”督查，妥善处理部分企业用地的历史遗留问题，产生良好的社会反响。开展“十三五”规划纲要及9个重点专项规划实施情况中期评估调研，开展“十四五”规划调研审议，提出加快现代产业体系构建等6方面共20条有针对性的建议。加强财经审查监督，在全市率先修订《预算审查监督办法》，建立预算“在线监督”平台，为推动预算审查监督更加规范化、科学化提供有力保障。推进预算联网监督常态化，实现全区29家“五星级”代表联络站预算联网监督系统全覆盖。增强预算执行的规范性和严肃性，在全市首创《预算监督专报》，得到市、区领导批示肯定。强化绩效管理，在全省首创PPP项目绩效全链条标准化管理体系“一二三四”预算绩效管理监督品牌。

助力法治南浔建设。在全省范围内率先开展扫黑除恶工作专项监督，开展“双进互动”活动，共收集建议意见300余条；举行以“聚焦扫黑除恶，打造最优营商环境”为主题的代表问政会，公检法司“四长”共同到会应询，该项工作得到市人大常委会党组书记、主任孙贤龙的批示肯定。深入开展社会矛盾纠纷调处化解“最多跑一地”改革专项监督，由常委会班子成员带队，组织公检法司负责人走进代表联络站，共收到意见建议280余条，现场答复和办理落实260余条，成功化解多起困扰属地政府的信访积案。推动行政争议实质性化解，设立全省首个建在联络站的基层行政争议化解联系点。在全省率先尝试“共享法庭”引入人大代表联络站，将司法资源延伸到基层社会治理的最末端，切实在推动问题解决中倾听群众声音。推动监察体制和司法体制改革，听取区监察体制改革试点工作情况通报和“两院”司法体制改革情况报告，深入开展员额制法官、检察官履职评议。按照省、市人大统一部署，稳妥审慎推进对监委专项工作的监督。着力推动规范性文件备案审查工作，坚持“合法性审查与合理性审查、全面审查与重点审查、依法审查与依法报备”三个结合，相关做法在全省规范性文件备案审查工作会上做经验交流。

保障民生社会事业扎实推进。完善民生实事项目“群众提、代表决、政府办、人大评”工作机制，在全市率先开展实施情况满意度测评。聚焦民生实事项目重点，有效发挥在项目筛选、过程跟踪、成效评估中的作用，构建出“全链条、全环节、全覆盖”的监督闭环。对基础教育、古镇旅游、“六无六有”（学无忧、业无忧、居无忧、行无忧、水电无忧、用无忧，险有免、产有扶、病有助、梦有圆、教有伴、残有助）综合救助体系建设和残疾人权益保障等群众和代表关注的热点民生问题，深入调研，形成专报，加强督查，推动了相关问题解决。助推城乡居民困难人员专项医疗救助项目顺利实施，切实解决了尿毒症患者等患重特大疾病和特困人员的后顾之忧，相关举措得到《浙江日报》等媒体报道和市人大常委会孙贤龙的批示肯定。探索打造“发挥社会委专家智库作用，助推我区养老和医保服务体系建设”工作品牌，为推动行业管理精细化发挥了积极作用。针对广受关注的农房集聚项目质量问题开展调研监督，助推区政府出台《南浔区农房集聚工程建设质量安全指导意见》，相关经验做法被《人民代表报》等媒体报道。上下联动开展“寻访低收入家庭”活动，组织826名各级代表走入基层和群众参与寻访活动，收集汇总低收入家庭信息1469户，涉及2783人，形成“一户一表”档案，听取审议专项工作报告，落实帮扶救助措施。开展粮食生产综合能力提升、稳粮增收和小型农田水利设施建设专项调研，切实保障粮食安全。

强化生态文明监督。把生态文明建设作为常委会的重点监督议题，每年确定监督主题，坚持“一督五年、每年必督”。在全市首创《生态环境报告审查办法》，形成从年初计划制定备案、年中执法特定问题检查、年末人代会审查的全过程监督，为打赢蓝天、碧水、净土、清废保卫战建立制度基础。开展大气源头治理督查，通过“两级人大常态暗访、双百行动集中督查、清单销号督促整改”等方式，发动代表依托数字人大“代表寻访一件事”平台，加大大气源头治理工作力度，治气工作成效显著提升，共查处问题500余个，形成治气问题交办单167份，均限期完成整改。持续跟踪监督生活垃圾精准分类，通过常委会会议“重点审”、机关委室“常态督”、代表部门“合力推”、镇（街道）配合“交叉督”，全力补齐垃圾分类短板，有效推动垃圾分类工作落到实处，在市人大组织的生活垃圾分类第三方评估中取得优秀成绩。促进城乡区域协调发展。加强全国文明城市创建工作监督，全天候、全方位、无死角地开展真督实查，对发现的42个问题进行跟踪督查，促使问题全部整改到位。加强小城镇环境综合整治工作监督，采取“五措并举”（代表议、现场查、会议评、意见答、常态督）法，组织50余名代表现场对比评议各镇整治项目进展，深度参与和全程监督整治工作，全力助推小城镇环境质量改善和功能配套完善。加强新农村建设监督，专题督查美丽乡村创建、美丽乡村路建设，视察水利重点项目工程实施情况。组织开展发展村级集体经济、培育壮大村级强村公司、深化“三位一体”（集生产、供销、信用于一体）农合联改革等专题调研，推动乡村振兴战略落实落细。

【代表履职】 区人大常委会始终坚持以人民为中心，积极拓展代表履职方式和路径，让代表真正成为人大工作的力量之源、智慧之源、活力之源，不断擦亮南浔区代表工作“金名片”。

联系有“平台”。在全国率先提出建设“五星级”人大代表联络站地方标准，坚持建、管、用并举，深入推进“一站一品”创建，由覆盖“全域化”向功能“实效化”转变，形成了“菱之花”“老娘舅工作室”“七彩代表”“身边小事半月谈”“选民说事堂”等一批各具特色、富有成效的工作品牌。如菱湖镇人大以“菱之花”牵手“格桑花”，主动组织“代表妈妈”结对西藏班学生，这项工作在全市推广，得到全国人大领导和省委主要领导的充分肯定。五年来，全区29家代表联络站共接待选民3万余人次，推动解决了一批群众关切的问题。

服务有“载体”。在完善落实“双联系”制度的基础上，积极探索建立常委会组成人员联系代表、代表联系群众、“一府一委两院”及政府工作部门联系代表群众“三联系”制度，有效打通代表联系服务群众“最后一公里”。深化“领导干部”进站活动，实现零距离听取意见，面对面收集民意，实打实解决问题；开展“局长”进站主题接待，共接待代表群众1400余人，收集意见建议710余条，现场解决问题260余个，跟踪推进项目150余个。相关做法在省人大信息专刊刊登，得到省人大常委会党组副书记、副主任李卫宁批示肯定。结合基层治理“四个平台”（综治工作、市场监管、综合执法和便民服务）建设，组织各级代表担任“五大员”（信息收集员、政策宣讲员、矛盾调解员、工作监督员、履职评议员），助力打造共建共治共享社会治理格局，相关探索实践在新华社领导内参刊登。在全区各级代表中开展争创“四有”（政治上有定力、履职中有作为、岗位上有业绩、群众中有口碑）代表活动，根据代表履职实绩，评选“四有”主题实践履职积极分子，引领代表对标履职、“双岗”建功。

办理有“实效”。提高代表建议质量关和部门办理质量关，综合采用集中交办、重点督办、代表反馈等形式，完善“提、办、督、评”的办理工作机制。着力在提升解决率上实现新突破，开展代表建议“中期督”和“回头看”活动，召开“未解决”建议专题座谈会，探索代表建议法定办理时间外的跟进监督机制，推动代表建议办理真正落到实处。进一步细化对区级部门代表议案建议办理工作的考核标准，促使承办单位形成“一把手”负总责、相关单位具体办、责任落实到人的工作机制。

（钟可光）

·湖州市南浔区人民政府·

【区政府常务会议】 2021年，区政府召开了四届第七十八次至第九十四次（共17次）常务会议。

四届第七十八次常务会议于1月12日召开。会议听取区民政局关于2021年困难群众春节慰问实施方案的情况汇报；听取区生态建设指挥部关于2020年南浔区农村环境长效管理考核情况和2021年城乡人居环境长效管理督查考核办法的汇报；听取区农业农村局关于南浔区农村宅基地使用及管理工作指导意见的汇报；听取区新冠肺炎疫情防控工作领导小组办公室（以下简称“区防控办”）关于当前全区疫情防控工作及南浔区抗击新冠肺炎疫情行政奖励工作方案的汇报；听取区发展改革和经济信息化局（以下简称“区发改经信局”）关于2021年主要经济指标安排和一季度“开门红”行动方案的汇报；听取区水利局关于南浔区水域占补平衡监管问题的情况汇报；听取区自然资源和规划分局关于有偿使用新增建设用地指标管理办法、南浔区“新江南住宅标准地”规划设计及设施配套指导意见的情况汇报；听取区交通投资集团有限公司（以下简称“区交投集团”）关于意向出资“浙航产业基金”的情况汇报；听取区住房和城乡建设局（以下简称“区住建局”）关于设立南浔区建设工程金象杯奖（优质工程）的汇报。会议书面通报2020年南浔区法治政府建设工作及2021年工作要点、2020年南浔区行政复议工作情况、南浔区“低收入群众三年奔小康”行动完成情况以及有关申请认定嵇楼方因公牺牲的情况等事宜。

四届第七十九次常务会议于1月28日召开。会议听取区扶贫协作前方工作组关于2020年东西部扶贫协作工作和实施“湖羊万户奔小康”工程情况的汇报；听取区政府办公室关于南浔区重大要素争取专班化运作实施方案的汇报；听取区生态环境分局关于南浔区第二轮中央生态环境保护督察反馈问题整改方案的汇报；听取区应急管理局关于南浔区第一次自然灾害综合风险普查和城市安全风险评估工作方案的情况汇报；听取区发改经信局关于建议调整南浔区工业用地基准地价的情况汇报；听取区重点项目引推工作领导小组办公室（以下简称“区重点办”）关于南浔区工业项目赋码开工实施办法的汇报；听取区委宣传部关于南浔区全国文明城市复评工作行政奖励对象推荐有关情况的汇报；听取区防控办关于南浔区抗击新冠肺炎疫情行政奖励推选有关情况的汇报；听取南浔旅游投资发展集团有限公司（以下简称“区旅投集团”）关于浙江水利水电学院新校区教职工配套住宅的情况汇报；听取区公安分局关于采购警务移动智能终端项目的情况汇报。会议书面通报2020年四季度区长责任书完成情况及2021年一季度区长责任书目标、2021年政府投资项目立项计划有关情况、关于开展法治浙江（法治政府）建设示范区创建的情况、有关人事任免等其他事宜。

四届第八十次常务会议于2月3日召开。会议听取区委办公室关于2020年度镇（开发区）综合目标绩效考核结果、《2021年南浔区“以实绩论英雄　贡献　占比大比拼”考核办法》的汇报；听取区政府办公室关于南浔区2020年度“开放东大门、创业新高地”重点工作先进集体和先进个人评选及有关行政奖励、2021年《政府工作报告》和民生实事项目有关情况的汇报；听取区农业农村局关于南浔区农业“标准地”出让补充意见的汇报；听取区发改经信局关于南浔区2021年支持企业项目早复工早复产稳增长有关意见和调整南浔区工业用地基准地价的实施细则、2020年度全区“新象新牛”及培育企业评选和“税收百强工业企业”“规模百强工业企业”相关情况的汇报；听取区文化和广电旅游体育局关于水晶晶乡村文化旅游建设发展有限公司和海派影视文化发展有限公司筹备情况的汇报；听取区交通局关于南浔申苏浙皖至练杭高速公路连接线工程PPP项目绩效评价及首期可用性服务费支付有关事项的汇报。会议书面通报湖州市南浔区2020年国民经济和社会发展计划执行情况及2021年国民经济和社会发展计划草案、2020年南浔区金融支持地方经济社会发展考评情况、2020年南浔区预算执行情况及2021年预算（草案）起草情况、农高区万亩现代化渔业园区土地流转补偿建议方案、南浔区2021年新增百万亩国土绿化行动实施方案、2020年度南浔区服务业纳税十强企业、服务业规模二十强企业、其他营利性服务业十强企业、批发业十强企业、零售业十强企业和住宿餐饮业十强企业有关情况、湖州市南浔区国民经济和社会发展第十四个五年规划和二〇三五年远景目标纲要草案、2020年度南浔区环境状况和环境保护目标完成情况、南浔区总河长令（第2号）等其他事宜。

四届第八十一次常务会议于3月4日召开。会议听取区统计局关于开展劳动力调查的情况汇报；听取区财政局关于地方财政暂付性款项清理消化方案的情况汇报；听取区住建局关于南浔区既有多层住宅加装共享电梯“百千万”工程三年行动方案

（2021—2023 年）、南浔区农村房屋安全隐患排查整治工作实施方案的汇报；听取区商务局关于南浔区开展数字生活新服务行动的实施方案、南浔区成品油零售体系“十四五”发展规划（2021—2025 年）的汇报；听取区应急管理局关于南浔区 2021 年应急管理工作要点的情况汇报；听取南浔经济开发区关于旭虹光电激光产业链项目、世友绿色梦工厂项目和正威国际集团华东总部基地项目的情况汇报；听取南浔经济开发区和南浔新城投资发展集团有限公司（以下简称“区新城集团”）关于頔塘北岸（二期）改造提升“百日攻坚”行动方案、拟和中旅投资合作开发頔塘北岸 13 号地块的情况汇报。会议书面通报开展聚力“三服务”“五战”开新局活动有关情况、南浔区水利工程管理“三化”改革试点实施方案、南浔区突发事件总体应急预案修订情况、2021 年政府工作报告重点工作和十方面民生实事责任分解等有关事宜。

四届第八十二次常务会议于 3 月 29 日召开。会议听取区应急管理局关于进一步加强基层应急管理体系和能力建设的实施意见的汇报；听取区发改经信局关于南浔区印染行业深化整治指导意见的汇报；听取区农业农村局关于南浔区“百企千场带万户”收入倍增行动和粮食生产功能区整治优化相关工作的汇报；听取区人力资源和社会保障局（以下简称“区人力社保局”）关于 2021 年元旦、春节期间欠薪处置的情况汇报；听取区水利局关于杭嘉湖北排通道后续工程（南浔段）项目建设管理模式情况汇报；听取区财政局关于调整土地出让金分配政策的情况汇报；听取区商务局关于推进产业园项目招引及运营实施细则的情况汇报；听取南浔供电分公司关于 110 千伏浔南变新建 10 千伏配套出线工程“上改下”有关情况的汇报；听取区文化和广电旅游体育局关于南浔区第四届运动会方案有关情况的汇报；听取区旅投集团关于湖州南浔城市功能提升项目方案变更相关情况的汇报。会议书面通报了南浔区新冠病毒疫苗接种工作、坚决打赢遏制较大生产安全事故风险防控争先战实施方案、2016—2020 年度南浔区劳动模范和模范集体推荐评选情况、开展 2021 年度区政府常务会议学法计划的情况、贯彻落实推进新时代民政事业高质量发展意见、加强以居住出租房为重点的群众居住房安全管理实施方案、全面建设湖州市南浔区清廉交通的实施方案、编制 2021 年度区政府重大行政决策目录清单及有关人事任免等事宜。

四届第八十三次常务会议于 4 月 19 日召开。会议听取区统计局关于省、市迎接国家统计督察专题部署会精神及南浔区贯彻建议有关情况的汇报；听取区发改经信局关于南浔区打造“亩均论英雄”改革升级版促进工业经济高质量发展实施意见的汇报；听取区农业农村局关于南浔区助力共同富裕“十村百园带千户”产村融合示范创建工程的情况汇报；听取区文化和广电旅游体育局关于修订南浔区旅游发展专项资金奖励补助办法的情况汇报；听取区委组织部关于制定南浔区强村公司分类管理、规范强村公司人力资源管理和建立强村公司发展容错纠错机制的情况汇报；听取区财政局关于防范债务风险工作情况的汇报；听取区交投集团关于交投集团与宝能贸易、海能制造合作及控股重组中屹集团的情况汇报；听取区旅投集团关于与浙江图书馆战略合作有关事宜、第二季《水晶晶南浔　水晶晶女孩》城市推广方案的情况汇报；听取区人力社保局关于建设杭州人才飞地工程的情况汇报；听取区农业高新技术产业示范区（以下简称“农高区”）建设指挥部关于湖州南浔农业农村建设发展有限公司股权划转及增资星光农业发展有限公司股权的情况汇报；听取区政府办公室关于调整有关区领导工作分工通知的情况汇报。会议书面通报了 2021 年南浔区“以实绩论英雄贡献占比大比拼”考核办法调整情况、2021 年南浔区“低效能”单位评定办法（试行）、南浔区高质量发展区长重点工作一季度目标责任书完成情况及二季度目标责任书、南浔区创优营商环境实施方案、推进南浔区政务服务一体化数字化建设、南浔区强化扬尘污染管控实施意见及有关人事任免等事宜。

四届第八十四次常务会议于 5 月 17 日召开。会议听取区应急管理局关于开展安全生产风险普查和隐患排查整治工作方案有关情况的汇报；听取区交通局关于组建南浔区公交运营主体工作方案的汇报；听取区农业农村局关于南浔区粮食生产功能区整治工作补充意见的情况汇报；听取区商务局关于南浔区推进对外贸易高质量发展十条政策、2021 年南浔区电子消费券发放事宜的汇报；听取区综合行政执法局（以下简称“区综合执法局”）关于南浔中心城区开展营运三轮车规范整治的汇报；听取南浔城市投资发展集团有限公司（以下简称“区城投集团”）关于頔塘府 S1 和 S2 幢沿街商铺返租方案的情况汇报；听取区政务服务管理办公室（以下简称“区政务办”）关于南浔光电智造配套产业园项目（宏旭智能制造二期）和跨頔塘人行桥项目申请实施工程总承包模式招标的情况汇报；听取南浔智能机电高新技术产业园区（以下简称“高新区”）关于区政府与华夏幸福 PPP 合作区域南林公园项目审计结算的情况汇报。会议书面通报南浔经济开发区关于向阳西路（向阳大桥—丁泾塘）道路工程预算调整的情况、南浔区“水晶晶南浔·院士之家”建设管理办法（试行）、南浔区举办开工仪式活动相关规定、南浔区扫黑除恶专项斗争行政奖励评选推荐工作方案及有关人士任免的情况。

四届第八十五次常务会议于 6 月 15 日召开。会议听取区生态环境分局关于南浔区印染行业深化整治情况的汇报；听取区退役军人事务局关于区退役军人事务工作有关情况的汇报；听取区综合执法局关于南浔区 2021 年“美丽城市”管理品质提升行动方案的汇报；听取区住建局关于南浔区高质量打造垃圾分类就地处理示范样本的实施方案的情况汇报；听取区发改经信局关于推进重点行业公平发展实施意见、南浔区助力共同富裕实现“园区外无企业”工作指导意见、南浔区支持产业培育“双十双百双千”倍增行动推动实现共同富裕的实施方案（2021—2025）的情况汇报；听取区政府办公室关于 2021 年南浔区政府系统争创省级以上“单打冠军”项目申报进展情况的汇报；听取区发改经信局关于南浔区打造对口工作金名片助力对口地区全面推进乡村振兴实现共同富裕实施意见、南浔区加快推进光电产业发展若干政策（试行）的情况汇报；听取区金融发展服务中心关于浙江尤夫高新纤维股份有限公司有关情况、政府性融资担保机构体系改革的情况汇报；听取高新区关于引进网易联合创新中心项目的有关情况汇报；听取区人民法院关于调整新建南浔人民法庭项目和南浔古镇旅游纠纷调解中心项目立项方案和增加投资预算的汇报；听取南浔人才产业集团有限公司（以下简称“区人才集团”）和区旅投集团关于建立南浔区深圳人才科创中心购置方案的情况汇报。会议书面通报了南浔区进一步规范征地拆迁工作实施意见、进一步加强拆迁安置工作的若干意见、2021 年南浔区食品药品安全工作要点、全国“大棚房”问题专项清理整治行动“回头看”视频会议精神等情况。

四届第八十六次常务会议于 7 月 5 日召开。会议听取区金融发展服务中心关于南浔区金融支持实体经济推动实现共同富裕的实施意见有关情况的汇报；听取区发改经信局关于南浔区推动未来社区建设助力实现共同富裕实施方案（试行）、南浔区化工园区高质量规范发展的实施意见、南浔区工业“碳票”管理试点工作指导意见的汇报；听取区政务办关于推进南浔区政务服务一体化数字化建设的情况汇报；听取区农业农村局关于实施南浔区欠发达村“飞地抱团”项目、南浔区新时代美丽乡村样板片区建设“实绩论英雄”考核办法的情况汇报；听取区综合执法局关于南浔区“中心城区停车难”专项整治实施方案有关情况的汇报；听取区审计局关于南浔区国有投资项目价款结算复审管理办法的情况汇报；听取农高区关于湖州南浔农业农村建设发展有限公司与浙江正大畜禽水产有限公司合作淡水种业及配套养殖全产业链项目的情况汇报；听取区旅投集团关于水晶晶南浔直播基地的相关情况汇报；听取高新区关于引进网易联合创新中心项目、大数据开发公司招引工作的情况汇报；听取区城投集团关于南浔区非农建设指标交易调整有关事项的汇报。会议书面通报了建立南浔区数字化项目评估决策机制的情况、深化融沪接苏联杭战略打造长三角双循环样本三年行动计划（2021—2023）、拟建镇海中学南浔分校情况及有关人事任免的情况。

四届第八十七次常务会议于 7 月 21 日召开。会议听取区发改经信局关于南浔区“两山银行”试点实施方案的汇报；听取区民政局关于南浔区标准化规范提升“六无六有”综合救助助力低收入群众共同富裕实施方案的情况汇报；听取区重点办关于制定进一步完善南浔区产业园区高质量发展工作机制的补充意见的情况汇报；听取区自然资源和规划分局关于制定南浔区永久基本农田集中连片整治十个“万亩方”工程三年行动计划、建立南浔区工业项目土地要素的竞争性配置机制的情况汇报；听取区政务办关于南浔区国有资金投资项目工程总承包管理若干指导意见（试行）的情况汇报；听取区总工会关于南浔区工匠之家建设五年行动方案的情况汇报；听取区教育局关于南浔区“浙里优学”教育共同体建设实施方案的情况汇报；听取区城投集团关于由城投集团试点实施片区综合开发有关情况的汇报；听取练市镇关于联东 U 谷·南浔练市绿色装备制造产业园项目的有关情况的汇报。会议书面通报南浔区“散乱污”企业集中清零攻坚战实施方案、关于中国农业发展银行浙江省分行和南浔区人民政府开展银政协同建设共同富裕示范样本、关于育才中学新初一校车需求情况、区高铁指挥部对于高铁沿线先期征迁房屋拆除认定的情况、《嘉湖一体化合作先行区建设方案》、出台《南浔区关于加强城镇住宅用地出让管理的意见》的情况、建立南浔区党政领导干部防范和惩治统计造假、弄虚作假责任制、开展“万户商贸主体培育倍增行动”助力实现共同富裕的实施方案、苏台高速服务区加油站合作方案的情况。

四届第八十八次常务会议于8月5日召开。会议听取区慈善总会关于南浔区全民慈善文化弘扬工程实施方案的情况汇报；听取区新城集团关于加快推进南浔区分布式光伏规模化开发方案的情况汇报；听取区财政局关于调整区对开发区、镇（街道）财政管理体制意见的情况汇报；听取区住建局关于南浔区“数治瓶安”燃气规范化管理实施方案的情况汇报；听取区城投集团关于实施湖州市范围内共享电梯方案的情况汇报；听取双林镇关于双林镇2020—16号地块新型产业园项目入驻事宜的情况汇报；听取中共南浔区委办公室（以下简称“区委办”）关于2020年区级单位综合目标绩效考核结果情况汇报；听取区财政局关于2020年区财政决算情况、2021年1—6月财政预算执行情况的汇报；听取区自然资源和规划分局关于进一步明确全域整治安置房建设管理的九条意见（试行）的情况汇报。会议书面通报南浔区进一步规范区属国有企业工作人员调配工作情况、南浔区高质量发展区长重点工作半年度目标责任书完成情况及三季度目标责任书、南浔区国有资金投资项目工程管理指导意见、金融新业态入驻“南浔金融港”管理办法、水乡旅游线城际铁路项目的情况。

四届第八十九次常务会议于8月24日召开。会议听取区共同富裕办关于打造无差别城乡推动共同富裕建设三年行动计划（2021—2023年）有关情况的汇报；听取区市场监督管理局（以下简称“区市场监管局”）关于南浔区深入实施质量提升行动方案（2021—2023年）的情况汇报；听取区发改经信局关于南浔区2020年度工业企业绩效综合评价有关情况的汇报；听取区财政局关于保障镇（街道）发展工作机制的指导意见情况的汇报；听取区新城集团关于南浔经开区北部水生态功能提升一期工程招标模式的汇报；听取区委党校关于在浙江水利水电学院南浔校区内建设南浔区委党校新校区的情况汇报；听取区委组织部（人才办）关于实施“南浔学者计划”“南浔青年学者计划”工作方案的情况汇报；听取区委组织部（人才办）和区人才集团关于南浔区高层次特需人才（年薪制雇员）招引三年（2021—2023年）行动实施方案的情况汇报；听取区人才集团关于设立南浔人才科创投资基金与意向参与国家中小企业发展基金的情况汇报；听取区旅投集团关于协助完善建立南浔区深圳人才科创中心及相关房产购置方案的情况汇报；听取区新城集团关于合丰泰项目有关情况汇报。会议书面通报南浔区政府质量奖评审管理办法、南浔区“小微企业三年成长计划”（2021—2023年）、浙江尤夫高新纤维股份有限公司重整维稳工作预案、南浔区制造业高质量赶超发展“十四五”规划编制、进一步强化和规范镇（街道）财政管理的若干意见、关于给予南浔镇丁家桥村工作组个人行政奖励等事宜。

四届第九十次常务会议于9月10日召开。会议听取区教育局关于省、市“双减”工作会议精神及南浔区贯彻建议的汇报；听取区安全生产委员会办公室（区应急管理局）关于2021年以来全区安全生产监管工作情况及下一步工作计划的汇报；听取区文化和广电旅游体育局关于筹建南浔区博物馆的情况汇报；听取区住建局关于南浔区城乡风貌整治提升（未来社区建设、城市能级提升）工作专班方案的情况汇报；听取区发改经信局关于《南浔区关于加快推进建筑屋顶分布式光伏开发建设的实施意见（试行）》的汇报；听取区生态环境分局关于南浔区工业炉窑大气污染综合治理实施方案的汇报；听取区低效利用办关于中心城区褚家漾区域低效用地再开发工作的汇报；听取区财政局关于2020年综合绩效目标考核奖发放情况和区级行政机关（事业）单位工作人员住房公积金缴存调整情况的汇报；听取区商务局关于南浔区2021年度驻外招商管理细则情况汇报；听取区公安分局关于实施南浔区交通综合智控系统建设项目情况汇报。会议书面通报《南浔区现代服务业发展“十四五”规划》编制情况、南浔区加快推进残疾人共同富裕“七大行动”实施方案、各安全专业委员会履职情况及下一步工作打算等有关事宜。

四届第九十一次常务会议于10月11日召开。会议听取区人民法院关于《南浔区企业破产处置府院联动机制》有关情况的汇报；听取区人力社保局关于制定出台“劳有厚得”工程项目实施方案助推实现共同富裕有关情况的汇报；听取区住建局关于加强南浔区污水处理费征收工作的情况汇报；听取区生态环境分局关于近期中央生态环境保护督察整改事项及大气污染防治相关情况的汇报；听取区综合执法局关于近期中央生态环境保护督察整改事项及大气污染防治相关情况的汇报；听取区城投集团关于湖州南浔城投给排水管理有限公司筹备方案的情况汇报；听取区数字化改革领导小组办公室（以下简称“区数改办”）关于南浔区数字化改革项目的情况汇报；听取区应急管理局关于湖州平安烟花爆竹经营有限公司处置工作的汇报；听取区人才集团关于招引并参与兴证科技智能创业投资基金有关情况的汇报；听取区市场监管局关于“水晶晶南浔”商标注册推进情况和下步打算的汇报。会议书面通报了南浔区全面深化林长制的实施方案、开展退役军人“1+N”就业创业模式助力共同富裕示范样本建设实施方案、《南浔区商贸集中区等服务单元“污水零直排区”长效管理实施办法》、南浔区青年发展“十四五”规划（2021—2025 年）、浙江洪波科技股份有限公司首次公开发行股票并在上海证券交易所主板上市的审核意见及有关人事任免等事宜。

四届第九十二次常务会议于 11 月 1 日召开。会议听取区生态建设指挥部关于南浔区 2021 年“五水共治”工作考核办法的情况汇报；听取区商务局关于南浔区单用途商业预付卡消费风险预警及投诉处置工作方案、2021 年度服务业发展专项资金（商贸业）、电子商务发展专项资金兑现及发放第四轮电子消费券的汇报；听取区财政局关于深化政府性专项资金改革及 2022 年区级预算编制的情况汇报；听取区数改办关于南浔区数字化改革项目的情况汇报；听取区卫生健康局关于南浔区公共卫生及医疗综合能力提升项目概算调整情况的汇报；听取区财政局关于 2021 年南浔区区级财政预算调整方案（草案）的汇报；听取高新区关于 2017—2020 年区政府与华夏幸福 PPP 合作项目中规划设计咨询类与土地整理类审计及结算情况的汇报；听取区防控办关于南浔区新冠疫情防控专项资金支付管理情况的汇报；听取了区大数据服务中心关于有关工作的情况汇报。会议书面通报南浔区残疾人事业发展“十四五”规划、进一步规范南浔区国有投资项目招标控制价审核实施办法文件、2021 年政府投资项目立项计划调整有关情况、浙江彩蝶实业股份有限公司首次公开发行股票并在上交所主板上市的审核意见等事宜。

四届第九十三次常务会议于 12 月 9 日召开。会议听取区财政局关于 2021 年专项债券项目有关情况的汇报；听取区委办关于 2021 年南浔经济开发区、高新区、各镇（街道、度假区）和区级部门综合绩效目标考核办法的汇报；听取区应急管理局关于制定《南浔区深化应急管理综合行政执法改革实施方案》有关情况的汇报；听取区消防救援大队关于进一步加强和完善全区政府专职消防救援队伍建设意见的汇报；听取区生态建设指挥部关于 2021 年南浔区城乡人居环境长效管理考核情况的汇报；听取区商务局关于 2021 年度南浔区开放型经济发展扶持专项资金项目（第一批）政策兑现的情况汇报；听取区人民政府办公室关于进一步支持菱湖镇加快建设南浔区副中心若干意见的情况汇报；听取区金融发展服务中心关于“尤夫股份”近期工作的情况汇报；听取练市镇关于练市诗路文化商业街区（布谷里）改造提升项目有关情况的汇报；听取区交投集团关于投资“睿高股份”的情况汇报；听取区旅投集团关于浙江水利水电学院南浔新校区配套设施专项经费使用情况的汇报。会议书面通报了南浔区科技企业“十企领航、百企攀高、千企创新”行动方案（2022—2024 年）、南浔区规范农业“标准地”管理促进乡村产业振兴实施办法、第三次国土调查及成果发布情况、贯彻落实《加强全省消防救援队伍建设的意见》有关情况和建议、全区“七五”普法规划实施和“八五”普法规划编制、南浔区妇女儿童发展“十四五”规划、南浔区高质量发展区长重点工作三季度目标责任书完成情况及四季度目标责任书、《湖州市南浔区化工行业安全发展规划（2021—2025）》编制情况等事宜。

四届第九十四次常务会议于 12 月 21 日召开。会议听取区综合执法局关于推进南浔区“大综合一体化”行政执法改革方案、南浔区物业企业承担小区生活垃圾精准分类工作的情况汇报；听取区民政局关于 2022 年困难群众春节慰问实施方案的情况汇报；听取区发改经信局关于评选“嘉业鼎”有关情况的汇报；听取区人力社保局关于南浔区机关事业单位编外聘用人员薪酬待遇管理办法的情况汇报；听取区数改办关于南浔区数字化改革项目的情况汇报；听取区新城集团关于请求南浔经济开发区高端智造产业园一期项目供地的情况汇报。会议书面通报南浔区新一轮制造业“腾笼换鸟、凤凰涅槃”攻坚行动实施方案（2021—2023）、《南浔区小微水体生态整治示范点评优奖励办法》及调整区领导工作分工等事宜。

【人大代表建议和政协提案办理工作】 自觉接受人大依法监督、政协民主监督、纪检监察监督和社会舆论监督，2021 年共办理人大建议 59 件、政协提案 115 件，满意率均为 100%。

【民生实事项目】 始终把保障和改善民生作为工作的出发点和落脚点。围绕群众急需、急盼，区委、区政府经过广泛征集和认真筛选，确定新建浙江水利水电学院附属学校、南浔交通综合智控系统建设、优化公共交通出行、青少年心理健康护航、实施初高中新生结核病免费筛查、沪苏湖铁路南浔站场站项目、南浔区博物馆（文化馆）项目、“互联网+便民服务”基层延伸工程、南浔大剧院项目、实施既有住宅加装电梯项目十方面的民生实事项目。区政府统筹做好社会保障和民生改善工作，完成年初确定的民生实事项目办理工作。

【区政府其他重要会议】 2021 年，区政府召开的其他全区性会议有：2021 年南浔区规划委员会第一次至第六次会议，2021 年度第一批至第七批供地项目会审会议 7 次，2021 年南浔区一季度“开门红”工作会议，全区违规举债清理整顿和规范房地产行业发展部署会，2021 年全区安全生产和消防工作暨遏较大生产安全事故争先战部署会，南浔区碳达峰工作部署会，全区招商引才工作会议，全区债务风险防控工作会议，南浔区国家生态文明建设示范区创建动员会暨 2021 年城乡人居环境大提升第一次工作例会，全区治气治水工作座谈会，南浔区四届人民政府第五次全体会议暨廉政工作会议，全区安全生产风险普查和安全隐患大排查大整治工作推进会，全区建设工地扬尘治理工作现场会，全区“五张清单”及行业公平工作推进会，南浔区頔塘南岸旧城改造工程商铺安置工作会议，南浔区頔塘北岸（二期）改造提升和南浔镇三大片区征迁清零“百日攻坚”行动第一次工作例会，南浔区全域整治项目座谈会，全区乡镇财政收支工作座谈会，全区项目“双进”工作推进会，南浔区“贤聚江南·共话未来”百名招商招才顾问南浔行活动，全区国土空间规划边界划定和永农调整工作征求意见会，全区行业公平工作推进会，南浔区重点交通项目工作推进会，南浔区頔塘北岸（二期）改造提升和南浔镇三大片区征迁清零“百日攻坚”行动第二次工作例会，南浔区数字化改革工作第二次推进会，全区食品药品安全委员会 2021 年度第一次全体（扩大）会议暨全区食品药品安全工作和全面推进基层食安协管能力建设工作会议，全区城乡人居环境大提升暨污染防治攻坚第二次工作例会，全区有关第 6 号台风“烟花”防御工作视频会议，南浔区疫情防控有关工作会议，全区行业公平暨项目双进工作例会，南浔区各镇（开发区、街道）工业平台（园区）汇报会，全区新冠疫情防控工作领导小组会议，2021 年全区法治政府建设推进会暨府院检联席会议，南浔区“两山银行”揭牌仪式，全区防范化解债务风险、政府专项债申报、降低能耗强度、落实“赛马”激励机制扩大有效投资以及审计有关工作会议，南浔区第二次“亲清直通车·政企恳谈会”、第三场“亲清直通车·政企恳谈会”，全区鼓励支持再生育有关政策座谈会，南浔区数字化改革工作专题会议，全区政府专项债使用及申报工作会议，全区文物安全专题工作会议，全区大气污染防治攻坚例会，全区“出租房”“厂中厂”“小作坊”联合整治工作部署会，南浔区各大片区征迁工作清零“百日攻坚”行动工作例会，南浔区新冠疫情防控工作会议，全区房地产行业平稳健康发展推进会，南浔区“谋划新一年、冲刺开门红”工作座谈会。

【区政府重要文件】 1 月，区政府主要发出的文件有《湖州市南浔区人民政府办公室关于印发南浔区促进工业厂房租赁规范有序发展的指导意见（试行）的通知》《湖州市南浔区人民政府关于南浔区开展规上工业企业“创新评动力”活动的实施意见（试行）》《湖州市南浔区人民政府办公室印发关于支持南浔区人力资源服务产业园建设的若干意见的通知》《湖州市南浔区人民政府办公室关于印发全区政府系统争创“单打冠军”打造标志性成果推动高质量发展专项行动方案的通知》《湖州市南浔区人民政府办公室关于印发南浔区邮政快递业高质量发展三年行动方案（2021—2023 年）的通知》。

2 月，区政府主要发出的文件有《湖州市南浔区人民政府办公室关于印发南浔区旅游专班工作方案的通知》《湖州市南浔区人民政府办公室关于印发

2021 年主要经济指标安排和一季度“开门红”行动方案的通知》。

3 月，区政府主要发出的文件有《湖州市南浔区人民政府办公室关于印发 2021 年政府工作报告重点工作和十方面民生实事责任分解的通知》《湖州市南浔区人民政府办公室关于印发南浔区既有住宅加装共享电梯“百千万”工程三年行动方案（2021）》《湖州市南浔区人民政府办公室关于印发南浔区数字生活新服务标杆区创建实施方案的通知》《湖州市南浔区人民政府办公室关于印发南浔区农村宅基地使用及管理指导意见的通知》《湖州市南浔区人民政府办公室关于印发南浔区农村房屋安全隐患排查整治工作实施方案的通知》。

4 月，区政府主要发出的文件有《湖州市南浔区人民政府办公室关于印发工程建筑领域根治欠薪专项管理办法的通知》《湖州市南浔区人民政府办公室关于印发 2021 年南浔区政府常务会议学法计划的通知》《湖州市南浔区人民政府办公室关于印发南浔区创建浙江省 AAAAA 级景区城实施方案的通知》《湖州市南浔区人民政府办公室关于印发南浔区 2021 年政府投资项目立项计划的通知》《湖州市南浔区人民政府办公室关于印发湖州市南浔区国民经济和社会发展第十四个五年规划和二〇三五年远景目标纲要的通知》。

5 月，区政府主要发出的文件有《湖州市南浔区人民政府办公室关于印发南浔区打造“亩均论英雄”改革升级版促进工业经济高质量发展实施意见的通知》《湖州市南浔区人民政府办公室关于印发南浔区新型产业园区高质量发展实施意见的通知》《湖州市南浔区人民政府关于印发南浔区突发事件总体应急预案的通知》。

6 月，区政府主要发出的文件有《湖州市南浔区人民政府办公室关于印发 2021 年南浔区创优营商环境改革攻坚行动方案的通知》《湖州市南浔区人民政府办公室关于印发关于进一步规范征地拆迁工作的实施意见的通知》《湖州市南浔区人民政府办公室关于印发南浔区公交运营主体组建工作方案的通知》《湖州市南浔区人民政府办公室关于印发南浔区推进对外贸易高质量发展十条政策的通知》《湖州市南浔区人民政府办公室印发关于推进重点行业公平发展的实施意见的通知》《湖州市南浔区人民政府办公室关于印发南浔区“百企千场带万户”收入倍增计划实施方案（2021—2025 年）的通知》《湖州市南浔区人民政府办公室关于印发“十村百园带千户”产村融合示范建设工程实施方案（2021—2023）的通知》。

7 月，区政府主要发出的文件有《湖州市南浔区人民政府办公室关于印发〈高质量打造垃圾分类就地处理示范样本的实施方案〉的通知》《湖州市南浔区人民政府办公室关于印发南浔区加强拆迁安置工作若干意见的通知》《湖州市南浔区人民政府办公室关于印发南浔区医保惠民生无差别行动实施方案的通知》《湖州市南浔区人民政府办公室关于印发南浔区中心城区停车难专项整治实施方案的通知》《湖州市南浔区人民政府办公室关于印发南浔区助力共同富裕实现“园区外无企业”工作实施方案的通知》《湖州市南浔区人民政府办公室印发关于建立数字化项目评估决策机制的实施办法的通知》《湖州市南浔区人民政府办公室关于印发南浔区国有资金投资项目工程总承包管理若干指导意见（试行）的通知》《湖州市南浔区人民政府办公室关于印发南浔区印染行业深化整治指导意见的通知》《湖州市南浔区人民政府办公室关于印发南浔区工业项目土地要素竞争性配置机制的通知》《湖州市南浔区人民政府办公室关于印发南浔区生产安全事故应急预案等 7 个预案的通知》。

8 月，区政府主要发出的文件有《湖州市南浔区人民政府关于调整区对开发区、镇（街道）财政管理体制的意见的通知》《湖州市南浔区人民政府办公室关于印发南浔区“两山银行”试点实施方案的通知》《湖州市南浔区人民政府办公室关于印发加强城镇住宅用地出让管理的意见的通知》。

9 月，区政府主要发出的文件有《湖州市南浔区人民政府办公室关于印发南浔区政府质量奖评审管理办法（2021 年修订）的通知》《湖州市南浔区人民政府办公室关于印发南浔区“数治瓶安”燃气规范化管理实施方案的通知》《湖州市南浔区人民政府办公室关于进一步强化和规范镇（街道）财政管理的若干意见》《湖州市南浔区人民政府办公室关于印发南浔区国有资金投资项目工程管理指导意见（试行）的通知》《湖州市南浔区人民政府办公室关于印发南浔区现代服务业发展“十四五”规划的通知》《湖州市南浔区人民政府办公室关于印发南浔区“小微企业三年成长计划”（2021—2023 年）的通知》《湖州市南浔区人民政府办公室关于印发南浔区开发区（园区）整合提升方案的通知》《湖州市南浔区人民政府办公室关于印发南浔区制造业高质量赶超发展“十四五”规划的通知》《湖州市南浔区人民政府办公室关于印发 2021 年南浔区政务公开工作要点的通知》《湖州市南浔区人民政府办公室关于印发南浔区出租房、厂中厂、小作坊联合整治行动方案的通知》《湖州市南浔区人民政府办公室关于印发南浔区 2021 年度驻外招商管理细则的通知》。

10 月，区政府主要发出的文件有《湖州市南浔区人民政府办公室印发关于南浔区“新江南住宅标准地”规划设计及设施配套指导意见的通知》《湖州市南浔区人民政府办印发关于加快推进建筑屋顶分布式光伏开发建设的实施意见（试行）》《湖州市南浔区人民政府办公室关于印发〈南浔区“三线一单”生态环境分区管控方案〉执行解释的通知》。

11 月，区政府主要发出的文件有《湖州市南浔区人民政府办公室关于印发〈南浔区污水处理费征收使用管理实施细则〉的通知》《湖州市南浔区人民政府关于印发浙江尤夫高新纤维股份有限公司重整维稳工作预案的通知》《湖州市南浔区人民政府关于印发湖州市南浔区残疾人事业发展“十四五”规划的通知》《湖州市南浔区人民政府办公室关于印发菱湖镇省级湿地公园统一确权登记实施方案的通知》。

12 月，区政府主要发出的文件有《湖州市南浔区人民政府办公室关于印发关于进一步规范南浔区国有投资项目招标控审核实施办法的通知》《湖州市南浔区人民政府办公室关于印发南浔区规范农业“标准地”管理促进乡村产业振兴实施办法的通知》《湖州市南浔区人民政府办公室关于印发南浔区新一轮制造业“腾笼换鸟、凤凰涅槃”攻坚行动实施方案（2021—2023）的通知》《湖州市南浔区人民政府办公室关于下达南浔区“十四五”期间年森林采伐限额的通知》《湖州市南浔区人民政府办公室印发关于进一步加强和完善南浔区政府专职消防救援队伍建设意见的通知》《湖州市南浔区人民政府办公室关于印发南浔区药品安全事件应急预案的通知》《湖州市南浔区人民政府办公室关于印发南浔区 2021 年政府投资项目立项计划调整的通知》《湖州市南浔区人民政府关于印发南浔区妇女发展“十四五”规划和南浔区儿童发展“十四五”规划的通知》《湖州市南浔区人民政府关于调整部分区政府咨询委员会组成人员的通知》。　（钱方伟）

·政协湖州市南浔区委员会·

【概况】 2021 年是中国共产党成立 100 周年，是“十四五”开局之年，区政协党组在区委的坚强领导和上级政协的精心指导下，高举习近平新时代中国特色社会主义思想伟大旗帜，深入学习贯彻中共十九大和十九届五中、六中全会精神以及习近平总书记在庆祝中国共产党成立 100 周年大会上的重要讲话精神，充分发挥专门协商机构作用，坚持发扬民主和增进团结相互贯通、建言资政和凝聚共识双向发力，为南浔高质量赶超发展做出积极贡献。

【区政协三届五次会议】 政协第三届湖州市南浔区委员会第五次会议于 2 月 23—25 日在南浔召开。

会议的主要议程是：听取和审议政协第三届湖州市南浔区委员会常务委员会工作报告；听取和审议政协第三届湖州市南浔区委员会常务委员会关于三届四次会议以来提案工作情况的报告；列席湖州市南浔区第四届人民代表大会第五次会议，听取并讨论政府工作报告及其他有关报告，讨论南浔区国民经济和社会发展第十四个五年规划和二〇三五年远景目标纲要；大会选举；审议通过政协第三届湖州市南浔区委员会提案委员会关于三届五次会议提案收集初审情况的报告；审议通过政协第三届湖州市南浔区委员会第五次会议决议；中共湖州市南浔区委书记讲话；其他有关事项。

2 月 22 日下午，召开大会提案审查委员会第一次会议、各组召集人会议暨会风会纪监督会议，并开展分组活动。

2 月 23 日上午，召开区政协三届五次会议第一次全体会议。会议审议通过政协第三届湖州市南浔区委员会第五次会议议程；主席孙根祥代表政协第三届湖州市南浔区委员会常务委员会作工作报告；郑勇副主席代表政协第三届湖州市南浔区委员会常务委员会作提案工作情况报告；会议表扬 2020 年度履职“最佳”政协委员，优秀提案和提案办理工作先进集体、先进个人，反映社情民意信息先进集体和先进个人。区政协三届五次会议第一次全体会议结束后，召开区政协三届二十三次常委会会议。下午，召开大会提案审查委员会第二次会议，然后分组讨论。

2 月 24 日上午，列席区四届人大五次会议第一次全体会议和第二次全体会议。同时召开区政协三届四十八次主席会议。下午，分组讨论。晚上，召开区政协三届二十四次常委会会议。

2 月 25 日上午，召开区政协三届五次会议第二次全体会议。会议审议通过大会选举办法和总监票人名单。会议以无记名投票的方式，选举徐国华为政协第三届湖州市南浔区委员会副主席。随后召开区政协三届五次会议第三次全体会议。会议通过政协第三届湖州市南浔区委员会提案委员会关于三届五次会议大会提案收集审查情况的报告；通过政协第三届湖州市南浔区委员会第五次会议决议。中共南浔区委书记杨卫东讲话。区政协主席孙根祥致闭幕词。

区政协三届五次会议期间，共收到以提案形式提出的意见建议 158 件。经审查，115 件立为提案，其中各民主党派、工商联、各人民团体和各界别的集体提案 39 件，委员个人提案 76 件。另有 43 件转为社情民意。在大会闭幕后，分别交由有关部门研究办理。

【三届区政协常委会会议】 2021 年，政协第三届湖州市南浔区委员会常务委员会共召开 6 次会议。

2 月 7 日，召开政协第三届湖州市南浔区委员会常务委员会第二十二次会议。主要议题是：传达贯彻习近平总书记在十九届中央纪委五次全会上的重要讲话精神、习近平总书记在全国政协新年茶话会上的重要讲话精神以及省两会精神；听取区纪委监委、区人民法院、区人民检察院的工作情况通报；审议通过区政协常委会工作报告、提案工作情况报告、召开区政协三届五次会议有关事宜和有关人事事项。会议决定，政协第三届湖州市南浔区委员会第五次会议于 2 月 23 日在南浔召开。

2 月 23 日，召开政协第三届湖州市南浔区委员会常务委员会第二十三次会议。会议主要议程是：听取区委常委、组织部部长、统战部部长、区政协党组副书记范海鸣做有关人事事项说明。

2 月 24 日，召开政协第三届湖州市南浔区委员会常务委员会第二十四次会议。主要议题是：听取各召集小组讨论情况汇报；审议通过大会选举办法（草案）；审议通过候选人名单；审议通过大会选举监票人名单、总监票人名单（草案）；审议通过大会提案收集审查情况报告（草案）和政协第三届湖州市南浔区委员会第五次会议决议（草案）。

7 月 7 日，召开政协第三届湖州市南浔区委员会常务委员会第二十五次会议。主要议题是：传达学习习近平总书记在庆祝中国共产党成立 100 周年大会上的重要讲话精神和省委十四届九次全体（扩大）会议精神；审议通过“关于长三角一体化视角下，推动区域协同发展，助力高水平建设共同富裕示范样本”常委会重点协商课题建议案和有关人事事项。

8 月 25 日，召开政协第三届湖州市南浔区委员会常务委员会第二十六次会议。主要议题是：传达学习习近平总书记在中共中央政治局会议上的重要讲话精神，以及省政协主席暑期读书会暨宣传思想工作会议，市政协主席读书会暨市、区县政协工作经验交流会和区委四届十二次全体（扩大）会议精神。区委副书记、区长温建飞通报 2021 年以来工作完成情况和下一步工作安排。

11 月 10 日，召开政协第三届湖州市南浔区委员会常务委员会第二十七次会议。主要议题是：传达学习贯彻中共十九届六中全会精神；通报区政协三届五次会议提案办理情况；对《关于“长三角一体化背景下，推进南浔特色产业集群高质量发展的对策研究”的建议案》办理落实情况开展民主评议；审议通过有关人事事项。

【三届区政协主席会议】 2021 年，政协第三届湖州市南浔区委员会主席会议共召开 12 次。

1 月 4 日，召开区政协三届四十六次主席会议。三届区政协主席、副主席、秘书长共 7 人出席会议。主要议题是：讨论区政协三届五次会议常委会工作报告（讨论稿）；讨论区政协三届四次会议以来提案工作情况报告（讨论稿）；听取 2020 年度区对镇（开发区）政协工作考核有关情况的汇报；听取 2020 年度反映社情民意信息工作先进集体和个人（草案）有关情况汇报；听取 2020 年度政协优秀提案和提案办理工作先进单位、先进个人建议名单（草案）有关情况的汇报；听取 2020 年区级部门（单位）提案办理考核情况有关情况的汇报；听取 2020 年度区政协委员履职情况考评结果及“最佳”政协委员建议名单（草案）有关情况的汇报；听取区政协各委派民主监督小组工作报告有关情况的汇报。

2 月 5 日，召开区政协三届四十七次主席会议。三届区政协主席、副主席、秘书长共 7 人出席会议。主要议题是：听取区政协三届二十二次常委会会议建议方案有关情况的汇报；听取关于召开政协第三届湖州市南浔区委员会第五次会议的情况汇报；听取区政协三届五次会议建议议程和日程安排（草案）有关情况的汇报；听取政协第三届湖州市南浔区委员会常务委员会工作报告、提案工作情况报告及报告人名单（草案）有关情况的汇报；听取关于授权主席会议审议政协第三届湖州市南浔区委员会常务委员会第二十二次会议未尽事宜的决定（草案）有关情况的汇报；听取区政协三届五次会议大会发言人名单和发言题目（草案）有关情况的汇报。

2 月 24 日，召开区政协三届四十八次主席会议。三届区政协主席、副主席、秘书长共 7 人出席会议。主要议题是：审议大会选举办法（草案）；审议候选人名单（草案）；审议大会选举监票人名单（草案）、总监票人建议名单；审议大会提案收集审查情况报告（草案）；审议政协第三届湖州市南浔区委员会第五次会议决议（草案）。

3 月 11 日，召开区政协三届四十九次主席会议。三届区政协主席、副主席、秘书长共 7 人出席会议。主要议题是：听取区政协领导班子和党组成员分工调整，区政协领导联系常委、联系镇（开发区）、联系界别组调整，以及界别活动组负责人调整的情况汇报；听取政协第三届湖州市南浔区委员会常务委员会工作报告重点工作任务分工方案（草案）有关情况汇报；听取区政协 2021 年协商工作计划有关情况汇报；听取区政协常委会重点协商课题调研建议方案有关情况汇报；听取《2021 年区政协委派民主监督小组工作方案（草案）》有关情况汇报；听取各委室汇报交流 2 月工作总结及 3 月工作计划。

4 月 19 日，召开区政协三届五十次主席会议。三届区政协主席、副主席、秘书长共 6 人出席会议。主要议题是：听取政协第三届湖州市南浔区委员会履职成果汇编建议方案有关情况汇报；听取区政协反映社情民意信息考核办法（试行）有关情况汇报；听取《政协湖州市南浔区委员会关于加强和促进人民政协凝聚共识工作的实施意见》《政协湖州市南浔区委员会关于加强改进区政协专门委员会工作和制度建设的实施意见》《政协湖州市南浔区委员会关于开展“崇学系列·书香政协”委员读书活动的实施办法》有关情况汇报；听取 2021 年南浔区政协推进同心向党、共同富裕委员履职能力提升暨党史学习教育培训方案有关情况汇报；听取《区政协深化“一村一社区一委员”机制开展“三进三问三服务”活动实施方案》有关情况汇报；听取《区政协委员“五个一”活动实施方案》有关情况汇报；听取区委书记与政协委员面对面协商议政活动建议方案有关情况汇报；听取区长与政协委员面对面协商议政活动建议方案有关情况汇报；听取各委室汇报交流 3 月工作总结及 4 月工作计划。

6 月 15 日，召开区政协三届五十一次主席会议。三届区政协主席、副主席、秘书长共 7 人出席会议。主要议题是：听取区政协三届二十五次常委会会议建议方案有关情况的汇报；听取 2021 年区政协“紧盯双过半，助力全年红”专题视察活动有关情况汇报；听取政协第三届湖州市南浔区委员会履职成果汇编委员风采集建议名单有关情况汇报；听取 2021 年度重点提案有关情况汇报；听取 4 场重点“请你来协商”活动建议方案（讨论稿）有关情况汇报；听取关于相关费用支出有关情况汇报；听取数字政协有关情况汇报；听取南浔区政协关于湖州市政协“读党史　凝共识　聚合力”暨省政协崇学书院（湖州）市县群委员读书活动发言安排有关情况汇报；听取各委室汇报交流 4—5 月工作总结及 6 月工作计划。

7 月 5 日，召开区政协三届五十二次主席会议。三届区政协主席、副主席、秘书长共 7 人出席会议。主要议题是：听取区政协常委会重点协商课题调研报告（讨论稿）有关情况汇报；听取数字政协有关情况汇报；听取各委室汇报交流 6 月工作总结及 7 月工作计划。

8 月 9 日，召开区政协三届五十三次主席会议。三届区政协主席、副主席、秘书长共 7 人出席会议。主要议题是：听取区政协三届二十六次常委会会议建议方案有关情况的汇报；听取 2021 年区政协主席读书会暨镇（街道）政协工作联络组工作会议建议方案有关情况汇报；听取《南浔文史》第 9 期有关经费预算的有关情况汇报；听取各委室汇报交流 7 月工作总结及 8 月工作计划。

9 月 10 日，召开区政协三届五十四次主席会议。三届区政协主席、副主席、秘书长共 5 人出席会议。主要议题是：听取区政协三届二十七次常委会会议建议方案有关情况的汇报；听取 2021 年镇（街道）政协工作年度考核办法有关情况汇报；听取区政协 2021 年“六送下乡”暨委员走进基层、走进群众集中服务活动方案有关情况汇报；听取市政协 2021 年度“六送下乡”之送体育下乡活动实施方案有关情况汇报；听取各委室汇报交流 8 月工作总结及 9 月工作计划。

10月13日，召开区政协三届五十五次主席会议。三届区政协主席、副主席、秘书长共6人出席会议。主要议题是：听取区政协领导四届一次会议前走访区政协委员（常委）面对面交流活动建议方案（2021年）有关情况的汇报；听取开展区政协委员2021年度履职积分评价工作有关情况的汇报；听取各委室汇报交流9月工作总结及10月工作计划。

11月8日，召开区政协三届五十六次主席会议。三届区政协主席、副主席、秘书长共6人出席会议。主要议题是：听取各委室汇报交流10月工作总结及11月工作计划。

12月3日，召开区政协三届五十七次主席会议。三届区政协主席、副主席、秘书长共7人出席会议。主要议题是：听取各委室汇报交流11月工作总结及12月工作计划。

【重要活动】 2021年，区政协重要活动主要有：

1月7日，区政协组织部分在南浔的省、市政协委员开展省政协十二届四次会议、市政协八届五次会议、区政协三届五次会议会前视察活动。区政协党组书记、主席孙根祥，区领导方科、徐国华、郑勇参加。

1月11—12日，区政协党组书记、主席孙根祥带队赴四川省广安市广安区考察东西部扶贫协作工作，就进一步深化东西部扶贫协作进行工作对接。广安区政协主席刘昌杰陪同，区领导黄卫军、潘宇文，区政协秘书长谢建伟等参加。

2月2日，区政协召开镇（开发区）政协工作联络组工作会议，交流2021年工作思路并研究部署下一步工作计划。区政协党组书记、主席孙根祥主持并讲话，区政协领导徐国华、潘宇文、郑勇、王湘起、孙水根、谢建伟参加。

3月29—30日，省政协农业和农村委全体会议暨省市政协农业和农村委工作座谈会在南浔召开。省政协副主席陈小平出席并讲话，省政协农业和农村委主任姚少平主持，省政协农业和农村委委员、相关界别组负责人及智库成员、各设区市政协有关负责人出席。区委书记杨卫东致辞，区领导孙根祥、秦胜、徐国华、潘宇文、郑勇，区政协秘书长谢建伟等参加。

3月30日，区政协召开反映社情民意信息工作会议。会议对2020年区政协反映社情民意信息工作进行回顾总结，并对2021年工作进行研究部署。区政协副主席郑勇，区政协秘书长谢建伟参加。

3月31日，2021年区政协委派民主监督小组工作会议召开，回顾总结2020年委派民主监督小组工作成效，研究部署2021年委派民主监督小组工作任务。区领导孙根祥、徐娟、吴冠宇、潘宇文、郑勇、王湘起、孙水根，区政协秘书长谢建伟参加。

4月1日，省政协调研组到南浔走访调研。市政协副主席方新旗，区政协党组书记、主席孙根祥，区政协副主席郑勇参加。

4月6日，区政协召开党史学习教育动员部署会。区政协党组书记、主席孙根祥主持并讲话，区政协领导陈文龙、潘宇文、郑勇、王湘起、孙水根、谢建伟参加。

4月7日，市政协党组书记、主席杨建新到南浔区开展“三服务”活动。市政协秘书长陈发瑶，区政协党组书记、主席孙根祥陪同。

4月8日，区政协党组书记、主席孙根祥带队赴菱湖镇、和孚镇、旧馆街道调研小微企业园项目招引相关工作。

同日，区政协组织工商联、无党派界别政协委员以“推动我区光电产业发展”为主题开展专题视察。区政协副主席潘宇文参加。

4月21日，湖州法律服务“政协委员会客厅”举行“同心向党、携手共进，助推共同富裕”主题活动。市政协副主席罗安生出席会议并讲话，区政协党组书记、主席孙根祥，区政协副主席孙水根，区政协秘书长谢建伟等参加。

4月23日，区委书记、区长与政协委员“面对面”协商议政活动动员会暨区政协常委会重点调研课题启动会召开。区政协党组书记、主席孙根祥出席会议并讲话，区政协副主席徐国华、王湘起、孙水根，区政协秘书长谢建伟参加会议。

4月28日，区政协组织部分政协委员和相关部门分管领导开展“发展南浔研学旅游，注入文旅产业发展新动能”专题视察活动。区政协副主席郑勇参加。

5月5日，“汉藏‘协手书’ 共画同心圆”西藏生书法班启动仪式在菱湖镇举行。区政协党组书记、主席孙根祥出席并致辞，区政协副主席孙水根、区政协秘书长谢建伟参加。

5月10日，区政协开展“培育税源 增加税收 提高我区财政收入”专题调研视察活动。区政协副主席潘宇文参加。

5 月 11—15 日，区政协党组书记、主席孙根祥带队赴大别山红色教育培训中心，开展区政协推进“同心向党、共同富裕”委员履职能力提升暨党史学习教育培训活动，39 名区政协委员参加。

5 月 18 日，以“跑道鱼产业提升”为主题的首期“请你来协商·‘水晶晶’农情故事会”，在菱湖镇新庙里村盛江家庭农场举行。区政协党组书记、主席孙根祥出席并讲话，区政协副主席徐国华、区政协秘书长谢建伟参加。

5 月 19 日，区政协开展“推动南浔教育高质量发展”专题视察活动。区政协副主席孙水根参加。

5 月 20 日，区政协党组书记、主席孙根祥带队赴菱湖镇、双林镇，就做好“长三角一体化视角下，推动区域协同发展，助力高水平建设共同富裕示范样本”开展重点课题调研。区政协副主席徐国华、区政协秘书长谢建伟参加。

同日，区政协开展“重塑水晶晶南浔，高水平建设社会主义现代化共同富裕示范样本”专题视察活动，区政协副主席王湘起参加。

5 月 26 日，省政协主席葛慧君到南浔调研政协工作和数字化改革相关工作，并就数字政协建设听取意见建议。省政协秘书长金长征陪同调研，市领导王纲、杨建新，区领导杨卫东、孙根祥、王剑峰、丁罡，区政协秘书长谢建伟等参加。

6 月 2 日，区政协开展“加强农村基层治理　助力乡村振兴发展　建设共富示范样本”专题视察活动。区政协副主席郑勇参加。

6 月 7 日，区政协举行“请你来协商”专题协商议政会，围绕“重塑水晶晶南浔，高水平建设社会主义现代化共同富裕示范样本”主题，区委书记杨卫东与政协委员开展“面对面”协商，广泛听取意见建议。区政协主席孙根祥主持会议。区人大常委会副主任吴叙良，副区长秦胜，区政协副主席徐国华、潘宇文、郑勇、王湘起、孙水根，区政协秘书长谢建伟参加。

6 月 8 日，区政协党组书记、主席孙根祥带队开展“长三角一体化视角下，推动区域协同发展，助力高水平建设共同富裕示范样本”重点课题调研。区政协副主席徐国华、区政协秘书长谢建伟参加。

6 月 11 日，区政协副主席徐国华带队开展“长三角一体化视角下，推动区域协同发展，助力高水平建设共同富裕示范样本”重点课题调研。

6 月 15 日，区政协举办书香政协“同心向党·学党史　聚共识　话共富”主题活动。区政协党组书记、主席孙根祥出席并讲话，副主席徐国华、潘宇文、郑勇，秘书长谢建伟参加。

6 月 22 日，书香政协“礼赞百年　共谱华章”南浔区政协庆祝中国共产党百年华诞书画联谊活动在“中国善琏现代汉字艺术研究院”成功举办。区政协党组书记、主席孙根祥，副主席王湘起参加。

6 月 23 日，区政协党组书记、主席孙根祥带队赴吴兴区开展庆祝中国共产党成立 100 周年主题活动暨“学党史、悟思想、办实事、开新局”党史学习教育。区政协副主席徐国华、潘宇文、王湘起，老领导顾进才、马志祥、钱玉明、万子牛，秘书长谢建伟等参加。

6 月 24 日，区政协经济委组织经济界委员，围绕“农业产业融合发展”主题开展调研视察。区政协副主席潘宇文参加。

6 月 25 日，区政协举行“请你来协商”专题协商议政会，围绕“坚持学有优教，推动南浔教育高质量发展”主题，区委副书记、区长温建飞与区政协委员开展“面对面”协商交流，倾听基层一线心声，共谋教育发展良策。区政协主席孙根祥主持会议。区政协副主席徐国华、潘宇文、郑勇、王湘起、孙水根及秘书长谢建伟等参加。

6 月 30 日，区政协开展“完善社区卫生服务，提升老百姓幸福指数”专题视察活动。区政协党组副书记、副主席徐国华参加。

7 月 8 日，市政协主席杨建新带领“开放融合争先战”工作专班到南浔调研，副主席叶理中参加。区政协党组书记、主席孙根祥，区领导丁罡、肖体红陪同。

7 月 9 日，区政协召开“请你来协商·加强农村基层治理、助力乡村振兴发展、建设共富示范样本”面对面议政活动暨重点提案办理协商会。区政协党组书记、主席孙根祥主持会议并讲话，区委副书记、政法委书记王剑峰出席并讲话，区政协副主席郑勇、孙水根，区政协秘书长谢建伟参加。

7 月 21 日，区政协党组书记、主席孙根祥带队围绕治理联动工作站建设，开展“紧盯双过半　助力全年红”专题视察。区政协副主席孙水根、秘书长谢建伟参加。

7 月 29 日，区政协召开“书香政协·水晶晶讲堂”、“请党放心　共富有我”南浔区“80、90后”政协委员座谈会。区政协党组书记、主席孙根祥主持并讲话。区委常委、组织部部长、统战部部长、区政协党组副书记范海鸣，区政协党组副书记、副主席徐国华，副主席潘宇文、郑勇、王湘起、孙水根，秘书长谢建伟参加。

8月3日，区政协聚焦“老旧小区改造建设”主题，组织部分政协委员对区住房和城乡建设局开展“紧盯双过半　助力全年红”专题视察暨提案办理工作民主评议活动。区政协副主席郑勇参加。

8月5日，区政协召开“请你来协商·加大金融支持力度　推进南浔区经济社会高质量发展”面对面协商议政会。区政协党组书记、主席孙根祥主持会议并讲话，副区长沈振宇、区政协副主席潘宇文参加。

8月10日，区政协召开“请你来协商·促进乡村产业融合发展　推进共同富裕”协商议政会。区政协党组书记、主席孙根祥主持会议并讲话，副区长秦胜、区政协副主席徐国华、区政协秘书长谢建伟参加。

8月12日，区政协以“双进双产”为主题组织开展“紧盯双过半　助力全年红”专题视察活动。区政协副主席潘宇文参加。

8月16日，区政协召开“请你来协商·完善社区卫生服务　提升老百姓幸福指数”面对面协商议政会。区政协党组书记、主席孙根祥主持会议并讲话，副区长吴冠宇、区政协副主席徐国华参加。

8月17日，区政协举行“爱心传递　圆梦助学”结对活动。区政协党组书记、主席孙根祥出席并讲话，区政协领导徐国华、陈文龙、谢建伟参加。

8月20日，区政协以“全区医疗卫生基础设施建设”为主题开展“紧盯双过半　助力全年红”专题视察活动。区政协副主席王湘起参加。

8月24—25日，2021年区政协主席读书会暨镇（街道）政协工作联络组工作会议举行。区政协党组书记、主席孙根祥出席并讲话，副主席徐国华、潘宇文、郑勇、王湘起、孙水根，秘书长谢建伟参加。

9月3日，区政协党组书记、主席孙根祥带队开展“慈善公益助共富”专题调研。区政协领导陈文龙、孙水根参加。

9月17日，区政协组织部分政协委员赴教育局开展提案办理民主评议工作暨重点提案督办协商会。区政协副主席郑勇参加。

9月24日，省政协常委、社法委主任刘树枝一行到南浔开展“打造‘浙派工匠’名片，推进劳动者职业技能大提升”专题调研。市政协副主席罗安生，区政协党组书记、主席孙根祥，区政协副主席孙水根陪同。

同日，区政协组织开展沪苏湖高铁南浔段项目推进情况专题视察。区政协副主席潘宇文参加。

10月13日，市、区政协赴练市镇联动开展“走进基层、走进群众”送体育下乡活动。市政协副主席高东，区政协党组书记、主席孙根祥，区委常委、练市镇党委书记丁罡，区政协党组副书记、副主席徐国华，区政协秘书长谢建伟参加。

10月14日，区政协组织开展“推进家庭教育品牌化建设”专题视察活动。区政协副主席郑勇参加。

10月15日，区政协组织开展南浔古镇旅游项目专题调研。区政协副主席潘宇文、王湘起参加。

10月18日，省政协诗书画之友社荻港渔庄创作基地揭牌亮相。省政协原副主席、诗书画之友社理事长孙文友，省政协诗书画之友社副理事长、省书法家协会原主席鲍贤伦，省政协诗书画之友社副理事长、全国政协丝路规划研究中心专家、浙江工业大学中国大写意花鸟画研究院院长何水法，市政协副主席竺鸰，区政协党组书记、主席孙根祥，区政协秘书长谢建伟，荻港渔庄董事长徐敏利等参加揭牌仪式。

10月19日，2021年市、区政协“送法律下乡”暨湖州法律服务委员会客厅普法直播间授牌仪式在南浔镇政协委员活动中心顺利举行。市政协副主席罗安生，区政协党组书记、主席孙根祥，区政协副主席孙水根参加。

10月21日，区政协组织开展加强基层社会治理智能化建设专题视察活动。区政协副主席孙水根参加。

10月25日，市政协副主席方新旗率队到南浔开展“送教育下乡”活动。区政协党组书记、主席孙根祥，区委常委、练市镇党委书记丁罡，区政协副主席郑勇参加。

10月28日，区政协召开“民生议事堂”工作提升推进会，全面部署“民生议事堂”深化提升工作。区政协党组书记、主席孙根祥主持会议并讲话，区政协副主席徐国华、潘宇文、郑勇、孙水根，秘书长谢建伟参加。

10 月 29 日，民生议事堂·双林镇党委书记彭琳与政协委员“面对面”协商议政会召开。区政协党组书记、主席孙根祥，副主席郑勇、王湘起，秘书长谢建伟参加。

11 月 3 日，区政协组织政协委员、相关部门和技术专家，到双林镇开展 2021 年“六送下乡”暨委员走进基层、走进群众集中服务活动。区政协党组书记、主席孙根祥，副主席徐国华、潘宇文、郑勇、王湘起、孙水根，秘书长谢建伟参加。

11 月 11 日，市政协主席杨建新带队到南浔区就优化营商环境开展调研，并进行“三服务”活动。市领导吴登芬、李全明，区领导温建飞、孙根祥、费学梅、潘宇文等参加。

11 月 16 日，区政协组织开展发挥社会组织在基层社会治理中的作用专题调研活动。区政协副主席孙水根参加。

11 月 25 日，区政协党组理论学习中心组开展党史学习教育学习交流。区政协党组书记、主席孙根祥主持会议并讲话，副主席徐国华、潘宇文、郑勇、王湘起、孙水根，秘书长谢建伟参加。

11 月 30 日，以“种好红美人，念好共富经”为主题的“民生议事堂”活动，在练市镇西堡红美人柑橘基地举行。区政协党组书记、主席孙根祥出席，区政协副主席徐国华、孙水根，秘书长谢建伟参加。

12 月 1 日，市政协党组书记、主席杨建新一行到南浔调研。区政协党组书记、主席孙根祥陪同。

12 月 7 日，区政协党组书记、主席孙根祥召开区政协委员换届相关事宜碰头会。

12 月 21 日，区政协专题会议召开。区政协党组书记、主席孙根祥，区政协副主席徐国华、潘宇文、郑勇、王湘起、孙水根，区政协副主席候选人姚建忆、陈舟艳、邱国强，区政协秘书长谢建伟参加。

【统一思想】　2021 年，区政协始终坚持用党的创新理论加强思想武装，不断增进广大委员的政治认同、思想认同、理论认同、情感认同，为政协工作注入不竭动力。

科学谋划建机制。以镇（街道）政协工作联络组为基础，按照集成创新理念，在各镇（街道）探索建立集“红色党建阵地、书香政协·水晶晶讲堂、‘请你来协商’平台、民生议事堂、委员活动中心”五位一体的高质量委员履职平台，推动政协工作向基层延伸，着力破解“两个薄弱”难题，省政协主席葛慧君到南浔专题调研并给予充分肯定。

党建引领聚合力。围绕庆祝中国共产党成立 100 周年，组织召开习近平总书记在庆祝中国共产党成立 100 周年大会上的重要讲话精神专题学习会，开展《南浔文史·同心向党》中国共产党成立 100 周年专刊编辑、“同心向党·学党史　聚共识　话共富”主题演讲、书香政协“礼赞百年　共谱华章”庆祝中国共产党百年华诞书画联谊活动等“同心向党”系列主题活动，进一步加强思想政治引领、广泛凝聚共识。围绕“支部建在联络组、委员聚在党旗下”，探索在镇（街道）政协工作联络组建立 10 个功能型党支部。围绕“请党放心·共富有我”，召开“80、90 后”政协委员座谈会，动员青年政协委员发出“请党放心·共富有我”的铿锵誓言，相关做法在《人民政协报》头版、《联谊报》头版头条报道，并被新华社上海频道转发，浏览量突破 103 万人次。

区镇联动强指导。建立健全区政协领导和政协各委室联系镇（街道）政协工作联络组机制，区政协领导班子成员积极深入联系镇（街道）指导推进产业发展、乡村环境、疫情防控等工作，及时帮助协调解决工作推进中遇到的困难问题，切实提升委员参与基层治理、助力共同富裕的服务能力。坚持创新集成，鼓励镇（街道）开展探索创新，做强南浔“政协 365，请你来协商”品牌效应，推进“委员活动中心暨民生议事堂”“七个一”机制规范化、制度化建设，进一步形成具有南浔元素的政协特色品牌。

【协商民主】　2021 年，区政协紧扣省委“高质量发展建设共同富裕示范区”的决策部署，扎实开展“同心助共富”“2+6+X”系列活动。

“2”即 1 篇提案、1 个建议。区政协在市政协八届五次会议提出的“关于高水平建设社会主义现代化共同富裕示范区的先行市”提案被确定为市政协重点提案并由市委副书记牵头领办。围绕“长三角一体化视角下，推动区域协同发展，助力高水平建设共同富裕示范样本”主题，开展区政协重点课题调研，并召开专题议政性常委会，形成专门调研报告和建议案，得到区主要领导批示肯定。

“6”即 6 次区级主题协商活动。围绕“重塑水晶晶南浔，高水平建设社会主义现代化共同富裕示范样本”“推动南浔教育高质量发展”“完善社区卫生服务”“促进乡村产业融合发展”“推进南浔经济高质量发展”“加强农村基层治理”等主题，开展区委书记、区长与委员“面对面”等6次“请你来协商”活动。

“X”即一系列协商议政活动。围绕“公共卫生健康体系建设”“丰富壮大南浔乡村新型业态”“发展南浔研学旅游”“打响南浔农业区域公共品牌”等主题，开展专题视察、课题调研、民主监督等一系列协商议政活动。

【凝聚共识】 2021年，区政协积极发挥联系广泛、兼容并蓄的特点，努力在凝聚人心、汇聚力量、增进团结、促进和谐方面发挥更大作用。

多层次增进各界团结联谊。始终把加强政治引领摆在重要位置，重视与各民主党派、工商联、人民团体以及各界人士的沟通联系，及时向政协委员和各族各界人士传递中共中央和省、市、区委以及上级政协的决策部署。认真落实区政协领导与各民主党派、工商联联系制度，通过组织党派和团体大会发言、提交提案、调研视察、反映社情民意等途径，为参政议政拓宽渠道、搭建平台，更好发挥党派团体作用。

多渠道提升服务群众实效。依托“一村一社区一委员”工作机制，扎实开展“三进三问三服务”“六送下乡”等活动，动员广大委员参与服务乡村振兴、基层治理、企业发展、群众增收，帮助基层解决实际问题和困难。积极抓好提案办理，全年共收到委员提案115件，所有提案均在规定时间内办复，提案办理满意率达100%。深化民生议事堂和“七个一”机制建设，通过民情开放日活动积极收集各类民情民意，并围绕群众广泛关注的“双林古镇保护与利用”“种好红美人、念好致富经”等主题，开展镇主要领导与委员“面对面”民生议事会，取得了较好社会效果。

多方位加大对外宣传影响。积极发挥政协文史工作的独特优势，通过续编《南浔文史》系列丛书，办好《南浔政协》期刊、政协网站、“南浔政协”微信公众号，有效拓展履职阵地，讲好南浔故事，传播好南浔声音，不断提升南浔的知名度和美誉度。加大对外宣传力度，一年来社情民意信息共被全国和省、市政协录用102篇，在《人民政协报》《联谊报》《同心苑》等市级以上媒体刊发报道87篇，南浔政协工作影响力进一步扩大。（张杨震）

·中共湖州市南浔区纪律检查委员会·

【区纪委四届六次全会】 以习近平新时代中国特色社会主义思想为指导，全面贯彻落实中共十九大和十九届二中、三中、四中、五中全会精神，按照十九届中央纪委五次全会、省纪委十四届六次全会、市纪委八届五次全会和区委四届十一次全会的部署要求，回顾总结2020年工作，研究部署2021年任务。

【政治监督】 突出监督保障习近平总书记重要讲话和指示批示精神贯彻落实这一首要任务，深入推进农村乱占耕地建房、统计领域数据造假、粮食购销领域等专项治理，深化规范村庄撤并、违建别墅清查整治等专项监督，督促全区上下以实际行动坚决拥护“两个确立”、践行“两个维护”。聚焦常态化疫情防控、重大项目推进、百日攻坚、“双十”攻坚等中心工作，扎实开展“破慢纠风护发展”专项行动，查处不担当、不作为、慢作为“一掌柜六先生”问题21起，确保令行禁止、政令畅通，有关做法得到省委、市委领导批示肯定并在全市推广。深入开展“清廉润浔　阳光乐民”八大行动（破慢纠风精准护航行动、六清工程同抓共进行动、四风纠治提振民心行动、重点领域联动整治行动、惠民富民贴身监督行动、干部下沉为民纾困行动、乡村治理破题攻坚行动和基层事务党群共治行动），加强对共同富裕政策措施落实情况的监督，有效化解南浔镇丁家桥等行政村群众反映强烈、侵害群众利益的历史遗留问题。健全党风廉政建设责任制落实常态化检查考核、政治生态动态分析研判等制度机制，突出加强对“一把手”和领导班子的监督，问责领导干部13人次。围绕区、镇集中换届严格开展监督，配合开展换届风气巡回督查，审核“两代表一委员”（党代表、人大代表和政协委员）7817人次，回复干部选拔任用意见1015人次，保障换届风清气正。

【反腐工作】 深入推进“清风行动”，查处违规吃喝、违规发放津补贴、违规使用公车等享乐主义、奢靡之风问题28起，给予党纪政务处分26人次。深入整治形式主义、官僚主义，查处民生保障、生态环境、安全生产等领域作风问题31起，给予党纪政务处分23人次。扎实开展政法、教育、金融、国企、医保、供销等领域专项整治，以零容忍态度严惩违纪违法问题。全区共处置问题线索538条，立案137件，同比增长5.38%；给予党纪政务处分137人次，同比增长10.48%，其中处分区管干部13人次；留置7人，移送司法机关6人；第一至第四种形态占比分别为73.77%、16.79%、2.83%和6.60%。组织“党纪教育一刻钟”活动1600余次，发布“小孙说纪”专栏40余期，组建“清风讲师团”巡回授课，组织党员干部旁听区内典型案例庭审，科学发放纪检监察建议，抓好公职人员防逃全覆盖试点，扎实做好案件查办“后半篇文章”。为5名受到不实举报的党员干部澄清正名，跟踪回访受处分人员50余人次，切实做到严管与厚爱相结合。严把案件质量关，依规依纪依法查办腐败案件。

【履行职责】 认真履行协助职责和监督责任，建立“1+3+N”[一个年度主题，三个重点单元，N个（一批）典型项目]推进机制，协助区委召开第四次联席会议，下发年度重点工作任务书，开展清廉单元专项督导检查，充分发挥“主力军”作用。下发高质量推进清廉乡村全域覆盖通知，推动清廉乡村建设“16+4”项重点工作有效落实，打造成效展示村26个。牵头制定“十二条”意见，以51个清廉子项目为抓手推进清廉机关建设，着力实现“人守规、权留痕、财提效、物归仓”。督促开展清廉工程“五大行动”（工程建设领域突出问题专项整治深化行动、业主单位工程项目廉政风险全方位防控行动、三大行业清廉建设体系标准创建行动、“第三方监管”专项破题攻坚行动、工程项目全过程监管数字赋能行动），推动整改招投标、非法转包、超概算等方面突出问题，推进国有投资工程项目规范监管。深入推进清廉企业建设，“双承诺双评价”做法入选全省服务“两个健康”（非公有制经济健康发展和非公有制经济人士健康成长）最佳实践案例。持续深化清廉学校建设，督促开展有偿补课专项治理，助力共同富裕“学有优教”。扎实推进清廉医院建设，督促研发运用药品智慧监管系统，减轻群众就医负担。持续开展清廉文化建设，升级古镇清廉文化阵地，创作清廉文艺作品，营造全社会崇廉尚廉浓厚氛围。督促加强清廉银行建设，有关做法在全市清廉金融文化建设推进会做典型交流。

【落实巡视整改】 完成省委巡视反馈5个具体问题的整改，在落实巡视整改政治责任上走在前、作表率。把监督检查中央、省委巡视反馈问题整改作为重大政治任务，紧盯“七张清单”、省委巡视反馈四方面36个具体问题，制定专项方案，抽调骨干人员，建立进度上报、常态检查、考核评价等工作机制，推动各级党组织真改实改彻底改。开展第九、第十轮常规巡察，共巡察党组织22个，发现问题286个，移交问题线索11条，有效发挥巡察利剑作用。突出抓好巡察反馈问题整改，健全巡察机构与纪委监委工作机构、纪委监委机关与组织部门的协作配合机制，强化立行立改、联动督改、跟踪促改、回看评改，督促相关党组织整改第八、第九、第十轮巡察反馈问题1700余个，推动建立健全制度机制150余项。充实“巡察专业人才库”，做好巡察业务培训，建立巡察组干部抽调管理、工作实绩考核等制度，持续推进巡察规范化建设。

【维护群众利益】 持续开展信访举报“三清三提升”（思想观念“清障”，促进工作能力再提升；初次举报“清零”，促进办理质量再提升；重复信访“清淤”，促进处置实效再提升）行动，健全领导包案、提级办理、阳光听证等机制，做好乡镇信访举报直报点试点，全区信访举报量同比下降33.3%，反映农村基层干部检举控告量同比下降30.9%，无检举控告村占比88.2%。持续开展“清廉乡村行、接访到家门”活动，推动解决基层群众直接反映问题180余件。持续开展“12345”政务服务便民热线常态化督查，督办解决群众关心关注事项80余件，问责履职不力党员干部18人次。深入推进漠视侵害群众利益问题专项整治，督促相关职能部门深入开展电信网络诈骗、拆迁安置治理、打击非法行医等15个专项治理，化解群众急难愁盼问题45个，并向社会公开治理成果。常态化推进扫黑除恶“打伞破网”，查处黑恶势力“保护伞”和“关系网”1人。加强公职人员违背社会公序良俗行为监督，处置问题信息27条，推动问题整改到位。深入开展基层监督“提质增效年”活动，推动乡镇纪检监察机构、村（社区）监察工作联络站、廉情监督员有效发挥监督作用，乡镇（街道）纪（工）委查办自办案件33件。

【深化体制改革】 持续深化纪检监察体制改革，

组建南浔经济开发区纪检监察工委，推动派驻机构充分发挥“探头”作用，加强对区属企业纪委的领导指导，在全市率先实现派驻机构自办案件“全覆盖”，区属企业纪委实现查办案件“零突破”。加强纪律、监察、派驻、巡察“四项监督”贯通融合，完善监察机关与检察机关、审判机关有效衔接机制，发挥反腐败协调小组作用，提升反腐败工作合力。强化纪委监委与人大、政协、审计、统计等力量的联动监督，有效构建“纪检监察+”大监督格局，公共投资领域“纪审协同”专项监督问责党员干部 34 人次，挽回经济损失 2.67 亿余元。贯彻落实纪检监察数字化改革有关要求，部署运用基层公权力监督平台、监督一点通平台，对平台预警的违规申领低保补助问题进行严肃处理，挽回经济损失 10 万余元；迭代升级村级工程智慧监管系统，累计节约村级集体资金 1.7 亿余元；研发运用国有投资工程项目全过程智慧监管系统、重大项目智慧监管系统，分别得到市纪委、市监委和区委、区政府主要领导高度肯定。（张明珠）

民主党派

·综　述·

【概况】　2021 年，全区民主党派工作聚焦全区中心大局和全市统战工作重点，突出项目化运作，为高质量打造美丽繁华新江南，高水平建设美好生活新家园凝聚最大向心力，画好最大同心圆。双林“费新我艺术馆”被确定为全省党外知识分子思想教育基地。“同心·金点子”“同心·微点子”获区主要领导批示 45 次。

【思想引领】　以庆祝中国共产党成立 100 周年为契机，区委统战部出台《关于开展“同心向党·携手共进”主题教育的实施方案》，组织全区统一战线开展“同心向党·携手共进”主题教育，开展“四史”教育，在区级主流媒体创设各民主党派主委论坛，在“南浔统战”微信公众号平台分别开设“党外人士征文”和“献礼建党百年”微视频专栏，举办全区统一战线“庆祝中国共产党成立 100 周年助力共同富裕书画展”，增强以党为师、向党看齐的思想自觉。组织区党外知识分子宣讲团成员开展党史学习教育“四进”（进农村、进社区、进企业、进校园）活动，承办全市党外知识分子和新的社会阶层人士学习习近平总书记“七一”重要讲话精神宣讲报告会。

【多党合作】　支持民主党派和无党派人士参政议政，区委统战部协助区委制定出台《2021 年度政党协商工作计划》。继续深化“同心·金点子”“同心·微点子”载体，通过出刊共同富裕专刊等方式，发挥党外人士人才荟萃、智力密集的优势，协助区委、区政府更好地科学决策。社情民意报送系统应用场景被纳入首批全省统战系统重点培育应用场景目录，场景应用将提高跨部门协同效率，进一步调动广大统战对象服务中心和大局的主动性和积极性，激发广大成员“建诤言、聚合力、助赶超”的热情。抢抓省、市民主党派组织换届和县区、乡镇领导班子换届契机，在全省率先出台《关于实施“五个一批”针对性加强党外干部培养使用的实施意见》，构建了党外干部成长需要的培养、选拔、使用和管理全链条工作新机制，实现了党外干部选拔任用的闭环化管理。重视做好党派新成员发展工作，在全区机关事业单位遴选民主党派成员发展对象 15 人。指导各党派基层组织与结对行政村（社区）深入开展“双百结对·同心共治”活动，开展各类活动 24 场次。

【新阶层统战】　按照“规范化、载体化、实效化”的思路，指导各镇（街道、开发区）因地制宜，挖掘特色，打造了南浔区水晶晶网络文化园、南浔区跨境电商产业园等一批特色鲜明、重点突出、实效明显的实践创新基地，成功创建市级基地 3 个，区级基地 12 个，初步形成了“区域全覆盖、一域一品牌”的良好态势。率先成立全市首个县区级欧美同学会，在南浔古镇探索建立“欧美同学会之家”，开展政治理论培训、交流研讨、引才活动 3 场次，在助力高质量赶超发展中发挥党外知识分子资源优势作用。《南浔区委统战部“五个着力”画好网络人士统战工作同心圆》等 4 篇工作信息被“湖州信息”录用，其中《南浔区全市率先成立县区级欧美同学会助力共同富裕示范样本建设》受到市委常委、统战部部长李上葵批示肯定。　（朱梦娜）

·民革南浔区总支委员会·

【概况】　2021 年，民革南浔区总支以习近平新时代中国特色社会主义思想为指导，认真学习贯彻中共十九届六中全会、民革十三届十六次中常会、中共浙江省委十四届九次全会等会议精神，为高质量打造美丽繁华新江南，高水平建设美好生活新家园做出南浔民革应有的贡献。

【学习交流】 组织民革南浔区总支党员学习习近平总书记关于新型政党制度的重要论述，开展“不忘合作初心，继续携手前进”主题教育，支持党员积极参加各类会议和活动。7月1日，组织全体党员集中观看中共中央庆祝中国共产党成立100周年大会，并完成拍摄中国共产党成立100周年南浔民革宣传视频。8月，在南浔区社会主义学校揭牌仪式暨2021年党外代表人士培训班开班仪式上民革区总支主委於丽代表民主党派做开班发言，南浔民革主委、支部委员、骨干代表、新党员参加南浔区党外代表人士培训班。服务全区人才和科技项目招引工作，拜访浙江大学民革党员、专家苏为科和杨军，并对接省民革科技服务资源下沉南浔事宜。接待民革中央副主席李惠东一行到南浔调研。统一购置中共党史和民革党史等相关书籍、杂志，实现两部党史共学共品共吸收，提升民革党员的思想素质。

【队伍建设】 2021年新发展民革党员2人，总支已有党员32人，平均年龄44岁，其中男性21人、女性11人，硕士研究生3人。为上级市直属支部推荐优秀骨干1人，调整总支委员1人、第一支部委员1人。完善财务制度、学习制度、定期例会制度（民主生活会）、支部委员会会议议事制度等，促进民主党派工作规范化、标准化建设。於丽被推荐为市一级科技人才工作优秀个人，区总支委员余溢获“浙江省消除集体经济薄弱村工作成绩突出个人”和“湖州市民革优秀党员”等称号，区总支委员章昊积极参与新冠疫情防控和民主党派参政议政工作，民革党员柳秦桥捐助5万元为南浔镇浔南社区服务中心购买心脏除颤仪一套，民革党员沈子良被选派至四川广安参与东西部扶贫协作工作。

【参政议政】 参政议政能力的培养从预备党员抓起，实行新入党员参政议政过关考核准入机制；注重民革党员参政议政能力培训提升，定期请专家做讲座指导，师徒结对指导，线上线下指导、请进来走出去交流指导。参与调查研究，2021年於丽参加民革中央主席万鄂湘主持的关于教育公平的座谈会，组织参与市、区两级的教育工作调研，提出的意见建议得到上级民革的肯定。6月，民革中央调研组赴浙江调研农产品质量安全，在湖州召开调研座谈，余溢代表南浔民革参加座谈，并在会上做“大力提升农产品质量　打响湖州农产品品牌”的交流发言。参与民革市委会2021年度重点调研课题招标活动，组建课题组6个，围绕热点主题开展调查研究，其中，於丽和民革党员钟秀明、孟萍萍课题组撰写的调研成果获三等奖。配合区政协开展调研走访，提出的意见建议得到市政协副主席叶理中、区政协副主席王湘起的肯定。南浔民革全年共报送社情民意信息60余篇，其中11篇“金点子”和“微点子”被区委、区政府主要领导批示，余溢的1篇“金点子”得到市委副书记、代市长洪湖鹏批示。

【民主监督】 南浔民革一、二支部分别牵头“数字化改革背景下基层矛盾调解工作现代化智能化”推进情况和“探索壮大村级集体经济营收新模式”推进落实情况开展专项民主监督，并提交民主监督报告，得到肯定。继续配合做好区政协“一村一社区一政协委员”联村工作，组织总支内政协委员到各自联系村（社区）进行走访活动。发挥民革法律工作站功能，开展推动法治工作重心下移，力量下沉，打造法治村（社区）“重要窗口”民主监督活动。

【社会服务】 南浔民革领衔研究制定《树葬区建设与管理规范》《青少年心理健康服务导则》，同时联合区科协开展“一馆一营一会一平台”助力青少年心理护航活动，入驻区级心理健康科普馆，发动党员开展线上线下心理咨询服务，特别是“老年智慧生活，跨越数字鸿沟”主题活动深受欢迎好评。总结提炼出《南浔民革党员探索基层社会治理新路径助力共同富裕》专题信息，得到民革省委会主委吴晶和市委会主委闵云肯定批示。形式多样。继续开展好统战部“双百结对、同心共治”活动，12月邀请民革安吉支部联谊交流，并赴和孚镇新荻村实地考察指导，助力重点工作的推进，指导新荻村建设“垃圾分类”科普馆。牵头组织相关民革公益助力活动，服务结对的浔南社区，同时在练市、善琏、旧馆、横街、洋南等“幸福邻里”开展30余场讲座，并慰问贫困家庭。深入民工子弟学校、杨帆特殊儿童学校、和孚中学等开展心理疏导讲座，和自闭症儿童的家长一起过端午，“寻找幸福的声音”。3月，民革南浔二支部开展义务植树活动。5月，在南浔镇正一广场组织“百年党庆民革行，博爱牵手助扬帆”活动，并组织义卖，义卖金额全部捐献给南浔区扬帆康健园的自闭症儿童。“六一”儿童节前夕，走访慰问6户贫困儿童家庭。夏季，二支部党员吴建平牵头开展夏日送清凉扶贫帮苦慰问活动。7月，结对邵逸夫医院民革支部在南浔开展“义诊助力共同富裕”社会服务活动。10月，助力区级心理咨询师沈凌玉开展“水滴筹”爱心捐款活动，帮助筹集资金12万元。11月，在练市“广瑞残疾人之家”开展“为自己喝彩”关爱残疾人心理健康讲座。疫情期间，组织党员积极投身志愿者活动。继续鼓励民革党员扶贫帮苦，支持党员资助困难学生、困难家庭，开展献爱心帮扶行动。大部分党员都参加“慈善一日捐”活动，李东流、孔见铭、柳秦桥、郑井方等民革企业家都以不同的方式支持慈善公益，党员王宗伟结对帮扶因丙肝疾病致贫家庭的孩子，并给予法律援助。

【对台工作】 民革党员密切关注两岸关系和台湾岛内形势的发展变化，促进祖国和平统一工作不断深入。保持与南浔驻台湾联谊会副会长陈大勇及其家属的友好联系。协助和孚镇及区委统战部、区台办做好涉台群体走访接待工作，联合科技力量服务好涉台企业。（朱梦娜）

·民盟南浔区总支委员会·

【概况】 2021年，民盟南浔区总支坚持以习近平新时代中国特色社会主义思想为指导，充分发挥党派特色和盟员自身职业优势，较好地完成了全年任务。民盟南浔区总支被民盟浙江省委会评为“脱贫攻坚先进集体”，被南浔区委统战部推荐为区2021年重点工作成绩突出集体，南浔区慈善总会向总支颁发“热心慈善事业”证书。

【强化学习】 加强盟员思想教育，学习贯彻中央和省、市、区重要会议精神，提升盟员参政议政能力。结合总支活动组织专题学习4次，在区委统战部“庆祝建党百年”系列活动主委论坛上区总支副主委沈琪勤撰写了题为《同心谋发展　同向共前行》的征文。湖州市统一战线庆祝中国共产党成立100周年经典传唱活动中，吴寅华、张书一参演节目《再见徐重庆》。抓考察交流。组织盟员外出学习考察2次（赴丽水庆元考察调研乡村旅游经济发展，赴福建宁德开展党史学习教育），邀请浙江大学玉泉支部到南浔调研。抓专题培训。组织盟员40余人次先后参加参政议政培训班、党外代表人士培训班、市委会理论学习中心组学习（读书）会等，进一步提升盟员的履职能力。抓盟史教育。组织各支部参加市委统战部开展的“百人百年话同心短视频”拍摄活动，积极组织盟员参加区委统战部“同心向党”征文及书画展示活动。认真参与“民盟中央纪念民盟成立80周年”系列活动，区总支拍摄并报送了“永远的民盟情”——庆祝民盟成立80周年视频，这也是全市民盟基层组织唯一报送的视频。组织盟员参加民盟省委会“我和我的民盟”征文活动。

【服务大局】 强化工作落实。围绕全区经济社会发展中心工作，召开参政议政工作部署会，专题召开参政议政工作座谈会，交流部署年度工作任务。落实市委会“参政议政半月谈”活动内容，举办“半月谈”活动，总结并进一步部署2021年参政议政工作。

注重调查研究。围绕年度重点调研课题组织盟员开展调研，形成《提升公共文化服务水平，夯实我区共同富裕文化基础》《加快提升产业链现代化水平，高质量打造产业核心竞争力》《补齐我区职业教育短板，助力打造共同富裕南浔样本》三篇调研报告。

高质量提交两会提案。在区政协两会期间，提交大会发言《厚植众创空间生态培育产业创新发展新动能》，集体提案《南浔融入长三角科技创新一体化的路径研究》《关于在全域土地综合整治过程中尽快实施村落文化记忆工程的建议》。在市、区两级两会上担任代表或委员的盟员共提交提案建议案9件。

主动参与协商议政。先后有盟员委员6人次围绕“坚持学有优教，推动南浔教育高质量发展”“重塑水晶晶南浔，高水平建设社会主义现代化共同富裕示范样本”等议题，分别与区委书记、区长等领导开展协商议政活动，积极建言献策。

积极反映社情民意，共上报社情民意信息49篇，其中，盟员施宛莎撰写的《中医药专利申请“内冷外热”建议加强知识产权开发与保护》被省委会、省委统战部、市政协录用，区总支委员何潇撰写的《甲壳类水产品中呋喃类药物代谢物自然存在导致“假阳性”建议根据不同品种修订现有代谢物残留限量标准》被民盟浙江省委会和市政协录用，《基层工会作用发挥存三大短板影响和谐劳动关系构建亟待解决》等13篇文章被民盟浙江省委会录用，《关于在媒体报道中对非法收养人停止使用“养父母”称谓的建议》等3篇建议被市政协录用，另有市、区“金点子”“微点子”活动专辑录用多篇，《关于强化公共服务领域适老化改造　助力共同富裕的建议》《关于落实“双减”政策规范校外培训市场的建议》《关于加强环卫工人路面安全作业　保障共同富裕的建议》得到区委书记杨卫东批示。

开展民主监督，组织盟员积极参加各类民主监督活动。赴区委政法委开展“数字化改革”专项民主监督活动，赴区教育局及区属学校开展“城乡教育一体化”专项民主监督活动，并形成调研报告2篇，均得到区委书记温建飞批示。

【服务社会】　探索建立“1+3+N”（打造1个“同心”服务品牌；主抓“民盟同心·浔溪教育奖”“民盟同心名医义诊”“民盟同心·浔溪法律服务站”3个服务载体；根据社会服务工作面临的新形势新要求不断探索新的服务形式，确定新的服务内容与载体）的社会服务工作体系，立足盟员专业，积极探索、不断创新，形成南浔区总支的特色服务体系。2021年，南浔区总支全体盟员及盟员企业共为教育奖捐款17.16万元。沈琪勤、邢红伟和张书一3名盟员律师依托“民盟同心·浔溪法律服务站”，为浔溪中学提供常年法律咨询、普法宣传等公益法律服务。开展精准服务。7月台风“烟花”来袭时，12月新冠疫情防控加强时，盟员们积极行动下沉社区，撰写反映社情民意的信息和“金点子”“微点子”，为党委、政府的工作提供智力支持。建立常态化机制。一年中，3名盟员律师分头奔赴双林镇农村基层开展普法活动，并为5个村的村民做“民法典公益普法讲座”。盟员医生积极参与市委会“名医同心义诊”活动，不定期下乡开展义诊和健康检测活动，为农村居民提供全面的健康咨询。

（朱梦娜）

·民建南浔区基层委员会·

【概况】　2021年，民建南浔区基层委深入学习中共十九大和十九届全会精神以及习近平总书记系列讲话，积极发挥本会联系经济界的特点和优势，大力加强自身建设、增强组织活力、提高参政水平、深化社会服务，为南浔区高质量打造美丽繁华新江南，高水平建设美好生活新家园做出了积极贡献。区基层委制作的专题微视频《五老火锅宴》被民建中央录用。

【理论学习】　区基层委充分利用基层调研、支部活动、专题学习会、网络学习等多种形式加强多党合作理论、政治协商制度、习近平新时代中国特色社会主义思想等方面学习，提高全体会员理论水平。全年多次组织召开专题学习会，认真深入学习中国共产党简史、民建会章和会史、中共十九大及十九届二中至六中全会精神、习近平总书记系列讲话等。全体会员积极参与庆祝中国共产党成立100周年征文活动，共撰写征文近20篇。

【参政议政】　区基层委共有会员86人，其中省、市人大代表各1人，市政协委员4人，区人大代表5人、常委1人，区政协委员14人、常委2人，镇人大代表2人。省人大代表吴小利在参会期间，多次与省领导面对面交流，意见建议得到肯定。在十三届五次省人代会上，分别提交《关于稳定推进全民免费新冠疫苗接种的建议》《恳请国土空间规划中支持南浔长三角一体化产业协同示范区的建议》《关于夯实基层卫生服务网底，助力乡村振兴战略的几点建议》等6个建议件，得到相关部门高度重视和采纳。全体会员积极参与提案建议，全年完成市、区调研课题5个，社情民意信息48篇，上报区委统战部“金点子”“微点子”共24篇（“金点子”录用6篇，“微点子”录用2篇）。区基层委主委吴桢的《国内旅游景点处处“小京都”，建议增强文化自信促进旅游健康发展》、区基层委副主委殷彤的《湖州招投标工程材料选用规则呈负面作用，应尽快完善符合国家制造业强国战略》以及吴桢和区基层委委员沈玲女合作的《无痛分娩普及推广面临四大“痛点”建议综合施策解决女性生育之痛》等获民建中央单篇录用。多篇“金点子”“微点子”获区委书记温建飞等领导批示。积极履行民主监督职能。基层委完成“‘未来工厂’建设”推进落实情况和“推进乡村全域土地综合整治与生态修复”两项民主监督工作，提出建议书；担任各级人大代表、政协委员的民建会员积极参与各级人大与政协组织的专项民主监督工作。

【社会服务】　全体会员积极参与社会服务，致力打造“思源浔梦”品牌，全年累计捐款金额达411.9万元（南浔、南林、双林、菱湖支部分别捐款52万元、217.8万元、70.5万元、71.6万元）。区基层委开展酷暑送清凉活动，向结对的江南社区环卫、保安人员赠送夏季防暑用品；协同区残联向东迁街道洋南村残疾人员冬季送温暖，捐赠羽绒服50套及大米、食用油等生活物资；南林支部携手练市镇新联会走进练市福利中心，开展义诊并慰问孤寡老人，提供服务70多人次，发放慰问品80多份。区基层委副主委蔡锋作红色党史讲座8次；会员吴伟荣多次参加抗疫安保、搜救失踪落水人员等社会公益活动；双林支部徐娟英、倪雅静组织开展救护员培训活动，发证200人，组织开展青春期心理健康教育2场，组织无偿献血1140人次；殷彤被评为“浙江民建为全面建成小康社会作贡献成绩突出个人”。

（朱梦娜）

·民进南浔区基层委员会·

【概况】　2021年，民进南浔区基层委坚持以习近平新时代中国特色社会主义思想为指导，振奋精神，凝心聚力，扎实工作，积极抓好参政议政、民主监督、社会服务等工作，取得一定成效。会员李惠民获“民进全国会史工作先进个人”称号，区基层委委员孙武先获市级“最美民进人”称号，宣淦平、吴昊获市“优秀会员”称号。菱湖支部被民进湖州市委会授予“先进基层组织”和“2016—2021年度先进集体”称号。

【思想建设】　坚持共产党的领导，完善组织制度建设。相继学习习总书记“七一”重要讲话、中共十九届六中全会、省、市、区委全会等重要讲话和会议精神。年初制订计划，加强组织队伍建设。由于受疫情影响，学习计划由集中学习向线上学习转变。同时在民进湖州市第九次代表大会、新会员培训班、党外代表人士培训班等活动期间，积极利用会议培训间隙抓基层委班子建设，统一思想，凝聚共识。严把会员发展质量关，夯实组织后备力量。区基层委发展朱翔、朱骏、金莹、张秀兰等新会员，为基层组织发展奠定了扎实的基础。

【参政议政】　一会员一信息，参政议政常态化。积极倡导“一会一信息”的会内制度，要求年轻会员围绕中心与时俱进，及时发现身边的民生问题、社会热点，积极撰写“金点子”“微点子”，全年共提交40余篇。会员吴昊的《基层网格员作用明显但队伍建设问题突出》获中央统战部录用。会员姚金妹的《护士护龄津贴十元封顶36年未变，建议顺应时代发展提高津贴标准》被市政协录用并报全国政协。区基层委委员俞思琦的《关于推广数字化新业态新模式　赋能传统产业转型升级　助力共同富裕的建议》、吴昊的《关于加强网格员队伍建设　激发基层治理效能　助力共同富裕的建议》《关于在新形势下补齐短板释放东西部协作新动能全面推进乡村振兴　助推共同富裕的建议》《关于加强源头管控破解出租房安全管理难题的建议》，区基层委副主委吴建光的《关于工程建设领域农民工工资专用账户管理的建议》被民进省委会录用，会员吴佰琴的《关于以党建引领提升物业管理水平　加快红色物业进老旧小区　助力共同富裕的建议》、会员周佳萍的《关于凝心聚力持续强化新时代民营企业社会担当　助力共同富裕的建议》、会员杨杰的《关于排除老旧社区屋顶安全隐患的建议》《关于通过适当收费开放南浔镇区部分停车场错峰停车来解决停车“南涝北旱”的问题的建议》、区基层委主委沈岐的《关于尽快完善房地产预售资金管理　助力共同富裕的建议》、会员金莹的《关于完善网络直播带货体系保障共同富裕的建议》入选“金点子”和“微点子”，并分别获得区委书记杨卫东、区长温建飞批示。

代表委员议政，发挥作用精准化。沈岐在区两会上以《加快补齐科创短板　推进创新驱动加力提速》为题作大会发言。区基层委主委沈岐和副主委戴晶获评区政协履职“十佳委员”。戴晶和区基层委委员孙琴华参加市委会先锋队议政沙龙活动。

重要时节有活动，常规活动不弱化。因为疫情影响，南林、浔溪支部青年活动采用先锋队沙龙形式开展。重阳节慰问活动慰问了老会员秦黎春等人，其中孔品、刘弘两位老会员代表区基层委参加市委会组织的重阳节活动。沈雄翔会员的作品《红传千秋》参加由民进浙江省委举办的“在正道上行——庆祝中国共产党成立100周年民进美术作品联展”。庆祝中国共产党成立100周年，会员周佳萍等都递交了绘画作品和书法作品。同时，开展与民进平湖城关中学支部联合开展“同心向党共贺百年”联谊活动，增进两地民进会员的交流与感情。春节前积极开展“开明公益　春联万家”写春联活动，赢得社会好评。

【社会服务】 社会服务显优势。充分利用教师会员、医生会员两大优势，在旧馆开展开明公益社会服务工作。南林、浔溪支部与南浔镇百间楼社区和旧馆街道罗汉村，双林支部与双林镇勤裕村，菱湖支部与菱湖镇西栅社区积极开展双百结对活动，浔溪支部联合百间楼社区庆祝中共建党百年活动。继“优彩　荟优”活动后，由菱湖支部为主举办的“菱湖中学西藏生书法班”启动，为加强汉藏文化交流起了助推作用。

民主监督显实效。分别围绕“数字化改革推动企业全生命周期办事服务”“绿色金融发展”推进落实情况开展专项民主监督。监督小组与相关部门作交流互动，并总结整理成民主监督报告。孙琴华参加市人大义务教育监督调研，并作为南浔区教师代表进行发言。

双岗建功创新业。民进南浔区基层委会员一直聚力双岗建功，在本职岗位尽心尽责，呈现民进人的风采。沈岐、董根荣、陈霞、周佳萍、叶群丽等会员代表不同工作岗位参与民进南浔区基层委“建党百年向党送祝福”的宣传片拍摄活动。会员陈霞获湖州市小学道德与法治教师综合能力大赛一等奖（省二等奖）和市先进教研组组长称号，她所带的教研组获得省优秀教研组称号。会员徐国华出版《谷华作品选编》一书，获得读者一致好评。孙琴华获区语文个人素养大赛一等奖，同时她是首批“浙江省中小学班主任工作室”领衔人。周佳萍所带的企业参评高新技术企业、浙江制造和绿色产品，并审核通过。会员叶群丽被推选为众创空间联盟副会长和创业导师。朱翔被评为2021年湖州市“最美医生”。李惠民撰写的图说新闻《浓情汉藏欢度元宵》在“学习强国”平台发布，他撰写的《红色菱湖一百年》中的有关内容被《湖州史志》录用。（朱梦娜）

·农工民主党南浔区总支委员会·

【概况】 2021年，农工党南浔区总支坚持以习近平新时代中国特色社会主义思想为指导，进一步凝聚政治共识、优化队伍结构、完善制度机制、提升参政质量，各项工作取得新成绩。农工党南浔总支获全区政协系统反映社情民意信息工作先进集体，总支主委孙水根获全区政协系统反映社情民意信息工作先进个人称号。

【思想建设】 以理论学习促素质提升。通过总支集中学习和支部小组学习，以及人人上好一节党课、专题宣讲辅导、组织座谈讨论、进行知识测试、撰写学习体会等方式，认真深入系统地学习习近平总书记系列重要讲话精神，中共和农工民主党党史，省、市、区委全会精神，农工民主党中央和省、市委会议精神等内容。同时，为党员订阅《前进论坛》《浙江农工》等理论读物，发放政协、统战学习资料，进一步提升党员的理论素质。

以政治引领促觉悟提升。始终坚持中国特色社会主义道路和中国共产党领导的多党合作和政治协商制度，制定《农工党南浔区总支庆祝中共建党100周年活动方案》，通过开展“四个一”（集中收看一次庆祝大会，组织开展一次党史学习教育、一次主题实践活动和一次“心理健康体检”活动）系列活动，进一步激励南浔区总支的农工党员不忘初心、携手共进。组织党员开展党史学习教育培训和知识竞赛活动。

以科学理论指导实践。支部党员先后赴长兴等地开展考察交流，完成理论文章及调研报告5篇。总支副主委程萍在抗击新冠疫情工作中获个人三等功，党员杨秀智、潘杰获个人嘉奖；党员陆明鸿在全国文明城市复评工作中获市级二等功；党员王琴、钟可光获全区重点工作先进个人；党员杨秀智、陈益骏、肖金海、吴悦、费红良在医疗岗位获得区医疗集团相关荣誉。

【参政议政】 围绕中心，积极建言献策助发展。在两会期间，党员王琴获区政协履职最佳政协委员，党员沈华撰写的提案获区政协优秀提案。8 月，组织党员赴长兴水口乡实地考察“旅游建设管理”和“乡村休闲旅游”，撰写专题调研报告。积极参与区委书记、区长与政协委员面对面协商议政会，为全区高质量发展建言献策。

深入基层，摸准社情民意促和谐。充分发挥总支党员的资源优势，拓宽信息采集渠道，扩大信息来源，积极撰写社情民意稿件。全年共撰写社情民意信息和“金点子”“微点子”51 篇，其中市政协录用 3 篇，省政协录用 1 篇，全国政协录用 1 篇，区主要领导批示 11 篇。

聚焦重点，开展民主监督解难题。积极参加各类政情通报会、会前视察、专项视察、对口协商、意见征求会等，认真开展民主监督。围绕“‘数字乡村一张图’全覆盖”“组团发展未来乡村”两项主题，总支成立民主监督小组，分别赴旧馆街道开展专项民主监督活动。

【社会服务】 创新方式，提高社会服务水平。围绕民生改善和群众健康，积极开展义诊宣传等活动。2021 年在南浔镇、练市镇、菱湖镇、双林镇、东迁街道的行政村（社区）和南浔吾悦广场开展义诊、咨询、讲座和“三服务”等主题活动 9 次，受到当地政府和群众的广泛好评。

统筹联动，拓宽社会服务领域。结合农工党医药卫生等界别性质，创立“党派+”合作模式，全力打造社会服务系列品牌。争取到浙江嘉事商漾医疗科技有限公司的合作支持，启动由浙江省癌症基金会、浙江省肿瘤防治办公室主办，由农工党南浔区总支、南浔区卫生健康局承办的“农情守护　工助健康——2021 关爱宫颈健康　蓝丝带在行动”活动。为提升居民垃圾分类意识，农工党南浔区总支于 10 月赴含山中心小学开展科普进校园活动，宣传生活垃圾分类的知识和意义。11 月，赴双林镇开展 2021 年“六送下乡”（送科技、教育、文化、卫生、体育、法律下乡）暨委员走进基层、走进群众集中服务活动。积极组织开展公共文化服务、帮扶解困、社会助残、资助少数民族困难学生、“双百结对”等活动，扩大党派影响力，提升群众幸福感。

（朱梦娜）

· 九三学社南浔区基层委员会 ·

【概况】 2021 年，九三学社南浔区基层委紧紧依靠和团结带领全体社员，高举习近平新时代中国特色社会主义思想伟大旗帜，继承和发扬九三学社“爱国、民主、科学”的优良传统，以建设“思想上坚定、履职上坚实、组织上坚强”的优秀基层组织为目标，积极履行政治协商、参政议政、民主监督职能，全面加强自身建设，切实履行参政党职能，各项工作取得了显著成效。九三学社南浔区基层委员会获 2021 年度省委会先进基层组织称号，区基层委委员陈云获 2021 年省委会优秀社员称号。第三支社主委李敏丽被市委会评为 2021 年社会服务先进个人。

【思想建设】 强化政党意识。以中共党史学习教育为契机，深入开展社史教育活动，进一步凝聚思想共识、提高社员政治素质，全年区基层委共召开学习会议 6 次。发挥表率作用。充分发挥“关键少数”作用，通过抓主委、委员、支社负责人的政治理论学习，不断提高南浔区九三学社班子成员的政治把握能力和思想理论水平。建立健全与思想建设有关的各项制度，推动思想建设制度化、常态化。创新形式方法。通过健全学习机制，丰富学习内容，有计划、有组织地开展新会员、骨干会员等多层面的学习培训，提高认识、提升能力。在宣传上，利用网络、微信、微博等新媒体，营造良好思想氛围。

【参政议政】 积极参加政治协商。聚焦城建、“三农”、医卫等领域开展调查研究，努力撰写高质量的调研报告。第一支社主委汪建辉撰写的《关于加快政府性融资担保体系建设　保障共同富裕的建议》，李敏丽撰写的《关于提高国有资金投资工程工程量清单编制质量的建议》，社员邵燕君撰写的《关于防止耕地“非粮化”政策落实的建议》，社员沈明明撰写的《关于消除临街工地围挡喷淋设施交通隐患　保障共同富裕的建议》等 11 篇提案，获区委书记杨卫东、区长温建飞批示，其中区基层委委员车爱萍撰写的《关于加强工程领域中介机构监管的建议》获优秀提案。汪建辉、李敏丽荣获 2021

年度区政协优秀委员。主动反映社情民意。全年共提交社情民意信息 80 篇、批示 30 余篇，多篇信息被省级以上媒体录用，如陈云撰写的《建议高度关注芯片制造配套电子电镀也发展》被全国政协办公厅《每日社情》录用，《农业经营制度供给错位引发三方面问题需引起重视》获社中央、省委统战部、社省委采用。闵陈晨、陈云 2 位社员被聘为 2021 年度区政协特邀信息员。有效参与民主监督。全力做好民主监督工作，以三个支社为依托，制定专项民主监督方案，成立监督小组。对区卫生健康局、区大数据中心开展专项民主监督，形成《关于构建全区域急救体系，打造城乡均衡医卫公共服务专项民主监督》《关于南浔区一体化智能化公共数据平台建设专项民主监督的有关意见建议》监督建议，取得民主监督工作实效。

【社会服务】 全面搭建服务平台。结合“九三科技服务月”，精心策划“医疗、卫生、法律”三服务，以三个支社为基础，精心组织开展社会服务，确保各项活动取得实效。在双林镇箍桶兜村开展“双百结对　同心共富”活动，全年累计开展社会活动 5 次。九三学社南浔区基层委员会“聚焦共同富裕，实施五大同心工程”社会服务工作，在 2021 年党外代表人士培训班上做典型交流。车爱萍荣获 2021 年市委会宣传工作先进个人称号。全力打造社会服务品牌。围绕实施五大同心工程，广泛发动社员开展慈善募捐，共募集善款 1 万余元，并设立“九三爱心基金池”。与困难学生、困难农户开展结对活动，共结 6 对，并常态化给予资助。在双林镇箍桶兜村开展法律咨询、健康义诊等活动，得到社市委肯定和老百姓欢迎。立足岗位积极建功。鼓励支持社员立足岗位，发挥专业特长，创先争优。社员顾赞华入选第五批全国中医临床优秀人才研修项目培养对象，社员茹晓英撰写《面向复杂环境的高性能电梯智能安全关键技术研发与应用》被中国产学研合作促进会评定为“2021 年中国产学研合作创新成果奖”一等奖，社员赵颖获“2021 年浙江省农业技术能手”称号，社员孙莉获“浙江省农业丰收奖”三等奖。（朱梦娜）

人民团体

·工　会·

【概况】 2021 年，南浔区总工会深入学习贯彻习近平总书记关于工人阶级和工会工作的重要论述，坚持走中国特色社会主义工会发展道路，紧紧围绕区委和市总工会的决策部署，围绕中心、服务大局、紧贴职工，以党的建设为统领，扎实开展党史学习教育，统筹推进思想引领、建功立业、维权帮扶、普惠服务等工作，全面加强工会自身建设，各项工作取得新进展。区总工会党支部（33 人）在全区庆祝中共建党 100 周年“两优先”表彰大会上被区委授予“南浔区优秀基层党组织”称号。浙江练市智能机电高新技术园区被中华全国总工会确定为提升职工生活品质试点。

【队伍建设】 深化产业工人理想信念教育，构筑职工“听党话、跟党走”的思想高地，切实让工会的党旗飘起来。扎实开展党史学习教育，赓续红色精神。在全区工会系统实施“工心向党”党史专题学习、专题宣教、专题展示、专题实践“四大行动”。推出党史学习教育“四史清单”（党史、新中国史、改革开放史、社会主义发展史），开展“精神传承、思想升华——‘六个一’（看一次展览、听一次党课、学一次党章、观一次专题片、寻访一次红色教育基地和重温一次入党誓词）党员教育”活动，组织党史学习 60 余次。开展“百场红色电影送企业”、中共十九届六中全会精神“六讲六做”（讲好党的百年奋斗历程，做红色根脉的坚定守护者；讲好新时代的辉煌成就特别是“两个确立”对新时代党和国家事业发展、对推进中华民族伟大复兴历史进程的决定性意义，做“两个维护”的示范引领者；讲好百年奋斗的宝贵经验，做新时代“重要窗口”的优秀建设者；讲好习近平总书记深厚的为民情怀，做人民至上的不懈奋斗者；讲好习近平总书记在浙江的故事，做“八八战略”的忠实践行者；讲好习近平总书记赋予浙江的重大历史使命，做高质量发展促进共同富裕的先行探路者）大宣讲等系列活动。加强党史学习教育宣传，相关活动被中央、省级主流媒体报道 7 篇，《湖州工运》刊发 2 篇，区党史学习教育简报录用 4 篇。区总工会代表队在全区机关事业单位和国有企业党史知识竞赛中取得第 4 名的好成绩。

弘扬劳模劳动工匠精神，发挥示范作用。推荐评选全国工人先锋号 1 人、浙江工匠和浙江金蓝领等 8 人、市级和区级荣誉 6080 余人（个）。大力弘扬“三种精神”（劳模精神、劳动精神和工匠精神），广泛宣传劳模工匠事迹和先进典型，建设区“劳模工匠”展览馆，推出“浔工匠心”“千名技能人才”微课堂等宣传栏目 20 余期。隆重举行区“五一”劳动节表彰活动，表彰劳模、模范集体、工匠和先进工作者等 99 人（个）。加强劳模管理服务，组织各级劳模慰问、体检、疗休养 226 人次，发放退休劳模津补贴 7 万余元。

弘扬新时期南浔职工精神，引领文明新风。加强职工“四德”（社会公德、职业道德、家庭美德和个人品德）教育，以职工文体“双百引领”、“最美家风+”为载体，举办各类活动 60 余次。选树“最美家风移风易俗示范企业”10 家，评选“最美家风诚信企业家”10 人。打响工会志愿服务品牌，开展疫情防控、疫苗接种、文明典范城市复评等志愿服务活动。举办首批非公企业“红色工匠”培育对象能力提升培训班，培育选树第二届“红色工匠”52 人。

【助推经济社会发展】 不断提升职工劳动岗位技能和职业素质，激发广大职工创新创造活力，在助推高质量发展助力共同富裕中发挥主力军作用。全力推进“产改”试点工作。召开产改推进会，出台《南浔区深化非公企业产业工人队伍建设改革技能提升全域试点方案》，推行产改任务清单制。建立省、市、区三级产改试点体系，培育省级试点企业3家、市级和区级26家。

开展劳动和技能竞赛活动，开设比武项目100项，“名师带徒”100对。广泛开展“五小”（小革新、小发明、小改造、小设计和小建议）劳动竞赛活动，收集合理化建议120余条、优秀项目成果50项，培育优秀职工创客24个、创新创业基地8个。多渠道提高职工住房保障水平，实施“职工安居”工程，着力提高产业工人生活品质。

开展“聚力‘三服务’（服务企业、服务职工和服务基层）、助力‘五战’（改革突破争先战、产业创强争先战、美丽提标争先战、开放融合争先战和风险防控争先战）开新局”活动，组织工会机关干部赴基层蹲点，推动企业问题解决。落实工会为企业降本减负工作，全年减缓企业工会经费1211.35万元，返还小微企业工会经费173.4万元。牵头建立职工帮扶驿站，建立每月25日为基层工会主席集中接待日机制，解决职工“急、难、愁”问题90余个，实现基层职工“维权不出企业”。关心关爱职工身心健康，组织职工体检128次，惠及11860人次，开设职工子女“青少年护航公益课”12期，建立企业心理咨询室20家。

【维护职工合法权益】 夯实基层工会工作基础，加强劳动权益维护，加大困难帮扶力度，发挥工会组织在助力构建社会治理新格局的积极作用。加大基层工会组织建设。聚焦非公有制经济组织、社会组织、两新组织建会和“八大群体”（货运驾驶员、物流快递员、护工护理员、家政服务员、商场信息员、网约送餐员、房产中介员和保安保洁员）职工入会，开展工会组建“百日攻坚”专项行动，新建工会87家，新增工会会员4281人，规模以上企业建会率达98.7%。加强乡镇基层工会、区域性和行业性工会联合会规范化建设，健全“小三级”工会组织体系，创新成立全省首家网络直播员联合工会、全区首家商场信息员联合工会、双林镇快递园区联合工会。持续推进工会会员实名制管理工作，完成74252名职工扫码入会，实现全区会员实名制动态管理。

深化构建和谐劳动关系。推荐评选市级劳动关系和谐企业17家，完成60家市级劳动关系和谐企业复评工作。开展“安康杯”知识竞赛，获得省安全隐患“随手拍”合理化建议三等奖。加强劳动关系预警调处，建设“劳动关系协理舱”，建立区镇两级“月报告、季分析、重点研判”工作机制，协调化解纠纷236件，为305名职工挽回损失655.6万元。巩固提升“无欠薪区”创建成果，开展劳动法律专项监督、劳动用工体检专项行动，推进工资集体协商，检查企业50余次，完成企业用工体检518家，签订集体合同537份，覆盖职工5万余人。

深化职工关爱帮扶行动。深入开展“春送岗位、夏送清凉、秋送助学、冬送温暖”活动，举办“春风行动”招聘会35场次，达成就业意向4200余人；开展高温慰问，慰问企业和工地121个，职工14500人，开展防暑降温检查75次，督促发放高温津贴459万余元；建立健全困难职工脱困工作协同机制，慰问困难职工、帮扶低收入家庭86户，发放慰问金17.38万元；春节期间开展留人稳岗促发展行动，组织“六送”（送思想文化、送身心健康、送平安保障、送温暖关爱、送工作岗位和送技能提升）活动，服务职工6.9万人次，发放“水晶晶南浔大礼包”3695份，落实慰问物资折合人民币200余万元。

【做实工会普惠服务】 不断满足职工对美好生活的向往，加强职工阵地建设，深入开展职工医疗互助、疗休养、文体活动等普惠服务，着力提升职工生活品质。提升区级阵地服务能级。加强区工人文化宫“两化”（社会化和市场化）运作，完善“一中心两翼”（以工人文化宫为中心，以职工社团和职工志愿者服务队为“两翼”）模式，不断提升区级职工阵地服务水平。开展羽毛球馆场地向全区工会会员免费开放和电影院“电影公益周”活动，共计服务职工5000余人次。

加强职工志愿者队伍建设，新建文明餐桌、心理健康两支职工志愿者队伍，建成各类志愿服务队12支，成员500余人。职工文体联合会和志愿者服务队不断延伸工会特色服务，开展各类服务300余次，提供技术支持100余人次，解决技术难题28项。

激活基层职工阵地建设。加快推进镇级工人文化宫全覆盖工作，启动建设镇级工人文化宫4家，建成东迁街道工人文化宫。激活企业阵地“细胞”，深入开展星级职工阵地创建，引导企业加强“三心”（放心、称心和贴心）职工食堂、“三安”（安全、安居和安心）职工宿舍、“三美”（环境优美、文化隽美和关系和美）职工之家企业职工阵地建设，

2021年启动14家企业“星级职工阵地”创建工作。支持四川省广安市广安区对口协作地区基础设施援建，捐资120万元建成广安区“官盛新区南浔产业园职工之家”，惠及园区职工2000余人。加强“妈咪暖心小屋”建设，评选星级“妈咪暖心小屋”10家。

推动职工医养提质扩面。完善医疗救助机制，取消医疗互助报销起付线，医疗互助参保职工4.5万人，补助职工3088人，发放补助金额288.3万元。新建市级职工疗休养基地5个，机关事业单位职工疗休养费用增加至每人每年3000元，全区参加疗休养职工人数达6500余人。引导非公企业开展职工疗休养活动，组织600名一线先进职工代表疗休养，落实非公企业工会疗休养“本地行”补贴1.5万余元。深化对口地区疗休养合作，组织101名职工赴对口地区疗休养。（党　蕾　肖　敏）

·共青团·

【概况】 2021年，共青团南浔区委深入学习贯彻习近平新时代中国特色社会主义思想，深刻领悟团省委十四届九次全委（扩大）会议和团市委七届七次全委（扩大）会议精神，积极参与“我在窗口写青春”浙江青年携手共同富裕先锋行动，取得了一定的成效，先后获得市2021年度“全国文明城市复评集体三等功”和全区“新时代文明实践与志愿服务工作突出集体”“开放融合工作成绩突出集体”称号。

【关爱活动】 关注新兴领域青年群体。成立南浔区快递物流行业团工委，召开新业态群体座谈会2次，邀请区人大代表、区政协委员及相关责任部门参加，现场收集意见共10个并全部解决；分发暖“新”礼包155份。针对快递员、外卖员工作特点，专门为他们选择可触屏手套，为货运司机选择车载腰垫，做到针对性实用性兼备。全区打造“小哥驿站”26个，高标准重点打造双林、旧馆“小哥之家”2个，具备乒乓球、桌球、团建室等专属功能。

关注新居民群体。开展“冬日暖阳”进校园系列活动，借助区青年企业家协会等社会力量全程参与，在5个新居民子女学校点亮微心愿250个，并资助思进小学参加曲棍球全国比赛6万元，营造全社会共同关心新居民子女健康成长的浓厚氛围。

【协作帮扶】 校企合作，助力帮扶。区青年企业家协会于11月在浙江水利水电学院南浔校区设立“爱在南浔·圆梦心愿”爱心圆梦助学金，每年捐款20万元用于帮助100名困难学子。

东西协作，助力扶贫。深入开展“石榴籽一家亲”活动，为远在新疆柯坪的少年儿童筹集冬衣1800余套及6万余元的文体用品，其中200支湖笔专门刻有“桃李满天下”字样，寓意隽永，并同步开展“传承经典文化　争做时代新人”网络书法课，该项帮扶工作获湖州援疆指挥部肯定。

结对合作，助力脱贫。开展以购代捐活动，发动购买四川广安龙安柚饮料3500箱共计23万元，切实解决对口结对的广安地区农畜牧产品滞销问题。同时，在防台风期间，组织青年企业家、爱心人士募集善款37万余元。全年累计90余万元。

【助力共富】 党史学习赋能共同富裕“青动力”。围绕党史学习教育四本“指定书目”，依托“红色星期六”“周一夜读”等载体，组织团组织和广大青年领学、自学、研学；到安吉余村、红军长征追踪馆等红色教育基地观摩学习3000余人次；以“浔小青”党史教育宣讲团为主体，创新推出“百年党史青年说”网络直播宣讲、“青农人”的红色故事——《一诺千金》广播剧等接地气的青年党史宣讲品牌11个。落实“红领巾爱学习”网上主题队课学习，组织全区大中队辅导员开展线下互比互学《请党放心　强国有我》少先队活动课展示。

青年典型选树描绘共同富裕“青画像”。杰出青年张开荣获评“全国脱贫攻坚先进个人”“浙江省优秀共产党员”“全国乡村振兴青年先锋”等。团干部李倩璐获得“浙江希望工程30周年突出贡献者”称号。“五四”期间，选树“南浔杰出青年”“南浔优秀青年”各10人，“湖州杰出青年”1人，“全国向上向善好青年”候选人1人。推选“省级青年文明号”1个，推选“省级青年岗位能手”1人。组织开展“致敬百年伟业　争做‘真善美’好队员”大寻访活动，选树区级好少年26人，推优入选省级荣誉4人，市级荣誉7人，其中湖州师范学院南浔附属小学学生林子轩作为全市唯一一名少先队员荣获省级“新时代好少年”。开设“我在窗口写青春”专栏，先后发布张开荣、姚玉粼、沈彬良等优秀青年事迹。

青年人才引育汇聚共同富裕“青智慧”。高标准举办“共同富裕水晶晶南浔青年论坛”，邀请全省共同富裕智库专家与南浔6位青年面对面交流。暑期，浙江大学“黄土地计划”实践团的大学生和浙江水利水电学院的“村小二”在南浔开展暑期挂职锻炼活动，浙江大学与南浔高级中学“浔龙班”首次开展常态化结对活动，浙江水利水电学院有7名“村小二”竞选为学校学生会干部。与区人力资源和社会保障局、区市场监督管理局组织开展“2021年南浔暑期千人实习计划优秀大学生家乡行活动”，颁发“引才大使”聘书20份。

【基础建设】 青年突击助力防台风防疫情。针对台风“烟花”来袭，第一时间组织青年力量做好群众转移、安置点服务保障和善款筹集工作。组建青年突击队267支，发动青年志愿者3155人，排查险情、走访和慰问受灾群众。《安置点的特殊生日》《青年志愿者疏通沟渠、保障梨园安全度汛》相关事迹被《人民日报》报道。当绍兴、杭州等地出现感染“德尔塔”变异毒株病例时，团区委均在第一时间发布《致全区广大青年的一封倡议书》，号召全区团线干部、青年志愿者下沉乡镇开展防疫工作，做疫苗接种的宣讲员、践行者、志愿者。

立足本土做实农创培育。结合“两进两回”（科技进乡村、资金进乡村，青年回农村、乡贤回农村）工作部署，联合南浔银行发布“共富创业贷”，推选泰隆银行南浔支行行长潘冬、南浔区梦之源社会工作服务中心理事长许鑫艳为浙江青年创业导师候选人。立足特色产业培育本土青年农创客，全年培育省、市级青创农场各2家。新农人鲍丽莉（抖音号：菰城格格）通过拍摄抖音视频宣传乡村生活、助力乡村振兴，被誉为“湖州李子柒”。

组织先行推动基层社会治理触角延伸。稳步推进“调小青”入驻区社会矛盾纠纷调处化解中心；组建一支“浔安小哥”志愿服务队，每周二、周四在中心城区重要路口协助交警指挥交通；完成南浔区首批29家“真善美”种子工程实践基地挂牌工作，设计区级校外研学护照和奖章，推动信念教育落地落实。2021年，南浔区人民法院作为实践基地荣获全国“青少年维权岗”称号。

【服务品牌】 打造青春护航青少年综合服务品牌。成功将“青少年心理健康护航项目”纳入2021年南浔区十大民生实事项目，制定团属“青春护航”项目，为青少年家庭提供家庭讲座、亲子互动、青少年心理健康辅导、“12355”中高考解压讲座等服务，并以此为契机开展团费改革，两个项目共收到团费5.5万余元，参与1万多人次，完成率近100%。依托校外教育阵地在各镇建立“心灵解压驿站”10个，累计开设包括“倾听孩子，看见你我”等家长课程41场次，亲子联心互动活动48场，进社区、学校开展中高考解压讲座、家庭讲座21场，累计参与青少年及家长4000余人次。

坚持公益属性推进流动少年宫活动。借助流动少年宫品牌开展“播种红色种子　插上科技翅膀”进校园活动，全年开展流动少年宫活动17场，参与3500余人次；共向全区近20所中小学赠送图书12000余册，发放书券费共计5万余元。助力双减，开设公益暑托班、秋季托管班、网球公益课及“书香南浔，你我同行”、“5+3”亲水课堂等志愿服务活动100余场次，参与青少年1000余人次。

持续推进青少年关爱和权益维护。持续深化“希望工程”“四青平台”等工作平台能级，上门走访帮扶全区重点青少年，慰问困难青少年家庭，筹措资金30余万元。依托“亲青筹”实现青少年微心愿37个，困难救助金11份，大学新生助学15人，共11.92万元。加大对重点青少年群体的关注力度、帮扶力度，组织开展“天使归来·爱满南浔”“同心同行·共抗疫情”等多项特色活动。与区检察院开展“雏燕点亮心光”维权志愿服务项目，降低辖区内未成年人的再犯罪率和被侵害率，团区委获市级志愿服务项目大赛金奖。南浔镇增山社区、菱湖镇北栅社区、旧馆街道大洋社区已完成浙江省未成年人保护工作委员会“青少年零犯罪零受害社区（村）”省级试点验收工作。

【青少年宫设施】 完成区青少年活动中心（以下简称“青少年宫”）机房建设与智能道闸建设。完成部分教室智能电子屏（15块）的招标工作。提升了保安、保洁队伍的建设，完成消防系统的维保维护，确保各系统的正常运行和安全保障。

【青少年宫管理】 青少年宫以“作风、学风、教风”三风建设为重点推进作风建设，形成“培训与活动”协调发展的运行机制，建立起一般工作与专人管理职责制、落实绩效考核等“制度管人”的管理模式。按人定岗，人人有目标，有事做，能自律，守规矩。根据中心实际，完善中心绩效考核制度，实现绩效管理提升教职员工工作积极性。

【培训活动】 2021年青少年宫培训学员共计7000人次，实现自主收入543万元。坚决执行“双减”工作精神，现有项目书画组8个、体育活动组10个、音舞组9个、科技综合组5个，共计33个项目。兴趣特长培训规模发展保持稳中求进，寻找新的增长点，并筹备下年度发展新项目。开展多项目公益课程与暑期公益托班，更好地服务青少年。

【实践活动】 2021年开展以“科技智慧创新”为主题的流动少年宫活动，参与学生近2800人；以“创意无限 流动助力”为主题的流动少年宫助力课后服务活动，参与学生近700人。青少年宫承办全区机器人大赛，参赛学生近300人。开展“学党史 讲党史 做党的红孩子——进校园”主题公益活动。

【接待活动】 青少年宫创造各种机会接待全区广大青少年有组织的参观活动。因受疫情影响，主要的接待活动都安排在下半年，全年共接待全区学校（幼儿园）的青少年（幼儿）约6000人次。

【研学活动】 组织开展“‘学党史 强信念 跟党走’——星星火炬 红色传承，争做新时代好少年”研学活动，组织学生参观长兴金钉子地质公园，接受爱国主义教育，并培养学生爱科学、学科学、用科学的兴趣，增强与培育创新精神和实践能力，研学活动参与人数近200人。组织开展“‘学党史 强信念 跟党走’——探秘宝藏乐园 实践红色教育”研学活动，组织学生到吴兴妙西的原乡探险公园体验，培养学生的意志力、忍耐力和合作精神，提升学生的精气神，并在潜移默化中让学生将红色基因深植于心，活动参与人数198人。

【网络活动】 青少年宫为进一步抓好学校的网络安全教育工作，增强广大青少年的网络安全意识，开展了网络安全教育系列活动。利用课前1分钟进行网络安全宣讲会，倡导全体学员安全上网、文明上网、维护网络安全。同时召开网络安全主题班会、开展网络知识讲座、知识竞赛等活动，向学生普及和宣传有关网络安全的防范知识，提高青少年儿童的安全防范意识。2021“网聚少年”寒假网络冬令营活动参与青少年5000人左右，第17届“网聚少年”暑期网络夏令营系列活动参与青少年2000人左右。

为庆祝中国共产党成立100周年，青少年宫开展“喜迎建党100周年”党史知识网络竞赛活动，通过线上答题的形式，让青少年学习党史、铭记党恩，向党致敬，为党的100年光辉成就点赞，传承红色基因。竞赛活动共开展10期，总计参与青少年近3000人。（陈 溪）

· 妇女联合会 ·

【概况】 2021年，南浔区妇女联合会（以下简称“区妇联”）积极履行组织妇女、引导妇女、服务妇女和维护妇女儿童合法权益的职责，求创新，谋发展，抓落实，推进妇女儿童各项事业发展取得新进展、新突破。区妇联登上“2021年度全国妇联宣传舆论阵地建设光荣榜”，获得2021年“湖州市文明城市建设突出贡献集体”称号。

【思想建设】 区妇联始终紧跟形势任务，站稳政治立场，把思想政治引领贯穿于妇联工作始终。

红色党建强信心。区妇联机关党支部积极开展“浔遍红迹争朝夕”活动，结合“红色星期六”主题党日、“周一夜读”开展集中学习研讨47次，专题组织开展“巾帼红色足迹追踪之旅”“致敬革命母亲”、慰问巾帼老党员等活动，努力将党史学习教育走深走实。

主题宣讲聚民心。打造“浔姐姐”巾帼宣讲品牌，选拔组建“8090”巾帼宣讲团、乡里乡亲宣讲团、渔都之花宣讲团等队伍，开展“巾帼大宣讲”去机关、到村（社）、进家庭活动，将党史宣讲与家风家教、普法培训、文艺演出、知识竞赛等充分结合，累计开展活动300余场次，覆盖群众3万余人次。

网络联动强根基。通过“浔溪女儿”微信公众号、11个乡镇（街道）和开发区官方号、766个各类姐妹微信群构成的线上网格，积极发布工作动态、政策法规等1000余条，加强宣传引导、传播正能量，将妇联好声音快捷高效地传达给广大妇女和家庭。全区妇联工作在国家、省市级主流媒体录用报道共41篇。

【助推妇女创业】 区妇联积极助推女性创业创新驱动发展，在全市率先发布《巾帼助力共同富裕三年行动计划》，相关工作获吴登芬、夏坚定两位市领导批示肯定。

示范带动树标杆。通过典型引领、示范带动、结对指导等举措优化女性创业创新环境，带动经济建设发展，提高市场竞争力。2021 年培育巾帼创业领军人才 10 人，打造“巾帼示范农家乐（民宿）”10 个，培育“居家灵活就业示范基地”5 个，开展各类综合能力素质培训近 4 万人次。

交流互动增服务。加强女企业家的合作互动，新增区女企协会员 6 人，多渠道搭建沟通平台，组织开展创业故事分享、贴息政策解读、智慧母亲课堂等活动共 16 场次。积极衔接巾帼民宿、巾帼特色产品、“妈妈的味道”、“妈妈的手作”线上线下展销展示，开展纺织工、制笔工、剪纸工等工种培训 26 场。

政策推动促实效。广泛宣传女性创业小额贷款贴息和来料加工项目，共为 9 名创业女性争取“政策红利”46. 65 万元。持续推广“妇”字号、“家”字号金融产品，2021 年共发放“巾帼贷”1. 44 亿元，惠及 768 户。联合为 5 名创业女性授信“创业共富专项贷”1000 万元。推出“美丽庭院贷”落地授信 415 万元。

【家庭建设行动品牌】 区妇联以深度服务家庭为目标，充分发挥家庭家教家风在基层社会治理中的重要作用，扎实推进家庭建设行动。

打造“浔浔善幼”家庭教育品牌。以“浔有良师、浔有好课、善学善思、幼有优教”为目标，组建 12 支家庭教育讲师团队伍，联动各领域妇联组织、女性社会组织力量，创新运用“五式工作法”（入户式宣传、云端式普及、课堂式指导、圆桌式互动、陪伴式服务）强化村（社区）家长学校工作，开展家庭教育课堂 2000 余场次、水晶晶父母课堂 6 期、幸福妈妈圆桌会 37 场，覆盖群众 6. 3 万人次。

打造“美丽庭院幸福家”品牌。将美丽庭院创建工作纳入“实绩论英雄”考核，实行双月考核“蓝黄牌晾晒排名”机制，形成镇、村一把手亲自抓工作体系。2021 年成功创建乡镇级以上美丽庭院 8099 户、区级美丽庭院示范户 3387 户，涌现出了和孚镇新荻村、荻港村，石淙镇石淙村等一批美丽典型村，同时配套争取了 20 万元奖励资金。

深化“最美家风+”品牌。推出“家风书屋”“家风广播”“浔阅小分队”等工作载体，开展守望家风大讲堂、家风故事巾帼说等活动 50 余场。2021 年评定健康家庭 1003 户、绿色家庭 100 户、平安家庭 30 户、最美家风·移风易俗示范家庭 10 户；向上推荐优秀家庭 36 户，并通过线上、线下分享展播，覆盖群众万余人，进一步弘扬了家庭文明新风尚。

【维权关爱】 区妇联发挥“联”字优势，努力营造全民参与、共建共享平安南浔的良好氛围。

多点联动筑牢维权网。在区、镇社会矛盾纠纷调处化解中心、片区社区联动站建成“浔姐姐家事厅”26 个。联合区民政局建立区未成年人救助保护中心。在婚姻登记窗口推行“反家暴承诺制度”，引入第三方开展婚姻家庭指导，签订反家暴承诺书 322 份。联合区人民法院等多个部门新推出南浔区未成年人（司法）保护一体化协同平台。

分线推进守护平安网。夯实宣传“基本线”，开展各类普法宣传 110 场次。巩固排查“重点线”，全区 2583 名妇联干部执委走访家庭 25367 户次,“五色家庭”（“红色”为重点关注家庭，“橙色”为矛盾隐患家庭，“粉色”为单亲、失独、生活困难、留守老人、儿童等家庭，“蓝色”为平凡普通家庭，“绿色”为最美家庭、有先进事迹等家庭）档案不断完善。畅通维权“关键线”，通过驻点值班、热线咨询、留言互动，努力拓宽诉求通道，受理各类矛盾纠纷 312 件,成功化解 308 件,化解率达 98. 7%。

扩面关爱搭建服务网。开展“时光轮亲子成长营”“幸福教育”“浔溪港湾”“小书房陪伴行动”等活动 229 场次，参与人数约 6000 人次。联合北京商会、上海商会开展“博爱助学金”项目结对救助 52 人，发放救助金 13. 1 万元。圆梦困难儿童百个微心愿，救助金额 3. 5 万元。联合爱心企业面向全区低保女性开展“冬日送暖”公益关爱活动，捐赠羊绒衫 2003 件，金额达 58. 9 万余元。 （徐 帆）

·区工商联·

【概况】 2021 年，区工商联深入贯彻习近平总书记在企业家座谈会上重要讲话精神和关于新时代民营经济统战工作重要指示精神，紧紧围绕区委、区政府工作大局和民营经济领域“两个健康”主题，大力弘扬新时代企业家精神，为高质量打造美丽繁华新江南、高水平建设共富共美新家园做出了积极贡献。民营企业调查统计工作获得全国工商联通报表彰；“扎实助力东西部协作和山海协作工作”获得省工商联专项工作先进。《凝聚民企力量，助力脱贫攻坚，以奔跑姿态助力共同富裕》和《创新开展“双诺双评” 全力助推政商亲清》2次获得全省服务“两个健康”最佳实践案例。2篇信息在《中华工商时报》刊登，2篇信息被省委办公厅和省纪委监委录用，5篇信息在《浙江日报》和《湖州日报》刊登。

【思想建设】 出台《关于开展“同心向党·携手共进”主题教育的实施方案》，组织民营企业家赴河北西柏坡、嘉兴南湖等地开展党史学习教育系列活动2次35人次。在民营企业党支部宣讲16场次，宣誓党员累计800多人。开展“党员学党史读金句”活动，累计参与人数达1160人。组织66名新生代企业家赴厦门大学参加集中培训，组织37名重点骨干新生代企业家参加“北大百人培养计划”培训班。发挥企业党组织在生产经营中的战斗堡垒作用，不断扩大民营企业党的组织和工作覆盖，1108家规上民营企业实现党组织全覆盖。积极申报新时代优秀中国特色社会主义建设者活动，顾林祥、沈方根2位民营经济代表人士获得市级优秀建设者荣誉称号。政治上强化关心关爱，多渠道提升民营企业家政治地位，为其健康成长提供肥沃“土壤”。在274位区党代表中，优秀民营企业家达60人；在234位区人大代表中，优秀民营企业家达34人；在207位区政协委员中，优秀民营企业家达45人。做好疫情防控工作，发出《致广大浔商的倡议书》，及时通知所属商会暂停举办年会、庆典等大型活动。牵线区红十字会与防疫物资生产企业，及时将疫情防控急需的消毒液等防疫物资送到全区一线防疫单位。位于旧馆街道的防疫物资生产企业——浙江德茵菲科生物科技股份有限公司定向捐赠学校环境消毒液和用品消毒液472桶，公共环境消毒液940瓶，价值4.6万余元。

【营商环境】 联合区科学技术局、区税务局、区商务局、区金融发展服务中心举办4场“亲清直通车·政企恳谈会”，共邀请56名民营企业家参加，帮助企业解决困难问题53个。发动33名新生代企业家参加创业创新大赛南浔区预选赛，其中6个项目入围市级总决赛，2个项目获得市级奖项。联合区纪委出台《关于开展“双诺双评”深入建设清廉企业加快推进政商亲清工程的实施方案》，累计完成27家重点民营企业清廉民企建设。市委常委、统战部部长李上葵，区委常委、纪委书记、监委主任徐娟多次到民营企业开展调研。联合区人民法院出台《关于建立优化营商环境、依法保障民营企业高质量发展、促进共同富裕的合作机制备忘录》，开展民商案件调解，累计调解案件40件。联合区司法局出台《关于建立“千所联千会”机制实施方案》，牵线区内六大律所与所属商协会建立合作机制。与建设银行南浔支行、南浔农村商业银行等银行的合作有序推进，建立金融指导员制度，服务企业会员融资需求达109.48亿元。切实关心关爱企业家身体健康，分两批次组织120余名企业家赴杭州空军疗养院和南太湖医院开展健康体检。

【助力共同富裕】 组织3批次20多家民营企业赴四川广安实地考察。先后引导沃克斯电梯、世友木业、南洋电机等龙头民营企业入驻“南浔·广安东西部扶贫产业园”。联合区人力资源和社会保障局建立“南浔·广安劳务协作工作站”，帮助结对地区加快劳动力转移就业，实现致富增收。组织浙江富钢金属制品有限公司、久盛集团股份有限公司、怡达快速电梯有限公司3家民营企业参加省政府在丽水召开的山区26县跨越式高质量发展现场推进会并开展帮扶活动。向全区民营企业发出“积极助力共同富裕示范样本建设”“发扬浔商精神，勇担社会责任”等倡议，积极动员全区民营企业和商协会积极开展结对帮扶和光彩事业活动，全区31家民营企业设立助力共同富裕专项慈善冠名基金2.15亿元，累计冠名捐赠金额达3200余万元；上海商会11名企业家捐赠11.1万元，为37名品学兼优的贫困学生和少数民族学生提供助学金；区新生代企业家联谊会助力消费帮扶，采购四川龙安柚汁计人民币22.96万元；在浙江水利水电学院设立助学基金60万元，为河南因极端强降雨灾区捐款30余万元；在2021年慈善一日捐活动中，13名新生代企业家现场举牌认捐款项达720万元。区小微科技企业联谊会牵头引进“筑+公益”为住房困难群众提供房屋修缮服务。

（朱梦娜）

法　治

·政法委及综治·

【概况】 2021 年，南浔区政法工作始终按照中央和省、市、区委部署要求，主动担当、积极作为，各项工作取得显著成效。高水平推进平安南浔建设，市对区县平安考核列全市第 1 位，全省平安考核列第 31 位，顺利实现平安南浔“十七连冠”；平安护航中国共产党成立 100 周年，社会大局持续和谐稳定；打造 38 个片区社会治理联动工作站，创新“两站一庭”（片区社会治理联动工作站、人大代表联络站和“共享法庭”）基层治理新模式，打响市域社会治理现代化南浔品牌，市域社会治理现代化水平显著提高；连续三年开展扫黑除恶专项斗争，工作经验做法得到中央督导组充分肯定；开展政法队伍教育整顿，政法铁军核心战斗力全面提升。

【服务发展大局】 全力保障重大项目建设推进，加强对水利水电学院、南浔高铁站等重大项目建设的服务保障，妥善处置征地拆迁、土地整治、劳资纠纷等社会矛盾。全面落实重大项目社会风险评估机制，共完成评估项目 290 个。努力提升法治服务能力，认真做好涉法涉诉工作，维护社会公平正义。全年共受理群众来信来访 9 件、17 人次。积极发挥区法学会在推进依法治区工作中的法学研究、法治宣传和法律服务作用，2021 年共申报法学研究课题 7 项。助力共同富裕建设，出台《政法系统“五大行动”助力建设共同富裕示范样本的实施意见》，扎实开展根治欠薪冬季专项行动，帮助 810 名劳动者追发工资 2199 万元，立案打击涉嫌诈骗的非理性讨薪行为 1 起。

【平安建设】 开展薄弱环节专项整治行动，加强对道路交通风险防控和安全隐患治理，查处各类交通违法行为 48.67 万起，死亡人数同比减少 6.85%；火灾起数同比下降 15%；各类生产安全事故起数同比下降 23.5%，死亡人数同比下降 33.3%，全年无较大以上生产经营性事故发生。通过全区轮训、现场实训、擂台比武等多种形式，提升网格员专业素养和“实战”能力。全年网格员累计开展平安检查 38.26 万次，发现各类问题隐患 15.5 万个，隐患整改率 100%。开展提升“平安三率”（群众安全感满意率、平安建设参与率和防诈知晓率）专项行动，通过有奖问答、平安南浔抖音短视频大赛等系列活动，“平安三率”得到有效提升。“平安南浔”抖音号进入“浙江省政法系统抖音账号影响力排行榜”前 10 名共 6 次，前 3 名 1 次；“平安南浔”微信公众号登上“浙江省政法系统微信影响力排行榜”第 6 名。

【维护社会稳定】 坚持“防为主、防为上”理念，紧紧围绕“五个严防，三个确保”目标，通过抓好分析研判、做好排查见底、加强风险评估、落实重点稳控等有效手段，打好重大节庆、重要节点“风险防控争先战”。开展反邪教教育转化专项行动，全力维护国家政治安全。常态化开展扫黑除恶工作，全面推进四大行业（信息网络、自然资源、交通运输、工程建设）领域整治。持续推动两个排查见底（矛盾纠纷和安全隐患排查见底）专项行动和重大隐患百日整治专项行动，全年累计排查安全隐患 8.66 万余处、矛盾纠纷 11242 件，整改率分别达 99.25%、97%。

【数字赋能基层治理】 强化数字赋能基层治理，成功创建首批部级“智慧矫正中心”，争取省揭榜挂帅项目 1 个，省级试点项目 4 个。《“如燕随行”智控项目开发“随行码”，助力社区矫正领域疫情防控》得到省司法厅党委书记、厅长批示，并在全省予以推广。在全区范围内建设 38 个片区社会治理联动工作站，出台《片区社会治理工作站建设和管理规范》地方标准，创新打造融合片区社会治理联动工作站、人大代表联络站和“共享法庭”的“两站一庭”基层治理新模式，真正将矛盾纠纷化解在基层，共解决片区内群众反映事件2342起，调解纠纷1511起。

【队伍建设】 加强队伍能力建设，举办全区政法系统领导干部和中层干部全员政治轮训班，开展“大学习大宣传大培训大落实”“队伍能力素质提升年”等活动，政法队伍争先进位意识不断增强。开展政法队伍教育整顿，建立健全《区委巡察机构与政法机关协作配合机制》《区委政法委执法监督与区检察院法律监督衔接配合工作实施办法》等各项制度机制46项。开展选优选树活动。4人获评全市人民满意政法干警，培育了一批在全国、全省有影响的章春燕、胡春强、吴觉民等先进典型人物，新时代南浔“政法群英”不断涌现。（管霞铃）

·公　安·

【概况】 2021年，区公安分局落实“对党忠诚、服务人民、执法公正、纪律严明”的总要求，全面推进平安南浔、法治南浔建设，各项工作呈现良好的发展态势。刑事发案1879起，同比下降10.65%；破获刑事案件858起，办理行政案件2738起，同比分别上升21.02%、15.09%。圆满完成中国共产党成立100周年维稳安保，第八届世界互联网大会以及全国和省、市两会等重大会议活动安保任务。区公安分局在全市公安机关心理服务骨干心理健康技能比武中取得了团体第一名的好成绩，在全市巡特警练兵比武中获团体第三名；在扫黑除恶专项斗争中，区公安分局被评为全省扫黑除恶专项斗争先进集体，区公安分局扫黑除恶办公室被公安部通报表扬、省公安厅记集体二等功；城西派出所刑侦中队被命名为2021年度“省级青年文明号”；区公安分局巡特警大队被省公安厅记集体二等功；区公安分局刑侦大队、交警大队、经侦大队、“GQ·01”专案组4个单位荣立市集体三等功，2名民警荣立市个人二等功，42名民警荣立市个人三等功，20个集体和140名个人获市级及以上表彰奖励，选树五批对党忠诚、服务人民、执法公正、纪律严明的“四星”民警共57人次，获评“最强党支部”3个、“最红党支书”3人、“最美党员”10人。

【庆祝中国共产党成立100周年安保维稳工作】 自庆祝中国共产党成立100周年安保维稳工作启动后，区公安分局始终锚定“标准最高、力度最强、措施最严”的目标定位，牢固树立“安保无小事、事事连政治”的理念，秉持“万无一失、一失万无”的标准，充分发扬“细致、精致、极致”的作风，全力以赴抓好建党百年安保维稳工作，为全市安保工作最终夺取全赢全胜贡献出南浔公安力量。安保期间，全区总警情、有效警情、刑事、治安、交通事故警情环比均下降，全区社会大局平稳有序，未发生影响重大的案事件。

【扫黑除恶专项斗争】 深入开展扫黑除恶专项斗争攻坚年活动，系统推进严打深挖、“打伞破网”、固本强基“三大行动”，集中攻坚娱乐场所、建筑工程、村级组织等重点领域，严格落实“一案三查”（查办黑恶势力、追查黑恶势力背后的“关系网”和“保护伞”，倒查党委、政府的主体责任和有关部门的监管责任）、“三个一律”（对涉黑涉恶犯罪案件，一律深挖其背后腐败问题；对黑恶势力“关系网”“保护伞”，一律一查到底、决不姑息；对说情和包庇者，一律严肃查处）等制度。2021年，打掉以杨某某为首的涉恶犯罪团伙1个，涉及案件7起，抓获犯罪嫌疑人15人。

黑社会案件收网行动部署会

【打击违法犯罪】 强势推进“黄赌”整治，办理“黄赌”案件255起，采取刑事强制措施96人，行政处罚1098人，“黄赌”警情同比下降15.32%。开展禁毒“净边2021”“云战7号”专项行动，破获毒品犯罪案件9起，移诉涉毒犯罪嫌疑人29人。结合断卡行动，抓获通信网络诈骗嫌疑人110人，破获特大缅甸回流诈骗案，抓获35人，冻结资产5000余万元。

【打击经济犯罪】 2021年，区公安分局经侦大队共抓获各类犯罪嫌疑人45人，破获各类涉嫌经济犯罪案件16起，比2020年分别增长70%、18%。参与3起“惊雷”战役，2起被评为A级，1起被评为C级；发起“云端行动”4起，单独发起3起，与其他县区公安局（分局）合作发起1起；“猎狐”行动共抓获境外逃犯5人。2021年移诉涉企经济犯罪嫌疑人11人，比2020年增加2人，同比增长22.2%，涉企经济犯罪案件直接经济损失4380万元，挽回经济损失856.8万元，案件追赃挽损率19.5%。2021年，南浔警方共走访辖区企业30余家，走访辖区内电梯、木业等重点领域行业协会，召开民营企业座谈会、电梯协会座谈会4次，收到企业赠送的锦旗3面，获得南浔辖区内民营企业的一致好评。破获汪某某等人特大暴力虚开发票案、涉嫌虚开发票10亿余元等多起有影响的经济犯罪案件。

【打击食药环知违法犯罪】 区公安分局坚持“绿水青山就是金山银山”的理念，围绕市公安局提出的“湖州大地更美丽、人民生活更美好、公安形象更美誉”三美愿景目标，深入开展“守青山、护绿水”“剑锋”“昆仑”“蓝剑”等系列专项行动，以最高规格抓组织领导、最广渠道抓案件来源、最强手段抓重案攻坚，严厉打击“食药环知”（食品、药品、环境和知识产权）领域违法犯罪活动，着力打造自然生态的绿水青山。全年破获各类食药环知领域刑事案件29起，对102名犯罪嫌疑人采取刑事强制措施，其中省标案件3起。特别是年初，区公安分局联合区市场监督管理局远跨广东云浮、河北石家庄、浙江绍兴3省3地，查获周某等人生产销售假冒伪劣产品，抓获犯罪嫌疑人18人，查扣成品假冒伪劣“红牛”饮料4800余箱，制假原材料30余吨，制假配件5万余件等，涉案价值达1000万余元。区公安分局围绕区委、区政府的重点工作，全力开展非法渣土专项整治活动，进行联合执法42次，核查线索23条，破获团伙性案件10起，打处违法犯罪嫌疑人34人。

【特警队伍建设】 2021年，区公安分局着力提升特警处理突发事件能力。以“召之即来、来之能战、战之必胜”的目标，建立一支30人重装防暴小队和一支50人轻装防暴小队，重点围绕基础实战、现场急救、400米综合体技能和红蓝对抗等实战化科目，严格组织开展常态化训练。重装防暴小队于8月通过省公安厅考核验收，12月参与并圆满完成全省特警防暴小队集结训练活动。充分发挥特警“尖刀”“拳头”作用，确保处置相关事件，能发挥突出作用。

应急处突实战演练（2021年）

【“最多跑一次”改革】 整合区政务服务中心身份证办理窗口和户口迁移窗口，全面提高工作效率。加强与区综合行政执法局协调，对区政务服务中心4个公安窗口和1个综合执法窗口的机动车违法处理业务进行整合，在全市范围内率先实现两项业务“一窗通办”，解决群众处理机动车违法业务“两头跑”的现象。已实现全区8个镇（街道）便民服务中心和 11 个派出所交通管理、户籍业务“一窗通办”，区便民服务中心 10 个公安户籍窗口 20 项户籍业务已实现全域通办，服务群众办理业务 7 万余次。全区所有公安窗口开通“智慧警眼”人脸识别功能，南浔机动车检测站已投入运营，医院、税务数据实现公安联网，群众办事进一步便利。

【“浔安居码 2.0”平台建设】 区公安分局创新开发“浔安居码”场景应用，构建“一房一码、以码管房、以房管人”的人口数字化管理平台，进一步提升流动人口智能化管理水平。一是一码“智感”，高效快捷采集人口信息。全区出租房屋制码 2 万余个，采集人员信息 11 万余条，其中新增登记流动人口 4.8 万余人。二是一码“智防”，按风险预警的级别，对出租房屋实施“红、橙、黄”三色预警机制管理，三色预警管理出租房屋。累计排查整改出租房屋风险隐患 491 处，有效防范出租房屋安全事故发生。三是一码“智控”，自动识别预警重点人员。系统预警重点人员 3017 人并全部落实管控措施，依托系统预警精准落地抓捕逃犯 7 人。四是一码“智服”，打造优质公安服务平台。平台链接“浙里办”“交管 12123”等相关服务板块，在线办理 180 余项公安政务审批事项。

【道路交通安全治理】 构建全域封闭、常态采集、触圈预警的智慧“圈层查控”新体系，2021 年已在省、市、区、镇边界地区完成规划布点 336 个并投入使用。深化公共安全治理，坚决打赢“遏重大”攻坚战，查处各类交通违法行为 48.67 万起，同比上升 0.21%。加大酒驾查处力度，强化对无证及失驾人员的精准打击，全年共查处酒驾 1159 起，无证及失驾 545 起。构建交通情指联勤中心“最强中枢”+交警铁骑队伍”合成作战新模式，发挥事故快处、拥堵快疏、精准纠违、隐患排查、大案快反五项职能，实现压警情、减事故、保畅通。深化“雪亮工程”，新接入公共区域视频监控 9000 余路，整合人像识别系统、人体结构化、车辆抓拍。积极推进“智安小区”“智安单位”建设，对小区、单位内部的“人、车、物、事”等社会治安防控要素进行智能感知和数据汇聚，提升社会基础单元的精准防控水平。　（张俊杰）

·检　察·

【概况】 2021 年，区人民检察院坚持以习近平新时代中国特色社会主义思想为指导，全面贯彻习近平法治思想和中共十九大、十九届历次全会精神，全面履职尽责，各项工作取得新成效。积极担当作为，服务大局更加有力；坚持绿色司法，司法效率逐步提高；做好办案后半篇文章，司法温度不断上升。区人民检察院被最高人民检察院、检察日报社评为全国检察宣传先进单位，且获得市级以上集体和个人荣誉 42 项。

【服务大局】 服务共同富裕建设。出台《南浔区人民检察院关于服务保障“共同富裕示范样本”建设的工作意见》，得到区委主要领导杨卫东批示。积极探索“乡村微检察”等基层服务模式，服务保障乡村振兴。着力优化营商环境，依法审慎办理涉民营企业案件，对犯罪情节轻微的民营企业家依法解除或变更强制措施 7 人，维护好企业正常生产经营。联合区司法局等部门出台《南浔区涉民营企业社区矫正对象外出管理办法（试行）》，有效保障了涉矫企业家在矫正期间正常参与生产经营活动，该做法入选最高人民检察院工作专刊。

维护社会安全稳定。深入打击整治群众反映强烈的黄赌毒、电信网络诈骗、跨境网络赌博等违法犯罪，依法批准逮捕 280 人，提起公诉 774 人。常态化开展扫黑除恶，办理全市首例全员认罪认罚的黑社会性质组织案，取得良好庭审效果。对全国首例“因拒不执行重大事故隐患整改指令被追究刑事责任”的危险作业罪案等重大敏感案件，依法提前介入，快捕快诉，强化震慑效果，维护社会安定。

助推社会治理现代化。践行“新时期枫桥经验”，贯彻“少捕慎诉慎押”刑事司法政策，依法不批准逮捕 150 人，不起诉 175 人，审前羁押率由 53%下降至 40%以下。协同推进认罪认罚从宽制度，适用率达 90.82%，一审服判率达 99.80%，有效发挥了化解社会矛盾的积极作用。深化运用“案-件比”质效评价标准，杜绝程序空转，2021 年，刑事案件“案-件比”同比下降 0.45，减少了讼累。

【法律监督】 “四大检察”协调发展。刑事检察方面，监督立案5人，追诉漏犯12人，发出纠正违法通知书12份，提出抗诉1件，得到人民法院采纳。办理监委移送和自行立案查处的职务犯罪案件8件，切实维护法律权威。民事检察方面，深入开展农村集体“三资”（资金、资产、资源）领域虚假诉讼监督，发出再审检察建议2件，涉案标的700余万元。行政检察方面，扎实开展非诉执行终本案件专项监督，发现法院终结本次执行后，双林镇某企业又获得拆迁款可供执行，建议法院启动恢复执行程序，追回国家罚款27万元。公益诉讼方面，全年立案审查线索51件，发出诉前检察建议42件，督促相关职能单位开展古桥古村落保护、冷鲜禽专项监督、革命纪念馆修缮保护等领域专项整治，当好公共利益守护者。

未成年人检察纵深推进。零容忍打击侵害未成年人犯罪，立案监督周某某等6人强奸案，获评浙江省检察机关未成年人司法保护典型案例。在依法惩治严重犯罪的同时，注重加强未成年人矫治教育，形成党委领导、政府主导、部门负责、社会协同、法治保障的未成年人罪错分级干预治理体系，实现零再犯率。开展“法治进校园”，线下课堂普法与线上视频普法相结合，织牢织密未成年人保护法律网，相关工作经验写入最高人民检察院白皮书。

数字检察建设成效初显。全面融入数字化改革大局，自主设计智能笔录分析系统，获评全省第一批数字检察应用场景创新承担院。联合区公安分局开发未成年人入住旅馆风险自动预警系统，全面提升涉未成年人侵害监督治理效能。深化开展数字类案监督，办理的木业企业未依法安装自动喷淋系统公益诉讼案，推动163家问题企业全面完成整改，工作成效得到区委、市委和省检察院主要领导的批示肯定。

【保障民生】 全面筑牢群众安全防线。批准逮捕制售假药劣药、有毒有害食品等犯罪4人，起诉2人，筑牢食品药品安全“防火墙”。及时发现儿童消毒产品违法隐患，发出诉前检察建议，相关工作经验得到全市推广。聚焦老旧小区“飞线充电”乱象，推动全区13个小区、67幢房屋、150个单元完成整治，有力守护城市公共安全。

切实守护生态美丽人居环境。深入开展生态环境资源保护专项监督，办理环资领域刑事诉讼案件19件，公益诉讼案件15件。办理长江“十年禁渔”规定以来全省最大非法捕捞水产品案件，并适用刑事附带民事诉讼，同步追偿渔业资源修复费用86万余元。及时制发检察建议，督促6个属地乡镇铲除“加拿大一枝黄花”13余公顷，清理各类固体废物60余吨，以“检察蓝”为“生态绿”保驾护航。

优化便民利民措施。依托“浙江检察”App，实现远程告知、网上阅卷、视频认罪认罚等功能，让群众少跑路。畅通诉求反映渠道，全年接待群众来信来访73人次，答复率100%。强化律师执业权益保障，办理侵犯律师执业权利的控告申诉案件3件。加大司法救助力度，为38人发放救助金，切实巩固脱贫攻坚成果。（肖　星）

·法　院·

【概况】 2021年，区人民法院深入践行习近平法治思想，忠诚履行宪法法律赋予的职责，各项工作迈上新台阶。共新收各类案件10084件，同比下降0.87%，办结10235件，同比上升1.99%。员额法官人均办案276.25件。案件质效优化至近五年最优，13项核心质效数据中有10项指标排名全省前十位，7项排名全市第一位。自2017年市中院对基层法院进行考核以来，连续五年获考核优胜奖，系全市唯一。获得市级以上集体荣誉12项、个人荣誉15项。

【护航社会经济发展】 出台司法服务保障共同富裕建设十条措施及行动方案，获区委主要领导批示肯定。与区政府共同出台《南浔区企业破产处置府院联动机制》，审结破产案件8件，释放企业资产711万余元、房产5000余平方米。健全服务保障乡村振兴长效机制，助力打造“四个环境”（平安善治的农村社会环境、公平法治的农村产业环境、美丽宜居的农村人居环境和诚信文明的农村人文环境），获副市长夏坚定批示肯定。全面优化营商环境，建立银行对诉讼财产保全提供担保、企业送达地址确认、商会调解等六项机制，获《光明日报》、《经济日报》、中国新闻社、中国广播网等宣传报道。成立南浔区知识产权司法保护服务中心，法治护航乡村文化市场工作亮相第八届中国国际版权博览会。一审行政案件新收94件，审结103件，行政非诉审查案件新收32件，均裁定准予执行，积极为高铁新城、頔塘北岸征迁等中心工作提供司法服务保障。与区政府、区检察院共同召开联席会议，助推法治政府建设。发布交叉管辖县区行政审判白皮书，获德清、长兴、安吉县政府主要领导批示肯定。区人民法院获评湖州市创建全国法治政府建设示范市突出贡献集体。

【执法办案】 一审刑事案件新收575件，审结578件，同比分别上升16.63%和16.53%，判处罪犯800人。持续推进扫黑除恶专项斗争，审结全市首例全案认罪认罚的涉黑案件，依法判处首犯刘某某有期徒刑18年。审结全国首例因拒不执行重大隐患整改要求被追究刑事责任的危险作业罪案件，入选国务院安委办安全生产典型案例。审结全市首例袭警案，切实维护执法权威。区人民法院获湖州市扫黑除恶专项斗争集体嘉奖和市级平安建设模范单位称号。一审民商事案件新收5902件，审结5944件，同比分别上升4.78%和1.71%，结案标的额15亿元。推进审判辅助事务集约化管理，将立案、编扫、排期送达、保全、调解、审后事务等分段剥离、集约管理，实现在线流转、协同运作；开发民商事案件全生命周期管控平台，实现全流程质效可视可查可控，在全省法院多元解纷机制及治理现代化主题论坛上做汇报交流。加强民间借贷协同治理，严厉打击虚假诉讼，一案例入选全省法院防范和打击虚假诉讼典型案例。执行案件新收3403件，执结3500件，同比分别下降8.08%和2.48%。强化涉民生案件执行，及时兑现群众胜诉权益，执结308件，执行到位740余万元。健全信用修复机制，对被执行人采取限制出境精准惩戒措施促使其主动履行320万余元并予以信用修复的案例，获中央电视台新闻频道宣传报道。

【多元化司法服务机制】 健全“五心”（服务暖人心、评估适人心、调解顺人心、救助得人心和宣传入人心）适老诉讼服务机制，努力帮助老年人群体跨越“数字鸿沟”，共享智慧诉讼成果。与区残联加强党建共建，在诉讼服务大厅设置残疾人辅具共享点，进一步便利残疾人参与诉讼活动。向区财政争取80万元作为法院专用司法救助资金，使司法救助资金总额达100万元，切实为困难当事人纾难解困。在社会治理联动工作站推广建设“共享法庭”，联动片区全科网格、矛调微中心（调解驿站）和“公安+执法”联勤站等力量，打通诉讼服务、多元解纷、基层治理三个“最后一公里”。全省首创“共享法庭”入驻人大代表联络站模式，形成矛盾排查、纠纷化解、法治宣传等工作合力，被写入省高院工作报告。探索涉未成年人刑事、民事、执行案件“三合一”模式，探索建立审判辅助人、家庭教育指导、心理疏导等工作机制。开发建设未成年人权益保护数字化平台，结合未成年人道德法治体验馆，打通青少年法治教育线上、线下“双向道”，累计接待学生10000余人次，在线预约、咨询1000余人次，获评全国“青少年维权岗”。主题微电影《寻归》获“金法槌奖”一等奖，温奕弋法官获评全国普法工作先进个人。

【自觉接受监督】 坚持做好全国两会期间代表联络工作，区人民法院领导带队分片区座谈、走访在南浔的省、市、区人大代表156人次，编印法院工作年报向代表、委员发放，增进对法院工作的了解、理解和支持。开展“代表委员法院行”活动，邀请代表委员旁听庭审、座谈交流10余人次。依托在线互评通道、线下意见反馈等，常态化开展法官与律师互评，推进法律职业共同体建设。拓宽群众监督司法的渠道，召开征求意见座谈会，举办公众开放日活动6次，参与人数300余人次。　（姚梦玮）

·司法行政·

【概况】 2021年，南浔区司法局紧紧围绕笃学践行习近平法治思想这一主线，充分发挥司法行政职能优势，围绕中心，服务大局，助力共同富裕。2021年，在智慧矫正、法治建设、行政争议化解等方面得到省司法厅厅长陈伟，市委副书记、政法委书记夏文星，副市长朱留沙等领导批示肯定14次。

【法治建设】 充分发挥区委全面依法治区委员会牵头抓总作用，在区委全面依法治区委员会第三次会议上，专题研究法治建设助力共同富裕工作，并出台全省首个法治建设助力共同富裕实施意见。行政复议“以案治本”关口前移，行政复议存量全部“清零”，问题整改率100%。复议案件调处成功率达75%，行政复议案结事了率93.2%。南浔区依托目录清单、制度清单、效能清单推进乡镇合法性审查有效覆盖，南浔区司法局被省司法厅确定为合法性审查与行政裁决“最佳实践”培育试点单位。出台《关于进一步加强行政争议调解工作的意见》，率先在全省人大代表联络站建立行政争议化解联系点和行政争议调解品牌工作室（勤政调解工作室），在10个镇（街道）和10个重点部门分别设立行政争议调解工作站。针对征地拆迁行政争议多发频发的问题，研究出台《进一步规范征地拆迁行为实施意见》，强化行政争议源头治理，并落实行政争议“三长”（案件涉事单位的局长、镇长及分管副区长）包案和领导批示督办等制度，将一审行政诉讼败诉率、发案量和行政机关负责人出庭应诉率3项重点指标纳入区对镇（街道）、部门综合考核的同时，纳入对镇（街道）主要领导的“以实绩论英雄”考核，实行倒扣分制。一审行政诉讼发案量和行政败诉率实现“双下降”，新开庭案件的行政机关负责人出庭应诉率为100%，行政败诉率为4.17%。在南浔召开的全省部分市县行政复议应诉工作调研座谈会上，省司法厅党委委员、行政复议局局长曹水萍对南浔区“以案治本”专项行动、行政争议化解等工作给予充分肯定。东迁街道法治化综合改革试点效果显著，依托社会治理联动工作站、调解驿站整合优势法律资源，不断推动法治建设全方位、系统性、重塑性变革，得到多位领导肯定，行政败诉零发生。陆伟东老娘舅调解工作室（集体）、周桂珠工作室（集体）入选“湖州市十大法治人物”。

【智慧矫正】 聚焦数字法治建设，成功创建首批部级“智慧矫正中心”，在推进司法部“智慧矫正中心”创建工作现场会和“毗邻共建　五联助矫——助力浙皖社区矫正高质量一体化发展”区域合作活动上，区司法局就智慧矫正工作作经验交流和展示，相关工作被《浙江日报》、省数字化工作“专报”等多家媒体网站报道，并得到副市长朱留沙等多位领导的批示肯定。聚焦社区矫正领域疫情防控精密智控，在全省首创“随行码”，通过挂图展示实现所辖社区矫正对象“随行码”一图查看，实现社区矫正管理业务数字化、便捷化。“如燕”随行智控系统“随行码”在全省推广运用，并得到省司法厅厅长陈伟、副厅长劳泓的批示肯定。“如燕”随行智控项目被省委政法委确定为数字法治系统重大应用项目。

【人民调解】 2021年，南浔司法所成功创建第二批省级“枫桥式”司法所，双林、菱湖、千金、石淙、旧馆、度假区6家司法所创建为市级“文明规范公正”司法所，全区11家司法所实现创建全覆盖，成为全市首个市级“文明规范公正”司法所全覆盖的区县。区委常委会会议、区政府常务会议分别专题研究人民调解工作，出台《关于加强人民调解工作实施“双十双百双千行动”的意见》，区委副书记、区委政法委书记等区四套班子领导对首届“十大金牌人民调解员”“十大金牌人民调解工作室”和20名银牌、90名铜牌调解员进行表扬和颁奖，人民调解品牌的影响力不断提升。同时，开展人民调解规范化建设质效提升专项行动，调解组织全面完成换届，人民调解员全部持证上岗，落实人民调解工作“五规范六统一”（组织规范、队伍规范、制度规范、业务规范和实施规范；名称统一、印章统一、标识统一、徽章统一、程序统一和文书统一）。推行制度化、法治化调解工作模式，建立节假日重大事故矛盾纠纷调处备勤机制，各镇（街道）以及重点行业性专业性人民调解委员会实现人民调解法治指导员全覆盖，全年全区各人民调解委员会共调处矛盾纠纷5329件，与2020年同期相比增长42%，调解成功5318件，成功率为99.8%。

【法律服务】 多层次、多形式、多渠道开展普法宣传活动，各乡镇及区级部门利用“周一夜读”学法18次；在全区100辆公交车上通过车载电视开展两个月的《中华人民共和国社区矫正法》宣传活动；以“美好生活·民法典相伴”为主题的全省“惠民惠企”普法活动启动仪式在南浔区举行。创新双向“点单”、有效“出单”、事后“签单”精准普法模式，规划普法课题35个，开展以宣传《中华人民共和国宪法》《中华人民共和国民法典》《中华人民共和国法律援助法》《中华人民共和国道路交通安全法》等为重点的“三联单”点单式普法活动670余场次。探索创新数字赋能普法工作，打造普法“云课堂”“水晶晶普法直播间”，共开展“云普法”活动30场次，在线观看21万余人次。开展“法援惠民生　全民共富裕”专项行动，联合区委政法委、区财政局、区法院、区检察院、区公安分局5个部门共同出台《法律援助和司法救助衔接机制（试行）》，推动优质法律资源向困难群众倾斜。组织律师开展“精准普法”法律知识讲座38场，办理司法救助案件75件、法律援助（法律帮助）案件938件，救助金额121万余元，接待群众来电来访法律咨询8744人次。　（俞丹丹）

军　事

·人民武装·

【概况】 2021 年，南浔区人民武装部（以下简称“人武部”）全面贯彻习近平强军思想和新时代军事战略方针，坚持政治建军、改革强军、科技强军、人才强军、依法治军，强化思想政治引领，聚焦练兵备战主业，扭住基层建设关键，持续务实转变作风，守牢安全发展底线，努力推动全区人民武装工作高质量发展。

【思想政治建设】 区人武部党委始终把思想政治建设摆在首位，着力打牢高举旗帜、听党指挥、履行使命的思想基础。紧紧围绕庆祝中国共产党成立100 周年，大力加强理论武装，严格落实学习制度，周密组织理论学习，认真开展理论研讨交流，落实年度理论学习计划，抓好学习成果转化运用，确保理论学习走心走实、落地生根。深入开展党史学习教育，学习习近平总书记“七一”重要讲话精神，开展形式多样的党日活动，组织观看《守岛人》《长津湖》等红色影片，开展“浔遍红迹”“七一”主题党日活动，与区人民法院开展“争做忠诚卫士”军地党建共建活动，营造爱党敬党文化氛围。落实民兵政治教育制度，将民兵党建和政治教育计划纳入地方党建与教育活动，首次建立优秀基干民兵入党军地联合推选机制，拓宽基干民兵入党渠道，极大地激发了广大民兵的积极性和认同感。

【战备训练工作】 区人武部紧紧围绕主责主业，将军事斗争准备工作落细落实。组织民兵参训对象落实年度军事训练任务，与市、区相关部门联合组织防汛抗洪综合演练，承办各类训练，强化应急分队军事训练比武考核，在上半年省军区军事训练能力抽考中表现出色，被省军区通报表扬。全市民兵岗位练兵比武，连续三年蝉联民兵团体第一名。11 月参与组织“浙江金盾—21”人民防空实战化演习，被中央电视台、《中国国防报》和中国军视网等军地媒体宣传报道。

【民兵队伍建设】 区人武部突出强化“平时服务、急时应急、战时应战”的使命担当，根据南浔区潜力资源和辖区任务需要，编实民兵队伍，有效提升民兵队伍建设水平，在上级考评中获得湖州市历史最好成绩——全省第三名。区委常委会研究审议民兵整组和军事训练方案的做法被全省通报表扬，练市镇、善琏镇、东迁街道武装部被评为市先进基层武装部。在防抗台风“烟花”过程中，民兵分队快速响应、迅疾行动、圆满完成任务，有关事迹被《中国国防报》、中国军网等媒体报道。加强专武干部队伍建设，不断提升专武干部的能力素质，在乡镇和行政村（社区）领导班子换届中，优秀专武干部和民兵连长得到提拔任用，营造了“凭素质立身、靠实绩进步”的良好氛围。

【春季征兵工作】 区人武部按照“早筹划、早部署、早开展”的工作思路；利用三天时间全面启动春季征兵工作。2021 年，大学生征集比例和大学毕业生征集比例均达新高；兼顾高学历人才和部队急需人才，实现均衡发展，连续三年征兵“五率”（报名率、上站率、合格率、择优率、退兵率）考评位居全市第一、全省前列，实现连续五年“零退兵”目标。

【军民共建】 区人武部组织学习领会习近平主席关于基层建设的重要论述，以高度的政治自觉把基础打牢、基层建强。认真贯彻全军基层建设工作会议精神，以“评星挂牌”活动为抓手，持续抓好乡镇（街道）武装部和行政村（社区）民兵连规范化建设，获得军分区首长和检查组的高度肯定，南浔镇、练市镇、善琏镇和东迁街道武装部被军分区评为“五星”单位。加大国防教育力度，坚持“教育走进机关、教育走进企业、教育走进学校”的工作思路，拓展国防教育的深度和广度；依托南浔“红军长征追踪馆”，讲好红军长征途中“半条被子”的故事，诠释民拥军、军爱民、军民一家亲的精神，打造南浔特色“红色文化”，夯实爱军队爱国防思想根基。

【安全稳定】 区人武部开展“百日安全”活动，加强关键部位、重要环节、重大活动及敏感期的安全隐患排查，打好事前“预防针”，筑牢思想“防火墙”，切实把问题和隐患及时消灭在萌芽状态。针对实际情况，坚持把人车枪弹酒、水火电毒密等作为重中之重，牢固树立“讲安全就是讲政治、顾大局，抓安全就是抓工作、尽职责”的思想，有针对性地做好教育引导工作，确保“一点小事都不出”。以每季度安全检查为契机，突出问题导向，开展排查整治，做好问题整改。进一步强化保密意识，严格落实文件、电报、涉密载体登记、管理、使用、清理等制度，守牢安全底线。（吴海聪）

·人民防空·

【概况】 南浔区人防办（局人防科）深入贯彻落实省、市人防办工作决策部署，全面履行“战时防空、平时服务、应急支援”使命任务，努力为“十四五”现代人民防空体系建设开好局、起好步。在2021年全市人防工作绩效考评中，南浔区人防办荣获优秀单位称号，得到市人防办领导的肯定。

【项目执法】 2021年，区人防办通过案例移送、联合执法等形式，对未按规定建设人防地下室的行为函告执法局进行查处。同时开展警报设施建设使用大检查和专业队伍建设，持续提升常态化建设组织保障。

【实战演习】 11月10日，举行“浙江金盾—21”（湖州·南浔）人防实战化演习，演习现场高质量完成指挥所开设与通信网系构建、人口临战疏散、人员紧急掩蔽、重要经济目标防护、消除空袭后果行动等8个重点课目，全程“实地、实装、实案、实传”，以“军地联合、战场位移、市区同步、异地联演”形式展现，参演人员300余人，省、市、区各级领导现场观摩。

【宣传教育】 2021年，区人防办在乡镇社区开展形式多样的宣传活动，发放宣传手册1500册、宣传袋1000个、纪念品600份；利用微信、报纸等主流媒体，以及重要街口视频轮播等多种手段进行人防宣传。全年为全区机关部门征订《人民防空》杂志100份，为44所中小学征订防空防灾知识教材近7000本，选派10名中小学教师参加民防学院师资培训。结合华数“电影下乡”活动在行政村轮流播放防空防灾知识短片，播映近100场，观影群众达5000多人；结合城乡公交，在30辆公交线路投入拉手和视频宣传。同时，向上拓展宣传层面，在CCTV-7、新华网、《中国国防报》等中央媒体进行宣传报道。（张思婷）

外事　台湾事务　侨务

·外　事·

【概况】　区政府外事办公室（以下简称“区外事办”）利用“快捷通道”，为商务、教育、科技、生产和技术服务等领域急需到南浔办事的外籍人员提供快捷审批及后续入境全程服务，并关心关爱外籍人士，在疫情防控工作中，区外事办对接区卫生健康局，全年为他们单独开设新冠肺炎疫苗接种专场8场次。2021年，区外事办联合区商务局共审批外国人入境110人次。

【对外交流】　9月15日，中日高效电机推广应用暨绿色智造研讨会在南浔召开。研讨会由工业和信息化部国际经济技术合作中心和日本电子信息技术产业协会共同举办，会议采取线下线上相结合的形式召开。工业和信息化部国际经济技术合作中心、中国工业节能与清洁生产协会、中国电子技术标准化研究院、日本电子信息技术产业协会等，就高效电机领域项目推广、电机再制造及再制造国际标准相关工作、高效电机生产实践、中日绿色制造相关情况及下一步合作等情况进行交流。

【涉外活动】　9月28日，中国—东盟中心国际组织到南浔调研，实地考察了怡达快速电梯有限公司、浙江世友木业有限公司、南浔古镇。

10月15日，区科学技术局联合湖州师范学院开展2021年湖州师范学院海外优秀留学生“南浔行”活动。来自科迈隆、哈萨克斯坦、加纳、印度尼西亚等8个国家的19名优秀留学生代表参与此次活动。

（胡颖颖）

·台湾事务·

【概况】　2021年，区委台湾工作办公室（以下简称“区台办”）坚持以习近平新时代中国特色社会主义思想和习近平总书记关于对台工作的重要论述为指导，贯彻落实中央和省、市委对台工作的总体要求，认真履职尽责，积极担当作为，推动两地基层交流合作和经济社会融合发展。

【交流基地】　深入挖掘整合湖笔文化资源，依托善琏湖笔厂湖笔制作技艺体验、笔道艺术馆湖笔文化研学、练市小学书法教育交流和双林绫绢厂绫绢织造技艺“四位一体”打造省级对台交流基地。5月，印制交流基地创建规划宣传册；7月，善琏湖笔小镇被浙江省人民政府台湾事务办公室（以下简称“省台办”）列入省级对台交流基地培育创建名单；8月，研究制定交流基地培育创建方案；8月13日，省台办副主任章启忠一行调研交流基地建设工作，对创建工作给予指导；12月，区台办对交流基地创建工作进行阶段性总结汇报。

【交流活动】　1月，举办以“祝福春天”为主题的海峡两岸小学生春节书法艺术云上交流活动，练市小学和台湾南投县鱼池小学百余名师生通过视频连线互动的方式，开展“云上”书法交流，该活动被《海峡两岸》等主流媒体报道。11月27—28日，举办“寻迹湖笔文化　相约水晶晶南浔”海峡两岸湖笔文化交流活动，在湖州的台湾籍中小学生、台青及台属共50余人参加活动。活动期间，台湾学生、台湾青年及台属一行先后参观善琏镇的中国湖笔文化馆、善琏湖笔厂及和孚镇的笔道艺术馆、桑基鱼塘历史文化馆，系统了解湖笔的历史、制作工艺及传承发展情况，亲自体验湖笔制作技艺；在善琏美术馆，两岸学生、青年同上一堂书法课，开展“同心书写一家亲”书法交流活动。该活动被省台办列入对台重点交流项目，并在中国台湾网、中国新闻网等主流媒体报道。

【助力台企】 健全完善台企联系服务机制和台企数据库，全覆盖走访辖区内台资企业，与企业负责人深入交谈，详细了解台企台商生产经营、日常生活、疫情防控等情况，及时化解台企台商在企业发展和日常生活中遇到的问题和困难，累计答复和解决问题20余项。积极招引相关台资项目和台湾专业人才到南浔投资、创业和就业，2021年接待涉台考察团队8批次、120余人次。

【服务工作】 做好台胞、台属和在台南浔籍学生的服务工作。支持“台湾南浔同乡会”创新联谊活动形式，以茶话会、团拜会、团建聚会等形式开展联谊活动。精心指导区台联开展工作，健全区台联与同乡会的交流互动机制，调动台属积极参与交流活动，引导台属加强与岛内亲属的日常联络。2021年在台湾毕业的南浔籍学生4人，还有在读3人。寒暑假期间，区台办对在台就读的学生和家长开展集中联系走访，动态了解在台学生的生活和学习情况，累计帮助在台学生答复和解决问题6项。

（沈立煜）

·侨　务·

【概况】 2021年，南浔区侨联、侨办深入学习贯彻习近平新时代中国特色社会主义思想，紧紧围绕市侨联侨办提出的“侨@南太湖”工作品牌建设和525工作体系，紧扣南浔中心工作，各项工作取得了新突破。南浔区侨联获评全国侨联系统助力脱贫攻坚优秀集体，湖州桑基鱼塘研学文化交流基地获评国家级华侨国际文化交流基地。中国湖笔馆、双林庆同小学“以侨为桥”励志教育基地分别获评省级华侨国际文化交流基地。

【政治学习】 坚持把学习贯彻习近平新时代中国特色社会主义思想及省、市侨代会精神作为学习重点，组织海内外华人华侨现场收看习近平总书记在庆祝中国共产党成立100周年大会上的讲话实况，开展“庆祝建党100周年·侨心向党·助力共同富裕”活动并召开座谈会。组织区、镇侨联及留联会赴红军长征“半条被子”故事发生地进行党建学习；邀请市侨联领导开展专题党课教育，深入学习领会习近平总书记关于侨务工作的重要思想，进一步统一思想，凝聚共识，乡镇侨联共开展各类活动累计23次。

【选树典型】 以市侨联换届工作和市欧美同学会成立为契机，积极推荐侨界代表充实队伍，选树优秀典型，提升南浔区侨联在全市工作的影响力。紧扣市、区人大和政协换届工作，把涉侨骨干推选为市、区人大代表和政协委员，为侨界参政议政拓展渠道。

【阵地建设】 抓好侨务工作阵地建设，创优阵地品牌。湖州桑基鱼塘研学文化交流基地获评国家级华侨国际文化交流基地。省侨联文化交流部、市人大常委会副主任曹德平等先后到南浔指导双林镇庆同小学“以侨为桥”励志教育基地争创省级华侨国际文化交流基地工作，并对庆同小学传承侨贤文化，向海内外华人华侨讲好爱国侨贤情系桑梓、回馈家乡的感人故事表示肯定。“追梦中华·侨见湖州”——2021海外华文媒体负责人湖州行走进南浔活动顺利举办，来自全球21个国家和地区的26名海外华文媒体负责人参加活动。通过考察桑基鱼塘研学文化交流基地等阵地，向海外集中报道信息10余篇，为更好推动湖州文化、南浔文化向海外传播做出积极贡献。

【联络联谊】 做深“联”的文章。深化“寻根·筑魂·圆梦”工程，做深“象牛”后裔联系文章，通过多方排摸走访，在上海成立了会员61人的“象牛”后裔上海联谊会，为海外联络联谊搭建新平台。加强与联谊会的互动，组织40位“象牛”后裔回乡省亲，积极引导他们为故乡发展出力献策。通过联谊会联系了上海百乐门、中版书房等项目3个，联系到包括中国可持续发展工商委员会副执行会长、前荷兰皇家帝斯曼集团中国区总裁、现集团总裁特别顾问蒋惟明等知名人士，并做好古宅寻访等工作。同时启动并实施完成“四象”之首刘镛墓地的修缮工作，牵头做好刘家后裔刘承桓慈善奖学金、蔡崇信奖学金等发放工作。联合区档案馆、区融媒体中心、南浔学研究会，启动“象牛”后裔及知名乡贤叙事项目，多维度地丰富南浔的历史和人文。《南浔助推海外侨贤联络联谊工作结硕果》等信息被《人民日报》（海外版）、“浙江统战”微信公众号、《情系中华》等刊发肯定。

【情系教育】　倡导推广涉侨社会组织浙江省蔡崇信公益基金会实施“以体树人”项目，通过开展以体树人杰出校长计划，组建以体树人教育联盟，支持举办校园体育赛事等方式，助推相关中小学实现全员体育运动。其中，以体树人杰出校长计划已在全国 12 省 19 市中评选出 21 名杰出校长，累计资助 1050 万元；以体树人教育联盟项目落地全国 7 省、市 36 所学校（湖州南浔 11 所，占比 31%），覆盖超过教师 1000 人、学生 5 万人，支出超 1000 万元，南浔思进小学案例被央视新闻周刊关注报道。南浔区善琏镇侨联主席刘英在含山小学试点开展“1+X”课后活动模式，以善琏湖笔制作技艺、轧蚕花唱蚕歌、抖空竹等传统文化技艺丰富学生课外活动。中国华侨国际文化交流基地——湖州市桑基鱼塘研学文化交流基地，立足桑蚕及渔文化底蕴，开展“学校+实践基地”教育共同体合作模式，承接课后研学实践课程、素质拓展、劳动锻炼等活动，已承接湖州新世纪外国语学校、湖州师范学院南浔附属小学等 4000 余名学生研学实践活动，为推动“双减”工作落地见效提供实践服务。

【爱心助力】　蔡崇信公益基金会为河南及山西受水灾影响的中小学校捐赠 3000 万元用于重建学校基础设施及体育场地；同时通过培训援建精准赋能，建立起覆盖全国 15 个省 71 个县的职业教育项目，累计服务 3000 多名老师，影响 21000 多名学生，帮助 140 名学生实现高质量就业，累计支出 2100 余万元。区欧美同学会（留联会）副会长陈真以非遗“草帽编织技艺”为依托，组织开展技能培训 50 多期，培训人员 1100 多人。南浔区侨贤议事室（周桂珠工作室）共组织各类法律讲座 18 场次，参加调解包括侨眷侨属涉及的债务纠纷问题等 8 起，调解率达 100%。

【维护侨益】　做好暖侨心工作。切实发挥好乡镇侨联作用，加强与侨眷侨属的联络沟通，动态掌握境外华侨、留学生的返浙信息及困难需求，积极引导、全程服务，持续做好境外疫情防控工作。针对海外人员回南浔情况，严格落实好预申报制度，并做好在南浔华人的疫苗接种服务工作。

做好助侨企工作。完善区领导联系重点侨资企业制度，组织森林之星文化地板有限公司、彩蝶实业股份有限公司等涉侨企业参加“政企恳谈会”，与区长面对面座谈交流，协助侨资企业第一时间反映融资、技改、人才招引等方面遇到的实际问题，畅通“快车道”，协助森林之星文化地板有限公司解决久拖未决的土地问题。引导侨资企业聚焦党建领廉、制度护廉、阵地促廉、文化助廉、激励引廉、惩戒警廉，实现清廉建设与企业发展互促互进，在森林之星文化地板有限公司、浙江三行电气科技有限公司等 3 家侨资企业中率先开展清廉企业建设。《南浔区念好“引”字诀　服务侨企健康发展》信息获省侨联主席连小敏批示肯定。

做好惜侨才工作。联络意大利米兰华侨华人青年联合会在米兰设立引智工作站，聘请荷兰侨贤蒋惟明为南浔区招才引智工作大使，拓展海外人才招引渠道。坚持以“最优服务”助力“人才回归、侨商回乡、侨资回流”，牵线申报“南太湖精英计划”3 人，参与推荐人才工作 10 多人次。与叔苹同学会上海小组、上海欧美同学会、上海五角场双创学院等组织机构建立联系，融入长三角一体化发展。联合区人才办、区人力资源和社会保障局等职能部门共同组织 50 名海外留学生开展“2021 海燕助飞·助力共同富裕”活动。协助引进投资 10 亿元、占地面积 24 公顷的博洛尼整木家居项目。　（朱梦娜）

人力资源　社会保障

·综　述·

【概况】　2021 年，南浔区人力资源和社会保障局（以下简称“区人力社保局”）乘数字化改革东风，搭共同富裕班车，深耕细作，全力以赴，各项工作取得显著成效。连续三年蝉联全省人社系统绩效考评优秀单位、全市人社工作先进单位，被评为全区共同富裕工作、开放融合工作、综合救助工作、根治欠薪工作、人大代表建议和政协提案及办理工作成绩突出集体。“引才云”平台被纳入“一本账 S1”浙里就业应用中的小切口子场景，南浔区被省人力资源和社会保障厅列入全省试点单位。人力资源产业园顺利开园，人力资源经理协会成功建立。区域治理能力和水平不断提升，“数字安薪指挥舱”的有关做法被人力资源和社会保障部交流刊发。

·就业服务·

【概况】　南浔区城镇新增就业人数 17500 人，失业人员再就业 6356 人，困难人员再就业 605 人；创业担保贷款发放 10354 万元，扶持创业人数 1082 人，创业扶持人数 2842 人。引进大学生共计 12086 人，其中首参青年大学生 4097 人，招引博士 195 人，其中首参青年博士 113 人。招引大学生就业创业团队项目 5 个。

【大学生就业创业】　加强政策执行，贯彻落实《南浔区进一步扶持大学生就业创业实施意见》及配套实施办法。2021 年，共拨付各类大学生就业创业补贴 6881.68 万元。完成租房生活补贴“一件事”改革，已全面在“浙里办”上线，实现线上受理。加强政策推介，深入开展地校合作，陕西、青海、江西、河南及省内多所高校到南浔召开地校合作座谈会。组团赴湖北武汉、江西南昌等高校开展校园招聘暨城市推介活动 41 场，共建人才工作站 44 家。加强平台建设，积极打造“引才云”平台，有效打破用工信息获取不及时壁垒，着力解决大学生获取就业信息不对称等现象，实现就业信息共享。“引才云”注册规上企业已达 1321 家，线上发布招聘场次 114 场。开展直播招聘会 3 场，直播网点覆盖全国 13 个省 47 个人才工作站，辐射全国百余所高校 30 万名毕业生。首场直播招聘关注度 10 万人，直接参与人数近 8000 人，收到个人简历 2000 余份，实时面试 300 余人。

【困难群体就业帮扶】　开展残疾人专场招聘活动。5 月，区残疾人联合会和区人力社保局联合举办“学党史、优服务、促就业”——第 31 次全国助残日南浔区残疾人专场招聘会。共 14 家单位进场提供岗位 102 个，进场残疾人数 60 多人，初步达成意向 37 人。举办“乐业湖州”共富班车重点群体线上线下直播招聘会暨村企结对签约仪式，围绕“扩中”“提低”目标，从“扩大就业容量”“提高就业质量”“拓宽增收渠道”等方面入手，推动实现更加充分和更高质量就业。精准发力务求保障实效。持续做好对口支援地四川省广安市广安区就业人员帮扶工作。对在南浔就业人员进行定期电话回访，落实就业帮扶政策，跟踪帮扶服务确保优惠政策能享尽享。2021 年，拨付各类扶贫补贴 40 余万元，涉及 50 余人次。全力做好后继跟踪服务工作。5 月 24—26 日，组织 21 家企业赴广安区职业技术学院开展招聘活动。在四川广安建立劳务协作服务中心，并在引才云平台上发布企业招聘信息，依托当地人社工作人员，入村入户点对点动员人员到南浔就业。

【保障企业用工】　加强就业形势分析，开展企业用工调查问卷，收到783家企业的调查问卷、200余份个人求职问卷。依托“三服务”主动服务调查中用工缺口大、流动性大的企业进行走访服务，坚持“企业问题清单”为导向，制定招工实施方案，持续跟踪服务，及时帮扶企业解决招工问题，助力企业发展。加强就业形势研判，依托省动态监测系统，全面调查全区 1.7 万余家企业用工情况，摸清企业用工底数，掌握企业缺工清单。每月开展重点企业就业失业动态监测，辖区有 264 家动态监测企业，及时上报监测信息。

· 引才育才 ·

【概况】　人力资源产业园实现从无到有的突破，15 家企业入驻，创造产值近千万元。着力引进高层次人才，入选“南太湖精英计划”创业团队12个、南太湖特支高技能领军人才 2 人、人力资源管理领军人才 1 人、后备培养人才 5 人；新建省级博士后工作站 2 个，新进站博士 6 人。开展职业技能提升行动，开展培训 20923 人次，新增高技能人才 5183 人。推广企业职业技能等级认定，38 家企业完成培训 2071 人次、发证 1963 人次。入选浙江工匠 12 人。

【高层次人才招引】　积极申报参与各类人才项目，丰富各类人才创新创业活动。完成“中国·湖州南浔第四届全球高层次人才创新创业大赛”；成功举办“春暖鸿雁归　浔城汇英才”南浔区海归人才云路演暨“浔英计划”启动仪式；首创“浔英计划”人才项目答辩评审，吸引16个创新创业团队参加。服务保障各类人才项目到位，对历年南太湖精英计划人才“五未”（未落地、未投产、未运营、未达效、未上规）项目进行了专项攻坚三服务，完成2021年度南太湖精英计划两批资金拨付评估，积极兑现创业资助资金1600余万元；对在“中国·湖州南浔第四届全球高层次人才创新创业大赛”中获奖项目给予34万元的奖励。

【技能人才增量提质】　扎实开展新时代工匠培养工作，2021年，入选浙江工匠12名，浙江青年工匠19名，累计建有国家级技能大师工作室 1 家，省级技能大师工作室7家，市级技能大师工作室17家，区级技能大师工作室47家，累计建成技能人才培训基地32个。联合各行业部门开展特色技能培训，与区应急管理局联合开展安全技能培训 16629 人；与区市场监督管理局开展食品安全管理员培训 327 人次；与区民政局开展养老护理人员职业技能基础及提升培训 277 人次。大力开展企业职工技能提升和技能等级认定，与区总工会联合举办南浔区第六届技能运动会，举办技能练兵比武大赛27场，实施新型学徒制培养项目，累计备案钳工、铣工、手工木工等学徒人数1637人，着力培养企业急需的优秀技能人才，认定企业技能等级认定试点38家，开展染色纺织工、水泥混凝土制品工等工种培训2071人次、发证1963人次。落实完善职业培训补贴政策，广泛发动乡镇成人学校、职业类院校分中心、民办职业技能培训学校开展各种形式的培训，开班备案技能培训班62个，兑付职业技能提升补贴50.92万元。完成“千名技能人才”选树及考核工作，全区共考核通过“技术标兵”1449 人，发放津贴 216.075 万元。

【专业技术人才培育提升】　广泛发动各层次专业技术人员职称申报。2021 年，大中专毕业生职称初定累计 643 人，中高级职称申报累计 400 余人。开展电梯行业专业工程师自主评价，针对南浔区从事电梯行业领域专业岗位工作的在职在岗企业专业技术人员，个人业绩显著、贡献突出、企业认可、研发能力强的优秀电梯专业技术人才，开展电梯行业（特种设备）专业工程师自主评价工作，105人在省职称申报平台申报。纵深推进博士后工作，新建省级博士后工作站 2 个，企业博士后科研工作站新招收进站博士 6 人，推动科技成果与产业、科研项目与现实生产力对接，打造企业“高精尖”技术人才“蓄水池”。探索建设本地职业类（技工）学校，建成南浔人力资源服务产业园，招引15家人力资源服务公司入驻，集成大学生招引、劳务派遣、高端人才猎头等多种功能，审批 8 家民办职业技能培训学校，多渠道拓宽引才育才渠道，培育新型复合人才。发挥行业企业自主性力量，组建南浔区人力资源发展协会，吸收43家单位入会，进一步优化整合人力资源配置，推进全区人力资源工作科学、和谐、优质发展。

·人事管理·

【概况】 按照创新体制机制、服务科学发展、构建和谐社会的总体要求，紧紧围绕“高质量打造美丽繁华新江南 高水平建设美好生活新家园”发展目标，不断加强事业单位人才队伍建设，深化事业单位人事制度改革和工资制度改革，严格规范事业单位管理，为全区经济社会提供有力支持。

【人才招引】 规范组织实施各类招聘。联合区委组织部实施党政储备人才及紧缺急需高层次人才招引工作，针对国内高校和位列ARWU、THE、QS世界大学排名前100名的国（境）外高校广泛召集人才，为全区一般事业单位引进9名党政储备人才，紧缺急需高层次人才1人，充实干部队伍力量。协同区卫生健康局、区教育局组织开展卫技人才、教师优先招聘工作，共招聘优秀卫技人才84人、教师优秀人才156人。启动2021年事业单位公开招聘工作，全区区级部门及乡镇共21个主管部门27家事业单位推出38个岗位招聘38人，共有4223人报名，录用37人。开展机关事业单位编外用工招聘工作3次，成功招聘编外人员62人。

【事业单位管理】 依规做好事业单位岗位管理工作，结合事业单位机构改革，及时调整审核各单位岗位设置，共完成全区28家事业单位的岗位设置变更和6家事业单位的岗位设置。进一步规范事业单位工作人员的交流调配，促进人员合理流动和优化配置，增强人事调配工作的透明度，完成317个事业单位人员的调配工作。其中，区内调动245人，调出区外49人，区外调入23人。

【人事改革】 深入推进事业单位工作人员职业生涯全周期管理“一件事”改革，顺利完成养老保险、编制、公积金、工伤失业保险、医疗保险等业务系统对接工作，并与各个系统全部打通连接，涵盖全区174个事业单位，基本实现“一张表单申请、一个平台联办、一次不跑办成”的改革目标，办理实现由10多个工作日压缩至1～2个工作日，大大提高了办事效率、服务效能。2021年，平台共办理业务1297件。做好省人事工资系统数据维护与日常管理工作，在前期数据采集和导入的基础上进行数据信息维护，确保数据的准确性、完整性。2021年，全区人事工资信息完整度达99%，工资信息完整度99.33%，累计办件量6771件，其中人事业务办件量3593件，工资业务办件量3178件，月工资申报率达100%。制定出台《南浔区机关事业单位编外聘用人员薪酬待遇管理办法（试行）》。

·劳动保障监察·

【概况】 2021年，全区“无欠薪”工作总体平稳有序。全年共受理“12345”热线劳资纠纷1429件、劳动保障监察热线投诉咨询电话11714个、人社一体化平台经办件801件、国家线索平台交办件252件、欠薪信访专窗登记903件、协同“110”警情2144起；通过根欠系统综合派发欠薪工单1154张，帮助5426名劳动者追发工资11872万元。

【数字化处置】 研发“数字安薪指挥舱”治理系统，有效增强欠薪治理能力。汇集市场监管、社保、税收以及银行、水电气等反映单位的指标变化数据，形成“欠薪预警舱”，成功预警欠薪隐患1081条，全化解在萌芽状态；建立从预警、派单、处置到回复、评价的闭环机制，形成“数字安薪舱”，派发欠薪处置工单1154个，追发工资1.18亿元，满意率达98.87%；抓取“劳资矛盾”数据，形成“劳动协理舱”，由专属协调员跟踪，基层劳资矛盾纠纷化解率达98%以上。列入全市人社系统数字化改革“无欠薪”应用试点项目，相关做法得到人力资源和社会保障部以及省、市媒体的重点交流和宣传报道，省、市领导均作批示并给予充分肯定。

【精细化治理】 出台《工程建筑领域根治欠薪专项管理办法》，对188个在建项目进行3轮排查；制定《全域土地整治建设项目欠薪维稳“八项制度”》，加强对全区49个全域土地整治项目的规范指导。深入开展规范劳务外包用工行为暨清理整顿人力资源市场秩序、漠视侵害群众利益专项治理、护航建党百年“浙江安薪”三大专项行动，实地检查巡查用人单位2178家次，走访人力资源中介和劳务派遣机构35家，发现整治违法违规问题317个。制定《南浔区欠薪突发事件应急处置预案》，启动应急预案3次，成功处置碧桂园铂悦府欠薪纠纷等多起突发事件，有效避免了群体性和极端事件的发生。

【立体化宣教】 重点打击恶意欠薪、编造虚假事实讨薪、采取非法手段讨薪以及以拖欠农民工工资为名讨要工程款等违法行为并依法向社会公布，已做出行政处罚13起，以“涉嫌拒不支付劳动报酬罪”移送公安机关1起，罚款33.7万元，形成不能欠、不敢欠、不想欠的良好氛围。在24小时畅通劳动保障热线的基础上，开发推行南浔“工资清欠码”，实现劳动者诉求“云反映”，实现即时派送、及时化解，共收到投诉举报216件，挽回欠薪款项315万元。同时建立“仲裁+监察”联合调处模式，实现拖欠农民工争议案件“快立、快审、快结”目标。开展“安薪普法”进项目、进工地、进企业活动，压实劳资专管员、企业人事经理宣贯责任，实体化培训劳动关系协调员750人，开展用工体检518家。以“夏日送清凉”为主题向全区在建工程项目派发定制矿泉水3万瓶，向用人单位投放各类宣传海报、短信、短视频、定点广播等2万余条次，全面营造了“乐业在浔、安薪无忧”良好氛围。

·劳动人事争议仲裁·

【概况】 全区共计受理各类劳动人事争议案件1037件，涉及劳动者1039人，涉案金额3137.83万元。其中，经区仲裁院立案受理案件395件，涉及劳动者395人，涉案金额1517.73万元。当期结案391件（含上年度未结案件），其中调撤结案305件，仲裁结案率92%，通过网络办理仲裁案件148件，网络办案率37%。各镇（街道）、开发区劳动纠纷多元化解中心调处案件642件，涉及劳动者644人，涉案金额1620.10万元。仲裁全区劳动争议调解成功率92.7%。

【“互联网+调解仲裁”】 创新调解仲裁信息化建设，以网络仲裁庭、网络调解室为依托，以小鱼易联为平台，启用互联网庭审直播功能。1月26日，南浔区首个仲裁庭审直播案件在线开庭。全区各劳动纠纷多元化解中心调解员近50人在线观看。“网络庭审”直播模式系通过云视频终端和仲裁庭建立线上高清视频连接，是南浔区深入实践“互联网+调解仲裁”的创新举措。选取练市仲裁派出庭为试点，构建区仲裁院与仲裁派出庭互联互通系统，发挥实时指挥、在线指导和远程合议庭开庭等功能。

【强化案前调解】 在原有“乡镇劳动纠纷多元化解平台调解为主，企业自主调解为辅”的基层调解基础上，发扬新时代枫桥经验，以区级社会矛盾纠纷调处化解中心平台为依托，引入律师、法律工作者等多元化解和社会化调处力量，建立南浔区劳动人事争议调解中心，明确了机构设置、人员配备、工作职责、工作流程、工作要求和考核评价内容。旨在通过完善全流程、多环节、多形式仲裁案前调解机制，推进调裁、调审衔接，实现劳动争议一站式接待、一揽子调处、全链条化解以及调解中心“组织建设标准化、队伍建设标准化、制度建设标准化、业务流程标准化”的目标，切实提高劳动争议调解工作社会化、法治化、智能化、专业化水平，努力打造和谐劳动关系构建的示范样本。2021年，调解中心正式运行，成功调解争议12件，有效缓解仲裁办案压力，减少当事人诉累。

【劳动纠纷多元化解】 结合和谐劳动关系三年行动方案活动要求，以特色产业为依托，配合劳动关系科指导乡镇排摸调解组织和调解员选树方案，充分发挥属地乡贤、老娘舅调解的优势，夯实源头治理基础，切实提升劳动纠纷基层化解率，促使劳动纠纷化解在萌芽。强化队伍建设，组织各镇（街道）、开发区调解组织调解员开展调解业务专题培训和庭审观摩活动，切实提升基层调解员的业务水平。

【推进裁审衔接】 2021年6月，举办“守望天平，共建和谐”南浔区劳动人事争议裁审共建签约仪式，南浔区劳动人事争议院与区人民法院民一庭签署裁审共建白皮书、建立企业劳动争议预防化解志愿服务队，并从委托调查、庭审观摩实践、法院参与仲裁案件调解、仲裁庭审笔录共享等方面建立共建机制，为进一步畅通裁审衔接渠道，统一裁审口径打下坚实的基础。2021年，组织庭审观摩实践两次，法院参与仲裁案件调解10件，所有上诉案件仲裁庭审笔录均实现共享，有效提升裁审的一致性，提高了当事人的服裁率。

【劳动法律法规宣传】 组织专兼职仲裁员成立宣讲团，通过进乡镇、进企业、进社区等系列宣讲活动加大劳动法律法规的宣传力度，提高用人单位法律意识，引导广大劳动者理性维权、依法维权，参训企业达 700 余家。加强对企业特别是案件多发的企业的劳动关系体检和用工指导，通过上门问诊、入企座谈等形式进行精准普法，帮助企业规范用工管理，主动开展民主协商，提升企业预防化解劳动纠纷的能力，力争将矛盾化解在萌芽。推进仲裁庭审观摩活动常态化，与乡镇调解中心建立常态化交流机制，分片区组织企业人事干部线上或线下观摩仲裁庭审。通过公开庭审现场，展示案件审理的规范化和标准化，利用庭后释法说明，展现案件审理的专业性和公正性，在增强仲裁工作公开透明度的同时，快速高效地提升了专兼职仲裁员的庭审驾驭能力，提升仲裁公信力。

·社会保障·

【概况】 2021 年，南浔区城乡居民养老保险参保人数 15.4 万人，其中，参保缴费人数 4.7 万人，待遇享受人数 10.7 万人，人均待遇水平 347.37 元/月。户籍人口基本养老保险参保率 99.85%。

【服务提升】 积极开展政策宣传活动，通过“传统+新媒体”相结合的宣传方式进行多渠道、全方位政策宣传，2021 年，共组织参加 8 次政务服务宣传活动，发放宣传资料 7000 余份，最大限度地提升群众对城乡居民基本养老保险政策的知晓度和参与度。将城乡居民养老保障水平和缴费档次提升率同时纳入乡镇年度绩效考核，通过考核机制激励，促进缴费和待遇水平“双提升”。全年选择 500 元以上档次人数占全部参保人数的 20.8%。提升经办水平，组织全区居民养老保险业务经办人员开展业务培训，通过全面解读城乡居民基本养老保险政策，对在业务经办中需要注意的方面进行重点讲解，全面提升业务经办水平。

【政策落实】 有效落实困难人员政府代缴政策，通过与区民政局、区残疾人联合会等部门的沟通协作，及时获取低收入困难群体动态名单，并与业务系统进行比对，对未参保人员下发各乡镇进行动员参保，针对未参保贫困人员实际情况，对症施策，确保符合条件的贫困人员应保尽保。2021 年，全区参加城乡居民基本养老保险困难人员为 3606 人，政府补助 108.18 万元。有序推进被征地农民参加城乡居民基本养老保险工作，完成 256 名平移人员预发转计发，被征地农民（存量人员）参加城乡居民基本养老保险增设档次 1536 人。按时完成 2021 年退休人员基本养老金调整工作，全区 3850 名机关事业单位退休人员和 265 名被征地平移退休人员在 6 月底前全部按时足额享受到调待待遇。持续开展“社会保障卡惠民服务季”活动，积极推动市民卡“民生一卡通”应用工作。

【基金安全】 做好日常稽核，每月对城乡居民养老保险和机关事业养老保险的业务材料进行核查，发现一例待遇重复领取和一例服刑人员待遇多发，共计 19378.2 元，均已全部追回。对稽核风控系统推送的疑点数据进行核查，有效避免经办风险。开展待遇重复领取、重疾人员应保未保、疑点姓名人员核查、审计下发近疑点数据核查与整改等工作，核查疑似重复领取待遇疑点信息 4 人，确定多发待遇 3 人，多发待遇 14837.1 元已全部追回，有效维护基金安全。开展重点稽核工作，对 15 条身份疑点、344 条生存疑点数据进行了重点核查。（罗　燕）

·医疗保障·

【概况】 2021 年，南浔区医疗保障局坚持以习近平新时代中国特色社会主义思想为指导，认真贯彻落实中央和省、市、区委决策部署，积极推进医疗保障各项事业高质量发展，成效显著，获全省医疗保障系统 2021 年度工作先进单位和湖州市医疗保障系统 2021 年度工作优秀单位称号。

【保障水平】 2021年，全区城乡居民基本医疗保险共参保29.34万人，户籍人口参保率99.93%，累计享受城乡医保报销24.7万人，医保基金补偿金额4.13亿元。精准落实医疗救助政策，全年资助参保人数1.12万人，资助金额598.77万元；医疗救助13.25万人次，救助金额1863.14万元；实施专项医疗救助1.83万人次，救助金额1123.57万元；并在此基础上探索建立困难人员医疗费用个人支付封顶制，实施再救助82人，救助金额96.01万元，实现年度医疗费用个人负担超1万元以上的困难人员全部清零，筑牢医保“兜底网”。提高大病保险待遇水平，2021年起大病保险合规医疗费用支付比例提高到70%，医疗救助对象支付比例提高到80%。提升慢性病门诊保障水平，城乡居民医保慢性病门诊统筹基金报销从1700元提升至2300元。12种规定慢性病种门诊自付费用纳入大病保险保障范围，糖尿病胰岛素治疗纳入特殊病种保障范围。全面推广商业补充医疗保险“南太湖健康保”，2021年，全区投保率64.36%，列全市首位。截至2021年年底，已有8220人次享受到理赔待遇，理赔金额2644.21万元。

【医保改革】　全面推行总额预算管理下门诊按人头包干、住院按疾病诊断相关分组（简称DRGs）点数法、长期慢性病住院按床日付费的多元复合式医保支付方式。强化激励约束机制，不断提高基金使用绩效，年度基金增速控制在10%以下。落实药品耗材集中采购，配合做好全市联合集中带量采购，按时推进国家、省组织药品及高值耗材集中采购工作，超额完成约定量，并加强执行进度监测。推进医疗服务价格改革，对区内公立医院床位收费标准及基层医疗机构医疗费用收费标准进行摸底统计，为全市医疗费用同城同级同价夯实基础。

【医保经办】　深入推进医保领域“最多跑一次”改革，全力打造医保服务“便捷区”。优化“窗口”资源配置，增设“潮汐窗口”，疏通高峰期办事“堵点”。推动数字化改革，医保事项全部实现“网上办”“掌上办”，推广医疗费用零星报销“零跑腿”，实现“窗口受办”向“自助智办”转变。加强信息化建设，扎实推进医保电子凭证激活应用推广工作，高质量完成全区195家医疗机构国家医保15项编码贯标工作。健全完善区、镇、村三级经办服务体系，村级经办平台可直接通过政务2.0系统受理相关医保业务，做优做实“医保15分钟服务圈”。深入推进南浔、桐乡两地城乡居民医保同城同待遇工作，实行医保服务事项专窗通办，满足两地居民异地就医迫切需求。2021年，南浔、桐乡两地共有1.62万人次享受同城同待遇政策福利，报销金额159.28万元。

【基金监管】　线上线下多渠道开展“宣传贯彻《医疗保障基金使用监督管理条例》　加强基金监管”集中宣传月活动，营造全社会自觉维护医疗保障基金安全的良好氛围。通过引入专业审计、商业保险等第三方力量，成立医保反欺诈中心，设立举报奖励制度，聘请24名医保社会监督员等形式创新医保基金监管方式，开展医保专项治理。加强与纪检监察、卫生健康、市场监管等部门沟通，开展“双随机、一公开”（在监管过程中随机抽取检察对象，随机选派执法检查人员；抽查情况及查处结果及时向社会公开）跨部门联合检查。全年累计检查定点医药机构192家，约谈整改定点医药机构55家，暂停医保服务协议5家，解除医保服务协议2家，行政处罚1例，追回医保基金394万元，行政罚款9.67万元，扣分处理医保医师、营业员18人，在全区形成严厉打击欺诈骗保的高压态势。　（宁季芸）

农　业

·综　述·

【概况】　2021 年，全区实现农林牧渔业总产值 52.32 亿元，同比增长 4.1%；农村居民人均可支配收入 4.11 万元，同比增长 11.1%；低收入农户人均可支配收入 1.76 万元，同比增长 14.6%；城乡居民收入比降至 1.61∶1，全市最优；村集体经营性收入 60 万元以下村全面消除。2021 年，南浔区先后获评全国脱贫攻坚先进集体、全国渔业健康养殖示范县、全国绿色种养循环试点、全国农业社会化服务新试点、全国县域农业农村信息化发展先进县、乡村振兴省政府督察激励等数十项国家、省级荣誉。

【农业产业化】　农业产业化经营快速推进，全区拥有市级以上的农业龙头企业 51 家，包括省级农业龙头企业 6 家，市级农业龙头企业 45 家，比 2020 年增加 5 家。全力引进全球 500 强企业正大集团和九头牛、叮咚买菜等国内创新 50 强企业入驻南浔。进一步完善贸工农一体化、产加销“一条龙”的产业化经营体系，优化形成利益联结更加紧密的“公司+合作社+基地+农户”等生产经营模式。创建省级农业产业化联合体 3 家，拥有 2 个省级现代农业园区，1 个省级产业融合示范区，2 个省级农业特色强镇，49 个市级特色农业园区。全区休闲观光农业园区总面积 700 公顷，全年接待游客 684 万人次，营业收入 7.36 亿元。以南浔区农业高新技术产业示范区（农高区）为主平台，全力加快“五万”产业建设。累计建成万头湖羊 5 家、循环养鱼跑道 496 条、稻鱼综合种养 4333 公顷、“红美人”柑橘 333 公顷。

【农业“大好高”项目】　依托“内部培育+外部引进”的双重力量，不断提升项目招引效率。全年引进投资 1000 万元以上农业项目 75 个，其中市级农业“大好高”项目 15 个，数量均居全市首位。

【农业重大活动】　积极组织参加农业重大活动。共组织农产品展示展销活动 4 次。省农博会，组织 11 家企业线上参展，4 家企业参加农产品网上直播，线上农产品成交 54.2 万元，位列全市第三位。组织 7 个产品参加优质农产品评选活动，荣德芝麻油等 4 个产品荣获农产品金奖称号。组织 2 家知名企业参加浙江省首届乡村美食大会，世荣柴火羊肉荣获全市唯一一个特色农家菜肴金奖。组织 2 家企业参加安徽合肥农产品展销会，到省外推广南浔区特色农产品。在农民丰收节期间组织 6 家企业参加湖州市在长兴县举办的农产品展示会，南浔农产品受到长兴市民的关注，得到市、县领导的好评。举办各类农事节庆活动，2021 年举办“湖州·南浔第十三届鱼文化节”“第 9 届湖羊文化节”“第 4 届石淙花海龙虾节”“第 3 届中国淡水渔都丰收节”“桑果采摘旅游节”等一系列农事节庆活动。

【粮食生产功能区】　全区累计建成粮食生产功能区面积 13487 公顷；新建高标准农田 363 公顷，累计建成高标准农田 21373 公顷。组织开展粮食生产功能区整治优化工作，坚持分类施策，根据粮食生产功能区“非农化”“非粮化”不同情形，采取“一区一策”，逐个逐块稳妥有序推进清理腾退，已完成清理腾退 2205 公顷、调整优化 1695 公顷。

【农产品质量安全】　狠抓绿色优质农产品发展。始终坚持绿色生态发展，以质量兴农为原则，积极推进全区绿色优质农产品发展，不断扩大绿色优质农产品的市场占有率，大力推进绿色食品、无公害农产品、地理标志农产品等申报认定。2021 年，全区新增无公害农产品 15 个，无公害农产品复查换证 32 个，新增绿色食品 8 个。

狠抓农产品抽检监测工作。接受农业农村部、省、市各级风险、专项、监督、例行抽检等 545 批次，定量抽检基地蔬菜、水果、畜禽、水产等农产品 611 个批次（347 个监督抽样），查办农产品（不含农业投入品）质量安全案件数 2 件，不合格产品处置率 100%。2021 年，省级农产品质量安全例行风险监测合格率为 98.04%。

狠抓农产品追溯体系建设。纳入主体信息库生产主体 945 家，全区已安装二维码的各类主体有 309 家，各镇（街道）均建立农产品检测室并配备合格证打印设备，实现二维码追溯全覆盖。2021 年，全区打印合格证（浙农码）39533 张。

狠抓农产品质量安全整治。牵头抓好农产品质量安全专项整治工作，在全区范围内开展农产品质量安全专项整治行动，开展全区水产品全覆盖抽检 2100 批次，开展农药及农药残留、瘦肉精、兽用抗菌药、生猪屠宰监管、水产品兽药残留及非法投入品、生鲜乳违禁物等农产品质量安全各类专项整治 5 次。2021 年，共检查涉及 930 个生产主体，共出动监管执法人员 210 人次，共检查主体 327 个。

狠抓农产品质量安全宣传培训。全力营造农产品质量安全“人人参与、人人共享”的良好社会氛围。2021 年共开展农产品质量安全知识现场宣讲、农产品质量安全追溯体系建设培训、绿色食品和无公害农产品认证宣传等宣传培训活动 5 场，发放各类宣传资料 1025 份，培训 706 人次。

【农村经营管理】　培育和提升家庭农场、农民专业合作社等新型经营主体。提升家庭农场。全年新增家庭农场 566 家，累计 4222 家，比 2020 年增长 15.5%。积极组织申报省、市、区级家庭农场及农民专业合作社，新增省级家庭农场 9 家、市级家庭农场 14 家、区级家庭农场 104 家。以数字乡村一张图，推进治理能力现代化。围绕“乡村规划、乡村经营、乡村环境、乡村服务、乡村治理”五大主要内容，重点打造南浔数字乡村一张图，并完成镇、村培训，实现 211 个行政村全覆盖。落实“N 个应用程序”建设要求，开发手机端应用，把和百姓相关的村情民意、家宴预订、积分兑换等公共服务和民生应用集成，形成反映村情民意的直通车平台，方便群众，提高办事效率。成功创建省级善治村 46 个，市级乡村治理示范村 74 个，练市镇水口村入选第二批全国乡村治理示范村。继续推进土地流转。支持新型农业经营主体依法依规开展土地经营权抵押融资，农村承包地流转经营权证应发尽发，已累计颁发农村流转土地经营权证 547 本，涉及流转土地面积 11333 公顷。

依托数字化转型，做好农村集体“三资”管理。制定南浔区村级债务化解实施方案，开展侵占农村集体资产资源问题专项整治。建立健全三资监督管理办公室，配备“三资”监管机构副主任 9 人，三资监管员 17 人，代理会计 47 人。开展村级财务“三年一轮审”工作，委托中介对全区 23 个行政村进行审计，并对审计发现的问题进行通报整改，有力促进“三资”规范化管理水平的提高。组织乡镇“三资”办负责人、专职监管员、代理会计、各村报账员等人员开展专项培训，累计培训 300 余人次，进一步规范村级财务管理，提高财务人员业务水平。以旧馆街道为试点开展集体经济数字管理系统上线，218 个村经济合作社实现系统上线全覆盖，实现“财务审批不出村”。积极推广村级小额智慧监管系统，制定《南浔区镇内施工单位备选库管理评价办法（试行）》，从源头上防范村级工程微腐败问题。通过系统集成、数字赋能，不断提升农村集体“三资”规范化管理水平。强化减轻农民负担监督管理。继续开展农民负担监管阳光行动，实现涉农收费、惠农政策、村级财务收支、监管制度、监管责任、投诉渠道“六项公开”。继续加强重点领域的监管和农民负担明察暗访工作，组织明察暗访活动 7 次，确保农民负担持续减轻不反弹。

深化农村改革，不断壮大村集体经济。以“强村公司”为主抓手，实施集体经济壮大倍增计划，制定《2021 年南浔区强村公司发展计划》《南浔区强村公司分类管理实施办法（试行）》和《关于建立强村公司发展容错纠错机制激励担当作为的实施办法》，进一步加强项目资源倾斜，强化分类管理，不断提升强村公司分红收入在集体经济收入中的占比，实现经营性收入稳步增长。2021 年，全区 26 家“强村公司”实现利润 4692.65 万元，村均增收 22 万元，全面消除集体经济经营性收入 60 万元以下村，“全面推行强村公司　持续壮大村集体经济”案例入选浙江省共同富裕示范区“典型案例清单”。持续开展农村产权制度改革。根据《南浔区农村流转土地经营权抵押贷款管理实施细则（试行）》和《关于鼓励金融机构开展农村综合产权抵押贷款的指导意见》等文件精神，已通过流转土地经营权证抵押贷款 3165 万元。全区农村综合产权交易平台累计成功完成交易968宗，涉及金额4.22亿元，实现村级资产保值增值。建立健全农村宅基地管理体系。先后出台《湖州市南浔区人民政府办公室关于印发南浔区农村宅基地使用及管理指导意见的通知》《南浔区农村宅基地使用及管理工作领导小组办公室关于印发南浔区农民建房具体办事指南的通知》等政策文件，整理编制《宅基地政策管理54问答》，建立各级宅基地管理工作领导小组及工作专班，定期召开各镇（街道）有关人员参加的业务培训会及工作例会，落实宅基地属地管理责任，健全基层管理体系，厘清监管职责，完善监管机制，提升依法履行宅基地监管能力。同时，按照农民建房“一件事”要求，进一步加强宅基地管理信息系统建设，2021年完成农村宅基地线上审批1933宗，批准面积21.8万平方米。

【“两进两回”行动】 根据《南浔区全面推进“两进两回”行动的实施意见（2020—2022年）》，推动“科技进乡村、资金进乡村，青年回农村、乡贤回农村”。入选南太湖特支计划乡村振兴领军人才2人，遴选“湖州农民专家”19人，乡村创客340人，全职引进35周岁以下大学生18人，全职引进40周岁以下博士生2人；培育实用人才1444人、高素质农民165人。新增首席专家工作室2个，有效促进农业科技成果转化。

【市校合作】 加大“区校合作”共建力度，努力在健全组织体系、协调机制上实现新突破，确保项目真正发挥作用。完成新增市校合作项目14项，其中与浙江大学合作项目5个。

【产学研联盟】 特聘7位分联盟专家并签下产学研联盟聘任协议书，持续做好“1+1+N”（1个推广专家组+1个县区级主导产业协会+本产业若干经营主体和主产区乡镇农技人员）推广体系，共培育“1311”（建设1个乡村振兴科技和人才服务平台；实施乡村振兴人才培养工程、百项科技成果富民工程、百名专家驻村工程三大工程；在全市范围内联系结对服务100个重点乡村，实施100项实用性农业科技成果；带动全市10000户家庭增收致富）行动结对村22个。参加市举办的产学研县区分联盟工作考核评审会，协助湖州市现代农业产学研联盟做好“1311”行动结对村产业基地建设指导等工作。

【农业信息化】 全区累计农民信箱注册用户47214户。其中，涉农企业34家，专业合作社65家，集团采购单位140家，农业专业大户936户，农机作业大户217户，农家乐8家；注册信息规范用户47192户，规范率达99.9%；注册启用41421户，启用率达87.7%。农民信箱发送病虫害防治技术、新冠疫情防控、气象预警等短信累计218条。“每日一助”服务信息发布82条，“每日一助”服务成效报送5条，建立农产品地方馆有效链接60条，采编农产品商务信息18条。公共信息发布60条。发送买卖信息60余条。集团采购单位和购销专业户总数138家。公共政务信息维护40条，组建农业咨询专家库20人，采编农业知识28条。

万村联网网站建设，从2008年开始全省推动村级网站建设，到2021年年末，全区建设村级网站211个，实现全覆盖，其中自主建站211个，符合农业现代化评价指标的行政村网站211个，规范建站率达100%。信息进村入户工程，开展发动培训，完成全区211个村的益农信息社和1个中心站及4个农资店简易站的建设，实现益农信息社的全覆盖。

【农业综合行政执法】 突出打假治劣、质量安全和纠纷协调，把保障农业生产安全、推进行业整治提升、维护群众合法利益作为全年工作的立足点和着力点。全年共立案行政处罚案件56件，结案56件。共处罚没款190564.33元；办理投诉、来访24件，调处涉农生产事故纠纷5件。

加大对各种农业违法行为的打击力度。多次开展春季、夏季、秋季绿剑集中执法行动和渔政亮剑专项整治检查等各项执法行动，共出动执法人员1568人次，检查各类农资经营主体784家次。完成上级主管部门下达的监督抽样517个，其中农业投入品抽样48个、种植类农产品98个，畜禽产品117个，水产品254个，并及时对15起不合格的产品依法处置。同时注重大案要案的办理，2个无证生产兽药案，罚没款7万余元；5月，1起经营假兽药案件移送公安机关。

继续做好农资经营“两化”建设。认真做好农资经营“两化”和“肥药两制”改革农资店建设。全区开展信息化建设，实现信息化建设覆盖率达100%；完成南浔区农药购买实名制平台提升建设和绩效评价，全区69家农资经营主体通过人脸识别的方式实现购买农药实名制；4家农资经营主体创建

"肥药两制"农资改革店。

积极运用"浙政钉·掌上执法"。2021 年掌上执法检查次数 266 次，掌上执法率 100%。监管事项入驻率 100%，应用信用规则率 100%，抽查事项覆盖率 100%，监管事项覆盖率 100%。

加大农资产品知识宣传以及培训力度。举办全区农资经营人员培训班，对全区农资经营管理人员进行培训，讲解法律法规和配套管理办法以及农资经营管理知识，发放相关法律法规知识宣传资料 3300 份，接受群众相关答疑咨询 15 次。

加强执法人员培训教育。强化管理，不断提高执法人员的素质和执法能力。全年共组织参加市农业执法培训 18 人次。

【渔政管理】 国有水域长效管理机制平稳运行。全区各镇开展国有渔业水域日常巡查 1200 余次，出动人员 4500 余人次，出动车艇 1200 余台次。区农业农村局联合区市场监督管理局、区公安分局联合执法 160 次，查处违法行为 215 起，清理网具 19000 余条，移交农业执法队立案处罚电捕鱼案件 15 起，其他非法捕捞案件 16 起,收缴电捕工具 163 台(套)，扣押涉案船舶 24 艘，没收渔获物 145 千克，发放各类宣传资料 4500 余份，有力保护渔业资源及水域生态环境。全年开展市级、区级渔政协管员执法培训各 1 次，共培训协管员 70 余人次，全面强化渔政协管能力。

加强渔船安全生产隐患排查。南浔区无在册渔船，主要工作是查处涉渔违法违规行为。2021 年累计巡查 80 余次，一般渔业船舶事故数为零，渔业捕捞万人死亡率为零，全年未发生重大渔船安全事故。平安湖州和平安乡镇考核未发生扣分事项。

加强水生野生动物保护管理。2021 年通过针对水野养殖、经营利用主体开展多次宣传及 1 次市级培训,督促指导水野主体办理人工繁育许可 14 家次、经营利用许可 20 家次，培训相关从业人员 17 人次。进行监督检查 30 余家次并核实更新在养数量、经营利用情况等信息。共计救助放生大鲵、鹰嘴龟等水生野生保护动物 4 只。

加强禁渔期制度宣传工作。通过竖立禁止垂钓公示牌、张贴公告、悬挂横幅、发送农民信箱等方式，制作发放禁渔制度类宣传资料 4500 余份，有力提高群众保护渔业资源和水域生态环境意识。

做好渔业资源增殖放流工作。全年实际投入渔业增殖放流资金共 78.7 万元，在菱湖、和孚、双林等 10 个乡镇（街道）国有渔业水域共增殖放流 1354 万尾土著性鱼种，其中青鱼、草鱼、鲢鱼、鳙鱼等夏花鱼苗 1121 万尾，花䱻、赤眼鳟、长春鳊等冬片鱼种 233 万尾，圆满完成全年放流任务，实现精准高质量放流要求。

【农机管理】 深入实施"机械强农"行动，持续推进全区农业"机器换人"工作。传统粮油产业农机装备保障水平进一步提升，各生产环节机械化率高位稳定，一批新型适用农机得到推广应用。2021 年新增大中型耕作机械 28 台、总功率 2051 千瓦，同比分别增长 460%、392%；新增联合收割机 13 台、979 千瓦，同比分别增长 1200%、1012%；植保无人机新增 22 台，同比增长 450%，已建成"浔稻""星光"2 家农机综合服务中心，粮油烘干加工中心等重点环节服务中心 19 家，农机社会化服务能力进一步增强。全区粮食批次烘干能力 2148 吨，烘干保障水平 78%；2021 年主要农作物耕种收综合机械化率达 86.5%（单季晚稻 91.3%）。全年未发生农机安全亡人事故。

积极推进"一县三基地"创建工作。2021 年，南浔区成功创建省级"机器换人"高质量发展先行县 1 个（水产产业）；农机服务中心 2 个（南浔浔稻生态农业有限公司、浙江庆渔堂农业科技有限公司）；省级全程机械化应用示范基地 4 个（千金永根生态渔业专业合作社、湖州盛江渔业有限公司、浙江天辰生态农业科技有限公司、星光农业发展有限公司），农机创新研究试验基地 1 个（星光农业发展有限公司）。

规范实施农机补贴。全区 2021 年享受农机购置补贴机具 267 台（套），使用中央补贴金额 241.04 万元，地方累加补贴 8.7 万元，总补贴金额 249.74 万元。农机报废更新 1 台，报废更新补贴 1.75 万元。

深化农机安全监管。2021 年，南浔区继续执行上道路拖拉机"全天全域"限行政策。同时，农机安全监管重点转移到以农田作业的牌证管理机械以及粮食烘干机等可能存在安全生产隐患的机械为主。开展在册农机清理、免费实地检验和农机驾驶证培训发证工作，共注销清理已报废灭失的牌证管理农机 204 台，并对在册的 59 台机械进行免费实地检验，提升了使用农机的安全性能。组织农机驾驶操作技能培训考试一期，新发放农机驾驶证 32 本。

【畜禽定点屠宰】 强化监管，落实主体责任。继续强化畜禽定点屠宰监管、落实企业安全生产主体责任，督促畜禽屠宰企业健全细化产品质量安全管理、生产安全内控制度。加强屠宰企业检测检验能力建设，配备与生产规模相适应的设施设备和检验人员，落实全过程质量安全防控措施。规范检疫程序，扎实推进畜禽屠宰检疫工作。畜禽屠宰过程规范各环节检疫程序，注重屠宰检疫规程内容，严格执行规范化处理标准，提升畜禽屠宰检疫工作的开展效果和质量。突出重点，加强畜禽的宰前检疫和待宰检疫的巡查工作。

强化法律法规培训，注重实操，提升检疫技能。对全区动物检疫人员开展新《中华人民共和国动物防疫法》《浙江省动物防疫条例》等相关法律法规培训，进一步增强检疫人员对新法新条例的理解。组织相关人员积极参加各级业务部门组织的线上线下培训（会议）12 场次，以浙江省动物防疫、动物检疫技能竞赛为契机，围绕动物检疫专题对一线检疫人员开展动物检疫理论和实操培训，提升一线动物检疫人员的理论和业务技能水平，疫控中心孙雯燕在浙江省动物检疫技能大赛中荣获一等奖。

【美丽乡村建设】 美丽乡村华丽蝶变，持续深化“千村示范、万村整治”工程，全力谋划新时代美丽乡村样板片区、组团式未来乡村建设，成功建成省级美丽乡村示范乡镇 7 个、省级美丽乡村特色精品村 18 个、省级历史文化重点村落 3 个、市级美丽乡村 154 个、市级美丽乡村精品村 18 个、美丽乡村小镇 12 个，成功打造 10 条美丽乡村景观线，实现美丽乡村创建宜创村全覆盖，唱响水晶晶南浔美丽乡村主旋律。人居环境提档升级，纵深推进村庄环境整治，高标准实施农村生活垃圾分类，推动农村公厕面貌大提升，创建省级示范公厕 6 座、省级星级公厕 53 座、省级高标准垃圾分类示范村 11 个、市级农村生活垃圾分类标杆村 160 个，实现村庄环境干净、整洁、美丽、有序。美丽经济转化有效探索，充分挖掘农业的功能和乡村的价值，不断推动农文旅有效融合，助推乡村共富。石淙镇以“全域土地整治”为契机，着力全域乡村景区化打造，建成花田乡、稻虾生态基地、城市菜园等一大批农旅建设项目，成功举办第四届石淙花海龙虾节，全年接待游客 350 万人次，提供就业岗位 1000 余个，切实助力村民增收致富。荻港村挖掘古村落+“桑基鱼塘”资源，构建“村庄+景区+渔庄”三位一体发展新模式，做好一、二、三产业融合，打造苕溪渔隐美食一条街，推出不同特色店铺 12 家，带动村域内饭店、农家乐餐位数达 3600 多个，带动村民就业 300 多人，全年接待游客 63 万人次，增加村集体和村民收入。港廊片区做好土地流转和闲置农房再利用，吸引社会资本 8200 万元推动产业集聚，新增摄影基地、“好酒不见”、集成美屋等业态 6 家，创新星光数字农业发展合作共赢模式，增加集体增收 80 万元以上，旧馆街道港胡村 2021 年集体经营性收入突破 350 万元，农村居民人均可支配收入达 4.02 万元。

·种植业·

【概况】 全年粮食播种面积为 17533 公顷，较 2020 年增长 15.6%。其中小麦播种面积 2387 公顷，增幅 108%，总产量 1.01 万吨，增幅 89.2%；新增早稻播种面积 33 公顷，总产量 200 吨；单季晚稻播种面积 12427 公顷，增幅 2.5%，总产量 10.09 万吨，增幅 1.8%。经济作物播种面积 9547 公顷，较 2020 年降低 6%，其中油菜播种面积 2487 公顷，降幅 2.8%；蔬菜播种面积 5827 公顷，降幅 3.7%；果用瓜播种面积 593 公顷，降幅 23.7%。

【技术服务】 组织技术人员深入农户或到田间地头科学指导农民开展农业生产管理，全面示范推广浙粳 99、嘉 58、秀水 134、嘉禾 218、春优 927、甬优 538、甬优 1540 等水稻优良品种，良种覆盖率达 100%，加强水稻直播、机插、“两壮两高”等高产栽培技术应用，主推技术到位率 100%。

【粮食绿色高产高效创建】 按照稳定粮食生产面积、优化农产品供求结构、主攻单产的总体要求，持续开展“粮食绿色高产创建千亩示范片和百亩攻关示范方”创建活动。2021 年完成省级水稻高产创建示范片 8 个、旱粮种植百亩示范方 1 个，共计面积 322 公顷。

【植物疫情防控】 牢牢把握“加拿大一枝黄花”防除关键时期（春季 4—5 月，秋季 10—11 月），组建或委托专业防控队伍，集中时间、集中人力，重点调查道路两侧、抛荒地或待开发地、农田果园、绿化带等区域，采取化学防除与人工清除、机械铲除相结合的防除措施。2021年，全区共投入人工2896人次，人工清除“一枝黄花”面积27.2公顷，机械铲除0.48公顷，使用草甘膦1.918吨，化学防除24.4公顷，复耕复种土地0.84公顷。

·蚕桑业·

【概况】 2021年，南浔区蚕茧生产总体呈持续下滑态势，具体体现在“二减三增”：全区共饲养蚕种33322张，同比减少5234张，减幅13.6%；总产蚕茧1938.7吨，同比减少255.3吨，减幅11.6%；平均张产58.2千克，同比增加1.3千克；蚕茧产值8913.2万元，同比增加2010.1万元，增幅29.1%；平均茧价2299元/50千克，同比增加726元/50千克。蚕业产值的增加，主要缘于茧价的提高，但客观地说茧价仍处于低水平状态。

【桑园建设】 全区共完成种改桑156.7公顷，同比减少6.7公顷，减幅4.1%。蚕农种桑积极性低下，桑园管理不善，功能发挥不足。同时，抛荒明显抬头，造成资源大量浪费，已严重影响产业效益和产业竞争力。蚕业形势严峻。

【技术培训】 组织及参与市、区、镇举办的形式各异的培训班2次，受众100余人次。参与市、区农业农村局等单位组织的各类科技下乡、技术咨询活动2次，共发放小蚕省力化饲育及蚕病综合防治技术资料200余份。

【项目建设】 积极在蚕桑生产主体实施各类蚕桑项目，2021年完成项目验收2项，实施项目4项。

在练市镇朱家兜蚕桑专业合作社实施的省级现代农业发展专项资金项目“果桑深加工与循环利用示范”、在湖州寻和农业发展有限公司等主体实施的浙江省农业重大技术协同推广项目“杂交桑草本化品种筛选与机械化、集约化配套种养技术研究与集成推广”相继通过验收。

在湖州荻港徐缘生态旅游开发有限公司、南浔云豪家庭农场分别实施浙江省蚕桑产业技术项目“果桑酒、桑叶茶深加工组合技术及生产示范”“设施蚕桑与桑资源多元化综合利用示范”。和孚镇、菱湖镇分别实施“荻港村桑基鱼塘保护”“射中村桑基鱼塘保护”项目。

【蚕业产业化】 大力培育规模主体，推广蚕桑规模化机械化生产模式。2021年度引进浙桑杂1号、浙桑杂2号、桂优61等桑树品种3个，试养农科5号抗等家蚕品种2个。推广小蚕工厂化饲育、大蚕条桑育省力化饲养技术、多批次养蚕技术、机械化养蚕新技术、杂交桑草本化栽培及机械化收获技术等新技术5项。

湖州寻和农业发展有限公司等3个规模小蚕共育点全年共饲养蚕种1150张。其中，出售小蚕525张，产值21.53万元，出售小蚕平均张种产值410元。小蚕工厂化饲育，由于设施相对完善，管理易到位，节工省本，劳动生产率高，可有效提升经济效益和生态效益。据调查及系统测算，每张蚕种比常规饲育增效85元（仅小蚕阶段效益测算）。

全区多批次及机械化养蚕20公顷，饲养蚕种728张，总产茧35335千克，平均张产48.5千克，产值162.6万元，平均亩产值6465元。机械化养蚕由于用工少劳力成本低，据调查及系统测算，平均每张蚕种增效345元，效益显著。

【桑基鱼塘文化建设】 2018年，浙江湖州桑基鱼塘被联合国粮农组织授予全球重要农业文化遗产称号，成功入选全球重要农业文化遗产以来，湖州南浔桑基鱼塘系统以农耕文化为魂，以美丽田园为韵，以生态农业为基，以创新创造为径，以古朴村落为形，在保护中利用、发展中传承，走出一条依托千年渔桑文化强镇富民的乡村振兴之路。

项目建设方面。2021年，南浔区全域旅游项目——桑基鱼塘观光线项目继续建设，加快推进观光塔、景观大道、游船码头等基础设施建设，打造集码头小镇、农事体验、旅游景区基础设施配套等功能于一体的综合旅游景区。荻港村规模化蚕桑基地项目竣工投产。

宣传活动方面。2021年1月，荻港渔庄与著名科学家姚献平院士签约，研究湖州桑基鱼塘系列食品利用科技成果转化为养生保健的功能性产品。8月，出版浙江湖州桑基鱼塘系统研究丛书《鱼桑文化研学课程新释》，系统阐述了重要农业文化遗产的起源与演变、生态与文化特征，分析其历史与现实价值和保护与利用现状，提出可持续保护与管理对策，进一步提升遗产地人民的文化自觉性与自豪感，提高全社会保护传承与利用农业文化遗产的意识。9月，举办第四届湖州鱼桑丰收节暨农业文化遗产保护与产业发展论坛，邀请联合国粮农组织全球重要农业文化遗产科学咨询小组副主席闵庆文、农业农村部国际交流服务中心副研究员黄波、中国蚕学会常务副理事长李龙、中国蚕学会秘书长中国蚕桑研究所副所长沈兴家、中国农业科学院蚕业研究所研究员徐安英、姚献平院士团队等60多位专家参加，为农业文化遗产保护与产业发展出谋划策，推动乡村振兴战略实施。

·畜牧业·

【概况】 2021年，全区生猪饲养量13.95万头，同比减少10.52%；湖羊饲养量38.41万只，同比增长23.23%；家禽饲养量2234.54万羽，同比增长17.48%；兔饲养量16.13万只，同比减少33.35%。实现肉类总产量37255.9吨，禽蛋产量8071吨。畜禽养殖规模化率逐步提升，主导产业中生猪、家禽规模化率均超过95%，湖羊规模化率85%。

【重大动物疫病防控】 2021年，全区免疫2006.48万羽家禽，免疫生猪口蹄疫14.14万头，免疫生猪高致病性猪蓝耳病13.83万头，免疫生猪猪瘟13.64万头，免疫羊口蹄疫26.29万只。全年共检测重大动物疫病免疫抗体8181份，免疫抗体合格率符合要求。除常规检测外，区畜牧部门还开展飞行监测4次，开展免疫效果评估3次。

非洲猪瘟防控。全面落实非洲猪瘟防控各项措施。指导1家生猪屠宰场和3家养殖场建立兽医实验室，开展非洲猪瘟自检工作。

马属动物疫病防控。对全区所有马属动物采集血样2次，进行马鼻疽试验1次，并进行电子耳标佩戴。

人畜共患病防控。开展普查监测，对全区10个乡镇街道的规模场和散养户进行采样，共采样9205份，结果全部阴性。

【畜产品质量安全】 实行源头管理，开展投入品整治。加强畜产品质量安全的监督管理，根据区农业农村局的统一部署，配合农业综合行政执法队认真开展畜产品质量安全专项整治，上下联动，全程监管，成效显著。全区共出动执法检查人员600余人次，重点检查饲料、兽药等投入品以及规模养殖场、屠宰场等主体。通过专项检查，提高养殖场户和饲料、兽药生产经营企业自觉意识，进一步保障畜产品质量安全。

全面开展动物产地检疫和屠宰检疫工作。2021年，全区产地检疫生猪8.4万头，湖羊7.71万只，家禽1829.17万羽。屠宰检疫生猪20.75万头，湖羊5.25万只，家禽1571.93万羽。在屠宰环节共检出病害猪517头，家禽4.18万羽，全部实施无害化处理。

加强“瘦肉精”等违禁药物的监测，开展生猪、湖羊“瘦肉精”监督检测2.07万份，无阳性病例检出。

落实点对点调运。全年生猪跨省调运备案核查1290起，调入生猪162126头。

兽用抗菌药减量化和饲料环保化。2021年，全区完成创建兽用抗菌药减量化示范场1家，兽用抗菌药减量化普通试点场43家。

【畜牧产业建设】 加快畜牧业转型发展。印发《南浔区畜牧业高质量发展五年行动计划（2021—2025年）》。计划通过五年努力，实现生猪稳产保供、湖羊产业振兴、家禽稳量提质。以产业链延伸和产业链提质为着力点，坚持把发展畜牧全产业链和农民增收致富有机结合，提升育繁推一体化水平，推进畜牧上下游产业、前后环节有效连接，加快三产融合，形成一套完整的南浔区畜牧业高质量发展体系，力争建成全国最大的湖羊精品产业集聚地。印发《南浔区标准化湖羊养殖场建设指导意见》，推广标准化、数字化、绿色化等养殖理念，在南浔区湖羊养殖标准化上走出探索第一步。开展第三次全国畜禽遗传资源普查工作，已完成畜禽种质资源基本情况普查。创建全省规模羊场全程机械化数字化技术配置模式试验示范点1家。建成数字化管控平台，用于集成场内改建的自动喂料、自动饮水、自动消毒、自动除臭、自动降温、视频监控和环境监测等系统，实现养殖环节全程机械化数字化。继续指导养殖场做好畜禽粪污资源化利用工作，全年资源化利用率99%。开展技术服务，全年累计对乡镇畜牧兽医人员、养殖场主等开展各类技术培训10次，培训300余人次。

【畜牧监管】　加强畜禽养殖环节病死动物无害化处理。根据《湖州市病死动物无害化处理工作实施细则》的文件要求，全面压实属地管理责任、部门监管责任、主体责任。9个无害化收集点收集病死生猪23797头，其他病死动物745.6吨。

加强动物防疫条件审查。成立南浔区动物防疫条件风险评估专家库，严格畜禽规模养殖场动物防疫条件审查。全区66家持证畜禽规模养殖场在年末向区动物检疫中心提交动物防疫条件情况和防疫制度执行情况的报告。

强化动物诊疗行政许可及监督检查。按照《中华人民共和国动物防疫法》《动物诊疗机构管理办法》，严格动物诊疗许可的审核工作，做好辖区内7家诊疗许可“回头看”工作，规范诊疗过程中兽用处方药储藏及使用、病例填写及处方笺开具；督促诊疗机构做好医疗废水、医疗废弃物处理；指导做好诊疗场所及诊疗器械的消毒工作；加强执业兽医备案制度；建立辖区动物诊疗机构的巡查常态化机制。

·水产业·

【概况】　南浔区处于杭嘉湖平原水乡，辖区内水网交错，池塘星罗棋布，水产资源丰厚，养鱼历史悠久，养鱼技术精湛，以盛产鱼虾而著称。2021年，全区水产养殖面积12302公顷。水产养殖产量19.69万吨，比2020年的18.56万吨增加1.13万吨，增长6.01%；渔业总产值38.82亿元，比2020年的36.61亿元增加2.21亿元，增长6.03%。现有渔业村13个，渔业人口36151人，渔业产值超全区农业总产值的50%，是南浔区农业的主导产业之一，也是全省水产养殖产业大县（区）。菱湖镇、和孚镇是全省水产养殖产业强镇。

【名特优水产养殖】　名特优水产养殖业是南浔区的一大优势产业。2021年特种水产养殖面积11025公顷以上。养殖结构受市场价格影响有所调整，以加州鲈鱼、青虾等养殖品种为主。全区黄颡鱼养殖面积2066公顷，总产量达44655吨；加州鲈鱼养殖面积3931公顷，总产量达66074吨；青虾养殖面积2042公顷，总产量达3280吨；青鱼养殖面积706公顷，总产量达17802吨；翘嘴红鲌养殖面积282公顷，总产量达4310吨；鳜鱼养殖面积431公顷，总产量达3191吨；甲鱼养殖面积234公顷，总产量达1778吨。

【水产种业发展】　2021年，全区共有水产苗种场31家，其中1家为市级良种场，浙江天辰生态农业科技有限公司，生产苗种为罗氏沼虾。全区苗种场以罗氏沼虾和加州鲈鱼育苗场为主，其中生产罗氏沼虾苗种场13家，加州鲈鱼苗种场10家。全年生产、销售虾苗77.3亿尾。全年各类淡水鱼苗总产量为77.93亿尾，水产苗种总产值为23126万元。2021年，水产种苗产量持续增长，鱼类和罗氏沼虾苗种产量均有所增加，但受产量供应过多及江苏高邮罗氏沼虾苗种市场冲击，罗氏沼虾苗种价格有所回落，加州鲈鱼苗种因市场需求，总产量上升较大。

【生态循环养殖】　大力推广跑道养殖、稻渔综合种养、配合饲料替代冰鲜鱼等生态养殖模式，在改善养殖生态环境的同时提升产品质量，助力渔业可持续发展。全区已建成养殖跑道424条；已累计推广稻渔综合种养3667公顷。全年共创建省部级健康养殖示范场12家，累计已创建省部级健康养殖示范场37家。坚持以高质量发展为统揽，加快构建全区生态绿色高质量渔业发展新格局，成功创建成为浙江省渔业转型发展先行区。

【数字渔业工程】　多跨协同推进渔业全产业链数字化改革。打造“渔业产业大脑+未来渔场”项目应用，推广运用渔业物联网2000余户，服务鱼塘达2667公顷以上，打造数字鱼舱3个，带动水产品直接年交易量5万吨，平均每户农民平均年增收1.3万元。开展数字渔村41个、数字渔场试点建设3200余个，为全省首创，并居全省第1位。2021年12月纳入省数字经济系统重大应用目录2.0，并获得省农业农村数字化改革第一批“优秀应用”、省厅“农业产业大脑”建设第一批先行单位称号。该项目应用以南浔区的名义已作为浙江省数改成果展湖州馆（数字政府组）参展的项目之一，也是湖州市“共富班车”未来农场2个重要应用项目之一，同时还成功入选全国农博会、全球数字贸易博览会成果展。

（钱秋霞）

·供　销·

【概况】 2021 年，南浔区供销合作社联合社（农合联）认真贯彻落实省、市乡村振兴和农合联改革文件精神，持续深化生产、供销、信用“三位一体”改革，统筹抓好组织建设、为农服务、经济发展、党建工作和队伍建设，为助推共同富裕示范样本建设贡献力量。2021 年，全供销系统总经营收入 2.19 亿元，其中商品销售 2.12 亿元。

【本地农产品影响力】 围绕打造南浔区农产品区域公用品牌“南浔知味”为核心，内强品质、外树品牌，勇于探索完善、不断累积经验，致力于完善“南浔知味”品牌运营体系、引导农产品品牌化经营、逐步形成“南浔知味”区域公用品牌优势。

建立展示展销长效机制。以线上线下同步运行为抓手，坚持不懈做好“南浔知味”对外宣传推广工作。开展“南浔知味”网上年货节 3 场，主办承办各类农事节庆活动 3 场，赴上海、杭州等地开展展示展销活动 5 场，全年共举办各类推介活动 23 场次，全方位多维度对外展现南浔区特色农产品优势。

建立完善公用品牌架构。形成“南浔知味区域公用品牌+企业品牌+产品品牌”的三品结构农产品品牌模式，创建包括浔跑鱼·跑道鱼、浔柑甜·红美人柑橘、浔稻生态米等在内的二级子品牌 11 支，品牌准入主体达 30 家。建设完成“南浔知味”农产品溯源体系和农产品产销一体化平台，同时组织首批 20 家主体进行溯源培训，发放溯源码 40500 枚，并建立南浔区优质农产品库。依托“南浔知味品牌指导服务站”，逐步引导主体进行商标注册，提升农产品附加值。

强化农村综合服务能力。建设完成善琏镇观音堂村综合服务社；与区邮政管理局、南浔银行、中国移动南浔分公司等单位联合在旧馆街道新兴港村、南浔经济开发区三田洋村等建设共富驿站，将公益性与经营性相结合，使南浔知味区域公用品牌扎根本土、家喻户晓。

优化提升门店建设。已有“南浔知味”线上线下门店体系共 79 家。形成了“线下直营门店+线上门店+加盟店”全方位“南浔知味”门店体系，全年完成销售额 3005 万元，同比增长 131.15%。完善提升“浔味心选”官方商城，参与浙江网上农博会，搭建网上农博南浔专馆，线上平台完成销售额 32 万元；2021 年竞得 3 家企事业单位的食堂配送业务，共计 450 万元，实现了区农产品从田头到桌头“一站式”销售。

全力开展销售帮扶。通过对内整合资源、对外拓展渠道，与基地充分对接融合，开发亲子采摘、农事体验、休闲观光等农业产业新业态，完成红美人销售 15 万余斤，销售额 300 余万元；销售农高区果蔬 6.33 万斤，销售额近 25 万元；台风“烟花”来袭，通过排摸各农合联种养殖主体，共帮助全区种植主体“抢售”翠冠梨、黄桃、葡萄等超 1 万斤，挽回农户经济损失 20 余万元。通过“以购代捐”“设立专柜”等多形式、可持续的方式向“东西部协作”“山海协作”地区采购销售农产品 493 万元，同比增长 96.41%，帮助其农业增效、农民增收。

【为农服务职能】 继续推进农业产业转型升级，新建红美人柑橘智能化喷滴灌面积 11.3 公顷，2021 年红美人园区产量达 150 万斤，预估产值达 2000 万元，带动周边农户增收近万元。双林镇 80 公顷标准化稻虾共生示范基地，小龙虾全年产值突破 180 万元，综合收入预计突破 300 万元，全面实现盈利。提升跑道鱼全产业链建设，新建种苗场 6.7 公顷，驯化鱼苗 120 万尾，累计销售鱼苗 65 万尾。与上海喆畋农业科技有限公司合作，新建 6.7 公顷高品质草莓园，全年总产值达 450 万元。进一步加强与上海清美绿色食品集团、上海城市超市等大型商超沟通合作，累计销售农产品达 350 余万元。深入推进“两美农合贷”等惠农贷款向全域覆盖，2021 年累计授信总额 2.9 亿元，发放贷款 1.5 亿元，完成涉农担保 2.2 亿元。

【金融支农服务】 对全区 161 名区级农合联会员和 557 名镇级农合联会员进行授信评级，授信额达 2.9 亿元，实现会员授信评级 100%全覆盖。进一步推广与南浔银行合作推出的“两美”农合贷，实施零担保费用，享受基准利率的条件，将南浔区农合联农民合作基金 800 万元作为保证金存入南浔银行，以保证金 8 倍的额度授信给农合联会员经营主体。2021 年新增贷款 27 笔，贷款金额 3348 万元，累计发放贷款 224 笔，贷款金额 14938.8 万元，截至年末在贷笔数 45 笔、在贷金额 5186.3 万元。依托湖州市农信农资担保有限公司，积极开展涉农担保服务，全年新增涉农担保 111 笔，3370 万元，累计在保 252 笔，7124 万元。依托省农信担保公司南浔办事处，设立 400 万元风险池资金，以 20 倍额度授信给南浔区涉农经营主体，与省农信担保公司按比例共担风险为南浔区农业主体提供以信用为主、免抵押、低费率、降门槛、简手续的融资担保服务。积极推进“政银担”工作。2021 年新增担保 97 笔，担保金额 9191 万元。自 2020 年 7 月南浔区试点工作实施以来，共完成担保 132 笔，担保金额 13329 万元。至年末在保笔数 96 笔，在保金额 8981 万元。

【农合联数字化转型】 成立数字化工作小组，以全省数字农合联平台为基础，打造“1+3+N”（1 个数字农合联平台+数字渔业、数字“红美人”、数字果蔬 3 个产业化数字大脑+N 个农合联会员）数字化应用场景，将数字技术融入研发、生产、经营、销售全过程，赋能共同富裕。已完成数字农合联基本框架搭建，手机端和电脑端已上线投入使用。创新数字化运用场景，在数字渔业大脑原有供求信息、鱼病防治、尾水监控等服务功能上，主动与金融部门对接，谋划建立覆盖全区渔民的生产经营数据模型，进行精准授信。平台已经上线使用，注册会员 700 多人。（沈越月）

·林　业·

【概况】 根据森林资源“一张图”年度监测：南浔区林地面积 0.7 万公顷，其中森林面积 0.7 万公顷；活立木蓄积 21.42 万立方米，其中森林蓄积 9.18 万立方米；毛竹总株数 3.71 万株。全区乔木林单位面积蓄积量每公顷 54.3 立方米。其中，天然乔木林每公顷 51 立方米，人工乔木林每公顷 54.45 立方米。乔木林分平均郁闭度为 0.6，毛竹林每公顷立竹量 6625 株。全区森林覆盖率为 9.8%，一般灌木林覆盖率为 0.17%；按南浔区以往同比口径，森林覆盖率为 9.97%。

【平原绿化建设】 有序推进创建行动，东迁街道西阳村等 8 个行政村成功创建 2021 年浙江省“一村万树”示范村，南浔区已实现省级森林城镇全覆盖。全区各镇精心谋划植树活动，掀起全民参与国土绿化、美化工作高潮，全年完成新增国土绿化 78 公顷，完成率 147%。

【自然保护地建设】 启动新一轮林地保护利用规划编制，有序开展林草湿数据与第三次全国国土调查数据对接融合工作，稳步推进自然保护地整合优化和勘界立标工作。规范审批程序，办理林地征占用项目 2 个，采伐项目 1 个。扎实开展森林资源年度更新工作，森林覆盖率由 9.95%提升至 9.97%，乔木林蓄积量 91761 立方米，增长 7.62%。

【森林资源保护】 扎实推行林长制，印发南浔区全面深化林长制实施方案。严格实行检疫证现场核查制度，共办理检疫证书 8302 张。积极做好野生动物救护工作，2021 年开展救护活动 22 次，共救护野生动物 40 头（只）。加强古树保护，新增百年古树 1 棵。稳步推进森林火灾风险普查工作，完成减灾能力等调查，完成野外火源点及样地（标准地）调查、取样等全部外业调查工作。同时常抓森林消防安全工作，采购安装 10 个森林消防蓄水桶，进一步提升“以水灭火”能力，增加永久性宣传牌，强化森林防火宣传教育，全年未发生重大森林火情。

（钱　翔）

·水　利·

【概况】 南浔区是典型的江南水乡平原，境内河流纵横，湖漾密布。全区现有河道 2339 条，总长 2105 千米；湖漾 45 处，面积 10.26 平方千米；总水域面积 94.51 平方千米，水域水面率为 13.46%。2021 年，南浔区按照“节水优先、空间均衡、系统治理、两手发力”的治水思路，开拓进取，创新破难，真抓实干，全面推动南浔水利事业高质量发展。2021 年，南浔区获浙江省县市区水利综合绩效考核第一名和优秀单位称号，农业水价综合改革连续三年荣获全省绩效考评第 1 名。

【防汛防台风】 责任落实到位。认真贯彻省、市两级防汛防台风工作会议精神，专题组织学习河南郑州“7·20”特大暴雨灾害事故教训案例，落实各项防汛责任制 34 项，实现重点水利工程防汛责任人 11 人、水利工程技术负责人 233 人、技术和网格管理人员2000人责任全覆盖。

隐患排查到位。下发《关于全面开展水旱灾害防御风险隐患再排查再整治的通知》，出动1842人次，对3304处防汛重点部位开展拉网式排查和再排查，梳理隐患26处，完成整改10处，其余的全部落实管控措施。

预案修订到位。及时修编区级应急预案2个，镇级应急预案16个，圩区控运计划22个，在建涉水工程安全度汛预案16个。

队伍组建到位。组建24人的水利抢险专家队伍和117支、1712人的水利工程抢险队伍，为台风防御、洪涝抢险提供有力保障。

物资准备到位。按照区防汛防台抗旱指挥部统一要求，区水利局储备铁锹、镐头100把，土工布5000平方米，合金网兜750张，发电机1台和手电筒、雨衣、雨鞋等一批抢险物资。

监测预警到位。全面做好监测预警、巡查值守、工程调度、应急处置等各项工作，共发送预警信息10万余条次，派出水利专家10余人次，出动巡查人员万余人次，排查水利工程节点8000余处，平稳度过台风汛期，实现“不死人、少伤人、少损失”总目标。

【投资建设】 2021年完成水利投资4.84亿元（争取上级资金4341.2万元），完成年度目标任务121%。省“百项千亿”重点水利项目杭嘉湖北排通道后续工程（南浔段）前期要件及可行性研究报告获批；百漾千河项目全面竣工、太嘉河后续政策处理及时到位、圩区整治任务超额完成，菱湖圩区、南泥坝圩区、百漾千河83个美丽乡村河道整治、20个湖漾综合治理全部通过完工验收。

【民生实事】 始终贯彻“水利工作就是民生工作”的理念，以提升水环境质量为目的，全面推行工程管理产权化、物业化、数字化“三化”改革，构建产权明晰、管护长效和建管规范的工程建设管理体系。在325条骨干河道安装监控探头，实现打捞、转运自动化，河道监控智能化。完成美丽河湖建设2条、水美乡镇创建2个、农村池塘整治15个、河道清淤20万立方米，实现美丽乡村幸福河道建设、重点湖漾治理全覆盖，打造南浔至练市22千米沿河绿道景观线，确保功能区水质、城市能级和乡村水环境有明显提升。

【改革创新】 农业水价改革工作领跑全国。全国农业水价综合改革技术研讨现场会在南浔召开，南浔区在会上做交流发言。全区农业水价综合改革5年任务2年完成，实现有效灌溉面积（27513公顷）全覆盖。在全省率先制定村级“八个一”（一本“资产化”产权证书、一笔“常态化”管护经费、一套“标准化”规章制度、一册“电子化”管护台账、一条“指标化”节水杠子、一种“经济化”计量方法、一把“民主化”锄头放水）验收办法，南浔区成为全国首个通过验收的区县；善琏镇平乐村、双林镇箍桶兜村用水合作组织被评为全国农民用水合作示范组织；南浔区农业水价综合改革典型案例被国家发改委、水利部等四部委录用并全国推广。

幸福河湖建设迭代升级。通过“百漾千河”建设，提炼出“幸福河湖”的概念、内涵、特征，在全国率先发布幸福河湖地方标准规范，构建平原区幸福河湖建管及评价体系。南浔区面上河道幸福等级评价全部为I级（非常幸福）。

【数字化改革】 以数字化改革作为全面深化改革的总抓手，围绕“强应用、善集成、创标杆”的目标，成立数改专班，积极谋划幸福河湖在线、灌区用水管控和智能调度、区域取用水情况动态分析三项应用场景，并成功入选全省首批水利数字化改革试点，其中灌区用水管控和智能调度、区域取用水情况动态分析分别纳入省数改办的“一本账S1”目录、数字经济组的“揭榜挂帅”项目。

【行业监管】 严格落实“强监管”要求，实现全区116家取水企业实时监控系统全覆盖。建立“一户一档”制度，并委托专业第三方开展水域和水土保持强监管，打造“空、天、地”一体化的监管模式，共查出非法侵占河湖和堤防岸线、非法取水案件等87起，处罚金额30余万元。深化“最多跑一次”改革，办理行政审批116件，征收水资源费207万元、水土保持补偿费250余万元，进一步营造依法取用水的良好氛围，提升水域空间管控水平。

【水环境治理】 按照“安全流畅、生态健康、水清景美、人文彰显、管护高效、人水和谐”的建设要求，精心谋划，精准施策，精致建设，精细管理，全力推进全域幸福河湖治理。

河道清淤“资源化”。制定《南浔区河道清淤六年轮疏计划》《南浔区河道清淤轮疏工程建设管理办法（试行）》，积极探索淤泥处置方式，在检测无公害的前提下，将淤泥用于圩堤加高加固、还桑肥田、土地复垦等，落实多个集中循环堆放点。

生态治河“系统化”。制定《南浔区“五化”幸福河五年工作计划》，在全国率先发布《平原区幸福河湖建设规范》《湖州市南浔区河湖幸福指数蓝皮书》等地方标准规范，构建平原区幸福河湖建管及评价体系。南浔区幸福河湖建管体制及指数构建入选全省 2021 年度地方水利改革创新最佳实践案例。

美丽河湖“全域化”。按照浙江省提出的高质量发展建设共同富裕示范区战略，以构筑“幸福河湖”为契机，结合建设“丝绸之府、鱼米之乡、文化之邦”和“水晶晶南浔”的总体目标，有序提升中心城区水系功能，依托杭嘉湖北排通道后续工程（南浔段）项目，新（改）建 6 座闸站、整治 11 条河道和 6 个湖漾，提高中心城区防洪排涝标准，改善水生态环境。（方睿睿）

工　业

·综　述·

【概况】　2021 年，区发展改革和经济信息化局求真务实，奋勇争先，全力推进稳增长、促转型、抓改革、精培育等各项工作，经济社会各方面取得良好发展的态势。2021 年地区生产总值增长 8.5%，规模以上工业总产值增长 21.5%，规模以上工业增加值增长 9%，规模以下工业增加值增长 12.4%，固定资产投资增长 29.8%，工业性投入增长 40.1%。

【产业发展】　实施产业培育“双十双百双千”倍增行动，在大企业培育、企业凤凰上市、企业升规培育、重大项目引推、传统产业改造提升、数字化赋能、创新评动力、绿色生产提质等方面精准发力，全区规上工业总产值达 1152.95 亿元。制定出台《关于南浔区加快推进光电产业发展若干政策（试行）》，加快光电产业发展，积极培育光电产业集群，规划建设千亿级“光电湾”。以《南浔区制造业高质量赶超发展“十四五”规划》为引领，全面推进新智造体系建设，建立电梯、电机、木业等行业新智造培育库，分层分级培育典型示范标杆企业，完善以未来工厂为引领、智能工厂（数字化车间）为主体的新智造企业集群培育体系。南浔智能机电高新技术产业园入选 2021 年度省级两业融合区域试点。南浔区智能电梯产业集群入选 2021 年浙江省产业集群（区域）新智造试点。装备制造（智能电梯）入选工信部国家新型工业化产业示范基地。

【梯度培育】　开展“金象金牛”“新象新牛”“雏鹰计划”等行动，通过资金及实物奖励、技改补助上浮、要素优先配置、子女就学、人才补贴等政策，深化大企业培育，全力打造一批具备国际竞争力和品牌影响力的龙头企业。2021 年共评选市级“金象金牛”企业 4 家、区级“新象新牛”及培育企业 64 家。按照储备一批、培育一批、股改一批、上市一批的思路，强化企业上市辅导，推动企业股改上市。先后完成森赫电梯挂牌上市，彩蝶实业、洪波科技资料申报工作。共有上市公司 5 家，“新三板”挂牌企业 6 家，浙股交挂牌企业 144 家，资本市场的“南浔板块”初步成形。建立冠军领航培育企业动态管理培育库，实施“三首”行动，引导中小企业走“专精特新”发展之路，全力培育一批具有独特专长的单项冠军、隐形冠军。久立特材、新望化学等 4 个项目入选 2021 年度省新材料首批次，太平微特、星光农机、玛拓驱动的 3 个产品入选 2021 年度省装备制造业首台（套）产品。其中，新望化学获评 2021 年度国家专精特新“小巨人”企业。截至 2021 年年末，全区共有国家专精特新“小巨人”企业 3 家、省级“隐形冠军”企业 2 家、省级“专精特新”中小企业 47 家。

【重大项目】　出台《2021 年南浔区“以实绩论英雄贡献占比大比拼”考核办法》《南浔区工业项目赋码开工实施办法》等政策，发挥投资专班、服务业发展专班作用，全力推进项目“双进双产”（引进、推进，投产、达产）工作。与区纪委联合打造重大项目智慧监管系统，对全区重大项目实行在线填报、在线展示、在线比拼、在线管理，高效破除项目推进中面临的各种梗阻和困难。坚持把推进重大项目、扩大有效投资作为高质量发展的重要支撑，启动项目排摸行动，梳理项目清单，建立储备项目库，推动“长城异形线材”等一批重大光电通信产业项目落地开工。2021 年实现工业投资同比增长 40.1%，制造业投资增长 48.2%；新开工入库亿元以上工业项目 69 个；竣工投产亿元以上工业项目 92 个；达产项目 30 个；列入省生产方式转型示范项目 2 个，市工业“大好高”项目 47 个。落实扩大工业投资、项目推进的一系列政策，通过各类平台加强惠企政策线上发布、宣传，及时把一系列惠企政策落实到位，落实项目投资领域省、市、区工业发展专项资金共计 3762.41 万元。　（慎佩瑜）

·节能降耗·

【概况】　2021 年，全区节能降耗和淘汰落后产能工作强势推进，节能技术加快推广，完成绿色化技术改造项目 20 个，共投入资金 4.85 亿元，年可节能约 4183 吨标准煤，为全区经济社会平稳发展和转型升级提供了保障。大力发展绿色经济，实施清洁生产改造企业 12 家，成功创建 1 个国家级绿色园区、2 家国家级绿色工厂、6 个国家级绿色设计产品及 2 家国家级绿色供应链示范企业，成功创建 1 个省级绿色低碳园区、2 家省级绿色低碳工厂。

【能源双控】　2021 年，南浔区规上工业用能 151.3 万吨标准煤，同比增长 11.8%；其中工业用电量 42.16 亿千瓦时，同比增长 14.43%。严格项目审批，按照能源“双控”（消费总量控制和能耗强度控制）目标，从严把控新增用能，对单位工业增加值能耗高于每万元产值 0.52 吨标准煤的项目，严格要求执行用能交易和等量替代，全年 11 个重点用能项目取得能评批复，共计新增能耗 37.21 万吨。开展自建燃气设施排查，按照省、市相关要求，组织乡镇对辖区企业开展全面排摸，共排查出自建燃气设施 4 个，并于 3 月组织区级 6 部门联合检查。检查后，企业全部按照要求开展整改，区发展改革和经济信息化局联合区级相关部门做好后续跟踪工作。做好油气管道安全管控工作，落实各级安全生产工作要求，做好南浔区境内油气管道安全保护工作，全年共开展多部门联合检查 8 次，重点查看第三方施工点位管道保护情况；召开第三方施工协调会 3 次，完成第三方施工备案 3 次，规范第三方施工程序，确保管道安全。推进电力用户直接交易，按照《2021 年浙江省电力直接交易工作方案》，积极组织企业开展电力用户直接交易，确定交易类别，共上报普通直接交易用户一类 398 户、二类 2148 户，六大行业售电市场交易用户 253 户，全年减少企业用能成本 3300 万元。

【淘汰落后产能】　深化高耗低效产能淘汰。深入推进低散乱企业淘汰，持续推进“四无五违”（无证无照、无环保设施、无安全保障和无合法场所，违法用地、违法建筑、违法排污、违法用工和违法生产）企业整治，全年完成低散乱企业淘汰 280 家。完成落后产能淘汰 19 家，腾出用能空间 3.21 万吨标准煤。持续深化印染行业整治。印发《南浔区印染行业深化整治指导意见》，进一步倒逼腾退 2019 年度和 2020 年度连续两年亩均税收低于 20 万元的低效企业，鼓励企业集聚入园发展。深化其他行业整治，完成皮革企业落后产能淘汰，实现皮革行业清零。完成喷水织机行业专项整治，完成搬迁 70 家、淘汰关停 153 家、整治提升 100 家。完成生物质颗粒行业标准化改造，14 家企业完成关停淘汰，16 家企业完成整治提升。

【绿色制造】　鼓励“两高”（高耗能和高排放）行业开展清洁生产审核，全年共完成清洁生产审核验收 12 家。要求重点用能企业开展节能诊断，全年共完成 40 家。加快构建绿色制造体系，全面推进绿色工厂提档升星工作，引导企业绿色发展，全年共完成 73 家绿色工厂升星，其中 19 家企业升级为市级绿色工厂；开展无废城市建设，5 家无废工厂、2 家无废园区已建设完成。做好“碳达峰、碳中和”准备工作。按照全省碳达峰工作要求，编制《南浔区碳达峰总体方案》和《工业领域二氧化碳排放达峰专项方案》初稿，为全区碳达峰工作打好基础。着力打造大花园耀眼明珠，按照省、市相关指导，南浔古镇成功创建全省首批、全市唯一大花园耀眼明珠。以“水晶晶南浔、世界文化遗产”城市品牌建设为核心，投资 120 亿元，对世界文化遗产地核心区范围开展保护性修缮，实施保护传承、研究发掘、数字再现、文旅融合及环境配套五大工程建设。

（刘文韬）

·经济运行·

【概况】　2021 年是“十四五”开局之年，全区上下凝心聚力、真抓实干、砥砺前行，交出工业经济发展高分报表。全区实现地区生产总值 528.95 亿元，按可比价格计算，同比增长 8.5%；分产业看，第一产业实现增加值 28.29 亿元，增长 2.6%；第二产业实现增加值 309.69 亿元，增长 9.4%；第三产业实现增加值 190.98 亿元，增长 8.2%。三次产业比重由2020年的5.4∶54.9∶39.7调整为5.3∶58.5∶36.2。全区1148家规模以上工业企业完成工业总产值1152.95亿元，增长21.5%；规上工业增加值178亿元，增长9%；电梯、电机、电磁线、纺织、绿色家具等优势产业健康发展，规模以上工业利润总额增长4.9%。全年完成固定资产投资256.8亿元，同比增长29.8%，其中，工业投资92.7亿元，增长40.1%。进出口贸易发展提速，进出口总额147.37亿元，增长18.9%，其中，出口额126.95亿元，增长16%。

【转型升级】 启动新一轮制造业“腾笼换鸟、凤凰涅槃”攻坚行动，出台《南浔区新一轮制造业“腾笼换鸟、凤凰涅槃”攻坚行动实施方案（2021—2023）》和《关于南浔区加快推进光电产业发展若干政策（试行）》，加快推动产业基础高级化和产业链现代化，率先走出“腾笼换鸟、凤凰涅槃”的智造强区之路。着力提升产业竞争力。探索实施行业公平，以规上7大传统产业为重点，以亩均税收、度电应税销售收入两个关键指标为依据，建立季度“红黄蓝”三色预警机制，在财政奖励、资源要素配置等方面实施差别化措施。2021年，七大行业企业实现应税销售收入722.46亿元，增长28.1%；实现税收收入27.28亿元，增长29%；实现度电应税销售收入45.59元/千瓦，增长24.2%；实现亩均税收20.64万元/亩，增长29%。积极培育光电通信“新星”产业，围绕光电信息产业强链补链延链开展系统谋划。2021年，光电通信产业入选省“新星”产业集群。智能电梯产业集群入选2021年浙江省产业集群新智造试点；电梯、电机、木业3个特色产业质量提升工作入围全省新一轮百个特色产业质量提升项目。助力产业平台扩容提质。做好开发区整合提升工作，编制完成《南浔区开发区（园区）整合提升方案》，最终确定南浔经济开发区形成核心区块及双林分区、菱和分区“1+2”区块，南浔智能机电高新技术产业园区形成核心区块及练市分区两个区块的整合方向。2021年，两大开发区（园区）完成产值946.6亿元，固定资产投资170.1亿元，实现税收42.6亿元，新引进3亿元以上项目57个。持续抓好小微园建设，完成小微企业园省、市、区三级认定4个，新增开工园区1个，累计已完成三级认定小微园14个；鼓励传统行业企业、产业链上下游配套企业入园集聚，新增入驻项目190个，超额完成市下达目标任务。

【技术创新】 挖掘新材料项目，完成浙江省重点新材料首批次应用示范指导目录（2021年版）征集申报工作，4项新材料成功入选省级新材料目录。重视企业产品的自主研发与创新，鼓励企业研发首台（套）产品，解决核心技术“卡脖子”难题，3项产品入选浙江省制造业首台（套）。新增国家高新技术企业33家、省级高新技术企业研发中心7家、省级科技型中小企业198家、省级企业研究院2家、市级企业技术中心4家、市级研发中心55家。

（赵云鹏）

·数字经济·

【概况】 2021年，南浔区贯彻落实全省数字经济“一号工程”总体部署，全面推进数字产业化、产业数字化、治理数字化、数据价值化。全区数字经济核心产业增加值达26.5亿元，在库数字经济核心产业项目10个，为全区产业结构优化提供支撑。全面推进中小企业数字化改造，省级工业互联网平台、省级大数据应用示范企业、省级云上企业、省级新一代信息技术与制造业融合发展试点示范企业均实现零的突破；2家企业入选2021年省级智能工厂（数字化车间）、11家企业通过工业和信息化部“两化”融合管理系统贯标、2个项目入选省级数字经济五新案例均为历年入选最多。2021年，浙江省数字经济发展综合评价报告，南浔区数字经济从全市第5位跃升至全市第2位，其中产业数字化水平列全省第7位。

【数字产业化】 2021年，南浔区94家数字经济核心产业制造业（服务业）企业实现增加值26.5亿元，同比增长34.5%，高于全市10.4个百分点，数字经济核心产业增加值占生产总值比重达5%。围绕“2+6+N”产业体系，强化数字经济核心产业项目招引，累计排摸数字经济核心产业项目10个。新增规上数字经济核心产业制造业企业9家。浙江长城电工科技股份有限公司、浙江洪波科技股份有限公司列入2021年全省电子信息产业百家重点企业名单。

【产业数字化】 2021年，围绕“头部企业建未来工厂、重点企业建智能工厂、规上企业建数字化车间、规下企业上云用云”思路，分层级分阶段推进中小企业数字化改造工作。电梯行业列入全省新智造产业集群名单，协调推进电梯行业产业大脑建设。新增省级未来工厂试点企业1家、省级智能工厂（数字化车间）企业2家、省级工业互联网平台创建企业1家、省级新一代信息技术与制造业融合发展试点示范企业3家、省级上云企业1家、省级大数据应用示范企业1家、国家两化融合管理体系贯标企业11家、市级未来工厂企业2家、市级智能工厂（数字化车间）企业10家，为怡达快速电梯有限公司等7家企业争取“工控系统网络安全探针设备”安装名额。“数字经济‘创新评动力’系统”等2个项目列入2021年省级数字经济“五新”（新技术、新制造、新基建、新业态和新治理）优秀案例。

【治理数字化】 2021年，贯彻落实省、市数字化改革总体要求，全面推进南浔区数字经济系统建设。对照全省“一本账”S1版，统筹推进数字经济系统数字化改革重大需求、多跨场景、重大改革“三张清单”，创新推动渔业产业大脑、远程异地评标、区域取用水动态分析、创新评动力、云外贸等应用建设，全力打造一批具有南浔辨识度、有价值、有特色的重大多跨应用场景。远程异地评标、区域取用水动态分析、渔业产业大脑等多个项目纳入省级试点，创新评动力列入省数字经济系统第一批优秀地方特色应用，渔业产业大脑入选省、市数字化改革成果展。对照《数字经济综合应用地方门户建设评价标准2.0》，加快推进南浔数字经济门户建设，推动浙企智造、浙企畅链、浙企投资、浙企共富等9个功能模块开发上线，同时整合数据资源实现渔业产业大脑、创新评动力、亩产数字地图上线。（钱　杰）

·平台建设·

【概况】 2021年，狠抓平台建设，不断提升项目承载能力。开展百日攻坚行动，重点推进开发区万亩大平台和嘉湖一体化示范区建设，协调推进双林、菱湖、和孚三镇老工业平台及頔塘北岸老工业园改造提升进程，全年共完成基础设施投入9.55亿元，拆迁924户，拓展面积482公顷。

【平台拓展】 围绕“中心极化、两翼北进、菱和振兴、南部开发”区域总体发展布局，结合全域土地整治，启动建设万亩大平台，承载产业发展，打造区域经济增长引擎。推进南浔经济开发区万亩大平台和高新区（马腰区块）建设。以百日攻坚行动为牵引，精心谋划万亩大平台推进工作，集中力量打好平台拓展攻坚战。完成征迁住户582户，拓展平台267余公顷，旧馆区块完成拆迁30户，拓展面积59公顷；高新区（马腰区块）完成企业拆迁77家。推进嘉湖一体化发展先行区（练市镇）建设。完成拆迁111户，面积拓展20.7公顷。推进双林、菱湖、和孚三镇老工业平台改造提升。双林工业区完成拆迁80户，拓展面积70公顷；菱湖工业区完成拆迁24户，拓展面积38.7公顷；和孚工业区完成拆迁20户，拓展面积26.7公顷。狠抓小微企业园建设。进一步探索出小微企业培育、“低散乱”企业整治和小微企业园建设有机结合的发展模式。全区规划23个小微企业园，完成主体建设19个，投入运营18个。

【基础设施建设】 配套设施加大投入。科学规划平台基础设施配套，完善工业平台内路网体系，统筹推进水、电、气、通信等基础建设。全年共完成基础设施投入9.55亿元，其中，南浔经济开发区完成投入5.6亿元，嘉湖一体化发展先行区（练市镇）完成投入1亿元，旧馆工业区完成投入3000万元、双林工业区完成投入1.2亿元，菱湖工业区完成投入1.2亿元，和孚工业区完成投入2500万元。道路框架加快拉开。南浔经济开发区白米塘西区块向阳大桥、向阳西路、迁西路、人瑞路、马嘶路、庠上路等主要道路加快建设中，“两纵三横”的道路网络正在形成；嘉湖一体化发展先行区（练市镇）唐家庄路等重点工程开工建设，亭子桥路通车；双林镇工业区强园路（延伸段）、河北路、和睦西路、振兴路和倪家滩路等重点工程开工建设；河北路、强园路、振兴路和倪家滩路通车；和睦西路（桥）完成路基建设50%；菱湖镇工业区丰泰路建成通车，工业南路完成90%；和孚镇工业区创新路、创业路等重点工程开工建设，创新路通车，创业路完成80%。（王剑良）

·项目建设·

【概况】 2021年，全区牢固树立“以项目看发展论英雄”理念，坚持把推进重大项目、扩大有效投资作为高质量发展的重要支撑，着力提升项目“三率”（开工入库率、竣工投产率、上规达产率），优化投资结构、提高投资效益，有效投资持续保持快速增长。全年固定资产投资增长29.8%，增幅居全市首位；工业性投入增长40.1%，增幅居全市第二位。

【项目推进】 项目建设推进全面提速，全力打造高质量发展新优势。聚焦项目开工入库，创新实施“赋码即开工”模式，实行项目提前介入服务工作机制，全年亿元以上新开工项目99个，总投资达475亿元，为投资增长注入新动能。加快项目建设进度，开展“推百个项目快建设”行动，建立领导包片挂点联系机制，服务保障重大项目工程快速推进，列入省重点项目计划、省“4+1”[实施交通建设、生态环境和公共设施、高新技术产业、民间资本参与政府和社会资本合作（PPP）项目推介四大工程包+省市县长项目工程]重大项目等重点清单内的项目投资完成率均超100%。狠抓项目竣工投产，持续深化区长、局长、镇长“三长”领办制和“三服务”活动，进一步完善“清单推进”“典型案例”“月度通报”“季度亮晒”等工作机制，浓厚“比学赶超、争先创优”氛围，全年亿元以上重点项目竣工133个，其中制造业项目竣工92个、“新升规”40个、达产30个。强化要素保障，抢抓政策窗口机遇，全力以赴向上争取，全年发行专项债23亿元，南浔区中心城区老旧小区改造配套道路工程——泰安路改造（嘉业路—南林路）项目获得中央预算内投资3061万元；通过申报省重大产业项目获得新增建设用地计划奖励指标35.5公顷；湖浔大道污水干管项目获得省公建补助资金600万元；新增省重点建设项目10个、省重大产业项目5个、省级生产制造方式转型示范项目2个、市级工业“大好高”项目47个；列入市工业发展专项资金工业投资及技术改造项目19个，争取设备投资补助资金2444.9万元；工业项目供地259公顷，占全年总供地的53%。

（王剑良）

·综合改革·

【概况】 2021年，全区深化经济体制改革工作纵深推进，聚焦重点领域关键环节持续发力，全力推动改革落地见效。深度融入长三角一体化发展，建设嘉湖一体化发展先行区；推进绿色金改，打造浙江南浔农村商业银行“低碳银行”试点；加快要素市场化配置综合改革，打造“亩均论英雄”改革升级版；建立以信用为基础的新型监管机制等。

【嘉湖一体化发展先行区】 打造“嘉湖智谷”，推进练市镇5.5平方千米先行启动区建设，完成花林区块拆迁任务。结合全域土地综合整治调整永久基本农田方案盘活存量宅基地，累计签约拆除111户，上报调出永久基本农田11.8公顷，累计拓展面积100公顷。先行启动区引进亿元以上项目26个，总投资超172亿元。划定先行启动区内1.3平方千米为核心区，核心区签约引进生命健康、高端装备相关配套项目10个，总投资98亿元。

【绿色金融改革】 “绿贷通”平台新增注册企业3022家，新增授信企业3481家，授信3949笔，累计授信额123.14亿元。新增“绿融通”注册13家；撮合投资机构与项目（企业）对接56次，涉及融资额10.6亿元，成功融资笔数5笔，成功融资金额3.25亿元。推动银行机构创新金融产品，全区新增“绿色放心贷”“绿色工厂星级贷”等产品23个。

【“两山银行”转化改革】 建立“两山银行”建设工作领导小组，制定《南浔区“两山银行”试点实施方案》，成立湖州南浔“两山银行”资产经营有限公司，搭建南浔区生态资源运营管理平台。开展“两山银行”揭牌及授信仪式，“两山银行”获南浔银行授信10亿元，星光农业、芳菊农业、溪美人、浔稻生态农业4家企业获“两山”共富贷授信2550万元。2021年，“两山银行”累计收储生态资源1333公顷，形成转化项目6个，落地6个，带动社会投资3.79亿元，村集体年增收160万元。

【“亩均论英雄”改革】 制定《南浔区打造“亩均论英雄”改革升级版促进工业经济高质量发展实施意见》，优化评价指标，形成对工业企业从投入到产出的评价闭环，完成4288家工业企业的亩均绩效综合评价。强化结果运用，在用地、用电、用水等资源要素配置上实施差别化政策，累计征收差别化电价560万元。

【社会信用体系建设】　印发《南浔区社会信用体系建设2021年工作要点》《南浔区2021年社会信用体系建设考核评价办法》等文件。完成企业信用修复42条，上传信用承诺书3400余份。出台《村民（家庭）诚信档案管理工作方案》，确定新时代美丽乡村样板片区内24个创建村作为首批试点，完成12000多户村民（家庭）档案注册，213个行政村（社区）被授予2021年度南浔区"信用村（社区）"称号。打造信用景区示范试点，开发南浔古镇美丽商户管理系统，评选出第一批、第二批共20家诚信商户。　（张　贝）

·服务业·

【概况】　2021年，南浔区服务业实现增加值190.98亿元，增长8.2%，与全区生产总值增幅基本持平。服务业增加值占生产总值比重达36.1%，完成服务业固定资产投资较2020年增长24.5%，投资项目数为68个，较2020年增长13.3%，新开工亿元以上项目16个。2021年度服务业对全区经济增长贡献率为33.72%，拉动经济增长4.4个百分点。

【体制机制】　2021年，紧紧围绕服务业"高质量发展"总目标，从体制机制上着力完善。加强统筹机制，针对服务业面广量大且涉及多个行业主管部门情况，完善服务业工作例会制度，明确部门职责，定期会商交流，形成部门齐抓共管、合力推进的良好工作机制。强化联动机制，坚持会商协调常态化机制，区分管领导多次召开服务业月度工作例会，通报南浔经济开发区、各镇（街道）重点服务业指标完成情况。进一步完善服务业联席会议制度，强化构建服务业统分结合、齐抓共管的工作格局。完善政策考核，启动新一轮服务业政策的修订工作并结合南浔区高质量发展"八大聚焦""实绩论英雄"等，重点突出服务业产业项目开工入库、竣工投产以及规上服务业企业营收指标等考核内容，下达南浔经济开发区、各镇（街道）新增其他营利性服务业企业、服务业项目开竣工等目标任务，进一步明确目标、落实责任、合力推进。

【项目引推】　加大项目招引力度，紧紧抓住长三角一体化国家战略机遇，以重大签约活动倒逼项目招引。坚持"以实绩论英雄"，加快亿元以上产业项目招引，每月实地核查项目情况，做到签约项目见协议、见资金、见进度，加快项目落地见效；坚持招商引资季度例会制度，进行指标亮晒比拼，营造良好氛围。扎实推进项目建设，以省促消费十件实事重点项目、市服务业"大好高"项目等单子为重点，紧盯年度目标，倒排节点任务，分解落实责任，抓住关键环节，强化跟踪服务，实现项目的全过程监管和动态更新。2021年，全区20个服务业"大好高"项目合计完成投资23.08亿元，完成年度目标的111.77%。太阳酒店·水晶晶广场、大象酒店·国际会展中心、绿地南浔中心三大地标有序推进，浙江水利水电学院南浔校区部分结顶。积极向上争取，加强业务指导，规范项目管理，完善前期程序，争取南浔区服务业项目能够更多地列入国家、省、市重点项目单子。全年共有5个项目入选市级服务业"大好高"项目，3个项目入选省促进消费十件实事重点项目，项目数均列全市第二；安博练市智能物流园成功入选全市"十大推进快的好项目"。

【重点培育】　扎实推进企业培育工作。结合服务业月度工作例会，定期梳理更新服务业企业培育库。加强与税务、统计等部门联动，通过数据共享，及时了解全区服务业企业新注册、"个转企"、纳税等情况，重点关注新注册企业，及时做好月度新增工作。全区全年新增规上（限上）服务业企业75家，其中服务业16家，商贸业59家。对全区规上服务业企业开展月度监测，形成预报常态化机制。鼓励龙头企业做大做强，会同区商务局等部门研究服务业企业分类培育奖励政策，鼓励区内龙头企业争创各项国家级、省级和市级荣誉，不断做大做强。湖州浙北供应链管理有限公司入选2021年度物流新业态新模式发展试点；博阳开元名庭酒店成功创建金鼎级特色文化主题饭店；木业产业集群入选2021年度省产业集群跨境电商发展试点；久盛地板有限公司入围2021年浙江省工业旅游示范基地。深入探索企业创新发展。湖州南浔浙北大厦购物中心有限公司入选2021年浙江省服务业重点行业规上企业"亩产效益"领跑者名单，湖州南浔花园名都大酒店有限公司、湖州南浔浙北大厦超市有限公司等10家企业入选2021年湖州市服务业重点行业规上企业"亩产效益"领跑者名单。探索开展南浔区服务业重点行业规上企业"亩产效益"领跑者遴选工作。大力实施“万户商贸主体培育倍增行动”，狠抓市场主体培育。积极推进数字化改革，“幸福消费在南浔”（单用途商业预付卡服务在线）应用场景成功入选省级单用途商业预付卡数字化场景建设试点（全省仅2个）。

【平台集聚】 中心城区业态不断升级。南浔区成功入选2021年度浙江省数字生活新服务样板县创建名单，成功举办第二届长三角一体化古镇发展大会，南浔东大街高品质步行街在9月正式开街。积极培育直播电商新业态，水晶晶南浔直播基地于8月揭幕。省级集聚区加快创新发展。2021年，省发展和改革委员会提出要在整合提升现有省级现代服务业集聚示范区的基础上，着力打造一批现代服务业创新发展区。南浔区着力指导南浔古镇和国际建材城找准短板，加强技术创新、业态创新、模式创新，推进能级升级、结构升级、质效升级，并积极向上对接，最终南浔古镇数字文旅创新发展区成功入选全省首批现代服务业创新发展区。特色产业集聚力不断加强，南浔区加大文化产业平台建设力度，出台《南浔区文化产业培育园区（基地）、南浔区文化产业园区（基地）认定管理办法（试行）》；深入开展“产业集群+数字化出海”培育行动，与Google出海体验中心合作建设海外独立站平台（南浔产业带）；智能电梯和绿色家居两大省级创新服务综合体取得实质性进展。

【特色亮点】 浙北大厦会员商业中心及智慧物流中心、浔味堂年产3万吨农副产品加工物联网一体化供应链共享平台项目、湖州南林农贸综合市场新建项目3个项目入选省促进消费十件实事重点项目，项目个数居全市第二；大象酒店、华桥古村康联体生态小镇、南太湖精英计划产业园二期、菱湖上元环保产业孵化基地等5个项目被认定为市级服务业“大好高”项目。2021年，共争取省、市资金1070万元，其中，诗路文化带建设资金700万元，省发展和改革专项资金195万元，市本级服务业发展财政引导专项资金175万元。（嵇晓佳）

旅游　商务

·旅　游·

【概况】 2021 年，南浔区旅游工作紧紧围绕“重塑水晶晶南浔、建设美丽繁华新江南”目标，以共同富裕为着力点，以数智赋能为动力，振兴乡村旅游，做强全域旅游，扎实推进南浔旅游事业高质量发展。

【文旅项目】 坚持规划引领。完成《湖州市南浔区“十四五”文化旅游体育发展规划》编制，确定未来五年南浔区全域发展“一核一环三片五链”（“一核”为南浔中心城区，“一环”即南浔、练市、双林、菱湖、和孚、善琏 6 个古镇及特色村落经济圈，“三片”即划分东部、中部、西部三个功能区块，“五链”即文化链、亲子链、研学链、美食链和水韵链）的总体空间布局；完成《南浔区乡村旅游专项规划（征求意见稿）》，提出“水晶晶的江南水乡综合型乡村旅游目的地”的发展定位，全力打造“一心、三带、五区”（一心指以南浔古镇为核心，三带指农耕文化体验带、水乡生态休闲带、数智文旅示范带，五区指菱湖古镇、善琏古镇、双林古镇、练市古镇、和孚古镇）的乡村旅游发展格局，分期发展与谋划一批乡村旅游特色项目。着力招商引资。编印全域旅游项目招引手册、制作 H5 宣传动画，完成粮站·茧站布谷里城市会客厅、从家庄理想村、TMAX 摄影基地等一批文旅精品项目签约落地。推进项目建设。2021 年，南浔共有建设类文化和旅游项目 36 个，完成年度投资 48.5 亿元，完成年度目标计划 100.6%，其中 12 个项目竣工投产，成功招引“从家庄理想村”等 9 个文旅项目。

【微精工程】 精雕景观风貌。对嘉业堂藏书楼、小莲庄、菱湖镇三省堂等 15 处不可移动文物进行保护修缮，依托高校创业创新团队打造江南水乡网红艺术村落，如旧馆街道港胡村通过景观改造提升、节日活动策划、产业导入等措施，逐步将港胡村打造成未来乡村。以运河文化、湖笔文化、丝绸文化为依托，创新开发文旅“小场景”，打造南浔文旅金名片。精耕项目业态。全面提升 40 余个村庄景观环境，善琏镇窑里村猪棚变工坊，石淙镇石淙村田埂变花海、公园变营地。慕仁淙星帐篷营地经过重新布局，再次成为网红游憩地，平均入住率超 75%，周末接待超千人。精准协同发力。组建 27 个部门为成员的专项行动小组以及文化旅游系统工作小组，建立成员单位议事联席会议制度；线上全省首推“指尖微精”平台，游客可通过手机终端一键上传旅游过程中发现的“四不”（不合适、不合情、不合景和不合理）微节点问题，全年发现并整改问题 658 个，整改率 100%；统筹旅游发展专项资金，对纳入“微改造、精提升”示范点的企业和个体户按年实际改造投入的 10%进行补助。

【产业融合】 打造“苕溪渔隐”获港美食小镇、南浔古镇沉浸式夜游、花海龙虾集市等高人气业态产品，开展“水晶晶南浔”特色旅游商品评选大赛，承办第二届长三角一体化古镇发展大会，举办第三届“虾客”大会等特色主题活动 7 场。南浔主城区启动省 AAAAA 级旅游景区城创建工作；练市镇、石淙镇、旧馆街道成功创建省景区镇；息塘村、竹墩村、窑里村、港胡村成功获评市党建引领示范性景区村庄；成功创建星级农家乐 5 家，市级休闲农场 2 家，区级星级农场 1 家；南浔区成功创建省级全域旅游示范区；南浔古镇获评首批省级示范文旅 IP、首批省级夜间文旅消费集聚区，并入选全省首批大花园耀眼明珠名单。

【数智改革】 加快智慧景区建设，南浔古镇景区打造三维可视化管理平台，实现景区场景还原，全面掌控景区运行态势，实现景区订票、酒店订房、智慧停车等18项服务一键集合。完成“畅游水晶晶南浔”微信小程序开发并成功上架“浙里办”，形成18项服务和4个特色板块，实现文旅企业应纳尽纳。建设南浔智慧文旅大数据平台，实现决策“一屏掌控”、政令“一键智达”、监督“一览无余”。智慧文旅数据平台成功入选省大数据旅游统计应用试点；頔塘社区成为全市唯一入选全省首批“旅游大脑+智慧旅游”应用场景落地未来社区试点。

【市场安全】 第一时间召开局系统疫情防控工作部署会，修订完善《区文广旅体系统疫情防控应急预案》，集中开展“一码一册一演练”，对景区、旅行社、在线旅游经营单位进行全领域地毯式排查，联动筑牢旅游行业防疫安全屏障，共出动检查126人次，检查95家次。同时，开展护航中共建党100周年文化和旅游市场百日攻坚行动、旅游客运市场百日攻坚行动、暑期旅游市场专项整治等旅游专项行动9次，对1家旅行社违规行为进行立案查处。制定旅游新业态项目多部门全过程联合监管办法，1个项目通过联合验收。（申宗民）

·商　务·

【概况】 招商引资：项目签约：2021年新增固投亿元以上项目98个（上报市双进系统98个，完成全年目标任务）。全年新增签约项目96个，总投资875亿元，其中，工业项目72个，服务业项目24个。利用外资：新批外资项目19个，完成市级外资“大好高”项目2个。全年完成合同外资53023万美元，完成市定目标的106%；完成实到外资2576万美元。外经外贸服贸：对外贸易：完成进出口额147.37亿元，同比增长18.9%；其中，出口额完成126.95亿元，同比增长16%；进口额20.42亿元，同比增长41.3%。境外中方投资额：完成境外投资项目1个，实现境外中方投资额800万美元。服务贸易：全年完成服务贸易进出口额8.21亿元，同比增长3.2%。商贸流通：全年社会消费品零售总额同比增长9.1%。全年限上批零贸易业实现销售额273.8亿元，同比增长35.7%。电子商务：全年实现网络零售额62.3亿元，同比增长0.1%；实现跨境电商交易额19.1亿元，超额完成全年目标任务。

【提高招商引资水平】 构建新招商格局。配强招商力量，创新社会化招商模式，率先组建招商集团，招聘一批业务精、能力强、素质高的招商专员，打造专业招商队伍。新组建武汉招商局，全区共派驻17个驻外招商局，60名招商员，助力南浔区项目招引“加速奔跑”。优化招商方式。锚定招引重点，做好产业老带新工作（传统主导产业带动新兴产业）。狠抓光电产业链招商，依托泰嘉光电、华尚光电等龙头企业，大力招引光电产业的上下游隐形冠军企业，已成功招引光电企业12家，包括总投资118亿元的正威集团华东总部基地项目、总投资52亿元的旭虹光电激光产业链项目等。强化项目招引。2021年7月，南浔区在上海成功举办首届“浔创”大会——融入长三角·接轨沪苏杭 重大项目集中签约仪式，会上26个重大项目集中签约，总投资达261.88亿元。开展“招大引强”百日竞赛活动。从10月初到12月末，集中利用100天时间，选派100名干部，招引100个项目，完成签约项目50个，为2022年储备项目50个。

【促进外贸市场拓展】 推进稳外贸政策落实。积极争取外贸扶持政策，2021年累计为200余家次外贸企业争取省、市、区级专项资金3900余万元，其中为91家次外贸企业兑现区级专项资金2138.07万元，助力外贸企业应对疫情等影响。促进外贸企业拓市场。累计组织2场机电、地板专场“南浔出口网上交易会”，帮助外贸企业克服疫情影响，实现“云参展”“云洽谈”，来自中东欧、东南亚、俄罗斯、中亚等多个国家和地区的60多家专业采购商与南浔区外贸企业开展200余场次线上洽谈。全力打造数字化外贸综合服务应用平台——南浔“云外贸”平台，列入市级“一键参展”场景应用建设试点（全市唯一），为企业提供外贸业务综合链接、国际贸易风险预警等服务，有效实现政企零距离、沟通无障碍、办事一站通。培育外贸主体发展壮大。通过走访调研、乡镇排摸等方式，多渠道、多角度深挖区内企业，全年新增进出口经营权备案登记企业161家，新增出口实绩外贸企业52家，实现进出口额7.6亿元。大力发展外贸新业态新模式，实现市场采购贸易出口9.7亿元。创新企业品牌发展模式。加快外贸转型升级，加强自主品牌建设，推动更多企业由贴牌向品牌出海转变，全区“浙江出口名牌”企业累计达9家。2021年完成新增浙江省出口名牌1家（谱拉歌世服饰有限公司），复核3家（浙江彩蝶实业股份有限公司、湖州越球电机有限公司、森赫电梯股份有限公司）。

【提升商贸消费能级】 专班联动夯实商贸基础提能级。发挥区消费工作专班作用，制定2021年全区促消费实施方案，先后发放“留浔过年”及“浔城乐购惠”电子消费券600万元，有效提振居民消费意愿和水平。大力实施“万户商贸主体培育倍增行动”。狠抓市场主体培育，不断优化商贸业态布局，6月吾悦广场正式营业，9月南浔东大街正式开街并在12月成功认定为浙江省第二批高品质步行街。推进供应链创新与应用。深化供应链创新与应用建设，谋划推进智能装备、木地板产业供应链，积极跟进指导巨人通力电梯有限公司、久立集团股份有限公司等已获评的省级供应链试点企业，加快供应链数字化、智能化、平台化建设。指导浙江浔味堂食品股份有限公司、湖州浙北供应链管理有限公司2家企业成功入选2021年中央服务业项目资金，拟获资金700余万元。积极推进数字化改革。推进建设“浙里放心充”（单用途预付卡服务在线）应用场景，服务端及治理端均已正式上线。该场景成功列入省级单用途商业预付卡数字化场景建设试点（全省仅2个试点），已成功对标全省数字化改革重大应用“一本账S1”中数字政府系统“浙里单用途商业预付卡监管应用”，接下来将进一步加快应用宣传推广，提高应用的知晓率、使用率，提升“浙里办”“浙政钉”两端的活跃度和使用实效。

【推动电商创新发展】 营造良好电商环境。强化政策保障，累计兑付2021年度市、区两级电商专项资金700万元。“水晶晶直播基地”入选2021年度省级直播电商基地名单；和孚镇重兆村、旧馆街道新兴港村两个行政村入选省级电商示范村；南浔镇等7个乡镇（街道）入选2021年省级电商镇；南浔经济开发区江蒋漾村等20个行政村入选2021年省级电商专业村。深入开展“产业集群+数字化出海”培育行动。与Google出海体验中心合作建设海外独立站平台（南浔产业带），提高产业带在海外的曝光度和影响力。积极争创省级以上“单打冠军”项目。木业产业集群入选2021年度省产业集群跨境电商发展试点，获省级专项激励资金200万元（已连续两年获得此专项激励）。打造数字生活新范式。南浔区成功列入2021年度浙江省数字生活新服务样板县创建名单并获得省、市专项激励资金440万元，围绕“六个数字”（数字商贸、数字文旅、数字学习、数字健康、数字出行和数字政务），扎实推进生活性服务业数字化建设，顺利通过数新样板区创建验收，被评定为全省首批数字生活新服务样板区。南浔镇、菱湖镇成功入选省级数新特色镇。

【保障粮食、应急物资安全】 保安全，落实粮食安全党政同责。积极配合粮食领域专项整治，粮食安全基础进一步夯实，首次将粮食安全纳入区对镇高质量综合考核，落实党政同责，与镇（街道）党政主要领导签订粮食安全责任书；与农业农村部门联合，首次在区对镇（街道）年度考核办法内，设立“粮食安全责任制”考核内容，强化考核导向。推项目，促进粮食行业高质量发展。“五优联动”（优粮优产、优粮优购、优粮优储、优粮优加和优粮优销）不断深化，实质性推进优质粮食工程，全力破解要素制约，其中2个项目已经通过验收，3个项目年末主体工程结顶。以省下达的355万元粮食安全专项资金为契机，制定专项资金使用方案，重点支持粮食加工企业改造升级，在省奖励基础上，对入选且验收合格的“优质粮食工程”项目进行追加奖励，提升全行业技改积极性，促进全行业发展。保民生，摸索物资储备运作模式。应急物资保障进一步强化。防疫物资常态化储备，在库口罩100万只以上，有效保障全区大型会议、活动安全有序。紧急采购PDA等大规模人群核酸筛查物资，及时保障邻近乌镇的村（社区）大规模核酸检测和全区大规模核酸应急演练。防汛救灾物资不断充实，保障全区有效应对两次台风和一次强降雨等极端天气。215吨冻猪肉储备安全有效。（任　梦）

城建　环保

·住房和城乡建设·

【概况】 2021年，区住房和城乡建设局聚焦“5912”工作体系，坚决贯彻落实区委、区政府决策部署，以群众感受和企业需求为第一标准，把“最多跑一次”改革、美丽城镇、房地产市场稳控等一批中心工作作为全年工作的重中之重，打出组合拳，创出新业绩，全区高质量发展房地产和建筑业、城乡人居环境提升、城市运行安全等工作取得了良好进展。

【城市建设】 聚焦能级提升、风貌样板、交通治堵等中心工作，以城市配套功能建设提升加大城市承载力。能级提升。全力推进152个重点项目，投资158.5亿元，吾悦广场、佳源中心、贝尚坊等商业综合体顺利开业，南浔高级中学、年丰农贸市场、君欣豪悦大酒店投入使用，南浔中心超高层双子塔、大象酒店、太阳酒店等地标工程加速推进。风貌样板创建。全区3个城乡风貌样板区入选省首批试点建设名单，其中頔塘南岸风貌区、金象湖城市中心风貌区入选省级首批城市风貌样板区试点，水乡古村落风貌区入选省级首批县域风貌样板区试点。交通治堵。完成风顺路（联谊路至湖浔大道）、新安路二期（江蒋漾路至风顺路段）等道路建设，新改建道路总长5.34千米，新增停车位1760个。

【行业监管】 聚焦房地产、建筑业、燃气等行业监管，引导行业高质量发展。房地产平稳交付。重点抓住商品房建设开发拍地、销售、建设、交付4个重要环节，2021年房地产交付楼盘11个，共146.86万平方米，平稳解决孔雀城3期等部分房地产企业暴雷引起的潜在问题，保障群众利益。建筑业高质量发展。突出建筑业在社会生产、生活中的基础地位和作用，预计全年建筑业总产值60亿元，同比增长22.87%。健全工程全过程及关键环节风险防控机制，有效监管工地229个，1423.7万平方米；获评省标化工地1个，市标化工地11个。完成装配式建筑面积284.78万平方米，完成率219.1%，居全市首位，并获绿色建筑和建筑节能优秀县区称号。“数治瓶安”管理。破解瓶装燃气经营市场混充乱象，建立统一经营主体——湖州中燃百江能源有限公司，完成供应站10个，搭建瓶装燃气安全在线系统，实现全流程数字化闭环管理、全过程信息可追溯。

【民生共富】 聚焦老旧小区改造、电梯加装、安置房等一系列工作，紧贴民生关键事，提升群众满意率和幸福感。老旧小区改造。完成适园、虹阳、望津10个老旧小区改造。共享电梯加装。在全市范围内首创共享电梯模式，南浔金象湾小区15幢共46部加装电梯成为全市首个实现加装电梯全覆盖的小区，全年开工建设“共享电梯”107部。安置房有序推进。直面安置房建设、竣工交付等直接关键问题，牵头南浔经济开发区、南浔镇、双林镇、旧馆街道、度假区做好10个村的安置房分房和頔塘南岸新建社区原居民的回迁安置工作，全年安置居民1504户。

【城乡融合】 聚焦城乡融合发展，推进城乡居民共享高品质生活。美丽城镇建设。围绕美丽城镇建设基本要求，全年启动项目132个，总投资68.08亿元，均完成预期目标，其中，练市镇通过美丽城镇省级样板镇考核验收，和孚镇通过基本达标验收。绿色宜居。围绕“靓颜值”目标，打造绿色生态宜居之城，新增城市绿地42公顷，公园绿地约4.6公顷，新增绿道11千米。新增练市镇农兴村、和孚镇新荻村省级美丽宜居示范村2个。垃圾分类。首推易腐垃圾就地处理模式，做好垃圾分类“后半篇文章”，全区56家单位投放使用易腐垃圾就地处理设备64台，日均就地处理易腐垃圾4.05吨，日产生有机肥 405 千克。城乡污水治理。完成新城污水处理厂新建以及和孚、善琏污水处理厂扩建工程，处理规模增长 25%。提标改造农村生活污水运维治理设施 96 个，15 吨以上终端全部实现标准化运维。农村危旧房整治。打造“数智救助”联办工作机制，全力保障农村困难群众危房整治和住房安全，排查农村危旧房 82938 户，整治 C、D 级危房 152 户，完成农村困难家庭住房救助 80 户。（张思婷）

·环境保护·

【概况】 2021 年是“十四五”规划开局之年，区生态环境分局坚持以习近平生态文明思想为指导，严格落实中央和省、市、区各项决策部署，紧紧围绕环境质量改善目标，聚焦问题，持续发力，生态环境各项工作取得显著成效。空气质量优良率 83. 5%，$PM_{2.5}$ 年均浓度 27 微克/立方米，同比下降 6. 9%；7 个县控以上地表水监测断面及 4 个行政交界出境断面水质均稳定保持在Ⅲ类以上，达标率 100%。

【生态文明】 编制完成《南浔区生态环境保护“十四五”规划》，科学设定环境质量、污染减排、风险防控、生态保护、低碳发展、试点示范六大领域 19 项指标，梳理一批重大工程、重大项目和重大改革政策制度，为后五年工作明确任务书、画出路线图。立足“水晶晶南浔”品牌定位，突出“治理水环境、保护水生态、挖掘水文化、发展水经济”目标，编制完成《南浔区水生态环境保护“十四五”规划》。编制完成《新时代美丽南浔建设规划纲要（2021—2035 年）》，强化美丽南浔建设全过程管理，“三色预警”统筹推进污染防治攻坚各项任务，32 项市级污染防治任务及 20 项全区污染防治“双十”攻坚任务，除需长期坚持的事项外，已全部完成。

完成省级生态文明建设示范区复核工作，全面启动国家生态文明建设示范区创建，完成近三年创建资料收集并形成创建工作报告。启动碳达峰工作，加强碳排放考核，开展首批省级低碳镇、村申报工作，练市镇和 2 个村列入首批省级低（零）碳村试点。

依托南浔经济开发区北部金鱼漾的水生态特点、水文化底蕴和水景观特色，加快打造“水乡综合体”建设。以“水韵湖城”行动为抓手，谋划实施南浔古镇水生态修复项目和双林古镇水生态修复项目，推进生态精准修复。以全区最大的水生态湿地——和孚镇和孚漾为试点，开展湖漾水生生物多样性调查，重点掌握水生生物物种资源情况，系统评估水生生物多样性保护现状、主要濒危物种和水生态系统受威胁状况及影响因子，提出生态保护对策建议，为全面提升生物多样性保护、管理和决策提供科学依据。桑基鱼塘案例入选联合国生物多样性大会国家展主展区素材。

【污染防治】 在全国率先出台并实施《木业源头替代及废气治理技术规范》地方标准，实现家居、电机、电梯等行业源头替代全覆盖，同步开展废气治理设施改造提升工作，试行推广“干式过滤+活性炭吸附+第三方治理”模式。全面完成第一批重点炉窑名单中 21 家企业整治提升，5 家企业关停及建材、磁性材料、耐火材料、磨料磨具等行业无组织排放废气深度治理，8 家水泥粉磨站超低排放改造，5 家 4 吨以上生物质锅炉在线安装等任务。完成清湖建材全省首条水泥粉磨生产线超低排放改造及清洁化运输验收，打造了圣船水泥扬尘管控及世友木门、巨人通力电梯、越球电机、力天汽修等一批 VOCs 治理示范企业。常态化开展 VOCs 走航监测、非道路移动机械尾气排放检测及重型柴油车路检等工作，有效解决面源污染问题。

对南浔、双林两个国控断面及京杭运河南浔段等重要水体开展走航排查，编制完成分析报告及“一点一策”治理方案。出台《南浔区工业园区（集聚区）“污水零直排区”长效管理实施办法》，有序推进 7 个省定工业园区长效管理及 9 个新增区级工业园区（集聚区）创建工作。出台《南浔区喷水织机行业整治提升实施方案》及《南浔区印染行业深化整治指导意见》，喷水织机行业已完成整治提升 100 家、搬迁入园 70 家、关停淘汰 153 家；33 家印染企业已明确整治提升目标规划，形成 6 个集聚点 22 家企业，推动涉水行业绿色高质量发展。对全区 1800 余个农村生活污水终端开展分类检测，共计检测 2255 次，达标率 93. 6%。

推进全域“无废城市”建设，各项建设指标已全部完成，成功创建“无废细胞”单位 53 个。全面提升危险废物和一般固废利用处置能力，湖州强大环保科技有限公司 5000 吨/年废活性炭综合利用项目正式投运，填补了全市在该领域的空白；鑫德建材科技有限公司年产 100 万立方米加气混凝土板材及6000万块烧结页岩保温砖项目前期建设已基本完成；同步加快推进惠众、德海、荣润、双宏 4 家建材企业工业污泥利用处置项目建设。健全小微企业危废收储运体系建设，累计签约收储运小微企业471家，覆盖率134.1%，全年累计安全收运危险废物842吨，有效解决小微产废单位产废少、转运贵问题。完成 100 家重点产废企业危废储存场所提升建设，进一步提升规范化管理水平。加强土壤污染防治，完成重点监管企业自行检测 6 家、地下水管控方案编制4家、土壤污染状况评审地块44个，监督指导原南浔林宝皮件厂地块土壤污染修复。

【审批改革】 委托省环境评估中心专业力量对项目进行评估把关，全年共审批项目107个，完成“区域环评+环境标准”备案项目15个、纳入80天考核项目 32 个、服务标准地项目 32 个、区级以上工业大好高项目 28 个，参与全区重大项目预评估 19 批72个、小微园区项目评审 11 批 91 个，“最多跑一次”实现率及业主回访满意率均达100%。完成“第三轮”初始排污权核定分配，指导20家企业完成排污权购买。在全市率先推行印染行业排污权二级市场交易，累计完成交易额 1.5 亿元，为全市最高。加快推动“三线一单”成果落地应用，合理划定环境管控单元，共划定环境管控单元24个，单元面积686.2平方千米。高质量、高标准开展排污许可证核发登记工作，动态持续加强排污许可证全面监管，确保排污制度真正落地、落实，共完成排污许可证核发 150 家、“双百”（执行报告和排污许可证）质量核查 179 家。积极探索污染治理市场化运作机制，引入第三方环保管家提供专业服务，提升企业环境治理水平，累计入户排查服务企业 450 家次，排查各类问题 500 余个，解决问题 300 余个。深入开展环保服务企业“十百千”行动，建立“多层次”帮扶机制，采取“点对点”“面对面”方式，实现生态环境部门和企业之间“零距离”交流，助力企业绿色可持续发展。

【执法监管】 高质量推进第二轮中央督察和省委督察问题整改落实，强化组织建设、督查督办和举一反三，严格责任落实，确保整改到位不反弹。43件信访交办件已全面完成整改销号。推广“企业自巡查系统”，已推广使用 309 家，派发自巡查任务141011 条，完成 130945 条，完成率 92.86%。在全区范围内设立 20 名生态环境监督员，组织开展“生态环境监督员”及督查“片长”培训，有效提升基层网格员问题发现能力，完善区域生态环境群众监督。新增 19 家企业污染源自动监控设施扩面安装，开展在线监测平台巡检 675 次，完成 159 起省、市超标督办件办理。依托在线监控、危废转移平台查处涉案线索 6 起，均予以依法打击。特别是依托在线视频监控系统，依法查处 2 起重点排污单位干扰在线设施违法案件，并移送公安部门刑事立案。

持续加大环境执法力度，全年共出动检查人员5987人次，检查企业3513家次，立案查处环境违法行为 94 起、处罚金额 1048 万元，实施查封扣押 11起，移送公安案件 8 起（涉刑事犯罪 6 起 21 人、涉行政拘留 2 起）。联合市场监管、应急管理、住建、公安等部门开展专项行动 5 次，形成环境问题齐抓共管的良好局面。开展生态环境领域双随机抽查及跨部门“双随机”执法工作检查，2021 年共开展双随机抽查 4 次、专项检查 1 次、跨部门抽查 6 次，共检查企业 291 家次，发现并整改问题 48 个，浙政钉·掌上执法使用率 100%。

修订《南浔区生态环保领域重点信访事项办理工作办法》，完善生态环境信访举报处置流程，对交办信访事项进行分类分级办理，及时研究解决存在的问题，切实提高工作效率和工作质量，共受理举报投诉 359 件，同比下降 33.9%，“平均办理时长”均小于全区平均值，排名全区前列。

加强与德清、桐乡等兄弟部门的执法协作，开展三轮联合执法检查，进一步提高跨界生态环境问题联合应对处置能力。联合南浔、吴江两地生态环境、自然资源和规划等部门及属地政府对边界区域的江苏吴江乔华建筑材料有限公司进行联合检查，有效消除边界企业信访矛盾。联合住建、应急管理部门开展生态环境领域“综合查一次”跨部门随机抽查，共抽查污水处理厂及垃圾焚烧厂 12 家次，确保多部门联合执法效率效果双落实。

完成 106 家企业环境应急预案编制（修订）备案；开展环境风险源检查95家次，发现并整改环境安全隐患48项；完成区级环境应急物资储备中心和专业环境应急处置队伍建设，提高应急基础能力；建成生态联勤警务站 3 个，依托多部门执法合力，开展区域常态化环境监管，消除环境安全隐患；制度化开展环境应急演练，分别在企业、道路、水上等区域开展突发环境事件和安全生产事件应急演练3次，提升环境应急实战能力。

【宣传教育】 完善基础设施建设，建成国控站点区域20个空气质量监测微站及10个镇（街道）空气质量监测站PM_{10}污染因子监测设备，实现区域污染动态精准管控。启用无人船、无人机常态化开展地表水断面走航监测，对国控、省控断面启用“电子围栏”实时在线巡查，实现河道精细化管理。

建成“菱湖化工园区污水零直排一件事管理”系统，以数字化提升监管能力水平，获得省生态环境厅高度认可，在全省工业园区（工业集聚区）“污水零直排区”建设交流会上作典型经验交流。聚焦排污单位智慧化监管全覆盖行动、特色行业“三漆”替代全覆盖行动、固体废物100%安全处置行动等“三大行动”，加快补齐生态环境安全短板，助力南浔共同富裕示范样本建设。“三大行业源头替代”工作获评第一批全省生态环境系统共同富裕最佳实践案例。与丽水市松阳分局开展山海协作，签订五年合作备忘录，促进两地优势互补、资源共享，为高质量发展建设共同富裕示范区提供有力生态环境支撑。

围绕污染防治攻坚、生态文明建设、无废城市建设、数字化改革等重点，主动向新闻媒体提供宣传素材，全方位宣传经验亮点，已在市级以上主流媒体、电视台、“学习强国”等平台正面宣传报道30余次。“三大行业源头替代”“生态联勤监管新模式”“化解渣土处置难题”等工作入选湖州市“担当破难”典型案例和南浔区“三服务”典型案例。结合“6·5”世界环境日、“8·15”湖州生态文明日、“生物多样性日”等节点，开展系列宣教活动15次，营造全民齐参与、人人讲环保的良好社会氛围。

【环境质量】 空气环境质量简况：据市环境保护监测中心站监测结果显示，全区全年$PM_{2.5}$浓度均值为27微克/米^3（同比下降6.9%）；空气质量优良率83.5%。水环境简况：全区4个出境断面和7个区控以上地表水断面水质均达到Ⅲ类以上，达标率100%。南浔区已连续四年获得浙江省“五水共治”（河长制）工作优秀县（市、区）“大禹鼎”，2021年度首次获得“大禹鼎”银鼎。 （蔡国栋）

·综合行政执法·

【概况】 2021年，南浔区综合行政执法局立足党的百年历史新起点，紧紧围绕“高水平建设社会主义现代化共同富裕示范样本”的总体目标，认真贯彻落实区委、区政府各项决策，以“大综合一体化”行政执法新格局为核心，以城市精细化管理提标争先为重点，尽职履责、规范执法，加快推动南浔高质量赶超发展。2021年，区综合行政执法局创建工作特色亮点纷呈，改革工作成果丰硕，获评市级以上重点工作突出贡献集体奖4个、突出贡献个人奖15个，“三服务”典型案例被省、市级录用9个，3项特色工作被市领导表扬批示，练市中队获评浙江省首批“枫桥式”综合行政执法中队和省级文明规范公正综合行政执法基层队所示范工作成绩突出集体，“人行道违法停车教科书式执法模板”获得省级优秀案例，相关执法工作被《人民日报》《浙江日报》等国家级、省级媒体报道，全年执法案件行政诉讼零败诉、行政复议零纠错。

【执法办案】 坚持依法行政严格执法。2021年办理普通程序案件3528件，同比增长35%，结案率达99.38%，拓展新案源领域涉及水行政、气象、人防、建设、生态环境、教育等7个大类，涵盖41个事项。严格落实“三项制度”（行政执法公示制度、行政执法全过程记录制度、重大执法决定法制审核制度），规范案件审核审批流程，提前介入基层疑难重大复杂案件，严格把控自由裁量基准的正确适用，2021年共召开案审会18次，讨论重大案件43件。健全执法人员管理考核制度，全区系统内执法证和执法辅助证100%纳入浙江省执法证管理平台系统管理。

创新行政执法监管方式。推行轻微违法告知承诺制、非现场执法方式和“网格化+微执法”等柔性执法治理模式，非现场执法方式办理案件390起，办结社会服务折抵罚款和首错不罚18起。认领行政检查事项84项和落实“监管一件事”工作，建立特殊案源及时报告制、“双减”（减轻义务教育阶段学生作业负担和校外培训负担）工作快速执法办案等新机制。

【污染防治】 关口前移，强化源头治理。持续推进工程运输车辆（渣土车）“三化”（公司化、本地化、专业化）规范管理，统一工程渣土准运、城市建筑垃圾处置核准和工程渣土消纳场地登记管理工作，并纳入审批权力阳光系统，实现统一平台受理、统一标准审定、统一编号入档。全区建立“一工地一档案”259个，核准工程车803辆，核发准运证3687件次、建筑垃圾（渣土）处置申请418起。

规范管理，保障重点需求。发挥渣土办统筹协调作用，突出高铁、高速、农房聚集等重点项目的工程渣土处置需求，分别就重点项目渣土处置特殊需求、交通运输、中转场地等重大问题专题调研，全力保障重点项目工程渣土出路畅通，推进建筑垃圾资源化利用。

重拳出击，保持高压态势。深入贯彻市、区扬尘治理工作决策部署，定期约谈企业、项目负责人，严密组织开展专项整治行动，通过路段巡查、定点设卡、数字监控、联合执法等有效手段，全面实施常态严管，累计出动执法人员6500余人次，查处涉扬尘类案件537起，全区扬尘指标趋高势头得到有效遏制，“蓝天保卫战”获得显著成果。

【市容管理】 聚焦民生热点，美化市容市貌。围绕全国文明典范城市和国家卫生城镇创建，常态化治理占道经营、乱搭乱建、违规户外广告、毁绿种菜等城市顽疾，健全城市管理长效机制，攻坚管理难点领域，定期开展餐饮油烟、背街小巷、污水排放、文明养犬、噪声扰民、垃圾分类等专项整治，城市形象明显提升。

聚焦停车难题，严管车辆秩序。开展“中心城区停车难”专项行动、“畅路清停”整治行动，新增10座港湾式公交站点，调整中心城区货车禁行禁停范围，优化公共停车泊位差别化收费政策，扩增路面人行道停车位409个，深挖小区内部资源增设停车位373个，免费错时共享机关企事业单位停车位635个，取缔非法改装营运三轮车380辆，增加投放共享电动车2000辆，增设电子围栏200个，搭建5G静态智慧交通统一管理平台，实施中心城区人行道24小时自动违停抓拍和十分钟驶离免罚短信提醒，在学校周边区域划定潮汐车位。

聚焦美丽创建，城市品质能级提升。按照《南浔区“美丽城镇”长效管理实施方案》《考核标准及评分细则》的要求，落实月检查、周通报，亮晒公示排名，发现并落实整改问题1593处。围绕“美丽城市”“十美细胞”创建总目标，创建15个“美丽小区”、20条“美丽街巷”，4个小区创成市级“示范美丽小区”，1条街巷创成市级“示范美丽街巷”，成功打造了金凯地“美丽+物业党建”等一批“美丽+”品牌，涌现了湖笔一条街、酱园弄红色记忆特色街区等一批独具产业特色、文化标识的“美丽街巷”。

【市政环卫】 聚焦城市形象，精益养护市政设施。全面推行市政设施、园林绿化、环卫保洁等维护运营市场化运作机制。编制中心城区景观亮化规划方案，实现中心城区主要道路亮灯率达99%以上。以城市有机更新三年行动规划为基础，结合城市道路改造提升项目建设，合理布局更新市政设施、景观小品，开展盲道、无障碍坡道等无障碍设施整治，不断提升城市品质，助力南浔城市形象更好、环境更美。

聚焦垃圾分类，提升精细治理能力。完成南浔区垃圾分类数字化监管平台建设，完善执法进小区、新建小区垃圾分类设施建设规划方案、物业公司负责运营居民小区垃圾分类工作等四项举措，其中垃圾分类平台入选浙江省多业务协同项目和湖州市五星级数字化改革应用场景，易腐垃圾就地处理和頔塘未来社区2个垃圾分类应用场景样本完成建设，切实提高垃圾分类管理水平。南浔区城乡生活垃圾精准分类覆盖率、城乡生活垃圾无害化处理率、资源化利用率均达100%，回收利用率达60%以上，创建省级高标准示范小区31个、省级示范定点定时收运商业街6条、省级示范片区2个，全区末端处置易腐垃圾31468吨。

【服务民生】 创新行政执法模式。梳理与物业小区管理密切相关的29项执法事项，组建小区执法分队，推行“执法进小区”机制，打通基层治理最末端。运用好“综合查一次”，强化联管联控，优化营商环境，定期开展安全生产、生态环保、市政燃气等“综合查一次”联合检查38次。联合公安成立全市首支“城警铁骑队”，建立“铁骑”勤务模式统一执法装备，中心城区建设8个城警“铁骑”服务岗亭，提高快速处置能力。

搭建好“民情连心桥”。开展“城市蓝”党建阵地微改造、精提升工程，以红色阵地拓宽服务渠道启动“民情服务日”，每月定期开展“局长接待日”活动，落实党史学习教育“我为群众办实事”的要求，开展接待活动7次，线上、线下跟进解决问题52个。在各乡镇设立城警联勤警务室，按需入驻不同单位，构建起“城警大联盟、治理共同体”。做好犬类管理服务，利用“城管+村（社区）+网格”的管理新模式，在全区设立“一站式”犬类免疫登记定点25个，设置犬只信息登记点162个，完成犬只免疫8557只，收容流浪犬4799只。

【“数字”创新】　“智慧+高效”，夯实城市治理数据基础。完成5个大型数字项目（智慧城管一期、智慧路灯、垃圾分类、违停抓拍一期、市容AI）、2个智慧监测系统（餐饮油烟在线监测系统、智慧公厕）和7个建制乡镇子平台建设，派发有效案件77007起，案件结案率、按期结案率均达99.9%。借力涉执法投诉举报系统、“12345”阳光热线、公众号等多渠道监管网，建立问题实时爆料、矛盾及时化解、政策随时咨询的“零距离”服务机制，受理并积极回应投诉举报2340起。

“智慧+民生”，畅通优化便民服务渠道。精准引导办事群众运用浙江政务服务网、“浙里办”App，进行“网上办、掌上办”，受理行政许可801件，实现城市大型户外广告设置审批许可、临时占用城市道路审批许可、人行道违章停车处罚缴费掌办率100%。搭建“微窗口”服务载体，推出咨询、预约、审批帮办“微信群”，帮助群众解决问题326个，完成行政审批事项291件，超96%实现跑一次。

“智慧+监管”，破解行政执法程序留痕痛点。全区建成15个高空瞭望监控点，辐射报警周边2.5千米，筑牢秸秆禁烧智能防燃体系。开设渣土跟踪传导端口，跟踪定位3231渣土车次，立案查处未经核准处置建筑垃圾案件73起，随意抛撒、倾倒、堆放建筑垃圾案件201起。对中心城区720家餐饮企业污水排放在线监测分析，以中心城区和练市镇177家单位为试点，打造全市首个“治水大脑”数字监控平台。　（朱　晨）

交通　通信

·交通建设与管理·

【概况】 2021 年，区交通局认真贯彻落实区委区政府决策部署，深入实施“4216+N”交通网建设，编制出台《南浔区“十四五”综合交通运输发展规划》，全面推进高水平交通强区建设，着力打造“长三角城市群重要节点、大上海都市圈西翼门户”。全年安排交通项目 184 项，计划投资 82.18 亿元，实际完成投资 86.2 亿元，圆满完成年度目标。先后获得“南浔区 2021 年度重点工作成绩突出集体”“南浔区 2021 年度‘重塑水晶晶南浔’先进集体”“南浔区 2021 年度人大代表建议件优秀承办单位”等荣誉称号，三高连接线（南浔大道）项目获评浙江省特色精品道路，花乌线获评 2021 年度市级精品道路。

【前期项目】 水乡旅游线中国铁设集团完成各专题工可文本编制初稿，进入院内审核阶段；如通苏湖城际召开湖州段可研专题会议；S213（北延）已确定红线范围，进行初步设计编制及红线报批；规划 S214（织菱公路）召开路线方案论证会，进入工可编制阶段；G50 南浔古镇互通召开前期方案论证会，启动工可、项建等前期工作；G318 湖州市区段改建工程进入线位深化设计阶段；“三高连接线”（二期）完成施工招标。

【在建项目】 沪苏湖铁路南浔段完成总投资 13.288 亿元，桩基完成 100%，承台完成 93.12%，墩身 83.7%，箱梁架设完成 19.24%；高铁南浔站综合交通枢纽（一期）完成投资约 1.95 亿元，支护完成 100%，主体完成 85%；苏台高速（一期）完成投资约 11.2 亿元，先行段桃源连接线路基完成 59.8%，桥梁完成 25.8%，主线 1 标桥梁完成 6.3%，主线 2 标桥梁完成 4.6%；湖杭高速完成总投资约 32.2 亿元，路基完成 30%，桥梁完成 25%；规划 S213 南浔至练市段完成投资约 14.1 亿元，路基完成 92.1%，桥梁完成 94.6%，路面完成 68%；湖盐公路改建工程完成投资约 9.3 亿元，路基完成 65.6%，桥梁完成 72.3%，路面完成 43.9%；三新线（双林段）完成投资约 2.7 亿元，路基完成 55.6%，桥梁完成 72.3%，路面完成 23.3%；规划 S213 北延隧道段完成投资约 7.5 亿元，路基完成 33.2%，桥梁完成 30.5%，隧道完成 33.5%；三环南路完成投资约 2 亿元，路基完成 29.2%，桥梁完成 23.4%。

【农村路网】 全区农村公路养护工程实施项目 55 项，完成投资 1.16 亿元。其中，农村公路大中修工程实施 36 项，完成投资 0.68 亿元；危桥改造工程实施 19 项（涵盖跨年度项目），完成投资 0.42 亿元；无隐患美丽公路实施 63 项，完成投资 0.33 亿元；老旧桥梁栏杆改造工程改造 26 座，完成投资 244 万元。新建和改造提升农村公路完成 20.8 千米。

【安全生产】 全面完成“三年行动及遏制较大防控争先战”年度目标任务；扎实推进公路交通事故多发点段、超限超载货车道路运输、港口码头危险货物等重点领域专项整治，持续将“平安交通建设年”活动引向深入，牵头组织市、区两级多个部门开展“综合查一次”“道路交通安全百日整治”等联合执法检查活动，2021 年累计检查企业 112 家，出动 705 人次，发现各类隐患 203 处，责令重点运输停业整顿 4 家，约谈 1 家，并做好闭环管理；深入推进以农村公路为重点的公路安防工程建设，2021 年累计清理路面抛洒物 107 次，修复防撞护栏板 72 处；全面开展农村公路自然灾害风险普查，共涉及桥梁 1043 座、道路 531 条，累计约 1208 千米。

【行业管理】 积极完善 PPP 项目管理，针对实施的 6 个交通工程 PPP 项目，其中 2 个在建设期，4 个已进入运营期，严格按照上级文件要求，积极落实PPP项目绩效评价工作，2021年完成2个PPP项目绩效评价工作；针对EPC过度设计的问题，邀请专家组成检查组开展南浔区交通工程设计领域问题专项检查，全面摸查各项目设计领域问题，并纳入对设计单位的信用评价考核；为进一步规范从业主体信用评价工作，利用信用评价管理系统，对施工企业实行动态考核，确保信用动态管理的时效性和信用评分的真实性，2021年完成施工信用评价初审项目14个，共32次。

【质量监督】 严把施工过程管理，深入推进中间交验制度。2021年共计受理监督申请33份，开展路基路面、桥梁结构中间交验50余次，全部通过验收；开展监理行业、检测行业、合同履约等专项检查4次，督促整改各类问题隐患67处。同时，联合市交通运输综合执法队交通工程大队开展综合大检查2次检查在建交通项目15个，累计下发安全检查意见书33份。监督指导乡镇业主完成农村公路“四改三”、大中修、危桥改造等项目质量评定备案48份，配合做好农村公路提升工程收尾工作。

【农路管养】 2021年，累计完成高标准农村公路管理站建设6个，农村公路驿站20个；扩充全区农村公路管理站管养队伍；积极探索保洁集约化模式；加大机械化保洁清扫力度，实现重要县道机械化保洁全覆盖；针对全区325万平方米接养绿化景观线实行季度考核，实现景观线绿化养护长效管理；强化农村公路大桥运维监控，增设全区101座农村公路大桥的路面监控。

【码头治理】 重点整治部分码头无环评、无污染防治措施问题。2021年，南浔区域内37家无环评手续码头中已补办环评手续27家、关停取缔10家；全面排查全区54家营运码头单位，完善整改码头环保设施，2021年均通过验收；开展船舶碰撞桥梁隐患治理专项行动，完成自查评估工作；完成编制《京杭运河（南浔段）“一河一策”实施方案（2021—2023年）》和《2021年京杭运河（南浔段）水环境综合治理工作推进计划》。

【扬尘治理】 2021年，共出动监督及执法人员550余人次，检查项目110次，发现并督促整改各类扬尘问题348个，同时以交通工程扬尘标准化管理百日攻坚行动为契机，组织开展建设工地扬尘整治专项检查2次，联合市交通运输综合行政执法队共检查农村公路项目26个，严格要求施工单位落实工地扬尘污染防治“7个100%”。

【交通治堵】 新增城市道路长度5.34千米，完成率106.8%；新建改造城市道路5.34千米，完成率106.8%；新建城市绿道1.4千米，完成率140%；建设联网路1条，完成率100%；新增停车位1829个，完成率182.9%，新增公共停车位1387个，完成率693.5%；新建完成水晶晶公园停车场1个，完成率100%。

【疫情防控】 安排人员在G50高速路口、公交车站、湖州高铁站设置防疫检查点，与其他各部门各司其职，通力合作，严守防疫，2021年共检查车辆6万多辆，检测体温9万余人；湖州高铁站南浔点累计登记检查人数307084人次，送检测2000余人，全力助推南浔交通项目建设实现“两手硬两战赢”。

【数字化改革】 提前全部完成省级“浙里畅行”综合集成节点任务；自主开发全市首个智慧农路管养App且已投入运行，充分发挥全民路长力量，实现农村公路养护信息闭环管理；匠心打造镇村预约公交项目，完成石淙镇镇村预约公交建设，并于12月31日开始试运营；9月28日顺利承办全市交通运输数字化改革现场会，会上就镇村预约公交和智慧农养两个应用场景进行路演。

【公交事业】 编制《南浔公交“十四五”规划》；成功组建南浔区公交运营主体，助推南浔公交事业发展；6月30日开通全市首条免费公交环线，满足群众多方面出行需求；新增优化公交线路12条，新（改）建公交场站2个，新（改）建公交停靠站25个，增加（更新）纯电动公交车68辆；开通南浔至江苏桃源、南浔至江苏七都两条毗邻公交线，方便两地百姓公交出行，实现区域交通有机衔接和协调发展；实施“行无忧”公交卡帮扶项目，截至2021年12月31日累计办理行无忧卡225张，惠及群众225人，充值金额39000元。

【乡村振兴】 遵循“修一条路、造一片景、富一方百姓”发展理念，建成以“南浔古镇”为代表的历史人文走廊、“桑基鱼塘”为代表的生态富民走廊、“石淙花海”为代表的自然风景走廊、“南浔电梯产业园”为代表的科创产业走廊等，突出“美丽公路+”，助推乡村振兴，迈向共同富裕。

【政务服务】 全面应用政务 2.0 平台，收件率达 100%。全年审批事项共计 201 件，其中行政许可共计 84 件，其他行政权力共计 117 件，实现网办率 100%、即办率 100%；切实办理好“12345 政府阳光热线”交办事项，累计受理“12345”投诉 290 件，处理 290 件，按时办结率 100%，群众满意率 100%。

【清廉建设】 出台《南浔公路建设规范化管理实施方案》《湖州市南浔区交通局工程变更分级审批制度（试行）》《全面建设南浔区清廉交通的实施方案》等文件，确保风险可控、责任可溯；联合区纪委制定出台《关于全区交通领域突出问题专项整治工作方案》，累计检查工程非法转分包项目 29 个、工程信用评价项目 14 个、工程专家评审问题项目 5 个，做到全区项目全覆盖。聚焦项目安全、质量、环保等元素深度融合，打造 S213 项目“清廉工程”示范点，实施 S302 项目精细化管理，通过建设红色能量站，打造清廉文化墙，廉政分数定期晾晒等举措，充分发挥党建引领和纪检监督作用，不断激发“红色生产力”，打造一批优质、安全、高效、清廉的标准化交通建设品牌工程。（姚家俊）

·通　信·

邮　政

【概况】 南浔邮政管理局牢牢锁定“两高”（服务高质量发展、助力高品质生活）目标，全力推进“补短板、强队伍、优机制、创示范”四大重点任务，各项工作取得了一定成效，并以总分第一名成绩获 2021 年度全市邮政系统考核优秀等次。全省、全市首次“快递进村”现场会均在南浔召开；南浔代表湖州市在全省邮政系统半年度工作会议上作经验交流；作为仅邀请的 4 个市辖区代表，参加全省“两进一出”（快递进村、快递进厂、快递出海）推进会。市委书记王纲，市政协主席杨建新，副市长张宏亮、项乐民，省邮政管理局党组书记、局长魏遵红，省邮政管理局副局长王德奔等领导，以及省检察院、省总工会等省级部门的调研组分别调研南浔区，对相关工作予以肯定。

2021 年，全区共有邮政、顺丰、申通、圆通、中通、韵达、百世、京东、丹鸟、德邦、极兔、丰网 12 个邮政快递品牌企业，5 家主体企业（2021 年新引进 3 家），49 个分支机构，10 个末端，980 名从业人员。2021 年，全区快递业务量 1589 万件，同比增长 22%；业务收入 2 亿元，同比增长 25%。

【政治建设】 南浔邮政管理局把政治建设放在首位，充分利用“红色星期六”、“周一夜读”、每周例会、党组会议等载体开展政治理论学习研讨，并开展党史学习教育，班子成员带头到联系村宣讲党史，组织机关干部和党员快递员到南浔陵园、文园瞻仰和参观，缅怀革命先烈，学习英雄事迹，接受党史学习教育和思想洗礼。同时强化行业党组织建设，组建区快递物流行业党委和团工委，成立双林镇快递园区党支部和顺丰南浔片流动党支部，组织开展“人大代表、政协委员与快递小哥面对面”等活动，实现行业流动党员全覆盖管理。

【服务地方经济】 推动主体企业扩容，逐步壮大行业力量，丰网、申通、圆通 3 家快递企业在南浔注册，引进云递智能科技有限公司，推动区交投集团与“三通一达”（中通、圆通、申通、韵达）合作，为农村寄递物流产业找到强大支撑。推动丰网中转站落户，积极与丰网公司对接，吸引丰网湖州中转站落户南浔区，进一步完善基础设施，节约中转时间，节省运输成本，丰网自动化分拣设备投入后，每天分拣量达 20 万件以上。推广“快递+农业”模式，推进红美人柑橘、小龙虾、湖羊、跑道鱼等农产品销售中的寄递服务，主动对接，为农户降成本、提效益，2021 年通过“共富驿站”实现上行农产品 10 万件出村进城，更好服务地方经济发展。

【疫情防控】 保障寄递物流畅通。坚决贯彻落实中央和省、市、区各级防控办要求，经受住疫情的严峻挑战，始终确保寄递物流畅通。实现疫苗“应打尽打”。在全行业推进新冠病毒疫苗接种“应打尽打”工作，实现全行业员工疫苗接种率 100%。加强针接种工作启动后，第一时间组织符合接种条件的快递员接种，2021 年加强针接种率 60%以上，居全市同行业首位。做好行业自身防疫。督促企业和网点按照南浔区邮政快递业疫情防控十条操作规范，坚持测温、亮码、场所消杀等相关制度，进一步提高从业人员防疫工作紧迫感。

【安全监管】 试行安全智控指数。始终把安全工作作为底线、红线来抓，确保行业安全发展。1月起正式试行寄递业安全智控指数和三色预警管理，全年公布12期安全指数，45家网点被亮黄牌，约谈负责人45人次，停业整顿10家。持续开展无隐患寄递建设。首创寄递业无隐患管理模式，所有网点安装与公安联网的人证核验一体机，电动车室外智能充电桩占80%，电动三轮车上牌（黄牌）上保险率95%、持D照驾驶80%左右，取缔“三合一”场所2处。建立消防演习月月练机制，每月一企业一演练，全年已组织300人参加。建成并启用区级数字化监管平台，将所有园区、网点包括村级服务点纳入24小时在线监管并每日巡查。坚持零容忍刚性执法。积极开展“综合查一次”改革，全年部门联动执法3次，办理不执行开包验视、智能柜违规经营等违法违规行为案件11起，在办2起，切实起到震慑作用。

【快递业发展】 制定行业发展扶持政策。经区政府常务会议通过，出台邮政快递业高质量发展三年行动方案，成立由区委常委肖体红任组长，镇（街道）、区级相关部门及快递企业负责人为成员的领导小组，形成合力抓推进的良好氛围，争取570万元财政资金用于寄递物流体系建设。

实现快递进村全域覆盖。以试点带全局，摸索出一条“四化同步”（乡镇网点园区化、智能布柜全域化、城镇驿站规范化、农村服务集成化）推进快递进村模式，在全省率先实现所有品牌快递进村全覆盖，快递进村工作写入区《政府工作报告》。占地4.67公顷总投资1.8亿元的中心城区快递物流共配中心基本完成收购，作为“快递活村”共富班车的火车头，投入运营后将会成为三级物流体系最核心一环。菱湖镇率先在全国实现农村智能快递柜全覆盖，得到副市长项乐民批示肯定。首创乡镇网点园区化模式，被列入湖州市担当破难和全省“三服务”典型案例，全区建成园区2个，争取练市镇1.87公顷、菱湖镇0.67公顷土地，建设“快递+电商”园区。石淙镇打造邮政快递园区，推行交邮合作试点。在城镇、农村全域推广使用智能快递柜，全区162个行政村（除拆迁村外）均已安装和投入使用智能柜，争取到省级财政资金补助35万元，2021年，城镇和农村共安装212组，规划区外的150个行政村11月高峰期快件量超12万件、12月超8万件。

推进共富驿站建设。整合快递、金融、劳动力招聘、社区团购、移动通信等业务，为农村居民提供一站式集成服务，纳入区委打造社会主义共同富裕示范样本62个重点项目之一，写入区委全会报告。2021年共富驿站运营3家，与南浔银行合作的“丰收驿站+共富驿站”有21个基本完成装修，即将投入使用。在双林镇和练市镇的支持下，七星桥村和荃步村的共富驿站旗舰店运行良好。全区乡镇快递网点园区化、共富驿站、农村智能快递终端等做法写入省发改、经信、财政、交通、农业、商务、邮政七部门《浙江省快递业“两进一出”工程行动计划（2021—2025年）》，共富驿站建设成为全省明确推广的县区创新工作，成为下一步全省的行动项目。

【爱心服务】 关心关爱快递员，强化从业人员权益保障。建立快递企业和园区工会，有近300名快递员成为工会会员；组建由所有品牌快递员参加的“浔安小哥”志愿服务队伍，化身“六大员”（治安巡逻员、政策宣传员、民意收集员、文明劝导员、邻里互助员、示范带头员）融入地方治理，有志愿者120人，开展活动20多次，服务群众3000多人。在双林快递园区创立了首个“小哥之家”，让快递员在工作之余有一个温馨的休息、学习、娱乐场所，服务快递员100余人，另有2家“小哥之家”正在建设中。在区委组织部和属地政府的支持下建成2个区级综合性服务平台和80个红色驿站，服务新就业群体1500余人。做好日常关爱工作，开展冬送温暖、夏送清凉、心理辅导、集体观影、走访慰问等活动10余次，并通过南浔银行为行业授信1亿元、为快递员个人授信30万元，让快递员工全面感受党和政府的关心和温暖。（周　道）

电　信

【概况】 2021年，中国电信湖州南浔区分公司（以下简称“南浔分公司”）响应国家网络强国战略，完善全区的光缆网络优化，降低光衰值，升级替换低速接入光猫，千兆光网覆盖率城市区域达100%，农村区域达90%，新增光端口数9000个，累计19万个，累计建设FTTH纤芯覆盖接入能力39万线，为数字农村、智慧小区、数字南浔建设提供光网基础，显著提升宽带网络质量和用户使用感知。按照市政府和省、市电信公司关于5G网络发展规划，通过共建共享，开通162个5G基站和164个4G基站，进一步完善信号覆盖，流量规模持续提升，4G、5G活跃用户数持续走高。积极参与中心城区老旧小区线网整治工作，推进“美丽小区”样板建设行动，完成三个区块97个小区、1034幢房屋和2424个单元的改造工作，助力打造全国文明典范城市。公司员工周小军被推荐为南浔区“线网整治突出贡献个人”。

【责任担当】 南浔分公司坚守初心使命，弘扬红色电信精神，全面履行央企责任。一是落实疫情常态化防控。积极运用信息化手段支撑精密智控，全力保障核酸检测平台、“健康码”、“通信行程卡”、“场所码”平稳运作，全面保障通信畅通，用心做好客户服务。二是接续推进乡村振兴。南浔分公司以高度的政治责任感和担当意识，分公司领导班子挂帅，按照省公司“网络扶贫、业务扶贫、信息扶贫、就业扶贫、产业扶贫”五位一体扶贫政策，守住脱贫攻坚成果，夯实乡村振兴基础；菱湖镇水产村作为扶贫结对村，分公司领导主动了解村里的困难，尽一切可能做好相关帮扶工作，市公司采购的120袋大米和30盒蜂蜜，送到困难户手中，体现全体电信员工的关怀与温暖。三是协助政府推进民生工程。完成全区沿街店铺、外卖等明厨亮灶覆盖400余户，有效解决市场监管难题。

【数字化转型】 2021年，南浔电信以云改数转为牵引，以云、网、数、安应用助力政务、公安、工业等领域数字化转型。一是云、物联网助力城市管理转型。南浔智慧停车项目在一期拓展的基础上，增加人行道车位管理，新增物联网智能车位2000余个，规范了城市停车；旧馆街道5G智慧停车项目，对道路停车位进行规范管理，助力街道提升，新增物联网智能车位近千个，提升了车位周转率，市民出行办事满意度上升。二是基础网络助力安全管理转型。助力公安部门完成景区派出所部分小区安全接入，全区范围内助力足浴、工厂等公共场所监控接入公安视频专网，助力平安城市建设；协助区应急管理局对重点监管企业的远程安全监测，保障群众生命财产安全；发挥网信安全国家队作用，助力区政府数据安全；协助区大数据中心完成政务网的网络安全等保、数据安全的部署，保障区政府网络及数据安全。三是云网融合助力社会数字化转型。云网融合、5G赋能等新技术，助力“南浔融媒乡镇电视”平台正式上线，不仅是数字化改革助力共同富裕示范样本建设的体现，且进一步丰富了南浔群众的文化娱乐生活，提升了百姓的获得感、幸福感。四是数字技术助力应急通信保障。圆满完成各级两会、第八届互联网大会、南浔古镇国际桨板公开赛、“浙江金盾—21”（湖州·南浔）等重大活动的通信安全和信息安全保障工作。

【信息安全】 全面打造智云护航体系，深入开展防范打击通信（网络）诈骗专项行动。根据“断卡”行动要求，建立“不良信用通信网用户”处理流程。完善数据安全和用户个人信息管理制度，明确数据分类分级标准。持续抓好实名制和“一证五卡”（一张身份证最多办理五张电信手机卡）整治、垃圾短信治理等工作，加强保密工作“五个规范”（规范的组织机构、规范的制度落实、规范的教育培训、规范的设施设备、规范的检查监督），层层签订保密责任书。坚持“谁主管、谁负责”和“一岗双责”原则，明确责任。开展门卫管理、消防安全、网络与信息安全、保密和施工安全的隐患排查，及时整改存在的问题和隐患。落实消防措施，建立微型消防站，强化消防安全管理工作，提高防范能力，确保通信枢纽和干线安全。

【服务质量】 始终坚持“人民邮电为人民”的初心使命，强化践行“用户至上、用心服务”的服务理念，深入开展服务企业、服务群众、服务基层的“三服务”*活动*，持续推进提速降费、骚扰电话整治、行风建设和纠正不正之风工作，推进互联网适老化及无障碍化改造，提升携号转网服务质量，持续提升信息通信服务质量和水平，不断增强人民群众的获得感、幸福感和安全感。

坚持全面推进服务领先计划。公司实施客户领先三年计划，通过建立“客户说了算”服务评价体系、开展“我为客户解难题”标杆服务项目大赛、出台全员服务积分制度、开展服务核心价值观教育传播、开展优秀服务事迹评比等活动，进一步形成“以客户为中心”的价值认知和行为规范。升级“卓越服务”五项承诺（全面上线，即办即用；企业需求，上门服务；客户网络，专业优化；厅店服务，有问必答；适老服务，信息无阻），严禁触碰“五类红线”，进一步打造服务差异化优势。

聚焦骚扰电话、垃圾短信、新老用户不同权等群众关心的热点、难点问题，健全“发现—核查—处置”的快速响应机制，优化 AI 大数据模型，推广用户自主拦截定制化产品“天翼防骚扰”服务，全力提升骚扰电话识别和拦截能力。同时，落实责任，细化措施，有效整改，加强事前、事中、事后全过程管控，全年推进和解决源头问题，解决率达 100%。

（吴桂红）

移　动

【概况】　2021 年，中国移动南浔分公司加快赶超发展，践行社会责任，服务地方经济发展。全年完成通信服务收入 4.84 亿元，同比增长 3.53%，列全市第四位;用户数超 48.3 万户，5G 终端用户超 14.82 万户，宽带用户规模达 13.3 万户。

【双千兆网络】　2021 年，新增驻地网建设整体投资 676 万元，新建驻地网覆盖 4.9 万户，具备千兆宽带基础服务能力。开展存量网络优化、低效 OLT 设备的退网及替换工作，退网 11 台阿郎 OLT 设备，新增 17 台华为 5800 OLT 设备，实现全区的全华为接入；开展 OLT 上联扩容工作，完成 45 台 OLT 设备的上联 10G 扩容，全区 90%的 OLT 设备具备上联 20G 能力，10%的 OLT 设备具备上联 40G 能力；完成 10 个区块的 ODN 优化工作，提升区域的网络承载和接入能力。通过网络优化，全区已全部具备千兆宽带接入条件，截至年末，南浔千兆宽带接入已达 8789 条。

2021 年，中国移动南浔分公司加快推进 4/5G 协同建设。开展 4G 网络持续优化提升工作，全年扩容 4G 站点 47 个，新建 4G 站点 52 个。开通 5G 基站 87 个，开通 700M 站点 102 个。9 月，全市首个 700M 基站在双林镇七星桥村开通，10 月，南浔区成为全省首个 100%完成站点开通的县区。

【服务社会】　2021 年，持续优化营业厅服务流程，业务等候时长控制在 8 分钟以内；开展送训服务 60 场；建立营业厅本地微信群；实现营业厅定点定人管理，开设老年人绿色通道，提供热水、老花镜、充电驿站等服务，用户满意度保持领先优势。2021 年“党建和创”累计新增签约 10 个行政村、1 个特色乡镇（石淙镇）、2 个区级部门（区邮政管理局和区融媒体中心）和 1 个行业企业（森赫电梯股份有限公司），结合存量党建累计实现签约覆盖雪亮工程、智慧城管、智慧校园等领域的 8 个信息化项目。形成“1+N”模式的和创联盟，共同推进南浔区“共富驿站”建设，2021 年已落地双林镇七星桥村和练市镇荃步村两个点位；联合社区共建“党员 i 家”，完成 245 个村(社区)的全部签订，实现签约率 100%，共建张贴宣传栏 116 个，覆盖率 47%，全市最高；党员先锋带头深入一线网格，结合“全面防诈”，“银龄行动”等主题累计开展智能手机培训、防诈宣传等服务活动 495 场、服务用户 9500 余人次；深入公众服务事业，打造区融媒体服务平台，将融媒体宣传服务频道成功接入 8.2 万个电视用户家庭，努力践行信息惠民的社会责任。

【服务政企】　2021 年，中国移动南浔分公司在推进数字化改革、共同富裕、5G+工业互联网、未来工厂、万物智联强市建设等方面为政府机关、单位和企业提供全面服务。结合项目带动，做大基础产品规模，年度完成率 166.03%，在全市县区领先，规模较 2020 年增长 15.18%。聚焦高价值领域，加快高价值政企专线业务发展，年度完成率 98.66%，在全市县区领先，收入较 2020 年增长 7.07%。

与区数字化改革领导小组办公室等部门对接，紧盯企业技改，2021 年 DICT 项目签约 29 个。完成 5G+智慧停车项目、人民医院慢性病 5G+社区智慧健康管理平台项目。城管子平台已经完成 7 个乡镇；无纸化办公会议系统已完成 5 个乡镇。聚焦大企业集团，紧抓公益热点、重点场景等主题常态化推进云业务营销工作，积极挖掘 5G+云项目商机。完成与区卫生健康局 5G+智慧医疗等移动云业务。政企集团产品收入较 2020 年增长 22.79%。　（李小华）

联合网络通信

【概况】　2021 年，中国联合网络通信有限公司南浔区分公司（以下简称“南浔联通分公司”）下设综合支撑中心、政企客户营销中心以及本级商企、本级公众、菱湖、练市、双林 5 个划小网格。南浔联通坚决贯彻公司战略重点工作要求，坚持新发展理念，全面推进数字化转型提升，主营业务收入同比增长11.4%，公司各项经营迈上新台阶。

【党建工作】 2021年是“十四五”开局之年，南浔联通深入学习领悟习近平新时代中国特色社会主义思想、中共十九届六中全会精神、习近平总书记“七一”重要讲话精神。积极推动党史学习教育走深走实，在理论实践上下功夫，以共产党员工程、党员突击队、结对主题实践活动为载体，多种形式开展学习活动。如邀请驻练市镇松亭村第一书记王磊做中共十九届六中全会学习报告、请优秀员工讲述自己践行“铁脚板”精神的奋斗故事、与区民政局建立党建联盟，共同推进实施留守和困境儿童关爱行动、智慧养老重点项目等活动，在南浔联通分公司内弘扬奋斗者文化，传播正能量。在“联党心通民生”党建品牌的引领下，南浔联通分公司充分发挥基层党组织战斗堡垒作用和广大党员先锋模范作用，让党旗在重大工作推进、重大项目建设等“急难险重”的工作一线飘扬。坚持牢固树立“三个一切”（一切为了客户、一切为了一线、一切为了市场）为中心的思想，切实解决一线关切的问题。2021年，南浔联通分公司党支部被市政府国有资产监督管理委员会党委授予“先进基层党组织”称号。

【能力提升】 通过一线轻载化运营变革，实现转型在一线末梢落地，自有人员销售能力明显提升。2021年积分制渠道转型为新增收入分成渠道；加快OMO轻触点建设，全年新增150家合作类渠道。基础业务向自有人员营销转型，全年人均移网产能比同期产能增长翻倍，逐步提升5G渗透率，产品5G化、高质量发展在南浔联通得以有效落地；在网业协同和平台赋能牵引下，不断细化市场，提升业务产能。通过开现场会、履行倒三角支撑服务义务、提升网格营销能力培训、赴划小综合网格进行现场支撑和帮扶等多种方式的帮扶，综合网格经营发展能力得到提高，人员综合能力得到不断提升。其中练市综合网格被评为“市级优秀划小网格”。

【服务社会】 南浔联通分公司不断强化自主能力沉淀，实现创新业务规模突破，深度参与城市数字治理，大幅提高公司品牌影响力。紧跟政府共富班车，在区供销合作社联合社和区民政局的共同富裕项目等多个建设成果背景下，加大项目周边业态辐射，建设“新居民数字化综合管理平台”，为管理部门提供全方位、多维度的新居民立体防控管理模式，结合5G、物联网、大数据、移动互联网等信息化科技手段，解决新居民管理中的痛点难点，促进新居民管理便捷有效，真正发挥公司的专业优势，诠释央企的使命担当。承建南浔智慧工地平台，网络服务覆盖全县绝大多数在建工地。积极参与社区垃圾智能化改造，助力生态圈建设。

以客户为中心、以问题为导向，打造有温度的贴心服务体验，实现高品质服务，持续提升客户感知，争做服务排头兵。深入落实满意度提升工作，从梳理整合、前置牵引、个性引导直观拉动指标提升，同时将触点实时评价监测贯穿感知提升的全流程。结合本地低感知问题，开展专项攻坚，解决制约满意度提升的瓶颈问题。2021年度服务考评完成情况全市排名第一名，专业过程性评价完成情况全市排名第三名。客户感知满意度评价、工业和信息化部目标清单实时满意度和实时测评满意度得分高于全市均值。“10010”处理及时率、解决率均为100%。“小燕子公益队伍”在智慧助老、暖心助残、文明创建等方面彰显央企担当。2021年，南浔联通分公司被区全国文明城市创建工作领导小组办公室授予“服务群众办实事、深入基层解难题”先进单位称号。

【5G网络建设】 聚焦重点乡镇及周边经济带，聚焦共同富裕，全面深化共建共享，打造城乡5G精品网“一样广”。实现市区、县城、乡镇、发达农村连续覆盖，行政村覆盖率达100%，人口覆盖率达99%。人均上网宽带由100Mbps提升到1Gbps，人均流量由15G/月提升至30G/月。构筑城乡千兆宽带网“一样快”。贯彻落实“新基建”战略工程，以市场为导向、服务促优化，精准开展网络优化、推进百日攻坚，提升网络价值。实现城市、县区和行政村千兆网络光宽带覆盖率达70%，家庭宽带下载速率从40Mbps提升至200Mbps。2021年，完成南浔区97个老旧小区线网整治工作，消除安全隐患，有效解决“空中蜘蛛网”现象，改善老旧小区的整体环境面貌，谱写共同富裕“文明五线谱”，助力南浔魅力城市建设。（徐　飞）

财政　税务　统计

·财　政·

【概况】　2021 年，南浔区地区生产总值（GDP）为 528.95 亿元，增长 8.5%。其中：第一产业增加值 28.29 亿元，增长 2.6%；第二产业增加值 309.69 亿元，增长 9.4%；第三产业增加值 190.98 亿元，增长 8.2%。三次产业增加值结构比为 5.4:58.5:36.1。全区财政总收入 73.38 亿元，增长 9.2%，其中，一般公共预算收入 43.05 亿元，增长 6.4%，占财政总收入的 58.67%，占地区生产总值的 8.14%；其中税收收入 38.98 亿元，增长 4.24%，占一般公共预算收入的 90.55%。全区一般公共预算支出 66.18 亿元，同比增长 19.8%。全区财政预算执行情况良好，财政收支平衡。

【强化财政收支管理】　在“稳”收入上下足功夫。加强财政收入监控，完善数据共享和会商制度，形成收入齐抓共管的良好局面，实现财政收入均衡、稳定。在“保”支出上做好文章。建立健全过“紧日子”长效机制，优化财政支出结构，大力压减一般性支出，压缩非急需、非刚性支出，有力保障重点领域支出。预算压减 3065 万元，减少 14.1%。在“争”资金上积极有为。积极对接省、市财政部门，全年争取转移支付、债券等各类资金 44.48 亿元。2020—2021 年，全区累计发行政府专项债券 35.43 亿元，金额居全市三县两区第一位，占全市发行额度的 14.6%。争取省级 2021 年度“一事一议”财政奖补助推美丽乡村建设“单打冠军”项目，获省补资金 2000 万元。2021 年 11 月又被省财政厅列入 2022 年度省级农村综合改革集成建设项目范围，获省补资金 6000 万元。

【支持经济转型发展】　全力保障“城市能级提升”。全年投入 4.1 亿元支持公路养护和大中修工程、老旧小区改造和湖浔大道污水干管工程等建设项目，加速提升中心城区首位度。全力助推“交通建设”。推进总投资 17.8 亿元的东宗线湖州段四改三航道整治工程建设；推进总投资 19.86 亿元的杭嘉湖北排通道后续工程（南浔段）建设；安排 6000 万元推进沪苏湖铁路南浔站交通枢纽工程及配套工程建设。全力实施“科创融合”。全年财政科技支出 1.77 亿元，增长 15.1%，重点支持企业关键技术研发和培育高新技术企业、省级科技型企业、领军型创新团队、科技创业创新人才等，全力推动科技创新大发展大提升。全力落实惠企政策。坚定贯彻“积极的财政政策要更加积极有为”的要求，加强财政政策供给、服务配套与资金支持，精准帮扶企业，助力实体经济高质量发展。严格执行中央、省各项减税降费政策，全年减税降费 16.78 亿元，安排涉企奖扶资金 2.87 亿元，惠及企业 2343 万余户次。

【改善社会民生事业】　全年民生支出 52.16 亿元，增长 20.0%，占一般公共预算总支出 78.8%，全力支持民生事业高质量发展，助力共同富裕。助力生态文明建设。积极发挥财政职能作用，有力支持生态文明建设，坚决打好污染防治攻坚战。全年统筹安排资金 1.36 亿元。助力教育事业发展。大力支持发展教育事业，全年共投入 11.19 亿元保障教育资源无差别行动、公办幼儿园托幼一体化全覆盖、优质幼儿园全覆盖、名校名校长名师、教育共同体全覆盖和优质均衡全提升等项目建设，推进教育现代化建设。助力“健康南浔”。助力提升医疗水平，全年共投入 7.46 亿元用于卫生健康服务体系建设。对符合条件的困难群众 100%纳入基本医疗保障范围，对参加城乡居民基本医疗保险个人缴费部分给予全额补助，全区城乡居民最低生活保障标准提高到每人每月 917 元，城乡居民基础养老金提高到每人每月 290 元。在全市率先设立“南浔区城乡居民低收入人员专项医疗救助”专项资金，支持“六无六有”

（学无忧、业无忧、居无忧、行无忧、水电无忧、用无忧；险有免、产有扶、病有助、梦有圆、教有伴、残有助）综合救助帮扶体系建设，实现政策范围内困难群众医疗救助政策落实率100%。助力乡村振兴。通过“一事一议”财政奖补着力补齐群众急盼愁等公益事业建设短板，全年建设财政奖补项目34个，投资2972.68万元，受益村民达4.06万人。助力民生实事。构建“1+1+1”（1个工作专班+1套分配方案+1项实时监控）财政资金直达工作机制，提高直达资金惠民实效。全年直达资金5.68亿元，重点用于广大人民群众切身利益的民生事业。全面落实粮油生产、农机购置等惠民政策，全年兑现各项农业补贴资金8067.97万元，惠及农户4.99万户次。依托农民合作基金、农业“三项补贴”政策综合改革试点资金和省级基层政策性农业信贷担保服务创新试点资金，解决农民创业贷款难、贷款贵问题。全年新增农民生产、经营类贷款184笔，累计放贷518笔，共计3.56亿元，助推全区粮食生产和“跑道鱼”、“红美人”柑橘等特色优势产业发展。

【深化财政体制改革】 立足财政体制“落脚点”。积极推行预算管理一体化系统建设改革，清晰定位各预算部门主体责任，细化预算编制，规范预算执行，提高预算统筹能力。优化区、镇（街道）两级财政管理体制，出台《关于调整区对开发区、镇（街道）财政管理体制的意见》，财力持续向镇（街道）倾斜，镇（街道）人员基本支出、各类民生保障刚性配套支出得到最大限度保障，2021年新增体制基数4.46亿元。筑牢预算绩效“支撑点”。首次要求各部门（单位）将编制的项目支出预算绩效目标全部提交人大会议审议，实现部门整体绩效评价全覆盖，全年完成自评项目450个，涉及资金18.1亿元，完成重点评价项目51个，涉及资金26201.8万元，绩效监控项目418个，涉及资金24.44亿元；创新构建“135”（打造一个闭环、实现三种融合、构建五套模板）PPP项目绩效管理新模式，全面提升资金使用绩效。紧抓数字财政“创新点”。构建“南浔财政预算执行决策系统”，实现财政数据全流程实时共享。该项目入选2021年省级标准化试点。首次推进医疗领域票据电子化改革，逐步实现医疗机构电子票据全覆盖，居全市县区第一位。夯实国企改革“发力点”。研究制定《南浔区做大做强国有企业三年（2021—2023年）行动方案》等4项制度文件，为国有企业的高效运营提供制度保障。创新构建南浔国资监管平台，推进国企资产管理工作精细化水平。

【完善财政监督机制】 严格政府债务管理。全面落实化债责任，全年化解政府隐性债务13.43亿元，政府债务率控制在绿色安全区内。严控国库支付监管。全年完成直接支付审核5433笔，直接支付审核退回业务77笔，动态监控拦截到需再次审核支付业务116条，纠错资金2977.09万元。严紧政府投资项目评审。全年共完成政府投资概算审核项目106个，净核减金额8.56亿元，核减率7.3%；完成控制价及施工图预算审核项目26个，净核减2.04亿元，核减率7.1%。严实财政监督检查。构建完善“1+9+X”（1个内部控制基本制度、9个专项风险管理办法、每个科室内部控制操作规程）的内控制度体系，风险防控能力进一步增强。全年对6个单位开展会计信息质量重点抽查；对4个项目开展专项资金监督检查，涉及资金0.6亿元。（陆聪儿）

·税　务·

【概况】 2021年，南浔区地区生产总值528.95亿元，比2020年增长8.5%。财政总收入73.38亿元，同比增长9.2%；其中，一般公共财政预算收入43.05亿元，增长6.39%。在一般公共财政预算收入中，税收收入38.98亿元，增长4.24%，占地方公共财政预算收入的90.5%；财政支出66.18亿元，增长19.8%。2021年，南浔区税务局成功获评首批“全国税务系统文明单位”，并入选湖州市“全国文明单位”创建培育名单，在区人大常委会对25个区级部门评议中获得第一名。

【精准服务】 2021年，南浔区税务局根据疫情防控下税收工作“四力”（优惠政策落实要给力、“非接触式”办税要添力、数据服务大局要尽力、疫情防控工作要加力）要求，全力落实疫情期间各项优惠政策，主动对接符合享受税费优惠条件的企业，及时提供精准服务，实时推送新政策解读手册及操作指引1268册（次）。大力推广“非接触式”办税，网上综合办税率达97.86%。

【办税缴费】　建立“1+3+1”智慧服务模式，即1个“智话集成中心”满足212项涉税费业务“云上”办理，3个智慧办税服务厅实现“零”窗口全程自助办税，1个“7×24”小时智慧厅托底实现服务“不打烊”。2021年，全流程线上办理业务量累计达3.4万笔，减少纸质资料传递超1万份；建立全方位覆盖的基层服务网络，全面入驻区社会矛盾纠纷调处化解中心和10个镇级社会矛盾纠纷调处化解中心，在近100个乡镇（街道）、村（社区）设置“浔小青”帮帮团基层服务点，初步建成“税务枫桥”模式；重大项目税务服务专员为重点项目和企业提供全流程税务服务350次，解决疑难问题91个，其中帮助拟上市企业解决股权转让等涉税难题13个。

【税费收入】　全年累计完成各项税费收入130.21亿元。其中，税收收入66.29亿元，同比增长9.98%；社保非税收入63.92亿元，同比增长288.57%。

【税收法治】　全面推行行政执法公示制度、执法全过程记录制度、重大执法决定法制审核制度；按期进行行政许可、行政处罚、非正常户等公示工作；与区人民法院就企业执行案件中被执行人不动产询价、民事执行与税费征缴个案协作等形成工作机制，建立不动产司法处置案件“一窗办理”，实现法院—税务—不动产闭环流转；严厉打击涉税违法犯罪行为，推进扫黑除恶专项斗争工作常态化开展，不断提高税法遵从度。

【税收政策】　2021年，为煤电保供和制造业中小微企业办理延期缴纳税费2.01亿元；辅导1家企业申报缴纳南浔区首笔资源税；为符合条件企业落实即征即退政策优惠1.5亿元；对符合条件企业的7.23亿元增值税留抵退税全部退还到位，惠及企业245家。

【税种管理】　从征收方式、申报率、申报质量等方面规范个人所得税日常申报管理，平稳有序完成年度申报工作；在土地增值税清算环节中，建立人才库机制，实行“项目随机分派、一项目一团队、全税种审核”；在股权转让和房产交易环节中，实行“税源管理部门—税政部门”双向复核，流程进一步完善；依托征纳沟通平台等线上平台对缴费单位个人及时提醒，社会保险费征收工作稳步进行；成立非税收入划转工作专班，强化部门协同，平稳有序推进新增六项非税收入划转工作。

【征收管理】　创新建立征管质量指标评价体系，按季通报、按年晾晒指标完成情况，发挥量化考评激励作用；通过风险提醒、以案说法、税收辅导等方式，充分运用税收大数据分析，对系统数据指标异常企业强化实地调研与联合走访；与区级相关部门、各镇政府和街道办事处沟通合作，提高行业监管效率，形成“区委领导、税务主管、部门协管、镇街共管、信息共享”的税收共治格局。

【电子税务】　夯实数据安全基础，清理系统权限和留存税费数据；加强人员管理，开展数据安全教育培训，组织专项学习，提升数据安全防范能力。

【国际税收】　强化非居民股权转让监控，辅导纳税人办理非居民股权转让4笔，入库税款131.19万元；利用对外支付等第三方信息，深化非居民税收管理，入库非居民税款2782.54万元；切实执行税收协定，为纳税人减免企业所得税1498.2万元。深入掌握辖区内“走出去”企业体量与发展趋势，对新增“走出去”企业进行实地走访和电话访谈，核实企业境外投资情况，提供政策支持；严格落实境内再投资递延纳税政策，服务“引进来”资本，为辖区内1家企业境外股东办理股息红利递延纳税手续。

【税收经济分析】　围绕全区经济运行趋势、行业发展情况、经营态势等方面，深入开展经济税收联动分析，预测经济发展趋势、预判政策落地成效，2021年报送经济分析类专报6篇，切实发挥以税资政作用。

【风险管理】　推行“三色风险管理”机制，建立行业指标分析模型，通过案头分析与实地核查相结合，督促企业补缴税款及滞纳金；通过任务闭环管理，实现风险“快发现、快核查、快处理”，提升风险任务应对效率；做好招商引资企业税收风险评估，联合区级相关部门开展涉税辅导，加大日常监管力度，提醒企业全程防范涉税风险。

【税务纪检】　探索试行落实主体责任评价体系，细化六大类18项指标，对各股（所）党支部主体责任落实情况进行评价，将评价体系指标内容作为发现问题、查漏补缺的“参考书”，以主体责任的有效落实促进内部管理再深化、队伍建设再完善、工作执行力再提升；深化运用“税务+纪委”协作机制，从社会各界聘请特约监察员，与地方公安等部门强化信息共享，打通廉情通道，及时有效掌握税务干部“酒驾醉驾”“经商办企业”等问题线索，开展各类常态化监督走访37次。

【政务管理】 完成南浔同心路办公区维修改造，推进“五小”（小食堂、小澡堂、小卫生间、小阅览室、小文体活动室）工程建设，进一步优化办公环境；保障南浔税务所挂牌仪式圆满完成；严格遵守各项保密规章制度，做好各类涉密文件的登记、传阅工作，开展保密工作宣传，不断提升干部职工保密意识。

【督察内审】 建立内控监督体系，实现“资料完整、流程规范、审核全面”的闭环式管理；加强税务风险的事前预警和事中阻断，推送内控扫描疑点33批，核查疑点数据1364条，核查完成率100%；主动开展减税降费、股权转让、企业注销、个别税种间协同管理四方面税收执法专项监督，补齐短板；强化执法过错责任追究，追责5人次，倒逼责任落实。

【绩效管理】 更新制定2021年版绩效管理办法，调整考核指标；多次召开绩效管理工作推进会，加强与市税务局的沟通对接，掌握考评标准及进度；获得2021年度税务系统“全市绩效考评优秀等次单位”，实现年初确定的“创优争先”目标。

【税收宣传】 积极参与宪法宣传日、诚信宣传周、税收宣传月活动，大力宣传税收法律法规，弘扬法治精神，提高纳税人税法遵从度；编发28期《南浔税务简讯》，建设工作成效亮晒平台；深抓税收服务实践优秀案例研究，在省级以上媒体刊发宣传稿件29篇。（余丽华）

•统　计•

【概况】 2021年，南浔区统计局坚决贯彻落实上级统计部门和区委、区政府工作部署，以高质量数据生产为核心，聚焦落实国家统计督察要求、经济运行监测分析、源头数据质量管控、统计基层基础建设，积极谋划、主动作为、强化担当，全力为高质量打造社会主义现代化共同富裕示范样本提供统计支撑。

【做好国家统计督察迎检工作】 强化理论学习。2021年，区委常委会、区政府常务会议专题学习习近平总书记关于统计工作重要讲话指示批示精神、《中华人民共和国统计法》及解读。通过“周一夜读”制活动，推动全区干部深入学习中央《关于深化统计管理体制改革提高统计数据真实性的意见》《统计违纪违法责任人处分处理建议办法》《防范和惩治统计造假、弄虚作假督察工作规定》等重要文件，牢固树立法治意识和底线思维，自觉做到依法行政、依法治统，提升科学统计和精准服务水平。全面自查自纠。区统计局会同区纪委、监委，对照督察问题清单，在全区范围内对2017年1月后的文件进行再清理，彻底清理政府干预企业独立报送统计数据（层层下指标到统计调查对象、要求下级机构或调查对象按照指定的数值或数值区间填报数据），清理并纠正将统计部门列入经济增长考核责任部门等影响统计工作独立性的文件和做法。针对自查发现的问题，建立问题清单、整改清单、责任清单，将问题整改落实到人、明确到点，确保全面完成整改到位。建立健全机制。建立南浔区党政领导干部防范和惩治统计造假、弄虚作假责任制。推动区政府与各镇（开发区、街道、度假区）、区级相关部门签订防范和惩治统计造假弄虚作假责任书，并将防范和惩治统计造假弄虚作假纳入区对区级相关部门、对各镇（开发区、街道、度假区）考核“一票否决”。在区委党校主体班次中开设统计法律法规专题培训班。在统计调查对象中全覆盖签订《统计信用承诺书》，强化统计调查对象主体责任，建立健全从上而下的统计责任体系。

【筑牢防惩统计造假堤坝】 抓好源头数库资源监管。实行企业、项目入库“凡进必查”机制，采取台账资料预审查和实地审查的“双审查”方式，充分利用市场监管、税务等部门的行政记录，强化核查比对，把好每一个拟入库企业（项目）升规入库的第一道关口。进一步完善数据质量管控办法。各专业严格执行市统计局数据质量管控办法，及时收集整理核查、检查中发现的典型问题，编制具体业务操作答疑，着力加强数据管控力度。认真开展数据质量检查。建立“一企一档”制度，统计人员上报统计报表的同时远程报送台账资料，由专业人员负责审核。突出指标异常、波动异常、匹配异常等问题，各专业每月开展全面自查和重点抽查，对存在质量隐患的企业（项目）第一时间发现问题及时纠正，不断提高源头数据质量。

【提升统计服务水平】 加强数据预警监测。持续深入开展主要经济指标统计监测，每月数据网报期间各专业要求做到“半日一汇总、一日一反馈”。加强税务、电力等部门数据比对，强化与发改经信、商务、住建、交通等部门的联系和对接，借力区政府工业经济每月例会工作制度，为各镇（开发区、街道）和区级相关部门及时提供统计预警服务。提升服务决策水平。强化统计服务时效性，精准研判，主动建言，充分发挥经济发展“预警器”作用，做数据的“有心人”，为区委区政府决策提供重要依据。2021 年，区统计局共撰写报送工作信息 26 篇，统计分析 13 篇，统计专报 3 篇，其中《2020 年固定资产投资情况及 2021 年一季度预测》《一季度“开门红”重点经济指标研判分析》专报获得副区长沈培明批示。持续开展业务培训。将统计教育培训作为一项重要工作来抓，通过专业培训、在线教育等方式全面提升统计人员专业水平。2021 年各专业都开展了针对性强的业务培训活动，工业上，针对代理记账较多的现状，专门组织规上工业企业代理记账统计人员座谈会，重点培训了统计法律法规、易错指标，并明确了上级数据查询和台账建设的相关要求。投资上，分别召开房地产建筑业统计业务培训会和乡镇统计人员业务培训会。服务业上，分别开展了规上服务业企业、新入库商贸业企业、限下商贸业抽样调查单位的业务培训。全年共组织开展统计业务培训班 30 余期，培训 2000 余人次。通过培训，全力推动企业统计人员和乡镇统计干部准确理解掌握业务知识、指标口径、统计方法及政策法规。

【推进基层基础建设】 统计制度保障支撑有力。继续贯彻执行区委《关于进一步加强统计基层基础建设的通知》，制定《2021 年南浔区统计基础规范化建设推进方案》和《2021 年统计法治工作要点》，加强统计队伍建设，优化统计机构和人员配置，保障统计工作条件。维护统计机构和统计人员依法行使统计职权，形成系统工作合力，强化对基层统计工作的指导，努力增强统计服务经济社会发展的综合性基础性作用。星级乡镇和诚信示范创建双突破。在实现乡镇（街道）创建全覆盖的基础上，2021 年，善琏镇、双林镇申报创建三星级乡镇，菱湖镇、南浔经济开发区申报创建四星级乡镇，练市镇申报创建五星级乡镇，三星级以上占比达 80%；申报创建市级诚信示范企业 30 家，区级 33 家，累计创建统计诚信示范企业 160 家，其中市级 50 家；通过典型示范培育，乡镇统计基础工作积极性、主动性大大加强，企业统计工作的基础进一步夯实，全区基层统计工作基础不断增强。统计员绩效考评成效显著。对“四上”企业（规模以上工业企业、资质等级建筑业企业、限额以上批零住餐企业和限额以上服务业企业）、固定资产项目、规下样本企业统计人员及辅助调查员开展绩效考评。通过系统性全面排摸，排定一批优质企业、一批基础薄弱企业和一批潜力企业，专业针对性有效管理，发挥先进激励机制，促进统计工作制度化、规范化、法治化。7 月，区统计局积极开展统计员绩效考评情况“回头看”，闭环监测考评实效。实地查验各镇（街道）统计基础台账工作，邀请部分企业统计人员座谈，询问了解奖励资金发放和具体业务工作情况，确保统计员绩效考评工作按照统一程序和方法处理业务，流程规范，措施有效。（张佩芳）

金　融

·金融管理·

【概况】　2021 年，南浔区紧紧围绕金融服务实体经济的目标，真抓实干、攻坚克难，大力推进各项金融工作。截至年末，全区银行机构各项存款余额 828.73 亿元，同比增长 14.28%；贷款余额为 782.29 亿元，同比增长 29.26%，增速列全市首位；绿色信贷余额 313 亿元，同比增长 48.57%；小微企业贷款金额 362.67 亿元，同比增长 31.91%；全区银行机构不良贷款余额 1.47 亿元，不良贷款率 0.19%，低于全市不良率 0.19 个百分点。全区资本市场基础不断夯实。2021 年，森赫电梯在深交所成功上市；彩蝶实业、洪波科技已上报证监会正式受理；新增浙股交成长板 11 家，股份制公司 42 家。

【金融保障】　深化金融“三服务”，由区内各家银行班子成员组成金融“智囊团”，对企业实行“点对点”深入对接，切实缓解企业融资难融资贵问题。2021 年，全区金融机构累计新增贷款 177.07 亿元，累计发放央行再贷款金额 15.66 亿元，无还本续贷金额 24.8 亿元，降息减费 8854 万元。服务企业超 1.2 万家次，累计解决问题 1888 个。

【金融政策】　深入贯彻“湖九条”（《湖州市重大项目攻坚及招商引才新政》中规定的 9 条扶持新政策）、“浔九条”（《南浔区稳企业增动能项目“双进双产”新政》中提出的 9 条扶持新政策），抓对接，抓兑现，确保各项惠企新政策落地落实，充分释放政策杠杆效应。加大重点项目、重点产业政策支持力度。2021 年，金融机构累计投放南浔区项目贷款数量 97 个，累计投放金额 145.06 亿元，新增 125.96 亿元，新增额全市排名第一位。累计争取或兑现各类金融贴息补助超 1000 万元。积极协调政策性担保公司及银行机构，为有需求的企业提供担保融资服务，2021 年在保余额 7.3 亿元。

【挂牌上市】　将企业股改挂牌上市工作纳入“以实绩论英雄”考核并提高企业上市考核分值占比，充分发挥考核激励作用，提高各镇（开发区）工作积极性。对森赫电梯、彩蝶实业、洪波科技等重点企业，做到“一对一”精准服务，确保每周走访对接一次，帮助企业协调解决问题困难，加快企业挂牌上市进程。建立并动态调整挂牌上市后备库，对入库的企业实行动态管理、梯度培育、包干联系。及时兑现区级挂牌上市奖励资金 1820 万元，兑现市级挂牌奖励 430 万元。

【绿色金改】　积极推动银行机构创新金融产品，全区新增“绿色家居贷”“绿色三电贷”等绿色金融创新产品 23 只。推动南浔农商行探索开展“碳中和”试点，该试点已入选湖州市“30·60”气候行动建设计划，一方面出台《“碳中和”网点建设实施路径》，通过节能降耗、使用可再生能源等方式，促进网点节能减排；另一方面在绿色融资基础上增加碳排放考量，推出“绿色家居贷”和“绿色三电贷”助推重点传统产业的低碳化转型。2021 年，“绿贷通”平台新增注册企业 3022 家，新增“绿融通”注册 13 家，累计撮合投资机构与项目（企业）对接 56 次，涉及融资额 10.6 亿元。

【助推共富】　在全市范围内率先探索推进万人股权激励项目，制定《南浔区金融支持实体经济　推动实现共同富裕的实施意见》《南浔区万人股权激励实施方案（2021—2025）》及相关考核细则。贯彻推进《金融服务乡村振兴战略五年行动计划》，实施南浔区欠发达村“飞地抱团”项目，对 60 个村集体经济组织申请补助资金，联合金融机构开发“强村贷”等金融产品，2021 年，南浔银行推出的“扶村贷”“富村贷”“强村贷”等产品，已向 182 个行政村发放贷款 5.52 亿元。同时，区金融发展服务中心联合区内各家银行推出“共同富裕系列贷”，2021 年累计发放约 11.86 亿元。

【风险防范】　加强上市公司风险防控，深入纾困帮扶尤夫股份，持续关注星光农机转型升级。完善区、镇两级金融风险防控联动机制，常态化开展非法金融风险排查行动，2021 年共组织私募基金、政信类产品、转贷机构等专项检查 12 次，指导金融新业态机构及政信类机构开展自查整改 180 余家次。贯彻落实省地方金融监管局、市金融办关于民间融资企业排摸调查相关文件精神，积极配合市金融办完成跨区县民间融资企业审计调查工作。广泛开展防范非法集资宣传活动，营造全社会“远离非法集资”良好宣传氛围。全区金融运行情况总体平稳，无重大风险隐患。（曹梦艺）

·金融机构·

中国工商银行南浔支行

【概况】　2021 年，中国工商银行南浔支行（以下简称“南浔工行”）认真贯彻落实党和国家的各项金融方针政策，全行上下凝心聚力、砥砺前行，牢牢把握发展总基调，在坚持规范经营、防范风险的前提下，以发展为主线，以高品质、专业化服务为手段，积极开拓市场、发展客户，实现了南浔工行业务的快速发展。截至 12 月末，南浔工行实现两项存款余额 98.53 亿元，较年初新增 4.68 亿元；贷款 113.64 亿元，较年初新增 34.34 亿元；贷款不良率为 0.07%，全年安全无事故。

【支持地方经济】　南浔工行积极响应党中央及各政府倡导的金融支持实体经济发展战略，充分发扬和履行国有大行责任担当，主动对接融合地方经济社会发展部署规划，全力支持地方经济发展，同时始终将支持实体经济发展与金融服务民营经济及中小微企业紧密结合。紧跟南浔区委、区政府发展步伐，加快贷款投放、项目落地，助力南浔区经济快速发展；重点支持共同富裕项目、全域土地综合整治与生态修复工程项目、工改工项目等，积极与南浔经济开发区、各乡镇（街道）对接当地招商引资项目，落实专人对接项目申报，全程跟踪服务，2021 年审批通过项目 16 个，合计授信 39.31 亿元。积极响应政府进一步减费让利，做好“网上小额贷”“经营快贷”“税务贷”“e 企快贷”“农户 e 贷”等产品的推广工作，通过网上银行、手机银行实现提款、贷款资金实时到账，真正解决企业家热议的“融资难、融资贵”问题；2021 年累计投放普惠贷款 9.81 亿元，制造业贷款 5.39 亿元。深入践行国家绿色发展理念，全面支持绿色金融发展，提升南浔工行绿色转型能力，2021 年累计投放绿色金融 25.44 亿元。2021 年，南浔工行荣获南浔区服务业企业规模二十强、南浔区金融支持经济社会发展先进单位一等奖。

【完善服务机制】　南浔工行始终坚持“以客户为中心”的服务理念，将服务考核列为南浔工行经营管理评价重要指标。南浔工行营业部被评为浙江省工行系统五星级服务型网点。加强全辖网点员工对服务规范化标准等内容的学习，组织员工开展服务演练，抓好员工服务意识与能力提升，不断完善网点综合服务能力。落实首问负责制，倡导热心、耐心、暖心“三心”服务理念，对于客户的疑问能够第一时间给予反馈，坚持“最多跑一次”的服务理念，2021 年实现监管转办零投诉。持续做实服务检查，通过每周服务检查、每月服务通报，在全行范围内开展服务经验交流，由服务明星进行经验分享，不断提升南浔工行服务质量。积极开展网点沙龙和金融知识宣传活动，通过走进乡镇、行政村（社区）、农贸市场等围绕个人信息安全、账户资金安全、防范电信诈骗等开展宣传。

【坚持合规经营】　南浔工行结合 2021 年价值创造年，重点做好日常管理，落实各项制度。紧紧围绕“从严治党”“从严治行”总体目标，落实“一岗两责”，抓实源头治理，夯实管理根基，将廉洁合规文化建设融入业务经营与队伍建设之中。准确把握深入学习贯彻习近平新时代中国特色社会主义思想，锤炼忠诚干净担当的政治品格，力戒形式主义，努力提升党员干部思想、政治、作风、能力、廉政等方面素质水平。深入开展调研，结合各层面员工需求，组织开展“技能提升、厅堂沙龙、信贷文化”等集训活动，提高员工适岗能力，同时组织开展“营销服务”“消防安全”“应急预案”等实战演练活动，提高员工的实际操作能力。开好内控案防主题教育会、防案分析会、内控例会、反洗钱小组会议，达到解决问题、规范操作、防范风险的目的。开展各层面员工代表年度内控述职活动，提高员工思考问题、解决问题的能力，增强内控案防意识。（徐　婷）

中国农业银行南浔支行

【概况】 2021 年，中国农业银行南浔支行（以下简称“南浔农行”）认真贯彻落实党和国家各项金融方针政策，严格执行省、市分行党委决策部署，全面贯彻新发展理念，突出党建引领，强化责任担当，紧紧围绕区委、区政府中心工作，在服务地方经济社会发展上扛旗争先，各项工作取得成效，市场竞争力、价值创造力、风险控制力得到进一步提升。至 12 月末，各项存款余额 89.37 亿元，比年初增加 5.01 亿元；各项贷款余额 111.39 亿元，比年初增加 30.02 亿元。全年实现平安经营。

【支持重大项目】 围绕民生项目、重点工程融资融智，南浔农行全年审批通过项目贷款 8 个、授信 37.08 亿元、放款 26.68 亿元，发挥金融支撑保障作用，获评 2021 年度南浔区金融支持地方经济社会发展考评一等奖。落地湖州市首个采用“国企+合作社+农户”模式下农业产业链项目南浔区东上林村千亩鱼塘生态文旅设施建设项目（省级大好高项目），授信 1.3 亿元，并于 5 月完成首笔贷款发放 8200 万元，有效带动当地就业人口和经济发展，助力全区共同富裕示范样本建设。

【深化绿色金改】 紧盯区域内绿色重大项目、绿色制造、绿色农业等，加大支持制造业、民营小微企业转型升级，做大绿色贷款规模，保持与相关职能部门的紧密联系，排摸全区涉绿企业，运用“绿企贷”等拳头产品进行精准信贷支持。截至 2021 年年末，南浔农行绿色贷款余额 58.06 亿元，增量 13.57 亿元，在南浔区四大国有银行和全银行系统内均排名第一位，有力促进区域内实体企业的“扶优、提质、增绿”，获评 2021 年度全市农行绿色金融工作先进集体。

【服务乡村振兴】 以开拓精神和主动问需助力乡村振兴大步迈进，对全域土地综合整治项目建设落地目标村开展整村营销，新开立村级账户 14 户。6 月末成功上线南浔区强村公司云管理系统，成为全市首家上线该系统的金融机构，强村公司云平台被评选为浙江省共同富裕示范区案例，全年共开立强村公司账户 26 家。加大“三农”领域服务力度，打好农村金融互联网、乡镇挂职、深耕乡村等系列“组合拳”，根据区域特色创新推出“农情绿意农合贷”，2021 年新增农户贷款 8600 万元，余额达 4.6 亿元。

【加强风险管控】 截至 2021 年年末，南浔农行不良贷款余额 339 万元，比年初下降 202 万元，不良率 0.03%，比年初下降 0.04 个百分点，资产质量保持优质。同时，持续深化“三线一网格”（党建线、监督线、案防线，网格化责任体系）管理，积极开展合规文化建设活动，做实员工行为管理，持续提升内控案防能力，强化基础管理；扎实推进南浔农行清廉金融文化建设，深植清廉文化理念，强化监督执纪问责，积极构建良好金融生态。（沈培芳）

中国建设银行湖州南浔支行

【概况】 2021 年，中国建设银行湖州南浔支行（以下简称“南浔建行”）深入贯彻落实习近平新时代中国特色社会主义思想，贯彻党中央的基本路线、方针和政策，紧紧围绕上级行工作部署，落实全面从严治党主体责任，以“党建引领，绿色发展，践行新金融，创双百业绩”的发展目标，全面推动南浔建行各项业务发展。2021 年年底，南浔建行一般性存款（中国人民银行口径，下同）时点余额 52.84 亿元，一般性存款日均余额 51.35 亿元，各项贷款余额 67.33 亿元，不良贷款余额 720.66 万元（包括信用卡），不良率 0.04%。全年安全运营无事故。

【推进党史学习教育】 2021 年是中共建党 100 周年，南浔建行成立党史学习教育领导小组，扎实推进党史学习教育，教育引导党员干部学党史、悟思想、办实事、开新局，进一步强化理论武装，以金融初心为践行新金融行动助力。南浔建行党委班子成员带头学党史、悟思想，召开了党委中心组党史学习教育专题学习（扩大）会议；各党支部结合每月主题党日活动集中学，“建行大学网络平台”线上学等方式丰富党史学习教育；南浔建行组织开展“重温党的历史　践行初心使命”党史学习教育专题活动，走进南浔“红军长征追踪馆”，现场学党史。

【赋能业务发展】 南浔建行积极发挥金融科技优势，助力数字化转型发展，拓展多元化生态圈场景，为群众办实事解难题。2021 年，南浔建行与南浔区融媒体中心合作推出“今日南浔”App“指尖饭卡”项目，打造南浔“建行生活”圈。全区 37 家机关单位工作人员加入了“指尖饭卡”项目，“建行生活”上架商户 136 户，平台注册用户 11645 户，为客户提供丰富的服务场景，向商户精准地引流赋能，拉动市场消费，服务地方经济，实现“小场景大收益”。

【助力住房租赁】 2021 年，南浔建行将建设银行成熟的“住房租赁战略”引入当地政府人才居住建设中，成功发放全国首笔绿色住房租赁经营贷款 3000 万元，用于南浔人才公寓的装修，建立湖州市首个“建融家园系统示范样本”，用专业的产品实力和全流程的服务能力协助政府解决引进人才居住问题，实现了南浔建行在住房租赁领域的服务产品从 0 到 1 的突破性跨越。

【助推产业转型】 2021 年年底，南浔建行绿色金融贷款余额 13.14 亿元，增长 8.9 亿元，增长率 193%，成功发放全省首笔对公普惠绿色创新产品“绿色食安贷”，成功取得 2 个绿色固贷项目授信批复，为多家绿色制造企业增加授信审批和投放，以“党建+绿色金融”推进向绿色转型发展。

【支持地方经济】 南浔建行始终将服务地方经济作为己任，以金融灌溉企业，以行动彰显责任，获得 2021 年度南浔区金融支持地方经济社会发展二等奖。2021 年，南浔区作为全省乡村全域土地综合治理与生态修复的样板，南浔建行积极对接项目，成功批复 10 亿元新农村建设贷款助力乡村振兴；成功发放系统内全省首笔个人“共同富裕示范区”贷款，为南浔区高水平建设社会主义现代化共同富裕示范样本贡献金融力量。（魏潘斐）

中国银行南浔区支行

【概况】 2021 年，中国银行南浔区支行（以下简称“南浔区支行”）深入贯彻中央经济工作会议精神和市委、市政府决策部署，充分发挥国有大行“稳定器”作用，着力提升服务实体经济质效，努力为全区经济社会和银行业高质量发展做出新贡献。截至 2021 年年末，南浔区支行本外币时点存款余额为 24.14 亿元，比年初新增 1.4416 亿元；本外币存款日均余额为 24.96 亿元，比年初新增 5.5 亿元；本外币贷款余额为 42.83 亿元，比年初新增 9.91 亿元，其中南浔区支行本外币企业贷款余额 23.54 亿元，比年初新增 7.83 亿元。南浔区支行荣获 2021 年度南浔区金融支持地方经济发展考评二等奖。

【支持地方建设】 2021 年，南浔区支行紧紧把握长三角生态绿色一体化发展示范区和国家绿色金融改革创新试验区建设的有利契机，积极走访南浔区政府，获取优质民营企业项目清单，并且对接南浔交投、城投、旅投、经济开发区四大融资平台，获取项目信息，续作平台中的优质项目，加深和当地政府的业务黏性。成功续作湖州南浔交通水利投资建设集团有限公司 10 亿元的项目贷款，投放 5 亿元；成功续作湖州申浔置业有限公司 4.76 亿元的项目贷款，累计投放 4.1 亿元。全年累计获批复项目 20 个，金额 43 亿元，重点支持浔苏高速等一批重大基础设施项目。

【开拓绿色金融业务】 2021 年为加大对湖州当地绿色低碳企业的支持力度，南浔区支行响应市分行加强“绿色+”产品服务创新，陆续推出“VOCs 减排企业专项贷”“绿色工厂星级贷”“工业碳惠贷”等绿色金融创新产品。方案将企业“碳效码”评价结果作为重要参考因素纳入授信全流程，旨在通过采取差异化的利率定价、授信额度、贷款规模等措施，引导信贷关键资源向绿色低碳方向倾斜。南浔区支行只用两个工作日完成了湖州玛拓驱动科技有限公司全市首笔“工业碳惠贷”业务，这样的创新信贷模式在全国也属于首创。也支持了南浔经济开发区建设等一批重点绿色生态项目。至年末，南浔区支行绿色信贷余额 12.62 亿元，新增 7.56 亿元，绿色信贷余额占全部贷款的比重为 29.47%，高于国有大型银行绿色贷款占比要求。

【加大实体经济力度】 2021 年，南浔区支行全面贯彻落实中央关于服务生态文明、服务新兴产业、服务普惠小微企业和民营企业战略要求，加快调整授信结构，进一步加大对实体经济的服务力度。不断优化授信政策和综合服务方案，通过加大民营企业授信考核权重、完善抵质押相关制度、健全尽职免责和容错纠错机制、提高审批效率、降低融资费用等针对性支持措施，确保支持民营企业发展各项政策落到实处。“两增两控”[单户授信总额1000万元以下（含）的小微企业贷款同比增速不低于各项贷款同比增速，贷款户数不低于上年同期水平；合理控制小微企业贷款资产质量水平和贷款综合成本]口径普惠贷款余额 6.06 亿元，新增 2.84 亿元，增幅 90.16%；普惠口径小微企业贷款加权平均利率 3.95%，较 2020 年下降 0.03 个百分点，为在南浔的四大国有银行最低。制造业贷款新增 1.33 亿元，增幅 43.857%。

【提升金融服务水平】 2021 年，南浔区支行持续发挥国际化业务优势，加强与外管、商务部门等单位的合作，发挥其总分行、海内外以及多元化平台的优势提供跨境金融服务。全年实现国际结算业务量 1.39 亿美元，同比增长 61.43%，市场占有率为 2.69%，较 2020 年提升 0.38%。扎实推进“我为群众办实事活动”，积极响应上级银行要求，主动联系所在派出所，深入联系各个社区，开展“红色引领办实事绿色服务进万家”“防诈拒赌”等主题活动，共同普及金融知识，将金融服务送到千家万户，以“我为群众办实事”的实际行动迎接中国共产党建党 100 周年。因残联补助金改发至南浔区支行社保卡，南浔区支行网点接收到多名客户的求助，原来社保卡的主人因身体原因无法亲自来网点办理卡片激活业务，导致卡中的补助金无法领取。本着客户至上的宗旨，网点员工详细记录了每位客户的信息和联系方式，开展“上门服务”活动，帮助客户解决困难，提供优质金融服务。2021 年已向 70 多户行动不便群众提供上门激活社保卡金融服务。

【提升风险管控能力】 2021 年，南浔区支行开展“管理质量提升年”主题活动，推动反洗钱管理质量提升、全面风险管理质量提升等专题活动。全面开展全行授信风险大排查工作，不断健全风险管理机制，切实做好贷后全流程管理和监控预警。南浔区支行资产质量整体表现较好，不良贷款余额 417.16 万元（均为零贷不良），不良率 0.1%，较年初下降 0.01 个百分点，列湖州中行第二名。

（施惠琴）

浙江南浔农村商业银行

【概况】 浙江南浔农村商业银行股份有限公司（以下简称“南浔银行”），是从南浔本土信用社成长起来的浙江省首家农商行。至 2021 年年末共下辖 51 个营业网点，全行在职员工 789 人。2021 年，南浔银行积极投身金融助力乡村振兴与共同富裕、服务民营经济发展的大局，大力发展以人为核心的全方位普惠金融，以“社区金融·便捷服务”的经营理念塑造差异化优势，促进与地方经济社会的共赢发展。到 2021 年年末，南浔银行各项存款达 398.95 亿元，比年初增加 53.54 亿元，增长 15.5%；各项贷款余额为 318.89 亿元，比年初增加 60.98 亿元，增长 23.64%；按五级分类不良贷款率为 0.47%，比年初下降 0.17 个百分点。2021 年度各项收入 22.01 亿元，同比增加 2.9 亿元。年末资本充足率为 14.0%。

【深化网格管理】 为提升农村金融的便利性和可得性，南浔银行深入实施金融市场网格化管理，将全辖市场划分为 258 个网格，明确了每家支行、每位客户经理的“责任田”，并以“有效建档、无感授信、有感反馈、灵活签约、按需用信”五部曲推广小额普惠贷款。2021 年，进一步以金融科技和数字化赋能网格管理，实现客户经理移动展业、零距离精准服务。到年末，共发放农户小额普惠贷款 69.82 亿元，比年初新增 3.15 亿元，全年用信户数达 4.44 万户，其中数字贷款占比 74.91%。

【助力乡村振兴】 2021 年，南浔银行贯彻落实市委组织部关于开展“深化‘红色互动’ 赋能乡村振兴 助力共同富裕十大行动”的部署要求，选派 11 名金融指导员、218 名金融服务员，从村民小组选聘 3253 名普惠联络员，构建完善“三级三员”联动的“红色网格”，同时继续深化政银合作与生产、供销、信用“三位一体”合作机制，先后推出“两山共富贷”“农权共富贷”等创新产品，到年末，全行涉农贷款余额达 203.52 亿元，比年初新增 40.47 亿元，增幅达 24.82%。

【帮扶小微企业】 2021 年，南浔银行主动加强与职能部门、小微园区合作，成为南浔区企业研发平台合作银行，名单制走访排摸企业7700余家，新拓展普惠型小微企业首贷户1251家，小微企业贷款户数总体增量达5045家。针对后疫情时代小微企业实际困难，一户一策落实帮扶，全年帮助5880家普惠型企业延期还本付息58.61亿元，发放普惠型企业信用贷款7697家40.6亿元。同时推出“浔安贷”“速递贷”“绿色家居贷”“绿色三电贷”等新产品，到年末共发放小微企业贷款248.24亿元，年度增幅达22.85%。

【加快数字转型】 2021年，南浔银行新上线16个数字化转型项目，重点运用数字化理念推动网点转型，实现智能柜员机网点全覆盖，并加快提升网点便民惠民综合服务功能，在营业网点和丰收驿站便民服务点全面部署开通政务服务2.0系统。同时开展30家标准型丰收驿站建设，与区委老干部局、区邮政管理局、区农民合作经济组织联合会等单位合作，在原有功能基础上，进一步丰富业务推介、消保、物流、电商等驿站职能，加快推动丰收驿站向现代化信用服务站转化。

【坚守风险底线】 一方面持续化解处置存量风险，累计清收处置不良贷款165户、1.96亿元，资产质量保持全省农信系统前列；另一方面高度重视各类风险源头控制，深入实施员工行为全方位网格化管理，完善员工行为动态管理和风险行为分色预警机制，落实开展员工行为风险及个人贷款业务风险专项排查，并组织开展2021内控与合规文化节系列活动，不断夯实案防合规基础。（张　毅）

湖州银行南浔支行

【概况】 2021年，湖州银行南浔支行围绕南浔区全力打造湖州“开放东大门，创业新高地”的奋斗目标，结合“金融+绿色+科技+合作+风控”的发展战略，坚持创新发展和风险控制并举，负债业务与资产业务并重，大力推进绿色金融、深化转型，强化管理，优质服务，广泛开展“走企、助企、帮企”等专项活动，稳健经营，防范风险。全年新增贷款8.76亿元。

【服务实体】 聚焦主责主业，持续扩大信贷投放、加大帮企力度，成为金融支持地方经济发展的“排头兵”。常态化推进“走企、助企、帮企”活动，创新推出线上供应链、湖银易贷、快抵贷、法人自助循环贷等多款线上化产品。认真落实中国人民银行两项直达货币政策工具，持续推进减费让利工作，降低实体经济负担。截至2021年年末，全行贷款平均收益率为5.70%，较2020年下降28个基点。严格执行支付结算、收单等业务手续费减免等优惠政策，为实体企业、商户节省支出。

【改革发展】 重点推进全域土地综合整治贷项目，全力支持生态文明项目建设，助力乡村振兴战略实施。紧抓服务乡村振兴政策窗口期，以共富建设为抓手，创新推出“全域生态贷”“强村光伏贷”“低效园区提升贷”等绿色产品，做大绿色信贷规模，总共支持美丽乡村绿色建设贷款5亿元。巩固“双一工程”（线上一分钟响应、线下一小时服务）建设成果，根据湖州银行总行关于数字化建设的总体要求，南浔支行全面启动新核心系统建设，顺利上线指尖饭卡、积分系统、企业网银等基础系统58个，不断加大智能柜台铺设以及完善移动Pad、手机银行App等功能，全面提高全行信息科技水平。

【风险防控】 坚决把风险防控摆在更加突出的位置，做精做实风险防控工作，筑牢高质量赶超发展的“压舱石”。深化“党建+公司治理”模式，完善各类风险制度，推动各项工作制度化、规范化、精细化。开展“合规建设深化年”、反洗钱专项检查和自评估等活动，加大合规、内审监督力度，不断强化制度执行力。2021年，围绕房地产贷款、大金融市场条线、员工行为动态等重点领域开展专项检查、飞行检查10余次，加快对检查发现问题的整改，坚决守住不发生金融风险的底线。（高国强）

·保险机构·

中国人寿保险股份有限公司湖州市南浔区支公司

【概况】 2021年，中国人寿保险股份有限公司湖州市南浔区支公司（以下简称“南浔区支公司”）认真贯彻落实省、市公司工作会议精神，团结一心、锐意进取、顽强拼搏，取得显著成绩。南浔区支公司实现总保费收入 2. 72 亿元，同比增长 1. 87%，寿险市场份额位居全区首位，呈现出稳中有进、不断发展的良好局面。

【践行“双成”文化】 南浔区支公司以“成己为人，成人达己”为企业核心文化理念，以“特别能吃苦、特别能战斗、特别能协作、特别能奉献、特别守纪律”为企业精神，以“依法合规、创新驱动”为经营理念，以“诚实守信、客户至上”为服务理念，连续五届获湖州市消费者信得过单位荣誉称号；坚持贯彻“以人为本、德才兼备”的人才理念，努力加强企业文化建设，扩大品牌影响力，全力打造南浔“精品公司”。2021 年度，南浔区支公司被南浔区人民政府评为“金融支持南浔经济社会发展先进单位”（三等奖）。

【履行社会责任】 南浔区支公司积极履行社会责任，大力推进大病保险、农村小额保险、计划生育家庭系列保险、女（男）性安康系列保险、学生平安保险、公务人员公共交通意外保险、食品安全保险、车辆乘意险等险种，与社保共同构建起完善的社会保障体系，有效服务民生。2021 年给付满期金 1452. 63 万元，理赔金 7202. 38 万元。南浔区支公司与区卫生健康局共同开展“微心愿”活动，全年送出“微心愿”50 个；与区民政局、区卫生健康局联合举办“九九重阳敬老爱老”活动，活动送出慰问品 60 份。2021 年，南浔区支公司面向社会组织举办以“幸福的源泉”“我心中的英雄”“我眼中的家乡”“我想象的未来”4 个命题为主的第十一届浙江省少年儿童书画艺术大赛，以书画艺术为纽带，和时代同频共振，展现新时代青少年风采。南浔区支公司还开展了第九届保险公众宣传日活动和一系列客户联谊活动，保险理念深入人心。 （茅莉珩）

中国人民财产保险股份有限公司
湖州市南浔支公司

【概况】 2021 年，中国人民财产保险股份有限公司湖州市南浔支公司（以下简称“南浔支公司”）在中国共产党成立 100 周年、“十四五”规划开局之年，积极配合地方政府、银保监局及上级公司的工作部署要求，一如既往践行“人民保险，服务人民”的使命担当，坚持党建引领，聚焦集团“卓越保险战略”，持续推进温暖工程，在南浔经济社会发展中寻找新方向、新机遇、新责任，深入贯彻公司高质量发展转型的同时，助力南浔区经济发展、参与社会治理与民生改善。2021 年，南浔支公司全年累计直接赔款 1. 17 亿元。累计缴纳各类税金（含代征车船税）1123 万元，并获南浔区“2021 年度金融支持南浔经济社会发展先进单位（二等奖）”“浙里医保·南太湖健康保推广工作先进集体”等荣誉称号。

【服务社会治理】 南浔支公司主动参与社会治理，承担央企责任，运用保险机制助力政府社会治理能力提升。南浔支公司与区交警大队开展“警保合作”，服务社会治理成效显著。为积极配合区交警大队推动电动自行车综合治理改革，预防和减少道路交通安全事故的发生，保障群众生命财产安全，南浔支公司提前增派人员、增设警保合作便民上牌点，为 2022 年备案非标电动自行车置换上牌作充足准备。同时，“警保”也带动了“政保”，与双林镇人民政府成功签订政府救助保险合同，为全镇 5 万多户籍人口提供 800 万元保障。

【服务乡村振兴】 根据中央一号文件指示精神，在市、区两级农业、财政部门的大力推动和支持下，南浔支公司承保了南浔地区 5762 公顷水稻种植全成本补充保险（湖州地方特色险种），为农户提供保障 3450 余万元，承保规模列全省之最，有效地解决了农户种植水稻的后顾之忧。持续推进水稻种植保险附加收获期间损失补充保险、物联网淡水养鱼浮头死亡保险和淡水鱼价格指数保险等商业农险的宣传承保工作，为农户收益做好兜底保障。推出了“石淙模式”，以“乡村振兴保”100%覆盖率为全石淙镇人民提供逾 9000 万元的风险保障。南浔支公司农险全年累计提供保障 6. 45 亿元，赔款金额 1660 万元，真正做到取之于农、用之于农。

【服务实体经济】 面对百年未有之大变局，南浔支公司积极走访南浔当地重点外贸企业 10 余家，坚定不移地推进出口信用保险推广工作，深化沟通渠道并向其递交保险方案，全年累计提供 70987 万元风险保障，为投保企业免去后顾之忧，助企纾困稳外贸。同时，积极运用保单融资功能，将企业贷款保证保险与出口信用险紧密结合，有效地解决中小外贸企业融资难、融资贵问题，共提供逾2420万元贷款保证。南浔作为智能电梯小镇，南浔支公司为17家电梯企业提供超过15.3亿元电梯产品责任保障。同时承保了首台（套）重大技术装备综合保险，为南浔当地特色智慧电梯企业提供了461万元风险保障。承保湖州市首单科技项目研发费用损失保险，为企业提供65万元科研费用保障，揭开了南浔支公司涉足科技保险领域新的一页，为南浔上合区产学研绿色示范园区保险需求作准备。

【服务民生工程】 南浔支公司紧盯区内重点项目不放松，参透悟透新修订的《中华人民共和国安全生产法》，持续跟进南浔基础工程建设项目，通过积极沟通对接，撑起建筑工程安全责任伞。经多轮洽谈推进，“绿色建筑性能保险”即将落地，将为保障、改善南浔居民居住环境向前迈进一大步。以主共保单位身份参加并积极配合区医疗保障局开展2021年度“南太湖健康保”承保、理赔入户回访工作，并取得良好成效；2021全年累计赔款839.26万元，为建立多层次医疗保障体系贡献保险力量。

（沈　莉）

经济管理与监督

·国有资产管理·

【概况】 2021年，紧紧围绕各项工作目标，以三年行动方案为抓手，以数字化改革为重点，加强国有企业国有资产管理，优化行政事业性国有资产配置，着力提升国有资产监督管理水平，继续推动国有资本做强做优做大，努力实现国企国资高质量发展。截至2021年年末，企业资产总额1351.80亿元，增长20.16%；全区行政事业单位资产总额135.48亿元（主要增长原因为新增公路资产80.45亿元及其他应收款等相应增加），其中固定资产总额14.02亿元。

【优化国企考核机制】 按照《关于深化区管企业负责人薪酬制度改革的实施意见》《南浔区区管企业负责人年度考核办法（试行）》文件要求，成立考核小组，开展部署实施2021年区属国有企业业绩考核工作，并通过科学设置会计师事务所选聘的指标权重，选聘执业质量高、独立性强、职业操守好的会计师事务所，充分发挥专业机构对各国有企业经营业绩各项指标的审计把关作用。在考核工作具体开展过程中，注重程序规范和管理严格，对照相关文件要求，对各项指标所对应的内容进行全面细致的检查，对检查所涉及的各项数据进行交叉验证，发现的各项问题进行逐一登记和再次核实，做到数据可信、内容可查和结果有效，发挥业绩考核工作及考核办法对全区国有企业高质量发展的“指挥棒”作用。

【加强国企制度规范】 推动制定并正式印发《南浔区做大做强国有企业三年（2021—2023年）行动方案》，为区属国有企业在“做大规模、做强资本、做优资产”方面树立了清晰目标、明确了改革路径，努力实现南浔区国有企业做大做强做优“一年见成效、两年成特色、三年大变样”的目标。重新排版并印发《南浔区国有资产监督管理文件资料选编》，新收录《关于进一步规范区属国有集团公司人力资源管理工作的意见》《南浔区国有企业投资监督管理暂行办法》《南浔区国有企业采购实施办法》等文件，进一步规范了国有企业人力资源、投资、采购等行为。结合地方实际，开展南浔区国有企业“十四五”规划编制工作，完成《南浔区国资国企改革发展“十四五”规划》编制工作，更好发挥国资国企对经济社会发展支撑引领作用。

【推进重点领域监管】 按照全省国企领域突出问题专项治理工作部署要求，全面梳理和认真排查南浔区集团本级以及所属全部子公司国有资产重大损失存量问题等八项问题，通过自查发现存在业务招待、房产出租出借不规范的情况，根据排查情况督促各单位认真开展整改工作，将相关情况按时做好总结和上报工作。通过此次专项治理工作，引导各集团建立完善内控制度，补齐合规管理、投资管理、参股管理等方面的制度短板，规范开展各项工作。

【推进国企改革创新】 探索开展集团层面的混合所有制改革，深入推进集团下属企业引入非国有资本或采取绝对控股、相对控股、参股的方式进入非国有企业，兼并整合一些优质企业、收购一些有影响力的企业，推进国有企业与民营企业不断深化合作，形成相互融合、共同发展的局面。区城投集团收购湖州市南浔创业测绘与土地规划院股份有限公司，优化资源整合，不断拓展测绘业务范围，加强测绘与施工业务的协同增值。进一步解放思想，转变思维，创新国有资本监管方式，最大限度激发企业活力，为企业全面松绑减压。下放人员招聘、中层干部任免管理权限，由企业统一招聘、任免后报区财政局（国资办）备案；进一步完善招聘管理制度，重点突出专业人员，急需急招、特需特招。2021

年，各国有企业共招录新员工 239 人，其中新招录博士 5 人、硕士 60 人，为“人才强区”战略和国有企业高质量发展提供人才支撑。推进系统搭建维护，稳步提升监管效率。南浔国资办资产监管平台正式上线运行，涵盖资产管理和资金监管，直观了解国有企业房产、土地、在建工程等 13 余种资产重要数据，并可以层层钻取国企的资产原值、现值的具体组成，让国资监管部门和各国有企业对资产家底和资金情况一目了然，有效提升资产和资金管理效率和使用运行效率。南浔区公共资产网络竞价平台运行平稳有序，全年总上拍标的数 245 件，共成交标的 150 件，成交率 61.22%，平均溢价率 11.48%，单品最高溢价 791.67%，总成交款为 2117.73 万元，总溢价为 218.1 万元。

【推进国企日常监管】 开展区国资国企系统专题培训工作。在区委党校举办为期三天的南浔区国资国企系统专题培训，结合国资国企系统党风廉政、业务实际和国内外典型案例，针对党员干部廉政教育、经济形势、国有企业改革、国资监管路径方法、资本运营管理、国有企业混改、国企内部审计最新政策法规等进行深刻讲解，进一步提高国资干部党风廉政意识和国资国企改革发展理论知识，在推进高质量发展建设共同富裕示范区中彰显国资国企人责任担当。做好国有企业融资审批工作。对区国有企业融资成本、用途、期限、金融机构、担保等信息进行审核，严控国有企业融资综合成本，严守以公益性项目进行融资、新增政府隐性债务等区政府严格禁止的融资红线要求；做好融资担保审核各项工作，对融资担保材料用印、券商备案留底材料、债券发行材料用印及银行贷前贷后材料用印进行严格审核把关。做好国有企业项目审批工作。启动 2022 年度国有企业投资项目申报工作，对各国有企业上报的项目计划进行预审核，重点对项目投资总额、投资规模、项目可行性、项目资金安排、是否产生隐性债务等方面进行审核把关。统计上报全区 2021 年度国有企业投资项目并报区政府审批。（陆聪儿）

• 物价管理 •

【概况】 2021 年，南浔区发展改革和经济信息化局根据全省发展和改革工作会议精神，省发展和改革委价格处、成本局 2021 年工作思路，在市发展和改革委具体指导下，重点抓好价费政策落实、价格应急监测、成本调查监审等工作。

【价费政策】 落实“双减”政策。配合区教育局完善课后服务收费。赴杭州、金华开展校外机构学科类培训成本调查及价格管理调研，并通过完成校外机构学科类培训成本调查等促进湖州市校外机构学科类培训收费政策的出台。

定比定量核定。会同区水利部门、供电公司对双林水厂泵站等 8 个泵站执行居民生活用电价格的电量进行定比分算计价。会同区农业农村部门、供电公司对展旺食品科技有限公司执行农业生产用电价格的电量进行定比分算计价。

完成省级调查。主要包括《中华人民共和国价格法》实施情况调研、生活垃圾处理收费有关情况调研、幼儿园收费及校外机构收费有关情况调查、钢铁水泥企业书面调查、规范景区收费问题专题调研、托育服务收费调研、养老服务收费调研等。

系列清理规范。开展城镇供水供电供气行业收费清理规范，配合民政部门开展行业协会商会收费清理规范，配合市场监管部门落实疫情期间阶段性降低企业用电成本，落实四类伤残人员驾驶机动车停车收费优惠政策等。

【价格监测】 在日常按旬、按月价格监测基础上，强化应急价格监测、深化市场价格巡视，稳定市场价格秩序。

日常价格监测。全年开展居民生活消费品、特色商品（地板、湖羊）价格监测 36 期；特色商品（电机）、水泥、钢材等工业生产资料，尿素、草甘膦等农业生产资料价格监测 12 期；铜铝钢产品制造企业预期调查 4 期。

启动应急监测。根据省、市、区关于冬季疫情防控，春节和两会期间市场保供稳价工作要求及市发展和改革委价格监测中心具体工作部署，于 2 月启动应急价格监测机制。至 3 月 8 日应急价格监测期间，对大米、食用油、新鲜猪肉、鸡蛋、水产品和蔬菜等 26 种民生商品开展每日价格监测，密切跟踪价格动态、分析上报价格波动趋势及价格变化原因等。并强化价格监测工作与专班工作要求有机融合，助力专班协调推进全区市场保供稳价工作。

深入一线巡视。主要于节假日和疫情防控、两会等特殊时期深入农贸市场、农批市场和超市等民生商品场所开展市场巡视，了解米面粮油肉禽蛋奶等重要民生商品供应及价格情况，并会同区市场监管部门对上述场所开展联合市场巡视（查），积极引导经营者价格自律，维护社会价格秩序。

【成本监审】 全年累计开展成本调查监审项目7个，合计核减不应计入定价成本费用1.66亿元。全市成本监审案卷评查较好，并作为湖州市县区代表接受省成本局组织开展的第七次全省成本监审评查。

污水处理成本定期监审。根据省发展改革委关于开展长江经济带污水厂处理成本监审的具体工作要求，全年开展辖区内独立核算的6家污水处理企业污水处理成本定期监审，合计核减不应计入定价成本费用1.66亿元。

校外机构学科类培训成本调查。根据中共中央办公厅、国务院办公厅《关于进一步减轻义务教育阶段学生作业负担和校外培训负担的意见》精神和省、市对校外机构学科类线下培训的具体工作要求，对辖区内1家校外机构学科类培训成本进行调查，共核减不应计入定价成本的费用6.75万元。

（郑敏杰）

·自然资源管理·

【概况】 2021年，南浔区自然资源和规划分局坚持以习近平新时代中国特色社会主义思想为指导，以“优布局、护资源、促集约、保发展”为主线，认真履行自然资源和规划管理职责，凝心聚力，担当作为，全力服务和保障南浔区高质量发展，各项工作有序开展、稳步推进，取得了较好的成效，获评2021年全省“示范数字档案室”和省级单位“规范化数字档案室”、南浔区2021年度行政奖励集体嘉奖、南浔区2021年度重大项目推进工作先进集体。

【规划编制与管理】 南浔区稳步开展国土空间规划编制工作，摸清重大项目、未来安置、区级线性工程需求。探索“三区三线”[根据生态空间、农业空间和城镇空间三种类型的空间（三区），分别对应划定生态保护红线、永久基本农田保护红线和城镇开发边界三条控制线]划定，已基本划定生态保护红线，完成两轮城镇开发边界和永久基本农田保护红线试划工作，为保障近期重点项目建设划定了过渡期城镇开发边界。村庄规划试点工作有序推进，完成神墩村、适溪村、农兴村3个浙江省百个“多规合一”实用性村庄规划试点的村庄规划编制，并通过了市级部门评审。

【综合测绘改革】 加快综合测绘管理系统的研发及运用，以综合测绘数字化管理系统建设为切入口，推动综合测绘数字化改革，形成从供地、验收到发证、入库的链条式、轴线式关联、贯通，实现了成果统一共享、业务多跨协同、审核规范智能的目标。该项目获得全省自然资源系统改革创新优秀案例。2021年年末，“测绘一件事”浙政钉平台应用已上线，网页端启动试运行；南浔区建成区完成10平方千米范围地下市政基础设施建设普查工作。

【农村土地全域整治】 自2018年实施全域土地综合整治以来，全区获批16个工程项目，涵盖4个镇、134个行政村，实现了所有乡镇全覆盖，实施规模位居全省首位。截至2021年年底，各项目区已累计完成投资91.14亿元，农房搬迁已签约21029户，拆除18196户，安置区农房建设竣工4494套，在建安置房10886套，已分房868套；完成建设用地复垦755公顷、垦造耕地727公顷、新建高标准农田1187公顷。该项工作已连续两年在全域土地综合整治年度绩效评价中荣获全省第二、省政府督查激励并获得新增建设用地计划指标奖励6.7公顷；1月，南浔镇、旧馆街道项目被列入国家试点，其中旧馆街道全域整治项目被浙江卫视《中国蓝新闻》《牢记初心使命　争取更大光荣·来自蹲点一线的报道》专栏报道；8月，南浔镇息塘村工程项目列入2020年度乡村全域土地综合整治与生态修复省级精品工程。

【自然资源保护】 积极落实耕地保护目标责任制，区、镇签订耕地保护目标责任书，层层压实耕地保护责任。2021年完成垦造耕地407公顷，创历史新高；完成建设用地复垦203公顷，为持续保障项目落地提供支撑。南浔区在市政府对县区政府耕地保护目标责任制考核中已连续五年获评“优秀”等第。按国家、省、市统一部署，完成第三次全国国土调查项目成果汇交和项目验收，12月，南浔区“三调”

成果主要数据正式发布。稳步推进年度变更调查，全面完成2020年度变更调查项目的成果上报，以零差错率的高质量成果通过国家验收。

【土地要素保障】 坚持“项目跟着规划走，指标跟着项目走”，制定出台《建立南浔区工业项目土地要素竞争性配置机制》等办法，进一步改进用地指标配置方式。全区申报并获批40个批次农转项目，总面积565公顷，涉及新增建设用地500公顷，约占全市一半，位居全市首位、全省前列，重点保障了浙江水利水电学院南浔校区、华尚光电（浙江）股份有限公司、浙江荣泰健康电器有限公司、农民建房等重大产业项目和重点民生工程。全区土地供应总量为490公顷，同比增长24%，实现历史最高水平。其中，供应工业用地259公顷，同比增长29%，位居全市第二；供应经营性用地89公顷，实现土地出让金44.14亿元。完成2020年以前批次消化批而未供129公顷，完成率216%，其中完成2009—2018年批次消化批而未供45公顷，完成率101%。盘活存量建设用地350公顷，完成率375%。低效用地再开发40公顷，完成率101%，并上报低效用地再开发典型案例6个。

【自然资源执法监察】 2021年度土地卫片执法检查按政策扣减后新增违法用地2.4公顷（耕地1.9公顷，无永久保护农田），新增违法耕地占比0.7%，查处整改率100%。深化各类专项行动，完成扫黑除恶线索核查1件，发现“大棚房”问题1个，面积0.07公顷，已整改到位。全区共组织动态巡察4775次，出动巡察人员12914人次，立案查处土地违法案件42件，面积78公顷，累计移送法院强制执行39件。充分利用地球日、土地日、宪法日等主题宣传日，开展悬挂横幅、商场设摊和微信公众号推广等多渠道、多层次、多样式普法宣传，共发放各类宣传资料4100余份，悬挂横幅32条，发送短信4.8万条，发布微信公众号信息100余条。

【平安自然资源建设】 完善法定途径分类处理信访纠纷化解机制，全年办结阳光信访278件，其他各类来信来访及举报16件，及时响应率和按时办结率均达100%；办理和承办依据申请信息公开92件、行政复议和行政诉讼11件，未发现行政不作为或具体行政行为被确认违法或撤销的案例。切实维护失地农民权益，完成土地征收补偿安置项目225个，落实5487人参保，拨付补偿资金1.2934亿元。积极开展非法贩卖野生动物、非法猎捕野生动物、森林防火、乱砍滥伐等自然生态保护检查工作。

【自然资源管理数字化转型】 依托不动产登记“一窗受理”云平台，实现迭代升级二手房过户不动产登记与纳税、水电气联办“一件事”。推广不动产登记电子证书（证明）应用，实现不动产登记电子证书（证明）全区全覆盖，全年“窗口”共办理业务70271件。深化数字档案室建设，加强电子文件归档和电子档案管理，提升数字档案室服务水平和效能，成功创建2021年全省“示范数字档案室”。

（钱　翔）

·市场监督管理·

【概况】 2021年，南浔区市场监督管理局坚持“以实绩论英雄”的鲜明导向，深入推进“七大工程”（营商环境优化工程、质量提升提速工程、知识产权保护工程、风险闭环管理工程、市场维权维序工程、整体智治创新工程和党建示范引领工程）暨“3040”（30项重点工作和40项创新工作）项目，严格贯彻落实区委、区政府的部署要求，实现“十四五”完美开篇。全年共获集体荣誉54项、个人荣誉92项、领导批示54次；以全省第二的成绩获省市场监督管理局综合绩效考评优秀等次；推进质量工作获国务院督查激励、区政府行政嘉奖，实现历史性突破。

【推进质量提升】 一是持续推进质量强区建设。南浔区电梯、电机、木业3个产业成功入选2021年全省百个质量提升特色产业，实现全区产品合格率稳定在97%以上，获全市质量工作考核A级。5月，国务院发布真抓实干成效明显督查激励通报，南浔区成为全省唯一推进质量工作成效突出激励支持的县区。二是大力开展企业品牌建设。指导3家企业申报省政府质量奖、10家企业申报市政府质量奖。浙江久立特材科技股份有限公司获省政府质量管理创新奖，浙江睿高新材料股份有限公司获市政府质量奖；新增“品字标”企业30家，数量居全市首位。三是加快制定修订各类标准。2021年电梯和木业企业参与制修订国际标准1项、国家标准13项，制定“浙江制造”标准4项。质量提升相关工作获副省长卢山、副市长项乐民等省、市领导批示肯定。南浔区木地板产品入选第二批国家级消费品标准化试点项目。推进高端装备制造业标准化试点项目建设，共同富裕示范样本建设和财政预算决策分析获批2021年省级标准化试点项目。

【优化营商环境】 一是市场主体数量倍增提速。制定《万家商贸繁荣三年行动计划》，大力提升市场主体数量。全年新增市场主体13893户，同比增长34.5%，累计市场主体6.9万户。二是商事制度改革不断深化。优化企业全生命周期服务，深化企业开办“一日办结”改革，百分之百实现企业开办“2环节1日办”，经营场所改革自主申报率99.9%、企业开办网办率100%，均居全市首位。三是市场竞争生态持续优化。深入推进“双随机、一公开”（随机抽取检查对象、随机选派执法检查人员，检查结果依法公开）监管全覆盖、常态化运用，全区企业年报率达97.44%，零申报率0.44%，年报综合绩效考核居全省前列；吊注销清退市场主体1052户；在全市率先开展公平竞争审查第三方评估工作。

【关注小微企业】 一是助力小微企业转型升级，提升发展后劲。将《南浔区“小微企业三年成长计划”（2021—2023年）》与区共同富裕方案相结合，强化政策引导及扶持。通过“个转企”“二次转型”等措施，实施梯度培育机制，推进小微企业培育库（县级）入库工作，进一步激发市场主体活力。2021年，全区新增小微企业2731家、个转企260家、“八大万亿产业”企业811家。共计1801家企业被纳入区小微企业培育库。二是优化发展环境，支持小微企业有序发展。2021年新建和改造小微企业园4个，提升现有小微园运营管理水平，4000平方米以上企业实现升规全覆盖。根据《打造企业开办“零成本”区工作方案》，持续为新开办的企业提供印章刻制“免费套餐”服务，激励小微企业发展，2021年新设企业印章免单3019家，减轻经济负担76.9845万元。三是改善小微企业融资环境，解决发展难题。深入实施融资畅通工程，强化政银联动，新增小微企业专营支行2家，新增贷款87.74亿元，同比增长31.91%。

【打造知产品牌】 一是引导知识产权示范产业。发布全省首个智能电梯产业专利导航报告，授牌成立全省首个电梯产业专利导航服务基地，进一步开展专利导航机制创新、成果转化、主体培育、生态优化等工作，将电梯产业建成具有区域特色、优势明显、专利密集、布局合理的战略性新兴产业。联合承办“2021首届泛长三角暨浙江省第四届知识产权（电梯产业）创新创业大赛”，南浔区获奖项目12个，有效激发了电梯产业知识产权创新活力和区域产业的高质量发展。二是培育知识产权优势企业。2021年获批省级商标品牌示范企业1家，获批市级专利示范企业6家，通过知识产权贯标认证企业14家，居全市第一位。实现发明专利质押数超180件，专利权质押额超5亿元，新增PCT国际专利申请25件，均创历史新高。三是打造知识产权区域品牌。强化“水晶晶南浔”区域品牌打造力度；指导“南浔辑里湖丝”开展地理标志申请；指导电梯行业协会申报集体商标，电梯协会也成为全省唯一拥有两件电梯类集体商标的社会团体。

【推进智慧监管】 一是推进数字化改革。积极争取数字化改革试点，在全省市场监管系统数字化改革“揭榜挂帅”中中榜1项建设试点和7项应用试点，量质并举领跑全市。初步构建起“1+7+1+1+1”的数字化项目体系，即1项省级建设任务、7项省市场监督管理局统建项目应用试点、1项省委组织部联系点项目（干部职工平时考核系统）、1项市市场监督管理局试点项目（处方药智慧流通监管一体化平台）、1项自主创新应用项目（质量基础设置“一站式”服务平台）。其中处方药智慧流通监管一体化平台作为南浔区数字化改革项目之一先后向省委书记袁家军、省政协主席葛慧君进行展示。二是推进平台化服务。立足“浙江质量在线”“浙江标准在线”“浙江公平在线”“浙江知识产权在线”等平台，实现相关工作“一窗口统办、一平台交易、一链条保护、一站式管理、一体化服务”。其中，质量基础设施“一站式”服务平台建设入选省、市“三服务”典型案例，获副市长朱留沙批示肯定。三是推进智慧化执法。依托掌上执法“市场监管执法在线”平台，以建成“省—市—区”三级一体的数字化执法办案区为导向，以智慧引领未来执法，综合运用5G、大数据、云计算、区块链、人工智能等信息技术，在现有执法办案区基础上进行数字化升级改造，打造适应新形势要求的数字化执法办案区，实现执法办案实时智慧和“省—市—区”的互联互通。

【打击违法行为】 一是聚焦重点领域铁腕执法。围绕食品药品、知识产权、电动自行车等重点领域开展专项整治，共查处各类违法案件1526件，罚没款超1007万元，移送公安案件9件，数量均创历史新高；查处大要案200件，其中全市首例相互串通操纵市场价格系列案、跨省制售假冒“红牛”饮料案、“牛栏山”白酒案等案件社会反响强烈。“牛栏山”白酒案为全市唯一入选“2021年全省典型案例巡回演讲”案例，“美妆护肤爆品折扣店”涉嫌生产、销售有毒、有害食品案入选“2021年度浙江省保健食品行业专项治理十大典型案件”；“周某某等人制售假冒‘红牛’保健食品案”入选“2021年湖州市保健食品行业专项清理整治行动典型案例”和“湖州市‘护企为民’百日铁拳行动十大典型案例”；“程某某电动车经营部销售未经强制性产品认证的电动自行车案”入选“浙江省第二批电动自行车领域专项执法行动典型案例”。另有5个案例被国家级期刊录用并宣传。二是聚焦区位共享联合执法。在全省首推环太湖“护企维权”一体化区域协作机制，通过执法办案系统，实现跨区域案件线索快速移送、证据互认、信息共享、政企互联等，有效满足环太湖区域执法人员和重点企业工作需求，使毗邻地带跨界联合执法日常化、规范化。三是聚焦机制创新协同执法。建立政府、中介、企业“三位一体”的集专利、商标、地理标志等于一体的综合性知识产权托管平台，与公检法联合发布《关于建立知识产权案件办理协作机制的通知》，与重点行业和知名企业签署《知识产权保护协议书》，建立知识产权领域“市场监管—公检法—权利人”的三角保护关系。试点先行建立行刑衔接新模式。联合区公安分局和区人民检察院共同发文《建立健全行刑衔接联动执法协作机制》，在警情联动处置、行业联动监督、政企联动对接方面加深合作，达到“1+1+1＞3”的执法效能提升。查办涉刑案件9件，涉案货值超2000万元，在成品油、木地板、钢筋等行业专项治理中控制了潜在风险。

【深化依法行政】 一是完善依法行政工作机制。全年未发生监管执法不文明现象和法治案事件，持续保持行政复议、行政诉讼撤销败诉“双无”。二是开展普法活动。全省首场以“美好生活·民法典相伴”为主题的“惠民惠企”普法活动启动仪式在南浔举行，营造了良好的普法氛围。

【保障食品安全】 一是推进阳光厨房建设。学校阳光厨房实现全覆盖，农村家宴阳光厨房建成数量89家列全市首位。阳光厨房各功能区以可视化上网的方式向社会公示，实现后厨网络直播，打造网上阳光厨房优势，同时将视频信号接入省市场监督管理局食品安全综合协同应用一体化平台。配套“浙江外卖在线”网络管理平台，实现网络餐饮从后厨加工到配送的有效监管。配合企业端的App，使索证索票、消毒记录、封签的使用等工作与外卖在线无缝对接。二是推进“食安+”系列建设。围绕当前食品安全热点、难点和弱点，巩固食安校园、食安医院工作成效，进一步提升智能化、规范化管理，推进食安校园向创A级食堂扩面、物联感应设备安装全覆盖等工作。充分发挥食品安全综合协调职能，牵头相关职能部门，全力推进食安农村家宴、食安企业食堂、食安工地食堂、食安养老院、食安工厂、可视化药房、民生药事服务站等系列工作。成立南浔区食品安全风险综合治理中心，完成食品安全监督抽检2250批次，不合格处置率100%。授牌全市首个乡厨协会，在册人数已达500人。三是推进进口冷链食品物防工作。联合多部门合力做好冷链物防日常监测和从业人员健康管控工作，实现在岗进口冷链食品从业人员新冠疫苗接种率、按时核酸检测率均达100%。对重点场所、人员、食品及外包装采样监测9700余批次，检测结果全部为阴性。累计通过“浙冷链”激活经营主体159家，申报备案进口冷链食品299976箱，“浙冷链”扫码率、赋码率均达100%。从严从快查处冷链物防违法违规行为。累计闭环处置问题食品204.1吨、风险隐患57个，责令停业整顿商家29家，立案5件。相关工作得到常务副市长杨六顺、副市长朱留沙、副区长费学梅等市、区领导批示肯定。

【加强药械管理】 不断提升药械监管队伍建设和能力水平，工作成效获省药品监督管理局副局长陈魁批示肯定，食药安全感测评得分排名全省第二。一是探索开展医疗器械“非接触式”经营试点建设。在农贸市场、专业市场、高速公路服务区、社区等人员密集场所设置经营试点5个。周边群众可全程自助、无接触地获得医用口罩、医用电子体温计等用品。2021 年，5 个经营试点累计销售一次性使用医用口罩等用品 3000 余个（只）。二是开展化妆品经营示范商场和示范店创建工作。按照省药品监督管理局关于开展化妆品“百千万”（在全省建设一百条放心消费示范街、一千家示范商场、一万家示范经营店）工程提升行动的相关要求，区市场监督管理局组织南浔“吾悦商圈”的美容店、美发店、超市等 15 家化妆品经营使用单位召开省级化妆品示范商圈创建培训暨交流会，并组织开展法律法规暨创建标准解读专题培训 2 次，着重宣传贯彻《化妆品监督管理条例》及《化妆品生产经营监督管理办法》，以法释疑。对台账规范化管理等薄弱环节进行攻坚指导，严格督促经营主体认真研读创建标准，不断提高主体责任意识和法律意识，自觉规范经营。三是出台《南浔区药品安全事件应急预案》。指导和规范全区药品安全事件（包括疫苗、医疗器械安全事件）的应急处置工作，建立健全相关应急工作机制，有效预防、控制药品安全事件的发生，最大程度减少药品安全事件造成的危害，保障公众生命安全和身体健康，并举行药品安全突发事件应急演练。

【建设放心市场】 一是引导市场“放心消费”。2021 年建成放心消费单位 2742 家，完成率 112%；无理由退货单位 966 家，完成率 113.6%；建成放心工厂 424 家，完成率 110%；建成放心商圈 4 个，完成率 133%。开展放心消费“后评价”排摸工作，放心消费“后评价”排摸工作完成率居全市首位。二是实现市场智慧化监管。建设“南浔区农贸市场智慧一体化监管系统”，实现全区农贸市场智慧监管全覆盖。将全区各农贸市场的监控视频接入区级平台，实时查看市场入口、场内管控情况，并对佩戴口罩不规范的行为进行抓拍，要求市场立即整改反馈。三是推进市场转型提质。浔东农贸市场通过“五化”（便利化、智慧化、人性化、特色化、规范化）市场考核验收，6 家农贸市场通过“放心市场”考核验收。南浔建材市场改造提升和家居产业高质量发展有机融合，通过政策引导、数字赋能、党建引领实现转型提质，并获“2021 年中国商品市场综合百强”、浙江省商品市场转型升级市场试点、省知识产权保护规范化培育市场、省四星级文明规范市场等荣誉称号。2021 年，南浔建材市场成交额突破 142 亿元，同比增长 9.2%。

【维护公平竞争】 一是创建商业秘密保护基地激发企业创新活力。全区已创建省级商业秘密保护指导站 1 个、省级商业秘密保护基地 1 个、市级商业秘密保护基地 6 个、贯标企业 6 家。2021 年查处侵犯商业秘密案件 1 起，罚没款 10 万元。二是承办市打传规直工作会议。6 月，市市场监督管理局在南浔组织召开 2021 年度打传规直工作会议，湖州市 42 家直销企业的代表和各县区市场监管局分管副局长及相关科室代表参加了会议，市市场监督管理局党委委员、副局长汪建标出席会议并讲话。三是开展公平竞争审查工作。南浔区首次引入第三方评估机制，全面提高南浔区公平竞争审查工作的有效性和约束力，推动南浔经济高质量发展，推进和创新公平竞争审查工作，在全市尚属首次。

【监管特种设备】 一是提升特种设备风险防控能力。开展各类特种设备专项行动 12 次，发现并整改隐患 558 起，整改率 100%；持续推行企业“安全顾问”制度，引入第三方安全技术服务机构，担任企业“安全顾问”，提升企业风险自查、隐患自纠能力，全区已有 1005 家企业实施“安全顾问”制度。二是探索特种设备安全智慧化监管。南浔区作为全省唯一的县区级特种设备扫码应用试点建设单位，在电梯行业打造智慧监管“一梯一码”模式，率先完成浙产特种设备制造赋码全覆盖，相关工作获省市场监督管理局局长章根明、常务副市长杨六顺批示肯定。三是聚焦特种设备重点隐患排查。建立联动互查机制，指导特种设备使用单位建立“一书一单一报告”（安全管理承诺书、隐患问题自查整改清单、安全管理自查报告）制度，提升特种设备安全管理水平。同时，区市场监管、应急管理、公安等多部门联合开展“综合查一次”执法检查并进行“闭环”处理。

【监督产品质量】 一是开展产品质量监督抽查。深入开展区域块状产品质量分级分类监管，开展重点工业产品质量安全隐患排查整治，全年开展重点产品抽检 254 批次；大力推进“浙江 e 行在线”系统应用，为交通安全加码，通过“浙江 e 行在线”系统实现电动自行车赋码 4241 辆，电池赋码共 3514 组。二是加强质量认证体系建设。积极开展木业小微企业质量管理体系认证提升行动。充分运用质量认证手段，帮助木业小微企业提升产品和服务质量，20 家木业企业通过 ISO 9000 质量管理体系认证。三是促进计量管理服务工作。督促全区 412 家强检计量器具使用单位利用“浙品码”系统落实强检计量器具管理，提升用于安全防护、贸易结算、医疗卫生等领域的计量器具的检定率。开展计量惠民服务活动。2021 年“世界计量日”活动期间，联合市计量院共校准血压计 13 台、人体秤 11 台，发放计量宣传图册 16 套，现场服务 56 人。

【保护消费权益】 一是妥善协调处置各类举报投诉。2021 年共受理各类举报投诉 3896 件，投诉举报处置率 100%，实现零超期零扣分。参与重大投诉调解 3 起，涉及群体性重大纠纷事件 3 起，涉诉人数超过 800 人。二是严格落实放心消费“三服务”活动。4 月，按照省市场监督管理局要求在全区开展放心消费“三服务”活动，对 4260 家商业企业、厂家进行复核评价，通过复核评价达到放心消费单位、无理由退货承诺单位、放心工厂标准的共有 879 家，纳入待培育库 800 余家，无法提升的 1500 余家。三是成功承办全市“好伴手礼”现场活动。4 月，湖州第二届“好伴手礼”评选暨“香约花海　畅游石淙”放心消费活动在石淙镇举行，南浔区参赛企业斩获“金牌好伴手礼”6 个名额，其中湖州善琏湖笔四厂、湖州菱湖东方丝绸科技有限公司、浙江湖州梅月针织有限公司又获得“浙江特色伴手礼”称号。

（邓　乔）

· 安全生产与应急管理 ·

【概况】 2021 年，南浔区应急管理局认真贯彻落实上级关于安全生产和应急管理工作有关会议及领导批示指示精神，以实施应急体系强化年、源头管控提效年、监管服务提质年、应急能力提升年、数字赋能提速年、党建引领提标年“六个年”为载体，全力防范化解重大安全风险、应对各类自然灾害，全区安全生产和自然灾害形势总体稳定向好。特别是在承接省、市重点工作和深化历年工作方面有了新进展、新突破，具体体现在“七个一”：承接了一项部级试点（涉爆粉尘企业风险监测预警试点）、查办了一例全国首例典型案件（因拒不整改重大事故隐患被判危险作业罪案）、荣获了一项部级嘉奖（一名执法人员获应急管理部嘉奖）、承办了一次部级现场观摩（深井铸造和 score 项目宋元明副部长带队现场观摩）、争取了一项省级试点（数字孪生建设在企业安全生产监测预警领域试点）、实施了一个全省首个安全生产金融服务项目（浔安贷项目）、出台了一项全省首个除尘系统地方标准（木材加工企业除尘系统安全技术规范）。

【责任压实】 压实政府责任、行业部门监管责任和属地管理责任，推动落实安全生产主体责任。一是强化领导责任。健全安全生产委员会（以下简称“安委会”）组织框架、调整专业安委会架构，区长任安委会主任、其他分管副区长任副主任，明确安委会“9+1”（消防、道路交通、工业企业、危险化学品、建设施工与城镇运行、旅游与商贸、特种设备、农林水利及环保、电力 9 个安全生产专业委员会和 1 个安全生产委员会办公室）履职机构及对应职责。建立安委会、专业安委会及所属办公室运行工作机制，提请提醒分管区领导牵头抓所管辖行业领域安全生产工作。二是强化监管责任。围绕上级要求抓“大安全”监管责任落实，发挥安委办统筹、协调职能，召集安全形势研判分析、工作落实等各类会议 50 余次，组织各类暗访督查 100 余次。结合南浔区行业监管实际制定安全生产目标责任制考核细则，将安全生产重点工作纳入区对镇平安考核内容。三是压实企业主体责任。以“洗楼式”隐患排查见底、安全生产综合治理三年行动和“遏较大”风险防控争先战为载体推动生产经营单位落实主体责任，顺利完成“护航建党百年”安全隐患大排查大整治阶段性任务。

【风险防控】 一是科学制定规划。区应急管理局紧密结合经济发展形势，坚持前瞻、科学、合理提升安全生产基础理念，邀请省应急管理科学院作为技术支撑单位，参与制定应急管理“十四五”规划和化工行业安全发展规划，为后五年全区安全生产大局奠定基础。二是推动风险普查。围绕摸清安全生产家底，推进工矿领域安全风险普查、核验和隐患排查工作，截至 2021 年，已录入企业 2652 家，核验 529 家次，排查整改问题隐患 1457 条，重大隐患 19 条。深入推进自然灾害综合风险普查，建立每周例会、定期通报机制，全年召开普查办专题会议

20 次、组织培训 19 次、培训 1000 人次、开展宣传活动 30 余次、发放宣传资料 3.7 万余份。三是率先出台地方标准。根据南浔区产业行业实际，突出解决环保设施安全性和木业企业涉燃爆除尘系统安装技术问题，邀请省级专家编制并发布《工矿商贸企业常用环保设施安全评估导则》和《木材加工企业除尘系统安全技术规范》。截至 2021 年年末，南浔区是全省首个出台木业企业地方标准的县区。

【安全监管】 一是有序推动三类场所联合整治。聚焦出租房、厂中厂、小作坊等三类重点场所风险隐患整治，抽调 8 个部门人员组建工作专班，集中办公、实体化运行。建立专班签到制、定期会商制、周报晾晒制和每周“一、三、五”通报制等工作机制，会商研判、量化通报整治进度，有力推进整治工作，得到湖州市常务副市长杨六顺批示肯定。全年共排查涉及场所 12389 家（户），已完成整治 6915 家（户），整改率达 55.8%。二是强化重点企业隐患治理。开展新竣工企业指导服务，邀请专家参与，服务指导 48 家新竣工企业安全生产工作。强化“能耗双控”期间安全生产监管指导，制定“能耗双控”重点管控措施清单对企业开展检查指导。开展装载机（铲车）安全专项整治，规范企业装载机安全使用，督促涉及 122 台装载机安装倒车影像和蜂鸣器，提升安全水平。同时，聚焦高风险场所领域事故防范，组织开展有限空间、危化品使用、“一厂多租”、海绵企业、涂层行业等专项整治，涉及企业 410 家。三是持续加大行政执法力度。严打非法违法行为，制定“发现隐患举报奖励制度、隐患整改闭环管理、整改不到位处罚及发生事故顶格处罚”四项制度。强化安全生产行刑衔接机制运用，成功办理全国首例“因拒不整改重大事故隐患被判危险作业罪”案件，此案件被应急管理部评为全国第一批安全生产优秀执法案例。

【数字化改革】 一是推进涉爆粉尘企业风险监测预警建设。围绕“工业互联网+安全生产”要求，构建涉爆粉尘企业重点数据在线监测、事件预警提醒、问题派单处置、风险分级管控的综合监管模式，有效防范木业企业粉尘爆炸风险，4 月，南浔区承接全国粉尘涉燃爆企业安全生产风险监测预警联网试点（全国仅两个试点），11 月得到省委常委、常务副省长陈金彪批示肯定。二是实施安全生产监测预警数字孪生建设。为增强安全生产感知、监测、预警、处置、评估能力，南浔区将数字孪生技术融合应用到企业安全生产监测预警系统中，实现安全生产从静态分析向动态感知、事后应急向事前预防、单点防控向全局联防的转变，南浔区也由此成为全省数字孪生技术在企业安全生产领域中应用的两个试点地区之一。三是设立安全生产金融服务“浔安贷”。与浙江南浔农村商业银行就信息资源共享、科技兴安和金融支持等方面签订了战略合作协议，推出了专项支持企业安全生产管理的信贷产品“浔安贷”，有效帮助企业解决资金难题，助力安全生产，此做法得到市委常委、市政府党组成员吴登芬批示肯定。

【防汛减灾】 一是持续加强应急基础保障。优化完善安全生产、自然灾害防范各类专项预案 8 个，按照“一月一主题”要求，组织不同层次、形式演练 11 次。推进 7 支乡镇综合性应急队伍建设，加强队员能力培训。发展民间救援力量，成立青年志愿者和红十字志愿者应急救援队。推进可视化指挥调度系统延伸到乡镇，实现任意点对点、点对多点的视频会商调度，达到全区应急指挥调度“一盘棋”目的。二是高效抓好防汛防台风工作。充分运用防汛防台风“六个一”（识别一张图、研判一张单、管控一张表、指挥一平台、应急一指南、案例一个库）工作体系筑牢防汛防台风防线，组织开展汛前大检查，累计出动检查 3469 人次，覆盖点位 4746 处，排查整治各类隐患 76 处。有效应对台风“烟花”“灿都”和“811”强降雨及多轮强对流天气。组织台风防御工作复盘评估，梳理在应急响应、城市运行、应急救援、数字运用、基层体系、人员转移、应急指挥、风险管控 8 个方面存在的问题并提出针对性举措。三是逐步提升减灾救灾能力。深入推动避灾安置场所规范化建设，完成可视化监控设备的安装和系统接入，实现可视化覆盖率 100%。承接“2021 年度湖州市防灾减灾日启动仪式”，发布各类预警、科普推文 150 余条（篇），发放宣传资料 26000 余份，悬挂防灾减灾宣传标语 500 余条，张贴防灾减灾宣传挂图 1000 余张。

【宣教培训】 一是强化宣传教育培训。常态化开展万名员工安全生产大培训，争取财政资金 320 万元，抓紧抓牢企业负责人、安全管理人员、一线从业人员的安全生产知识教育培训，全年共培训人员

20754人次。开展新《中华人民共和国安全生产法》大宣讲，通过线上线下培训、发放安全告知书和宣传资料等形式，推动企业熟悉新要求、新规定。二是强化专业支撑。发挥全省首个基层应急管理科技服务站作用，借助省专家资源，为“因拒不整改重大事故隐患被判危险作业罪”案件中涉及重大隐患的判定、现实危险性的分析等提供技术支撑。三是强化引才育才。根据《南浔区注册安全工程师培育三年行动计划》任务目标，全力打好注册安全工程师引育收官战，通过两年培育，注册安全工程师由原先的18人增加到51人，增长183%。落实《南浔区注册安全工程师引育八条激励办法》，对于新引进的注册安全工程师和经考试取得注册安全工程师职业资格证书的人员，给予中级2000元、初级1000元的政策奖励。

【应急管理】 一是有序推进应急管理综合行政执法改革。制定出台《南浔区深化应急管理综合行政执法改革实施方案》，围绕贯彻落实省、市文件要求，从整合厘清职责、明确执法机构、推动机制运行、规范执法行为、强化队伍建设、提升执法效能等方面出发，明确提出应急管理专业执法能力目标任务。二是扎实推进基层应急管理体系和能力建设。出台《南浔区关于进一步加强基层应急管理体系和能力建设的实施意见》，设立各镇（街道）应急管理站，强化基层应急管理职责、加强风险防范化解、强化基层应急救援、夯实基层应急保障、提升基层应急能力等五大体系建设，有力提升防范治理、应急救援、减灾救灾能力。（王　喜）

• 行政审批服务 •

【概况】 2021年，南浔区政务服务管理办公室紧紧围绕区委、区政府工作部署，突出整体智治、强化数字赋能、创新工作思路，全力推进数字化改革，持续优化营商环境，规范公共资源交易管理，全方位提升全区政务服务能力和水平。质量基础设施一站式服务入选全省“三服务”活动典型案例，首创三级志愿者联合会赋能新时代文明实践工作经验在省《竞跑者》刊发推广，“打造优质高效营商环境升级版”成为全市唯一入选全省2021年度县乡法治政府建设“最佳实践”项目。

【政务服务改革】 创新推出长三角一网通办、政务服务驿站、“互联网+政务服务”基层延伸等工作举措，获得了媒体报道、领导批示和群众点赞。

实施政务服务一体化数字化改革。按照“县乡一体、条抓块统”县域整体智治格局，推进区、镇、村三级行政服务中心建设，投入150万元对各镇（街道）、村（社区）便民服务中心进行政务服务2.0硬件配套改造，全市率先将政务服务2.0平台延伸至镇、村，打造全市首个入驻“浙里办”App的镇级政务服务“掌上通办大厅”，累计收件8万余件，其中村（社区）收件占镇（街道）收件率比超60%，全区政务服务2.0“一网通办”办件率达96.03%，全市排名首位。

推进数字赋能“一件事”联办。立足数字化、场景化、“一件事”协同应用需求，推动更多实现“一件事”一窗办、一网办，实现有权限的省定“一件事”37项，实现率为81%，群众满意率达100%。创新推出质量基础设施、电梯加装等南浔特色的“一件事”，企业群众的获得感、体验感大幅提升。

提升营商环境便利度。打造“营商环境市场活力应用”微门户，组织梳理17条核心业务、61项重点指标，设置“政府工作报告”“民营经济发展”“无感监测”三大板块，实现数据贯通。依托政务服务综合自助终端，开发“不见面审批”云服务平台，实现窗口工作人员远程视频辅助办事群众在线申报，群众通过文件存储柜扫码实现纸质材料的提交和证照的获取。在全市首创“政务+物业”模式，在全区小微工业园区布点建设“政务服务驿站”3个，为园区企业提供多部门40余项高频事项精准服务，帮助企业群众解决急、难、紧、特事项百余件。

区域通办提质扩面。扩大嘉湖一体化协同服务范围，实现186个事项与桐乡市跨城通办；继续做大政务服务联盟跨省朋友圈，与17个省、50余个地区建立跨地域通办合作机制，115项政务服务实现“跨省通办”；积极打造长三角一网通办升级版，实现与48个地区政务服务自助终端互联互通，实现政务服务“无感漫游”。

政务服务提质增效。打造“‘浔小方’帮帮团”品牌，常态化为办事群众提供咨询导服、帮办代办等大厅内的便民“微服务”，同时进村（社区）、学校、机关开展政务服务宣传活动10余次，参与群众达2000人，发放宣传手册6000余份，助推政务服务有广度、有温度、有热度；从群众和企业需求出发，推出“潮汐窗口”、“医社联办”（社保、医保业务联合办理）等便民举措10余项，收到表扬信30余封、锦旗20余面。

【公共资源交易】 强化建章立制，抓好公共资源交易管理和监督，持续净化交易市场环境。

推行巩固交易新方式。全流程电子交易率从2020年不到70%提升到2021年的100%，实现网上留痕，系统自动预警违法违规行为；网上“不见面”开标率达82.61%，电子保函使用率达73.54%，减少资金占用4.91亿元，有效降低了投标人的投标成本；积极推进公共资源交易数字化建设，成功入选数字经济系统省级应用（远程异地多点评标应用）示范试点单位，有效地营造“公平公正 阳光高效”的交易环境。

强化落实监督管理。实施“一项一档”制度，根据项目编号将资料归档，确保档案的保密性、真实性和完整性；强化保证金管理，每季度进行梳理和清退；完成对102个限下发包项目的专项检查，整改问题64个，提出意见建议41条，同时每季开展标后履约专项联合检查，完成对25个重点项目检查；定期组织开展条线人员业务培训，培训人员近300人。

建立健全监管机制。建立招标文件分级审核机制，审核纠正不合法不合规问题近300个；进一步完善交易监督制度，制定关于工程建设项目招标投标工作等一系列内控制度；进一步畅通监督渠道，完善自我监督机制，持续推动公共资源依法阳光交易。（潘文文）

·审 计·

【概况】 2021年，南浔区审计局完成审计项目6个，查出主要问题金额152605万元，其中违规金额25216.88万元、管理不规范金额127388.38万元。审计处理处罚金额82382.83万元；移送司法机关、纪检监察机关和有关部门处理事项7件，移送处理人员7人，移送处理金额36363.8万元；审计促进整改落实有关问题金额74563.43万元；审计后挽回（避免）损失41480万元。出具审计报告和专项审计调查报告6篇，被批示、采用16篇；审计提出建议38条，被采纳36条；推动被审计单位制定整改措施122项；促进被审计单位制定、完善规章制度30项；提交审计信息210篇，被批示、采用182篇；向社会公告审计结果6篇。

【财政审计】 开展2020年度区本级预算执行情况审计，盘活财政存量资金9303.63万元，挽回或避免损失浪费6522.14万元，审计移送5起，推动出台区级制度及部门制度20项。审计报告及撰写的多篇专报得到区委、区政府主要领导批示。开展对区发展改革和经济信息化局等2个部门的预算执行审计，紧紧围绕区人大预算审查监督重点以及全面实施财政预算绩效管理规定，把财政预算执行审计相关内容体现到部门预算执行审计中，促进部门规范预算管理。对千金镇的财政决算进行审计，重点对镇财政收支决算的真实性、合法性，专项资金使用及效益、上级转移支付资金预算管理和分配使用情况进行了核查，揭示财政管理方面存在的问题，提升乡镇财政管理水平。

【内部审计】 2021年获评浙江省内部审计优秀审计项目1个、湖州市优秀内审单位5家，获奖数居三县两区首位。一是高标准配备国企总审计师。区委、区政府采纳审计建议，在全市率先配备国企总审计师3名（区管国企副总级别），完善国企内部控制，提升国企治理能力。二是高质量落实内审挂职制度。五大区管国企已各选派1人到区审计局脱产挂职锻炼，以审代训，全面参与国家审计。出台《国企内审挂职干部管理的若干意见（试行）》，建立业务工作“导师制”、挂职干部定期汇报、业绩考核等机制。三是高要求开展国企内审工作年度考核办法。严格对照《南浔区加强区管国企内部审计工作十六条意见》制定年度考核办法，建区以来首次对五大区管国企内审机构履职情况进行年度全面考核，评出优秀单位2家，促进国企内部审计提升水平。

【经济责任审计】 聚焦权力运行和责任落实两个重点，以检查领导干部履职尽责担当情况为主线，强化监督制约，促进权力规范运行。全年完成经济责任审计项目4个，查出违规金额2518.06万元、管理不规范金额102757.28万元，提交各类审计报告4篇，得到市、区多位领导批示；提出审计建议20条，其中被采纳18条；提交审计专报10篇，被市、区领导多次批示；发现问题 122 个，被审计单位已整改问题 119 个，促成被审计单位落实整改并出台内控制度 10 项。

【政策跟踪审计】 完成南浔区区管国企“三重一大”（重大事项决策、重要干部任免、重要项目安排，大额资金使用）制度执行情况专项审计调查，进一步规范区管国企“三重一大”制度执行，强化权力运行监督，促进企业负责人正确履职，保障国有资产安全。重点关注区管国企集团公司在执行区级层面决策、重大项目管理、大额资金使用等方面，深入查找在合法性、合规性、绩效等方面存在的问题。针对区管国企股权并购管理、国企经营性项目运行绩效等方面提出有针对性审计建议，得到区委书记杨卫东等多位区领导批示，要求相关部门落实解决，审计促进整改落实有关问题资金 120. 89 万元，促进完善制度 9 项。

【审计管理】 一是精心制定审计质量管理办法。研究出台《南浔区审计局全员全流程审计业务质量控制办法》《审计文书报送办法》《查询被审计单位在金融机构账户和存款办法》等制度，审计质量管控机制更加科学。二是落实“容错纠错”。坚持“三个区分开来”（把干部在推进改革中因缺乏经验、先行先试出现的失误和错误，同明知故犯的违纪违法行为区分开来；把上级尚无明确限制的探索性试验中的失误和错误，同上级明令禁止后依然我行我素的违纪违法行为区分开来；把为推动发展的无意过失，同为谋取私利的违纪违法行为区分开来）研判审计发现问题的性质。2021 年，编写并上报 6 个容错纠错案例，激励干部担当作为，为发展保驾护航。三是抓好审计质量检查。按照市审计局部署进行审计质量自查，落实市审计局在南浔质量检查中发现的问题的反馈意见，对照检视问题不足，集中进行业务交流研讨，促进审计工作质量不断提高。

（王　东）

教　育

·综　述·

2021 学年，全区共有各级各类学校 83 所，其中市属高中 1 所，区属学校 82 所。区属学校在校学生 53259 人，在编公办教职工共 2728 人。其中，初中 17 所（含九年一贯制学校 8 所），中学教师 927 人，在校学生 10762 人；小学 20 所，小学教师 1460 人，在校学生 28155 人；幼儿园 36 所（含分园），在园幼儿 14342 人，在编幼儿教师 212 人；成人（社区）学校 9 所，在编在职教师 60 人（含 1 名职工）；直属事业单位 4 个，在编教师 69 人。2021 年，南浔区教育局围绕“立德树人”根本任务，以“义务教育优质均衡”“学前教育普及普惠”为着力点，不断提升人民群众的教育获得感和幸福感。南浔区教育现代化发展水平监测总分居全市首位，在 2021 年全省基础教育生态监测中处于 A 等，教育工作总满意度列全省第 10 名。

·基础教育·

【概况】 2021 年南浔区基础教育始终坚持党的教育方针，以打造“乐学南浔”教育品牌、办好人民满意的教育为目标，深化教育教学改革，强化规范管理，努力缩小城乡教育差距，打造公平优质的教育公共服务体系，全力推进教育现代化进程。紧紧围绕立德树人根本任务，坚持五育并举，着力提升学生综合素养，促进学生全面发展和健康成长。

【学前教育】 2021 年是推进学前教育发展第四轮行动计划的第一年。财政投入持续增长。2021 年学前教育财政性经费 11850 万元，占比 10.8%，比 2020 年增加 1350 万元。完成建设并投入使用的公办幼儿园有 7 所，新增学位 1350 个。投入 2500 万元实施配套园装修和幼儿园维修项目。

两大工程创新发展。一是优质幼儿园全覆盖工程。认真排摸全区学前教育发展水平和现状，制定优质幼儿园全覆盖项目实施方案，锁定 2025 年优质幼儿园占比达 100%目标，通过召开专题研讨会、组织提质工作推进会、制定薄弱幼儿园一园一策提升方案等，分阶段推进实施。2021 年撤并 1 所三级幼儿园和 2 个教学点，新增 1 所一级幼儿园和 5 所二级幼儿园，优质幼儿园覆盖面达 81%。二是公办幼儿园托幼一体化全覆盖工程。结合公办幼儿园规模及 2～3 岁段婴幼儿数量排摸情况，合理规划公办幼儿园托班设点布局，暑期投入 275 万元完成 11 个点位的环境改建和设施设备添置。南浔实验幼儿园阳安园区和南浔镇幼儿园直港园区作为试点幼儿园启动招生工作，按 5∶1 的高标准配备保教人员。2021 年，南浔区幼儿园共招收托班 6 个，托儿数 110 人。此项目被区委、区政府列为争创省级以上“单打冠军”项目。

集团管理保障均衡。充分发挥集团优势，着力破解学前教育“新园弱”“民办弱”问题，围绕以公带民、以优扶弱、优质均衡、共同发展目标，组建南浔实验幼儿园教育集团等 9 个幼儿教育集团，覆盖公办民办所有园区，不断探索适合区情的集团化办园模式和运行机制，合力打造区域“共谋、共享、共创、共赢、共优”的教育共同富裕样本。

课程建设提升内涵。深入实施《南浔区教育局关于进一步深化幼儿园课程改革的实施方案》，以五个课程联盟园为核心，扎实推进各幼儿园的课程建设，“童眼看南浔”“快乐运动”等园本课程方案渐趋成熟。14 个“安吉游戏”实践园扎实推进。实施“美丽校园”补助建设工程，设立“游戏材料”补助专项，2021 年场地改建和材料增添合计投入 568 万元。

队伍培育优化素质。推进在编教师扩容增量工程，多途径提升在编教师数量，2021 年新招聘教师 12 人、小学转岗到幼儿园 2 人。把好非编教师入职关，首次启动教育局统一的编外幼儿教师招聘工作，与在编教师招聘同要求、同程序，充分体现公开、平等、竞争、择优原则。推进保教人员培训培养工程，依托名师名校长工程，加强骨干教师培育；鼓励有潜力教师继续教育，不断壮大名优骨干队伍，区级教坛新秀以上的骨干教师 148 人；依托区人力资源和社会保障局和湖州职业技术学院联合举办卫生保健教师、保育员等培训班，为各幼儿园提供优秀后勤管理人员。推进托育保教人员储备工程。根据《浙江省幼儿园托班管理指南（试行）》对保教人员的相关要求，依托社区教育学院，组建首期育婴师培训班，培训学员 78 人，为幼儿园托育一体化管理和科学教养做准备。

民生工作服务细致。坚持“公民并举、协同发展”理念，深入推进“同一管理”“同一考核”“同等待遇”等举措，助力普惠性民办幼儿园优质发展。2021 年，全区 19 所普惠性民办幼儿园财政补助达 1800 万元，比 2020 年增加 294 万元。2021 年进一步完善“浙里办”网上招生平台，严格实行网上报名流程，确保入园“一件事”做到网办、掌办、无纸化、跑零次。整体推进幼儿园学后托管，第一时段托管幼儿 10925 人，第二时段 40 人；第一时段占比 75.4%，参与保教人员 1193 人，占比 80%。

【义务教育】　2021 年，全区小学、初中入学率、巩固率均达到 100%，小学毕业升初中率为 100%，初中毕业生升高中段比率达 99.4%。全面深化义务教育课程改革，树立科学教育质量观，大力推进义务教育均衡发展，高标准、高质量实施九年义务教育。

规范学校办学行为。全区进一步完善课程实施及“减负”领导责任制和责任追究制度，教育局领导及各校校长为第一责任人，严格执行课程计划、开齐开足各类课程，“三表”（课程表、作息时间表、课外活动表）上墙上网公示，扎实推进减负工作。督导室开展减负专项督查和经常性检查，不断完善减负举报、情况通报、责任追究等制度，切实做到违规必究、查处必严、不走过场，把考核结果纳入学校年度发展性评估。

规范学生学籍管理。每学期举行一次学籍管理培训工作会议，专题培训全区中小幼的学籍管理员，从系统操作规定、系统功能介绍、系统信息安全三方面对学籍系统中的学校管理、学籍注册、学籍信息管理与维护、工作要求等内容进行培训指导。完善学籍管理工作，进一步优化中小学学籍业务办理流程，区外户籍学生转学全部实现网上申请、审批、迁移工作，区内户籍学生缓学、休学、转学全部实现“最多跑一次”。进一步加强考核力度，将学籍管理纳入学校发展性目标考核。

做好招生入学工作。制定《2021 年南浔区义务教育阶段学校招生工作实施方案》，继续实行公办民办学校网络同步招生，同时发布招生政策解读和报名指南，为家长报名做好服务工作。

启动教学管理试点。2021 年，南浔区被确认为省“改进学校教学管理”项目试点地区，已完成试点项目研究方案、实施方案，确定以“提升校本研修能级，赋能教学管理改进”为项目主题，积极推进学校教学管理改进工作，在 4 月省试点项目工作会上做交流发言。

组织“精英领航”行动。区教育局统筹规划组织“精英领航”行动，区研训中心初中各学科研训员带领学科团队，精心研制适合学生的课程资源，从资料编写、教学设计、PPT 制作、备课磨课到专业上课、课后反馈、答疑解惑、评价反思，全程参与打磨指导。每周安排好授课人员、教辅人员和值班人员，保证各项工作正常开展，受到学校、家长好评。

教学质量高位运转。2021 届初三毕业生中考总平均分、后 20%控制率继续保持全市各县区第 1 名，湖州中学、湖州二中及以上学校上线或录取 368 人，录取比例达 13.57%。2020 学年小学毕业班质量监测 4 科合格率均在 95%以上，新居民学校学生学业水平与公办学校差距逐步缩小，小学教学质量稳中有升。

推进融合教育发展。2021 年积极推进特殊教育与普通教育融合，全区义务段特殊学生入学率 100%，160 名学生全部录入 IEP 个别化教育系统。选派 4 位教师参加市特殊教育教师基本功大赛，2 人获市一等奖、2 人获市二等奖，练市小学姚红叶和菱湖一中杨云成老师分获省基本功大赛一等奖和三等奖，实现南浔区特殊教育班主任大赛历史性突破。

落地落实“双减”政策。继续完善课后服务措施，优化服务内容与形式，增加拓展性课程开设，不断提升服务品质，2021 年校内托管服务全覆盖，全区 37 所义务段学校参加课后服务学生 33719 人，参与率 86.30%。参加课后服务教师 2688 人，参与率 93.53%。严格加强中小学生作业、睡眠、手机、读物、体质等“五项管理”，助力“双减”提质增效。

【德育工作】 2021 年，以立德树人为根本任务，深入培育和践行社会主义核心价值观，以“四园”（美丽校园、文明校园、文化校园、人文校园）联创、最美家风扬校风活动等开展为依托，全面推进全区中小学文化校园建设，积极营造健康和谐的育人氛围，扎实做好全区中小学育人工作。

“四园联创”巩固文明创建成果。各校加大文化校园创建力度，把“四园联创”建设作为重大课题，努力建设有特色的文化校园，推动美丽校园、文明校园、文化校园、人文校园的建设，区级以上文明校园全覆盖。开展文明实践活动，助力文明典范城市创建。利用寒暑假组织 6500 余名中小学生走出校园，走向社区，开展“争当环保小卫士”、文明宣讲员等实践活动，组建“小手拉大手”志愿者服务队 100 余支，将文明理念传达到每个家庭。围绕“最美家风扬校风”建设活动，推动移风易俗进校园，开展最美家风人物评选活动，评选 10 名“最美家风·移风易俗示范教师”，10 名“最美家风·移风易俗示范少年”。

心理健康教育全面提升。2021 年，全区中小学教师心理健康 C 证及以上持证率 90.4%，B 证持证率达 10.4%。各校做好心理知识宣讲工作，开展学生、家长心理讲座 200 场，制作“爱爱我要帮帮我”小书包扣，发放至全区 39000 余名学生手中，“2251885”心理热线知晓率达 100%，发放“给家长的一封信”20 万余封，承办省社会心理学会 2021 年学术年会并发言。各学校开设好隔周一节心理健康教育课，开展学生心理问题普测，建立学生心理档案，确定高危学生心理危机类别。全面提升各校心理健康辅导站硬件环境建设，完成 4 所新居民学校的省心理健康辅导站标准化建设，学校心理健康辅导站全面覆盖，顺利打造 10 所区五星级心理健康教育示范校，创成一个省一级心理健康辅导站。

主题教育彰显特色。2021 年各校开展“四史”学习教育实践活动，强化思想引领。组织全区中小学生开展“听党话、感党恩，争做生态文明好少年”主题征文比赛；组织小学 1～2 年级学生开展“读红色书籍、传承革命精神”的讲故事比赛；组织开展读红色家书活动，开展以“红色文化”为主的研学活动，全区 37 所公办学校学生研学活动参与率 100%，培养学生对党和祖国的朴素情感，确保红色基因代代相传。推进无毒校园建设，积极开展禁毒“五个一”活动，组织开展教学案例和禁毒征文评比活动，全区所有五年级以上学生完成禁毒平台学时课时和“2021 年全国青少年禁毒知识竞赛”，参与率达 100%。拓宽劳动实践途径，发挥劳动实践综合育人功能。学校组织学生参与校内劳动、校外实践和家务劳动，加强劳动实践教育，促进学生形成良好的劳动习惯和积极的劳动态度。2021 年培育市劳动教育实验学校 10 所，申报创建成功 2 个省级劳动基地。

家庭教育指导凸显特色。建立健全家庭、学校、社会全面参与的协同育人机制。家访工作常态化，2021 年对每位学生入户家访不少于一次。完善家长委员会建设，充分履行家长委员会管理监督职责。办好家长学校，健全家庭教育指导服务体系，各学校配备好 2 名校内外家庭教育指导老师，开展家庭教育讲座 100 余场，宣传普及科学家庭教育知识，增进亲子有效沟通。2021 年创建市级“家长示范学校”2 所，创建省数字家长学校 30 所。

生态文明教育常态开展。2021 年继续全面优化学校生态环境，着力加强中小学生生态文明教育。通过用好宣传阵地、开设生态课堂、开展主题活动、建设美丽校园等举措，使生态文明的理念深入校园、深入人心。全区中小学开展“在美丽街巷寻找湖州记忆”征文，感受湖州生态文明建设成果，培育学生家乡情怀，区级获奖 101 份作品；开展垃圾分类金点子征集活动，区级获奖 184 份作品。

科技创新教育出成果。积极组织学生参加各级各类科技创新比赛。在第 17 届浙江省青少年电脑机器人竞赛（虚拟机器人竞赛项目）中，获一等奖 2 项；在 2021 年湖州市青少年电脑机器人大赛中，获一等奖 4 项；在第 35 届湖州市青少年科技创新大赛中，获一等奖 12 项，有 12 项作品被选送参加第 35 届浙江省青少年科技创新大赛。重兆小学等 7 所学校被评为第三批“湖州市科技创新教育特色示范学校”。

育人队伍培养展风采。各中小学校利用校级班主任工作室建立分层次、专业化、系统化的班主任培训管理体系，进一步提高年轻班主任的基本功素质和工作能力，促进班主任专业成长和发展。2021 年建立 1 个省级班主任工作室、1 个市级班主任工作室、3 个区级班主任工作室、47 个校级班主任工作室。构建“四级班主任”专业成长体系。2021 年评选新锐班主任 50 人、骨干型班主任 30 人、名班主任 20 人和功勋班主任 10 人。

少先队活动增添活力。组织开展“童心向党，致敬建党 100 周年”“致敬百年伟业　争做‘真善美’好队员”等活动，引领少年儿童树立正确的理想信念。扎实做好选树评选活动，通过“真善美”大寻访致力打造青少年身边可比可学的“偶像式榜样集群”，选树区级好少年 26 人，推优入选省级荣誉 4 人，市级荣誉 7 人，湖州师范学院南浔附属小学学生林子轩作为全市唯一少先队员荣获省级“新时代好少年”。打造一支优秀的少先队辅导员队伍，2021 年开展辅导员专题培训 2 次，4 名优秀校内外辅导员获省、市荣誉称号。深化红领巾宣讲团，集结各界力量，深入学校、社区开展“开学法治第一课”“红领巾学院大讲堂”“与浙大学霸面对面”“中高考解压大宣讲”等宣传教育活动 89 场，全区 37 所中小学全覆盖。通过“国旗下讲话”“红领巾广播站”等，每月开展一次“四史”宣讲，引领少年儿童树立正确的理想信念。强化学校少工委建设，全区 100%建立学校少工委。构建少先队员阶梯式成长激励体系，递进开展分批入队、分段教育、分级激励，落实“红领巾爱学习”网上主题队课学习，“请党放心　强国有我”主题活动课网上录入率 100%。组织全区辅导员学习省少先队争章体系，鼓励各校创新开展校级“红领巾奖章”争章活动。

【体育工作】　2021 年，贯彻落实习近平总书记关于教育、体育的重要论述和全国教育大会精神，把学校体育工作摆在更加突出位置，进一步加强全区学校体育工作，促进青少年身心健康、体魄强健、全面发展。

严格落实体育课时要求。开齐开足国家规定的体育与健康课程，1～2 年级每周 4 节，3～9 年级每周 3 节。实施“2221”（上午、下午 2 次阳光课间活动，2 次眼保健操和 2 次望远锻炼，保证学生每天 1 小时校园体育活动）工程，“阳光大课间”活动实行全员跑操制，初中每日长跑确保 1000 米以上。

着力深化体育课程改革。各校研究制定运动项目教学指南，以足球、篮球和排球“三大球”为重点，普及羽毛球、乒乓球、武术、健美操等常规项目，让学生熟练掌握一至两项运动技能，确保每位学生至少参加 1 个体育社团，逐步形成“一校一品”“一校多品”的课程模式。南浔开发区实验学校连续 6 年蝉联市中学男子排球比赛冠军。

开展“以体育人”体育综合素养监测。出台《南浔区“以体育人”学生体育综合素养监测方案》，2021 年上半年对全区 30 所学校五年级 4541 名学生，进行国家学生体质健康标准测试项目和体育技能技巧类项目的监测，对每位学生进行 50 米×8 往返跑、仰卧起坐和立定跳远三个项目的测试，每项 10 分，总分 30 分。全区满分率 9.163%，女生平均分为 25.024 分，男生平均分为 23.435 分。

建立健全体育竞赛体系。组织篮球、排球、游泳等近 10 项学生赛事，思进小学曲棍球等校园体育运动新闻登上央视新闻周刊。构建“校园足球”体育三级竞赛模式，形成“校内有比赛、校际友谊赛、区级有选拔”的校园足球竞赛活动新格局。截至年末，全区学校已组建 32 支足球运动队，已创建 14 所全国校园足球特色学校、8 所省级校园足球特色学校。2021 年，练市小学在市中小学生足球比赛中 2 个项目获一等奖，2 个项目获二等奖。

配齐配强体育专任教师。多渠道补充体育教师，建立多元化专兼职体育师资队伍。引进多名退役运动员担任体育教师，兼任学校体育社团训练工作。鼓励中小学实行全员体育教师制，练市小学、思进小学等四所学校开展全体教师篮球专项培训。

不断完善体育评价机制。按照国家要求，开展学校体育工作评估和实施年度报告制度。学生参加体育活动情况、学生体质健康状况和运动技能等纳入学生综合素质评价体系和评优评先标准。继续推行体育、艺术积分榜，助推学校体育活动积极开展，纳入学校年度发展性评估考核。

【艺术工作】　开齐开足艺术教育课程。坚持面向全体学生，按照课程标准和教材内容进行教学，发展和展示学生兴趣爱好。每年开展音乐、美术等艺术素养监测，抽测结果按一定比例分值纳入学校考核，有效督促学校开齐开足艺术教育课程。

提升艺术师资队伍建设。全区艺术师资队伍配备较合理，队伍较稳定。研训中心通过各种培训活动、各类教学业务评比等活动不断提升艺术教师专业素质。2021 年 7 月组织全体艺术教师艺术素养大赛；11 月邀请区文化馆馆长陈康新做舞蹈创作专题培训。

艺术教育活动常态开展。组织开展2021年南浔区中小学生艺术节活动，涵盖舞蹈、戏曲、平面设计、立体造型等7个项目，收到作品600余份，遴选优秀作品送市参加比赛，获市一等奖55件。练市一中的声乐作品《热带的地方》《四季的问候》荣获省艺术节现场展演一等奖。11月组织开展2021年南浔区中小学生艺术节现场展演，选送节目在市比赛中荣获一等奖7个、二等奖3个。

【民生工程】 坚持以人为本，贯彻落实科学发展观，以教育公平、和谐发展为目标，进一步加强“教共体建设”和“望远心远，预防近视”，促进南浔区教育全面发展。

全面推进教共体建设，促进教育均衡发展。根据《浙江省教育厅等四部门关于新时代城乡义务教育共同体建设的指导意见》精神，全面推进教共体建设。出台《南浔区新时代城乡义务教育共同体建设实施方案》，2021年，全区公办中小学教共体建设实现全覆盖，其中融合型、共建型结对22所。指导结对学校教师通过线上线下多形式开展集体备课、教学诊断和主题研修活动。完成同步课堂420余节，受益学生达2万余人次；教师线上、线下研修活动160余次，教师参与人数达1600多人次。《从“块状分割”走向“条块结合”——管理体系改革赋能“教共体”融合发展》认定为浙江省城乡义务教育共同体区域典型案例。进一步加强过程管理和绩效评价，教育共同体建设工作纳入学校发展性目标考核。

“望远心远，预防近视”全民推进。始终坚持在儿童青少年近视防控的科学化、信息化、全员化、系统化上发力，实施综合防控系列“组合拳”，形成“政府主导、学校主体、医教协同、部门协作、家校联动”的近视防控模式。深入实施“2221”工程，深入推进“一歌二操三望四育”（每个学生会传唱1首预防近视歌曲；每天做2次眼保健操；每天确保3个课间进行望远锻炼；培育有“人文底蕴”“健康生活”“责任担当”“科学精神”的青少年儿童）的“望远心远”防控模式，开展教室、课桌、坐姿“三达标”活动，各乡镇（开发区）全区公办学校实现可调节课桌椅全覆盖；11月委托各乡镇有资质的6家眼镜店组织全区中小学（幼儿园）学生视力健康普查工作，全面检测全区幼儿（5.5～6周岁）、小学、初中、高中学生的裸眼视力、矫正视力，检测结果为54.85%，较2020年下降1.47个百分点。

·成职教育·

【概况】 全区有省标准化成人文化技术学校（以下简称“成校”）9所，省示范性成校4所，省一级成校4所，省二级成校1所；市级现代化示范成校4所；省社区教育示范成校2所；省新型农民素质教育示范校2所；省现代化成人（社区）学校5所，省成教品牌项目5个，省现代化社区学校3所。2021年，成校在编教师60人（含1名职工）；菱湖成校和双林成校顺利创建浙江省人民政府督导开展的“省现代化社区学校”。

【成人（社区）教育】 按照区教育局总体要求和成职教育工作计划，积极组织开展成人（社区）教育，圆满完成全年任务。

成人“双证制”教育“需培尽培”。完善成人“双证制”教育培训的有关规章制度，按照成人学习特点，从方便成人学习要求出发，合理安排文化课面授时间，帮助学员克服工学矛盾，确保文化课面授时间；严肃考试纪律，接受社会监督，杜绝违规行为，继续保持全年零投诉零举报。2021年双证制毕业962人，助力提高民众文化需求和受教育年限。

成人学历教育获得稳步发展。全区成校为满足群众学历提升需求，积极与大专院校合作开展成人学历教育，农民大学生和其他高学历毕业近400人。

家政服务人才培训圆满完成。全区所有乡镇成校积极开展“家政服务员”“育婴师”“西式面点”等专业培训，9所成校完成2522人，超额完成目标任务。

社区教育发展呈现新亮点。按照《湖州市南浔区人民政府办公室关于推进社区教育工作的实施意见》精神，各镇积极开展社区教育活动和全民终身学习活动周开幕式。2021年，全区全民终身学习活动周开幕式由双林镇承办，11月26日顺利开展，刊印南浔区成人（社区）教育办学成果汇编《携手跨越“数字鸿沟” 聚力实现共同富裕》，为进一步推动全民终身学习、营造“人人皆学、处处可学”氛围打下扎实基础。

首推“‘一二四’普法教育培训进文化礼堂”活动。年初下发《南浔区关于“‘一二四’普法教育培训进文化礼堂”的活动实施方案》，及时指导各社区教育中心做好培训启动工作，全年共开展活动161场，受益群众16066人。

2021年，南浔区各社区教育中心以农村文化礼堂为载体，以红色教育、农民素质提升培训、青少年校外教育、老年人健康教育、普法教育、垃圾精准分类培训、地方特色文化传承培训和好家风好家训教育等课程为主要内容，积极推进社区教育进文化礼堂，宣传社会主义核心价值观，发扬和传承中华优秀传统文化，提升农村广大居民综合素养，服务乡村振兴，建设水晶晶南浔。全年共开展928场，达6.81万人次，超额完成场次计划的12.6%，文化礼堂进驻覆盖率100%。

继续推进老年教育，南浔区老年大学本部及各镇（街道）教学点全年开设149个学制班，教育培训人数达4993人。全区顺利开展老年人智能技术应用普及培训，截至12月末，已完成培训300场次，服务总人次达51571人次，编教材9本，在编教材6本，已建视频资源102个，在建视频资源7个，总投入34.35万元，组织编写社区教育读本《携手跨越“数字鸿沟” 聚力实现共同富裕》。老年教育内容丰富，形式多样，老年社团蓬勃发展，圆满完成全区6300个学位的老年教育任务。全区开展老年人教育培训109276人次，占老年常住人口的74.76%。

其他各类培训工作再创新高。高质量完成农民素质提升工程全年培训任务。劳动力培训总量达169905人次，占全区常住人口的31.3%。注重市场开拓，全力组织教育培训和文化活动进社区、进文化礼堂，组织举办规模特色文化艺术活动258场。

指导社区教育学院开展工作。组织开展全民终身学习，推进学习型社会建设。组织南浔区暨双林镇第五届全民终身学习活动周启动仪式，指导各镇开展全民终身学习活动周活动，组织各镇学习型组织、学习型个人和学习型社团的评比工作。指导各镇开展社区教育进村文化礼堂活动，丰富学习内容，创新学习形式，规划培训（活动）内容，开发地方特色课程、乡土教材。学分银行管理工作。规划全区学分银行管理工作，制定成果录入目标数。指导各镇学分银行受理点开展社区教育培训成果存入省学分银行工作，审核各镇受理点项目、课程和学员成果的导入，退回不符合要求的成果。全年社会培训成果存入省学分银行占全区常住人口的23.78%，突破占比20%的标准。大力开展老年教育。2021年，南浔区老年大学本部正式招收九大专业14个班231名学员，全区学制类老年大学在册学员达3810人。为迎接中国共产党成立100周年，讴歌党的光辉历程，传承和弘扬中华优秀传统文化，区老年大学本部和各镇教学点成功举办老年教育成果汇报展示，开展老年排舞、摄影、绘画和书法评比，让老年同志“老有所学、老有所乐、老有所为”。依托第三年龄学堂大力开展老年在线教育，通过登录平台免费学习有关养生保健、休闲生活、投资理财、科技数码、市民教育、生活环境和文化素养为主题的线上教学课程，已注册2.8万多人。

【职业技能培训】 根据《湖州市教育局关于做好2020年湖州市职业院校（含乡镇成校）开展职业培训有关工作的通知》，南浔区2021年计划培训任务7500人次，通过与区人力资源和社会保障局的合作，完成技能培训9836人次，其中高技能培训4085人次，超额完成年度任务。教育局重点面向“两后生”即预备劳动力培训，通过与湖州交通技师学院、湖州现代农业学校合作培训，完成238人。家政服务人才培训，9所成校完成2522人，超额完成目标（2000人）。

·民办教育·

【概况】 全区有民办中小学6所，其中2所为九年一贯制学校；民办幼儿园20所；民办学科类培训机构在“双减”政策实施后，由原先的65家减至10家，且均为非营利性学科类培训机构。学科类培训机构均建立资金监管账户，资金监管平台正在建设中。

【民办机构“压减”】 为认真贯彻落实中央“双减”文件精神及国家、省、市关于“双减”工作的决策部署，扎实推进落实“双减”政策，教育局多措并举稳步开展南浔区学科类校外培训机构转登工作。通过前期开展培训、排摸分类，中期部门联动、专窗办理，后期持续引导、一对一突破，南浔区于11月提前完成45家营利性学科类培训机构的转登工作，完成清零，其中注销21家，转非学科类19家，转非营利性5家；于12月完成20家非营利性学科类培训机构转登工作，其中注销8家，转非学科类7家，修订章程后继续营业5家。

开展培训，落实政策精神。在湖州市“双减”工作领导小组召开校外培训机构“双减”转登工作条线会议后，区教育局迅速落实会议精神，召开学科类校外培训机构转登工作钉钉视频会，详细传达省、市对“双减”转登工作的政策要求，明确“双减”转登工作的具体任务和具体流程。

排摸分类，建立三色清单。成立排摸组，了解机构转登意向并按“红黄蓝”三色对65家机构分类登记。按“注销、转型、继续办学”分批有序推进转登工作。

部门联动，加强信息共享。积极对接市场监管、民政、文广旅体、科技部门，随时互通转登进程信息，通过其他部门的办理反馈信息，主动对接机构，引导及时办理注销、变更、登记业务。

绿色通道，专窗快速办。在区行政中心开辟绿色通道，设立校外培训机构转登专窗，专人专窗提供咨询、受理等一条龙服务，以最快速度为机构完成办理。

持续引导，一对一服务。为保证“双减”工作的顺利开展，针对后期4家注销困难培训机构，通过电话、上门面对面沟通等方式，持续做好举办者思想工作，为机构提供上门、一对一服务，保证转登工作顺利完成。

【民办教育协会】 5月，湖州市南浔区民办教育协会召开会员大会，顺利完成协会换届及社会团体法人证书到期换证事宜。

·跑改工作·

【概况】 根据省、市、区关于深化“最多跑一次”改革的工作要求，认真完成区政务服务管理办公室布置的任务，进一步做好改革重点工作落实，不断提升跑改工作成效。

按照2021年最新的办事指南手册中的要求，及时完成政务网事项库办事指南信息修改、维护及问题反馈工作。2021年，区教育局行政许可事项数量为22项，跑零次率100%，即办率100%。及时上报每月的电话回访月报任务及办件事项清单填报。重视2.0事项受理工作。2021年，区教育局年收件量316件，其中2.0收件量302件，年2.0收件率95.57%。做好办件异常数据处理工作，积极对接区政务服务管理办公室、杭州容博教育科技有限公司等单位，解决幼儿入园异常办件36件。

【综合查一次】 联合区民政局、区市场监督管理局、区消防救援大队、区综合行政执法局等部门，针对校外培训机构的办学行为、证照问题、登记事项、明码标价事项、消防产品质量、消防安全等问题进行联合执法。对执法过程中发现的疫情防控消毒不到位、信息公示不全、垃圾分类不到位、缺少对用电安全、疏散通道的日常巡查等问题进行反馈并发出限期整改通知单。2021年共对16家机构进行联合执法，发现问题3个，均已完成整改。

·办学条件·

【概况】 实施学前扩容工程建设。幼儿园打包建设项目快速弥补学前教育点多、小、散的短板，2019年开始实施委托交投集团打包建设幼儿园项目，至2021年年末已完成建设10所，全部投入使用，新增学前学位3060个。继续推进千金幼儿园扩建，下昂幼儿园、双林镇苕南幼儿园、莫蓉幼儿园建设，计划于2022年5月完成建设，秋季投入使用。城镇住宅小区配套幼儿园建设项目，完成碧桂园凤浔府阳安幼儿园、碧浔府虹阳幼儿园2所装修提升并投入使用。全面启动公办幼儿园托幼一体化建设，率先实施公办园托幼一体化全覆盖。实施义务教育扩容提质工程建设。2021年完成投资9.4亿元，南浔实验小学（高铁新城校区）、褚家漾小学完成主体结顶，善琏学校教学楼完成建设，双林二中整体改建完成基础施工，双林镇西小学综合楼开工建设。启动镇海中学南浔分校、育才学校、马腰小学、和孚中学、旧馆小学、菱湖实验小学等新建、异地迁建项目前期工作。深入实施校园和美化、食堂优等化建设。2021年投入3600余万元完成对全区64所学校（幼儿园）维修改造项目，全面提升学校校园环境、校园文化、功能教室的品质，为创建全省现代化学校打下坚实基础。有序推进其他教育项目建设。完成南浔高级中学项目一期建设，秋季开学顺利投入使用。浙江水利水电学院南浔校区项目，图书综合楼、行政综合楼、学科组团（东、西）、西食堂、员工宿舍、校医院、书院一、书院二、体育馆及体育场、会堂等单体已全部结顶，全面进入室内装修阶段。浙江同济科技职业学院南浔产教融合基地项目（原南浔中学校区改造项目），完成施工招标。

【阶段推进布局调整工程】 根据《南浔区义务教育布局调整规划》，撤并学校和组建教育共同体。2021 年完成撤横街小学并入横街中学成立横街学校，撤思进小学、利民小学、向阳小学初中部，新组建育才中学，8 月完成布局调整，秋季开学投入使用。组建菱湖一中教育共同体，核心校为菱湖一中校区，成员校为下昂校区（原菱湖三中，融合型）、千金中学校区（共建型）、石淙学校校区（共建型），组建菱湖实验小学教育共同体，核心校为菱湖实验小学校区，成员校为下昂校区（原菱湖三小，融合型）、凤凰校区（原菱湖五小，融合型）、千金小学校区（共建型）、石淙学校校区（共建型）。

【教育经费】 2021 年度，全区教育经费总收入 169948.59 万元，比 2020 年度 142265.5 万元，增长 19.46%。2021 年，全区公共财政预算教育经费 111877 万元，比 2020 年增长 10.90%；全区人均预算内经费支出 2060.77 元，比 2020 年 1819.89 元，增长 13.24%。2021 年，区委、区政府把不断提高教师待遇作为政府教育履职的重要内容，切实提高教师待遇水平，公办学校教职工人均收入持续快速增长，初中教职工年人均收入达 229816.15 元，比 2020 年的 187421.78 元，增长 22.62%；小学教职工年人均收入达 235933.98 元，比 2020 年的 196849.16 元，增长 19.86%。

【财务管理】 认真贯彻省、市、区教育经费管理的政策性规定，提高教育经费使用效益。加强学校资产管理，全面实施“政采云”平台政府采购制度，规范采购行为。严格“三公”经费管理，认真贯彻落实省、市、区出台的差旅费、会议费、招待费等财务报销新规定；加强财务审计，对发现问题及时落实整改，切实提高学校财务管理水平。认真贯彻落实省、市关于中小学学校食堂管理的文件精神，进一步规范学校财务管理。

【条件装备】 全面实施“装备现代化”工程，2021 年投入 1160 余万元，完成 33 所中小学教育装备更新和升级，主要包括：多媒体、计算机、创客实验室设备、音响系统、课桌椅、同步课堂设备、LED 屏、新型教学空间、电子班牌、VR 实验室等；投入 950 万元，建成中考标准化考点 7 个（142 个考场）、初中英语听力测试标准化教室 23 个。推进信息技术与教育教学的深度融合，30 所学校开设数字家长学校，义务教育城乡结对同步课堂和网络研修实现全覆盖。新增 1.0 版智慧校园 5 所、2.0 版智慧校园 2 所，全区 80%学校达到 1.0 版以上，35%学校达到 2.0 版。

·队伍建设·

【概况】 2021 年度，南浔区中学、小学、成校、幼儿园等各类学校在编公办教职工共 2728 人，中学教师 927 人，小学教师 1460 人，成校教师 60 人，幼儿教师 212 人，直属事业单位 69 人。截至 2021 年年末，全区共有离退休教职工 1693 人。新入编教职工 173 人，其中，招聘 155 人，区外调入 18 人；出编教职工 83 人，其中，调出 30 人，解聘 2 人，退休 50 人，在职死亡 1 人。

【师德建设】 落实中小学教师师德建设长效机制，开展“敬业立学　崇德尚美”师德主题教育。2021 年度印发《师德教育文件汇编》，进一步树立教书育人良好形象，组队参加市师德师风辩论赛，获第三名。举行师德征文活动，收到征文 238 篇，评出一等奖 45 篇，二等奖 71 篇、三等奖 74 篇。菱湖实验小学冯建囡、双林镇庆同小学姜松青获市第五届春蚕奖，湖州师范学院南浔附属小学章锦梅被评为市第五届红烛奖，区教育局组织人事科沈春芳、南浔锦绣实验学校马会仁、湖州师范学院南浔附属小学钱琴被评为区第四届劳动模范。

【教师管理】 积极招聘优秀专业人才，本着公开、公平、公正原则，面向省内高校提前招聘 27 名应届优秀师范类毕业生；采取异地出卷阅卷、外聘评委、当场宣布成绩、全程监督、阳光选岗的方式招聘应届毕业生 61 人、社会人员 55 人。积极引进优秀教育人才，引进特级教师 9 人，正高级教师 5 人。

省第十批第一期援疆支教人才（锦绣实验学校蒋香明、双林庆同小学吴泉辉）和省第二批“援藏援疆万名教师支教计划”人才（南浔开发区实验学校倪建新、南浔镇幼儿园谈丽芳、和孚中学章振海）7 月结束援疆返回；省第十批第二期援疆支教人才（和孚中学张红建、宏达南浔学校吴娟美）8 月分赴新疆柯坪第一中学、柯坪第一小学从事支教工作；四川广安市广安区“东西部扶贫”对口支援人才（石淙学校丁洪英、湖师院南浔附小蒋敏）结束援川返回，练市小学吴建芳、南浔锦绣实验学校毛志凤、浔溪中学万青兰 8 月赴四川广安市广安区开展“东西部扶贫”对口支援工作。

以“三名工作室”（名师工作室、名班主任工作室、名校长工作室）为载体，通过“五级培训”（主题项目、联片研训、研训一体、合作办学、混合研修），实施新一轮教师专业发展全员培训，组织各类培训项目 80 个，完成培训 5053 人次，有效提升全区教师素养和能力，不断提升教育发展内涵。据统计，教师区级及以上获奖 1680 人次，一等奖 350 人次，二等奖 588 人次，三等奖 742 人次（市组织各项教学评比中，获一等奖 83 人次、二等奖 157 人次、三等奖 162 人次）。教育教学研究和培训中心张建权、褚水林、倪丹英和南浔锦绣实验学校沈跃群、张国良续聘市级名师工作室导师，南浔开发区实验学校姜晓翔晋升正高级教师，区研训中心倪丹英被评为 2021 年“南太湖特支计划”教育领军人才，南浔锦绣实验学校刘广萍等 10 人被评为市六届教学能手，南浔实验幼儿园顾晓霞等 8 人获评湖州市第十三届教坛新秀。

第四期“三名工作室”由从 23 个增至 26 个，导师 26 人、外聘顾问 5 人，239 位学员遍布全区所有学校。2021 年开展学习培训 326 次，培训学员 3060 余人次，加快骨干培养和成长。

2021 年，全区 31 所公办中小学（含九年一贯制）的 2387 名教师参与“县管校聘”适岗竞聘工作，跨校成功竞聘 131 人、辞职 2 人、由教辅回归教学一线 1 人。

2021 年办理浙江省任教 30 年教师荣誉证书 57 人。

【教师专技评审】 加强教师专业技术年度考核，对 2616 名专业技术人员进行年度考核，优秀称职 384 人，占专业技术人员总数的 14.68%，2231 人为称职，4 人由于长病假未参加考核，1 人未定等次。

根据省、市教师职称评审相关文件精神，结合南浔区教师交流和县管校聘的实际，全面开展深化中小学教师职称制度改革。2021 年，申报正高级职称 1 人，推荐上报 1 人，通过 1 人；申报教育管理副研究员 2 人，通过 2 人；申报高级教师 82 人，其中，中学报考 43 人，通过 17 人，小学、幼儿园报考 39 人，通过 14 人；申报一级教师 265 人，其中，中学报考 44 人，通过 29 人，小学、幼儿园报考 221 人，通过 122 人；初级职称报考 204 人，通过 149 人。

【教师资格认定】 完成 2021 年教师资格认定：网上申报对象 190 人，严格按照网上申报、现场确认等程序，最终 182 人取得相应教师资格证书，取得初中教师资格 46 人、小学教师资格 90 人、幼儿园教师资格 46 人。

【教师工资福利】 2021 年继续实行农村特岗教师津贴及乡镇工作补贴，在原绩效工资的基础上，教育教学质量奖人均 2696 元，年终考核奖人均 84200 元。退休教师年终福利人均 20250 元。

【民办教师基保】 根据浙人社发〔2011〕222 号《关于调整城乡居民社会养老保险部分参保人员待遇政策的通知》精神，2021 年继续做好扫尾工作，截至 12 月末，有 8 人经审核并上报区城乡居民社会养老保险服务中心。

·教育督导·

【概况】 2021 年，教育督导室紧紧围绕上级教育督导工作部署和教育工作改革发展的重点任务，深入贯彻落实《教育督导条例》，有效履行督政、督学、评估职责，有力落实依法治教、依法治校工作，着力加快义务教育优质均衡发展，稳步推进省现代化学校创建，全面提升区域现代化水平。

【督政工作】 积极谋划政府履职考核工作。结合历年政府履职考核工作要求，年初拟定并印发“对市县级人民政府履行教育职责督导评价体系及责任科室一览表”，作为各科室、各直属事业单位谋划 2021 年工作思路的依据，并贯彻落实在日常工作中，做到提前准备，有备无患，确保在政府履职考核中获得优秀级。

深入推进全国义务教育优质均衡发展区创建工作。每学期组织各中小学对照《县域义务教育优质均衡发展督导评估办法》，自查家底，列出存在的主要问题，落实整改措施和完成时间，全面掌握全区在创建工作中的薄弱环节。下半年根据《浙江省人民政府教育督导委员会办公室关于做好2021年度县域义务教育优质均衡发展监测工作的通知》精神，指导学校在监测系统中填报相关数据，逐一审核。

有序推进浙江省现代化学校创建工作。2月启动2021年省现代化学校申报工作，拟定《关于加快创建“浙江省现代化学校”的实施方案》，组织召开浙江省现代化学校争创培训会。按上级争创时间节点要求及分配名额，在区级初审基础上择优推荐中小成幼共9所学校至市，多次组织专家对争创学校进行材料审核及实地创建指导。双林成校、菱湖成校、双林庆同小学、宏达学校、浔溪中学5所学校成功创建为浙江省现代化学校。截至2021年年末，全区共有8所学校创建成功。

协同推进全国学前教育普及普惠区创建工作。成立创建工作领导小组，明确有关部门、镇（街道）和幼儿园工作职责。协同学前办组织各幼儿园深入学习并认真对照《浙江省学前教育普及普惠县督导评估细则》，开展自查整改，梳理汇总创建尚存问题并报局党委办公会议审议，积极为“全国学前教育普及普惠区”的创建工作做准备。

加强教育现代化发展水平监测数据应用。及时撰写《关于做好2020年教育现代化发展水平监测工作的情况汇报》，建议各科室认真研读指标细则，明确指标内涵与计算办法，对标对表查漏补缺，落实有效整改措施，加强上下沟通联系，及时了解相关信息，配合相关科室指导学校做好事业、经费、装备等年报工作，确保相关数据、信息准确，做好教育满意度调查结果的分析和提升。南浔区2020年度教育现代化发展水平总得分83.29分，高于全省平均9.71分，在全省90个县（市、区）中处于A等，湖州市排名第一位。

【督学工作】　强化督学队伍建设。重新调整与聘任第六届责任督学队伍，建立教育督导联络员制度。全区现有责任区督学40人，教育督导联络员87人，覆盖全区各级各类学校。根据省、市督学培训安排，积极组织部分责任督学参加省、市责任督学培训班，以提高责任督学的业务素质和督导水平。

开展各类督查工作。结合上级教育督导部门的要求，组织责任督学完成2021年幼儿园办园行为督导，评估组对15所幼儿园（公办9所，民办6所）从办园条件、安全卫生、保育教育、教职工队伍、内部管理5个方面内容进行严格督导评估，全面了解被督导幼儿园办园情况。完成义务教育教师工资待遇、疫情防控等专项督导工作。各责任督学开展每月不少于一次的经常性督导，监督指导学校管理和教育教学工作、安全工作，对督导中发现的问题，督促学校加以整改。

【发展性评估】　完善评估办法。5月，根据省、市对县区考核要求、“两区”创建指标及南浔教育本年度重点推进工作需要，启动各类评估方案修订。在广泛征求意见、科室协同修订基础上，统筹梳理前一学年度各类考评办法，形成体现南浔特色、涵盖各级各类学校的评估方案。6月，下发《关于印发〈2020—2021学年度南浔区各级各类学校发展性评估办法〉的通知》。

组织开展评估。9月，对全区36所幼儿园开展2019—2020学年发展性现场评估工作。10—11月开展中小学校发展性评价考核，组成中学、小学两个评估组对16所中学（含九年一贯制）、20所小学分别进行评估。12月，对4所新居民子女学校、9所成校进行年度发展性评估。及时完成全区85所学校（园）的发展性评估数据统计、材料汇总工作，发文公布考核结果。

强化结果运用。及时将考核明细得分下发给学校，以便学校查漏补缺，考核结果与奖励性绩效工资、教育质量奖等发放挂钩。教育督导室牵头完成2021年度省对区教育工作业绩考核、2021年度市对区县教育重点工作考核等自查自评工作。

【依法治校】　指导学校做好章程与三年发展规划的修订。组织学校根据《浙江省事业单位章程管理暂行办法》做好章程自查与修订；本年度为两轮三年发展规划的交替期，督导室督促并指导学校做好前一轮三年发展规划（2018年9月至2021年8月）的实施总结与新一轮三年发展规划（2021年8月至2024年9月）的制定、实施工作。

全面实施法律顾问和法治副校长制度。全区所有中小学、公办幼儿园聘请有资质的律师担任学校

（幼儿园）兼职法律顾问，同时聘请公安、检察院、司法系统专业人员担任各学校法治副校长，覆盖面达 100%。

深入开展法治宣传教育。依托“红色星期六党日活动”、暑期读书培训会、专题讲座等形式，深入学习《中华人民共和国宪法》《中华人民共和国教师法》等教育法律法规，进一步增强学校领导干部和广大教师法治理念，提升依法治校能力；全面落实“法治五有”各项任务，做到有教材、有师资、有课时、有活动、有评价，确保在校学生都得到基本法治知识教育；邀请法律顾问、法治副校长等专业人士，配合学校周队日、安全教育月、宪法宣传周、学校寒暑假放假前等时间节点开展安全知识、交通法规、消防、禁毒、民法典等法律宣传教育活动。

积极开展法治实践活动。结合实际组织开展全省第六届学生“学宪法讲宪法”活动，积极参与“宪法小卫士”活动，结合第八个国家宪法日暨教育系统宪法学习周活动，各校及时连线、积极参与教育部组织开展的全国中小学生“宪法晨读”活动。各校因校制宜，与法院、检察院、公安、司法等部门合作，开展“法治进校园”“检察官进校园”等系列“进校园”活动及参观“南浔区未成年人道德法治体验馆”等法治研学活动。

·监察审计·

【概况】 督导监察室（监察审计）深入贯彻中央八项规定精神和省委“36 条办法”、省教育厅“24 项要求”等规定，严格落实区教育局党委制定的《2021 年党风廉政建设和反腐败工作要点》，不断完善监察审计工作机制。积极协助局党委落实全面从严治党工作，不断加强“清廉机关”“清廉学校”建设。

【党风廉政建设】 加强警示教育。结合春节、“五一”、教师节等重要时间节点，通过下发文件、案例通报、廉政自查、发送廉政短信等形式强化廉政警示教育。全区 2600 多位党员干部和教职员工开展《中华人民共和国监察法实施条例》等党纪党规和法律法规的学习。一年中局机关开展“党纪教育一刻钟”21 次。

强化正风肃纪。抓住“重点领域、重点人员、重要节点”三个关键环节，不断加大正风肃纪工作力度，督促学校及时整改发现的问题。深入开展教育领域腐败问题整治、中小学有偿补课和教师违规收受礼品礼金问题专项整治、校外培训机构集中治理等教育领域整治工作，向社会公布举报电话和信箱，接受群众监督，不定期组织人员深入基层，进学校进社区排摸检查 30 余次。开展党员干部、公职人员酒驾醉驾及其背后“四风”（形式主义、官僚主义、享乐主义和奢靡之风）问题专项治理，相关问题排摸到每所学校每位教师。

开展廉政风险自查。区教育局领导班子成员和全体科室人员 82 人开展岗位廉政风险排查，填写防控清单，一一对应提出防控举措。

加强清廉学校建设。以“清明政风、清净校风、清正教风、清新学风”建设为目标，深度融合“清廉学校”建设与党建品牌创建、家风家训传承、“四园联创”建设，大力推进依法治校工程、阳光放心工程、师德师风工程建设。召开全区“清廉学校”建设工作推进会，深入开展“一校一品”建设，精心培育“清廉学校”建设示范学校，发挥其示范引领作用，新增区级清廉学校示范校 2 所。截至 2021 年年末，共选树市清廉学校示范校 5 所，区清廉学校示范校 15 所。

支持案件办理。区纪委交办 5 起信访案件，做到及时调查核实，按时处理回复。积极支持纪检监察组查办案件，按要求及时准确提供相关材料，尽可能为案件办理提供方便，对调查中发现的违规违纪行为，根据纪检监察组的意见，经局党委集体研究决定后进行相应处理，举一反三，开展全面自查，建立长效机制。

【审计工作】 严格落实三年常态化轮审与重点审计相结合的审计制度，把省级层面审计通报问题纳入审计重点内容。开展公办幼儿园非编专任教师收入专项审计等 4 个项目，审计发现的问题严格按整改工作实施办法进行整改，整改一件，销号一件，整改率 100%。根据省教育厅有关重大政策落实情况审计调查结果的问题清单，成立整改小组落实整改工作，6 个问题全部按时整改到位。8 月，邀请专家在全区校园长、书记会议上开展财务讲座，学习相关财务制度，重点分析全区学校内部审计中发现的问题，给学校领导敲警钟、划红线。

·平安校园·

【概况】 以省第二轮安全生产综合治理三年行动为核心，紧紧围绕“平安护航建党百年”系列维稳安保任务，深入推进全区平安校园建设，着力防范各类安全事故发生。2021年，全区教育系统安全形势总体良好，未发生一起重大安全事故、安全责任事故和群体性事件。

【安全责任落实】 成立以区教育局局长为组长、副局长为副组长、各科室负责人为成员的安全工作领导小组，切实加强学校安全工作的领导。各学校成立安全工作领导小组，由学校安全办（或综治办）具体负责学校安全工作。局党委会议、局长办公会议和局务会议等多次研究学校安全工作，多次召开全区安全综治会议、每季度安全例会等会议，及时布置相关安全生产工作要求和精神。2021年，组织召开全区校园长工作会议、疫情防控工作会议、健康促进学校创建工作推进会、季度安全例会、校车安全会议、中国共产党成立100周年校园安保维稳专项视频会议、食品安全工作会议等安全工作会议，及时部署全区学校安全维稳工作。年初，区教育局与学校和局机关科室、直属单位签订学校（科室）安全综治管理、校车管理、食品安全、消防安全等各类责任书400余份，将安全工作纳入对学校年度发展性目标考核的重要指标。实行“谁主管、谁负责，谁在岗、谁负责”的安全综治管理体制，形成“安全防范无空岗、安全责任无空档”的无缝管理工作格局。全区学校与在职教师、员工签订安全责任书6000余份，切实把每项安全责任落实到岗、到点、到人、到位。

【维稳和应急工作】 做好春节、“五一”、中国共产党成立100周年、国庆、元旦等重点时段校园安保维稳工作，强化值班值守和信息报送；及时做好校园矛盾纠纷化解工作，强化摸排，及时发现矛盾纠纷苗头，规范矛盾纠纷上报制度，及早、迅速处置，减少因矛盾纠纷产生的社会影响。

【安全教育培训】 开展安全主题教育。区教育局印发《2021年全区学校安全宣传教育工作计划》，分月确定教育内容，集中开展安全宣传教育活动。组织交通安全绘画、防灾减灾画报等各类安全评比活动，市级获奖14人次、区级300余人次。积极向上级部门和区委办报送安全材料和工作动态信息，2021年累计报送信息20余条，《湖州市南浔区持续推进“平安校园”建设》被《浙江政法》录用；《南浔区率先达成3～11周岁人群新冠疫苗接种任务》被“湖州政务”录用，并得到副市长闵云的批示肯定。

开展安全应急演练活动。中小学校每月组织1次、幼儿园每季度组织1次紧急疏散逃生演练，并实现教职员工、学生参与全覆盖，各类安全演练全覆盖，切实提高师生应急避险、自救互救和事故处置能力。2021年，全区学校（幼儿园）制定、修订各类安全应急预案500余个，组织应急疏散演练400余场，参与学生20余万人次。

开展安全岗位培训活动。建立健全安全教育培训制度。会同相关部门，重点加强学校分管领导、安全管理员、保安、食堂从业人员等安全培训，做到“应培尽培”，确保专业岗位从业人员持证上岗率达100%，严禁无证上岗。2021年，共组织各类安全培训（包括安全会议）15次，参加培训2万余人次。

【日常安全管理】 抓实新常态校园疫情和传染病防控工作。根据疫情形势变化，做好疫情数据统计报送，精准排摸人员，配合防控部门做好境外及省外中高风险地区返南浔人员排摸管控等工作。严格落实校园封闭式管理，加强校园内部各项疫情防控管理工作。成立校园疫情防控专班，开展专项督查和“回头看”行动，针对存在问题督促学校整改，效果明显。有序推进接种工作，全区教职工接种率为93.4%，12～17周岁学生完成接种率为94.7%，3～11周岁学生接种工作全市率先完成省定任务，得到副市长闵云的批示肯定。完善校园传染病防控机制，加强卫生安全教育，认真落实学生晨检制度。及时做好雾霾天气、手足口病、诺如病毒感染、流感等特殊气候、突发疫情应对工作。

扎实做好学校安全防范管理。全面建设学校安全风险防控体系，落实中小学幼儿园安全防范工作责任清单化管理；落实校园保安准入长效机制，强化校园保安岗位职责要求；确保校园视频监控、一键式报警器等技防、物防设备设施能有效使用。实施校园安防提升工程，继续投入安防专项资金，为学校安防提升提供有力的保障，2021 年共投入安防专项资金 420 余万元。全面推行校园反恐怖“四联三防”（联建、联保、联防、联控；防车辆冲撞、防刀斧砍杀、防爆炸）建设，大力提升全区学校安防建设硬件条件。

抓实学校交通安全管理。通过调查摸底，掌握每位学生上下学交通方式，强化交通安全教育。召开校车运行管理专项工作会议，全面掌握全区校车接送学校运行与管理状况，梳理存在问题，研究分析对策。“双减”政策出台后，在充分听取多方意见基础上，校车接送以“安全第一”为原则，校车接送时间原则上不作大调整，但根据家长需求，采取早上校车接送晚上家长接送相结合形式。积极配合公安部门开展校门口电动自行车专项治理，通过广泛宣传、微信曝光、现场处罚等方式，提高家长安全骑行自觉性。

抓实学校食品安全管理。联合区市场监督管理局召开校园食品安全视频会议及食品安全管理员培训，提升全区校园食品安全管理员管理能力和全体食堂工作人员整体水平。继续推进 A 级食堂创建工作，截至 2021 年年末，全区共有 56 家食堂被评为 A 级食堂。严格执行食品原材料统一配送规定，通过招投标，制定配送公司准入标准，实现食堂原材料安全源头管控。全面推进“智能阳光厨房”建设，厨房物联感应技术全覆盖，全面推进“天下良仓”采购平台应用，大力提高学校食堂管理智能化水平。组织全区性的校园食品安全管理大检查，通报检查出的 21 类问题，责令相关学校及时整改。

抓实学校消防安全管理。全面加强学校消防安全标准化建设与管理，完善校园消防安全标准化建设制度。开展校园消控室专项整治，强化校园消控室规范管理。加强用电安全管理，加大校园内大功率电器使用、电动车充电使用规范充电桩等用电安全管理的监督力度。全面推进学校消防安全风险普查工作，全方位消除校园消防安全隐患，2021 年，全区校园消防安全风险普查率为 100%。

抓实学生防溺水专项安全管理。不断强化防溺水安全责任与安全意识，分管副区长召开各部门各镇各学校参加的全区防溺水专项安全工作会议，落实责任，强化要求；加大宣传教育，强化家长监管责任，发放《给家长的信》《学生和家长承诺书》，落实防溺水“双千万”工程等措施，突出学校的教育责任、社会的管理责任和家长的监管责任，所有回执均做到 100%回收存档。学校成立防溺水志愿者小分队，结合属地各方力量，开展巡河、宣传等工作，在重点河段竖立警示牌或警示标志；教育局加大督查力度，组织开展 3 次防溺水专项检查，督查防溺水安全工作落实情况。

【校园及周边综合治理】 建立常态化安全隐患排查整治机制。大力推进校园周边综合治理信息化建设工作；深入实施校园上下学高峰期间实行“5+3”（每日签到监督机制、每周检查机制、每月会商机制、每学期总结机制、每年度等级评定机制；责任民警公示、巡查时段公示、社会监督公示）工作机制；联合公安等部门开展校门口“三见”（见警车、见警灯、见警力）工程。开发区相关学校与公安部门联合开展警校共建活动，执勤期间对校门口的交通违规行为进行拍照曝光，效果明显。深入开展校园安全隐患排查整治工作，落实安全隐患排查整改机制，采用学校自查和教育局督查等形式开展排查整治。深化“洗楼”式安全隐患排查见底行动，形成闭环管理，2021 年，全区学校共排查一般安全隐患 385 处，全部整改到位。落实安全隐患检查和督查机制，组织开展全区性校园专项检查、标准化教学点专项检查等多次大规模检查、督查行动，出动检查人员 130 余人次，覆盖全区所有校园。检查出的问题落实到人限时整改，学校及时上报整改结果。

深入推进“平安校园”创建活动。以创建“等级平安校园”活动为抓手，进一步加大“平安南浔”“平安校园”建设宣传力度，营造广大师生、家长人人参与平安建设的良好氛围，提高平安建设知晓率、参与率和满意率，不断巩固、提升平安建设成果。截至 2021 年，全区已打造 AAAAA 级平安校园 61 所、AAAA 级 8 所、AAA 级 4 所。继续保持全区“平安校园”满堂红。

· 教育工会 ·

【概况】 2021 年，全区教育系统有基层工会 57 家，其中，九年一贯制 8 家、初中 9 家、小学 20 家（含外来务工子女学校 4 家）、成校 4 家、幼儿园 16 家，工会会员 3603 人（女性 2656 人）。

【助推师德建设】 利用中共建党百年重要时间节点开展活动。选拔推荐14位教师参加“我心向党　声动心弦”百名教师诵读活动；选送5幅作品参加浙江省“墨润之江”教职工书画展；开展全区教职工“我心向党　育人浔韵”合唱比赛，引领大家坚定理想信念、传播美好声音、坚守初心使命，评选出一等奖5个、二等奖7个、三等奖5个。

实施师德专题教育“三大工程”。“师德示范引领工程”。通过学校自评推荐、教育局量化评分、民主测评、“两圈”（生活圈、社交圈）考察等程序，选树区首届师德楷模27人，并拍摄每位楷模事迹视频，在“南浔教育”微信公众号展播和宣传，以优秀典型事迹激发带动更多教师；教师人人共读《时代楷模张桂梅的故事》，开展读书征文评选。“师德规范践行工程”。教育工会编制印刷《师德教育学习材料汇编》，全体教职工人手一册，组织教师学习《新时代教师行为十项准则》《中小学教师违反职业道德行为处理办法》等省、市、区各级文件精神。“师德警示宣教工程”。制定出台《严禁中小学校在职教师从事有偿补课和收受礼品礼金等师德失范行为的管理办法》，坚持把警示教育作为师德专题教育重要内容，学校结合教育部公开曝光的典型案例和身边负面典型，认真梳理师德师风负面清单和师德反面警示案例清单，结合“双减”行动让教师主动查摆自省，以案明纪，警钟长鸣。

【助力创业成才】 幼儿教师职业能力大赛。10月11—12日，先后在南浔开发区实验幼儿园、南浔实验幼儿园举行区第八届幼儿教师职业能力大赛。比赛内容有活动设计和说课，键盘弹唱与讲故事，体操、舞蹈创编与绘画等特长技能展示、自主游戏案例现场解读等，参赛人员80人次，两场比赛评选出一、二、三等奖77人次。

社会工作者职业水平考试。社会工作者职业水平考试在南浔区教育系统大规模开展已是第二年。各校工会承担“报名发动、报名统计，正式报名，辅导用书的购买、辅导培训报名、交费”等考前工作，确保教育系统858位报名者顺利参考，通过率与人数位居全区各系统之首。

【丰富文体生活】 组织文体联赛。2021年，组织教职工气排球比赛。于12月18日开始，在南浔实验小学举行，26日圆满落幕，为期四个周末、历时两周。全区35支代表队（甲级队16支、乙级队19支）、73场比赛、311名教职工参加比赛。

参加上级工会组织的文体活动。组建男女气排球队，于11月参加市教育工会气排球赛，男队获第四名，女队获第三名。12月，区教育工会组队参加区总工会组织的职工羽毛球比赛，获第六名。

【情系教师职工】 完成疗休养和体检工作。按区总工会等六部门联合下发的《关于进一步规范职工疗休养工作的通知》，全区教育系统2539名教职工疗休养全部安排在暑假期间，7月末基本完成。完成教师健康体检。2021年，教师体检经费比往年略有提升。教职工体检活动的全面开展，筛查出早期疾病，做到早发现、早治疗，引导教师建立健康档案、健康观念，改变不良生活习惯，养成健康生活方式。

做好医疗互助工作。完成2020年9月至2021年8月的前一轮职工住院医疗互助中243人次住院教师的互助补助申领工作，重大疾病补助8人。做好2021年9月至2022年8月的新一轮职工住院医疗互助活动的申报工作，组织学习《关于印发〈南浔区第十一期在职职工医疗互助活动实施办法〉的通知》。全区教育系统3348名教职工参加互助活动，共计28.7928万元。

开展困难教职工慰问活动。2021年慰问困难教职工10人次，合计3万元。区总工会慰问2人6000元，市教育工会慰问1人3000元，区教育工会慰问7人2.1万元。与前几年比较，工会慰问总人数与慰问总金额有所减少。

·教育科研·

【概况】 2021年，区研训中心加强调查研究，聚焦教育改革发展需求，深化课程与教学改革，助力“双减”政策落地，明确目标，务实工作，较好完成各项预定工作。

【教学研究与课改推进】 创新教育教学改革。2021年，南浔区被确认为“改进学校教学管理”项目试点地区和省大数据精准教学实验区，已完成试点项目研究方案、实施方案。2021年，以“校本研修”为抓手，借力校内学科互动、区域联盟推动等校本研修活动，在改进课堂教学、作业改进等方面加强管理研究，推动学校探索基于大数据的教学改进模式，利用大数据分析学生学习全过程，逐步实现个性化学习，实现对学生的精准化评价；完善区域各项教学管理制度，探索基于大数据的实证研训模式，积极探索“指导性管理”实践路径，推动学校教学管理向“指导性管理”转型，促进学校教学管理提升，8 月，开展全区中小学“改进学校教学管理”汇报工作；11 月，3 项实践案例入选省 2021 年“改进学校教学管理”主题征文。

持续推进作业改革。为推动“双减”政策落实落细及积极响应《浙江义务教育阶段学校作业管理》办法，2021 年，区研训中心发挥好省作业改革试点区优势，推广基于作业功能研究改进作业的研究方法；推进校本化作业建设实施，基于学校特点、学科特征开展作业改进工作，真正实现作业控“量”、提“质”、重“学”，进一步提升作业品质。12 月，举行全区中小学优秀作业案例征集评选活动；作业改革经验《一路径·二机制·三策略：区域推进作业改革的南浔样态》在《浙江教学研究》2021 年第 5 期发表。

【质量提升与评价改革】 深入一线强化指导。围绕学校教学管理与学科教学，主任和分管副主任带队，分学期、分月有计划、有目的地开展集体调研和学科指导，做到分散调研全覆盖。加强幼教《指南》贯彻和园本化课程建设，不断优化幼儿园一日活动，逐步形成具有区域特色的游戏教学。据不完全统计，一年来，全体研训员走进学校 431 次，听课 1000 余节。加强特殊教育研究指导，举办特殊教育专题研训活动，研训中心吴建琴老师在 2021 年省融合教育课程与教学改革研讨会暨关键问题解决专题研训活动上做“发挥教研系统专业支撑作用　打造区域特殊教育改革样板”专题发言。

多举并进抓实质量。完善学校、区域教学常规执行情况考核办法，分管副主任带领研训员下校集中开展教学常规检查，9 月，完成中小学校长、书记教学常规专项考核。做好中小学相关学科期末命题、检测及分析工作，以关注基础、关注全面、关注能力为监测导向，注重命题质量。做好中小学毕业班工作：分学科组织六年级和九年级复习研讨活动，各学科研训员做好相关教学指导，明确评价导向；继续做好九年级命题培训、质量监测、分析及考前专项指导工作。做好小学毕业班实验操作能力考查。从考前协调、细则解读到现场实施，有条不紊，现场实践评价、实验教学过程性评价和基于实验教学的书面评价三者有机结合，“以评促教”稳步推进区域小学科学实验教学。落实好省中小学教育质量综合评价“一年监测，两年改进”的精神，探索应用监测结果改进教学；顺利完成省教育质量综合评价监测（小学）。

【教师业务学习与发展】 组织教师素养大赛。7 月，组织全区教师学科素养大赛。全区 82 所校、园（含新居民学校、民办幼儿园）3353 名教师（含校、园长）报名，除因事因病请假 80 人外，3273 人参加 16 门学科专业知识和公共理论两部分考试，实现学科、学段、教师全覆盖，参考率 97.6%，掀起教师学习专业知识的热潮。组织人员做好阅卷、评奖与质量分析，在暑期校园长书记学习会上解读相关数据。

搭建平台展示风采。中小学各学科根据年初工作计划，组织开展各学科各级教学评比。据统计，各学科先后参与市级以上活动 143 项，组织中小学学科教师命题比赛、初中数学优质课评审、小学数学教师解题能力竞赛等区级教学评比和研训活动 173 项，教师获市级及以上奖 626 人次，双林二中袁芳老师获省初中道德与法治课教师综合能力比赛一等奖，南浔锦绣实验学校陈霞老师获省小学道德与法治课教师综合能力比赛二等奖。南浔实验小学语文教研组等 9 个教研组获评市义务教育段“先进教研组”，南浔实验小学章旭丽老师等 9 人获评市义务教育段“优秀教研组长”。

组织名师送教活动，中小学英语、幼儿园名师等送教活动，面对面、零距离指导；组织名师工作室活动，引领骨干教师成长，中小学英语名优教师异校指导活动已连续开展 13 年。

【教师科研探索与发展】 教育科研基地建设。进一步加强教科研基地建设，发挥其辐射、示范作用，提升全区教科研水平。现有长三角优秀科研团队 1 个，省“教科研 200 强单位”4 个，市教育科研示范性实验基地 4 个，市教育科研实验基地 16 个。

教育科研管理。找准选题，做好课题申报与立项。搜集最新课题素材分发学校，申报的区规划办方案，在层层筛选基础上，做好省市规划课题、省市教研课题、市专项课题的申报推荐，提高录用率。

注重过程，做好课题推进力度。把好“开题论证关”。年初采用电话、微信等方式联系市级以上课题执笔人或负责人，指导其明晰课题研究重点、难点及研究路线、途径，明确具体研究任务。把好“阶段检查关”。对所有省、市、区规划和教研课题进行中期定期检查，督促其查漏补缺，把握研究进度。把好“资料汇总关”。要求安排专人负责对课题申请、立项通知、课题研究的工作计划及活动记录、开题报告及课题中期研究情况等各项收集、整理和归档汇总，确保课题研究有据可查，增强课题研究准确性和可信度。重视结果，做好课题结题与成果评审。针对市规划办对县区课题“推磨式”结题鉴定契机，邀请专家对重点课题现场结题鉴定。课题结题前期，明确要求各课题组通过课例观测，挖掘典型案例，静心商议结题报告撰写等活动，促使课题组成员以反思者、研究者的心态对待所实践的课题。

教育科研交流学习。与周边县区教科研中心合作与探讨。及时就共同关注的课题实施、管理研究开展联合互动，了解各区域科研工作的优势与不同，及时汲取先进做法，做到“扬长处补短板”。开展校际合作与交流。利用区“课改联盟”活动机制，实施课题跨校研究，实现优势互补，实现学校间科研工作的均衡发展。实施“科研面对面”指导活动。利用课题开题、中期论证、结题推进现场会、论文现场指导等时机，对学校教科室主任、骨干教师面对面指导，促进业务水平快速提升。4月，在庆同小学组织专题论文辅导会，零距离指导258篇论文作者，其间邀请嘉兴市南湖区研训中心主任费岭峰为参赛老师做论文专题辅导讲座。强化学科科研引领。以学科短期培训与90学分培训为契机，邀请专家专题讲座，把脉问诊，引领教师科研水平上新台阶。

教育科研成果。全区教科研成绩稳中有进。2021年有省规划重点立项课题1项、省规划立项课题5项、省教研立项课题3项、市规划立项课题36项、市教研立项课题21项（同比增长17.3%）、区级规划立项课题134项。1项课题获省二等奖，17项课题分获市一、二、三等奖。153篇论文分获市一、二、三等奖，2021年“黄浦杯”长三角城市群“教育的活力”征文评比，获一等奖1篇（湖州市唯一），二等奖1篇。2021年12月，区教育局研训中心被评为“浙江省2019—2020年度教科研先进集体”，研训中心倪潮红、南浔开发区实验学校王平被评为“浙江省2019—2020年度教科研先进个人”。

【语言文字工作】　2021年，做好语言文字督导迎接工作。

强宣传、促整改。坚持语言文字规范化工作与全国文明城市复评、小城镇环境整治等相结合，向全区干部群众发出“说普通话、用规范字”倡议。在镇区主要路段及政府机关、公共服务行业等场所设置宣传橱窗、张贴宣传标语、摆放宣传牌，积极发挥语言文字规范化示范街、示范村（社区）、推普周示范岗示范作用，深入推进语言文字工作。

强活动、促提升。“推普周”期间，各乡镇、中小学、幼儿园与主题教育、节日教育等紧密结合，广泛开展各类主题活动。各中小学常态化开展规范汉字书写大赛、经典诵读大赛、演讲比赛、“啄木鸟”纠错行动等活动，引导学生传承民族基因、书写文化自信。结合学校社团建设，各中小学常态开展语言文字工作，建设经典诵读社团30余个。

强督查、促落实。加强监督指导，营造规范用字环境。各校红领巾“啄木鸟行动”小组进行校外用字大检查，专项督查社会用字，将经过筛选的不规范社会用字图片向相关单位反馈，提出后续整改建议，助力“语言文字示范街”建设。

·教师培训·

【概况】　2021年，南浔区3465名教师在省中小学教师培训管理平台注册，全年完成347991.4学分，年人均学分100.4学分；当年教师通过自主选课完成的总学分数为230017.4学分，自主选课率66.1%，90学分及以上集中培训完成721人，完成率20.8%，匹配率为99.58%，教师自主选课后实际参训率为96.1%，教师教评学完成率100%，满意率为99.61%。国培省培完成率100%。

【教师全员培训】　建立集约开放的研训体系。完善教师专业发展工作制度和管理办法，健全研训一体化管理机制，建立“教育局—研训中心—学校”三级管理网络，完善“校长—分管领导—具体师训负责人—培训平台管理员”学校四级组织网络。

完善务实创新的过程管理。明确区教师教育质量监控专家组职责，实现团队管理监控和培训过程质量监控体系完善高效，对异步在线、同步在线、线下集中等不同形式不同阶段的培训过程质量监控。培训班主任按模块比重，完成对每位学员的培训综合评价与考核工作，评选优秀学员。

收获多元优质的培训效果。2021 年，省师训工作绩效考核评分居全市第 1 位。13 个优秀故事和案例征文入选省“教师教育十百千工程”；《能力提升工程 2.0 区域推进的三导策略》入选省教师培训典型案例；《南浔建强师资队伍推动教育高质量发展》被《浙江日报》刊登。三项课题分获省一、二、三等奖。

【四大工程】 “乐学南浔”青年教师培养工程。对任教一年的新教师，开设“五个一”特色课程：封闭式“3+2”岗前集训、自主式网络研修、跟岗式结对实训、拓展式参观考察、反刍式总结考核。坚持 13 年的“名师送教送培、与名师同台献课”成为新教师成长助推器。

“琢玉成器”新锐骨干晋阶工程。以建立“立体化、阶梯式教育人才”为目标，做优新锐骨干教师的“琢玉成器”晋阶培训计划。与中国教师研修网和浙师大网院合作举办“中小学骨干教师能力提升晋阶之旅”90 学分培训。“教学新苗、教坛新秀、教学能手、教学明星”四年为一个周期，两年一次晋阶。2021 年举行教学新苗和教学新秀评比，开展教师专业理论考试、教师专业技能面试，以赛促训，提升教师核心素养。

“智慧教育”首席名师孵化工程。2021 年，第四期名师名校长名班主任工作室从 23 个增至 26 个，学员 239 人。引进魏建刚、洪复旦等省、市名校（园）长、名师担任南浔区名师工作室指导员。各工作室开展高质量的学术研究，培养一批一流教师队伍。

“追求卓越”领导力提升工程。开展机构遴选，确定各项目最佳合作伙伴，组织“追求卓越”领导力提升工作。2021 年开展高端合作培训 17 项，助推教师和学校发展。

【校本研修】 借助教研、科研、培训三位一体优势，围绕“主题领航”“多维助力”关键词，指导学校开展“主题式”校本研修。

精准研判，靶向施训。秉持“造就卓越校本研修管理者，助推教师发展”理念，开展第五届校本研修管理者培训。培训课程涉及师德师能、业务能力、项目设计、研训管理和网络协作等，破解研训人员在自我成长、校本研修策划管理等过程中的困惑和难题。

主题领航，多维助力。探讨寻求切实可行的实施路径和实操方案，保持校本研修项目的可持续生长力。80 余位负责人现场展示本校研修方案，专家逐一把脉，论证项目方案。专门组织人员，借助“研训员‘三联’制度”“教学调研制度”等工作机制和载体开展指导与质量监控。

成果显现，打造品牌。每年举行“主题式校本研修优秀项目”评比、每两年开展优秀教研组和示范学科评比，借助评比活动评估项目。“主题式”校本研修树立南浔样本，形成“需求导向化、问题主题化、主题项目化、项目课程化、课程精品化、成果显性化”的区域校本研修品牌。水晶晶新城学校（初中部）等 19 个项目被评为区精品项目，南浔锦绣实验学校（小学部）道德与法治教研组获评省级“先进教研组”。（龙　萍）

文化　科技

·文化建设·

【概况】 2021 年，南浔区文化工作围绕“重塑水晶晶南浔、建设美丽繁华新江南”目标，以献礼中共建党百年为主线，以打造精神富有高地为主轴，聚焦以文化人、以文惠民、以文塑韵、以文传情，真抓实干、克难攻坚，扎实推进南浔文化事业高质量发展。

【文化阵地】 制定并出台《文体基础设施大提升工作方案》，区文化广电旅游体育局图书馆新馆已完成工程量的 90%，区博物馆完成项建、可研和立项申报，区图书馆成为全省首批“满意图书馆”达标单位，区文化馆获评国家一级馆。建成菱湖文化旅游公共服务圈等 4 个文旅空间、善琏湖笔文化旅游公共服务生态圈等 10 个文旅公共服务融合示范点，善琏镇综合文化站、练市镇荃步村文化礼堂、和孚镇民当村文化礼堂 3 家场馆被列入省级公共文化场馆服务功能拓展先行先试单位，12 家场馆被列入市级公共文化场馆服务功能拓展先行先试单位。

【文化活动】 承办浙江省第二十届群众音乐大赛入围作品加工会和“唱支歌儿给党听”——浙江省献礼中国共产党成立 100 周年音乐作品巡演南浔音乐会。举办“奋斗百年路　启航新征程”——南浔区庆祝中国共产党成立 100 周年文艺演出、“水晶晶南浔”第五届文化艺术节系列活动等线下活动 4 场，开展“运河情”等线上活动 63 期，受众 7 万余人次。全年开展文化走亲、送戏下乡 600 余场，送书下乡 2 万余册，举办“水晶晶南浔”文化礼堂管理员培训班 2 期。立足乡村振兴和新时代美丽乡村样板区建设，开展“艺术美乡村　同筑共富梦”校地合作项目，与湖州师范学院、湖州职业技术学院等高校院所结对共建，打造首批 4 个文化艺术村落。

【精品创作】 围绕礼赞建党百年风华主题，创作《红色故事》《丰收》等 3 部红色精品；提升舞蹈《春上蚕时》、小品《冠名》、少儿越剧小戏《三请鱼悠悠》和歌曲《念你一生》4 部文艺作品，积极备战省级赛事。出版图书《浔根丛书·第八辑》《浔迹丛书·第二辑》，打造出具有南浔“标签”的精品力作。美术作品《青春之歌》在浙江省第七届群星视觉艺术综合大展中喜获银奖。南浔区文化馆艺术团和南浔区秀美双林艺术团获“迎建党百年　享美好生活”浙江省民间音舞大型广场展演展示活动优秀展演团队。

【基因解码】 深入实施“文化基因解码工程”，完成 20 个重点文化基因解码报告和 459 个文化基因资料入库。创新开展《文化基因图谱》数字化绘制，建成南浔非遗馆文化基因终端体验设备，并将其纳入文旅数据仓和智慧文旅 App 的开发建设，实现基因解码可视化表达。完成 38 种文创产品的开发和情景剧《浔梦江南》的提升，承办全市文化基因解码工作现场推进会，编写“水晶晶南浔”文化基因解码成果展示手册，并在全省“文化基因解码工程”暨文化标识建设工作推进会上做经验交流。“湖笔文化”和“蚕乡丝府·天下浔商”两个文化标识入选全省首批 100 项“浙江文化标识”培育项目。

【遗产保护】 成功召开第二届长三角一体化古镇发展大会，共话长三角古镇文化遗产活化利用。召开全区文物安全专题工作会议，开展文物安全大排查大整治大提升攻坚行动。加快历史文化名镇、古村落的保护，推进大运河遗产保护、历史水系修复及环境风貌整治，完成大运河国家文化公园文物保护项目申报，推进 3 个重点项目和 3 处文物活化利用，完成文保工程 9 处、不可移动文物公示牌 849 处。新增市级非遗名录项目 10 项、市级非遗代表性传承人 4 人、区级非遗名录项目 11 项，2 件商品获选第三批浙江省非遗旅游商品。

【文化市场】 加速优化简化审批程序，拓宽各项审批事项公开覆盖面，“最多跑一次”改革持续深化。围绕平安护航中共建党 100 周年，文化市场“五环”（意识形态、涉黄低俗、市场秩序、绿色生产和旅游投诉）全域治理、疫情防控、扫黄打非、扫黑除恶、全国文明典范城市创建等重点任务，加强文化市场意识形态安全和生产经营安全监管，对网吧、娱乐场所等开展线上到线下全方位检查，全年共出动执法检查人员 3201 人次，检查各类文化经营单位 1705 家次，共计开展各类专项行动 36 次，出动执法人员 98 人次，检查场所 124 家次，立案查处文化企业违规行为 30 起。联合相关部门依法取缔非法销售点 2 个，收缴非法接收设备 65 个，拆除“小耳朵”239 个，全面守牢文化市场维稳安保防线。

（申宗民）

· 档案管理 ·

【概况】 2021 年，南浔区档案系统坚持以档案工作“三个走向”（走向依法治理、走向开放、走向现代化）为根本遵循，认真学习贯彻习近平总书记在庆祝中共建党百年之际对档案工作作出的“四个好、两个服务”（把蕴含党的初心使命的红色档案保管好、利用好，把新时代党领导人民推进实现中华民族伟大复兴的奋斗历史记录好，留存好；更好地服务党和国家工作大局、服务人民）重要批示精神，以“明理、增信、崇德、力行”推动党史学习教育，主动服务中心大局，大力推进档案法治建设，积极拓展档案资源，加快信息化建设步伐，提升公共服务能力。2021 年，顺利举办“‘奋斗百年路　启航新征程’——庆祝中国共产党成立 100 周年”大型图片展，成功创建和孚镇“档案工作服务农村基层社会治理”省级试点，区档案馆被评为全市文明城市建设突出贡献集体。

【献礼百年】 为推动党史学习教育的深入开展，在庆祝中国共产党成立 100 周年之际，举全力开办“百年奋斗路　启航新征程”图片展。图片展分为“走过黑暗迎光明”“改天换地展新颜”“改革开放谱新篇”“共同富裕新征程”4 个篇章，展出图片 306 幅，通过图片档案充分展现南浔共产党人艰苦卓绝奋斗历程和取得的重大成就。区四套班子领导和区委理论学习中心组全体成员及各乡镇、各部门党员干部到馆参观。办展期间，各行业、各领域参观人员达 3200 余人。北京航空航天大学、湖州师范学院南浔附属小学等学校的师生到馆参观，学习红色文化、传承红色基因、弘扬红色精神，掀起一波红色研学热潮。

【指导监督】 认真总结“十三五”期间全区档案事业发展规律和经验，对标“三地一窗口”档案资源建设等指数，制定《南浔区档案事业发展“十四五”规划》。全面指导各乡镇、区级部门、国有企业规范建档，重点抓好各单位《档案分类方案》《文件材料归档范围和档案保管期限表》的修订和审定工作，累计指导 40 余家。加强对重点行业、重点领域业务档案指导工作，突出抓好疫情防控、脱贫攻坚“两类档案”和社保、医保、民政、教育等涉及民生领域档案收集、整理和归档工作。认真指导和孚镇开展“档案工作服务农村基层社会治理”省级试点工作，指导镇、村两级档案工作规范化建设，健全体制机制，完成镇档案馆建设和各行政村档案室改造。规范档案整理和数字化工作，形成镇和各行政村便民服务中心“1+25”就近查档体系，将档案服务延伸至基层社会矛盾纠纷调处化解等工作中，顺利通过验收组验收。将档案行政执法与档案巡察同步进行，从档案领导主体责任、依法管理责任、安全管理责任入手，同步“线上+线下”的方式，动态掌握被检查单位档案工作运行情况，共开展档案巡察 11 家和档案执法检查 8 家，反馈问题 30 余条，限时整改问题 20 余条。

【接收管理】 根据“十四五”期间全区档案接收计划，积极对接并指导 2021 年移交单位，梳理明晰具体进馆时间表、移交流程和内容、单位责任，实地上门进行讲解和答疑，共按计划完成南浔经济开发区、区发改经信局等 13 个全宗共 5656 卷、29332

件，另征集进馆4845件。加强重点档案收集与管理，严格按照上级主管部门要求，持续抓好疫情防控、脱贫攻坚“两类档案”收集管理工作，从40多个单位收集并整理防疫档案 40GB、12325 条，扶贫档案4.26GB、1762 条。改善基础设施设备，加强规范化建设，新增业务用房目录室、涉密档案录入室各1间，改造、扩大档案接收用房至 90 平方米，新增等离子加臭氧消毒设备1套，可实现一次性接收档案近1万卷、一次性消毒近600卷。严格档案质检与保管，严格把好移交接收档案质量关，专人检查档案质量，完成馆藏系统挂接，实现新进馆入库档案消毒全覆盖且数量清晰、有据可查，共完成档案质检近4.5万条。筑牢档案安全防线，抓好档案安全设施设备配备、档案相关保密审查、数字资源安全管理等各项工作，严格落实档案库房安全管理和日常检查巡查，共开展重要节点安全检查6次、日常巡查记录在册98次。

【开放利用】 持续加大档案开放审核工作，借助信息化手段进行初步审查，通过软件检索敏感词、设定责任者、设计关键句等功能，加快人工智能在档案开放审核中的运用，提高工作效率和准确率。截至年底，依法依规完成馆藏 1991—1996 年 30 个全宗共 94786 件文书档案审核工作，开放率达22.6%。深化“跨馆查档、便民服务”，用好浙江档案服务网、“浙里办”等平台，结合南浔区档案管理服务系统就近查档功能，采取“线上+现场”等多项措施有序推进查档服务，把档案服务网络进一步推进延伸到行政村（社区）；同时，增加线上异地查档种类，新增出生医学证明、土地确权等重点民生档案的异地查阅。2021 年，区档案馆面向社会累计接待查档群众1748人次，查阅档案1674卷（件）次，出证档案 6085 页，好评率 100%。开展全区涉民档案资源普查，收录了保存在区档案馆及相关部门的重点民生档案共55类，编制印发《南浔区重点民生档案查询指南》1000 册，为社会民众利用档案提供指引。

【征编宣教】 广泛开展新修订的《中华人民共和国档案法》（以下简称“新版《档案法》”）学习宣传活动。在1月1日新版《档案法》施行首日，同市档案部门联合举办专题知识竞赛活动；把新版《档案法》和习近平总书记对档案工作重要批示精神纳入全区“周一夜读”专题学习内容；开设“南浔档案”微信公众号“档案法、大家学”专栏，深入解读新版《档案法》，使学习宣传达到区、镇、村全覆盖。积极拓宽征集渠道，开展红色档案征集、“四象八牛七十二黄金狗”后裔亲身经历和历史见证采集等系列活动，重点围绕“建党百年”主题开展“建党百年”“共同富裕”两次专题档案征集，集中征集到照片、文字、视频等 10000 余件，并专门制作展览VR、专题宣传片和画册，开设“档案话百年”微信专栏，同步向“南浔发布”、“今日南浔”和《中国档案报》、《浙江档案》、湖州档案信息网等媒体推送展陈动态。

【数改智治】 主动融入数字化改革，全面提升南浔区档案管理服务系统功能，按照系统整合精简要求，对原馆室一体化系统升级，新的档案管理服务系统具备在线接收电子公文档案、查询民生档案等功能。启动电子档案“单套制”管理工作，深入推行区档案馆馆内无纸化办公，联合软件开发公司完善馆OA协同办公系统，增设文件流转功能，完成电子公文预归档模块、归档接收处理接口的开发部署和联调，推进电子公文“双套制”向“单套制”归档管理的转变。共接收 2 家电子公文归档试点单位预归档数据包 569 个，其中合格包 524 个、合格率92.1%。扎实推进档案备份工作，提升应对灾难事件的能力，完成对全区52家机关单位的档案在线登记审核和各类重要档案资源的电子化备份工作，2021年新增备份数据容量达 505.6GB；继续与市档案馆开展馆藏重要数字档案资源异地异质备份工作，区档案馆共备份重要档案数据18.56TB。

【人才队伍】 充分发挥“档案研究顾问”“弘扬吴宝康档案思想研究顾问”两支队伍的作用，通过定期召开研讨会、组织微信群线上交流等形式，听取意见和建议，广泛收集线索，高效整合资源，推动档案编研工作向深度和广度发展。 （潘秋韵）

·新闻传媒·

【概况】 2021 年，湖州市新闻传媒中心南浔分中心（以下简称“南浔分中心”）围绕南浔区委、区政府中心工作，做好报纸、广播、电视的新闻宣传、经营创收和中心队伍建设等工作。深化内部改革，激发发展动力，努力实现湖州新闻传媒产业新发展、新突破。

【广电节目】 2021年，南浔分中心自办节目《南浔新闻》在湖州广播电视新闻综合频道（1频道）播出，每期10分钟，周一至周五18：20播出。同时在“南太湖号”手机客户端推送。广播电视自办节目全部实现数字化播出，通过广播电视网络共缆传送。

电视专题栏目《魅力南浔——奉献》每月一期，每月15日19：40首播，次日中午重播，节目时长10分钟。电视专题栏目《南浔应急管理》每月一期，每月26日19：40首播，次日中午重播，节目时长10分钟。

南浔区农村广播节目（频率为有线调频106.5兆赫），覆盖南浔区221个行政村（包括4086个自然村）。节目板块设置有《南浔新闻》《专家说农事》《和谐乡村》《音乐星期天》《资讯气象服务》等八档，每天播出3次，播出时间为第一次播音6：55—9：25、第二次播音11：05—12：35、第三次播音17：05—19：35，全天共播出6小时30分。

【新闻报道】 报纸：1—12月，编辑《湖州日报》区县版23期；向《湖州日报》《湖州晚报》供稿244篇，其中《湖州日报》头版头条21篇；协助南浔区融媒体中心做好《南浔时报》终审签版135期。

电视：1—12月，播出《南浔新闻》263期，稿件1541篇。开设各专栏和系列报道10个；二档专题栏目《奉献》《南浔应急管理》共播出24期节目，稿件100余篇；1—12月向市中心电视新闻平台供稿494条（次），其中《湖州新闻联播》发稿222条，湖州新闻联播头条33条。

广播：在同步播发南浔新闻报道的同时，播出广播专题98期，并在4月开始增设《健康南浔》专栏，邀请卫健专家走进直播间共同录制节目，向智媒事业部和广播事业部供稿并刊播420条，广播连线不少于36条，为全区创建全国健康促进区营造良好氛围。

新媒体：推送“南太湖号”信息460条，其中新媒体视频新闻62条（含现场33条）。并在“今日头条”、“浙江之声”、新蓝网、“学习强国”等推送稿件63篇（次）。“南浔时报”微信公众号共推送365期、1460余篇推文、总阅读量365万人次。

【对外宣传】 纸媒：1—12月，在《人民日报》、《求是》杂志、《新华每日电讯》、《光明日报》、《经济日报》等国家级主要纸媒发稿16篇次；在《浙江日报》《钱江晚报》等省内主要纸媒，《解放日报》《文汇报》《新民晚报》等上海主要纸媒发稿30篇次；《人民日报》（海外版）及香港、澳门、台湾主要纸媒发稿8篇次；其他国家级、省级专业报纸29篇次。

电视：在中央电视台《新闻联播》《焦点访谈》等主要栏目发稿4篇次；中央电视台其他国内频道（含中央四套）19篇次；浙江卫视《浙江新闻联播》《新闻深一度》《正午播报》《今日评说》等主要栏目、上海SMG《东方新闻》《东方夜新闻》《看东方》《中国长三角》等主要栏目发稿58篇次；省级以上媒体平台发稿40篇次。

广播：在浙江人民广播电台《浙江新闻联播》《浙广早新闻》等主要栏目，上海人民广播电台SMG《东广早新闻》《990早新闻》《长三角之声》等主要栏目发稿17篇次。

新媒体：在《人民日报》、新华社、中央广播电视总台所属官方微信公众号、客户端、网站发稿5篇次；其他国家级网络媒体2篇次；看看新闻，澎湃，《浙江日报》、浙江广播电视集团所属官方微信公众号、客户端、网站26篇次；其他省级网络媒体49篇次。

【主题宣传】 抓主题宣传，紧扣区委、区政府的中心工作和经济社会发展的重大主题，加强舆论引导，放大主流声音，开设《建党百年》《党史学习教育》《共同富裕》《“双减”在行动》《数字化在身边》《光盘行动》等重大主题广播、电视系列专栏12个；自主策划“共同富裕　听书记说”“我为群众办实事　青年党员来宣讲”主题宣传活动2个。

【精品创作】 系列报道《基层治理湖州样本体验记》获浙江新闻奖（报刊类）二等奖；新闻评论《投产成“难产”，“三服务”不能只挂在嘴上》获浙江省广播电视新闻奖（广播作品类）二等奖。

【信息报送】　向市新闻传媒中心、市记协、区委办、区政府办、区委宣传部等单位报送工作信息10条。　（谈谷青）

·广电网络·

【概况】　2021年，南浔区广电网络传输中心坚持把社会效益放在首位，以突出公益性为原则，坚持正确的舆论导向，履行职责，传播优秀文化；作为广电惠民工程建设的具体实施者和主力军，紧紧围绕基本公共服务覆盖城乡、区域均衡、全民共享的目标，健全完善城乡广播电视公共服务体系；服务大众，惠及民生，巩固有线电视"村村通"，有线广播"村村响"和"广电低保"三项广电惠民工程成果。

【广播电视网络传输】　数字电视普及城乡，有线网络连接千家万户，通过几年的网络升级改造，网络质量全面提高，技术支撑全面提升，双向网络覆盖全区。全区拥有数字电视用户13万户，数字电视入户率达95%以上；拥有农村公共音频广播4133个，广播覆盖率达90%以上，广大群众切身享受到广播电视均等化公共服务。

为确保网络安全传输和安全播出，加快网络基础设施建设，着力完善农村有线广播电视网络的双向化改造及IP城域网建设，2021年结合农村小城镇整治和道路拓宽，加快行政村有线网络光纤化改造，并开展用户接入网整治，全面提升网络传输质量，确保网络传输安全。

【融媒体智能广播平台】　充分利用融媒体中心现有的平台及传输渠道，通过统一规划和设计，建成了可管可控的融合智能广播平台，实现融合广播音视频节目的管理、制作、播发，并通过调度控制中心实现广播的区域下发、点对点下发等功能，精确地把党和政府的声音传达下去。建成1套广播直播间，完成广播节目的播出、录制和信号传输等工作。实现与湖州市应急广播系统、区融媒体中心、区应急管理局对接，对下做到南浔区其他"村村响"系统、智能广播及村级终端联动。

【广电低保工程】　南浔广电网络从建设和谐社会的高度，贯彻落实浙广发〔2008〕173号文件精神和《关于"广电低保"工程的实施建议》，为全区的低保户、特困户、低保边缘户、残疾人实行收视费、安装费减免或优惠的措施。截至2021年12月末，已为5600户低保用户减免了安装和收视维护费用。

【客服体系标准化】　南浔广电网络不断加快全网数字电视客服体系标准化建设，以"最多跑一次"和"好服务在华数"为工作理念，实行"装、维、营"一体化和"4+1"服务新规范，实现从"经验型"管理向"规范型"管理转变，全方位打造客服中心的规范管理体系。为进一步提供精准化服务，更好地满足广大用户文化生活的需求，以乡镇、街道、村等行政区域为基础，按照分区分片、点面结合原则，把业务经营单元分成25个网格，全面启动网格化管理、装维营服务，开展由装维员和营业员组队而成的"亲民行动"。网格化管理改变了以往单一依托营业厅"服务"的模式，形成"营业厅+"的运营模式，实现了"装、维、营"一体化，做到了故障报修及时应答，上门维修限时完成，服务质量和响应速度不断提高。

【多功能全业务拓展】　南浔广电网络着力打造以视频业务为主导，宽带、信息、通信等多业务融合为支撑，适应"三网融合"发展需求的全业务提供商和广电网络优质运营商。致力于为融媒体建设做好综合信息与应用服务。在区融媒体中心建设工作领导小组的引领和指导下，基于自身平台内容资源、网络覆盖、基础设施等优势，充分支撑区融媒体中心建成、南浔网络电视台上线，实现电视平台和网络平台双平台共生，完成新形势下广电承担主阵地建设新模式的一次跨越。与区委宣传部合作开发"浔礼e家"项目，完成南浔区170个行政村文化礼堂"浔礼e家"终端机覆盖，助力农村文化礼堂建设。推进新时代美丽城镇建设，在网络方面进行4K超高清网络的全面升级，实现承载15套4K超高清节目、建成区和乡镇4K超高清信号覆盖率达80%、4K超高清入户率达20%的目标。与三所学校签订校园电视台合作协议，为教育系统搭建"校园电视台"，整合校园资源，通过"校园电视台"，推进学校形成智慧校园系统。　（朱敏杰）

·科学技术·

【概况】 2021 年，全区科技系统持续深入推进创新强区、人才强区战略，紧紧围绕产业链布局创新链、配置人才链，全区科技创新工作取得积极成效。全区全社会 R&D（科学研究与试验发展）经费投入占 GDP 比重达 3.54%，居全市第 2 位、全省第 11 位。在全省首创“创新评动力”评价体系。与国家技术转移东部中心合作，打造“一券通”平台，推动全市首张“飞地创新券”上线运行。

【科技型企业培育】 持续开展科技“三服务”活动，完善“微成长、小升高、高壮大”梯次培育机制，推动小微企业提档升级，全力培育壮大高新技术企业，全年新增高新技术企业 33 家，新增省级科技型企业 198 家，均创历史新高。积极推进“双高”企业发展壮大，全年入选市“双高”企业 12 家。全年新立项市级科技计划项目 19 个、省“尖兵”、“领雁”科技计划项目 1 个。获得省级科技进步二等奖 2 个、三等奖 1 个。完成发明专利产业化项目 23 个。

【凝聚科技人才】 深化人才工作机制改革，完善人才发展政策，创新方式引才聚智。启动 2021 年度湖州市南浔区院士专家合作项目与校企联合研发中心项目申报，增强企业引才及搭建研发平台的积极性。2021 年，入选国家级外国高端专家计划 1 个、南太湖创新团队 2 个，省海外工程师 11 人次，省级以上引才计划 5 个，数量翻倍。以“水晶晶南浔·院士之家”建设为抓手，力邀海内外院士“进家”，已有 6 名院士进家，为钮新强院士颁发进家证书，并为南浔籍院士潘镜芙颁发杰出乡贤奖。

【产学研合作】 深入实施产学研合作，组织企业参加浙企中科行、湖企中科行、@0572 企业进高校等活动，加大与高校院所合作力度，注册成立独立法人研发机构 6 家，与浙江水利水电学院合作建设南浔数字经济发展研究院，与浙江农林大学合作建设浙江省绿色家居产业研究院，与中国计量大学合作共建南浔佰通标准化研究院，协助星光农机创建育繁推（湖州）种业研究院等。引导并支持本地企业与知名高校院所开展协同创新、技术攻关等，征集登记“揭榜挂帅”项目 200 余个，新增产学研合同及成果产业化项目 50 多项，全区技术交易额超过 19 亿元。

【科技平台建设】 深入实施创新平台建设行动，推进省级智能机电高新技术产业园区建设再提速，智能电梯和绿色家居两大省级创新服务综合体取得实质性进展。与国家技术转移东部中心合作，打造“一券通”平台，推动全市首张“飞地创新券”上线运行，实现科技资源跨区域流动。打造上海松江、上海虹桥、上海青浦、杭州水利水电、深圳前海 5 个“科创飞地”，总面积约 7.27 万平方米。出台校企联合研发中心支持政策，与浙江水利水电学院共建南浔数字经济研究院，与山东建筑大学共建山建大院士协同创新中心，引进南浔西电应用技术研究创新中心、浙江省绿色家居产业研究院等。大力推进高新技术企业研发机构建设，新增省级企业研究院 2 家、省级高新技术企业研发中心 7 家、市级研发中心 55 家。

【科技创新环境】 打造“创新评动力”数字化应用系统助力企业研发创新，通过对企业创新水平的精准体检，向企业推送“创新评动力”体检报告和提升方案，主动给予企业补足短板的各项政策资源支持。进一步完善《湖州市南浔区创新券实施管理办法》，鼓励企业研发创新。出台《湖州市南浔区“水晶晶南浔　院士之家”建设管理办法》《2021 年度湖州市南浔区院士专家合作项目与校企联合研发中心》等政策，加大高端智慧引育力度。

（王春春）

·科普工作·

【概况】 2021 年，区科协围绕区委、区政府工作部署，聚焦高质量发展，精准发力、稳扎稳打，积极助推创新驱动发展和全民科学素质提升。截至 2021 年年末，已建立国家级学会服务站 4 家，居全市第 1 位，全年新建市级院士专家工作站 2 家，南太湖专家工作站 2 家。在院士专家工作站绩效考核中，湖州农业科技发展中心院士专家工作站、久盛地板院士专家工作站分别获得省级优秀院士专家工作站、市级优秀院士专家工作站称号。

【院地院企合作】 扎实推进院士专家（南太湖专家）工作，浙江丽象木业有限公司与时君友院士，能工德洋动力股份有限公司与郭柏灵院士合作，成功创建市级院士专家工作站；南浔区中医院与上海新华医院，菱湖人民医院与浙江大学医学院附属第一医院合作，成功创建市级南太湖专家工作站。主动对接中国林学会、中国水产学会、中国蚕学会、中国电工技术学会、中国心理学会等国家级学会，积极推进企业与高校、科研院所及院士专家团队合作。接待中国工程院向仲怀院士、陈松林院士、陈学庚院士，上海交通大学李颉院士、山东建筑大学陈飞勇院士，积极为企业牵线搭桥，努力为企业引入院士高端人才提供帮助；组织开展澳大利亚余艾冰院士等团队“院士行”活动。推动高校与企业共建“校企联合研发中心”7 家，征集“揭榜挂帅”卡脖子难题 12 个；承办全国电机电梯产业数字化升级高端学术论坛。

【科普宣传教育】 围绕全区“共同富裕”示范样本打造，创新启动 2021 年“一馆一营一会一平台”心理健康服务项目。新建区级心理健康科普馆，开展心理健康训练营，打造“浔心理”微信小程序线上咨询平台，以“线上+线下”方式，创新服务形式，丰富服务内容。积极开展“双千”助力“双减”科普专项行动，陆续开放一批科普教育（示范）基地，多渠道多形式为有需求的学校、师生提供科普服务。联合市科协举办 2021 年青少年科普创新实验作品大赛；举办 2021 年南浔区青少年科技创新大赛；菱湖渔业协会依托渔都渔创街区开展富有菱湖特色的“渔娃渔趣”活动。开展“银龄跨越数字鸿沟”专题科普服务项目，开办智能设备使用培训班，提升老年人的科学素养以及智慧生活的能力。

（王春春）

体育　卫生

·体　育·

【概况】 2021年，南浔区体育工作全面贯彻国家、省、市体育工作相关要求，按照“水晶晶南浔”的定位，以群众为主角，以共富为主调，以改革为主要抓手，加深产业融合程度，加大竞技品牌提升，加紧群众体育发展，加强人才队伍建设，高质量推进南浔体育事业和体育产业取得新成效。南浔区文化和广电旅游体育局获2017—2021年度全国群众体育先进单位称号。

【场地建设】 高质量完成4个社区多功能运动场、2个笼式足球场、3个中心村全民健身广场、6个百姓健身房、1个体育公园建设任务，按时完成率位居全市前列。区体育中心项目完成总体建设进度的50%，菱湖镇文体中心主体结顶，双林镇市民中心、练市镇运禾公园等项目规划方案确定，中心城区环城健身步道二期工程已完成15千米。全年完成新增体育场地面积约25万平方米，人均体育场地面积增幅达22%，列全市第二位。南浔区文化和广电旅游体育局获浙江省“十三五”期间体育场地建设突出贡献奖。

【活动赛事】 南浔古镇桨板公开赛成功入围省品牌体育赛事名录库，双林镇后坝户外营地“水乡穿越”项目入选省级运动休闲优秀项目。举办南浔区第四届运动会、丰收杯文化礼堂运动会等各类基层体育活动50余场，营造全民健身氛围。持续打响“体育365　天天来健身”服务品牌，做精做特“悦动生活”公益体育大培训，共开设项目14个，累计培训12000人次。开展社会指导员培训4期，培训300余人。推进体育数字化改革，建立公共体育“一站式”服务平台，推广“湖州运动码”粉丝量1万人，有效提升公益健身参与度。

【融合发展】 全市首家区级“运动促进健康中心”完成方案设计。对接区教育局打通运动员安置新渠道，安置跆拳道、帆船等专业优秀退役运动员3人，壮大竞技体育专业队伍。探索新型少年体校发展路径，以社会力量合作办学模式设置5个运动项目，建成队伍选材、培育、输送各环节良好的运转机制。结合特色资源，深化体旅融合，举办善琏湖笔小镇风筝赛、和孚端午龙舟赛等“一镇一赛”特色赛事。

【智慧体育】 建设“体有所健”数字社会门户网站，优化全民健身地图，将全区百姓健身房、多功能健身房、篮球场、笼式足球场等1200余处体育设施纳入“一张网”，成功举办首届“线上马拉松”“万步有约线上赛”等线上赛事，打造“智慧体育”服务生态圈。（申宗民）

·卫　生·

【概况】 截至2021年年底，全区有医疗卫生机构265家，其中区级医疗机构5家（二级甲等综合性医院1家、二级甲等中医医院1家、二级乙等综合性医院3家），乡镇卫生院4家、街道社区卫生服务中心1家、社区卫生服务站143家，民营医院3家，门诊部、诊所、医务室106家，专业公共卫生机构3家。全区有卫生技术人员3060人，其中，执业（助理）医师1178人、注册护士1139人；有医疗床位1657张，较2020年同期增长8.23%；2021年，全区总诊疗392.04万人次，出院6.85万人次。

【疫情防控】 坚持“外防输入、内防反弹”总策略不动摇，始终保持高度的专业敏感性，密切研判疫情态势，积极向区委、区政府建言献策。发挥抗疫主力军作用，扎实做好核酸检测、流调消杀、院感控制等工作。积极配合属地党委政府落实洗楼排查、隔离管控等疫情防控措施，建成 2 个日检测 5 万管的城市核酸检测基地，实现 208 个核酸采样点的实战演练全覆盖。全面推行医疗机构疫情防控“三统一”（统一预检分诊、统一闭环管理和统一信息登记）、“十须知”（一莫大意、二熟程序、三勤通风、四重防护、五量体温、六问症状、七查旅居、八录信息、九快报告、十严消毒）制度，严格落实预检分诊和发热门诊管理，坚决守好医疗机构“小门”。精心组织新冠疫苗接种，3～11 岁、12～17 岁人群接种稳居全市首位。连续两年未发生本土疫情。

【健康南浔】 区卫生健康局出台《南浔区落实健康浙江 26 项行动三年实施方案》，编制全省首张“健康行动”地图，发布湖州首个“市民健康公约”，启动“健康影响评价”试点并出具试评价报告。深化爱国卫生运动，实现国家卫生镇创建、省级卫生村创建全覆盖。南浔镇高分通过国家卫生镇省级暗访（全市唯一量化分级优秀等次），全国健康促进区建设通过省级技术评估，2021 年度控烟暗访综合评价获全省第四位。全区共报告乙类传染病 582 例，无甲类传染病发生。九苗（卡介苗、脊灰、百白破、A 群流脑、乙脑、麻腮风、A+C 群流脑、甲肝、乙肝等九类疫苗）接种率达 95%以上，为 60 岁以上老年人免费接种流感疫苗 32263 剂次。全区居民健康素养水平达 34. 11%，人均预期寿命达 81. 7 岁。“健康南浔”建设经验入选“健康浙江”行动典型经验案例，获“健康浙江”考评三连优，成功承办首届高水平推进“健康浙江”行动现场会。

【综合医改】 践行“最多跑一次”理念，全面深化“三医”（医疗、医保、医药）联动“六医”（医疗、医保、医药、医院、医生、中医）统筹改革，持续破解看病难、看病贵、看病繁等问题，2021 年度公立医院综合改革重点指标控制位列全市首位。深入接轨长三角，与沪、杭、湖近 20 家城市医院建立专科合作关系，建成沪、杭名医工作室 31 个。浙江省人民医院共下沉专家 1052 人次，开展新技术新项目 35 项，实施Ⅲ类以上手术 1929 台次。深化医共体治理结构改革，强化人员招聘、中层聘任、职称评聘、收入分配等自主管理。聚力三乙建设，区人民医院 CMI 值提升至 0. 8373，成为湖州师院医学院教学医院，被省卫生健康委确定为助理全科医生规范化培训基地。2021 年，区域内就诊率达 92. 35%，基层就诊率提升至 74. 92%，高于省、市平均水平。

【数字化改革】 出台健康信息化数据管理办法，归集数据 5. 2 亿条，与区一体化智能化公共数据平台共享数据 3. 1 亿条。升级急救调度系统，与省 120 院前急救云平台互联互通。推进检查检验结果跨区域跨层级互认共享，154 家医疗机构实现全市处方流转。二级医院门诊、病房智慧结算率分别达 73. 76%、75. 39%，电子健康档案向居民个人开放率为 70. 16%，政务服务事项“一网通办”率始终保持在 100%。院前在线预约、院中移动支付、院后自主查询的掌上服务体系基本形成。“5G+”社区智慧健康管理平台项目成功入选国家卫健委、工业和信息化部 5G+医疗健康应用试点项目。

【公共卫生】 组建全专融合型团队，全区家庭医生规范签约率、重点人群签约率稳步提高，国家基本公共卫生服务项目经费提高至 70 元/人。聚力“两慢病”（高血压和糖尿病）全周期健康管理，与上海交通大学公共卫生学院建立合作关系，免费发放智能监测设备 7000 套，纳入“5G+”社区智慧健康管理的患者增至 1. 1 万人。探索慢性病患者癌症早筛“三免”（免除部分药品经医保报销后个人自付部分费用、免除“两慢病”患者每年健康监测费用和早癌筛查增值体检项目费用）机制，筛查出早期肿瘤 200 余例，在全省卫生健康大会作为典型经验交流，并成功承办全省“两慢病”全周期健康管理及数字化应用现场推进会。社区卫生服务站分级分类改革加速实施，新增 A 类站 5 家，核定 B 类站 61 家，服务站规范化率达 98%以上，成功打造頔塘站未来社区健康场景、港湖站未来乡村健康场景，做法获副省长成岳冲批示肯定，并代表浙江省参加国家基本公共卫生考核，获全国第一名。

【家庭发展】 “三孩”生育政策稳步实施，全年出生 2656 人，办理生育登记 2625 人，生育登记、出生“一件事”线上办理率分别达 100%、72. 98%。出生人口较 2020 年同期下降 10. 57%。在全市率先出台普惠性托育机构“双补助”（新增托班建设补助、日常运营补助）政策，全区新增托育机构 4 家（托育一体幼儿园 2 家），新增托位 195 个。建设完成“向日葵亲子小屋”15 家，公共场所母婴设施配置率达 100%。落实重大妇幼专项管理，完善妇幼健康服务体系，高质量推进出生缺陷预防、妇女健康全程服务等工作，区妇幼保健院被评为市级儿童早期发展优质服务基地。

【项目建设】 抢抓基础设施建设的黄金期、机遇期，争取政策和资金支持，加快卫生领域重点项目力度，南浔区中医院项目主体结构结顶，进入幕墙、粉刷阶段。双林人民医院住院楼项目竣工并投入使用。南浔区公共卫生及医疗能力综合提升项目稳步推进，菱湖人民医院、善琏镇卫生院、旧馆街道社区卫生服务中心项目进入施工阶段。统筹配置社区卫生服务站点，全年迁建服务站 5 家、改扩建 8 家、撤销 1 家。2021 年，项目建设总投入达 4. 78 亿元。

【人才队伍】 始终将医学人才作为发展的第一资源，坚持引育并举，多渠道招引医疗卫生人才，2021 年共招引卫生健康人才 226 人，其中本科 116 人、硕士 30 人、博士 4 人（零突破）、副高 2 人、正高 9 人，实现数量质量双提升。依托地校合作平台，专班委培基层卫生人才 27 人，分配 26 人。强化医学骨干在职培养，赴高校、城市医院进修 35 人，全年新晋中级职称 63 人、高级职称 40 人，培养新入学硕士 5 人，系统本科学历占比提升至 72. 25%，同比提升 0. 7 个百分点。（周新日）

社会生活

·民政事务·

【概况】 2021年，南浔区民政系统深入贯彻落实习近平总书记关于共同富裕的重要论述精神，紧紧围绕省、市、区共同富裕建设工作决策部署，深化数字化改革，实施高水平基本民生保障，创新高效能基层社会治理，提供高品质基本社会服务，持续优化群众获得感和满意度。推进救助“一件事”集成联办，迭代升级“云守护”平台，建立“六无六有”综合救助驾驶舱和“一站式”联办机制，形成低收入群众精准救助的闭环式管理机制。创建老年人服务精准对接、安全智守护、助餐和配送餐、家庭养老床位、养老地图查询等应用场景，打造“智慧养老社区场景”。建成幸福邻里中心31家、社会工作站12家，实现镇（街道）全覆盖。实施“护航•金色童年”关爱探视项目，建立“1+7”（构建包括“智慧化”云平台、“常态化”探访队伍、“条块式”儿童数据库、“订单式”关爱服务和“螺旋式”监测跟踪五项架构的“1张智慧探视网”，协同开展助学帮扶、就医帮扶、就业帮扶、心理疏导、素质提升、权益保障和亲情陪护“七大关爱护航行动”）闭环式管理服务模式。推进全区节地生态安葬设施建设专项规划编制，完成区民政事业发展“十四五”规划编制。

【救助帮扶工作】 以困难群众增收减支为宗旨，构筑“六无六有”（学无忧、业无忧、居无忧、行无忧、水电无忧、用无忧，险有免、产有扶、病有助、梦有圆、教有伴、残有助）综合救助体系，谋划12类惠民举措，制定实施方案，依托社会救助联席会议常态化重点推进，通过实行困难家庭学生学费全免、低收入群众免费出行、减免水电和燃气费、重大疾病专项医疗救助、低收入家庭生活标配“3+1”（配送空调、电视机、手机3种家电和1种自选生活家电）慈善捐赠行动、扶持困难群众就业和创业等途径，全方位、系统化保障困难群众的教、住、行、医、用等问题。2021年，全区“六无六有”综合救助支出8440.36万元，惠及群众22.97万人次，实现全区困难群众户均减少支出1万元以上、人均年收入增长至2.2万元。相关工作获省、市、区领导批示肯定，做法被民政部、省民政厅推广，也被《人民日报》《浙江日报》等各级媒体宣传报道。

【弘扬慈善文化】 区民政局制定《南浔区全民慈善文化弘扬工程实施方案》，通过“四大工程”（“双百育千创万”携手慈善工程、慈善暖心感恩工程、崇尚慈善文化工程、慈善资金阳光工程），实现弘扬全民慈善文化的目标。召开“慈善助力共同富裕”募捐活动暨2021年“慈善一日捐”活动动员大会，募集资金7449.9万元。开展慈善日主题宣传活动、慈善文化“六进”（进机关、进企业、进社区、进学校、进农村、进家庭）活动和“百千创建”活动，组织慈善义工服务活动863场次，选树慈善典型企业126家次、先进个人70人。推动“学无忧”“病有助”等惠民项目，支出资金1387.42万元。为全区7601名低收入群众购买商业医疗补充保险服务，支出保费112.72万元。《弘扬慈善文化 救助帮扶低收入群众——全民慈善文化工程新模式》一文刊登《中国社会报》。

【构建养老服务体系】 构建镇（街道）全覆盖居家养老服务设施网络，建成城乡社区居家养老服务照料中心229个、老年人助餐点172个、示范型老年食堂16个。全区所有公办养老院全面完成改造提升。新一轮养老服务设施专项规划已完成专家评审。投资3.8亿元建成水晶晶颐养中心。率先在全市开展老年人就餐配送服务工作，进一步缓解了农村老年人（特别是空巢独居、失能半失能老年人）的吃饭难问题。走出照料中心开展助行、助浴、助医、助急等个性化服务，推进养老政策补助由“补供方”向“补需方”转变。引进、培育九如城养老产业集团和湖州普康智慧养老产业科技有限公司 2 家规模化连锁企业。拥有持证养老护理员 345 人，每万名老年人拥有 23 人。“三网融合，高质量推进‘幸福南浔·夕阳红’养老服务体系”得到省民政厅肯定。

【基层自治融合共建】 指导村（社区）修订自治章程、村规民约（居民公约），将反对餐饮浪费、移风易俗等内容纳入其中。推行“五管”（村内工程群众管、村内“三资”留痕管、村内企业联动管、村内权力公开管和村内风俗大家管）乡村治理基层民主协商议事机制，相关做法得到省民政厅充分肯定，《中国社会报》刊登介绍。加快城乡社区综合服务阵地建设，建成幸福邻里中心 31 家、社会工作站 12 家，实现镇（街道）全覆盖。量质并重加快社工人才队伍建设，全区有持证社工 1456 人，南太湖社工领军人才 47 人。发挥区社会组织党群服务中心的省级示范点作用，组织开展庆祝中国共产党成立 100 周年“红社引领、助力共富”公益创投大赛活动，擦亮“水晶晶”公益服务品牌。

【“一件事”集成联办】 社会救助“一件事”集成联办列入 2021 年全省社会救助数字化改革试点。线上依托省大救助信息系统，开发升级“云守护”平台，整合 28 个部门救助帮扶信息，建立“一站式”联办机制，推出“幸福码”一码通办，结合“千名干部联千户”资源，形成低收入群众精准救助的闭环式管理机制。线下打造“南浔区社会救助联合服务中心”，一窗受理，集成联办。运用数据闭环管理优势，落实最新赡养费核算办法，精准适度扩大社会救助范围。

【智慧养老社区场景】 该场景列入 2021 年全省养老服务数字化改革试点。创建老年人服务精准对接、安全智守护、助餐和配送餐、家庭养老床位、养老地图查询等智能模块。线下打造智慧养老阵地，已建成 5 家智慧居家养老服务中心、5 家智慧老年食堂和 2 家智慧养老院。

【关爱留守和困境儿童】 实施“护航·金色童年”关爱探视项目，线上建立“1+7”闭环式管理服务模式，开展助学就业、素质提升、权益保障、亲情陪护等七大行动，实现全区留守和困境儿童探视关爱、困难需求、监测跟踪全覆盖，线下完成南浔区未成年人救助保护中心改造工程并投入使用。建成示范型儿童之家 20 家。项目实施以来共关爱探访留守和困境儿童 8600 余人次，解决问题 505 个，实现微心愿认领 315 人次。该项工作获得省民政厅肯定。

【为民办实事】 困难老年人家庭适老化改造 330 户。建成 1 家康养联合体。东迁街道和石淙镇居家养老服务中心已建设完成并试运行，实现镇级全覆盖。新建社会工作站 4 家，实现镇级全覆盖。

【社会事务工作】 全区完成节地生态安葬设施建设专项规划编制初稿，练市镇骨灰堂创建省级节地生态安葬示范点并通过验收，练市镇还成立全省首个乡镇殡仪服务站。完成婚姻登记机关AAA级创建，全面开展集中补领补办婚姻登记证。做好行政区划图的修订，旧馆街道办事处驻地迁移得到市政府的批复同意。全区标准地名、地址数据库建设项目列入省级试点并试运行。贯彻执行《国务院关于完善大中型水库移民后期扶持政策的意见》，2021 年，全区实施水库移民后扶项目 8 个，投入资金 577 万元。

（姚晓杰）

·退役军人事务·

【概况】 2021 年 1 月，为进一步加强工作力量，理顺工作职能，畅通工作联系，南浔区退役军人事务局（以下简称“区退役军人事务局”）将原内设机构优化调整为办公室、拥军优抚和移交安置科、思想政治和权益维护科 3 个科室，下设区退役军人服务中心 1 个事业单位，共核定编制 11 人。2021 年，区退役军人事务局全面贯彻落实中央和省、市、区委决策部署，牢固树立“以退役军人为中心”的服务理念，全力做好退役军人事务工作，特别是坚持创新载体完善机制实现“三转变”（建好三个阵地，实现政治引领能力“从有到优”的转变；织牢三张网络，实现服务保障能力“由弱到强”的转变；培育三支队伍，实现服务对象作用“由小到大”的转变）的做法，得到副省长王文序和市委书记王纲的肯定。

【服务体系建设】 2021年，区退役军人事务局以“全国示范型退役军人服务站”和“全省枫桥式退役军人服务站”创建为契机，持续提升区、镇、村三级退役军人服务中心（站）的建设，不断筑牢服务基础、拓展服务功能，提升服务效能。其中区退役军人服务中心和菱湖镇退役军人服务站、和孚镇退役军人服务站、双林镇退役军人服务站3个镇级服务站及练市镇建新村退役军人服务站、石淙镇镇西村退役军人服务站、南浔镇堰四社区退役军人服务站等20个村级服务站，通过2021年全省“新时代枫桥式退役军人服务中心（站）”验收。菱湖镇退役军人服务站、和孚镇退役军人服务站在“追寻中国共产党百年奋斗历程建强百家红色退役军人服务站”创建活动中成功创建为“全省百家红色退役军人服务站”。

全面铺开“轮值站长”制度，聘请一批能力强、口碑好的退役军人担任“轮值站长”，通过“兵说兵事，兵管兵事”，协助参与服务站事务管理和退役军人服务。充分发挥老兵参与社会治理积极性高、社会责任感强的优势，按照“一镇一特色、一村一队伍”的要求建立志愿服务队，打造“南太湖老兵”志愿者服务品牌，常态化组织开展社会服务、政策宣讲、矛盾化解等志愿服务活动。组织退役军人尤其是退役军人党员定期开展红色教育、法律宣传等活动，重点开展“四尊崇、五关爱、六必访”（新兵入伍做好欢送仪式、举行座谈、挂光荣牌、拍集体照；退役返乡做好迎接仪式、谈心谈话、宣讲政策、推介岗位、高效办事；日常关怀做好退役返乡必访、立功受奖必访、英模典型必访、重要节日必访、遇到困难必访、重大变故必访）活动，实现退役军人事项代办服务。

【拥军优抚】 2021年，成立南浔区拥军关爱协会，成员包含由退役军人创办的规模以上企业，搭建起政府与企业、金融与企业、企业与企业的桥梁，推动退役军人企业家更好地回馈社会、共谋发展。投资150万元高规格建设区拥军文化主题广场，该项目入选“第一批全省拥军优属‘百件实事’实施清单”。完成省双拥模范城届中考评工作。开展南浔英烈故事宣讲活动，指导拍摄的2部英烈故事短视频被省退役军人事务厅录用，指导编写英烈故事文本11份。春节和“八一”期间，走访慰问湖州军分区、区人武部和重点优抚对象，区退役军人事务局联合区人武部集中为荣立三等功军人家属送喜报。

及时调整抚恤补助资金的发放方式和时间，从4月起由区退役军人事务局为重点优抚对象、60周岁农村籍退役士兵等按月发放各类抚恤补助资金，事前做好60周岁农村籍退役士兵和伤残军人身份的认定、伤残军人证件换证等工作。继续开展部分退役士兵社保接续攻关工作，为符合政府安排工作的退役士兵办理社保接续，办结率高于全省平均水平。安排重点优抚对象分2批赴省荣军医院（嘉兴市第三医院）开展短期疗养。

推荐陆松华（双林镇党委书记）入围第二届湖州市“最美退役军人”，孙根才（南浔圆梦志愿者协会）、薄坤发（天奥电梯有限公司）2人入围第二届湖州市“优秀退役军人”，仲华（浙江正导电缆有限公司）、徐晓丽（湖州市赛杉实业有限公司）2人入围湖州市“最美拥军人物”，陶巍巍（双林镇）入围湖州市“最美军嫂”。

【移交安置】 2021年，坚持指令性计划分配，落实双考政策，规范推进“阳光安置”，高质量安置转业军官和符合政府安排工作条件的退役士兵，实现退役军人、部队组织和用人单位“三满意”。利用地方院校和培训机构，多途径宣传退役士兵免费职业技能教育培训和高等职业院校扩招等政策，完成退役士兵职业技能教育培训、高职扩招退役士兵信息审核等工作，组织2021年退役士兵适应性培训。按照相关政策，严格审档，运用军人退役“一件事”平台，明确退役士兵自主就业经济补助金的发放对象、军龄，根据文件规定和统计局数据精确测算发放金额，积极推广军人“阳光退役”，全流程“浙里办”网上申报、审批。通过乡镇公共财政服务平台，为2020年度退役军人发放自主就业经济补助金。

【就业创业与权益维护】 2021年，区退役军人事务局拓宽筑深就业创业渠道，探索“1+N”就业创业模式，以区拥军关爱协会为桥梁纽带，在协会内的多个副会长单位中探索建立退役军人就业创业基地，引导有意向的退役军人进入就业创业基地实训，帮助就业或创业。持续搭建退役军人就业平台，举办专场招聘会1场，联合东迁街道退役军人服务站、光电科技有限公司举办招聘会1场，联合区人力资源和社会保障局举办“人才夜市”1场，全年为退役军人提供数百个就业岗位，帮助退役军人实现就业愿望。

学习推广新时代枫桥经验，深入开展“矛盾问题攻坚化解年”活动，采取领导包案、带案下访、限期办结等方式推动矛盾问题攻坚化解，高质量维护合法权益。全年解答政策性咨询 290 余人次，解决相关问题 25 个，做到退役军人合法利益保障到位。实现区、镇、村三级退役军人服务中心（站）法律顾问服务、心理咨询服务全覆盖，在引导退役军人合理维护自身权益的同时提供法律援助和心理疏导服务。（朱国华）

·消防救援·

【概况】 2021 年，南浔区消防救援大队紧扣主责主业，履行职责使命，借助区委、区政府高度重视消防工作的东风，精准发力，进一步完善社会面消防安全治理体系建设，提高灭火救援实战能力水平，圆满完成中共建党百年、互联网大会等重要安保任务，实现火灾形势、队伍管理的“双稳定”。

【应急救援】 区消防救援大队对标“全灾种、大应急”任务形势需要，严格按照“3+1”[一般每周安排 1 天开展个人综合能力训练、1 天开展营区实战化训练、1 天开展整建制队站演练，每周累计时长不少于 1 天（6 课时）的自我基础体能训练]组训模式，落实“8∶2”（业务训练与其他工作时间的比为 8∶2）训练时间，提升训练质量、夯实业务基础、熟练装备应用、开展实战演练。以“十四五”消防规划为契机，加强各乡镇消防救援站车辆装备的更新换代，大力发展乡镇专职消防队、社会微型消防站的建设，全区在练市、菱湖、和孚、旧馆、古镇等地共设政府专职消防救援队 5 支、村志愿队 35 支、社会单位微型消防站 156 个、社区微型消防站 28 个，全面加强力量调集，提升消防救援队伍整体作战能力。年内，接处警 698 起，其中火警 331 起，抢险救援 276 起，社会救助 91 起，抢救被困人员 7 人。成功完成“2·11”练市茧站火灾、“4·07”计家兜森东木业火灾、“5·03”练杭高速南浔段交通事故、“6·21”南浔五兴达丝绸整理有限公司火灾等急难险重的灭火救援任务，不断提升队伍实战打赢能力。

【火灾防控】 南浔区贯彻落实“预防为主，防消结合”的方针，统筹部署推进区消防安全委员会实体化办公，充分发挥消防安全委员会统筹、协调职能，完善优化行业综合治理机制，推动乡镇、部门监管履责规范化。立足高层建筑、小微企业、危化品等各类专项行动，结合全省安全生产风险普查工作，区消防救援大队对全区涉及高层建筑、大型商业综合体、学校、医院、宗教场所等进行排查整治；借助区检察院安全生产公益诉讼专项监督，推进全区木业企业消防喷淋设施安装，在全区待整改安装自动喷淋系统的 177 家木业企业中，除 14 家木业企业因关停等原因，其他均已安装完成。完善消防监督模式，区消防救援大队贯彻落实“双随机、一公开”（对相关单位的消防工作进行督查时，随机抽取监管对象、随机选派执法人员，按规定向社会公开随机抽查信息）机制，提升消防监督执法工作水平，2021 年共组织完成消防监督检查单位 1683 家次、消除隐患 1447 处，下发行政处罚决定书 129 份，责令“三停”（停产停业、停止施工、停止使用）单位 20 家，临时查封单位 16 家，行政拘留 23 人，移送司法机关 5 人。

【技术指导】 2021 年，面对新冠疫情的考验与挑战，区消防救援大队主动与区卫生健康局对接联系，及时掌握全区涉及疫情的定点医疗机构、集中隔离点、医疗防护用品生产企业情况，组织消防指战员到疫情防控定点医疗卫生机构、集中收治临时医院、疫情防控医院、疫情防控集中隔离点、医疗防护用品生产企业等场所开展消防技术指导服务，落实单位消防安全主体责任、防火巡查制度及火灾隐患整改、消防设施维护保养、火灾危险源管控等工作。其间，共提供消防技术指导服务 97 次，提出建议 148 条，指导消除火灾隐患 123 处。

【服务民生】 区消防救援大队紧紧围绕“创人民满意消防队伍”这条主线，采取“请进来、走出去”的方式，公开开展述职述廉评议工作，填写民主评议表 60 份；主动走访南浔区委、区政府，征求各级对消防工作和队伍建设的意见建议，主动走访社会单位 64 家，填写“消防监督执法回访情况登记表”64 份，收集意见和建议 36 条；紧盯队伍所盼和群众所需，着力打造群众看得见、得实惠的民心工程和满意工程。加强消防办事窗口规范化建设，贯彻落实“最多跑一次”和中央“放管服”精神，明示服务承诺，落实首问负责制和一次告知制度。2021 年共办理行政许可项目 112 件。加强行业领域消防安全公共信用监管，在行政审批、政务管理、公共服务等事项中全面推行信用承诺，实现百分之百覆盖并及时上传信用承诺书，共完成 36 家企业单位的信用修复。

【宣传教育】 以消防宣传“五进”（进农村、进社区、进家庭、进企业和进学校）活动为抓手，扶持志愿组织，打造公益品牌，用好中国消防志愿者注册管理、云学习等线上平台。扎实推进消防体验场馆建设，加快全区教育体验场馆提档升级步伐，组织开展体验活动，不断增强全民的消防安全意识。2021 年，区消防救援大队面向社会单位开展宣传培训活动 400 余场次，消防站、体验场馆开放 100 余天，全面组织党政机关、政府部门、乡镇（街道）、行政村（社区）的消防安全负责人和网格员，重点企业单位消防安全责任人、管理人，物业管理公司负责人等开展全员消防安全培训，有效帮助企业单位提升全员消防安全意识。同时，联合区融媒体中心，充分利用广播、电视、报刊、网络等媒体的影响力、覆盖面，全方位宣传防火工作动态和消防法律法规等内容，并面向社会公布火灾隐患举报电话，跟踪曝光火灾隐患。 （曹旭艳）

·红十字会·

【概况】 2021 年，南浔区红十字会以“保护生命、维护人的尊严”为己任，扎实有效开展各项工作，发挥党和政府在人道领域的助手作用。

【基层基础建设】 新发展成人会员 3913 人，新建立行政村（社区）红十字会 33 家，继续扩大红十字基层组织覆盖面。按照“4+X”的博爱家园建设标准，建成南浔镇浔南社区、练市镇施浩村、旧馆街道港胡村、东迁街道洋南村 4 家红十字博爱家园，其中南浔镇浔南社区博爱家园被列为 2021 年省财政资金支持项目。

【应急救护体系建设】 通过在全区公共场所新增设 11 台自动体外除颤仪（AED）、开展“急救包进万家”活动（为全区 1.2 万户家庭发放急救包）、利用南浔古镇景区和荻港景区救护站提高处置突发意外事件的能力、指导乡镇和街道（菱湖镇、旧馆街道和千金镇）建立镇级应急救护培训基地、实现区属公交车急救包全覆盖等措施，完善全区应急救护体系。

【应急救护培训】 通过线上线下相结合的培训方式，深入推进应急救护培训“进机关、进社区、进学校、进企业、进农村”活动，全年开展红十字救护员培训 2349 人、普及培训 22073 人次。新培养应急救护二级师资 13 人，召开全区红十字应急救护培训师资复训班和研讨会。

【人道服务】 全年接收款物 77.48 万元，开展“情暖南浔 · 博爱送万家”、“小橘灯”、博爱助学等多个人道救助项目，共计支出款物价值 61.61 万元，受益群众 9354 人次。

【东西部协作】 向四川省广安市广安区捐赠 AED、心电图机、童装等价值 19.33 万元物资，并选派一名省红十字应急救护培训一级讲师赴广安区开展为期一年半的工作交流，助力广安区乡村振兴。

【“三献”工作】 成立区级无偿献血志愿服务队，全年开展无偿献血宣传等志愿服务活动 23 场，造血干细胞捐献入库 84 例，人体器官捐献志愿登记 422 例。

【红十字志愿服务】 新增红十字注册志愿者 613 人，组织志愿者参与迎战台风“烟花”和常态化疫情防控工作，累计服务群众 18.2 万余人次。南浔区医疗集团“救在身边”红十字应急救护培训志愿服务项目在 2021 年南浔区志愿服务项目大赛中获得铜奖。

【红十字青少年】 举办南浔区首期红十字青少年应急救护夏令营，24 名应届高三毕业生以及在校大学生参加。建成全省首家红十字青少年户外实践基地，为南浔区及周边地区青少年提升健康素养、传播人道理念提供新平台。开展助力青少年心理健康护航工作，全年以聆听知识讲座和观看心理剧等形式开展各类活动 18 场。 （钱建芳）

·老干部工作·

【概况】 南浔区现有离退休干部（含教育、卫健系统和国企）3489人，其中中共党员1481人，设有建制性离退休干部党组织28个。2021年，南浔区老干部工作部门认真落实全国及省、市老干部局长会议精神，对标市、区重点工作部署，为南浔高质量打造美丽繁华新江南、高水平建设美好生活新家园增添正能量，持续唱响“水晶晶南浔”的银领好声音。南浔区委组织部（老干部局）获全省老干部工作先进集体，《数字赋能“云栖银雁·助力共同富裕”计划推动老干部志愿服务迭代升级》获评全省老干部工作优秀创新案例。

【展现“银领先锋”使命担当】 扎实开展党史学习教育，在学思践悟中丰富和拓展“银领先锋”品牌内涵。

丰富庆祝中国共产党成立100周年系列活动。组建“三桥银领先锋”“淙心银领”“军心使命团”“红菱”等“银领初心”宣讲团，创设红色思政大宣讲、银青信仰对话等载体，组织引导全区离退休干部争当党史学习教育“活教材”，勇当“践行者”。通过书画、摄影、文艺会演联展，“云栖银雁·浔迹故事”短视频云接力，最美正能量活动、先进典型事迹报告会等活动，传承红色基因，赓续精神血脉。

抓实离退休党建融入城市基层党建。因地制宜新建“银领驿支部”，创建银领驿站，其中增山社区“七彩夕阳”银领驿站、“城南之家”银领综合体、菱湖银领富“渔”驿站、“老南浔”银领驿站、“一诺千金”银贤驿站获评湖州市示范型银领驿站，培育增山社区“银领暖心八大员”品牌，打造增山社区成为湖州市“银领驿站”优秀社区。

提标离退休干部党支部规范化建设。培育规范化支部19家，创建率达82.6%，其中示范型达12家。离退休干部党支部开展特色“红色基因永相传+浔遍红迹”主题党日活动，作为湖州市唯一区县代表参加浙江省“红色基因永相传”主题党日活动案例大赛并获三等奖。

【推进“银雁返乡”迭代升级】 系统实施“云栖银雁·助力共同富裕计划”，推进“银雁返乡”志愿服务迭代升级。

打造“银领共富e站”阵地。深化“时间银行”战略合作，联手打造“银领共富e站”，系统推出“银领共富币”“银领共富存”“银领共富贷”三大核心载体，推进“双站长”（丰收驿站站长、老干部工作室站长）工作机制，把老干部工作植入银行服务。南浔镇、练市镇、双林镇、菱湖镇、度假区旗舰站成功孵化了工作室团队，助力乡村振兴，协助解决强村公司、农村小微企业等“三农”经济体资金短缺问题。

建设“最美老工部工作室”平台。发挥考核督查、星级评比导向作用，持续吸纳政治素质好、基层工作经验丰富、有专业特长的老同志，按照矛盾调解类、生态环保类、文化传承类、社会服务类、行政支持类五大类别，丰富拓展“最美老干部工作室”领域类型和服务范围，助推共富单元建设。全年新建晋级刘祖鹏“银领笔都”、“红盾银领”315维权、“老南浔”银领宣讲等工作室，“银领暖心”工作室获评湖州市星级最美老干部工作室。

实施“三服务三助力”（服务企业、服务群众和服务基层，助力民营企业发展、助力乡村振兴和助力社会治理）行动。探索老干部“三服务”方式变革，辐射带动周边老同志及党员群众投身“三助力”，重点建设银雁共富、银雁强基、银雁赋能、银雁善治、银雁护绿、银雁传承等六大服务项目，《“驻村书记”联盟 激活“银雁齐飞”源动力》入选浙江省“银耀之江”老干部志愿服务“最美现象”典型案例，“银雁返乡 银领助渔”志愿服务项目获“湖州市新时代文明实践志愿服务项目大赛”银奖。

【协同“银领乐活”增进福祉】 多跨场景协同开展“携手跨越‘数字鸿沟’ 聚力实现共同富裕”银领帮扶计划，切实提升广大老干部及银领志愿者“乐活”福祉。

坚持常态化培训。依托南浔区老年大学（学堂），开设“银领乐享智慧生活”班，通过普通班课前10分钟辅导、专班开设专题课等常态化培训，提升南浔区老干部及广大老年群众使用智能设备的能力水平，帮助他们跨越“数字鸿沟”，扫除生活障碍。

组织数智化帮扶。新建市级“乐活驿站”，通过组织推荐、老年人智能手机使用技能大赛选拔等途径，动态招募“乐享智慧生活”银领导师，并创设“银领 90”短视频等银青互助平台，鼓励支持银发网红利用微信、抖音等新媒体平台，以老“慧”老，授之以“数”，携手奔赴未来共富生活。

建设数字化场景。大力推进区老年大学及教学点入驻“浙里养”养老地图，“银领共富 e 站”嵌入“水晶晶党群之家”小程序“服务集市”板块，联动推广“一卡通”“一网通”等终端产品应用，切实提升银领志愿者获得感、幸福感和安全感。

（饶俊峰）

·关心下一代工作·

【概况】 2021 年，南浔区关心下一代工作委员会（以下简称“区关工委”）下辖开发区、镇（街道）关工委 11 个、村（社区）关工委 249 个、企业关工委 56 个、学校关工委 73 个（中学 17 个、小学 20 个、幼儿园 36 个）、医院关工委 5 个、机关事业成员单位 27 个。区关工委扎实推进党史学习教育、建党百年系列活动等各项工作，培育了浙江省“红船精神优秀五老宣讲员”沈惠林，“2021 年度浙江省青少年英才 · 红船好少年”张乐鸿等先进个人，浙江省关心下一代教育基地红军长征追踪馆、湖州市关心下一代教育基地红军长征追踪馆和南浔烈士陵园，持续深化“五老”校外成长导师、法治教育“温暖”和“春燕”工作室以及“七彩阳光”青少年素质提升公益创投项目等特色品牌，截至年末，开发区、镇（街道）关工委百分之百创建为市“五好”关工委，相关工作获区委书记杨卫东批示肯定。

【讲好红色故事】 用好本土红色资源。挖掘长超山“抗战英雄纪念碑”、菱湖英雄事迹馆、“浔心堂”等家门口红色资源，启动水晶晶新城学校等爱国主义教育基地建设，拍摄云宣讲微视频，邀请李泉生之女退休教师李丽华在泉生小学“红色学堂”开讲《我父亲的革命故事》，赓续红色血脉。

讲好精品红色思政。邀请浙江大学关工委顾问、求是宣讲团团长邹先定开展“红色根脉　薪火相传”主题宣讲，组织双林镇抗美援朝老战士张家树录制云上思政课，组建五老关爱团、红色讲师团进校园、进社区、进幸福邻里，将党史学习教育与思政课融合，不断传递正能量。

做好身边红色研学。依托南浔区爱国主义教育基地库，发挥离休干部、“光荣在党 50 年”老干部红色传家宝内涵作用，开辟辖区内及周边红色研学游线路，定期组织学生赴研学基地打卡，厚植青少年的爱国情怀。

【下一代素质提升工程】 打造全覆盖关爱网。扎实开展“安全小达人——外来务工子女关爱计划”“践行两山理念　培育时代新人”等项目，通过主题征文比赛，亲子阅读、游戏和家庭教育指导，共同培育下一代文艺涵养，共建下一代和谐亲子关系。选树了南浔区十佳“水晶晶南浔好少年”和 15 名“两山追梦好少年”。

打造全领域关爱网。联合区慈善总会、星光农机股份有限公司，投入 20 万元奖励扶助 40 余名大学生。联手区民政局投入 5 个“七彩阳光”公益创投项目 45 万元，固定关爱服务对象，提升帮扶效果。积极深化“春燕工作室”司法保护品牌、“温暖工作室”法治关爱品牌以及“浔暖苔花”特殊关爱品牌，并辐射关爱云南兰坪。

打造全过程关爱网。延续“五老+三社”联动关爱模式，引导“五老”志愿者积极融入社会组织的服务项目，推进数字化帮困助学，577 名困难学生入库省帮困助学系统。联合区民政局创新推出低收入群众“幸福码”服务，搭建“护航 · 金色童年”留困儿童关爱探视平台。协同 14 个部门开发建设“未成年人权益保护一体化协同平台”。

【青少年心理健康活动】 调研式跟踪。从行动基数、运作实数、有效因数三个维度，开展全区关工委开展青少年心理健康护航调研。依靠区青少年心理护航工作专班，确定 50 名三类以上预警对象、23 名重点关注青少年、153 名困境青少年和 753 名特困家庭青少年为重点护航对象，提出注重分层分类参与、提升诊疗中心服务、发展体教融合服务等建议。

项目化运作。大力扶持“水晶晶少年心理健康护航”项目、“缤纷假日”护青苗——关爱新居民家庭子女和谐成长等心理援助重点志愿服务项目，依托区级心理健康科普馆、心理健康训练营及“浔心理”微信小程序线上咨询平台，在区科技局实施“一馆一营一平台”心理健康服务项目，不断推进青少年心理健康和全面素质发展。

共同体推进。推进青少年心理健康“六个一”

行动，即编制一套教材、运行一条热线、组建一支志愿服务队、培育一个专业社会组织、开设一个专题项目、开发一批网络课程，提升家庭教育水平，助推下一代逐步形成健康人格。通过 11 个镇（街道、度假区）、249 个村（社区）、37 所中小学、16 家医院等基层关工委，使用声、频、报、网等途径全方位刊播心理热线，向家庭全覆盖宣传心理热线。截至年末，心理网络课程点击量 8737 人次，南浔心海导航热线“3025140”在线服务 900 多个小时，心理健康讲座 11 场，编成亲子辅导教材。

（饶俊峰）

·民族　宗教·

【概况】 2021 年，南浔区民族宗教事务局（以下简称“民宗局”）聚焦全区中心大局和省、市民族宗教工作重点，突出项目化运作，全力以赴抓好各项工作，全力维护全区民族宗教领域的和谐稳定，取得明显成效。南浔广惠宫被评为省级平安宗教活动场所，双林水镜寺被评为市级平安（和谐）寺观模范单位，宝云寺被评为省级消防安全标准化管理“百优争创”活动优秀单位，南浔天主教堂被评为省级宗教法治宣传教育基地；上海外国语大学附属浙江宏达南浔学校、南浔古镇旅游度假区镇东社区被评为第四批省级民族团结进步创建重点培育单位。菱湖中学办好内地西藏班促进民族团结进步的工作，先后在《浙江信息（工作专报）》《湖州信息（工作交流）》等专题报道，得到省委书记袁家军，省长郑栅洁，省委副书记、统战部部长黄建发等多位省领导的批示肯定。

【民族团结】 深入推进民族团结示范建设。以庆祝中国共产党成立 100 周年为契机开展联谊活动。成功举办以“党恩各族颂，浔城一家亲”为主题的首届“石榴籽”民族团结歌舞会演。各镇（街道、度假区）举办“共庆国庆，共画共富”童心绘画活动、“共融民族团结情　粽叶飘香话端午”活动、“浓情汉藏　欢庆元宵”活动等各类“党恩各族颂·浙里一家亲”系列活动 10 余次。助力上海外国语大学附属浙江宏达南浔学校、南浔古镇旅游度假区镇东社区、石淙镇、区民族宗教管理服务中心积极争创省级民族团结进步“六进”（进宗教场所、进机关、进企业、进社区、进乡镇、进学校）示范点。

【扶贫帮困】 助力共同富裕示范样本建设。扎实做好结对少数民族村——丽水市遂昌县妙高街道后江村的帮扶工作，落实帮扶资金 10 万元。充分发挥民族工作“推进器”作用，开展多种形式的关爱困难少数民族群众行动。除开展新春走访慰问外，还牵线区工商联、民族团结进步促进会、区民政局、区慈善公益基金会等组织帮扶少数民族学生和困难家庭，组织开展“爱心资助暖人心，民族团结一家亲”“情暖六一　点亮微心愿”“助学圆梦”等活动，帮扶 30 余名品学兼优的少数民族困难学生，发放爱心助学金。精准推进民族工作“石榴籽”工程，联合社区教育中心开设少数民族群众技能培训专班，切实提高其劳动技能，增加收入，提高生活水平。

【宗教领域平安建设】 紧守安全底线，把宗教场所平安建设作为宗教领域重大政治任务，召开宗教领域平安建设助力共同富裕专题会议。扎实开展安全生产风险普查和隐患排查整治攻坚行动。由区民宗局带头，联合住建、消防等部门成立联合督导组，摸排宗教活动场所、民间信仰场所，有效化解风险。常态化做好疫情防控工作，确保宗教场所疫情防控力度不倒退、不缺位，与各场所签订疫情防控承诺书，指导宗教场所做好各项防控措施。

开展各类安全隐患排查治理。积极开展危房排摸工作，发动乡镇（街道）协同区住房和城乡建设局，对全区宗教活动场所、民间信仰活动点全面做好宗教房屋安全专项排查工作，对房屋结构进行安全鉴定，按要求全部录入“浙江省农村房屋安全信息系统”，实行信息化统一管理，对排查出的存在安全隐患的民间信仰点及时进行修复或关停。会同区文保、文化、住建、旅游等部门，开展民宗领域涉文物排查工作，扎实做好民宗领域文物保护工作，明确南浔天主教堂为市级文物保护单位，西安桥庙、关帝圣殿 2 个甲级民间信仰场所及菱湖禅智寺内的祖师殿为不可移动文物。

切实增强安全意识。为增强宗教活动场所教职人员的消防安全意识，提高安全管理水平，5 月，组织宗教界代表人士 50 余人开展消防安全应急演练。11 月，在宗教活动场所广泛开展宣传教育，组织逃生演练。组织开展以“防范邪教　依法活动”为主题的全区宗教界反邪教知识竞赛。

【基层宗教治理】 大力推进基层宗教治理体系和治理能力现代化。全面助力省委统战部建设“浙统云”大数据智慧管理系统，确定10家重点宗教场所实施首批省、市数字化改革项目，运用“宗智通”实现线上管理。多措并举加强宗教领域信用体系建设，广泛开展“诚信建设万里行”进宗教活动场所宣传活动，实现诚信宣传全覆盖。联合区住房和城乡建设局、区农业农村局等部门，推进国土空间治理数字化，完成全区宗教活动场所（民间信仰场所）空间布局规划。

健全宗教活动场所财务管理制度。严格对照《浙江省宗教团体、宗教院校和宗教活动场所财务管理办法》，开展基督教堂财务交叉检查、宗教活动场所财务审计等工作，推动宗教活动场所财务管理规范化、透明化。

【生态寺院建设】 持续推进生态寺院建设。按照《生态寺院建设规范》，在灵济寺、禅智寺等6家佛教场所推进生态寺院建设。扎实做好垃圾分类、文明敬香、科学放生、生态宣传、食品安全等规范管理。深化宗教活动场所垃圾分类长效督查机制，由区民宗局牵头每月抽查10家宗教活动场所，实地巡查其垃圾分类情况并通报排名。

【宗教慈善活动】 大力挖掘、弘扬宗教积极因素，营造公益慈善氛围，开展金秋助学、重阳敬老、助医助残等慈善活动。确定每年9月为全区“共同富裕·宗教慈善月”，开展“爱满人间”宗教公益慈善行活动。南浔区佛教协会为河南水灾捐款100398元，宝云寺连续14年开展以“孝亲敬老　传承善心”为主题的公益慈善活动。（朱梦娜）

开发（园）区

·南浔经济开发区·

【概况】 南浔经济开发区（以下简称"开发区"）始终坚持以共同富裕为主题，以打造"实力、现代、美丽、富裕"国家级经济开发区为主线，秉持"一马当先、遥遥领先"的奋斗姿态，圆满完成各项目标任务，全域经济社会不断向高质量发展迈进。获得2021年绿色工业园区、国家新型工业化产业示范基地、2021年度中小微企业培育工作成绩突出集体、第一批省级"新星"产业群，南浔区实际论英雄考核、综合考核"双第一"。全年实现规上工业总产值335.69亿元，同比增长25.13%；固定资产投资75.6亿元，同比增长54.06%；完成财政总收入23.3亿元，占全区总收入近30%，三项指标均创历史新高。

【招商引资】 举全开发区之力谋划打造"2+1"（打造光电通信、高端汽车整车核心零部件两大主导产业，对电梯、电机、电磁线、木地板传统产业进行1次迭代升级）未来产业新格局，紧盯世界500强企业、上市企业以及行业龙头、隐形冠军，累计签约总投资477.13亿元，同比增长95.6%，其中5亿元以上项目15个，20亿元以上项目6个。全力打造万亩千亿光电湾，集中力量招引光电通信产业链龙头企业和延链补链强链项目，全年共引进光电通信类项目8个，引进旭升、泰鼎新能源等一批"2+1"未来产业格局支撑项目。创新招商模式，主动招引与借力招引并举，深挖企业家资源优势，本地企业家参与项目考察、洽谈12批次，引进关联项目3个。坚持招商引资与招才引智并行，申报各类人才项目5个，与华中科技大学、中国科技大学先进技术研究院等机构建立合作关系。

【项目推进】 实施项目投资"一件事"服务，开展领导班子领办制，对重大签约项目审批事项开通"绿色通道"，并联审批、特事特办，办事时间平均压缩20%。实现海顺新材二期、荣昇电气、荣泰健康等新开工项目17个，新怡科技、鼎锋搪瓷等16个项目竣工，其中泽浔电子、永吉木业、欧凯智能、璟丰科技、华荣照明等9个项目投产。"大好高"项目14个，被列入省重大产业项目3个。结合"新升规""破五未"等，实现项目签约即开票、拿地即开工、投产即上规，广能智能装备、华荣照明新引进项目实现签约即开票，缴税3236.17万元。

【平台建设】 强势推进頔塘北岸改造，为建设美丽繁华江南"小上海"腾出发展空间，实行"大兵团作战"模式，发动近300名干部组成24个攻坚小组，实施2次百日攻坚征迁行动，夜以继日，200天完成1846家住户和129家企业征迁任务，盘活土地467余公顷。以"牛刀工作法"建设万亩大平台，征迁住户582家，拓展平台267余公顷，强势推动933公顷现代工业园区建设，南浔长三角"光电湾"已初步形成。东迁区块强园路、迁中路、富园西路全线贯通，"一横两纵"框架路网基本形成。220千伏泰嘉变电站建设完成，成为全市唯一一个220千伏非电力部门投资建设运营的变电所。

【企业发展】 配套奖励5000万元资金培大育强，实现新升规5家，规模以上企业总数达251家，新增浙股交2家（卫曼、克里蒂弗），"新象""新牛"企业共计5家（"新象"：通力、怡达、世友；"新牛"：沃克斯、巨人集团），其中怡达、世友在2021年度首次被评为新象企业。南洋电机投资12亿元建设智能电机园，荣泰科技投资6亿元建设第二工厂，通力、怡达、伟康、科宁、巨美家、浔味堂等13家企业先后投资20亿元扩大生产。新增国家级高新技术企业 8 家、省级科技型中小企业 42 家，完成股份制改造企业 7 家，新增五星绿色工厂（省级）2 家，新增四星绿色工厂（市级）8 家，新增三星绿色工厂（区级）7 家。强势开展新一轮制造业“腾笼换鸟、凤凰涅槃”攻坚行动，关停淘汰“低散乱”企业 45 家和落后产能 2 家。新增限上工贸分离企业数 5 家；实现新增限上批零住餐企业 11 家，超额 37.5%完成年度任务，限上批发贸易总额 22.7 亿元，限上零售贸易总额 3.66 亿元。

【外资外贸】 完成合同外资 20583.45 万美元，实到外资 1276.24 万美元，新签约外资项目 7 个。完成出口总额 41.89 亿元，同比增长 27.9%，完成离岸外包执行额 5200 万元，“区外转区内”出口总额 12000 万元。扎实推进开发区“三转”工作，完成在库“三转”企业 11 家。积极辅导企业取得出口资质，服务企业做好对外贸易经营者备案并逐步开展外贸出口业务，实现净增进出口经营权备案登记企业 21 家，新增服务贸易企业 3 家，进出口额净增长 6.79 亿元。以湖州市开展国家级市场采购贸易方式试点为契机，积极探索“本地培育+外地招引”的市场主体引育方式，实现新增市场采购备案企业 3 家，出口 1183 万美元。

【体制改革】 持续深化新城集团市场化机制改革，加快资产整合成立新开集团，以市场化手段解决项目建设的“后顾之忧”。新开集团资产已突破 400 亿元，顺利完成 2A+信用评级，完成银行授信额度 75 亿元，为开发区发展提供了坚实的资金保证。成立东迁街道，下设 7 个内设机构、2 个公益一类事业单位，优化剥离卫生医疗、城市管理等 78 项职能，由原有的双线交叉管理转变为单线专职负责，实现专业的人做专业的事。

【人才工作】 全面搭建人才干事舞台、优化人才成长梯台，壮大高素质人才平台，引进顶尖领军人才 5 人，省级引才计划 2 人，省“海外工程师”4 人，招引大学生 2832 人，博士 49 人，高技能人才 388 人，外国人才 10 人，与山东建筑大学、西安电子科技大学分别成立山建大院士协同创新中心、西电应用技术研究创新中心，开发区荣获市级“人才科技工作先进集体”称号。上报实习实训补贴 135 人，就业补贴 230 人，安家补贴 274 人，租房补贴申请 197 人。坚持主动“走出去”，15 家企业赴兰州高校招聘，建立 3 家人才联络站。

【共同富裕】 水晶晶公园等一批民生工程已完成建设并对外开放。城镇新增就业人数4798人，新增创业担保贷款数3175万元。帮扶就业困难人员385人，助力乡村振兴培训3场。累计组织126家企业参加各类招聘会32次，提供岗位数1251个。不断强化职业技能提升。新增技能等级认定试点企业9家。积极组织企业开展学徒制培训工作，全年“大师工作室”带徒63人。公积金实现扩面全覆盖，新增职工4760人，超额32.22%完成年度任务132.22%。统一安置政策，完成新安村、丁家港村、同心村、洋南村、东迁村等安置分房688套，总建筑面积205120平方米。探索村级集体经济发展新路径，11家强村公司实现公司总营收超1700万元、总盈利超800万元、总分红超 756万元，村均增收36万元，带动就业600余人。

【安全生产】 紧紧围绕企业主体责任落实与企业安全台账建设工作，2021 年完成辖区 243 家规模以上企业、21 个行政村（社区）、13 家加油站、20 家油漆店的责任书签订工作。开展小微企业专项整治，巡查 471 家小微企业，完成整改安全生产及消防安全隐患 622 处。完成辖区范围内 27 家木业企业喷涂场所安全生产整治工作。开展两轮 7 个批次的消防安全专项技能培训，参加消防技能专项培训的单位共计 176 家，参加培训的人员 537 人，组建企业微型消防站点 71 个。

【环境治理】 大力提升城乡人居环境，实现 22 个行政村（社区）生活垃圾精准分类工作全覆盖。全面落实河长制，督查整改 21 个行政村治水问题 106 起，整改完成上级转办督办问题 93 个，完成率达 100%。开工“污水零直排”项目 2 个，完成改造 2 个。提升整治河道 17.94 千米，建设景观面积 23.43 万平方米，游步道 5.7 千米，骑行道 9.7 千米。推进木业行业废气治理攻坚行动，完成整治 100 家。$PM_{2.5}$ 平均浓度为 29 微克/米^3，空气优良率为 88.0%。推动美丽河湖、幸福河湖建设工作，创建完成省级美丽河湖建设 2 条，江蒋漾幸福指数达到 I 级。

【城市管理】 共受理群众举报投诉1021起，其中接听受理群众举报电话557次，受理市（区）长热线反映问题464件，做到件件有落实，事事有回复，群众满意率达98%以上。查处各类占道经营户（摊）500余处，处理占道（跨门窗）经营380家，拆除擅自设置广告、牌匾250余处，割除宣传横幅800余条。深化“城警联勤”机制，联合执法处罚各类违法停车3855辆，专项整治“三小车”，查扣非法三、四轮车606辆，严格落实门头广告备案审查制，备案规范门头广告385家，不断提档升级市容面貌。铁腕治尘，推进渣土运输车辆整治攻坚行动，共查获各类违法运输车辆73辆，立案处罚29起，罚款47万元。 （曹济发）

· 南浔古镇旅游度假区 ·

【概况】 2021年，南浔古镇旅游度假区（以下简称“度假区”）以南浔历史文化名镇保护规划为引领，以擦亮“世界文化遗产地·水晶晶南浔”金名片为抓手，统筹各类区块规划、项目方案。《南浔古镇片区规划提升暨实施方案》《南浔古镇南部区块总体设计》完成区级评审，根据评审意见修改完善。《大运河江南运河南浔段保护规划》根据省文物局意见修改完善。结合世界文化遗产保护的新要求，绘制核心项目布局、边界划定管理、交通组织优化、风貌引导管控、服务设施完善、市政设施完善六个“一张图”，全方位、整体性保护发展南浔古镇，传承文化活态、创新产业发展，打造古镇版美丽繁华新江南图景。

【生态建设】 强化治水治气、垃圾分类等工作推进力度。对标7个100%措施，对辖区内17个在建工地开展常态化执法巡查，责令停工整改6处、限期整改18处，处罚金8万元；查扣违法运输渣土车辆21辆，处罚金5万元；责令10户商家限期整改油烟净化设施；裸露土遥感点位78处已全部落实防尘网覆盖；辖区内37条河道全部落实第三方运营单位长效保洁。结合《浙江省生活垃圾管理条例》宣传工作，张贴宣传海报30张，上门发放宣传手册200份，提高“二定四分”（定时、定点，按易腐垃圾、可回收物、有害垃圾、其他垃圾进行分类）垃圾分类知识普及率。建立健全日巡查、周通报、季处罚制度，对存在问题的运营单位共罚没6万元；对沿街商铺处罚35起，共处罚款1000元，构建刚柔相济的生态环境监管方式。

【攻坚克难】 针对“二高一隧”（高速铁路、高速公路，地下隧道）、浙江水利水电学院南浔校区、太阳酒店等重大建设项目，启动“百日攻坚”“清障拔钉”等专项行动，形成主要领导挂帅、分管领导包片、联村干部全面参与的工作机制。截至5月，“二高一隧”、浙江水利水电学院南浔校区项目已全面完成房屋征迁、苗木移除、鱼塘搬迁任务。针对栲栳湾水系恢复，刘氏通德堂修缮，丝行埭美食街、蛳壳弄和花园弄民国风情小吃街整治等重点项目开展集中攻坚行动。5月，根据区委、区政府的决策部署，第一时间组成工作小组，进行调查摸底、测绘评估未签约房屋的基本情况，掌握居民签约意向。截至年末，已完成29户房屋征迁，腾空面积1523.68平方米。

【产业复兴】 努力营造一流的投资发展环境，2021年已招引沐风等民宿3家；招引戴春林美妆老字号、本顺竹艺、茶海棠等文创非遗、老字号优质业态20余家，改造提升低、小、散、乱业态10余家，全面带动并促进现有业态提档升级。促成数字生活项目与高德、Citydo等进行合作，古镇商户的数据信息可通过“浙里办”“云享湖州”“南太湖号”“湖州掌上通”“高德”等C入口进行展示，并配套活动和信息发布功能。同时创新求变，协助多家酒店和广告传媒公司联合探讨“剧本杀+文旅”新模式，打造古镇沉浸式体验旅游新模式，为酒店及景区增色添彩。

【文化复兴】 通过做强名人、非遗、人文三张名片，强化历史文化静态传承和动态活化利用。2021年，共保护修缮宜园、蒋氏密韵楼等历史建筑与不可移动文物13处。立足历史底蕴，创新推出“四象八牛”主题文化菜单。立足非遗特色，将古镇旅游与非遗项目表演、体验相结合，如在辑里湖丝馆表演煮茧缫丝技术等，全力打造古镇旅游非遗文化产品。立足新兴文化，重点打造“水晶晶南浔 水晶晶偶像”“虾客大会”“电竞嘉年华”等重大主题的活动，做深水乡婚礼、旗袍等元素结合推广，以特色爆点活动带动南浔古镇文旅发展，使景区活动丰富化并不断扩大品牌知晓度。

【古镇面貌】 高效治理美化空间，巩固基础工程。依托智慧城管平台形成线上、线下互相配合的精细化管理新模式，全年共处理案件1450起，按时完成率100%。共排摸清理辖区路面、里弄杂物垃圾500处；完成沿街店铺商户破旧店招店牌整改20处；景区外围商铺小广告完成清理整治100户，清理城市小广告600处；拆除违章搭建20余处，拆除面积达250余平方米，极大地提升了景区的整体环境。并针对无物管小区建立47人的网格员巡查队伍，形成度假区、社区、旅投（工程部）三方联动机制，变被动接单为主动维护。全年市政维护物业维修点位280处，受理相关热线100余件，处理率100%，满意率95%。

【项目建设】 积极加快重大项目落地速度，为度假区赶超发展提供强大动能。古镇北部景区重大项目中邱宅区块修缮工程、东园修复工程、徐迟故居布展3个项目已完工；运河民宿、南浔古镇民居修缮工程、宝善河开挖及沿河整治工程、永宝路工程、极乐寺、运河国际文化交流中心等13个已开工建设项目有序推进。运河酒店、頔塘公园、浔溪书院、庞宅提升、“绣花锦”展示中心5个项目已完成前期筹备工作。列入区委、区政府重大项目的工程中，浙江水利水电学院南浔校区、太阳酒店2个建设项目均如期完成年度任务。

【民生事业】 坚持以人为本，织密扎牢基本民生安全网，依托浔东片区社会治理联动工作站形成“11+X”工作模式，构建片区全科网格管理、社会矛盾纠纷调处化解中心和公安+执法联勤站三大基础板块，全年累计受理311项事件，办结率达100%。同时以“互联网+”模式精准服务特殊群体，新申请救助低保家庭4户，低保边缘家庭1户。临时救助2户，市急难救助2户，医疗救助2户（22174元），有效缓解群众的临时性困难。针对退役军人，运用退役军人综合管理平台和优抚服务管理系统，实行数字化动态管理和人员服务，做好双拥和优抚工作，在思想政治教育、帮扶援助、权益维护、创业就业等各方面取得积极成效，服务保障水平不断提升。2021年，度假区退役军人服务站成为首批全国“示范型退役军人服务中心（站）”。 （茅相源）

2021年南浔古镇旅游度假区行政村（社区）基本情况表

表3

村（社区）名	书记（主任）	村民小组数（个）	总户数（户）	总人口（人）
浔东村	顾建华	17	550	2165
辽里村	李根福	15	443	1768
硬长桥村	曹振伟	13	281	1040
沈庄漾村	杨建华	14	365	1640
适园社区	应晓岚（女）	25	958	2026
百间楼社区	陈明海	20	1998	4997
泰安路社区	沈洪梅（女）	30	2150	5144
镇东社区	周月萍（女）	29	3900	9582
辽里社区	朱晓华（女）	27	2079	6037
夏家桥社区	沈利英（女）	20	1487	3792

·南浔科技新城·

【概况】 南浔科技新城（以下简称“科技新城”）于2017年2月设立，为区政府派出机构。根据区委、区政府工作部署，科技新城自2020年启动建设长三角绿色智造联动发展南浔合作园，开发面积4.29平方千米，纳入国家城乡融合发展试验区嘉湖片区六大重点发展平台。2021年9月，原高新区与科技新城进行合并，组建新的“高新区”，实际开发面积扩展至11.2平方千米。2021年1—9月，科技新城管委会紧紧围绕区委、区政府“一一二八”决策部署和“12233”工程，抢抓机遇、砥砺奋进，全力做好规划设计、项目招引、工程建设、资金筹集、项目投产等各项工作，积极争创省级一流高新园区。

【招商引才】 2021年，科技新城管委会重质聚能，招大引强产业项目。着力加快产业项目招引。共引进光电显示、高端智能制造、新材料、生物医药等23个产业项目，总投资536亿元。已落地产业项目14个，总投资489亿元。加快推进产业项目建设。总投资1.5亿美元的鼎旭智能制造项目一期投产、二期完成打桩；总投资15亿元的海顺新材项目一期即将投产、二期完成打桩；总投资10亿元的泉州华硕项目一期即将投产、二期完成拍地；总投资128亿元的南浔高铁城际空间站项目完成地下工程；总投资8亿元的长三角人工智能产业园项目计划完成拍地。全力做好荣誉政策争取。列入国家级示范项目1个，省重大产业项目4个，市“大好高”项目8个，入选“南太湖精英计划”11个。成功入选2021年省级“两业融合”发展试点，省级低碳绿色工业园区申报完成答辩。

【规划建设】 高速推进项目建设。累计完成高新区城市总体规划、概念规划以及湖浔大道以北控规单元编制等多项主要规划，同步落实区域内整体市政、管网、电力等专项设计，完成智慧文创中心、站前大道及云廊、镇海中学南浔分校等10余项基础设施及公共服务设施建设项目设计方案。完成167余公顷土地整理，总投资17.8亿元，2021年已出让113余公顷。通过重大项目申报获取指标4.8公顷，有力保障了区域内工程建设土地需求。累计开工基建项目21个，建设总投资41.5亿元，已完成投资9.1亿元。

【经济实力】 奋力抢抓机遇，做大做强国有资产。搭建完善管理架构。整合重组现有高新区下属公司，组建“1+1+N”运营组织架构，构建投、融、建完整产业链体系，加大优质资产培育力度，壮大公司有效资产规模。注入注实有效资产。全面梳理国有房产、土地、水资源等要素，完成相关资产的转让、确权、注入等工作，切实做大企业资产规模。积极拓宽融资渠道。围绕2022年重点推进项目，积极对接各金融机构，争取最大限度支持，促使高新区资金链良性运转，2021年完成银行融资46.5亿元，放款20.78亿元。政府专项债方面，产业园项目一期基础设施建设成功申报政府专项债4.5亿元。

【平台提升】 全力抢占高地，提升科创平台能级。精准布局“科创飞地”。在上海青浦购置“飞地”资产约3.44万平方米，办理产权证71张，集聚全球顶尖人才和项目，营造研发、转化、投资、孵化等多元创新空间，构建研发、孵化、加速在上海，成果转化和产业化在南浔的协同创新格局。加强跨区域交流。以科创平台建设为抓手，加强与其他地区的交流合作，积极谋划重大创新平台。谋划“上海湾”建设。以打造高端人才聚集地、创业创新新高地为发展目标，通过“五谷丰登”规划，谋划“上海湾”建设，成立南浔区“上海湾”计划工作领导小组，统筹推进规划落实各项工作。

【工程管理】 为全面掌握建设项目施工情况，进一步解决和消除工程管理中遇到的问题和隐患，进一步规范建设工程项目的竣工结算审计工作，控制工程造价，促进工程管理，提升项目管理水平，提高项目品质，制定《项目设计变更管理办法》《审计管理制度》《工程巡检制度》等多项工程管理制度。采取多部门监督审预算、前后监督审现场、内外监督审结算等举措，强化工程项目审计管理。通过制定公基建项目推进计划、合理编制施工图清单等方式，确定工程采购信息价以外不同种类和规格的物品；通过“多方比选、专家把关、部门联审”的方式，确定建设工程定额以外的内容；通过多方审计对项目进行全方位审计。（茅相源）

乡镇（街道）

·南浔镇·

【概况】　2021年，南浔镇坚持以习近平新时代中国特色社会主义思想为指导，统筹疫情防控和经济社会发展，集中精力抓“六稳”，促“六保”，全镇经济持续向好，社会大局和谐稳定。全年实现地区生产总值108.91亿元，同比增长9.1%；实现财政总收入20.81亿元，同比增长2.96%；完成全社会固定资产投资98.07亿元，增长7.36%；城镇、农村居民人均可支配收入分别增长10.1%和10.9%。

【攻坚克难】　面对征拆工作，镇、村两级干部发扬“特别能吃苦、特别能战斗、特别能奉献”的精神，迎难而上，奋力拼搏，做了大量艰苦卓绝的工作，完成签约农户1165户、企业159家，有力保障了项目平台建设。面对新冠疫情的变化反复，镇、村社两级干部坚决扛起“保一方平安、护一方稳定”的重大政治责任，始终以“战时状态”投入疫情防控，全力抓好疫苗接种、人员排查、场所管控、核酸检测等各项工作，全面打赢了疫情防控阻击战。面对超强台风“灿都”“烟花”，迅速进入防汛防台风实战状态，全镇干部群众万众一心、众志成城，筑起防御台风的强大防线，最大程度减少群众损失。

【产业发展】　实现规上工业总产值79.3亿元、规上工业增加值9.96亿元，分别增长17.5%、9.8%；规上工业企业研发费用投入1.16亿元，增长64.97%。新增国家高新技术企业4家、省科技型中小企业14家。横街、杨华小微园亩均规上工业产值达391.6万元，居全区首位。翔锐机电等15个项目正在推进和竣工投产，新认定工业“大好高”项目1个，签约5亿元以上项目3个。扎实推进木业、电梯等行业公平工作，109家企业全部达到行业基准线以上。实现服务业增加值57亿元，增长11%。新增金融机构1家，年丰农贸市场等投入运营，大象酒店成功申报市“大好高”项目。引进5亿元以上农业项目1个。

【城乡面貌】　浙江水利水电学院南浔校区、绿地南浔中心等重点项目快速推进，广弘新天地等商业集聚区展现新颜。增山小区等6个老旧小区改造以及金象湾等3个小区电梯加装正在进行。世纪名都等31个居民小区和邱家湾等17个农民新村线网整治全面完成。金凯地、浔溪秀城等美丽小区改造相继完工或开工。新增城市绿道10千米。马腰等3个小集镇及城南社区环境秩序大整治持续推进。城镇精细化管理工作全市考核排名明显上升。整改提升农村公厕88座。深化“千万工程”，创建新时代美丽乡村7个，新增高标准农田400余公顷。

【生态环境】　扎实开展重点片区“双十”攻坚行动，关停“散乱污”企业107家，完成低挥发性原料源头替代企业89家。大力实施“三类场所”整治行动，整改规范“出租房”2624家，关停提升“厂中厂”34家，整治取缔“小作坊”117家。深入推进“三改一拆”等工作，改造旧厂区、旧住宅区49万平方米，拆违22万平方米，完成“两路两侧”“四边三化”整治点位248个。开展“四非”整治，关停码头2个。持续提升农村人居环境，整治遥感点位2103个。持续加强水环境治理，完成“污水零直排”巩固提升项目12个，7个区控以上地表水监测断面和3个出境断面均达Ⅲ类水质。认真做好扬尘治理等工作，$PM_{2.5}$平均浓度为26微克/米^3，空气优良率达90.7%。

【社会事业】　新增城镇就业4150人，帮扶失业和就业困难人员再就业1685人。实验小学高铁新城校区、湖州师范学院南浔附属小学褚家漾校区等项目推进有序，三长学校等19所学校“美丽校园”改造全面完工，增设南浔幼儿园阳安、虹阳和直港路等3个园区。湖州中学、湖州第二中学上线251人，南浔中学浔龙班录取111人。新建居家养老服务中心2家，城南智慧养老示范点投入使用。60周岁以上城乡居民免费意外险和南太湖健康保覆盖率100%，精准医疗救助政策落实率100%。深入开展隐患排查整治，安全生产形势持续稳定。

【政府效能】 严格落实中央八项规定精神，持之以恒纠治“四风”。深化“最多跑一次”改革，镇便民中心服务事项扩展至207项，全年受理办理事项16497件。所有村（社区）均已设立便民服务站，实现代缴、代办、代理等事项就近办理。受理“12345”政府阳光热线2828件，基本实现快速有效办结。正式运行马腰等7个社会治理联动工作站，解决群众反映事件298件，调解矛盾纠纷129起。自觉接受人大依法监督、纪检监察监督和社会舆论监督，办理人大代表建议20件，按时办结率和满意率均为100%。加大政府信息公开，健全重大事项集体商议等制度，决策科学化、民主化水平不断提高。完成政府性投资项目审计15项，核减资金800余万元。

（茅相源）

2021年南浔镇行政村（社区）基本情况表

表4

村（社区）名	书记（主任）		村民小组数（个）	总户数（户）	总人口（人）
辽西村	虞金狗		8	1321	4587
浔南村	张鹤林		17	3129	7802
朱坞村	杨红军		12	327	1408
丁家桥村	潘荣林	张卫国	21	248	1078
联谊村	陆桂林		18	532	2138
新安村	吴玉明		22	544	1380
马腰村	沈浩东		30	1110	2315
计家兜村	施建华		11	331	1013
前洪村	孙建民		19	571	1543
伍林村	施惠民		14	512	2157
杨华村	唐忠明		13	378	753
泗洲村	姚林海		11	356	908
潘港桥村	沈美祥		17	472	2022
南林村	龚玉成		10	462	2030
辑里村	吴晓泉	屠永明	22	504	1957
屯圩村	胡荣明		21	464	1600
施家浜村	姚志良	吴贤明	15	387	1421
和睦兜村	虞亚根		18	480	1608
横街村	吴益祥		16	604	1971

续表 4

村（社区）名	书记（主任）	村民小组数（个）	总户数（户）	总人口（人）
适溪村	张雪东	22	648	2670
神墩村	张荣华	24	612	2264
柏树村	沈荣华	20	566	2717
永联村	钱明波	17	387	876
迎春村	沈发根	12	561	1950
灯塔村	沈雪标	17	354	1416
息塘村	杨建兴	20	636	1461
三长村	何士海	17	965	3737
兴隆村	冯丽萍（女）	15	458	1774
江南社区	姚利群（女）	36	1824	4456
朱坞社区	杨永明	25	1743	5803
浔南社区	杨丽花（女）	31	5005	16360
辽西社区	费红英（女）	32	2833	8870
增山社区	钱国英（女）	39	2956	9575
堰四社区	陆　勇	11	191	863
新渔社区	方海浔	未分组	152	329

·练市镇·

【概况】 2021 年，练市镇连续五年获得区对镇综合考核一等奖。5 月 20 日，省委书记袁家军到练市镇调研，考察农兴村“万套乡墅”、老年活动中心、社区卫生服务站，了解村民“住有宜居、病有良医、老有颐养、弱有众扶”等情况，并在座谈会上对农兴村建“万套乡墅”共筑百姓宜居梦、练市镇组建强村公司实施强村富民的经验做法给予肯定。2021 年，全镇完成财政总收入 8.76 亿元，同比增长 14.8%；完成规上工业总产值 265 亿元，同比增长 40%；完成固定资产投资 21.9 亿元，同比增长 29.2%，其中，工业性投资 13.5 亿元，同比增长 56.4%；城镇居民人均可支配收入达 7.0 万元，同比增长 9.1%；农村居民人均可支配收入达 4.3 万元，同比增长 10.5%。共同富裕、社会民生、乡村振兴等多项工作获得市、区主要领导及分管领导的批示肯定；省级小城市培育试点考核实现从“良好”迈上“优秀”的历史性跨越。2021 年，练市镇有关工作的经验做法先后刊登《人民日报》《新华每日电讯》等国家级媒体 102 次。

【经济动能】 稳企业增动能，经济基础更加夯实。紧盯项目双进。坚持招商引资“一号工程”，新签约天晴高端护理用品等亿元以上项目 11 个，其中，20 亿元以上项目 2 个，10 亿元以上项目 2 个，5 亿元以上项目 4 个，总投资超 98 亿元。长城新能源汽车配件材料、高裕智能电动床等 9 个项目开工入库，彩蝶绿色环保、和泽化妆品设备等 8 个项目竣工投产。深化腾笼换鸟。积极克服土地要素资源的瓶颈，深入推进“五未”（批而未供、供而未用、用而未尽、建而未投、投而未达标）土地处置、“腾笼引凤”等形式的“零地招商”，共盘活存量厂房 5.5 万平方米。形成专项工作小组，稳步启动老旧工业园区改造工作，拟盘活园区内低效用地超 20 公顷。加快转型升级。持续深化工业技改，2021 年实施技改项目 27 个，总投入超 3 亿元。全力推进扶大育强，新增规模以上工业企业 7 家，全镇规上工业企业总数达 154 家；新入选市四星绿色工厂 3 家，新完成企业股份制改造 5 家，森赫电梯股份有限公司成功上市，浙江正导电缆有限公司正式启动“新三板”挂牌工作。深入开展“三服务”工作，已发放区、镇两级扶持补助资金 6046 万元，同比增长超 40%。

【平台要素】 积极抢抓嘉湖一体化历史机遇，全面推进平台征迁，先行启动区内已拆除农户 111 户，拓展可利用面积超 93.3 公顷。老工业园区完成郭家桥区块和严家村区块征迁工作，拓展可利用面积超 40 公顷。总投资 3 亿元，全面启动嘉湖一体化先行示范区基础设施建设项目，唐家庄路、亭子桥路等道路已启动建设。强化土地支撑。狠抓土地保障，由镇主要领导牵头与国土部门充分对接，先后多次召开联席会议，解决亟需土地约 20 公顷。积极推进土地复垦，2021 年已完成土地复垦 33.3 公顷，完成全年任务的 142.86%，相关考核始终保持全区前列。强化人才支撑。全年申报并认定顶尖领军人才 2 人，申报国家引才计划 10 人（已认定 6 人），省引才计划 17 人（已认定 2 人），省海外工程师 3 人（已认定 2 人），南太湖精英计划 7 人（正等待答辩），招引高技能人才 366 人，聚引大学生就业创业 1450 人。积极引导企业创业创新，新入选省级科技型企业 16 家，市级以上研发中心 4 家。

【城乡统筹】 抓统筹优布局，城乡发展更加均衡。加快建设美丽城镇。紧紧围绕争创省级美丽城镇样板镇的新目标，全力提升城镇能级。2021 年，累计完成投资超 4 亿元，龙腰湾公园已完成建设，大运河历史文化街区示范片区已启动建设，练市镇市民中心、新人民医院、新派出所等 21 个城建项目全面推进；新引进国能商贸综合体、海伦堡等项目，有效更新城市面貌。深入发展乡村振兴。聚焦品质农业招引，新签约 1000 万元以上农业项目 9 个，其中，5000 万元以上项目 4 个，亿元以上项目 2 个，新开工项目 4 个、新竣工项目 1 个，均提前完成全年任务。聚焦特色农业打造，新引进万头湖羊场 3 家；引入星光模式打造万亩农业“大观园”。聚焦优势农业提升，完成“非粮化、非农化”整治 733.3 公顷，完成总任务数的 110%。努力实现互联互通。依托练市镇接沪联杭融苏的独特区域位置，努力将练市镇的区位优势放得更大。全力推进重点项目建设，湖盐公路改建练市段已基本完成建设；苏台高速征迁工作全面启动，已完成土地签约超 31.3 公顷。新启动 4 座危桥及 3 条农村公路大中修工程，特别是花乌线与乌镇子夜路对接方案取得实质性突破，涉及练市区域内已完成路基填筑。

【生态环境】 深入推进全域土地综合整治。始终将全域整治作为重塑农村生产生活的重要抓手，2021 年已有 19 个行政村正式启动，累计完成房屋评估 3860 户、签约 3073 户、拆除 2453 户，完成土地复垦 97.3 公顷，结余用地指标约 48.7 公顷。加快推进全镇安置房建设，13 个江南水乡新社区已全面开工，同时聘请 4 个专职监管员动态督查建房过程，全力确保建房质量。持续推动人居环境大提升。常态化开展文明创建活动，共整治各类影响市容市貌违规行为 2500 余处。深入开展荃仁片区 11 个行政村人居环境巩固提升行动，累计处理问题点位 1.6 万余个，处理各类垃圾、杂物 1700 余吨，取得了一定成效。积极开展生活垃圾精准分类，中心镇区已实现餐厨垃圾统一收运处置，8 个行政村已通过市级垃圾分类标杆村验收。坚持开展污染防治。全面深化“五水共治”，每月巡河四率均保持在 100%，完成河道清淤 10.6 万立方米。坚决打赢污染防治攻坚战，扎实推进大气污染防治，完成 45 家木业企业整治工作；大力开展喷水织机行业整治，已关停淘汰喷水织机 107 家。

【民生保障】 大力推进新冠疫苗接种，全面完成接种任务。进一步扩大医疗保险等覆盖面，城乡居民基本医疗保险参保率达 99.7%。积极提升养老服务，二期社会化运营已正式实施；陵园安息堂正式启用。成功举办练市镇第九届“练溪杯”男子篮球联赛，群众精神文化生活更加丰富。改善人文环境。全方位开展新时代文明实践活动，聚焦聚力“文明七彩”志愿服务品牌，2021 年共开展各类线上线下志愿服务活动 300 余场次，探索建立全区首个志愿者联合会。进一步提升对外影响力，登上《人民日报》《新华每日电讯》等国家级平面媒体 37 篇，《浙江日报》等省级平面媒体 63 篇。深化社会治理。规范化建成“1 个中心+5 个片区联动工作站”，打通服务群众“最后一公里”，形成“联勤联动联控、共建共治共享”社会治理新格局，全年化解处置各类矛盾纠纷1104件，化解率达99.5%；全力开展“平安大检查”活动，累计排查各类场所7000余家，排查解决各类风险隐患万余个，努力实现风险隐患“动态清零”。（陈昊铖）

2021年练市镇行政村（社区）基本情况表

表5

村（社区）名	书记（主任）	村民小组数（个）	总户数（户）	总人口（人）
新华村	沈玉明	14	459	1660
莲墩村	张法祥	8	336	1298
新丰村	庄荣明	26	832	3189
新联村	孔斌伟	19	551	1908
练南村	丁建法	14	507	2019
朱家埭村	沈悦明	21	589	2279
建新村	童新夫	28	628	2527
中心村	陆雄泉	24	603	2302
金塔村	金建祥	13	308	1165
悦新村	陆子良	22	510	1953
严家圩村	蔡国祥	23	641	2281
李家兜村	曹掌荣	11	342	1238
蔡家桥村	姚新根	15	410	1486
白水河村	赵斌斌	18	453	1722
庄家村村	沈金香	16	587	2163
朱家兜村	陶新中	18	480	1743
钟家墩村	胡建兵	21	507	1891
大虹桥村	茹金根	14	357	1470
慈姑桥村	徐俊杰	20	383	1403
荃步村	徐建方	21	506	1902
凌家堰村	沈国强	26	588	2226
杨树河村	章会杰	17	504	1924
松亭村	沈宏飞	18	579	2007
民安村	张金泉	14	428	1672
车塔村	沈新花（女）	11	416	1611
召林村	吴兴祥	14	343	1337

续表 5

村（社区）名	书记（主任）	村民小组数（个）	总户数（户）	总人口（人）
洪福村	钱新泉	24	778	3096
姚庄村	孙建斌	38	868	3376
施浩村	王小妹（女）	27	610	2259
丰登村	曹华伟	17	474	1739
横塘村	王元昌	26	706	2693
达井村	姚明强	23	567	2316
农兴村	黄国兴	23	476	1850
水口村	张玉林	54	1243	4951
新会村	冯慧明	15	441	1605
花林村	费新良	16	525	2090
西堡村	俞　伟	12	498	1829
北堡村	沈国通	17	515	1833
再兴社区	汤菊英（女）	78	1386	3327
万兴社区	朱永芬（女）	53	1181	2829
练溪社区	沈永林	6	131	594

·双林镇·

【概况】 2021 年，双林镇全年完成财政收入 7.5 亿元，同比增长 21%；规模以上工业总产值 130 亿元，同比增长 18.5%；完成固定资产投资 10.98 亿元，同比增长 16.44%。2021 年，双林镇获区综合考核一等奖、“实绩论英雄”第二名的成绩。全国综合实力千强镇排名由 2016 年的 390 位进位至 2021 年的 249 位。

【经济运行】 始终把工业经济作为第一要素，保持发展专注力，加快培育新动能。项目招引持续发力。坚定招商引资“一号工程”不动摇，坚持“走出去、引进来”，新增亿元以上项目 10 个，总投资 60.6 亿元，固定资产投资 54.37 亿元。其中 5 亿元以上项目 6 个，外资项目 1 个，省重点建设项目 1 个，市级“大好高”项目认定 6 个。久立钢构、远勤建筑、湖磨 3 个项目实现竣工投产。强化对外开放，累计实到外资 98.61 万美元。平台空间跃级提升。推进平台扩容，累计投入资金 1.2 亿元，完成土地拓展 67 余公顷。盘活存量用地，推进“四无五违”企业整治和“五未”项目攻坚清零。吉成产业园项目进场施工，预计可入驻企业 80 家，平台能级进一步提升。动能转换不断加快。强化企业培大育强，加大工业投入，完成工业性投资 7.51 亿元，同比增长 14.13%，占全社会固定资产总投资的 68.4%。2021 年规模以上工业企业达 134 家，规模以上工业产值 130 亿元，占工业总产值 80%以上，规模以上工业增加值率达 24%，排名全区首位。推进创新发展，引导企业加大研发投入，新增高新技术企业 5 家、发明专利 21 项，全年完成高新投资 3.18 亿元。完成企业技改项目 12 个。加快推动企业股改挂牌上市工作，股改企业 4 家、浙股交成长板挂牌 1 家。加大人才引育力度，全年入选国家启明计划 2 个，省级引才计划 1 个，省海外工程师 1 人，南太湖精英计划 2 个，引进大学生和其他各类人才 2028 人，新增企业高技能人才 300 人，培育南太湖特支计划 3 个。

【农业农村】 始终把“三农”工作作为第一支撑，大力推进农业创强、农村创美、农民创富行动，乡村振兴取得实效。农业持续创强。夯实粮食安全责任制，新建高标准农田 163 公顷，完成非粮化整治 470 公顷，完成粮食播种面积 2827 公顷、油菜面积 212 公顷，粮食总产量 3970 万斤，全镇农林牧渔业增加值增长 2%以上。深化“肥药双减”，农产品检测合格率 98%以上。有序推进“三位一体”改革工作，获评浙江省第一批乡镇示范性农合联。培育农创客 28 人，市级示范性农场 3 家，培育高素质农民及使用人才 198 人。乡村振兴领军人 1 人。完成 1000 万元以上项目签约 16 个，认定农业大好高项目 2 个。农村持续创美。农村生活垃圾分类处理实现全覆盖，建造省级星级公厕 3 座，农村生活污水处理设施标准化运维 31 座，改造农村生活污水处理设施 2 处。培育美丽河湖 2 条，新增造林面积 6.7 公顷，森林覆盖率 4.8%。创建新时代美丽乡村 9 个，创建美丽庭院示范户 1313 户，完成华桥村美丽乡村样板片区建设。创建电子商务专业村 3 个，获评湖州市农村电子商务示范单位，创建市级农村电子商务精品村 1 个，创建商贸发展示范村 2 个。实现“数字乡村一张图”模式覆盖率 100%，新增市级乡村治理示范村 10 个。农民持续创富。城乡居民收入比进一步缩小，农村居民人均可支配收入增长 9%，深化农村改课创新，集体经济经营性收入大幅增加，实现行政村经营性收入 80 万元全覆盖。深入开展低收入农户结对帮扶工作，创建共富基地 2 个。新增区级以上示范性家庭农场 16 家。取得全区首张农业标准地产权证书。

【城乡面貌】 始终把城乡均衡作为第一目标，完善功能配套，提升管理水平，一体化进程进一步加快。强化基础配套、推升高效保障。完成沪苏湖高铁、湖杭高速、湖盐公路、“三新”线等重点交通路线建设政策处理，累计完成土地征用 63.4 公顷、农户征迁 333 户、企业拆迁 54 家。完成倪家滩路、外环南路改造、虹兴路西延伸、全兴路西延伸、河北路、强园路 6 条累计 3.98 千米的市政道路建设，有力提升城镇基础设施，有效缓解工业园区及镇区的通行压力。完成千亩山至勤裕公路、盆景大道西延伸建设，镇西、苕南和莫蓉片 8 条路大中修；完成“三新”线、墙莫线及农村公路 29 千米道路亮化；完成 21 条 50.6 千米农村公路交通安全设施完善。改善设施供给、推进服务升级。总投资 1.9 亿元的双林镇文体中心项目前期方案设计及招投标已开始，总投资 1.9 亿元的双林镇老旧小区改造项目前期准备，启动设计招投标。积极推动和强化 3 个在建房地产项目建设管理。持续推进“快递进村”，镇规划区外 24 个行政村快递智能柜已全部正常联网运行，快递进村率达 100%。拓展平台多元化服务，建成七星桥村“共富驿站”并投入使用。全年累计排查城镇危旧房 5 个小区 2559 户，总面积 82.66 万平方米。推进创新管理、提升精细治理。创新环卫数字化考核，整改问题点位 1413 个。推进城镇垃圾分类，成功创建省级高标准分类示范小区 4 个、“定时定点”投放和商业清运街 1 个。全镇累计 11236 户进行生活垃圾精准分类运营管理。建设 42 座分类驿站并已全部实现智能化管理，2021 年度考核优秀。强力开展专项整治，完成“三改一拆”拆违 22.3 平方米；“两路两侧”“四边三化”点位整治 500 余个。持续推进污水零直排，完成天虹苑、龙古苑、润泽绿地、南村别墅、渔民新村、芙蓉小区、镇南村 7 个小区污水零直排建设，截污纳管 5 千米左右，惠及居民 1000 余户。其中都市花苑获评区 2021 年十佳“污水零直排”示范样板。

【生态环境】 坚持从源头抓、从基础抓，围绕严格控制、重点治理、全面达标的总体要求，着力抓好生态环境提升。坚持疏堵结合，大力抓好水污染防治工作。全力推进污水零直排建设，完成 7 个小区及复兴路新建雨污水管道、丝得莉工业园区 11 家企业、好福气酒店、罗开富及庆同小学等污水零直排改造提升工程。加快推进水利工程建设，完成俞家漾、将军漾、上坡塘漾综合治理项目，完成太嘉河后续工程总工程量的 95%以上。深化河道综合治理，完成老双林塘清淤 23.15 万立方米并验收。箍桶兜村成功创建全国农民用水合作示范组织。深化“河（湖）长制”工作，确保河（湖）长履职到位，“四率”均达 100%。完成 4 家喷水织机企业提升整治，关停淘汰 8 家，整合集聚 3 家。坚持多措并举，全力抓好大气污染防治攻坚。加快推进“四无五违”企业清零行动，基本完成东双林、赵家兜片区，东双线、墙莫线及湖盐线两路两侧企业拆除工作。大力推进“三路三地”降尘攻坚行动，39 个现有在建工地严格落实建筑工地 7 个百分之百要求，做到在建工地全覆盖。稳步推进 15 家炉窑整治工作。全面开展木业行业废气治理攻坚行动。完成23家木业行业整治提升。狠抓生物质颗粒行业标准化提升整治。完成10家生物质燃料企业关停与整治提升。坚持全域攻坚，着力提升城乡人居环境。全力推进全域土地综合整治和生态修复工程，完成土地开发51公顷、建设用地26公顷、建造乡墅600套。深化人居环境长效管理。建立“一月一督查，一月一通报，一月一考核”制度。加快推进遥感点位整治工作，三期点位共2069个，全部完成整治。常态化开展垃圾分类工作。

【民生福祉】 始终把人民幸福作为第一追求，加大民生投入，完善公共服务，群众幸福指数进一步提升。社会保障坚实有力。保障体系不断完善，城乡居民养老保险和基本医疗保险参保率提高至99.59%和99.93%。持续开展“六无六有”长效帮扶综合救助行动，全年发放各类救助金855.6万元，困境儿童补助金63.3万元、临时救助金86.6万元。积极发挥慈善事业第三次分配作用，“慈善一日捐”活动累计筹集善款1040万元。就业规模持续扩大，新增城镇就业人数3125人次，兑现大学生租房、住房各类补贴206万元。公共服务不断提质。高度重视教育事业，深入实施美丽校园工程，总投资1.7亿元的双林二中改扩建项目完成主体建设的80%。总投资1000万元的镇西小学综合楼项目启动建设。持续推进“健康双林”行动，投入2.6亿元，推进双林人民医院医疗综合楼新建项目。抓实新冠疫情防控，完成疫苗接种13.2万人次。深化“最多跑一次”改革，完成便民服务中心改造提升，实现高频政务服务事项百分之百“一站式”办结。加强精神文明建设，文化礼堂、新时代文明实践所（站、基地）全覆盖，新建农村文化礼堂6座，区级以上文明村镇占比100%。社会治理有序优化。深入开展“四个秩序”“两排查两见底”“四清六化”专项行动，切实查处整改重点领域、行业隐患问题。不断做强社会治理共同体，建立镇级矛盾纠纷调处化解中心和3个社会治理联动工作站，调处矛盾纠纷1051起。挂牌全省首个行政争议化解联系点，获得全国首张乡镇级社会矛盾纠纷调处化解中心QMS证书。实现“平安双林”十六连冠。（刘佳彬）

2021年双林镇行政村（社区）基本情况表

表6

村（社区）名	书记（主任）	村民小组数（个）	总户数（户）	总人口（人）
显洪村	沈根海	20	615	2085
跳家扇村	杨国强	16	362	1362
东双林村	陈　敏	18	512	2116
岂山圩村	陆丽娟（女）	11	351	1257
邢窑村	李阿三	19	916	3268
后坝村	王香林	13	487	1773
黄泥兜村	徐根荣	11	401	1516
洋滩村	胡建明	11	346	1338
赵家兜村	鲍建利	24	587	2178
新丰兜村	周志财	12	350	1288
曹桥村	徐建平	17	438	1756
周家兜村	邱国良	7	296	1074
土山村	施旭明	13	408	1491
千亩山村	陈国强	17	435	1647

续表 6

村（社区）名	书记（主任）		村民小组数（个）	总户数（户）	总人口（人）
勤裕村	吕建忠		12	360	1322
黄龙兜村	褚建康		10	397	1397
倪家滩村	费惠明		10	426	1710
雉头村村	朱建民		24	596	2399
吴家庄村	韩立祥	张赢峰	18	543	2001
箍桶兜村	王　玮	谢明杰	14	399	1371
七星桥村	沈银龙		9	379	1408
花盘兜村	凌旭明		12	330	1165
儒林村	孙金泉		21	619	2115
花城村	谈建平		30	750	2645
向阳村	徐铭华		10	454	1604
俞家埭村	沈顺荣		12	297	1108
华桥村	吴林土		11	384	1371
莲花兜村	姚建利		8	288	1016
爱国路社区	薛正红（女）		2	1294	2835
和睦社区	林　虹（女）		3	977	2111
虹桥社区	陈忠伟		7	840	2002
板桥社区	俞　斌		7	933	1877
龙古兜社区	乔建荣		11	354	641
三桥社区	杨发林		3	211	845

·菱湖镇·

【概况】 2021 年，菱湖镇综合实力迈上新台阶，成功入围全国综合实力千强镇。2021 年，菱湖镇财政收入超 5.1 亿元，同比增长 22.9%；规上工业总产值预计完成 78.5 亿元，同比增长 17.9%；固定资产投资完成 12 亿元，其中工业性投入 5.2 亿元，服务业投入 6.8 亿元；村集体经济经营性收入预计达到 2605 万元，村均超 100 万元。

【产业提质】 一是工业发展持续向好。大力推进 40 家企业的行业公平，有力推动传统行业公平发展。加强企业培育，高新技术企业申报 3 家，省科技型中小企业申报 21 家，“三低企业”通过政府收储、联合兼并等形式进行改造提升 13 家。加快企业在资本市场发展，完成股份制改造 4 家、成长板挂牌企业 1 家。化工园区数字化平台建设成效显著，园区封闭管理硬件体系日渐完善，初步实现菱湖化工园区数字化平台对接化工产业大脑。二是项目“双进”势头强劲。全年引进亿元以上项目 13 个，其中 5 亿元以上项目 4 个，认定市级“大好高”项目 8 个，累计完成合同外资 7564 万美元，实到外资 1334 万美元。建华建材、通途桥梁构件等 7 个工业项目和上元环保产业园等 2 个服务业项目开工入库，友诺户外用品等 4 个产业项目竣工投产，精弘机械制造等 4 个项目“达产”。三是现代渔业稳步推进。着力培育渔业新型经营主体，创办家庭农（渔）场、渔业有限公司 265 家，实现养殖规模化、集约化经营面积 800 公顷，渔业总产量 9.2 万吨，同比增长 2.2%，总产值 19.3 亿元，同比增长 6.2%。大力实施渔业数字化改革，建成全区首个数字渔村（费家埭），带动示范 200 户、167 公顷，另有 10 个数字渔业乡村启动建设，带动渔民 820 户、建设面积 653 公顷，同时积极开展渔业新技术培训，充分发挥菱湖渔校范蠡大讲堂阵地作用，已开班 32 期、授训 5200 余人。

【镇貌提升】 一是美丽城镇进一步巩固。省级园林镇创建项目完成省级验收。加快推进总投资 1.53 亿元的老旧小区改造项目，新墩等 3 个老旧小区改造基本完成；光浩路东段全面通车，费家田路、龙湖路北段有序推进，市政道路网进一步完善；秀溪文体商贸中心、美树商贸综合体加速推进，菱汇大酒店等配套项目相继建成并逐步投入使用，“融杭新城”品位显著提升；西部工业平台推进步伐明显加快，启动园区道路改造工程，下昂暗火其片区签约 24 户，签约率达 100%，建新区启动建设。竹墩前丘片区签约 200 户，签约率达 100%，安置房基本结顶；六堡里村舍头片区已完成签约 43 户。城中村改造持续推进，东河村王家荡和南浜村赵家湾，累计征用土地 22.7 公顷，涉及拆迁 105 户。二是乡村振兴取得新进展。射中、新庙里市级美丽乡村精品村建设有序推进。强村公司规范运营，累计承包各类土地开发项目 20 多个，为入股村集体带来 119 万元收益。全镇 26 个行政村集体经济经营性收入达 1995.7 万元，同比增长 142.8%，全面消除村集体年经营性收入 50 万元以下的欠发达村。加强校企合作，与湖州职业技术学院（农民学院）合作培养乡村振兴人才，推出乡村振兴领头雁培养、渔业养殖技术等精品课程。启动新时代美丽乡村样板片区建设，打造以杨港村、山塘村、新庙里村、许联村为核心的新一轮美丽乡村升级版。

【环境提标】 一是大气污染防治不断强化。完成下昂园区工业废气异味治理，对园区内 11 家涉气企业开展废气治理设施安装运行和监测。关停取缔“散乱污”企业 22 家。加强“四非”[非法制砖厂、非法码头、非法无矿山矿石（建筑废料）加工点、非法搅拌站]企业巡查，拆除取缔搅拌站 1 家和码头 3 个，并完成复垦复绿。持续深化“三改一拆”（改造旧住宅区、改造旧厂区、改造城中村，拆除违法建筑），拆除违法建筑 20.37 万平方米，累计拆违拆旧 181.78 万平方米。清理违规小广告 2341 个，补种绿化 6022 平方米。狠抓扬尘污染综合防治，严格落实建筑工地“7 个 100%”要求，全面完成裸露土覆盖，镇区进行全天候巡回洒水，空气质量明显改善，$PM_{2.5}$ 同比下降 13.8%。二是污水零直排建设巩固提升。新增老旧小区雨污管网改造项目 2 个，清理河沟漾塘 1.45 万平方米，修复农村生活污水排污管网 341 米。打造工业园区运营监管系统平台，园区内 29 家企业实现“全覆盖”，实时掌握园区污水排放状况。优化喷水织机行业结构。新建车间 1.7 万平方米，整合 1000 台家庭式作坊的喷水织机生产区域，并淘汰落后设备，减排比率达 95%以上。全面落实渔业养殖尾水长效管理，对 4867 公顷渔业养殖尾水实施动态水质检测，建成尾水治理点位 157 个。持续推进河道保洁，进一步压实全镇 335.81 千米的河道和 29 个小微水体常态化保洁及黑臭水体排查工作。镇域水质断面达标率稳定向好。三是人居洁美行动不断提升。成立三个生态环境督查小组，建立统筹督查模式。严格落实“一月一督查，一月一通报，双月一考核”制度，共组织现场督查 790 人次，下发督办单 1350 个，每月督查考核情况通报 12 期，整改问题 3432 个；全力推进生态建设遥感点位整治，对区下发的 3 期共 2310 个点位高要求全部完成整改。全镇行政村垃圾分类工作实现智能平台管理，新创建市级垃圾分类标杆村 6 个，实现市级标杆村创建全覆盖。各行政村常态高效开展自查、自清、自纠活动，严防人居环境问题反复。

【民生提优】 一是社会治理不断夯实。扎实做好建党 100 周年维稳安保各项工作，深入排查化解各类矛盾纠纷、积极受理群众来信来访案件和政府阳光热线案件。深化“平安菱湖”创建，深入推进“渔都卫士”2.0，加强平安宣传力度。组建送法服务、安全服务、技术服务、留守儿童护卫、渔业纠纷调解、平安联盟调解 6 支专业服务队，定期开展法律宣讲、安全生产培训、养殖技术培训等专题讲座。扎实开展“两排查两见底”（矛盾纠纷排查见底和风险隐患排查见底）专项行动，创新基层治理，整合优势资源，建成全省首个渔都生态联勤警务工作站，实现辖区生态保护、治安防控、侦查打击效能的最大化。开展“集中反诈骗宣传月”活动，发布防诈骗相关小视频，有效遏制电信网络诈骗案件快速上升势头。开展安全生产大排查大整治，工矿商贸等各类事故明显减少。二是民生福祉不断改善。疫情防控常态化扎实推进，加强新冠疫苗应接尽接工作，累计接种新冠疫苗超 12.5 万剂次，相关工作被央视新闻联播报道。社会保障不断完善，全力推进“南太湖健康保”参保工作，市民健康体验馆免费开放。惠民项目稳步推行，新墩小区停车场新建工程完工并交付使用，菱湖三小食堂、五小运动场等美丽校园项目，新菱湖镇幼儿园投入使用，下昂幼儿园启动建设。积极争创全省“枫桥式”、全国示范型退役军人服务站，成功入选“全省百家红色退役军人服务站”；积极推动社会民生服务提质，提升避难站建设 12 个，规模以上企业公积金完成全覆盖。

【文化建设】 一是文旅融合实现新突破。全面启动“微改造、精提升”工作，修复酱园弄陆思采故居及日晖弄姚醒吾故居，总投资约 1.45 亿元的沈氏宗源小镇建设项目进展顺利，游客集散中心项目、传统历史古村落、沈氏宗祠等建设全部完成并验收。成功举办“沈氏故里、水韵竹墩”美丽乡村沈氏文化旅游节。菱湖镇充分发挥历史文化研究会的作用增添古镇复兴“源动力”的做法获副市长闵云批示肯定。二是清廉教育不断深化。高质量推进清廉乡村建设全域覆盖，持续推动清廉文化阵地宣传，打造全区首个镇级清风文化展示馆——“三省堂”。深化清廉工程建设，研究出台全市首个《村级工程建设项目责任追究办法（试行）》，扎实推进村级工程智慧监管线上运行、乡镇公共资源交易中心规范化建设等工程。推动条线认真履行“一岗双责”，深入开展党规党纪教育，层层落实谈话谈心制度。三是党史学习教育持续开展。打造英雄事迹馆、姚醒吾旧居陈列室、中共湖州中心县县史迹陈列室三处红色教育基地，并常态化对外免费开放，满足周边群众和社会团体参观学习需求；成功举办庆祝中国共产党成立 100 周年文艺演出、图片展和书画展。出版《红色菱湖话征程》，颁发“光荣在党 50 年”纪念章 363 枚。依托党委理论学习中心组、“红色星期六”、“学习强国”学习平台、“周一夜读”活动等载体，组织全镇党员干部深入开展党史学习教育。（陆佳平）

2021 年菱湖镇行政村（社区）基本情况表

表 7

村（社区）名	书记（主任）	村民小组数（个）	总户数（户）	总人口（人）
东河村	沈思全	14	619	2475
南浜村	马瑞良	14	721	2761
勤劳村	章小军	14	466	1643
王家墩村	朱月平	22	598	2268
陈邑村	金　辉	16	761	2661
杨家巷村	孙建方	25	797	2786
费家埭村	赵建荣	21	701	2530
勤俭村	沈裕康	18	679	2327
南双林村	项建强	36	889	2989
卢家庄村	费建荣	39	1128	3795
永福村	吴国杰	17	557	2013
菱东村	吴剑芳	19	590	2029

续表 7

村（社区）名	书记（主任）		村民小组数（个）	总户数（户）	总人口（人）
建丰村	章建宇		17	545	1958
永丰村	沈金强		16	514	1846
达民村	吴淦荣		24	706	2521
思溪村	沈新良		27	908	3231
下昂村	王松乔	邱建平	23	725	2526
新庙里村	沈文江	朱海新	33	881	3123
竹墩村	童义林		22	640	2181
六堡里村	费建强		23	659	2201
射中村	谈继良		38	877	3236
千丰村	俞　辉		28	561	2078
三溪村	沈培芳		20	524	1923
山塘村	沈根林		14	487	1806
许联村	周海庆		16	581	2031
杨港村	方勤松		12	304	1098
东栅社区	徐杰萍（女）		52	1062	2254
南栅社区	费月莉（女）		33	1025	2097
西栅社区	宋铮铮（女）		51	1321	2768
北栅社区	杨　英（女）		54	1520	3214
菱水社区	褚水龙		6	124	449
下昂社区	杨逸敏		4	409	703
新溪居民会（归建丰村代管）	章建宇		1	45	67

· 和孚镇 ·

【概况】 2021 年，和孚镇实现财政总收入 6.5 亿元，同比增长 21%；全社会固定资产投入 13.75 亿元，同比增长 23.2%，其中，工业性投入完成 12.2 亿元，同比增长 41.7%；规模以上工业总产值达 100 亿元，同比增长 20%；农民人均收入 4.34 万元，增长 10%。2021 年，和孚镇成功入选国家级农业产业强镇创建名单，是湖州市第四个入选的乡镇。

【经济实力】 和孚镇紧紧围绕“以实绩论英雄”的工作导向，紧盯目标，优服务保运行，抓项目促增长，规上工业首次实现“双百”。始终把招商引资作为一号工程来抓，切实加大项目招引，继续保持有效投资稳定增长，不断夯实发展后劲，全年新签约工业项目 10 个。深入开展企业扶大育强工作，不断壮大规模企业梯队。培育“新升规”4 家、“小升规”7 家，全镇规模以上工业企业达 102 家，其中亿元以上企业超 20 家。高效有序运作强村公司，村集体经济经营性收入 60 万元以上全覆盖，经营性收入达 80 万元以上的村比例达 65%。不断加强“文化+旅游”提升力度，荻港村成功创建省级休闲乡村，全镇全年共接待游客 100 万人次。制定“微改造、精提升”5 年实施方案，建立 2021 年项目建设清单，共投资项目 23 个。举办第五届端午民俗文化艺术节，持续打响美丽乡村旅游品牌。

【生态环境】 坚持生态优先，深化“五水共治”碧水行动。全镇共关停“低小散”企业 45 家，完成河湖清淤 8 万立方米，完成美丽河道提升 1 条。新建雨水管网 1 千米，提标改造管网 1 千米，清疏排水管网 40 千米。完成全镇 28 个点位污水零直排改造提升，为全镇 61 个生活污水终端实施大修。加强污染防治，深入开展“蓝天保卫战”。深化餐饮油烟整治，对全镇 138 家餐饮店安装油烟净化器，安装率达 100%；开展工程运输车辆、秸秆禁烧、工地扬尘等专项整治行动，强化日常巡查监管，累计出动执法人员 1677 人次。立足美化环境，打好“城乡人居环境”整治组合拳，实行第三方考核制度，全镇范围进行全面的城乡人居环境进行检查，发现问题 6896 个，完成整改 6758 个。

【镇村面貌】 以全面创建“无违建镇”为目标，完成旧厂区、旧住宅改造 5.6 万平方米，完成率达 104%；拆除违法建筑 10 万平方米，完成率达 104%。逐步完善道路基础设施，完成 12 条农村公路大中修 16.5 千米、绿化工程 9.7 千米，危桥改造 2 座。切实提升平台承载能级，总投资约 900 万元重兆工业园区污水管网输送项目、投资约 1200 万元的陶家墩工业园区道路建设均顺利完工。有序推进农村垃圾分类工作，全镇共有 22 村已经开展垃圾分类工作，实现了全覆盖。全镇已创市级标杆村 20 个、省级标杆村 1 个。围绕“五美”（环境美、生活美、产业美、人文美和治理美）建设，深入开展美丽城镇建设，完成总投资 2000 余万元的三叉口景观绿化提升、和孚人民广场暨停车场建设、金旺家园及羊角圩小区提升改造等项目，成功摘取省级美丽城镇与省级园林城镇两块“省级名片”。大力推进美丽乡村建设，实现美丽乡村建设从“一处美”向“全域美”转型，和孚镇“苕溪渔隐”样板片区、陈塔村精品村建设，均已完成考核验收，实现 19 个行政村美丽乡村全覆盖。

【社会态势】 把改善民生作为第一要务，切实兜牢民生保障底线，2021 年共救助帮扶 849 人，累计发放救助帮扶资金 648 万元；募集善款 517 万元，通过镇、村两级慈善平台救助 250 人。基层治理探索创新进一步深化，新胜村幸福邻里中心项目完成装修投入运行，新改建云北村、河东村两家农村社区服务中心，新建 2 家“儿童之家”。深化平安和孚建设、维护全镇和谐稳定，切实提升基层社会综合治理水平，成功创建“市平安优秀乡镇”。和孚社区成功创建市级民主法治村，实现市级民主法治村全覆盖，陈塔村、新荻村创建为省级民主法治村。深化“四清六化”（人员清、场所清、隐患清、动态清，网格精细化、人员多元化、任务具体化、信息采集数字化、处置一体化、奖惩机制化）和“两排查两见底”工作，全镇配备专职网格员 48 人，全方位查清辖区内重点场所 2247 家。镇社会矛盾纠纷调处化解中心实体化、智能化操作有效运行，共接待来访人员 479 人，化解矛盾纠纷 297 起。

（姚　莎）

2021 年和孚镇行政村（社区）基本情况表

表 8

村（社区）名	书记（主任）	村民小组数（个）	总户数（户）	总人口（人）
河东村	陈　海	8	499	1814
新荻村	吴建龙	17	928	3276
荻港村	杨升辉	20	1127	3393
李市村	柴振凯	24	659	2094
群益村	李占如	16	549	1863

续表 8

村（社区）名	书记（主任）	村民小组数（个）	总户数（户）	总人口（人）
陈塔村	王根明	23	715	2245
和孚村	孙乾鑫	15	640	1942
新胜村	陈汉成	15	484	1751
陶家墩村	邱树荣	11	370	1165
云东村	汤泉涌	16	569	1952
四联村	杨怀武	13	448	1528
漾东村	徐　伟	24	799	2864
民当村	汤海明	18	590	2069
双福桥村	褚前锋	32	1087	3907
复乐村	徐伟强	19	625	2330
长超村	曹建伟	21	727	2493
重兆村	张新华	43	937	3340
横港村	张逸英（女）	23	537	1930
张村村	沈小强	13	422	1502
佛堂兜村	孙建成	11	434	1537
吴兴塘村	孙顺兴	12	299	1056
云北村	陈德元	38	847	3066
和孚社区	汤国强	25	982	1662
长超社区	唐璟耀	3	398	597
重兆社区	陈建中	16	287	484

·善琏镇·

【概况】 2021 年，善琏镇紧紧围绕高水平建设社会主义现代化共同富裕示范样本的奋斗目标，高举“以实绩论英雄”的风向标，创新实干，加压奋进，各项工作取得较好成绩，在全面建成殷实秀美、宜居乐活的“湖笔小镇”征程上迈出坚实步伐。2021 年，善琏镇获浙江省特色小镇称号；窑里村被命名为浙江省 2021 年度省级民主法治村。

【经济实力】 全年财政收入 2 亿元，同比增长 16.1%。实现规模以上工业企业产值 38.96 亿元，同比增长 8.92%。实现规模以上工业增加值 7.36 亿元，同比增长 10.48%。规模以上工业增加值率完成 18.9%，高新技术产业增加值增速 16%。全年完成固定资产投资 5.06 亿元，同比增长 25.94%，其中工业性投资完成 3.43 亿元，同比增长 69.01%，工业企业新升规 3 家，分别是科宇磁业、科亮富电子和鑫丽纺织，全镇累计达到 59 家。始终把招商引资作为第一基础，以“大、好、高”项目为切入点，继续坚持“以企引企”和“走出去”战略。2021 年，全镇共完成工业项目签约 12 个，主要涉及新能源、新材料、高端制造等产业，完成全年任务的 120%，超额完成全年考核任务；全镇共引进亿元以上项目 8 个，1 亿～3 亿元项目 3 个，3 亿～5 亿元 3 个，5 亿元以上项目 2 个，总投资 12.7 亿元，其中，江潮电机一体化项目总投资 6.5 亿元，拟用地 5.3 公顷。在建项目稳步推进，全镇在建亿元以上工业项目10个，总投资12.24亿元。完成新开工项目入库6个（科亮富电子、美创节能、德盛新材、佰翔机械、众跃混凝土、诚达机械），均按时序推进；完成项目竣工投产3个（江潮电机二期项目、九弘幕墙项目、贝丝特无纺布项目）；完成项目达产1个（江潮电机二期项目）。

【农业农村】 全域土地综合整治扎实推进。已签约农户2800余户，腾空拆除2200余户，累计完成土地复垦80余公顷。安置房建设有序推进，一期工程“宝善家园”小区完成房屋建设并竣工交付，336户村民实现“安居梦”。二期工程善琏安置点及观音堂、宏建、砖溪等六村级安置点已开工建设，总规划户数1600余户，年底完成桩基工程。全年共引进1000万元以上农业项目10个，竣工达产2个，认定市级农业大好高项目1个（荣锐蔬菜），农业投资完成6000万元，提前完成全年目标任务。其中，在全域土整完成万亩农业平台基础上，与第三方公司签订4个智慧农业与产业投资合作协议，总投资1亿元，实施覆盖1万亩农田的种子种苗农机服务、数字化管理等内容。村集体经济增收喜人。通过15个行政村股份经济合作社联合出资组建强村公司（湖州南浔湖笔小镇新农村发展有限公司），投资开展光伏运营、物业管理、工程项目等经营性活动，改变了以往各村股份经济合作社“单打独斗”的局面，实现了抱团发展，在做大“蛋糕”的同时，让企业、村集体、村民群众都享受到发展带来的红利。全年各村集体经营性收入均达100万元以上，个别村突破140万元。

【文旅融合】 重点项目持续推进。湖笔小镇全年完成社会固定资产投资5.06亿元，增长25.94%，含山景区保护开发项目、含山运河蚕桑研学营地项目、湖笔小镇研学营地项目等重点特色文旅产业建设有序推进。数字赋能提质增效。按照特色小镇“1+2+N”（1个数据治理与融合应用中心、企业管理和项目管理2个平台、多个应用场景）数字化改革总体框架，以“小切口、大场景”为导向，谋划集湖笔产业地图、毛笔产业指数、景区旅游服务、善琏湖笔防伪溯源、小镇综合管理等于一体的“湖笔一码通”特色场景应用，2021年，数字化综合管理大屏（小镇大脑）已初步形成。文旅特色日益彰显。研究制定《善琏镇旅游业“微改造、精提升”实施方案（2021—2025年）》，围绕乡村旅游、研学旅游和文化旅游三大核心产品，整合优化中国善琏汉字艺术研究院、少求书屋、陈国麟美术馆、善琏美术馆等文化产业，打造湖笔文化创意街区，举办2021年湖笔文化旅游节，不断丰富文化艺术功能。全年累计接待游客45.38万人次，实现旅游总收入0.118亿元，同比增长25.13%。

【镇村面貌】 城镇综合承载能力显著提升。加快市政道路建设，完成展望路延伸工程、新业路新建工程、蒙溪路修复工程方案设计。强化交通项目建设，完成千金至善琏、三新线至姚家桥、三新线至栖贤村3条农村公路等级提升项目及花城至含山等3条农村公路路面大中修项目竣工验收。有序推进三新线至含山景区、平乐村至千金镇石桥村、新千善线无隐患公路创建，5条农村公路大中修及桥梁栏杆改造项目。含山大桥改建工程开工建设，向上争取资金2100万元。人居环境持续改善。积极开展美丽乡村、美丽田园创建活动，重点打造含山、观音堂、窑里三村联建“美丽乡村样板片区”，计划总投资2.3亿元。持续开展人居环境大整治大提升行动，整治遥感问题点位500余个，清理杂物乱堆放250余处。推进城乡生活垃圾精准分类，完成新建小区生活垃圾驿站智能化建设2处，创建市级农村生活垃圾分类标杆村12个。进一步管护道路环境，善琏镇农村公路养护站投入运行。重点攻坚水气污染。加强工地扬尘管控，严格落实建筑工地“7个100%”要求；深入治理工业污染，突出抓好涉气行业有机废气整治；严查道路扬尘，加大集镇道路日常保洁力度；强化餐饮油烟整治，加强餐饮业油烟检查和惩罚力度。全镇环境空气质量总体提升，全年小镇$PM_{2.5}$浓度为28微克/米^3，同比下降12.5%。加快推进善琏污水厂改扩建项目，总投资9700万元，建成后污水处理能力达每日1.2万吨，扩建工程已完成并将于2022年3月进入调试运行阶段，改建工程计划2022年二季度完成提升改造并投入使用。

【社会福祉】 依托“四个平台”（综治工作平台、市场监管平台、综合执法平台和便民服务平台）建设，进一步创新基层社会治理模式，建成片区社会治理联动工作站2个，并实体化运作。大力实施矛盾纠纷排查见底行动，共排查矛盾纠纷150余起，均得到有效化解。大力推动安全生产领域的“洗楼”

行动，同步深化重点行业领域专项整治，确保各类安全生产、火灾、交通等事故持续减少。社会治安持续向好，顺利完成庆祝中国共产党成立100周年、国庆等重大节假日期间维稳安保任务。民生事业成效显著。全力推进新冠疫苗接种工作，2021年，全镇18周岁以上常住人口第一剂接种人数2.27万人，完成第一剂接种任务的109.77%，全程接种人数2.21万人，完成全程接种任务的112.36%。南太湖医保参保人数2.09万人，参保率达62.7%。落实全镇低保、低边家庭生活保障，临时救助61户，发放临时救助金41.4984万元。新创建卜家堰村幸福邻里中心1家，宏建村和卜家堰村“儿童之家”2家，善琏卫生院改扩建工程、善琏工人文化宫、全域土整节地安葬综合体等项目建设有序推进。文化事业繁荣发展。开展庆祝建党百年系列活动，成功举办善琏镇首届“亲子风筝节”和“浔遍红迹·善守初心”善琏籍人士书画展，庆祝中国共产党成立100周年文艺会演等文化艺术活动。全年累计开展“周一夜读”制党史学习教育25期，通过形式多样的学习方式，将党史学习落到实处、见到实效。启动《善琏镇志》编撰工作，留住善琏历史，传承湖笔文化。

（卢　琦）

2021年善琏镇行政村（社区）基本情况表

表9

村（社区）名	书记（主任）	村民小组数（个）	总户数（户）	总人口（人）
皇坟村	肖顺荣	16	483	1572
平乐村	顾小平	17	492	1692
港南村	沈春权	3	82	266
善琏村	张林勇	12	386	1418
施家桥村	徐美根	18	376	1271
姚家桥村	胡小龙	19	561	1885
车家兜村	郁根荣	14	368	1436
夹塘村	吴宏泉	27	566	1958
观音堂村	杨国琴（女）	14	401	1393
窑里村	何明发	14	361	1259
含山村	唐国琴（女）	21	821	2983
砖溪村	姚发祥	8	415	1420
宏建村	沈建新	15	287	977
和平村	陈有德	9	324	1121
卜家堰村	宋新根	30	732	2417
蒙溪社区	沈林昌	27	745	1519

·千金镇·

【概况】 2021年，千金镇实现财政收入5855万元，同比增长42.39%，增速居全区首位；完成规上工业总产值26.5亿元，同比增长8.8%；固定资产投资2.42亿元，完成目标任务的52.6%，其中工业性投入2.31亿元，完成年度目标任务的57.6%。成功创建第三批省级农村产业融合发展示范园。千金镇在湖州市全国文明典范城市创建测评中获得全市第一名，智慧化养殖推动共同富裕工作获市委书记王纲充分肯定。数字化农业获得中央电视台等国家级媒体报道。政协社情民意信息被全国政协办公厅信息中心录用 2 篇，实现零突破。文艺精品创作成果丰硕，反映共同富裕题材的原创广播剧《一诺千金》在中央人民广播电台、“学习强国”平台等国家级媒体上线播出。

【项目双进】 一是招大引强实现零突破。树牢全员招商理念，坚持以商引商，签约亿元以上工业项目 5 个，其中 3 亿～5 亿元项目 1 个；5 亿元以上项目 2 个，分别为浙江蓝鲸绿色节能材料智能制造项目、乡伴金家甸理想村项目。分类引才成效显著，国家、省级重点人才申报均超额完成全年任务，引进浙江联动创绿家智慧环境、浙江矢量智能科技 2 个人才项目。二是项目双进行动再提速。开工入库项目 7 个，提前完成全年任务。竣工投产项目 3 个，萱博健身科技项目成功申报市级“大好高”项目，吉成小微园、创新协同融杭产业中心全面运营。三是服务企业取得新实效。坚持深化“三服务”（服务企业、服务群众、服务基层）、奋战“五个年”（党风廉政建设年、行风作风建设年、政策落实年、全民创业年、招商引资和项目建设年）活动，实现镇、村干部联片联企全覆盖，合计走访企业 117 家、332 人次。新增规上工业企业 2 家，申报“四星级绿色工厂”2 家。深入开展工业普查，确认工业企业 154 家，为上级政策实施提供有效依据。

【乡村振兴】 一是数字引领，促进产业活起来。产业融合发展步伐加快，成功创建第三批省级农村产业融合发展示范园。深入运用“数字养殖、农产品深加工及营销售”全产业链模式，数字化农业产值大幅提高。农业投资稳中有进，签约 1000 万元以上农业项目 10 个，竣工投产 2 个；申报市级农业“大好高”项目 1 个，湖州南浔温氏佳味食品有限公司获评“市级农业龙头企业”。二是创新模式，促进百姓富起来。发挥龙头企业致富动能，探索推广“温氏模式”，通过“农业龙头企业+现代生态养殖小区+农户”，集聚散户资源，带动周边农民增收 3000 万元，该模式得到市委书记王纲肯定，获中国国际电视台、《浙江日报》等媒体宣传报道。商墓村成功申报区共同富裕“十村百园带千户”产村融合示范村。三是深挖资源，促进集体强起来。推动“十方连合”强村公司市场化运作，增设镇级农贸市场管理、绿化养护小额工程、土方回填、电动车租赁、劳务派遣等业务，促进强村增收，全镇所有行政村集体经营性收入突破 60 万元，提前完成区定任务。

【城乡规划】 一是完善基础设施，优化镇区布局。镇区“三纵三横”道路体系持续扩展，完成农村公路提升 1.1 千米。高强新材、温氏畜牧等 5 个码头通过环保验收，安装井内防坠网 412 个，千金卫生院异地搬迁完成土地征用和政策处理，千金幼儿园扩建项目顺利推进。二是推进全域整治，筑牢发展之基。全域整治深入进行，完成土地复垦 21.9 公顷，开发 22.9 公顷，安置点土地流转、土方回填和场地平整等工作基本完成。二是坚持生态为本，深化农旅结合。结合美丽宜居示范村创建，启动“微改造、精提升”项目，打造网红婚礼基地，提升剪纸艺术创意街区形象。加快构建数字社会综合应用，按照“大场景、小切口”思路，助力乡村数字化改革，实现 AAA 级、AA 级乡村旅游厕所“智慧厕所”监管系统全覆盖。

【生态优化】 一是耕地保护纵深推进。坚决制止耕地“非农化”“非粮化”，全面有序推进“非粮化”整治行动，打赢粮食功能区整治“攻坚战”，已完成退塘签订协议面积 160 公顷，退塘清理面积 52 公顷，新增粮食种植面积 52 公顷。二是治水治气持续深化。积极申报国家级美丽河湖建设，开展“找寻查挖”河湖摸底检查专项行动，整改问题 42 处，断面水质持续向好。狠抓扬尘治理，实行工地出入车辆 24 小时清洗，落实管控措施，责令停工整改项目 13 个，处罚工地扬尘及运输车队沿途遗撒案件 3 起，罚款 17.75 万元，$PM_{2.5}$平均浓度持续下降，均值 30 微克/米^3，空气优良率达 93.9%。三是人居环境不断提升。统筹推进环境综合治理，开展农村出租房生活垃圾分类联合整治行动，创建市级农村生活垃圾分类处理标杆村 2 个，累计清理垃圾 1317 吨，清理杂物 1206 吨，修复破损道路 835 米，清理河沟漾塘 5.78 万平方米，清理违规小广告 244 个。深入开展“两路两侧”点位整治，整改 137 处。加快企业污染整治，拆除“四无五违”（无证无照、无安全保障、无合法场所、无环保措施，违法用地、违法建筑、违法经营、违法排污、违法居住）企业 18 家。

（顾奕超）

2021 年千金镇行政村（社区）基本情况表

表 10

村（社区）名	书记（主任）	村民小组数（个）	总户数（户）	总人口（人）
商墓村	钱永安	18	587	2098
南窑桥村	姚国平	18	476	1670
千金村	沈中伟	28	843	2791
朝阳村	宋建根	13	578	1953
石桥村	宋根荣	21	681	2323
里浩村	宋文鑫	24	728	2492
东驿达村	沈建良	25	703	2346
东马干村	姚鑫良	20	578	2021
西马干村	王浩泉	10	319	1043
金城村	金伟国	21	585	2014

·石淙镇·

【概况】 2021 年，石淙镇上下务实进取，真抓实干，全镇经济增长、农民增收、社会稳定和各项事业全面进步。2021 年工农业总产值 21.91 亿元，比 2020 年增长 15.88%；2021 年国内生产总值 11 亿元，比 2020 年增长 6.16%；2021 年全镇财政收入 1.07 亿元，比 2020 年增长 6.88%。2021 年城乡居民人均可支配收入分别为 65733 元和 41130 元，比 2021 年分别增长 9.8%和 9.3%，并成功创建国家级卫生镇、小城镇综合整治省级样板镇、省 AAAA 级旅游景区镇、省级“污水零直排”示范镇、市级平安乡镇等，石淙花海景区获评国家 AAA 级旅游景区。

【现代农业】 全域整治逐步深化。全力推进全域土地综合整治，建立工作专班，细分区域、明确职责、挂图作战，累计签约农户 2785 户，超额 90.4% 完成区定任务，完成复垦土地 94.4 公顷，土地开发 23.7 公顷。高标准推进万亩良田建设，累计退塘还田 89.3 公顷，平整桑地 28.7 公顷，村庄连片拆除 12.7 公顷，完成粮食功能区优化整治面积 304 公顷，完成率达 100%。全面推进千套乡村别墅安居工程，共规划建造 9 个安置点、2600 套乡村别墅，已结顶 1600 余套，完成总工程量的 75%。

特色农业逐步显现。成功创建省级农业特色强镇，引进稻虾生态轮作种养模式，累计推广 400 余公顷，实现一水二用、一地双收，年产生态稻米 3000 吨，小龙虾 900 吨，年产值 3000 万元，带动 108 户农户亩均增收 2000 元以上。促进渔业生产方式转型，引进“跑道养殖”生产模式，累计建设池塘内循环养殖跑道 44 条，养殖规模 19.4 公顷，较传统养殖方式亩均增产 30%，亩均增收 5000 元。引进“庆渔堂”物联网技术，推进“数字渔村”全域建设，实现物联感知设备延伸至每一口鱼塘，促进“智慧养鱼”。建设未来乡村数字馆，利用现代数字高科技手段，立体化展示农业农村发展成果。

产业项目逐步壮大。引进丁家漾国际垂钓中心农旅融合项目，充分利用生态资源提升优势，有效盘活周边低效农田、闲置鱼塘等乡村资源要素，打造石淙农旅金名片。建设天辰渔业工厂化养殖基地，全面实行数字化养殖，实现全过程自动控温、增氧、投饲，可年产淡水苗种 11 亿尾，年产名优鱼类 4737 吨，年产值 11878 万元。引进星凯红美人基地，总投资 6000 万元，占地面积 33.3 公顷，2020 年效益增收 200 万元，助力乡村振兴。全镇新发展家庭农场 63 家，培育省级示范家庭农场 3 家，市级家庭农场 3 家，区级家庭农场 7 家。结合农业高新区创建，统筹推进千亩水果采摘园、千亩星光农业园项目建设。

强村富民稳步提升。以“百企千场带万户”收入倍增行动为指导，充分发挥现代农业发展对小农户的带动作用，建立星光、中龙、三零产业帮扶示范基地 6 个，直接以产业结对的形式帮扶低收入农户，带动低收入农户就业，人均年增收 3500 元左右。

【水乡旅游】 景区品质持续升级。完成花海景区提升工程，重新规划花海布局，做到三季有花、四季常绿。完善景区公共服务体系，规范打造交通引导标识系统 37 套、建设 AAA 级旅游厕所 6 座、AA 级旅游厕所 1 座、游客服务中心 1 个、游客咨询点 3 个。全方位打造景区村庄，实现景区村庄全覆盖。

花海品牌持续深化。完善花海景区运营机制，提升精细化运营水平。成功举办第四届石淙花海龙虾节、首届花漾石淙月光集市、火羊节、露营节、花海定向赛等活动，充分展现旅游活力，累计带动商家 100 余家，吸引游客达 300 万人次，实现旅游创收 800 万元，提升了石淙花海旅游品牌知名度和美誉度。

全域旅游持续升温。全面推进全域旅游示范镇建设，成功引进慕仁帐篷营地、蓝营房车营地项目、上九里民宿等项目，谋划建设花海酒店、城市菜园等配套项目，发展火车餐厅、农家乐、农庄等大众餐饮形式，丰富旅游休闲业态，凸显了以石淙花海、慢生活休闲、蚕花文化、道教文化、古街古路、小桥流水为代表的江南水乡景观，提升了石淙全域旅游品牌影响力。

【综合实力】 产业质效不断提升。大抓企业培育，新增规模以上企业 23 家；规模以上企业累计工业总产值 62.3 亿元，年均增长 9%；累计完成工业增加值 131 亿元，年均增长 9.5%。新增国家级高新技术企业 2 家，“大好高”项目实现零突破。大抓企业转型，重拳整治喷水织机、工业窑炉等高能耗高污染行业，累计关停“低散乱”企业 267 家，“散乱污”企业综合整治累计 150 家，整治提升喷水机企业共 18 家。

招商成效不断呈现。坚持招商引资“一把手工程”不动摇，完成签约项目 30 个，总签约额 45 亿元。落地项目 23 个，其中，工业项目 6 个，总投资 6.7 亿元；农业项目 11 个，总投资 2.3 亿元；服务业项目 6 个，总投资 4.1 亿元。建成占地 2.1 公顷、建筑面积超 4 万平方米的小微企业园，成功引进新奥机械、金建纺织、浔园家具、安美科技 4 家企业。

【城乡面貌】 生态环境全面向好。结合四大功能区发展，提升绿化覆盖率，$PM_{2.5}$ 浓度降至 29 微克/米^3，空气优良率达 90.1%。持续开展“三改一拆”“四边三化”工作，累计改造旧住宅区旧厂区 12.97 万平方米，拆除违法建筑 12.95 万平方米，补种绿化 0.56 万平方米，新增道路两侧绿化约 16 万平方米，成功创建市级“无违建乡镇”。全面打赢剿灭劣Ⅴ类水攻坚战，以景点化的标准完成 60 个劣Ⅴ类小微水体整治，累计河道清淤 4.41 万立方米，河道综合整治 7.69 千米，铺设污水管网 19.6 千米，雨水管网 17.3 千米，建设农村生活污水治理终端 63 座，全面落实长效管理，成功创建省级“污水零直排”示范镇，持续擦亮美丽石淙“金名片”。

美丽乡村全面提升。积极打造新时代美丽乡村深化版，加快推进石淙“蚕花圣地”片区建设，石淙村成功创建省级美丽宜居示范村，花园湾村、羊河坝村、姚家坝村和镇西村获评市级城乡人居环境大提升先进村。高品质打造田园花海景观线，建成 5.6 千米中国红樱花大道，成功创建省级精品示范道路。完成三级农村公路建设 45 千米，高标准提升公路管理站，成功创建市级“四好农村路”示范镇。大力实施“百漾千河工程”，完成对排塘港、马家漾、丁家漾、八殿漾和花园湾村所有河道的综合整治工作，不断提升镇域河道环境质量。

城乡品质全面跃升。扎实推进城镇建设，全面完成道路拓宽改造、镇区立面改造、景观节点美化提升等 18 个整治项目，完成镇区 3 条主干道杆线下埋，完成无隐患道路创建。深化城镇垃圾智慧分类，推广垃圾分类“撤桶并点+定时定点”，安装智能芯片 2000 余个，依托七巧连云智慧化监管系统，实现 24 小时全程监管。依托城警联勤机制和数字化管控系统，稳步推进精细化管理工作，全面落实污水长效管理，镇区面貌得到显著提升，石淙镇被评为市级“美丽城镇”长效管理示范单位。

【民生福祉】 公共服务更加完善。加大教育投入力度，石淙学校成功创建市级科技教育示范校，石淙镇中心幼儿园投入使用。完善文化便民设施，实现文化礼堂全覆盖，新增文化驿站、蚕花文化馆等体验场所，新增体育步道 7 条、12 千米，健身房 5 个。组织开展特色文体活动，丰富群众文化生活。成功创建国家卫生镇，实现省级卫生村全覆盖。成功创建健康促进机关及单位 2 家，无烟机关及单位 3

家。深入实施“最多跑一次”改革，通过“一窗受理”便民服务事项5万余件。

民生保障更加坚实。扎实推进就业创业，引进大学生就业1280人，完成大学生创业主体63家，新增城镇就业人数1525人。为部队输送大学生士兵24人，其中大学毕业生18人，完成4名退役士兵安置工作。常态化抓好疫情防控工作，全面推进新冠疫苗接种工作。不断完善社会保障体系，新增职工养老保险和城镇居民养老保险4780人，城乡居民基本医疗保险参保8142人，参保率达99.8%，完成企业公积金扩面1336人。完善“六无六有”综合救助体系，募集善款361.78万元，发放临时救助、低保金、慈善救助共计596.45万元。石淙居家养老服务中心正式运营，石淙陵园建成并投入使用。加强食品安全监管，创建放心消费单位38家，放心工厂8家，无理由退货店铺21家，新设食安公园1个，成功创建省级三星级食安办。

社会治理更加高效。积极探索社会治理现代化，全面落实“三级”矛盾调解体系。深入实施“四清六化”“四个秩序”专项整治行动，实现连续两年安全生产零事故，信访“零”积案。全力推进扫黑除恶专项斗争，拔除以沈某某为首的黑恶势力团伙，保障全镇社会大局和谐稳定，成功实现平安石淙“十六连冠”，荣获全市“平安乡镇”称号，荣立扫黑除恶专项行动“集体三等功”。成立石淙乡贤会，有效凝聚乡贤力量，助力石淙发展。顺利完成重大时段的安保工作，群众平安满意度位于全区前列。

（谢宇宙）

2021年石淙镇行政村（社区）基本情况表

表11

村（社区）名	书记（主任）	村民小组数（个）	总户数（户）	总人口（人）
南坝村	徐国荣	11	380	1300
花园湾村	吴建新	17	451	1493
羊河坝村	费建新	21	630	2224
银子桥村	张振华	16	521	1880
姚家坝村	沈建良	12	315	1080
石淙村	沈志平	23	792	2644
镇西村	严沪翔	24	805	2910
石淙镇区	丁荣勇	未分组	182	417

·旧馆街道·

【概况】 2021年，旧馆街道深入落实习近平总书记对浙江、对湖州工作系列重要讲话精神，奋力打造“重要窗口”，始终围绕省、市、区委决策部署，以“重塑水晶晶南浔，建设美丽繁华新江南，高质量打造湖州‘开放东大门、创业新高地’，高水平建设社会主义现代化共同富裕示范样本”为目标，奋勇争先、使命担当，有力推动旧馆街道经济持续高质发展和社会事业全面进步。省委书记、省人大常委会主任袁家军，省人大常委会副主任、党组书记梁黎明，省政协主席、党组书记葛慧君等领导均曾到旧馆调研并对街道工作给予高度肯定。

【擦亮旧馆名片】 以全域土地综合整治与生态修复为契机，积极探索推动共同富裕与数字化改革双向赋能。全国农业水价综合改革技术研讨会、全省“快递进村”数字化监管现场会、省政协农业和农村委全体会议、浙江省高水平推进“健康浙江行动”首次现场会、浙江共同富裕示范区建设区县样本高峰论坛等一批重量级现场会相继走进旧馆，累计接待来自10余个省、市各类考察学习86批次、2100余人次。省委党校干部教育学院“南浔·共同富裕示范样本建设”现场教学基地落户旧馆，旧馆对外美誉度、知名度和影响力持续提升。

【增强经济实力】 2021 年，完成规上工业总产值 81.6 亿元，同比增长 17.6%；完成规上工业增加值 12.8 亿元，同比增长 36.4%；财政收入由 3.54 亿元增加到 4.6 亿元，同比增长 28.8%；完成固定资产投资 10.5 亿元，其中工业性投资 7.2 亿元。高新技术企业创建数实现倍增，建成省级以上企业研发机构 1 家、市级以上研发机构 5 家，规模以上工业有研发投入的企业数占比达 80%，规模以上工业企业研发投入有望突破亿元大关，企业科研创新能力不断增强。

【提升发展质量】 “双进双产”（引进、推进，投产、达产）效果显著，新增签约亿元以上工业项目 8 个，瀚威、航兴等 6 个项目顺利开工，重大项目竞相涌入，总投资 25 亿元的贝发全球文创产业园项目落户旧馆；三大园区项目招引稳步推进，创业创新产业园及绿色家居智能制造产业园一期已入驻企业和团队 70 余家；招引创新创业团队 10 余个、大学生及各类人才 1000 余人，“智汇旧馆”品牌力度显著增强。累计实到外资超 500 万美元，合同外资达 4500 万美元，对外开放水平不断增强。

【注入后劲动力】 工业平台道路建设全面铺开，横一、横二 2 条道路及热电、供水、污水等管网建设全面启动，2 条 10kV 高压电线完成搬迁，配套设施逐步完善。全力推进“园区外无企业”工作，137 家规上木业企业（含分厂）完成退出，118 家“低小散”企业淘汰关停，绿色家居二期建设即将启动，可腾出土地面积 110 公顷，该项工作使用“旧馆碳票管理模式”在全区予以推广。“两高”征迁有序进行，高铁征迁任务圆满完成，高速征迁加快破局，签约率达 92%，旧馆交通“主干”逐步成形，融沪接苏联杭发展按下“加速键”。

【改善城乡面貌】 全域土地综合整治及生态修复工程纵深推进，加快 3795 套安置房建设，其中 528 套已交付、1880 套已竣工。率先在湖浔大道以南集中连片打造万亩良田示范区，港廊未来乡村片区获浙江省第一批未来乡村建设试点。全省农业水价综合改革“五个一百”优秀典型案例成功入选 2 个，水利建设走在全区前列。城市建设加快推进，同心路等 10 条主次道路改造提升工程全面启动，5G 智慧停车和信息化平台成功运行，利民、惠民两大公共停车场投入使用，雨水及污水改造、污水运维工作不断提标。“快递进村”实现 100%覆盖，并成功创建全省首个快递共富驿站。

【加码幸福指数】 旧馆街道社会矛盾纠纷调处化解中心、便民服务中心、3 个社会治理联动站完成建设并投入使用，旧馆成校、南浔医疗集团旧馆分院迁建项目全面启动，港廊乡村智慧健康站、三桥村医养结合康养中心项目有序推进。覆盖城乡的社会保障体系进一步完善，累计新增就业 1000 人、困难再就业者 10 人、住房公积金 1000 余人，街道城乡居民养老保险参保率达 95.18%，城乡居民医疗保险参保率达 100%，“南太湖健康保”参保率达 74.6%，首创“政府免费为 60 周岁以上老人购买‘南太湖健康保’”做法在全区推广应用。累计发放救助金 66.03 万元，募集慈善款项 396.35 万元；1 个福利中心、13 个居家养老服务中心完成改造并正式投入使用，可服务人群 6193 人；成立南浔区“火江教育关爱基金”。村级集体经济“造血”功能不断增强，13 个村经营性收入均达 60 万元以上，村均经营性收入突破 220 万元。

【平安建设】 疫情防控慎终如始，从严落实管控措施，完成洗楼式排摸 3.3 万人，大规模核酸采样演练全覆盖。“基层治理四平台”和“全科网格”建设不断加强，累计办结各类信访、热线 1135 件，办结率达 100%。落实社区矫正康复职能，矫正对象等人员落实到位。基层法治不断完善，新增省级善治示范村、省级民主法治村各 1 个，“邱老师工作室”效应持续加强，人民调解队伍不断壮大，调解各类纠纷矛盾 483 件，调解成功率达 100%。

【提高生活品质】 治水治气工作全面推进，扬尘治理始终保持高压态势，$PM_{2.5}$ 浓度均值实现 26 微克/米^3，空气优良率达 90%，空气质量综合考核位列全区首位。“三改一拆”与“四边三化”持续发力，累计拆除面积 22.43 万平方米，旧住宅改造 16.76 万平方米，314 处遥感点位完成整改。全面提升城市精细化管理水平，垃圾精准分类持续深入，12 个居民小区精准分类全覆盖，新增 1 个省级高标准农村生活垃圾分类示范村，成功创建浙江省 AAA 级旅游景区街道。

（陆　璐）

2021年旧馆街道行政村（社区）基本情况表

表12

村（社区）名	书记（主任）	村民小组数（个）	总户数（户）	总人口（人）
祝良村	薛利强	22	554	2192
罗汉村	沈建林	15	448	1533
麒麟村	计建华	15	421	1039
塘南村	冯国防	7	303	1870
寺桥村	费丽三	13	410	1235
北港村	邱火江	13	478	1883
潘家庄村	邱志强	13	328	4326
载旺村	陈冠峰	17	431	1650
三桥村	高俊峰	9	390	1488
光明村	郑利萍	8	262	1021
港胡村	钱建强	13	394	1553
新兴港村	沈建强	17	441	1487
大洋社区	汤卫华	8	224	805

·东迁街道·

【概况】 2021年3月19日，南浔区东迁街道正式挂牌成立。受区委、区政府委托，由南浔经济开发区全面托管东迁街道，统筹负责东迁街道范围内的经济社会发展各项工作。东迁街道主要承担区域内的征地拆迁、控违拆违、城市管理、农业农村、社会治理、民生保障及教育、卫生等社会事务管理职能。按行政区划东迁街道下辖24个行政村、4个社区，其中朱坞、辽西、联谊3个村和朱坞、辽西、堰四3个社区暂由南浔镇管辖，实际管辖21个行政村、1个社区，辖区面积75平方千米，户籍人口为4.97万人。

东迁街道紧扣“起好步、开好局”的总体要求，全力理顺行政管理机制体制，紧密聚焦社会事务主责主业，全面开启东迁街道高质量发展新征程。2021年，获浙江省乡镇（街道）法治化综合改革试点、浙江省首批全国“示范型退役军人服务站”等称号，帮扶困难群众工作获得省长王浩批示肯定，其他相关工作获得市领导批示肯定4次，累计承办全市现场会5次。

【护航经济】 强势推进頔塘北岸征迁改造，发动300多名干部开展“大兵团作战”200天，完成征迁住户1846户、企业129家，盘活土地467余公顷。加速万亩大平台建设，以“牛刀工作法”征迁住户582家，拓展平台267余公顷，顺利保障泰鼎新能源、旭升等一批项目签约落地。深入推进“放管服”改革，健全完善便民服务中心，增设3个企业服务点。持续推进政务服务2.0建设，完成2.0窗口收件1万余件，精减证明事项38个，办事满意率达98%以上。组织151名机关干部到236家企业联企服务，实现联企服务全覆盖，开展各类助企服务2252次。加快建设数字政府，实现现场勘察审批“一线办”和工程建设项目“开工前办一次”，完成投资项目审批全流程“最多80天”。

【农业生产】 总投资额超1500万元东上林村太湖大闸蟹园区项目顺利建成并通过验收。验收完成浔味堂年产值超6亿元的供应链项目，世荣羊场自动化生产线成为全省湖羊产业“机械强农”现场会的观摩点，高品质种羊被作为东西部扶贫指定品种。北部精品蟹园、南部万亩良田的特色农产品布局基本成形。完成红旗西片圩区初步设计论证、财审、批复下达等前期工作。筑牢粮食安全底线，水稻复种面积 268 公顷，同比增长 12%；小麦 220 公顷，同比增长 99%，整治粮食功能区 95 公顷。设立东迁街道快速检测室，创建渔业健康养殖示范户 2 家，培育辖区内第一个植保示范性服务组织。

【集体经济】 规范三资及村级事务管理，通过数字化手段，落地小微平台、“新三资”系统以及限额工程智慧监管系统，规范村级报销及小额工程手续和流程。加快推进村级集体经济健康发展，实现村均经营性收入224.8万元，全面突破200万元目标，并成功化解村级债务14.36亿元。加强强村公司建设，整合资源，共建有村村、村企合作的强村公司11家，实现本年度公司总营收超1700万元、总盈利超800万元、总分红756万元，村均分红36万元，带动就业600余人，被《人民日报》《湖州日报》等各级媒体报道十余次。不断完善强村公司管理制度，率先成功试点强村公司云管理平台。

【城乡环境】 创新环境治理新思路，全市首创民生环境“槽点”变“靓点”建设。实现长效自主保洁全覆盖，辖区内优秀村从1个提升到10个。垃圾精准分类成效明显，收集易腐垃圾由 2020年的每天1.5吨增加至2021年的每天7.5吨，其他垃圾每天100吨减少至90吨。洋南新村首创全市“无桶化”农民新村垃圾分类新模式试点，完成创建市级垃圾分类标杆村2个。全市范围内率先开展农村垃圾分类“限塑令”。全区第一个实现规划区外“标杆村”全覆盖，共争取资金160万元。积极推动美丽河湖、幸福河湖建设工作，创建完成省级美丽河湖建设2条，江蒋漾幸福指数达到I级，省、市领导参观视察20余次。全面推进河长制，督查整改21个行政村治水问题106起，整改完成上级转办督办问题93个，完成率达100%。提升整治河道17.94千米，建设景观面积23.43万平方米，游步道5.7千米，骑行道9.7千米。

【民生改善】 加速推进安置房建设，安置分房688套，总建筑面积 20余万平方米。新建示范型居家养老服务中心1家、幸福邻里中心1家、社会工作站1家、农村社区服务中心1家，完成祐村村日间照料中心提升改造工程。新建健身步道5.5千米、笼式足球场3个、篮球场1个、多功能运动场1个、百姓健身房1个。依托水晶晶新时代文明实践所、文化礼堂、乡村大舞台等阵地，开展“送戏下乡”16场，实现“送画下乡”“送电影下乡”全覆盖。开展“我们的节日”主题活动50余场，活动人数达7000余人。

【慈善救助】 成立残疾人关爱基金、党员关爱基金、突发事件应急基金3个百万级基金。不断完善慈善助力共同富裕体系，筹集慈善资金1060万元，161.5万元慈善救助资金共帮扶441户困难家庭。健全残疾人救助体系，享受残疾人两项补贴793人，享受困难重度残疾人基本生活保障130人，享受困难残疾人养老保险补助和残疾学生及残疾人家庭子女助学补助7人，享受精神残疾人康复医疗补助26人，享受残疾人创业帮扶补助2人，享受辅助器具适配和无障碍设施进家庭改造服务14人。澳阳残疾人之家被评为浙江省五星级“残疾人之家”。健全儿童救助体系，建立困境儿童动态数据库，实现社会福利儿童保障动态管理，52名困境儿童享受生活补贴。完成困难老年人家庭适老化改造25户。

【劳动保障】 建立浔北劳动协理舱，受理劳动争议等各类纠纷411件，清欠工资421.5万余元；受理工伤纠纷15件，涉及金额53.4万余元。调处阳光热线转办单172件，调处率100%。实现规上企业劳动争议调解委员会全覆盖和不欠薪倡议书全签订。公积金缴纳实现扩面全覆盖，新增缴纳职工数4760人，净增职工数2157人。深入开展劳动保障书面审查，完成书面审查申报258家。加大企业劳动用工和社会保险法律法规专项检查，共排查企业628家次，涉及职工5148人。上报实习实训补贴135人，就业补贴230人，安家补贴274人，租房补贴申请197人。强化创业资金扶持，全年新增创业担保贷款数3175万元；强化就业困难人员帮扶，全年帮扶达385人次。

【社会治理】 建设“浔北、南林、东迁、坞仁”四大片区社会治理联动工作站，切实发挥“11+X”联动模式优势，持续做实做细“两排查两见底”工作，有效处理矛盾纠纷714起，矛盾化解率99.9%，其中浔北“平心工作室”成为全区首批“金牌人民调解工作室”之一。组织开办法治讲堂36次，“送法上门”服务148次，普法宣传活动32次，提供线上线下法律咨询8200余人次。辖区内交通事故死亡人数下降40%，安全生产事故起数下降50%。扎实推进全国文明典范城市创建，提升22个村（社区）、南浔大道、东迁农贸市场、浔北车站等重要场所点，累计出动志愿者、交警、机关干部等8200余人次。

【疫情防控】 累计完成接种人数19万剂次，位居全区前列。共核查重点疫区6000余人，入境人员86人，集中隔离118人，建设7个大规模核酸检测采样点和1个备用集中隔离点的应急预案和储备工作。打赢12月突发疫情防控阻击战，紧急搭建16个核酸采样点，开展18次核酸检测采样，涵盖重点行业人员6126人，实现村（社区）大规模核酸检测实战演练全覆盖。100余名联村干部下沉一线，与村干部、网格员、志愿者等力量联合洗楼排查近13万人，发放责任书（告知书）等累计10万份。（曹济发）

2021年东迁街道行政村（社区）基本情况表

表13

村（社区）名	书记（主任）	村民小组数（个）	总户数（户）	总人口（人）
直港巷村	周卫东	12	561	2144
江蒋漾村	毛新超	23	642	2669
洋南村	钟会江	11	394	1594
庠上村	吴元方	23	561	2491
马嘶村	戴仁珠（女）	23	602	2628
戴家桥村	谭惠新	19	548	2513
宝山村	冯德明	16	327	1490
西阳村	丁新江	31	746	3125
坞仁村	曹利锋	23	662	2822
三田洋村	张国强	27	932	3737
圣驾桥村	姚卫泉	22	543	2222
方丈港村	朱永根	12	452	1568
东迁村	马志刚	34	1010	3851
祐村村	张建明	25	540	2190
东上林村	王慧明	25	525	2166
同心村	沈海林	20	466	1841
丁家港村	方金法	21	550	2193
李家河村	吴训锋	11	378	1503
浔北村	莫国祥	6	463	1731
富强村	叶振林	29	650	2316
英雄村	陆永根	10	292	1065
南林社区	程建辉	未分组	786	1791

人 物

·新闻人物·

姚玉林 男，1933 年 8 月生，菱湖镇六堡里村人。他一生修桥铺路，资助公益事业，济苦怜贫，用自己的大半生坚守和传承着向善之行，2021 年入选“中国好人榜”——助人为乐好人。

20 岁出头，姚玉林从事起建筑行业，靠勤奋的双手与忠厚的为人，很快他就闯出了自己的事业——他成立了建筑施工队。建筑施工队，除了到处招揽工程外，姚玉林做得最多的就是给村里免费修路：村里的水泥桥断了，修；与邻村连通的路坑坑洼洼，修；村里有人家娶媳妇，家门前的路不平，修……从 1980 年起的 10 多年间，姚玉林无偿为村里修了一条 3000 多米长的村道，为姚古田自然村修建了一座水泥桥。

尤其是在 1989 年，姚玉林垫资为村里修一所完全式的小学。当时的六堡里村教学条件极差，教室里挤满了人都是复式教学，教学质量可想而知。为了解决这一突出问题，村里决定改造学校，修改一所完全小学。修建学校需要资金，谁能解决这个难题，姚玉林得知情况后，主动找村主任，愿意揽下这一工程。至当年 10 月，一所崭新的完全小学建成，包括 10 个教室、2 个教师办公室。300 多名学生兴高采烈地搬进了新校舍，村民都感谢姚玉林。

除了修桥铺路造校舍，姚玉林为公益事业等无偿捐款，为困难老人送红包。2016 年，村里修环村公路，他捐款 2 万元；2019 年，村里建造文化礼堂，他主动掏出 5 万元捐款；2020 年过年时，他给村里的老人发红包，每人最少 200 元，困难的老人给 500 元、1000 元和 2000 元不等。40 年间，姚玉林将赚的钱几乎全捐了，累计近 300 万元，平均每年 8 万元。

姚玉林，无私奉献乐善好施。2020 年，他被评为“南浔好人”，2021 年又被评为“湖州好人”和“浙江好人”并成功入选“中国好人榜”。

（区委宣传部）

姚子宝 男，1945 年 12 月生，善琏镇观音堂村人。从小肢体残疾，但助人为乐，以理发谋生，兼顾志愿者服务，2021 年入选“浙江好人榜”——助人为乐好人。

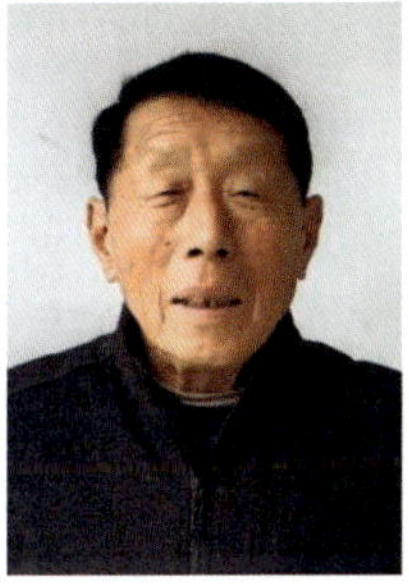

姚子宝幼年因腿受伤，由于家境贫寒没有得到及时医治，最终导致残疾。但他身残志坚，乐于助人。经营“爱心理发”已有 28 年，刚开始他只是象征性地收一两元，由于他价格公道，手艺又好，如今当地居民无论什么时候去理发，只付 6 元钱。小小理发店每年服务人群超 2000 人次。

自 2015 年姚子宝加入了当地的志愿者组织，定期为周边残疾人和五保老人免费理发，还为腿脚不便的老年人上门免费理发，累计服务 700 余人次。尤其在抗击新冠疫情期间，姚子宝克服自己腿脚不便的困难，背着理发箱走村串户，为 200 多位村民上门服务，同时又宣传防疫知识。

28 年来姚子宝身残志不残、助人为乐，用自己的热情服务、无私奉献温暖他人。在平凡的工作岗位上做出了不平凡的业绩，受到了广大居民的衷心爱戴和尊敬，2020 年他被评为“南浔好人”，2021 年入选“浙江好人榜”。（区委宣传部）

孙培清　男，1954 年 7 月生，南浔区和孚镇和孚村人，中共党员，退伍军人，2021 年入选“浙江好人榜”——见义勇为好人。

2021 年 1 月 20 日傍晚时分，孙培清在回家途中听见有人呼救，他环顾四周在不远处的河面上找到了声音来源。孙培清发现了一名老妇人正在河中拼命挣扎，危急关头，孙培清全然不顾自己将近 70 岁的年纪，来不及多想，迅速朝落水者方向跑去，飞速地脱下外套，纵身一跃，一头扎进河里。

最终把老妇人救了上来。并当即对她进行了急救，他不停地用手拍打老人背部，没多久，老人吐出几口冷水，人也慢慢清醒过来。

闻讯赶来的村民在第一时间拨打了 110 和 120。

“我是党员我先上！”“我又是退伍军人，在那个关键时刻，跳下去救人是一种本能，并没有考虑到自身年纪，一心只想着救人要紧。”这正是孙培清见义勇为的精神动力。

孙培清事迹被中新网报道宣传，他的救人壮举感染了很多人，体现了满满的正能量，也展现了当地的淳朴民风。2021 年，孙培清被评为“南浔好人”、“湖州好人”和“浙江好人”（见义勇为）。

（区委宣传部）

沈水娟　女，1966年10月生，南浔区石淙镇银子桥村村民，2021 年入选“浙江好人榜”——孝老爱亲好人。

20 多年前，丈夫冯阿央突发疾病导致双目失明，面对再也不能视物的丈夫和未成年的儿子，沈水娟毅然一人挑起了生活的重担。每天除了上班，她还要兼顾抚育幼子，送其读书，教其做人。

丈夫由于不能接受眼睛失明的现实，心灰意冷，一蹶不振。性情变得暴躁，沈水娟总是默默地流着眼泪把丈夫发脾气扔的碎片打扫干净，再陪丈夫细声细语地说话。在最拮据的那些年月，星期天她陪伴在丈夫的身边，聊聊日常的生活琐事，讲村里的趣事，让他不感觉到孤独。功夫不负有心人，沈水娟的付出，使得丈夫从“黑暗”中走出来。20 多年来，她早已成为了丈夫的眼睛，让他“看见”世间的精彩和身边的坚守。

母亲的行动潜移默化了儿子，儿子能代替母亲帮父亲送水送饭。在逆境中他勇于吃苦，勤于思考，孜孜不倦，学习成绩一直领先于其他同学，最终考取了浙江大学。

沈水娟 20 多年的任劳任怨，“铁了心照顾他（丈夫）一辈子”，教子有方。这位平凡的女子，以她的默默付出，诠释了什么是相濡以沫、患难与共。她无怨无悔实践贤孝美德，成为一方楷模。2020 年，沈水娟获得南浔区道德模范提名奖，2021 年又被评为“湖州好人”。

（区委宣传部）

• 先进人物 •

温奕弋　女，1970 年 2 月生，中共党员，湖州市南浔区人民法院未成年人案件综合审判庭庭长，全国普法工作先进个人。

温奕弋自 2005 年起从事刑事审判工作，一直是刑事审判救助业务骨干和办事能手。2021 年共办理刑事案件 129 件，其中，涉及未成年人犯罪案件 10 件 12 人。同时，温奕弋潜心少年审判，积极实践以“教育、感化、挽救”的方针，不断探索教育维权式审判模式，建立“温暖工作室”，牵头救助庭前教育、审前社会调查、合适成年人参与诉讼、法官后语、判后帮教等 10 余项目制度；建立未成年缓刑犯帮教基地，帮助解决外地籍未成年犯的就学就业等事迹问题；牵头筹建全市首个法治关爱“温暖基金”，资助困难未成年人 150 余人次。

温奕弋致力于犯罪预防，积极营造法治关爱成长环境：担任学校法治副校长，开展公众开放日、送法进校园等活动；担任南浔区未成年人道德法治体验馆馆长，打造未成年人道德法治“第二课堂”，已接纳 1 万余名中小学生，“红色法治研学”主题活动入选 2021 年度浙江省社科普及创新项目。

温奕弋先后荣获全省法院系统个人二等功 1 次、全市法院系统个人三等功 3 次，并荣获全国巾帼建功标兵、全国法院办案标兵、浙江省“三八”红旗手荣誉称号，2021 年被评为湖州市优秀共产党员。她的办案经验获得《法治日报》和《人民法院报》等媒体宣传推广。

（区人民法院）

钱建强　男，1971 年 8 月生，南浔区旧馆街道港胡村党总支书记、村委会主任，2021 年获得浙江省“担当作为好支书”、浙江省兴村（治社）名师等荣誉称号。

钱建强扎根基层十余载，把初心使命写在港胡农村的广阔大地上。他凭着对事业的执着，对村民的挚爱，领着大家不断奋斗，全力打造了“悠悠古韵，美丽港胡”党建品牌，村域整体环境有效改善，村容村貌焕然一新，村级集体经济快速发展，村民生活如芝麻开花节节高。

区域土地综合整治与生态修复试点，签约工作成为重点，钱建强为让村民们理解，发挥领头雁作用，他带领村“两委”干部分片包干，向老百姓解读政策账，算好经济账，帮助村民便捷、迅速、有效地办好签约各项手续。经钱书记晓之以理，动之以情地解说，港胡村区域土地综合整治在 3 个月内完成签约 289 户，占全村 95.4%。

钱建强为了让家乡呈现江南水乡之美，用情、用心、用智慧去建设，白墙黑瓦的民居墙上呈现农耕主题的彩绘，将宅前屋后原本无序的老物件拾掇起来，营造一步一景的庭院，并对各个景观布点和停车场等公建设施进行设计改造。累计投入近 500 万元新建提升村游客服务中心和港胡公园，有力地擦亮了“港胡湿地小镇”国家AAA级旅游景区名片。

钱建强认为乡村振兴需要数字化，发展现代化数字农业，首先要集聚资源和流转土地，才能带动大家共同富裕。在他的努力下全村 174 公顷土地被集中流转，并转化观念，推进“1 中心+十万亩田+N 高素质农民”新模式发展村集体经济，增强造血功能，全面实现标准化生产管理，形成了一套可持续、可复制、可推行的“模式包”。如今港胡村土地流转率将近 100%，每亩收益翻了一番。并以农旅结合的方式，拉动集体经济增长，港胡村每年吸引游客 2 万人次，旅游收入达 249 万元。

近年来，钱建强先后获得了浙江省“千名好支书”、湖州市“美丽乡村建设优秀带头人”和“湖州市优秀共产党员”等荣誉称号。港胡村先后被评选为湖州市第一批农村生活垃圾分类处理标杆村、省级美丽宜居示范村，并入选浙江数字乡村“先锋”榜——数字化场景先行村。　　（区委组织部）

沈方根　男，1962 年 10 月生，怡达快速电梯有限公司董事长，浙江省“担当作为好支书”。

1979 年，年仅 17 岁的沈方根到一家电梯企业工作。1996 年，经过多年历练和深思熟虑后的沈方根，走上了自主品牌的创业之路。

经过了最艰难的创业初期，至 1998 年年末，怡达取得了南浔第一张国家质量技术监督局颁发的电梯生产许可证，生产的第一台整机电梯被成功安装在当时湖州市电影公司。2006 年，怡达电梯第一次走出国门，安装于孟加拉国“ITC”项目，开启了通往海外市场的大门。

怡达快速电梯从南浔走向全国，从中国走向世界。如今，全球有 60 多个国家和地区享受怡达快速带来的安全、高效、高能的上升体验。成绩面前，沈方根永不知足，他又带领大家致力于电梯新技术的研发设计和运用，为客户提供安全舒适的运载方案。当下，企业拥有专利 100 多项，实现乘客电梯最高速度每秒 8 米，自动扶梯最高提升高度 24 米，载货电梯最大载重 12 吨。

建立一家电梯博物馆，是沈方根的愿望之一。从萌生想法到落地，花了一年多时间，共产党员企业家沈方根从筹划、设计到实物陈设都亲力亲为，全程参与。一个占地 1500 多平方米，投资 2000 多万元的国内首家电梯博物馆诞生了。这个由古至今，由外（国）到中（国）的博物馆，通过大量的实物、文字等史料，将一部电梯发展史囊括其中，坐落于怡达快速电梯有限公司之内。

沈方根曾先后获得湖州市新时代中国特色社会主义事业优秀建设者、湖州市优秀党务工作者、浙江省优秀企业家等荣誉称号。企业先后获得南浔区“新象”企业、湖州市政府质量奖、浙江省绿色企业、浙江省工业旅游示范基地、浙江名牌产品企业、浙江省专利示范企业、浙江省标准创新型企业、全国用户满意服务单位、“全国企业文化优秀成果”奖、国家二级安全质量标准化机械制造企业、国家“绿色工厂”、国家知识产权优势企业、国家高新技术企业等荣誉称号。　　（区委组织部）

文件选编

南浔区高水平建设社会主义现代化共同富裕示范样本行动方案（试行）

浔委发〔2021〕27号
2021年3月24日

为深入贯彻落实区委四届十一次全会决策部署，动员全区上下高水平建设社会主义现代化共同富裕示范样本，特制定本方案。

一、指导思想

以习近平新时代中国特色社会主义思想为指导，贯彻落实党的十九大和十九届二中、三中、四中、五中全会和省委十四届八次全会、市委八届九次全会、区委四届十一次全会精神，坚持以人民为中心的发展思想，着力增强发展的全面性、均衡性、协调性，以更大力度统筹经济社会全面发展、城乡区域协调发展、民生事业蓬勃发展、精神文明同步发展，奋力重塑水晶晶南浔，建设美丽繁华新江南，高质量打造湖州“开放东大门、创业新高地”，高水平建设社会主义现代化共同富裕示范样本。

二、总体目标

加快先行先试、创新突破，以数字化改革赋能共同富裕，率先构建具有南浔特色的工作体系、政策体系、指标体系和评价体系，率先形成特色实践和典型案例，区域差距、城乡差距、收入差距不断缩小。到2025年，地区生产总值突破700亿元，人均生产总值超13万元，低收入群众收入增幅达到20%以上，中等收入群众占比达到80%，农村居民人均可支配收入增幅达到9%，城乡居民收入比缩小至1.6:1以内。坚持经济富裕、生活富足、精神富有、服务优质、全域优美、制度优越的“三富三优”目标导向，打赢“经济繁荣、生态优美、城乡均衡、精神富有、社会和谐”五大战役，实施“幼有善育、学有优教、劳有厚得、病有良医、老有颐养、住有宜居、弱有众扶”七大工程，形成十二大标志性成果，在全省乃至全国打响具有南浔鲜明辨识度、影响力的共同富裕品牌，勇当示范先行排头兵。

三、重点任务

聚焦五大战役，实施七大工程，全力打造十二大标志性成果。

（一）聚焦“经济繁荣、生态优美、城乡均衡、精神富有、社会和谐”五大重点，打赢五大战役

1. 聚焦“经济繁荣”，打赢大产业、活商贸、富万户、强集体四倍增战役。打赢大产业规模倍增战，以泰嘉光电项目为龙头，招引一批上下游隐形冠军企业，争创光电产业单打冠军，打造千亿光电产业集群。扶持提升传统产业，做大做强以“三电一板”为代表的传统产业。以“抓大扶中育小推上市”为导向，培育上市公司10家，金象金牛企业10家，新象新牛企业100家，新象新牛培育企业100家。到2025年，实现规上工业产值超2000亿元、规上企业超2000家。打赢商贸繁荣倍增战，建设太阳酒店、大象酒店、绿地南浔中心等重点商贸项目，发展南浔古镇高品质步行街、頔塘未来社区商业中心等商业集聚区，不断夯实商贸设施、业态基础，培育各类市场主体超10万户。打赢万户收入倍增战，实施万亩园区、万亩红美人、万亩跑道鱼、十万亩稻虾、百万头湖羊“五个万”工程，开展家庭农场示范创建，到2025年，发展带动型农业龙头企业100家、家庭农场5000家，培育农创客、新农人500人，培训农村实用人才5000人，带动2万户农户增收，户均收入达30万元以上。打赢村集体经济倍增战，

纵深推进强村行动，持续发展壮大强村公司，提升村集体造血功能，到2025年，培育规模以上强村公司10个，实现年经营性收入100万元以上行政村全覆盖，吸纳就业超1000人。

2. 聚焦“生态优美”，打赢蓝天、降碳、碧水、净土、清废保卫战役。打赢蓝天保卫战，实施$PM_{2.5}$和臭氧污染协同控制，到2025年，$PM_{2.5}$年均浓度下降至25微克/米^{3}以下，空气优良率提升至92%以上，全面消除重污染天气，建成清新空气示范区。打赢降碳攻坚战，制定实施碳达峰行动方案，大力推动低碳社区、低碳园区、低碳景区等建设，实现电磁线、电梯、电机、地板等特色行业率先碳达峰。打赢碧水保卫战，巩固提升“污水零直排区”创建成果，完成金鱼漾、和孚漾等重点水域水生态修复，县控以上断面100%达到Ⅲ类及以上水质。打赢净土和清废防治战，严格落实建设用地土壤污染状况调查评估，实现开发利用地块土壤污染状况调查全覆盖，成功创建省级“无废城市”。

3. 聚焦“城乡均衡”，打赢文、教、医、康、养、行、便无差别战役。打赢文体设施无差别战，建成文旅驿站10个、文旅公共服务融合示范点30个、农村应急广播1110个、体育阵地235个，全区基层公共文化设施面积千人指标达到800平方米、人均体育场地面积指标不低于2.8平方米，打造“10分钟文体公共服务生态圈”。打赢教育资源无差别战，着力提升办学条件、师资水平、教育质量，到2025年，全区中小学普通教室、功能教室比例达到2∶1，“三馆一室一堂”实现全覆盖；硕士学位教师比例达到10%；中小学生心理健康比例达到99.9%，中小学生体质健康标准优良率达到60%、合格率达到98%，留本区初中就读比例达到95%以上。打赢医疗卫生无差别战，推动城乡社区卫生服务站分级分类改革，对现有的145家城乡社区卫生服务站进行统筹布局、提档升级，无差别配置医疗卫生资源，提升基层医疗卫生机构服务能力，形成“15分钟健康服务圈”。完善多层次医疗保障体系，提升医疗保障水平，到2025年，全区户籍基本医疗保险参保率达到99.8%以上，困难人员资助参保率及医疗救助政策落实率100%，大病保险合规医疗费用支付比例达到80%。打赢健康管理无差别战，到2025年，城乡居民电子健康档案建档率达到95%以上，“两慢病”全周期健康管理达到100%，智慧健康管理达到50%。打赢养老服务无差别战，建成“1+10+N”居家养老服务设施网络，实现区级综合型、镇级示范型、村级标准型三级社区居家养老服务设施城乡覆盖率100%，城乡社区居家养老服务覆盖率100%，形成“15分钟养老服务圈”。打赢交通网络无差别战，实施“4216+N”交通网行动，加快高铁、城轨、高速、场站等重大交通项目建设；构建“城市公交15分钟、城乡公交15分钟等待时间”的公交客运一体化网络。打赢便民服务无差别战，实现区内政务服务事项基层全域通办率100%，全力打造政务服务“10分钟办事圈”。

4. 聚焦“精神富有”，打赢崇商重教、全民慈善、最美家风、“浔愿”志愿水晶晶南浔大文化品牌战役。打赢“崇商重教”人文品质提升战，全方位、多渠道挖掘和提炼“崇商重教”精神，到2025年，推出相关文艺作品500件。打赢“全民慈善”覆盖战，深入推进慈善“六进”活动，到2025年，实现爱心企业参与率达到100%，爱心商户参与率达到70%，慈善参与面达到30万人次。打赢“最美家风+”建设活动品牌深耕战，建设家风标杆阵地100个，培育最美家风典型500个，开展“最美家风+”文明实践档案建设14万户，打造家风建设全国示范点。打赢“浔愿”志愿服务争先战，建设文明实践示范所站100个、打造文明实践品牌项目100个、培育最美家风志愿团队100支。打赢城市品牌宣传突围战，丰富内涵体系，加大推介力度，到2025年，“水晶晶南浔”品牌覆盖人群突破500亿人次，“水晶晶南浔”成为全国县级中最具影响力的城市品牌。

5. 聚焦“社会和谐”，打赢德治、法治、自治、智治幸福邻里新家园战役。打赢德治教化战，开展“五风五德五好五文明”行动，形成“德治+文明创建+最美家风”融合互促新模式，实现新时代文明实践向家庭、乡村、企业、学校、机关全覆盖。打赢法治保障战，构建数字法治系统，建设数字法治综合应用1个，完善政法一体化办案体系、综合行政执法体系、矛盾纠纷调处化解体系，提升集成应用3个、基础应用7个。开展法治示范带建设，到2025年，全区省级以上民主法治村（社区）达到100个，培育法治带头人10000人、法律明白人50000人、学法守法示范户20000户。打赢自治培养战，健全完善党组织领导下的“五管”乡村治理机制和“三社联动”机制，推广户主大会、“六老六大员”等基层民主协商议事机制，充分发挥村规民约、社区公约在基层自治中的作用。实现幸福邻里中心、社会工作站全覆盖，培育AAAA级以上社会组织30家，品牌社会组织15家，持证社会工作专业人才达到2500人，培养社会工作“南太湖领军人才”50人、社会组织领军人物20人。打赢智治升级战，结合未来社区、乡村数字化建设，建立高效、丰富的智能化应用平台，提升公共服务和社会治理的时效性和精准性，形成一批未来社区、未来乡村样板。

（二）实施七大工程，实现“幼有善育、学有优教、劳有厚得、病有良医、老有颐养、住有宜居、弱有众扶”

1. 实施“两幼双覆盖”关爱工程，实现“幼有善育”。完善学前教育体制机制，提升幼儿园办园品质，拓宽优质幼儿园覆盖面，到2025年，优质幼儿园占比100%，其中镇中心幼儿园一级园占比100%，实现优质幼儿园全覆盖。加快教养结合、家园协同、部门联动的“三级并育”托幼一体化建设，在公办中心幼儿园招收24～36个月有照护服务需求的婴幼儿入园。到2025年，实现全区公办幼儿园托幼一体化全覆盖。积极引导有条件的民办幼儿园逐步开设托班。

2. 实施“三名两全”工程，实现“学有优教”。打造名校名校长名师，到2025年，建设省现代化学校20所，培育市级以上名校20所，引育市级以上名校长20人、市级以上名师600人、名班主任1000人。组建城乡义务教育共同体，到2025年，实现教育共同体全覆盖。推进教育优质均衡发展驶入“快车道”，深入实施初中“精英领航”和高中“俊才启航”两大行动，到2025年，全区省重点高中上线率50%以上，“双一流”大学上线率5%以上，大学本科上线率60%以上，实现优质均衡全提升。

3. 实施“创新创业三万”工程，实现“劳有厚得”。开展万名创业主体培育行动，到2025年，重点培育创业主体10000人、众创空间30家，每年培育创业创新项目100个、创业带头共富基地30家、评选创业共富带头人100人。开展万人股权激励行动，推动优质企业股权激励提速扩面，享受股权激励红利人数达10000人以上。开展万名技能人才培训行动，培训技能人才10万人，技能晋级1.5万人。推进双十万新居民牵手工程，到2025年，引进青年博士500人，集聚大学生7.5万人以上，吸引20万名新居民来浔安居乐业。

4. 实施“三名两提升”工程，实现“病有良医”。启动“135”名院名科名医工程，到2025年，打造区域医疗中心1个，建设沪杭名医工作室30个，引育高层次人才不少于50人，有效增强优质医疗服务供给能力和区域医疗综合实力。发挥医共体资源统筹优势，健全优质医疗资源精准下沉机制，提升基层医疗机构服务能力和水平，到2025年，全区基层首诊率达到75%以上，区域内就诊率达到93%以上。探索开展“7×24”小时“无忧陪护”改革试点，落实床位配置、编制倾斜和财政兜底，到2025年，实现公立医疗机构“无忧陪护”全覆盖。

5. 实施“乐享晚年三优”关爱工程，实现“老有颐养”。优化养老基础保障，探索建立区域性养老金机制，实现老年人养老金待遇不低于最低生活保障标准，让老年人月月有钱领、人人有保障。优化失能失智、困难、空巢、高龄老人服务，到2025年，完成老年人家庭适老化改造1000家，实现失能失智老人助餐服务全覆盖。开展失能半失能老人照护服务，建立家庭床位500张。优化养老产业、养老设施、智慧服务等供给，到2025年，招引养老项目并建成运营5家，培育规模化连锁化养老服务企业3家，全面改造提升农村敬老院，支持特困人员全部实现集中供养，智慧养老服务平台实现可视化率100%，智慧养老阵地实现全覆盖。

6. 实施“三万一全”人居工程，实现“住有宜居”。实施加装共享电梯“百千万”工程，既有住宅加装电梯覆盖小区100个以上，加装电梯1000台以上，受益家庭10000户以上，实现共享电梯本区域全覆盖。推进“工匠之家”建设，建设各类蓝领技术职工住房10000套以上。依托全域土地综合整治，因地制宜打造具有江南水乡特色的未来社区10个，打造农村困难家庭保障性安居房4000户，建设乡墅5万套，农户新家园入住率达到70%以上。推进住房公积金全覆盖，实现规上企业单位建制率100%、职工覆盖率100%。

7. 实施“六无六有”救助工程，实现“弱有众扶”。健全低收入群众兜底保障机制，实施“学无忧、业无忧、居无忧、行无忧、水电无忧、用无忧、险有免、产有扶、病有助、梦有圆、教有伴、残有助”的“六无六有”综合救助。到2025年，实现低收入群众救助全覆盖，低收入群众人均年增收减支达到2.5万元以上。深化东西部产业协作，做大做优四川省广安市广安区湖羊产业，建成存栏5000头湖羊种羊基地，创建湖羊产业四川省现代农业发展园区。加大困难群众法律援助和司法救助力度，提供免费法律咨询、法律援助不少于 20000 人次。

四、工作体系

根据区委四届十一次全会关于“四个四”，即“实施千亿产业集群倍增、万家商贸繁荣倍增、千场万户收入倍增、集体经济壮大倍增四项倍增计划，推进万套乡墅贴心、双十万新居民牵手、老幼关爱、困难群众帮扶四大幸福工程，加快生态环境城乡一体、社会事业城乡一体、全域旅游城乡一体、社会智治城乡一体四个城乡一体，弘扬南浔传统文化、最美家风文化、水晶晶南浔水生态文化、公益慈善文化四种特色文化”的总体部署，进一步丰富内涵、拓展范围、延伸触角、细化举措，建立健全高水平建设社会主义现代化共同富裕示范样本的工作体系。

（一）“经济繁荣”战役

★1. 产业培育“双十双百双千”倍增行动。实施千亿产业集群倍增计划，以泰嘉光电项目为龙头，招引一批上下游隐形冠军企业，争创光电产业单打冠军，打造千亿光电产业集群。扶持提升传统产业，做大做强以“三电一板”为代表的传统产业。以“抓大扶中育小推上市”为导向，培育上市公司 10 家，金象金牛企业 10 家，新象新牛企业 100 家，新象新牛培育企业 100 家。到 2025 年，实现规上工业产值超 2000 亿元、规上企业超 2000 家，国家高新技术企业、省级科技型中小企业实现“双倍增”。（牵头领导：杨卫东、沈振宇；责任单位：区发改经信局、区金融服务中心、区科技局、区商务局、区统计局、区税务局）

★2. 万户商贸主体培育倍增行动。实施万家商贸繁荣倍增计划，建设太阳酒店、大象酒店、绿地南浔中心等重点商贸项目，发展南浔古镇高品质步行街、頔塘未来社区商业中心等商业集聚区，不断夯实商贸设施、业态基础。全力引导商贸业态转型升级，通过线上线下结合、跨界多元融合、创新经营模式等方式助力商贸繁荣。到 2025 年，培育各类市场主体超 10 万户。制定“批零住餐限下转限上”工作方案，依托“麒麟计划”引导外贸企业开展跨境电商业务，促进市场主体提量育强。到 2025 年，全区商贸业实现在库限上批零住餐企业 500 家以上，全区实现外贸企业跨境电商触网率 60%以上。（牵头领导：金荷新、费学梅；责任单位：区商务局、区市场监管局、区人力社保局、区农业农村局、区文广旅体局）

★3. “百企千场带万户”收入倍增行动。实施千场万户收入倍增计划，打造“五个万”产业平台，推广“公司+农户”全产业链模式。到 2025 年，发展带动型农业龙头企业 100 家、家庭农场 5000 家，培育农创客、新农人 500 人，培训农村实用人才 5000 人，带动 2 万户农户户均增收 30 万元。（牵头领导：王剑峰、秦胜；责任单位：区农业农村局、区委组织部、区委宣传部、区发改经信局、区财政局、区市场监管局、区人力社保局、团区委、区自然资源和规划分局、区供销社、农高区、区融媒体中心）

★4. “强村公司”促村集体收益倍增行动。实施集体经济壮大倍增计划，增强强村公司对村集体经济的造血功能，到 2025 年，培育规模以上强村公司 10 个，其中三分之一以上村集体经济经营性收入达 200 万元以上，实现年经营性收入 100 万元以上行政村全覆盖，吸纳就业超 1000 人。（牵头领导：范海鸣、秦胜；责任单位：区委组织部、区农业农村局）

5. “十村百园千户”产村融合示范行动。到 2025 年，实现“十村、百园、千户”目标任务：“十村”即完成新时代美丽乡村经营示范村创建 10 个；“百园”即完成产业融合现代园区创建 100 个；“千户”即完成闲置农房激活利用发展现代休闲产业 1000 户（含民宿、农家乐、农创客等新型业态）。（牵头领导：秦胜、徐国华；责任单位：区农业农村局、区委统战部、区委政法委、区发改经信局、区财政局、区人力社保局、区住建局、区商务局、区文广旅体局、区统计局、团区委、区自然资源和规划分局、区生态环境分局、区邮政管理局、区工商联）

（二）“生态优美”战役

★6. “园区外无企业”行动。加快园区整合提升进度，推动园区外优质企业入园集聚发展，实现“园区外无企业”目标。打造两大高能级平台，加快开发区（园区）整合提升，全力打造南浔经济开发区和南浔智能机电高新技术产业园两大省级高能级战略平台。到 2025 年，开发区规上工业总产值突破 1000 亿元，其中高新技术企业总产值比重达到 60%以上，创建成为省“万亩千亿”新产业平台和国家级经济技术开发区。加快传统行业整治提升，按照“关停淘汰一批、集聚入园一批”要求，实现园区外规下企业及亩均税收 3 万元以下规上企业出清，鼓励优质企业整合重组、上规入园。（牵头领导：陈纯志、沈振宇；责任单位：区发改经信局、区应急管理局、区自然资源和规划分局、区生态环境分局）

★7. 排污单位智慧化监管全覆盖行动。利用污染源在线监控、用电过程监控、现代环境治理企业自巡查系统、VOCs走航监测车、柴油货车OBD监控、空气质量监测微站、高空瞭望塔等现代科技手段，实现对排污单位智慧化监管全覆盖，对环境违法行为精准打击。（牵头领导：王剑峰、秦胜；责任单位：区生态环境分局、区住建局、区综合执法局、区交通局）

★8. 特色行业“三漆”替代全覆盖行动。率先制定木业、电机、电梯三大特色行业低挥发性涂料源头替代地方性标准，大力推动三大特色行业低挥发性涂料源头替代全覆盖，挥发性有机物（VOCs）治理走在全国前列。（牵头领导：王剑峰、秦胜；责任单位：区生态环境分局、区发改经信局、区市场监管局、区应急管理局）

★9. 固体废物100%安全处置行动。全面补齐区域固废利用处置缺口，将其纳入城市基础设施和公共设施范畴，形成规划“一张图”。推进工业固体废物、生活垃圾、建筑垃圾、农业废弃物等各类固废处理设施建设，做到一般固废不出区、危废不出市，基本实现产废处置区域平衡。完善小微企业固废（危废）收储运一体化项目，建设危废跨境转移“迁徙图”，实现危废全过程、全时段闭环管理。（牵头领导：王剑峰、秦胜；责任单位：区生态环境分局、区住建局、区农业农村局、区综合执法局、区交通局、区自然资源和规划分局）

★10. 百漾千河及水晶晶南浔水生态文化行动。开展河湖清淤、堤防加固、口门建筑物、景观文化工程等建设，到2025年，完成百漾千河村庄河网水系治理180千米、湖漾综合治理500公顷、骨干河道综合治理46.2千米、北排通道61.39千米、湖漾综合治理157公顷，建设闸站4个、节制闸2个，拆建桥梁6座，迁建水文站1座，全面提高河湖安全保障能力，提升水环境质量品质。弘扬水晶晶南浔水生态文化，深入挖掘南浔水生态文化底蕴，建设水美乡镇2个、水美乡村20个。（牵头领导：陆龙根、秦胜；责任单位：区水利局）

★11. 十线十景十小镇建设行动。推进美丽乡村创建扩面提质增效，围绕“点上求突破、线上大变样、面上绘蓝图”目标，打好全域建设“组合拳”，形成“十线十景十小镇”的美丽乡村新格局。到2025年，建成美丽乡村小镇13个、美丽乡村景观线10条、新时代美丽乡村样板片区6个。（牵头领导：秦胜、徐国华；责任单位：区农业农村局、区委宣传部、区财政局、区住建局、区交通局、区商务局、区文广旅体局、区妇联、区农合联、区自然资源和规划分局）

★12. 全域旅游“十百千”行动。加快全域旅游城乡一体，以全域旅游理念为抓手，加速“旅游+”业态融合，不断优化产品结构、公共服务、系统营销，举办“一镇一品”旅游商品大赛，加快培育等级民宿、主题文化民宿、非遗主题民宿、星级农家乐。到2025年，打造十大精品网红景点，开发百款文旅商品，培育千家特色民宿（农家乐）。[牵头领导：杨长海、丁罡；责任单位：区文广旅体局、区农业农村局、区商务局、区旅投集团、开发区、高新区、各镇（街道、度假区）]

13. 城市管理品质升级行动。开展美丽街巷创建、美丽小区建设、美丽河道洁化、美丽市场提质、美丽单位文明、美丽企业规范、美丽公园优化、美丽工地标化、美丽交通改善、美丽夜景提升十大专项行动，推动“十美细胞”创建，打造十大示范样板，全方位提升城市精细化管理水平。到2025年，实现区、镇、社区数字城管平台三级互通覆盖率100%。（牵头领导：沈威、肖体红；责任单位：区综合执法局、区城管委各成员单位、区人武部）

（三）“城乡均衡”战役

14. 文体基础设施提升行动。打造“10分钟文体公共服务生态圈”，建成一批区、镇、村文化阵地，到2025年，建成文旅驿站10个、文旅公共服务融合示范点30个、农村应急广播1110个、体育阵地235个，全区基层公共文化设施面积千人指标达到800平方米、人均体育场地面积指标不低于2.8平方米。（牵头领导：杨长海、吴冠宇；责任单位：区文广旅体局、区委宣传部、区应急管理局、区融媒体中心、区城投集团、区旅投集团、华数公司）

★15. 教育资源无差别行动。加快教育事业城乡一体，优化教育资源布局，全面构建覆盖城乡、布局合理、质量保证的教育体系，高起点、高标准规划建设中小学校。到2025年，确保全区中小学普通教室、功能教室比例达到2∶1，实现体育馆、图书馆、报告馆、心理咨询室、A级食堂“三馆一室一堂”全覆盖。把好“入口关”，提高硕士学位教师比例，到2025年达到10%。打通“流动关”，鼓励优秀教师交流到农村薄弱校进行“柔性帮扶”，每年交流教师校长100人。畅通“发展关”，通过校本研训、教学共研赋能教师发展内驱力。坚持五育并举，发展素质教育，到2025年，全区中小学生心理健康比例达到99.99%，中小学生体质健康标准优良率达到60%、合格率达到98%，留本区初中就读比例达到95%以上。（牵头领导：李雪华、吴冠宇；责任单位：区教育局）

★16. 社区卫生服务站分级分类改革行动。加快医疗卫生城乡一体，以群众需求为导向，按照优质、均等、高效的原则，对现有的145家城乡社区卫生服务站进行统筹布局、提档升级，无差别配置医疗卫生资源，有效提升基层医疗卫生机构健康服务能力，形成“15分钟健康服务圈”。到2025年，全区A类服务站占比达到25%以上，B类服务站占比不低于70%。其中，A类服务站建筑面积不少于350平方米，配备医务人员不少于5人，可提供血液检测、心电图检查等“全科式”服务；B类服务站建筑面积不少于250平方米，配备医务人员不少于3人。每家社区卫生服务站至少配备1名大学生村医。（牵头领导：吴叙良、吴冠宇；责任单位：区卫健局）

★17. 医保惠民生无差别行动。不断完善多层次医疗保障体系，提升医疗保障水平，强化基本医疗保险、大病保险与医疗救助三重保障功能，加快商业补充医疗保险项目推广实施工作。到2025年，建成以基本医疗保险为主体，医疗救助为托底、补充医疗保险、商业健康保险、慈善捐赠、医疗互助共同发展的多层次医疗保障制度体系。全区户籍基本医疗保险参保率达到99.8%以上，困难人员资助参保率及医疗救助政策落实率100%，大病保险合规医疗费用支付比例达到80%。（牵头领导：孙根祥、吴冠宇；责任单位：区医保局、区民政局、区残联、区慈善总会、区审计局）

★18. 全人群全周期健康管理无差别行动。开展家庭医生签约服务和慢性病智慧健康管理服务，实施城乡居民免费体检、免费建立电子健康档案，为家庭医生签约人群提供免费增值体检服务。到2025年，城乡居民电子健康档案建档率达到95%以上，档案开放率达到100%；户籍人口家庭医生签约率达到55%，十类重点人员签约覆盖率达到90%以上；“两慢病”全周期健康管理达到100%，智慧健康管理达到50%。（牵头领导：吴冠宇、潘宇文；责任单位：区卫健局）

19. “1+10+N”居家养老服务设施网络建设行动。建成“1+10+N”居家养老服务设施网络，即：1个为老服务综合体、10个示范型镇级居家养老服务中心和N个城乡社区居家养老服务照料中心，实现区级综合型、镇级示范型、村级标准型三级社区居家养老服务设施城乡全覆盖和城乡社区居家养老服务全覆盖，形成“15分钟养老服务圈”。［牵头领导：沈威、秦胜；责任单位：区民政局、区自然资源和规划分局、各镇（街道、度假区）、区人武部］

★20. “4216+N”交通网建设行动。完善城乡交通体系，以共建“轨道上的长三角”为契机，加快构建“4216+N”互联互通的现代化综合交通网络，即4条铁路、2条高速、1个枢纽、6条干线公路及农村公路等级提升工程200千米，打造上海大都市圈西翼门户。进一步推进“建管养运”协调可持续发展，着力提升综合交通运输服务品质。［牵头领导：肖体红、陆龙根；责任单位：区交通局、区发改经信局、区财政局、区自然资源和规划分局、区水利局、区交投集团、各镇（街道、度假区）］

★21. 畅通城乡出行无差别行动。深入推进公共交通城乡一体化，实施公交线路统一规划、统一管理、统一运营，构建与人口规模、城市和经济社会发展相适应的结构合理、设施完善、高效快捷的公共交通体系。到2025年，改善城乡出行差异化现状，形成城乡资源共享、相互衔接、布局合理、畅通有序的公交一体化网络，保障群众出行“最后一公里”。［牵头领导：肖体红、陈勤泳；责任单位：区交通局、开发区、高新区、各镇（街道、度假区）、区发改经信局、区财政局、区文广旅体局、区综合执法局、区住建局、区自然资源和规划分局、区交警大队、区交投集团］

22. “互联网+便民服务”基层延伸行动。加快推进政务服务2.0建设，加快区、镇、村政务一体化，强化“网上办”“掌上办”的功能支撑，实现区内全域通办、就近办。到2025年，依申请政务服务事项实现100%“一网通办”，民生、公共服务事项100%向基层延伸，全面建成“展示窗口、服务窗口、感知窗口、协调中心、融合中心、实践基地”，实现区、镇、村三级政务服务一体化数字化示范样板全覆盖。深化便民查档服务，形成区、镇、村三级查档网络体系，实现“一窗受理、全区通办、即时出证”。［牵头领导：方科、郑勇；责任单位：区政务办、区档案馆、区农业农村局、区民政局、区卫健局、区自然资源和规划分局、开发区、高新区、各镇（街道、度假区）］

23. 邮政快递进村全覆盖行动。加快推进产业发展、普惠城乡、安全高效、管理规范、绿色环保、业态丰富的邮政快递服务体系建设。到2025年，建成快速高效的城区末端投送模式和通达的农村末端投送网络，安全监管智能化水平全面提升，全区寄递业园区、网点、末端营业场所干净整洁、规范有序、标识统一，实现快递电动三轮车规范运营。[牵头领导：肖体红、徐国华；责任单位：区邮政管理局、区发改经信局、区财政局、区住建局、区交通局、区农业农村局、区商务局、区供销社、区公安分局、开发区、高新区、各镇（街道、度假区）]

（四）"精神富有"战役

★24. "崇商重教"精神厚植行动。弘扬南浔传统文化，全方位、多渠道挖掘和提炼"崇商重教"精神。到2025年，打造文艺作品500件，尤其在影视创作方面，自2022年起，形成每年酝酿1部、拍摄1部、播出1部的良性机制；抓好本土历史挖掘，推出100集南浔籍知名人士口述历史专题片；组织开展各具特色的文化惠民活动，形成一镇一品、一镇一节、日日有戏、月月有节的文化态势。（牵头领导：杨长海、王湘起；责任单位：区委宣传部、区文广旅体局、区融媒体中心、区旅投集团）

★25. "最美家风+"品牌深耕行动。弘扬最美家风文化，全域推进"最美家风+"建设，形成覆盖全社会的精神富有引领体系。到2025年，打造标杆阵地100个，以"最美家风"文明讲坛、文明驿站为特色，实现阵地全方位优化；推进"最美家风+"文明实践户档案建设14万户，实现建档覆盖率98%以上，培育"最美家风+"示范典型500个，助推引领效应全维度凸显；全方位推介，打造家风建设全国示范点，充分展示最美家风、风尚南浔。[牵头领导：杨长海、吴叙良；责任单位：区委宣传部、区委组织部、区妇联、区教育局、区总工会、开发区、高新区、各镇（街道、度假区）]

★26. "双百育千创万"全民慈善行动。弘扬公益慈善文化，推进慈善文化进机关、进企业、进学校、进社区、进农村、进家庭的"六进"活动，大力培育爱心商户、社会组织以及高素质志愿者。到2025年，培育冠名500万元以上企业超100家，年捐款20万元以上企业超100家；年均慈善捐助额超1亿元；培育爱心商户1000家、社会组织100家；培育高素质志愿者4万人；深入开展"慈善一日捐"等活动；创建"10万爱心天使团"慈善群体。（牵头领导：秦胜、孙水根；责任单位：区慈善总会、区民政局、区委宣传部）

27. "浔愿•幸福十有"志愿赋能行动。实施"党的声音有人传、文明风尚有人领、创业致富有人带、文体活动有人办、红事白事有人助、老弱病残有人帮、邻里纠纷有人劝、烦恼矛盾有人解、黄赌毒邪有人禁、平安家园有人护"的"幸福十有"行动，到2025年，实现"三个一百"目标，即提升文明实践示范所站100个、打造文明实践品牌项目100个、培育文明实践志愿服务优秀团队100支。推广设立共同富裕文明实践基金、建设文明实践超市。用好新时代文明实践中心"文明大脑"云平台，聚合"今日南浔""南浔宣传"等新媒体传播矩阵，推动全媒体宣传、全平台融合、全方位覆盖，打通"服务群众，共富共享"最后一公里。[牵头领导：杨长海、郑勇；责任单位：区委宣传部、区民政局、团区委、开发区、各镇（街道）、区融媒体中心]

28. 城市品牌脱颖行动。全力推进"水晶晶南浔"城市品牌打造，通过做优"水晶晶女孩"综艺节目，培育古镇旅游网红打卡点，高质量打造"水晶晶南浔直播基地"，实现线上线下联动，全媒体宣传推介城市品牌，塑造南浔生态好、人文美、产业优、社会和谐的城市形象。到2025年，"水晶晶南浔直播基地"打造成为地方直播全国第一品牌，城市品牌形象体系、价值体系、行为体系全面构建，品牌覆盖率超500亿人次，"水晶晶南浔"成为全国最具影响力的县区级城市品牌。[牵头领导：杨长海、郑勇；责任单位：区委宣传部、区人力社保局、区住建局、区交通局、区商务局、区文广旅体局、区综合执法局、区旅投集团、开发区、高新区、各镇（街道、度假区）]

（五）"社会和谐"战役

★29. 社会治理共同体建设行动。加快社会智治城乡一体，推动"县乡一体、条抓块统"向基层再下沉，以片区社会治理联动工作站（联勤警务室）为平台，统筹网格力量、条线力量、社会力量，加快基层治理队伍建设。同时，依托基层治理综合信息系统，运用雪亮工程、智慧安防、智能交通等数字技术，强化信息共享、数据分析，进一步完善风险闭环管控机制，打造基层社会治理共同体，争创区域社会治理现代化"南浔样本"。到2025年，运行管理机制健全完善，矛盾纠纷和安全隐患就地化解率达到90%以上，实现基层社会治理重心下移、治理能力显著提升，人民群众综合安全感位居全省前列。（牵头领导：王剑峰、金荷新；责任单位：区委政法委、区信访局、区教育局、区民政局、区司法局、区人力社保局、区住建局、区交通局、区农业农村局、区文广旅体局、区应急管理局、区市场监管局、区消防大队、团区委、区妇联、区科协、区公安分局、区自然资源和规划分局、区生态环境分局、区税务局）

★30. “数字法治”建设行动。坚持数字赋能，构建数字法治系统，到2025年，建设数字法治综合应用 1 个，完善政法一体化办案体系、综合行政执法体系、矛盾纠纷调处化解体系，提升集成应用 3 个、基础应用 7 个。开展法治示范带建设，形成法治文化阵地集群，到2025年，全区省级以上民主法治村（社区）达到 100 个，培育法治带头人 10000 人、法律明白人 50000 人、学法守法示范户 20000 户。（牵头领导：王剑峰、孙水根；责任单位：区委政法委、区司法局、区大数据中心、区公安分局、区法院、区检察院、区综合执法局、区纪委监委、区信访局、区矛调中心、区人力社保局）

★31. 未来社区建设行动。以数字化建设与运营标准体系为指引，不断提升未来社区数字化水平。推动南浔頔塘社区智慧服务平台上线试运行，探索推进未来社区智慧服务应用 2.0 在存量社区先试先用；推广未来社区服务模式，初步形成数字社会城市基本功能单元系统。到2025年，打造高标准未来社区 1 个。[牵头领导：金荷新、吴冠宇；责任单位：区发改经信局、区住建局、区城投集团、各镇（街道、度假区）]

★32. 无隐患系列建设行动。开展无隐患管理企业建设，实现生产安全事故持续下降，遏制较大以上事故发生。到2025年，实施无隐患管理的企业累计达到2500家以上，重要监测数据接入感知网企业 1000 家以上。深化无隐患美丽公路建设，实施无隐患美丽公路里程 700 千米，基本消除交通安全隐患点。[牵头领导：方科、潘宇文；责任单位：区应急管理局、区大数据中心、区交通局、开发区、高新区、各镇（街道、度假区）]

★33. “六控一体”社会治安防控体系行动。推进区域社会治理现代化，打造南浔社会治安的“绿水青山”。到 2025 年，精确掌控区域实时数据（社区小门），实时调取区块动态信息（乡镇中门），建成环南浔“科技护城河”（区县大门），构建以打促控、精密智控、部门联控、街面巡控、圈层查控、基础管控“六控一体”的立体化信息化社会治安防控体系。（牵头领导：吴叙良、单永杰；责任单位：区公安分局）

34. 基层自治融合共建行动。坚持党建引领，健全完善党组织领导下的“五管”乡村治理机制和“三社联动”机制，推广户主大会、六老六大员等基层民主协商议事机制，充分发挥村规民约、社区公约在基层自治中的作用。大力推动幸福邻里中心、社会工作站建设，完善服务功能，实现镇（街道）全覆盖。实施社会组织培优育强行动，加大扶持力度，促进社会组织能力提升、规范化建设和人才培养，打响“水晶晶”公益服务品牌。到2025年，建成并运营幸福邻里中心 40 家，其中 4 星级以上 15 家；培育 AAAA 级以上社会组织 30 家，品牌社会组织 15 家；持证社会工作专业人才达到2500人，培养社会工作“南太湖领军人才”50 人、社会组织领军人物 20 人。（牵头领导：秦胜、郑勇；责任单位：区民政局、区委组织部、区委宣传部、区委政法委、区发改经信局、区财政局、区卫健局、区退役军人事务局、区市场监管局、区总工会、团区委、区妇联、区残联、区慈善总会）

35. “清廉润浔阳光乐民”行动。开展破慢纠风精准护航、六清工程同抓共进、四风纠治提振民心、重点领域联动整治、惠民富民贴身监督、干部下沉为民纾困、乡村治理破题攻坚、基层事务党群共治“八大行动”，有效遏制漠视侵害群众利益问题，推动信访举报量逐年下降。到2025年，实现管党治党制度机制健全完善、权力运行阳光公开、公平正义入脑入心、政治生态风清气正、人民群众的获得感、幸福感和满意度显著提高的目标。（牵头领导：徐娟、孙水根；责任单位：区纪委监委）

（六）“两幼双覆盖”关爱工程

★36. 公办幼儿园托幼一体化全覆盖项目。实施教养结合、家园协同、部门联动的“三级并育”托幼一体化建设，在公办中心幼儿园招收24～36个月有照护服务需求的婴幼儿入园，提升科学照护水平。到2025年，实现全区公办幼儿园托幼一体化全覆盖。同时，引导有条件的民办幼儿园逐步开设托班，满足有照护服务需求的婴幼儿入园。（牵头领导：徐天林、吴冠宇；责任单位：区教育局）

★37. 优质幼儿园全覆盖项目。开展园务治理、保育教育、资源配置、安全卫生的“四轮驱动”幼儿园建设，全面提升幼儿园办园品质，拓宽优质幼儿园覆盖面，高水平推动学前教育向普及普惠迈进。到 2025 年，优质园占比 100%，其中镇中心幼儿园一级园占比 100%。（牵头领导：李雪华、吴冠宇；责任单位：区教育局）

（七）“三名两全”工程

★38. 名校名校长名师项目。以引育名校长办名校理念为牵引，锻造一批理念先进、管理精湛的人民教育家型名校长，引育一批师德高尚、能力超群的名优教师，形成一批特色鲜明、质量过硬、社会认同的现代化名校。到 2025 年，打造省现代化学校 20 所，培育市级以上名校 20 所，引育市级以上名校长 20 人、市级以上名师 600 人、名班主任 1000 人。（牵头领导：徐天林、吴冠宇；责任单位：区教育局）

★39. 教育共同体全覆盖和优质均衡全提升项目。办好城乡学生同教育同培养民生实事，组建城乡义务教育共同体，促进城乡学校可持续、协同发展，到 2025 年，教育共同体实现全覆盖；推进教育优质均衡发展驶入“快车道”，深入实施初中“精英领航”和高中“俊才启航”两大行动，到 2025 年，全区省重点高中上线率 50%以上，“双一流”大学上线率 5%以上，大学本科上线率 60%以上，实现优质均衡全提升。（牵头领导：李雪华、吴冠宇；责任单位：区教育局）

40. 社会（青少年）心理健康护航项目。健全家庭、学校、政府、社会、个人“五位一体”责任体系，构建教育培训、监测预警、帮扶助困、干预调适、治疗跟踪“五道防线”防范体系，建立健全监测、教育、咨询、援助、诊疗“五个一批”服务体系。到 2025 年，构建“1 个区中心+2 个分中心（省一级辅导站+健康体验中心）+50 个示范点和标准化建设项目”三级网络，开展心理护航志愿活动 500 场，打造重点志愿服务项目 50 个，培育心理援助志愿者 1000 人。（牵头领导：王剑峰、潘宇文；责任单位：区委宣传部、区委政法委、区教育局、区卫健局、区民政局、区妇联、团区委）

（八）“创新创业三万”工程

41. 万名创业主体培育项目。以数字就业改革推进创业主体培育先行先试，强化优势资源集成，进一步完善创业担保贷款管理办法，发放亿元创业贷款。出台创业主体培育扶持政策，建立完善创业导师传帮带机制，组建共富服务团，发挥创业典型引领示范作用，以最大力度培育创业主体。到 2025 年，重点培育创业主体 10000 人、众创空间 30 家，每年培育创业创新项目 100 个、创业带头共富基地 30 家、评选创业共富带头人 100 人。（牵头领导：王剑峰、方科；责任单位：区人力社保局、区妇联、团区委、区委人才办、区人才集团、区市场监管局、区商务局、区农业农村局、区教育局、区财政局、区科技局）

42. 万人股权激励项目。推动优质企业开展股权激励，增强企业对人才的吸引力和凝聚力，实现“融资”与“融智”的双赢。到 2025 年，推动企业股权激励提速扩面，享受股权激励红利人数达 10000 人以上。［牵头领导：温建飞、沈振宇；责任单位：区金融服务中心、区委人才办、区发改经信局、区科技局、区财政局、区人力社保局、区市场监管局、区税务局、区人才集团、开发区、高新区、各镇（街道、度假区）］

43. 万名技能人才培训项目。深入实施“幸福南浔·金蓝领”技能人才队伍培育工程，到 2025 年，打造产业人才培养服务中心 1 个，建立十大产教融合联盟，创建技能大师工作室 100 个，建设技能人才培训基地 100 个，举办技能比武不少于 500 场，培训技能人才 10 万人，技能晋级 1.5 万人，实现全区劳动者技能培训全方位立体式全覆盖。（牵头领导：方科、徐国华；责任单位：区人力社保局、区总工会、区委人才办、区人才集团）

★44. 双十万新居民牵手项目。加大人才招引力度，着力吸引人口集聚，研究完善新居民落户南浔举措，实现就业、就医、就学等方面享受同城待遇。到 2025 年，引进青年博士 500 人，集聚大学生 7.5 万人以上，吸引 20 万名新居民来浔安居乐业。（牵头领导：方科、徐国华；责任单位：区人力社保局、区委人才办、区发改经信局、区科技局、区农业农村局、区住建局、区人才集团、区卫健局、区医保局、区教育局）

45. “无欠薪”示范区建设项目。坚持数字赋能、源头治理，全面提升欠薪纠纷现代化治理能力和水平，建成一体化数字“安薪”指挥舱。到 2025 年，用人单位电子劳动合同签订率达到 100%，在建工程项目“六项制度”落实率达到 100%，建设示范型劳动关系协理舱 39 个，培育劳动关系和谐企业（园区）500 家，培训劳动关系协调员 2000 人，开展用人单位劳动用工体检 2000 家。维护社会公平和广大劳动者合法权益，高水平打造社会主义现代化共同富裕

“无欠薪”示范区。[牵头领导：方科、徐天林；责任单位：区人力社保局、区住建局、区交通局、区水利局、区城投集团、区交投集团、区旅投集团、开发区、高新区、各镇（街道、度假区）]

（九）“三名两提升”工程

★46.“名院名科名医”项目。启动“135”名院名科名医工程：“1”即聚焦三级乙等综合性医院建设主线，打造区域医疗中心1个；“3”即主动对接沪杭优质城市医疗资源，建设沪杭名医工作室不少于30个；“5”即加快优质医疗服务队伍建设，引进和培育高层次人才（学科带头人、主任医师、硕士以上研究生）不少于50人，优质医疗服务的供给能力实现大幅提升。（牵头领导：吴冠宇、王湘起；责任单位：区卫健局）

★47.“双诊两提升”项目。依托医共体平台，健全城乡卫生联动发展机制和优质医疗资源梯度下沉机制，每年安排中级以上职称公立医院专科医生下沉乡镇卫生院不少于300人次。到2025年，全区基层首诊率达到75%以上，区域内就诊率达到93%以上，基本实现“小病不出镇、大病不出区”。（牵头领导：吴冠宇、王湘起；责任单位：区卫健局）

★48.“无忧陪护”项目。探索开展“7×24”小时“无忧陪护”改革试点，提供规范、专业的住院患者陪护服务，强化床位配置、编制倾斜和财政兜底保障，打造优质护理品牌。到2025年，招引“无忧陪护”护士200人，实现全区二级以上公立医疗机构设置“无忧陪护”工作全覆盖，“无忧陪护”床位占比达到30%以上。（牵头领导：吴冠宇、王湘起；责任单位：区卫健局、区委编办、区财政局、区人力社保局）

（十）“乐享晚年三优”关爱工程

★49.补充养老金“优保障”项目。探索建立区域性养老金机制，围绕全区城乡基础养老待遇不低于最低生活保障水平的目标，通过引导城乡居民补缴，采取个人+政府+社会参与的形式，建立补充养老金基金池，切实提高老年人养老待遇。到2025年，实现补充养老金全覆盖。（牵头领导：梅爱祥、秦胜；责任单位：区农业农村局、区民政局、区人力社保局）

★50.困难老人“优服务”项目。建立健全老年人服务保障体系，开展老年人助餐服务，特别是针对失能失智、空巢、高龄老人实行配送餐上门，逐步实现全覆盖；开展家庭养老床位建设，为失能半失能老人提供照护服务，建立家庭床位500张；开展适老化改造，完成1000家，实现困难失能半失能老年人家庭和困难人员中80周岁以上自理老年人家庭全覆盖。（牵头领导：李雪华、秦胜；责任单位：区民政局、区农业农村局、区财政局、区市场监管局）

★51.养老服务“优供给”项目。优化养老服务产业供给，积极招引健康养老项目，建成运营养老项目5个。培育规模化连锁化的养老服务企业3家；优化农村养老服务设施供给，全面改造提升农村敬老院。支持特困人员全部实现集中供养；优化智慧养老服务供给，推广智能养老产品的普及与运用，建成康复辅助器具租赁出售服务点1个。完善幸福养老智慧服务体系，建成智慧养老服务平台，实现可视化率100%。实现5家智慧型居家养老服务中心、2家智慧养老机构、示范型老年食堂“一卡通”管理，探索建设智慧养老社区。到2025年，实现智慧养老阵地全覆盖。（牵头领导：秦胜、潘宇文；责任单位：区民政局、区农业农村局、区财政局、区市场监管局、区大数据中心）

（十一）“三万一全”人居工程

★52.万套乡墅贴心项目。依托全域土地综合整治，优化居住条件，实现农村人居环境大提升，到2025年，打造具有江南水乡特色的未来社区10个，农村困难家庭保障性安居房4000户。推进万户农村普通家庭居住条件提升，建设乡墅5万套，农户新家园入住率达到70%以上。（牵头领导：王剑峰、陆龙根；责任单位：区自然资源和规划分局、区农业农村局、区住建局）

53.万套“工匠之家”项目。采取“政府配建、企业自建”的方式，建设各类蓝领技术职工住房10000套。（牵头领导：王剑峰、吴冠宇；责任单位：区总工会、区人力社保局、区新城集团、区自然资源和规划分局、区住建局）

54.万户住宅加装电梯项目。实施加装共享电梯“百千万”项目，试行低层住户非现金补偿、特殊群体减免优惠、公积金提取等政策，实行“标准化”加装电梯。到2025年，完成既有住宅加装电梯小区100个以上，加装电梯1000部以上，受益家庭10000户以上，实现共享电梯本区域全覆盖。（牵头领导：陈勤泳、吴冠宇；责任单位：区住建局）

55.住房公积金全覆盖项目。健全住房安居保障体系，持续扩大非公企业住房公积金制度覆盖面，打造住房公积金建缴、使用示范样板。到2025年，规上企业实现单位建制率100%，职工覆盖率100%。

（牵头领导：金荷新、吴冠宇；责任单位：区公积金管理部、区总工会、区发改经信局、区住建局、区市场监管局、区公安分局）

（十二）“六无六有”救助工程

★56. 困难群众帮扶项目。以“六无六有”综合救助体系为支撑，“云守护”平台为载体，创新“幸福码”线上服务，打造区大救助服务中心，实现社会救助“应救尽救、无盲区、全覆盖”。到2025年，低收入群众人均年增收减支达到2.5万元，打响“幸福南浔”金名片。（牵头领导：吴叙良、秦胜；责任单位：区民政局、区教育局、区人力社保局、区住建局、区交通局、水务集团、电力公司、华数公司、燃气公司、区农业农村局、区医保局、团区委、区妇联、区残联、区慈善总会、区审计局）

57. 万户奔小康项目。深化东西部产业协作，做大做优广安区湖羊产业，到2025年，建设完成存栏5000头湖羊种羊基地，创建湖羊产业四川省现代农业发展园区，家庭养殖户熟练掌握养殖技术，湖羊产业链基本形成。（牵头领导：陆龙根、沈振宇；责任单位：区发改经信局、区农业农村局、派驻前方工作组）

58. 法律援助和司法救助项目。推动优质法律资源向困难群众倾斜，到2025年，免费为困难群众提供法律咨询、法律援助不少于20000人次，满足困难群众不断增长的法律援助需求。巩固、优化司法救助机制，加大对符合条件的被害人、诉讼中权利受到侵害无法获得有效赔偿的当事人的救助，着力解决因案返贫、因案致贫等问题。（牵头领导：肖体红、徐天林、沈佩明、毕琳；责任单位：区司法局、区委政法委、区检察院、区法院、区公安分局、区民政局）

五、保障措施

（一）加强组织领导。成立南浔区推动共同富裕建设指挥部，由区委、区政府主要领导任总指挥，区委副书记任常务副总指挥，相关区领导任副总指挥，1名区领导任总督导，成立办公室，设立工作专班，精准制定好工作体系、政策体系，发挥牵头抓总、综合协调、督促指导作用。以项目化方式压实各区领导、各部门工作责任，推动各项工作落实落细。各镇（街道、度假区）将共同富裕工作纳入重要议事日程，注重因地制宜，列出清单、明确责任，稳步推进、狠抓落实。

（二）健全工作机制。建立工作交流机制，定期召开工作推进会，通报工作推进情况，部署下阶段任务。建立督查考核机制，定期组织实地检查和明察暗访，推动相关工作落地落实。出台考核办法，纳入开发区、高新区、各镇（街道、度假区）和部门年度综合考核。建立联动推进机制，树立系统观念，突出整体性、协同性，聚焦重点领域和关键环节，努力实现目标集成、政策集成、效果集成。建立“大成集智”机制，委托浙江大学社会治理研究院、瞭望智库等研究机构进行深度研究。

（三）突出示范引领。集中资源力量推进标志性项目，确保取得一批标志性成果，为全国、全省提供南浔实践、南浔经验。围绕五大战役、七大工程，排定35个行动、23个项目，作为推动共同富裕的工作体系，其中，标注“★”的为区委全会明确的重点行动（项目）。同时，支持旧馆街道打造示范街道，各镇（街道）至少打造1个示范村（社区）。

（四）营造浓厚氛围。搭建亮晒比拼工作载体，举办典型案例设计大赛，每季度选树一次典型案例，形成示范成果。对主动承担攻坚突破任务、推动先行破题的地方和部门进行褒奖，推动形成比学赶超、唯实惟先的干事创业氛围。围绕共同富裕主题，发动全区各镇、各部门及社会力量，策划系列活动，积极向大报大网大台报送相关稿件，及时宣传我区共同富裕建设发展中的好经验、好做法、好典型，确保有声有形。

湖州市南浔区国民经济和社会发展第十四个五年规划和二〇三五年远景目标纲要

浔政办发〔2021〕9号
2021年4月9日

湖州市南浔区国民经济和社会发展第十四个五年规划和二〇三五年远景目标纲要，根据《中共湖州市南浔区委关于制定南浔区国民经济和社会发展第十四个五年规划和二〇三五年远景目标的建议》制定，主要阐明全区经济社会发展战略，明确工作重点，引导市场主体行为，是政府履行经济调节、市场监管、社会管理、公共服务、生态环境保护职能的重要依据，是全区人民的共同愿景。

第一章　抢抓机遇、乘势而上，奋力重塑水晶晶南浔，开启高水平全面建设社会主义现代化新征程

从“十四五”时期起，我区将在高水平全面建成小康社会的基础上，开启高水平全面建设社会主义现代化新征程，忠实践行“八八战略”，深入落实市委“一四六十”工作体系，再接再厉、顺势而为、乘胜前进，努力建设新时代全面展示中国特色社会主义制度优越性重要窗口的共同富裕示范样本。

第一节　高水平全面建成小康社会取得决定性成就

“十三五”以来，面对错综复杂的宏观经济环境和艰巨繁重的改革发展稳定任务，特别是新冠肺炎疫情带来的严峻考验，全区上下坚决贯彻习近平新时代中国特色社会主义思想和党中央、省、市委决策部署，团结带领全区人民，深入实施“一一二八”工作部署，扎实推进改革发展稳定各项工作，奋力推动中国特色社会主义在南浔的生动实践，开辟了高质量赶超发展新局面。经济基础更加坚实，地区生产总值达到467.8亿元，人均生产总值接近10万元。全区首个百亿级产业项目——泰嘉光电开工建设，成为全市首个规上工业企业数超千家的区县。南浔古镇成为全市首个国家AAAAA级旅游景区。开放步伐不断加快，实施接苏融沪“1152”工程，沪苏湖高铁及南浔枢纽开工建设，江南水乡旅游线城际轨道列入国家发改委近三年开工项目清单。南浔青浦合作园加快推进，嘉湖一体化先行区启动建设。重大改革取得突破，高端装备制造业列入国家级标准化试点，木业产业入选第二批省级跨境电商产业集群化发展试点。实施全市首个“乡镇一支队伍管执法”省级改革试点。获评全省机构改革成绩突出集体。全省首创“亩产数字地图”，出台全国首个绿色金融产品地方标准。创新创业更具活力，获批创建省级湖州南浔智能机电高新技术产业园区，南浔（上海）科创中心启用，南浔科技创业园成功创建国家级科技企业孵化器。获评国家知识产权强县工程示范区、省级可持续发展创新示范区。城乡面貌日新月异，太阳酒店·水晶晶广场等一批地标性建筑开工建设，建成区人民医院新院区等一批重大公共服务设施，頔塘社区成为省首批未来社区试点。成功引进浙江水利水电学院、同济科技职业学院。“三高”连接线等一批重大交通设施建成通车，获评省级“四好农村公路”示范区。美丽南浔魅力彰显，成功创建省级生态文明建设示范区、省级“基本无违建区”，获评全省剿灭劣Ⅴ类水工作突出贡献集体，成功创建污水零直排区。获评小城镇环境综合整治省级优秀区、省美丽乡村示范区等荣誉，持续打响“水晶晶南浔”品牌。民生建设实现新提升，获评全国义务教育基本均衡县（区），成功创建全国安全教育试验区、省教育基本现代化区。浙江省人民医院南浔院区合作取得明显成效，设立全省首个全民健康日，出台全国首个健康村镇地方标准。城乡居民收入比下降至1.62∶1。社会治理能力全面加强，实现“平安南浔”十五连冠、勇夺全省首批一星“平安金鼎”，新冠肺炎疫情防控取得重大战略成果。全面从严治党扎实推进，党的政治建设、思想建设、组织建设、作风建设、纪律建设切实加强，绿水青山的政治生态更加巩固。“十三五”规划目标任务胜利完成，高水平全面建成小康社会取得决定性成就，为开启高水平全面建设社会主义现代化新征程奠定了坚实基础。

在取得成绩的同时，我们也要清醒地看到：对照高质量发展要求和对标先进地区，我区仍存在产业层次整体还不够高，发展的质量和效益有待提升；改革创新动能不够足，创新平台能级不够高，改革助推发展的作用发挥不明显；生态环境领域还存在一些薄弱环节，空气优良率还比较低；教育、医疗、文体等公共服务还存在供需结构性矛盾；个别干部存在廉洁问题，全面从严治党主体责任落实还不够到位等问题。

针对这些问题，必须深化改革创新，以永不懈怠的精神状态和一往无前的奋斗姿态，努力实现经济持续健康发展、社会长治久安。

“十三五”时期主要指标完成情况表

表 14

类别	序号	指标名称	单位	2015 年	规划目标		“十三五”实绩	
					2020 年	年均增长	2020 年	年均增长
经济发展	1	地区生产总值	亿元	338	460	8.5%以上	467.8	6.3%
	2	人均生产总值（按户籍人口）	元	68700	93000	8.50%	95676	6.8%
	3	财政总收入	亿元	35.3	53.1	8.50%	67.2	13.7%
	4	一般公共预算收入	亿元	17.9	26.8	8.50%	40.5	17.7%
	5	固定资产投资	亿元	182.3	318	12%	197.9	11.4%
	6	规上工业增加值	亿元	114.9	165	7.50%	155.7	6.3%
	7	社会消费品零售总额	亿元	138.2	215	9%	188.1	5.4%
	8	对外贸易总额（含服务贸易）	亿美元	13.8	17.6	5%	17	4.3%
	9	旅游业增加值	亿元	21	40	15%	20.7	—
	10	旅游税收收入占一般公共预算收入的比重	%	9	15	10%	未统计	未统计
创新驱动	11	服务业增加值占 GDP 比重	%	35.7	40 以上	1 个百分点	36.5	0.16 个百分点
	12	战略性新兴产业增加值占规上工业增加值的比重	%	28.4	35	1.3 个百分点	34.4	1.2 个百分点
	13	高新技术产业增加值占规上工业增加值的比重	%	54	50 以上	—	52.8	—
	14	R&D 经费支出占 GDP 比重	%	2.8	3	[0.16]	3.3	[0.5]
	15	发明专利授权量	项	160	200	—	200	—
	16	全社会劳动生产率	万/人	10.3	14.3	7%	14.6	7.2%
	17	人才资源总量	万人	7.66	14.66	[7]	14.09	[6.43]
民生福祉	18	城镇居民人均可支配收入	元	41008	61800	8.50%	59847	7.9%
	19	农村居民人均可支配收入	元	24342	37700	9%	37051	8.8%
	20	五年新增城镇就业人数	万人	[5.4]	[10.1]	—	[10.41]	—
	21	城镇登记失业率	%	2.84	<4	—	1.52	—
	22	城镇保障性安居工程建设	套	[6955]	[2021]	—	[11488]	—
	23	城市化率	%	52.9	68	[6.2]	60.5	—

续表 14

类别	序号	指标名称	单位	2015 年	规划目标		“十三五”实绩	
					2020 年	年均增长	2020 年	年均增长
民生福祉	24	每千人口执业（助理）医师数	人	2	2.55	—	1.97	—
	25	每千名老人拥有养老床位数	张	30	50	[30]	45	[15]
	26	人均期望寿命	年	78.8	80	[1.2]	81.73	[2.93]
	27	新增劳动力平均受教育年限	年	13.5	14	[0.5]	市统筹	市统筹
	28	“魅力水乡”示范村数（后更名为“美丽水乡”示范村）	个	34	154	18	112	—
	29	亿元生产总值生产安全事故死亡率	人/亿元	0.15	0.067	—	0.036	—
绿色生态	30	耕地保有量	万亩	48.7	42.2	—	48.3	—
	31	万元生产总值耗地量	平方米	47.36	35.5	—	49.63	—
	32	万元 GDP 综合能耗	吨标煤	0.55	市下达指标		完成市级下达指标	
	33	万元 GDP 用水量	立方米	90	70	[-20]	50	[-40]
	34	万元 GDP 二氧化碳排放量	吨	—	市下达指标		完成市级下达指标	
	35	非化石能源占一次能源消费比重	%	5	18	—	—	—
	36	森林覆盖率	%	9.5	10.5	0.2 个百分点	9.97	0.1 个百分点
	37	林木蓄积量	万立方米	14.4	16.4	2.60%	21.5	8.30%
	38	监测断面Ⅰ-Ⅲ类水质比例	%	100	100	—	100	—
	39	细颗粒物（$PM_{2.5}$）浓度下降	%	21.6	市下达指标		完成市级下达指标	
	40	城市空气质量优良天数比率	%	58.9	75	[16.1]	89	[30.1]
	41~44	主要污染物排放量（化学需氧量、二氧化硫、氨氮、氮氧化物）	万吨	—	市下达指标		完成市级下达指标	

注：[ ]为五年累计数

第二节　新阶段面临的新机遇新挑战

当前和今后一个时期，我国发展仍处于重要战略机遇期，但机遇和挑战都有新的发展变化。

国际国内环境发生深刻变化。从全球看，当今世界正经历百年未有之大变局。新一轮科技革命和产业变革以不可阻挡之势重塑世界，“万物互联”的数字化时代来临。经济全球化进入调整新阶段，加之新冠肺炎疫情全球蔓延，逆全球化思潮兴起，国际经济、科技、政治等格局都在发生深刻调整，世界进入动荡变革期。从国内看，我国经济发展趋势长期向好、潜力足、韧性强、回旋空间大，进入高质量发展阶段，以国内大循环为主体、国内国际双循环相互促进的新发展格局加快形成，区域合作与竞争格局加速变化，社会主要矛盾已经转化为人民日益增长的美好生活需要和不平衡不充分的发展之间的矛盾。

省市推进高质量发展新定位。从全省看，“十四五”时期，以推动高质量发展为主线，忠实践行“八八战略”、奋力打造“重要窗口”，努力打造经济高质量发展高地、三大科创高地、改革开放新高地、新时代文化高地、美丽中国先行示范区。从全市看，正处在战略地位持续彰显期、生态红利加速释放期和高质量赶超发展奋力蝶变期，深入推进绿色赋能、创新赋能、改革赋能、开放赋能、数字赋能，高水平推进“六个城市”建设，加快推动高质量赶超发展，努力成为“重要窗口”示范样本，奋力打造成为践行绿水青山就是金山银山理念示范区，奋勇争当社会主义现代化先行省排头兵。

我区面临诸多新机遇新挑战。新一轮科技革命和产业变革加速演进赋能我区新优势新动能培育；

国内国际双循环相互促进的新发展格局加速形成为南浔发展释放新需求；全面深化改革纵深推进为南浔创新发展注入新活力；长三角区域一体化发展、嘉湖一体化、沪湖廊道等重大战略叠加交汇，为我区实现更高水平开放发展带来新机遇。与此同时，全球经济大衰退和逆全球化并存对外向型经济的发展带来风险和挑战，周边城市竞合加剧和沪苏湖铁路通车后可能引发的虹吸效应带来双向挤压挑战，资源环境与土地要素约束更加趋紧带来双重制约，人口老龄化和社会加速转型对治理体系和治理能力提出了更高要求。

综合判断，当前及今后一个时期我区将处在“由破到立”“大有作为”“高质量赶超”的关键阶段，将进入城市能级提升的黄金期、产业链现代化的突破期、更高品质生活的彰显期和现代社会治理的提升期，区位优越、生态优美、文化厚重、城乡协调、社会和谐等叠加优势将不断凸显。必须坚持目标导向、问题导向和效果导向，在抢抓机遇中增强主动性，在应对战略中保持定力，在转型升级中激发新动能，推动南浔实现更高质量、更高效益、更加公平、更可持续发展，力争在百年未有之大变局中实现换道超车、再造新辉煌。

第三节　二〇三五年远景目标

到二〇三五年，全面建成繁华南浔、美丽南浔、人文南浔、法治南浔、平安南浔、清廉南浔，社会主义现代化共同富裕示范样本取得突破性进展，并做到水平更高、走在前列。高质量赶超发展实现新突破，基本实现高水平现代化，美丽繁华新江南全面展现。

经济高质量发展迈上新台阶，建成光电信息、智能装备、绿色家居、现代纺织四大国内领先、国际知名的产业集群，率先基本实现新型工业化、信息化、城镇化、农业农村现代化，建成现代化经济体系。

美丽南浔建设成为典范，生态环境得到根本性改善，生产、生活、生态有机融合，资源能源集约利用、美丽经济发展处于国内先进水平，绿水青山就是金山银山实践创新走在前列，实现人与自然和谐共生，高质量建成美丽中国典范，“水晶晶南浔”享誉国内外。

共同富裕率先取得突破进展，居民人均收入与人均生产总值之比达到发达经济体水平，中等收入群体显著扩大，建成现代化公共服务体系，率先实现教育现代化、卫生健康现代化，群众获得感、幸福感和安全感全面增强，成为共同富裕的全国示范样本。

社会文明程度大幅提升，优秀传统文化得到创新传承，全民思想道德素质、科学文化素质、身心健康素质显著提高，南浔人文的地方引领力、品牌传播力、发展服务力全面增强，开创南浔人文繁荣的新局面。

法治建设体系更趋完善，法治观念深入人心，创造公平正义的法治环境，人民群众平等参与、平等发展权利得到充分保障，实现经济、政治、文化、社会和生态文明建设的法治化。社会治理更加高效有序，安全保障体系不断健全，建成更高水平的平安南浔，基本实现区域治理现代化。

党的全面领导落实到各领域各方面的高效执行体系全面形成，全面从严治党持续深入推进，清廉南浔全面建成，政治生态风清气正，中国特色社会主义制度优越性充分彰显。

第四节　“十四五”时期经济社会发展的指导思想

“十四五”期间南浔经济社会发展的指导思想是：高举习近平新时代中国特色社会主义思想伟大旗帜，深入贯彻党的十九大和十九届二中、三中、四中、五中全会精神，全面贯彻党的基本理论、基本路线、基本方略，统筹推进“五位一体”总体布局，协调推进“四个全面”战略布局，坚持党的全面领导，坚持以人民为中心，坚持新发展理念，坚持深化改革开放，坚持系统观念，坚持稳中求进工作总基调，忠实践行“八八战略”，落实市委“一四六十”工作体系，以“融入长三角一体化”为突破，以深化改革和扩大开放为动力，全面实施“一三六七”新部署，深入推进“12233”工程[1]，奋力重塑水晶晶南浔，建设美丽繁华新江南，高质量打造湖州“开放东大门、创业新高地”，高水平建设社会主义现代化共同富裕示范样本。

[1] “12233”工程：即1个项目：泰嘉光电项目；2条城轨：沪苏湖和水乡旅游线城际铁路；2所高校：浙江水利水电学院南浔校区、浙江同济科技学院；三大地标：太阳酒店·水晶晶广场、大象酒店·国际会展中心、绿地南浔中心；三大核心平台：开发区万亩大平台、南浔青浦合作园、嘉湖一体化先行区。

专栏 1-1 南浔区"十四五"发展总体思路

➢ **发展定位：**重塑水晶晶南浔、建设美丽繁华新江南、高质量打造湖州"开放东大门、创业新高地"。
➢ **一条主线：**聚焦"共同富裕"。
➢ **"一三六七"部署：**
● **战略**
"一"大战略："融沪、接苏、联杭"。
● **目标**
"三"个倍增：
（1）财政收入由60亿到120亿左右，实现倍增；
（2）固定资产投资由200亿到400亿左右，实现倍增；
（3）规上工业产值由1000亿到2000亿左右，实现倍增。
"六"大突破：
（1）经济高质量发展实现新突破；
（2）城市能级实现新突破；
（3）古镇及全域旅游实现新突破；
（4）生态环境实现新突破；
（5）共同富裕实现新突破；
（6）城乡智治实现新突破。
● **任务**
"七"大体系：
（1）打造全域统筹、高效精致的空间发展体系；
（2）构筑集群发展、创新融合的现代产业体系；
（3）构建产业兴旺、环境优美的乡村振兴体系；
（4）优化现代品质、均衡共享的公共服务体系；
（5）塑造魅力十足、传播久远的人文生态体系；
（6）健全开放合作、深化改革的发展动力体系；
（7）建设多元参与、整体智治的现代治理体系。

第五节 "十四五"时期经济社会发展的主要目标

锚定二〇三五年远景目标，聚焦高质量、竞争力、现代化，奋力推进高质量发展，高水平建设社会主义现代化共同富裕示范样本。"十四五"期间主要经济社会指标增速走在前列，地区生产总值年均增长高于全省1.5个百分点以上，到2025年突破700亿元，人均地区生产总值超过13万元，达到中等发达经济体水平。规上工业产值突破2000亿元、规上工业企业数突破2000家，财政收入、固定资产投资、规上工业产值三项重要指标实现翻番，实现突破"双两千"和"三倍增"的目标。综合实力跨越提升，在全省全市实现争先进位。

经济高质量发展实现新突破。产业链现代化水平显著提升，建成以光电产业为代表，在全国有地位、世界有竞争力的产业集群，战略性新兴产业增加值占工业增加值比重超过50%。创新链与产业链深度融合，R&D经费支出占GDP比重提高至3.5%左右，人才强区、创新强区建设取得新成效。实现更高水平开放型经济，深度融入双循环发展格局，建成湖州开放东大门，成为长三角重要的科技成果转化高地。率先基本实现农业现代化。

城市能级实现新突破。城市空间布局不断优化，核心功能显著增强，建设管理品质明显提高，城市能级和品质大幅提升，城镇化率达到65%以上。建成一批省级美丽城镇样板，新时代美丽乡村全覆盖，产城人文深度融合，"水晶晶南浔"开创新境界。智慧城市、未来社区、城市有机更新和乡村振兴持续深化，城乡融合发展走在前列。

古镇及全域旅游实现新突破。建成长三角知名的休闲旅游目的地，成为乐游、乐活、乐享的最佳滋养地，南浔古镇金名片全面打响，国家级旅游度假区创建深入推进。全域旅游蓬勃发展，旅游业态、产品、服务体系全面提升，形成"一核极化、两带串联、三片协同、五链撬动"的空间大格局，成功创建省级全域旅游示范区。

生态环境实现新突破。全方位践行绿水青山就是金山银山理念，生态环境质量大幅提升，水、大气质量根本改善，全域大花园景区建设全面覆盖。主要污染物排放全面达到考核要求，达到或优于Ⅲ类水体占地表水体比例达到100%。绿色生产生活全面升级，资源利用效率显著提升，生活垃圾总量实现“零增长”，建成“无废城市”，成功创建国家生态文明建设示范区。

共同富裕实现新突破。城镇居民人均可支配收入增长 9%，农村居民人均可支配收入增长 9.5%以上，城乡居民收入比缩小到 1.6:1 以内。中等收入群体显著扩大，低收入群体可持续增收机制进一步完善。形成更为优质均衡的教育、文化、卫生等基本公共服务体系，率先实现基本公共服务均等化。建成全覆盖多层次可持续的社会保障体系，人民群众获得感、幸福感、安全感不断增强。

城乡智治实现新突破。健全适应高质量发展的市场经济体制机制，成功打造国内一流营商环境。党建引领、智慧赋能、三治融合的社会治理体系不断完善，智治水平、精细化管理水平得到大幅提升。防范化解重大风险体制机制不断完善，自然灾害防御和突发公共事件应急能力显著增强。平安南浔、法治南浔建设全面深化，共建共治共享的社会治理制度更加完善。

“十四五”时期经济社会发展主要指标表

表 15

一级指标	序号	二级指标	单位	2020 年	2025 年目标	年均/累计增长	指标属性
经济发展	1	生产总值（GDP）	亿元	467.8	＞700	＞8%	预期性
	2	全员劳动生产率	万元/人	14.6	20	＞6%	预期性
	3	常住人口城镇化率	%	60.5	65	[4.5]	预期性
	4	人均 GDP（按户籍人口）	万元/人	9.57	13	7%	预期性
	5	财政总收入	亿元	67.2	120	12%	预期性
	6	规上工业产值	亿元	939.6	＞2000	15%	预期性
	7	固定资产投资	亿元	197.9	400	15%	预期性
科技创新	8	R&D 经费支出占 GDP 比重	%	3.3	3.5 左右	—	预期性
	9	人才资源总量	万人	14.09	22.09	[8]	预期性
	10	每万人高价值发明专利拥有量	件	8	10	[2]	预期性
	11	战略性新兴产业增加值占规上工业增加值的比重	%	34.4	50	3.1	预期性
改革开放	12	货物贸易进出口额	亿元	123.1	157.1	5%	预期性
	13	实际使用外资额	亿美元	0.58	2	28%	预期性
文化发展	14	文化产业增加值	亿元	36	60	11.4%	预期性
	15	居民综合阅读率	%	88	92.5	[4.5]	预期性
生态环境	16	单位 GDP 能耗降幅	%	—	—	市下达指标	约束性
	17	万元 GDP 用水量降低	%	—	—		约束性
	18	单位 GDP 二氧化碳排放降幅	%	—	—		约束性
	19	空气质量优良天数比率	%	89	＞90	—	约束性
	20	城市细颗粒物（$PM_{2.5}$）平均浓度	微克/立方米	29	25	—	约束性
	21	达到或好于Ⅲ类水体占地表水比例	%	100	100	—	约束性
区域治理	22	依申请政务服务办件“一网通办”率	%	85	90	[5]	约束性
	23	综合行政执法事项占比	%	6.36	20	—	约束性

续表 15

一级指标	序号	二级指标		单位	2020 年	2025 年目标	年均/累计增长	指标属性
社会民生	24	每千人拥有婴幼儿照护设施托位		张	0.58‰	3‰	—	预期性
	25	劳动年龄人口平均受教育年限		%	10	11.3	[1.3]	预期性
	26	城镇登记失业率		%	1.52	<3	—	预期性
	27	居民人均可支配收入年均增长	城镇	%	7.9	9	—	预期性
			农村	%	8.8	9.5	—	
	28	城乡居民收入比			1.62	<1.6	—	预期性
	29	每千人执业（助理）医师数（常住人口）		人	1.97	3.5	12%	约束性
	30	基本养老保险参保率		%	99.09	99	—	预期性
	31	每万老年人拥有持证养老护理员数		人	5.3	25	36%	约束性
	32	青少年总体近视率		%	56.32	51.32	[-5]	约束性
	33	人均体育场地面积		平方米	1.75	2	[0.25]	约束性
	34	人均预期寿命		岁	81.73	83	[1.27]	预期性
安全保障	35	亿元 GDP 生产安全事故死亡率		人/亿元	0.036	0.017	[-0.021]	约束性
	36	粮食综合生产能力		亿斤	5.02	5.02	0（保持稳定）	约束性

注：[]为五年累计数

第二章　打造全域统筹、高效精致的空间发展体系

坚定不移走以人为核心的新型城镇化道路，统筹城乡、产业、资源要素和生态保护，优化构筑“一城引领、两翼拓展、多片联动、全域美丽”的国土空间新格局，推动“产城人”深度融合，实现全域高质量协调发展。

第一节　推进国土空间高质量利用

优先保护生态空间。完善“十线多点”的生态空间格局。推进“山水林田湖草”系统性保护。严格落实“三线一单”分区管控，实施重点生态功能区产业准入负面清单管理。优先保护水源涵养、水土保持、生物多样性维护等重点生态功能区。建立生态廊道系统，有效维持城市生态安全格局。加强滨水生态空间治理，营造水清、岸绿、安全、宜人的河流网络及滨水环境。

高质量利用城镇空间。强化国土空间规划和用途管控，严控国土开发强度。统筹划定城镇开发边界，引导城镇建设空间有序拓展，科学预留战略空间。优化形成“中心城区—副中心城镇—重点镇—一般镇”的四级城镇结构体系。调整优化城镇用地布局，引导高端产业集聚，提升服务功能，推进产城融合。持续推进城镇有机更新，开展城镇空间微改造行动。深入开展“五未”用地处置，加快城镇低效用地再开发。全面开展工业土地全域治理。推进地下空间开发利用。

集约利用农业空间。优化优质耕地布局，推进集中连片的千亩方永久基本农田建设。严格执行耕地占补平衡制度，严格落实永久基本农田保护制度。加强对粮食生产功能区、重要农产品生产功能区与渔业资源保护区的保护利用。加强农业景观的塑造和保护。强化农用地资源空间共享、集约利用，积极拓展农业多种功能。

第二节　提升中心城区的集聚辐射力

增强城市服务功能。全面提升城区教育、医疗、文化等公共服务能级，培育商务、金融、科技等现代城市功能，建成太阳酒店·水晶晶广场、大象酒店·国际会展中心、绿地南浔中心三大城市地标建筑，推进浙江水利水电学院南浔校区、同济科技职业学院、上海小镇等一批重大项目建设。高品质建设高铁新城，超前布局枢纽经济新业态。推动南浔古镇旅游度假区提质扩容，着力提升服务配套、拓

展旅游市场、优化产品供给，高标准打造大运河国家文化公园。推进海绵城市建设工程，建设韧性城市和低碳城市。

提升城市宜居品质。推进老城区有机更新，高标准建设頔塘未来社区，以未来社区理念统筹旧改新建。打造“15 分钟便民生活服务圈”。推进轨道交通、城市快速路环线等重大交通基础设施建设，打造城市智能公共交通系统。推进智慧城市建设，加快市政基础设施智能化改造。推进城市公园、社区公园、口袋公园建设，建设高品质公园城市。加快建设数字南浔智慧管理中心，建管并重提升城市精细化管理能力，破解社区治理、物业管理、城市拥堵等难题。加强城市空间管控和特色风貌塑造。

第三节　推动“两翼一体化”发展

西翼——湖浔一体化发展。积极推动南浔中心城区、旧馆和吴兴东部新城一体化联动发展，在规划管理、产业布局、基础设施、公共服务等方面形成一体化协同发展格局，合力提升湖州中心城市能级。沿湖浔大道打造以绿色智造为特色的现代产业发展走廊。旧馆打造成为湖浔一体化发展的示范板块，拓展南浔中心城区西向发展新空间。

南翼——浔练一体化发展。加快练市与南浔中心城区的同城化发展步伐，沿南浔大道、浔练公路打造产城融合发展走廊。整合提升南浔高新区，深化产业合作。持续优化区域交通，提升城镇道路通行能力。推进练市老镇区改造，谋划新发展空间，实施练市人民医院、练市小学（练溪校区）等一批重点公共配套项目。构建城镇公园体系，全力推进练市省级现代化小城市建设。

第四节　促进乡镇差异化发展

双林镇。突出“小城市、大平台、新乡村”的发展导向，积极争创省级小城市。推进双林镇北部新区开发，加快东部片区品质提升，推进三新线改建工程建设，增强与南浔城区快速交通联系，带动城市有机更新，提升教育、医疗、文化等公共服务能力。加快工业平台整合提升，聚焦智能装备、新材料等重点领域，大力引进优质企业项目。推进古镇、古宅、古街、古迹修复保护，积极引进社会力量参与双林古镇开发建设。

菱湖镇。全力打造南浔副中心，打响“千年古镇，魅力渔都”品牌。持续推进美丽城镇建设，加快镇区东部道路建设，整治城镇雨污管网，完善垃圾和污水处理系统，打造公共配套完善、商贸繁荣、宜居宜业的东部新镇区。强化古镇保护，引入新模式新业态，实现古城复兴。做好“渔业+”文章，发展乡村全域旅游，加快具有“菱湖符号”的文旅、农旅产业融合发展。

和孚镇。提升省级“非遗主题小镇”品牌，建设新时代美丽城镇新样板。加快推进丝绸小镇提档升级，修复荻港等传统村落建筑及村落肌理，建设省级和孚漾旅游度假区。加强与湖州东站无缝衔接，高标准谋划布局新产业。加快“桑基鱼塘”项目建设，开发旅游观光、休闲养生、文化熏陶等多元化的旅游产品，打造特色农业全产业链。

南部城镇。深化善琏、石淙和千金协同互动发展，打造文旅融合发展示范片区。积极培育文化旅游、研学旅游等新业态。深度挖掘善琏湖笔文化和运河蚕桑文化，高水平建设善琏湖笔小镇 2.0 版，加快含山创建省级运河文化集中展示体验园区，塑造若干特色文化活动和节庆品牌。统筹全域土地综合整治和生态修复工程，推进现代农业、美丽乡村、文明乡风一体联动，加快乡村振兴走在前列。

第五节　建设现代化基础设施

全面布局建设新型数字基础设施。加快城乡 5G 网络建设，实现乡镇以上 5G 信号全覆盖，鼓励 5G 基站共建共享。深入推动“光网城市”建设，积极部署下一代互联网（IPv6），全面完成光纤网络改造升级。支持企业加快工厂内部物联网和外部互联网络建设，推动企业级工业互联网平台向行业级升级。加快建设“云化南浔”，有序推进产业园区（基地）、众创空间等云设施建设。高标准建设湖州城市数字大脑南浔节点，积极拓展智慧城市、数字乡村、数字教育、数字医疗等应用场景。

完善综合立体交通网络。加快建设“三横两纵”轨道交通网[2]，建成沪苏湖高铁和高铁南浔站交通枢纽，启动江南水乡旅游线建设，加速推进建设如通苏湖城际等项目。完善“一纵两连两横”高速公路网[3]，建成湖杭高速、苏台高速，打造联通长三角主

---

[2]“三横两纵”轨道交通网：“三横”为沪苏湖铁路、环太湖城际铁路（如通苏湖城际）、中心城市轨道交通一号线；“两纵”为水乡旅游线城际铁路、湖州至德清市域铁路。

[3]“一纵两连两横”高速公路网：“一纵”为练杭高速；“两连”为苏台高速、湖杭高速；“两横”为申苏浙皖高速、申嘉湖高速。

要城市“1 小时通勤圈”。提升“五纵四横”干线公路网[4]，实施 S213 南浔段等省道工程和 G318 等工程建设。优化“六干一支”内河航道网[5]，改善航道等级结构，提升航道网络通达性。加强南浔综合物流园等码头作业区建设，深化与上海港、宁波舟山港合作。推动城市公交、城乡客运、镇村公交“三位一体”城乡客运一体化发展。完善城市步行和非机动车交通系统，谋划建设步行云廊。全面构建区、镇、村三级快速物流配送体系。

专栏 2-1 综合交通重大项目

轨道交通。沪苏湖高铁，南浔段长约 23.2 千米；环太湖城际铁路（如通苏沪城际），南浔段线路总长约 62 千米；江南水乡旅游线城际铁路，南浔段线路总长约 17 千米；湖州至德清市域铁路，南浔段线路总长约 62 千米；建设中心城市轨道交通（一号线），南浔段建设里程约 62 千米。

公路。高速公路建设，包括湖杭高速公路、苏台高速公路南浔至桐乡段建设工程；干线公路建设，包括 S302 省道改建（练市至和孚段）工程、S214 省道（织里至菱湖段）公路工程、S214 省道（菱湖至德清段）公路工程、S213 省道（吴兴至南浔段）公路工程、S213 省道（南浔至练市段）公路工程和 S213 省道（练市至千金段）公路工程；其他干线公路建设，包括三高连接线（二期）建设工程、三新线改建（湖浔大道至环城南路段）工程、三新线改建（莫蓉至德清段）工程、湖州八里店至南浔公路（规划三环南路）建设工程。

水运。长湖申线西延航道整治工程，改造三级航道 36.39 千米、四级航道 29.52 千米；浙北高等级航道网集装箱运输通道建设工程，改造桥梁 11 座；内河港口建设工程，包含南浔作业区、旧馆作业区、和孚作业区、双林作业区、练市作业区、菱湖作业区、石淙作业区、善琏作业区、千金作业区以及南浔综合物流园码头作业区等作业区建设工程。

构建多元能源供给格局。优化电力线路布局，全面消除电网薄弱环节，建设一批“不停电示范区”。深化智能电网建设，提高电能精细化管理和自动化运营能力。探索建设城市地下综合管廊，推进电力线网下地入管。优化加油站、加气站布局，完善电动汽车充电基础设施，继续推进综合供能服务站建设，加快传统加油站向综合能源供应站转型。加大油气等能源通道的保护力度。拓展各类“光伏+”综合利用技术，推进光伏发电降本增效。推进生物质能发电等再生能源高质量发展，提升生活垃圾焚烧发电厂热效率。

建设美丽安全水利。升级改造供水管网，全面提升居民用水品质。完善防洪排涝体系，推进杭嘉湖北排通道后续工程（南浔段）、圩区综合整治工程等建设。加快“五化”美丽河湖建设，打造幸福河湖示范工程。实施活水流畅工程，开展农村水系连通综合整治。深入挖掘运河文化、桑基鱼塘系统、丝绸文化、古镇文化等特色水文化，打造世界水利文化小镇。实施数字水利工程，建成水利统一工作平台，完善水旱灾害防御体系及气象预警信息系统建设。开展水利工程管理“三化”改革，推进水利治理能力和治理体系现代化。实行最严格水资源管理，探索水资源价值生态实现机制，高质量打造浙江节水型社会标杆。

第三章　构筑集群发展、创新融合的现代产业体系

坚持工业强区、产业兴区，完善区域创新体系，推动科技、人才与产业协同融合，建设四大“产业地标”，着力构筑面向未来、创新引领、极具竞争优势的现代产业体系，全力打造绿色智造创新高地。

第一节　建设高水平创新型强区

建设长三角创新人才集聚高地。紧紧围绕光电信息、智能电梯、高端电机、绿色家居等主导产业，坚持“高精尖缺”导向，深入实施“南太湖精英计划”“南太湖特支计划”“浔英计划”，加快引育国际一流的顶尖人才和领军型创新团队。开展“魅力南浔”招硕引博活动，加速集聚青年优秀人才。深入推进“311”领航计划，创新实施“双进双强” 活动，打造一支具有全球视野、战略思维和创新能力的新生代企业家人才队伍。实施新时代南浔工匠培育工程，开展“金蓝领”职业技能提升行动，打造一批省级以上公共实训基地和技能大师工作室。到 2025 年，

[4]“五纵四横”干线公路网：“五纵”为 S214、三新线改建工程、三高连接线南延工程、S213、浔练公路，“四横”为 S302、G318、湖浔大道以及湖州八里店至南浔公路。

[5]“六干一支”内河航道网：“六干”为京杭运河、长湖申线、湖嘉申线、杭湖锡线、东宗线、东苕溪线，“一支”为东练线。

招引来浔就业创业人才22万人。深化人才创新创业全周期“一件事”改革，探索构建符合南浔特色、具有长三角竞争力的人才制度体系，争创省级人才管理改革试验区。做大做强南浔人才产业集团、南浔人才创业园，完善科研人员职务发明成果权益分享机制。

完善科技创新平台体系。加快省级可持续发展创新示范区、南浔智能机电省级高新技术产业园区建设。深入实施“名校名院名所”引进计划，引进国内外一流高校、国家级科研院所，推动组建产业应用型研究院，积极融入全省实验室布局。推进南浔高新区领先发展，示范打造南浔（上海）科创中心等“飞地”园区，搭建与上海、杭州等地双向互通的创新“空中走廊”，实现“研发在沪杭，转化在南浔”。打造一批低租金、便利化创业孵化载体，建设一批市场化、专业化众创空间，推进智能电梯、绿色家居等省级产业创新服务综合体和南浔计量校准测试中心、机电原材料测试中心建设，完善贯穿众创空间、孵化器、加速器、产业园区的全链条创新平台体系。

构建以企业为主体的技术创新体系。实施高新技术企业和科技型中小企业“双倍增”行动，开展“双高”企业培育计划，完善创新企业梯次培育机制。引导企业加大研发投入，支持研发高价值发明专利，支持企业建设重点企业研究院、重点实验室等高水平创新载体，推动规上工业企业研发活动、研发机构、发明专利基本实现全覆盖。建立健全规上工业企业“创新评动力”体系，促进创新赋能传统产业、创新厚植新兴动能。加快构建技术创新中心体系，支持组建以“三电一板”龙头企业为核心的产业技术联盟、协同创新中心，开展国家、省市级重大科技项目。加快建设南浔科技大市场、沪浔协同科创大市场，构建辐射全国、链接全球的技术交易平台体系。开展科技成果转化专项行动，建立科技成果转移联盟，打造科技成果转移转化示范区。到2025年，高新增加值、高新投资、科技型中小企业数、高新技术企业数、省级以上研发机构数、PCT国际发明专利申请数实现“六倍增”。

专栏3-1 创新型企业集群打造行动

国家级高新技术企业培育计划。建立高新技术企业培育库，加强高新技术企业政策培训和申报认定，支持一批创新基础好、发展潜力大的成长型科技企业进入高新技术企业行列。提升企业自主研发能力，打造一批行业“隐形冠军”。到2025年，高新技术企业数量达到340家以上，省级企业研究院达到50家以上，R&D支出占GDP比重达到3.5%左右。

省级科技型中小企业培育计划。突出精准扶持，重点对中小企业在研发项目、科技金融、产学研合作等方面给予支持，不断深化体制改革和优化创新机制，加快培育一批高成长性的科技型中小企业，实现科技型中小企业量质提升。到2025年，省级科技型中小企业达到1100家以上。

“双高”企业培育计划。重点筛选一批有能力、有潜力的企业进行重点帮扶和政策支持，支持建立新型企业研发中心、产业技术研究院等研发载体和成果转移转化机构，鼓励参与研究制定政府重大技术创新规划、计划、政策和标准，培育一批技术水平高、自主创新能力强、成长性好的“双高”企业。到2025年，市“双高”企业达到120家以上。

营造一流创新创业生态。深入推进科技创新体制改革，实施“产学研用金、才政介美云”十联动，推动重点领域项目、基地、人才、资金一体化高效配置。建立健全财政科技投入稳定增长机制，推进跨区域科技创新券通用通兑。改进科技项目组织管理方式，实行“揭榜挂帅”等制度，完善适应颠覆性创新的研发组织模式。全面推进国家知识产权强县工程示范区建设，深化国家知识产权（专利权）质押融资试点，推进特色产业知识产权联盟和专利导航数据库建设，提升知识产权创造和运用能力。推进知识产权信用体系建设，完善知识产权黑名单和联合惩戒制度。强化科技创新服务，支持高校、企事业单位为创新创业主体开放共享实验室和科研仪器设备。完善金融支持创新体系，鼓励金融机构发展知识产权贷款、研发保险等科技金融产品，完善投贷联动机制，扩大科技产业引导基金规模。

第二节　打造“1+3”先进制造业体系

聚力打造光电信息产业。实施千亿产业集群培育计划，大力发展液晶面板、集成电路、玻璃基板、5G通信等产业，持续做强新型电子元器件、光纤光缆、高端电磁线等电子信息基础材料，全力打造“南浔数字光谷”。依托泰嘉光电、华尚光电等龙头项目，加速招引光电信息领域规模企业及上下游配套企业，加快形成产业集聚优势，着力打造千亿级光电信息产业集群。

提升发展特色优势产业。对标国际国内先进水平，推动智能电梯、高端电机和绿色家居产业转型升级，打造三大百亿级产业集群。智能电梯，以“做大整机、做强配件、提高本地配套率”为主攻方向，推进智能技术与电梯制造的深度融合与综合集成，鼓励企业向总集成、总承包方向拓展增值服务，形成集电梯整机及核心部件生产、销售、服务于一体的完整产业链。高端电机，重点发展特种电机、微特电机、高端变频电机、特种电磁线等高端产品体系，拓展医疗设备电机、军用电机等领域，构筑特色鲜明、优势明显的高端电机和电磁线制造与服务体系。绿色家居，以产品结构调整和营销模式创新为主线，重点推动传统家居产品体系从单一品种向实木家居整体定制、高端整屋定制等方向转型，鼓励发展 O2O 等新型营销模式，打造全国知名的绿色木业制造基地。实施传统制造业改造提升计划 2.0 版，开展新一轮技术改造，大力推进金属新材、纺织等传统产业提质增效。

培育壮大若干个新兴增长点。实施“数字经济一号工程 2.0 版”，积极布局数字产业，重点培育集成电路、大数据、云计算、物联网等新兴领域，超前布局新一代人工智能、虚拟现实、量子信息、柔性电子等前沿领域，力争在部分领域取得率先突破。加快推进 5G 部署应用，积极构建物联、数联、智联等数字应用场景，推动“5G+工业互联网”深度应用，打造全国领先的 5G 应用样板。支持发展应急产业，提升应急产品供给能力。

第三节　推进现代服务业提质增效

发展专业化生产性服务业。围绕光电信息、智能电梯、高端电机、绿色家居等产业共性服务需求，发展专业化生产性服务业，强化对制造业高质量发展的支撑力。重点提升现代物流、科技服务、创意设计、金融服务四大重点行业，积极推动检验检测、数字服务、商务服务、节能环保服务、人力资源服务等行业集成创新和规模化发展。加快推进南浔综合物流园、南浔高新区、沪浔协同科创大市场等重点平台建设，着力打造一批高能级生产性服务业示范园区。

发展高品质生活性服务业。实施生活性服务业品质提升工程，加快推进休闲旅游、现代商贸、健康服务、社区服务等生活性服务业提质升级。推进传统商贸提质增效，加快构建线上线下融合化的现代商贸服务体系，鼓励发展新零售等商贸新业态。积极发展高品质健康服务，扩大休闲养生、康复理疗、体育健身、高端医美等大健康产品供给。推进托幼服务、养老服务、家政服务、教育培训等服务供给扩容提质。支持发展平台经济、共享经济、体验经济、创意经济、夜间经济等新经济，培育线上教育、远程医疗、智慧养老等数字服务新业态。

现代服务业发展导向表

表 16

领域名称	重点发展方向
休闲旅游	加快形成以古镇为核心，运河游、乡村游、康养游、度假游、美食游等多元化业态繁荣发展的全域化旅游格局，探索发展未来景区、未来风情小镇、未来酒店、未来民宿等未来旅游系列产品，全方位提升南浔旅游产业价值链，争创省级全域旅游示范区。
现代物流	积极推进物流信息化、物流标准化建设，大力发展智慧物流、绿色物流，强化物流协同联动，积极构建多式联运体系，加快推进南浔综合智慧物流园区建设，着力打造成为长三角具有重要影响力的区域型物流节点城市。
科技服务	重点依托南浔高新区，加快引进一批重点实验室、孵化器、中试基地等科创平台，引进培育一批研发设计、科技孵化、产品检测、知识产权服务等专业科技服务机构，推进科技成果转化和推广应用。大力发展知识产权代理、法律、信息、咨询、培训等中介服务，构建全链条知识产权服务体系。
创意设计	强化文化赋能，培育运河文创产业。鼓励创意设计产业专业化发展，大力发展时尚设计、工业设计、品牌设计、广告设计、新媒体和体验交互设计等高端设计服务，结合南浔特色，不断提升产品和服务的文化内涵。积极培育数字内容产业。
金融服务	深化绿色金融改革创新，强化金融服务实体经济的基本功能，加大对光电信息、高端电机、绿色家居等主导产业及中小微企业的金融支持力度。鼓励发展产业基金、创投基金、金融控股、小额贷款等多元化金融机构，不断创新服务产品，完善适应实体经济投融资需求的金融支持体系。
现代商贸	大力推进家居、纺织等南浔特色产业和电子商务融合发展，支持发展特色产业电子商务服务平台。加快推动南浔建材市场转型，实现块状经济培育与市场发展的互动共进、线上线下深度融合。推进跨境电商发展，鼓励发展新零售、新业态。

推动现代服务业与先进制造业深度融合。引导发展服务型制造，鼓励龙头骨干制造业企业拓展工业设计、检验检测、仓储物流等增值服务，从提供产品设备向提供全生命周期管

理和系统解决方案延伸扩展。推广柔性化定制、总集成总承包、共享生产平台、供应链管理优化等两业融合新模式。依托智能电梯、高端电机等特色优势领域，争创两业融合试点区域，培育两业融合试点示范企业。

第四节 提升产业链现代化水平

推动数字技术赋能制造业升级。深入实施“南浔智造”提速工程，推进数字技术与制造业发展深度融合，推动制造业全链条数字化、智能化转型。在智能电梯、高端电机、绿色家居等领域实施一批智能制造试点示范项目，加快建设一批智能生产线、数字化车间、智能工厂，培育一批互联网+协同制造示范企业，示范带动全区制造业加快向柔性化、智能化生产方式转变。深入推进“万企上云”行动。推进行业工业互联网平台建设，支持龙头企业建设一批省、市级工业互联网平台，为行业提供研发设计、数据管理、工程服务、协同营销、信息共享和数据开放等工业云服务。

建设高能级产业平台体系。推进开发区（园区）整合提升，全力打造南浔经济开发区和南浔高新区两大高能级产业平台，争创国家级平台。推动光电湾板块争创省“万亩千亿”新产业平台，加快集聚一批成长性高、引领性强的大企业、大项目，强化光电信息产业核心平台支撑。加快现代服务业集聚区整合提升，打造一批现代服务业创新发展区，积极争创省高能级服务业创新发展区。推进特色小镇2.0版建设，全面提升特色小镇发展质量。突出标准化管理、专业化运营、数字化赋能，推动小微企业园提质升级。到2025年，全面建成以高能级产业平台为引领、若干特色化基础平台为补充的高水平现代化平台体系。

专栏3-2 现代化产业平台体系

1. 高能级产业平台。打造南浔经济开发区和南浔高新区两大高能级产业平台，加快创建国家级平台。

——南浔经济开发区。推动南浔经济开发区扩容升级，整合旧馆工业园区、双林工业园区、和孚工业园区、菱湖工业园区等园区，优化机构和职能，完善管理运作机制，引导发展光电信息、智能电梯、绿色家居等主导产业，提升主导产业集聚度，全力争创国家级开发区。

——南浔高新区。建立健全南浔高新区实体化高效运作机制，整合高新区、练市区块、嘉湖一体化先行启动区等，重点发展数字产业、智能装备、现代纺织等产业，全力争创国家级高新区。

2. “万亩千亿”新产业平台。大力推进光电湾板块争创省级“万亩千亿”新产业平台，加快集聚标志性项目、行业领军企业，全面打造千亿级光电信息产业集群。

3. 现代服务业创新发展区。加快建设现代服务业创新发展区，推进南浔建材市场、南浔古镇等省级现代服务业集聚区整合提升，积极争创省级高能级服务业创新发展区。

4. 特色小镇。推动善链湖笔小镇、智能电梯小镇、丝绸小镇等特色小镇迭代升级，打造培育一批产业更特、创新更强、功能更全、体制更优、形态更美、辐射更广的2.0版特色小镇。

5. 小微企业园。坚持亩均论英雄导向，规范项目入园评审工作流程，推动园区数字化改造和配套设施提质，不断提升入园企业质量和园区产出水平，着力打造一批升级版小微企业园。

第四章 构建产业兴旺、环境优美的乡村振兴体系

坚持农业农村优先发展，加快构建产业兴、乡村美、农民富的乡村振兴新景，努力成为乡村振兴先行区和农业农村现代化江南水乡样板。

第一节 高质量发展乡村产业

培育高效多元乡村产业体系。加大耕地和粮食功能区保护力度，增强粮食等重要农产品有效供给。提升现代种植业、绿色渔业和生态牧业发展水平，推进万亩园区、万亩红美人、万亩跑道鱼、万头湖羊、十万亩稻虾“五个万”工程。推动生猪增产保供。推广“星光农业模式”等模式，发展农产品精深加工、物流仓储、休闲农业、创意农业等现代乡村产业。培育农业农村生产性服务业，发展全程托管、代耕代种、联耕联种等服务模式。深入推进农村一二三产融合，加快生态高效农业和乡村旅游、农村电商、农产品加工等产业融合发展。积极发展数字农业、健康农业、循环农业，提升发展一批示范性农业全产业链。开拓多元化营销模式，打响“南浔知味”区域品牌。实施科技兴农战略，加快农业

向规模化、数字化、标准化升级。

高质量构建现代乡村经营体系。加快形成以专业化、规模化、集约化家庭经营为基础，产业化合作经营、联合经营为纽带，社会化服务为支撑的立体式复合型现代农业经营体系。深化“三位一体”农民合作经济组织体系建设，构建一批农业产业化联合体。培育壮大家庭农场、农民合作社、农业龙头企业、农创客等新型农业经营主体，鼓励浔味堂、东裕等骨干农业龙头企业上市。实施集体经济壮大倍增计划，持续发展壮大强村公司，到2025年，力争实现行政村年经营性收入 100 万元以上全覆盖。深入推进“两进两回”，提升科技、资金、青年以及乡贤对乡村经济发展的支撑力。

高质量打造乡村产业平台。高水平推进省级现代农业园区、国家级农业产业强镇、省级特色农业强镇，争创国家级农业高新技术产业示范区，合作共建长三角现代农业园区。依托湖笔小镇、丝绸小镇等特色小镇和特色村庄，打造乡村旅游特色产业发展平台。围绕新经济新业态培育，推进青农乡创、星创天地、众创田园等各类乡创基地建设。建设农创客综合服务平台，探索“共享村落”“共享农庄”等试点。加快建立现代农业国际创新合作中心，着力打造“红美人研究院”“中国湖羊基因库”“数字渔业大脑”等科技中心和农业高新技术产业示范区。

专栏 4-1 农业高新技术产业示范区建设工程

目标定位：农业科技集成孵化基地、都市创意农业高地、数字农业发展标杆。

整体布局：总面积 116.14 平方千米，涉及练市、双林、菱湖、和孚、旧馆、石淙 6 个镇域的 39 个行政村。采取一个一级科创中心+三个二级科创中心的模式，打造东果、西渔、南旅、北蔬四个片区。

建设重点：聚焦现代渔业示范区，重点推广生态套养、物联网智慧养鱼和跑道养鱼等模式，打造省级绿化渔业农业科技园区（部分）；聚焦精品果蔬示范区，发展精品果蔬设施化种植和数字化管理；聚焦农旅融合区，打造集精品农业、美丽乡村、产村融合于一体的特色农旅小镇；聚焦生态循环示范区，发展以红美人为主的精品果蔬园和农旅融合的家庭农场。建设科研平台，与浙江大学、海洋学院、省淡水所等科研院校合作，引入高水平专家团队。

第二节　推进新时代美丽乡村升级蝶变

建设乡村未来人居。持续深化“千万工程”，实施农村垃圾、厕所和污水“三大革命”，提升乡村人居环境。积极推进“浙派民居”示范建设，深化万套农墅贴心工程，力争建设 5 万套农村别墅，努力打造富有韵味、千姿百态的江南民居。立足村庄自身资源和特色产业，高标准改造传统自然村落。推进未来社区乡村版建设，聚焦人本化、田园化、数字化、科技化、融合化导向，结合万套农墅贴心工程，探索建设未来建筑、未来低碳、未来服务等未来场景，打造产村一体的新型乡村人居单元。

高标准开展新时代美丽乡村创建。实施美丽乡村创建扩面提质增效和“十线十景十小镇”建设，实现 A 级景区村庄创建全覆盖，建成彰显水乡平原特色的新时代美丽乡村典范。充分挖掘古村、农耕文化、生态资源等特有资源优势，全力打造生态水韵古村、花开四季乐园、农业创新高地、瓜果飘香田园、笔都蚕乡圣地等新时代美丽乡村样板片区。创新“美丽乡村+”多业态美丽经济发展模式，加快建设“荻溪渔隐”“沈氏故里”“烟雨江南”等美丽乡村夜经济带，促进产村融合发展。

提档升级农村基础设施。加快创建“四好农村路”全国示范县。加快“1+9”区镇快递园区建设，推进乡镇快递网点园区化集中管理。升级改造农田水利设施，提升农田灌溉水利用效率和效益。加快乡村电气化建设和农村线网改造，率先建成一批乡村电气化示范村。推广天然气、太阳能等清洁能源，推动天然气配气管网向乡镇、城郊村、中心村延伸。完善农村信息基础设施，加快 5G 网络向农村延伸，基本实现乡镇全覆盖。加快建立数字化乡村治理平台。实施农业数字经济“1 号工程”，建立“南浔区农业农村资源数字化一张图”“南浔区农业农村资源数字化三维 GIS 大数据管理平台”和数字化乡村治理平台，打造“现代农业数字大脑”。

第三节　深化城乡融合改革

健全农业转移人口市民化机制。协同推进户籍制度改革，引导农业转移人口在南浔城区和重点乡镇地区落户。深化“人钱挂钩”“人地挂钩”等机制，加大农业转移人口市民化奖励资金支持力度，加大新增建设用地计划指标与吸纳落户数量挂钩力度，促进农民就近就地市民化。加强农业转移人口技能和文化培训，完善政府购买就业培训服务制度，提高农业转移人口素质和融入城镇能力。

深化农村产权制度改革。深化农村集体产权制度改革，加快完成集体经济组织成员确认、股权权能活化、村（集体）经济发展和“三资”管理等试点示范。深化土地产权制度改革，健全农村承包地“三权分置”制度，开展家庭承包地经营权入股发展农业产业化经营。探索建立农村集体经营性建设用地入市制度，落实农民集体的市场主体资格。完善农村宅基地退出政策，推进以荻港村为试点的“闲置农房激活行动”，盘活利用农村闲置宅基地和闲置住宅。推进农村土地征收制度改革，提高土地出让金收入用于农业农村比例。完善农业经营性项目“标准地”改革制度。完善农村产权流转交易市场体系和交易规则，建立农村产权评估、价格发现机制，重点推进镇（开发区）一级农村产权交易平台建设。

完善城乡基本公共服务均等化发展体制机制。完善城乡教育、健康医疗服务体系，加快发展城乡教育联合体和县域医共体，完善教师、医生流动机制，推动城乡教师、医生双向流动。完善城乡统一的社会保障制度，推进多层次医疗保障体系建设。推动城乡养老服务事业全面发展，加强农村养老服务设施改造升级，推动农村康养联合体建设，完善城乡一体的养老服务综合监管体系。

第五章　优化现代品质、均衡共享的公共服务体系

把满足人民日益增长的美好生活需要作为发展的出发点和落脚点，提升基本公共服务水平，完善城乡一体化均衡、覆盖全生命周期的高品质民生服务体系，让人民群众获得感更有成色、幸福感更可持续、安全感更有保障。

第一节　提升教育现代化水平

高质量普及15年基础教育。加快推进薄弱幼儿园提质改造，深化“浔童体韵”学前教育品牌打造，构建覆盖城乡、布局合理、质量保证的学前教育公共服务体系。创建全国义务教育优质均衡发展区，优化乡村教育设施布局，扩大中心城区学校承载规模，支持和规范民办教育发展，切实解决中心城区优质教育资源供需矛盾。探索实施“集团化办学”，打造4个高水平教育集团。实施南浔高中振兴工程，推进新南浔高中建设，谋划与上海复旦中学、镇海中学等合作办学模式，争创省级高品质示范高中。到2025年培育城市优质学校和“美丽校园”占比达90%。

推进地方应用型教育建设。深化产教融合，积极谋划引进长三角地区高端教育资源，建立与南浔产业发展相匹配的高等教育和职业教育体系。加快建设浙江水利水电学院南浔校区、浙江同济科技职业学院南浔校区，优化学科设置，加强地校全面战略合作。完善终身学习体系，建设学习型社会。持续优化成人教育、继续教育体系，新建南浔镇成校，提升成校办学硬件，打造现代化学校和优秀培训品牌。拓展互联网教育平台，大力发展老年教育。

完善现代化教育支撑体系。健全学校家庭社会协同育人机制，促进学生德智体美劳全面发展。推进组建城乡教育共同体，建立城乡一体、均衡发展的义务教育发展机制，促进教育公平。完善教师培养体系，全面实施基础教育“十百千”人才引育工程，深化教师管理制度改革，加强师德师风建设。支持和规范民办教育发展。稳妥推进考试招生制度改革，强化素质教育和人才多元化培养。办好特殊教育，实现特殊教育卫星班全覆盖。

第二节　建设高水平健康南浔

完善公共卫生应急体系建设。重点改革完善疾病预防控制体系，强化农村、社区等基层防控能力建设。完善公共卫生应急队伍建设，加大公共卫生应急物资储备，建立区级公共卫生应急物资储备库，提高应对突发重大公共卫生事件的能力水平。优化公共卫生资源投入结构，推动公共卫生服务与医疗服务高效协同、健全防治结合、联防联控、群防群治工作机制。推进全民救护知识普及，构建公共场所应急救护体系。

建设“医学高峰行动”南浔样板。深化医共体改革，支持南浔区人民医院创建三级乙等综合医院、菱湖人民医院创建二级甲等综合医院，引领全区医疗服务水平再上新台阶。深化与省人民医院医联体、上海华山医院等名院合作，遴选和培育一批区域医学重点学科和特色专科，切实提高临床疑难重症诊疗水平。加快推进浔桐医疗、急救一体化，切实提高区域医疗中心的地域辐射力和影响力。大力推广中医技术，持续提高基层中医药服务能力。细化家庭医生签约包，形成“1+N”个性化签约服务。开展“互联网+智慧医疗”创建行动，建成“云药房”“云医院”“云监管”“云公卫”等“四朵云”。

大力推进医疗体制改革。优化医疗卫生资源投入结构，持续加强全科医生培养、分级诊疗等制度建设，推动公共卫生服务与医疗服务高效协同，健全防治结合、联防联控、群防群治工作机制。持续深化医疗卫生服务领域“最多跑一次”改革，实现全域问诊诊疗、线上线下服务拓展。持续深化综合医改，推动“三医联动”“六医统筹”集成改革，加强药价保联动改革，完善现代医院绩效考核评价体系，创新人事薪酬制度，构建全行业综合监管机制。

全力争创全国健康促进区。全面实施“健康南浔 2030”行动纲要和健康村镇行动。全面补齐城市社区和农村基层公共体育设施短板，加快建设社区类、农村类百姓健身房，巩固完善城市“10 分钟健身圈”和农村“15 分钟健身圈”。加强学校体育工作，确保学生每天校内一小时体育锻炼时间。深入开展群众性体育活动，加大对练市船拳、和孚划菱桶等特色体育活动项目教学传承，加大健康生活理念和健身知识普及。谋划建设南浔体校。积极承办全国射箭赛、国际桨板赛等重大体育赛事，办好全民运动会、农民运动会等赛事。

第三节　推进高质量就业增收

促进高质量就业创业。加强技能人才公共实训基地建设，推行新型学徒制，全面开展以工代训补贴发放工作。适应新产品新业态发展要求，加快提升新职业工作人员技能水平。促进高校毕业生、进城务工人员、退役军人、残疾人等重点群体充分就业，抓好零就业家庭动态清零。支持创业带动就业，加强大学生创业团队引育、返乡入乡创业、农村电商人培育，加大资金支持、场地提供、创业指导帮扶，优化创业环境。

加强全方位公共就业服务。健全覆盖城乡、服务均等的公共就业服务体系，优化全链条创业扶持政策，提高投资和产业带动就业水平。深入推进就业创业政策落地“最多跑一次”工作，为各类群体提供优质高效的公共就业服务。强化创业全程服务，对有创业意愿的劳动者，提供创业培训、开业指导、融资服务、政策落实等服务。加强对城镇各类就业困难人员的就业培训、托底安置就业和帮扶。

构建新型和谐劳动关系。全面落实劳动合同制度，建立健全企业劳动用工评价机制。规范新业态从业人员用工保障制度，落实优化新业态劳动用工服务政策措施，稳定新业态劳动用工，促进小微企业用工更加规范。深化“无欠薪”县区创建，提升欠薪治理能力。完善劳动人事争议调解仲裁体制机制，强化基层劳动争议预防调解工作，深入推进乡镇（街道）劳动纠纷多元化解机制建设。提升调解仲裁效能，加大劳动人事争议案件处理工作力度，推进仲裁办案规范化和“互联网+调解仲裁”建设，强化与法院裁审衔接。强化劳动监察执法工作，加强“互联网+监管”“互联网+执法”的监管方式和执法形式。

促进城乡居民收入持续增长。统筹扩大中等收入群体和增加低收入群体收入，完善企业工资集体协商制度，健全企业职工工资正常增长机制，落实和完善按要素分配政策制度，多渠道增加居民财产性收入。实施低收入群体同步基本实现现代化行动，引导增加一线劳动者报酬，提高劳动报酬在初次分配中的比重。推动实施技能人才、新型职业农民、科研人员等重点群体增收激励计划。落实强农惠农富农政策力度，实施“千场万户”农民致富行动，促进农民持续增收，力争农村居民收入增幅持续高于城镇居民收入增幅和地区生产总值增幅，持续缩小城乡收入差距，高水平建设社会主义现代化共同富裕示范样本。

专栏 5-1　“千场万户”农民致富行动

出台实施《南浔区“千场万户”农民致富三年行动方案》，以开展家庭农场示范创建为抓手，加快培育统一标准、统一规范的家庭农场，并探索“国有或集体投资+群众拎包入驻创业”的扶助模式，计划到“十四五”期末，全区家庭农场数量达到 1000 家，带动 2 万户农户增收，户均收入达 30 万元以上。

第四节　健全社会保障体系

完善多层次社会保障体系。健全社会保障制度，研究制定适应新就业形势的参保缴费政策，引导各类群体参加社会保险，基本实现法定人员社会保障全覆盖。建立城乡居民基本养老保险待遇确定和基础养老金正常调整机制。完善基本医疗保险政策，健全重大疾病医疗保险和救助制度，加快发展商业健康保险等补充保险。落实财政补助资金，拓展基金筹措渠道，做大社保风险准备金，提高基金保障额能力。健全工伤保险“补偿、预防、康复”三位一体制度体系，推动将工伤预防纳入安全生产工作，加快工伤预防常态化体系建设。强化数字社会保障建设和社会保险基金监管。

推进大救助体系建设。深化困难群众帮扶工程，实现困难群众帮扶全覆盖，持续打响幸福南浔“金名片”。加快完善“六无六有”综合救助体系，实施四类公益爱心群体培育工程，引导社会福利、慈善事业、社会救助政策有机衔接。健全主动发现、精准识贫、长效帮扶机制。完善“云守护”平台建设，创新“幸福码”线上服务，打造集成式大救助服务中心，确保低收入群众数据动态、精准、有效。创新社会救助服务模式，加强支出型贫困救助，完善最低生活保障制度。加大基本民生保障和兜底力度，完善老、幼、残、困四类民政兜底对象救助保障政策。加强对易返贫致贫人口的监测预警和跟踪管理。

专栏 5-2　四类公益爱心群体培育工程

百家慈善企业培育行动。持续激发企业承担社会公益事业的责任感，计划到“十四五”末期，冠名 500 万元以上企业达到 100 家，年捐款 20 万元以上企业达到 100 家。

千家公益主体培育行动。激活基层公益服务神经末梢，招募培育 1000 家爱心商户、100 家社会组织，面向需要救助、帮扶人群，开展与老百姓生活息息相关的定点、定期、定项公益服务，有效扩大覆盖面。

万名志愿者培育行动。充分运用新时代文明实践云平台、志愿服务项目大赛等载体，围绕技术培训、项目服务、扶弱助残等重点，对 4 万名志愿者分类建档，分批组织开展志愿帮扶行动，增强服务的针对性和有效性。

十万爱心天使培育行动。谋划创建“10 万爱心天使团”慈善群体，引导 10 万人每人每天捐助 1 元，认捐 5 年，不断营造救危济困、乐善好施的社会风貌。

完善住房保障体系。坚持房住不炒，规范房地产市场秩序。完善新建商品住房市场、二手住房市场、住房租赁市场体系。稳步扩大公租房保障范围，注重解决公共服务行业一线职工住房问题。积极探索政策性租赁住房供应体系和运行机制，鼓励房地产开发企业和其他机构参与政策性租赁住房的建设和管理。大力推进城镇老旧小区改造，切实改善居民生活环境和居住条件。

第五节　推动重点群体共享发展

建设老年友好型社会。落实应对人口老龄化国家战略，持续提升老年人生活品质和生命质量。落实渐进式延迟法定退休年龄政策。积极开发老龄人力资源，发展银发经济。建立健全长期照护保障体系，探索开展长期护理险，着力解决失能失智老人护理难题。以南浔镇创建国家智慧健康养老示范镇为契机，建设一批“智慧养老院”“智慧居家照料中心”“智慧老年食堂”，塑造“幸福夕阳红”品牌。实施敬老院改造提升计划。加快水晶晶颐养中心、和孚镇卫生院全市首个医养结合人才培养基地等项目建设，逐步实现医养康养结合全域覆盖。探索“未来社区”智慧医养新模式。

培育新时代青年。加强青年思想引领，深入推进“青年大学习”等主题教育，实施青年马克思主义者培养工程。推进开展创业转型培训、创新创业论坛、导师帮带培训、政府挂职锻炼等，吸引集聚一批高素质人才、年轻型人力资源。保障青年健康发展与权益保障，持续提升青年身心健康水平。引导青年广泛参与社会活动，为建设“水晶晶南浔”“幸福南浔”城市品牌贡献智慧力量。

强化妇女儿童保障。健全以乡村、城市社区卫生服务机构为基础，妇幼保健专业机构为核心，综合医疗机构为技术支撑的妇幼健康服务网络。规范化建设基层医疗机构妇产科、儿科和妇幼保健门诊，产科床位数增加到 100 张。加大婚检、孕检、产前筛查和新生儿筛查力度，促进生育健康和优生优育工作。加快建立多样化、多层次、覆盖城乡的 3 岁以下婴幼儿照护服务体系。支持举办非营利性婴幼儿照护服务机构。健全普惠的儿童福利制度，完善未成年人保护响应机制。促进妇女全面发展，提高妇女的社会参与能力和生命健康质量。充分发挥监察机关法律监督职能作用，全方位保障妇女儿童合法权益。

完善退役军人管理。健全退役军人褒扬优抚服务体系，完善退役军人转业就业机制，强化退役军人编制保障。推进“新时代枫桥式退役军人服务站”创建，拓宽退役军人沟通渠道，完善信访事项交办专办督办机制。完善就业创业支持、权益维护等规范化服务，创新权益维护办法。加强主题教育宣传及思想政治教育引导，开展重要节日、纪念日活动，鼓励社会团体和企业开展致敬英雄烈士活动。

健全残疾人服务体系。统筹推进残疾人福利保障，落实残疾人各项福利政策，充分保障残疾人基本生活。开展乡镇（街道）精准康复活动，完善残疾人就业促进制度，加强残疾人职业技能培训。系统推进全链条无障碍环境建设，加强残疾人康复托养服务设施建设，加快推进政务信息无障碍建设，规范提升“残疾人之家”建设水平。加快培育公益助残组织，深化社会志愿助残服务。

第六章　塑造魅力十足、传播久远的人文生态体系

以创建国家生态文明建设示范区为契机，推动绿水青山就是金山银山理念深化实践，推动生产生活方式绿色化转型，建设人文生态南浔，不断擦亮“水晶晶南浔”城市品牌。

第一节　弘扬南浔人文精神

推进新时代文明实践。落实铸魂工程、溯源工程、爱心工程，以“浔先讲”青年宣讲团为引领，持续深化习近平新时代中国特色社会主义思想在南浔的生动实践。深化全国文明城市创建成果，推进全国文明村镇建设。推进新时代文明实践中心、区级融媒体中心建设。深化文明好习惯养成工程，不断提升市民文明素养和社会文明程度。实施公民思想道德建设工程，全面打响“新时代南浔好人”品牌。深化“最美家风诚信年”建设，大力弘扬诚信文化。健全“浔愿”家园志愿服务体系，广泛开展“幸福十有”志愿服务活动。

传承弘扬南浔优秀传统文化。加强南浔古镇大运河文化保护传承与活化利用，强化頔塘故道、桑基鱼塘等世界文化遗产及历史文化街区、建筑等文物安全保护，推进嘉业堂藏书楼及小莲庄、张氏旧宅建筑群等重点文物保护修复与“微改造”更新。推动辑里湖丝传统制作技艺、湖笔制作技艺等非物质文化遗产传承发展。推进大运河国家文化公园建设，打造一批彰显运河文化、水乡文化等南浔地域文化特色的文化遗产之窗。推进菱湖“千年古城”复兴计划、“拯救老屋”行动。

加强公共文化服务供给。创新实施文化惠民工程，加快构建城乡一体的现代公共文化设施网络。大力推进标志性重大文化设施建设，加强文化场馆建设，重点打造南浔文博中心、南浔图书馆、南浔博物馆等新时代文化地标。深化基本公共文化服务标准化建设，促进城乡社区公共文化服务资源整合和互联互通。全面倡导全民阅读，建设“书香南浔”，推进城市书房共建、共管、共享，打造城市文化驿站。推进“云学艺”文化公益培训等公共文化服务形式创新，促进精品文化惠及群众。深入推进农村文化礼堂基层文化阵地建设，完善文化活动室、农家书屋等基层公共服务设施功能。

第二节　打造文化产业发展新高地

培育文化多元业态。以赋能制造业高质量转型升级和美好生活为着力点，重点培育创意设计、影视演艺、文化旅游、数字文化等领域，积极培育现代传媒、网络动漫、新文娱等新兴业态。加快发展水晶晶文化创意产业园、琉璃庄园文化创意园区、湖笔文化产业园等一批文创载体，壮大文化创意产业。提升南浔古镇文化影视制作基地综合能级，促进影视产业全产业链发展。加快丝绸、湖笔等历史经典产业向时尚化、个性化升级。发展一批具有“南浔风味”和“南浔韵味”的老字号。拓展与上海、苏州文化资源共享、产业协作，打造文化产业开放发展的高地。

打造文旅融合样板。大力实施“文化+”“旅游+”行动，推动文化和旅游融合发展，全力争创国家级旅游度假区（国家级文旅融合示范区）。深度挖掘古镇、历史、民俗、农耕、非遗等资源的文化和旅游价值，创新节庆游、研学游、时尚游、美食游等文旅融合多元业态。加快大运河诗路文化带建设，构筑古镇旅游度假区、两条水陆景观带、三大乡村旅游板块以及多个精品示范点协调发展的文旅融合新格局。提升“南浔水乡之旅”“诗路走运之旅”等特色线路。实施文旅融合 IP 工程，培育提升一批文旅融合 IP。高水平办好中国湖州国际湖笔文化节、南浔文化艺术节、南浔古镇文化旅游节等活动。

专栏 6-1 “1+2+3+N”文旅融合发展格局

构建以“一个旅游度假区、两条水陆景观带、三大乡村游板块、多个精品示范点”的“1+2+3+N”南浔文旅融合发展空间布局。

1 个旅游度假区。即南浔古镇旅游度假区。按照“两核一廊四区”的空间结构和古镇“南雅北闲中闹”的功能分区，环通古镇水系，修缮历史建筑，完善旅游配套，培育创建国家级旅游度假区。

2 条水陆景观带。建设全域覆盖的水上旅游景观带和通景公路景观带。通过水路、陆路旅游交通串联旅游景点，盘活全域旅游要素资源，延长游客逗留时间。

3 大乡村游板块。重点打造“荻港水乡、善琏笔都、花海湿地”乡村旅游三大板块。荻港水乡：依托荻港景区、桑基鱼塘、荻港渔庄等资源，打造环和孚漾乡村旅游度假板块；善琏笔都：依托湖笔小镇、含山景区、京杭运河等资源，打造产学研一体的国学禅修教育基地和康养度假旅游胜地；花海湿地：依托石淙花海和千金湿地、福荫童心小镇等资源，打造美丽乡村升级版和乡村振兴样板地。

N 个精品示范点。重点对荻港、石淙、息塘、民当、荃步、商墓、向阳、七星桥、港胡-新兴港、新荻、竹墩、后坝等 12 个美丽乡村小镇进行节庆、民宿、美食、商品等全产业链提档升级，打造乡村旅游金名片。

加强城市品牌塑造和传播。聚焦城市整体营销，不断擦亮“水晶晶南浔”城市品牌。加强整体设计，构建内涵丰富、层次分明的城市品牌矩阵，打造具有国际视野、中国气派、南浔特色的理念识别、视觉识别、行为识别体系。优化提升城市品牌传播体系，运用网媒、网综等新形式，加大内容生产创新，高标准打造“水晶晶女团”，助力南浔文化和城市品牌推广。推进互联网口碑营销，培育网红打卡点，举办具有网红特质的文旅活动，打造网红旅游城市，提升城市辨识度、美誉度。

第三节 持续改善生态环境质量

创建省级清新空气示范区。全面推进工业企业废气污染治理，完善“一厂一策一档”制度，加大烟气超标处罚力度。建立动态工业挥发性有机物（VOCs）排放清单，加强源头削减、过程控制和末端治理的全过程防治，实现细颗粒物和臭氧“双控双减双达标”。提高工业挥发性有机物排放重点行业环保准入门槛，控制新增污染物排放量。开展臭气异味源排查工作，组织实施工业臭气异味治理。高标准完成天然气锅炉低氮燃烧改造和高污染燃料设施淘汰工作。完善大气复合污染立体监测网络。严格施工扬尘监管，深化餐饮油烟控制，加强秸秆综合利用。到 2025 年，空气优良率达到 90%以上，$PM_{2.5}$年均浓度优于国家二级标准。

纵深推进“百漾千河”水域综合整治。创新实施河湖长制，深化“五水共治”碧水行动。推进嘉业河、草荡漾、金象湖等水系河道疏浚工程，增强平原地区水体流动，提高水体自净能力和水环境承载力。高标准建设“污水零直排区”，加快推进污水处理设施和配套管网全覆盖，改扩建一批污水处理厂，建立完善长效运维管理机制。加强农村生活污水的监督性检测运维，提高出水水质达标率。全域推进水产养殖尾水治理。“十四五”期间，达到或好于Ⅲ类水体占地表水比例稳定在 100%。

全域开展净土清废行动。实施全域土地综合整治与生态修复工程。建立土壤环境源头预防、过程阻断、治理修复全过程风险管控体系，推进重点污染地块风险管控和修复。开展农用地土壤超标点位“对账销号”行动，加快实施受污染耕地安全利用和严格管控。加强农业面源污染治理，落实畜禽养殖禁养区限养区划分管理，全面推广应用肥药减量增效技术与模式，深化农药废弃包装物回收处置。推行城乡生活垃圾强制分类，抓好产废源头减量，生活垃圾总量实现“零增长”，补齐一般工业固废和危险废物利用处置能力缺口，建设全域“无废城市”。到 2025 年，受污染耕地安全利用率、污染地块安全利用率均达到 95%以上。

专栏 6-2 全域“无废城市”创建工程

加强固体废物重点行业整治提升，鼓励企业开展综合利用处置，从源头减少固体废物产生量。加强危险废物、一般工业固体废物、生活垃圾、建筑垃圾、农业废弃物等处置设施的规划建设，加快补齐固体废物处置能力缺口。运用互联网、大数据技术，建立覆盖固体废物产生、运输、处置全过程的信息化监控平台。到 2025 年，完成全域“无废城市”建设。

系统推进生态保护修复。统筹推进山水林田湖草系统综合治理，加强自然生态保护和生态修复。开展国家森林城市和森林乡村建设，推动城乡绿化一体化。以大运河、水乡河网、湖泊漾荡等水域为脉络，加强绿道网建设，打造绿道“网红”景点。提升南林公园、頔塘南岸滨水公园、南浔水晶晶公园等景观水平，完善游憩、观光亲水滨水绿化和配套设施。推进农业景观设计，打造规模化、集中连片的田园景观，提升发展石淙花海、息塘采菊东篱等美丽田园。加强千金、菱湖等省级湿地公园保护修复，维护湿地生物多样性和生态平衡。推进水环境生物修复保护，提高水生生物多样性，开展水生生物增殖放流。

第四节　推行绿色低碳循环的生产生活方式

推进生产方式绿色转型。推行绿色制造，开展企业绿色制造诊断，创建一批国家绿色工厂和绿色供应链企业。深化南浔经济开发区循环化改造，推进其他各类园区绿色低碳循环化升级，争创国家级绿色园区。加快推进企业清洁生产，实施生产过程清洁化和高效低碳化改造，鼓励企业采用先进适用清洁生产工艺技术，从源头削减污染物。建设废旧品回收和再利用体系，强化产品全生命周期绿色管理，推行绿色设计及绿色产品认证。实施农业绿色发展行动，创建省级精品绿色农产品基地，推进标准化生产及绿色生产，实现质量兴农、绿色兴农。

推进资源能源集约利用。加快低效产业用地治理，全面整治低、散、乱、脏、差问题企业（作坊），加快淘汰“僵尸企业”，推动专业市场、散小码头等粗放空间集聚化提升，全领域推行亩产效益综合评价制度。加强重点项目用能管理，实施能耗限额标准，严格落实能源消费总量和强度“双控”，深化“区域能评”改革，开展企业产品能效“领跑者”活动，提高能源利用效率。实施节水行动，强化用水全过程管理，推进农业节水增效、工业节水减排、生活节水降损，建设节水型社会。

推进生活方式绿色转型。健全绿色交通体系，优化城镇公共交通和慢行交通系统，推广使用新能源和清洁能源汽车。推广绿色建筑，完善绿色建筑全生命周期制度体系，推进绿色建筑和绿色金融协同发展。倡导绿色消费，推广绿色产品认证制度，出台快递业等新业态环境规范标准，完善居民用电、用水、用气阶梯价格政策，提高全社会节约意识。推进全民参与绿色行动，开展节约型机关、绿色企业、绿色家庭、绿色学校、绿色社区等绿色细胞创建活动。构建生态文明建设宣教体系，全渠道全社会宣传普及生态文明价值观。

推进生态产品价值实现。开发利用好南浔水域的独特资源，提高水资源转化“含金量”，深化内河水运、滨水旅游、智慧水产，形成绿水青山就是金山银山平原水乡转化典范。依托江蒋漾、沈庄漾、褚家漾等优美水生态环境，布局建设一批生态化、科技型、开放式的“众创苗圃”，催生生态创新经济。探索开展“两山银行”建设，推广生态系统生产总值（GEP）核算，拓展自然资源资产化实现途径。

第七章　健全开放合作、深化改革的发展动力体系

深入实施融沪接苏联杭高质量发展系统工程，充分利用国内国际两个市场、两种资源，发展更高水平开放型经济，健全适应高质量发展的市场经济体制机制，打造一流营商环境，争当融入长三角一体化发展先行军，努力在新发展格局中成为特色节点。

第一节　打造“双循环”特色节点

推动现代供应链体系建设。完善产品质量标准体系，引导企业加强质量管理，塑造一批具有核心竞争力的南浔品牌，争创市区政府质量奖，建设质量强区。主动参与全球产业链重构，抢抓光电产业向国内布局的大机遇，加快打造千亿级光电产业集群。主动融入国内大循环，积极畅通市场要素、资源要素、技术要素、人才要素、产业要素、资本要素循环。引导装备制造业融入区域产业链、供应链，实现整机和关键零部件本地化生产，周边区域配套服务的协作模式。立足超大规模内需市场，引导智能电梯、高端电机、绿色家居等特色优势产业紧密关注内需体系和市场消费导向，提升供给体系对国内需求的适配性，形成需求牵引供给、供给创造需求的更高水平动态平衡。优化内外联动，鼓励优势企业在全球布局供应链体系。实施内外销产品“同线同标同质”工程，拓展国内有效市场。推进建设南浔综合物流园区，发展多式联运，建成区域性物流枢纽，构建现代流通体系。

有效促进消费扩容升级。实施万家商贸繁荣倍增计划，加快培育各类市场主体。优化社区商业布局，建设“5 分钟便利店+10 分钟农贸市场+15 分钟超市”便民生活服务圈。培育壮大消费新业态新模式，发展数字生活新服务，打造一批智慧街区和智

慧商圈，促进线上消费平台健康发展，建成数字生活示范区。积极拓展农村消费市场，推动“工业品下乡”和“农产品进城”双向流通，布局发展冷链物流，提升生鲜农产品供给品质。举办湖笔文化节、湖羊文化节、渔文化节、金秋购物节等特色节庆和展销活动。大力发展夜间经济，扩大节假日消费，优化消费场景。实施放心消费行动，加强市场秩序监管，完善消费权益维护体系，打造“放心消费在南浔”品牌。

专栏 7-1　万家商贸繁荣倍增计划

加快建设吾悦广场、太阳酒店、大象酒店等重点商贸项目，加快发展南浔古镇高品质步行街、頔塘未来社区商业中心等商业集聚区，不断夯实商贸设施、商贸业态基础。加速数字生活新服务发展，全力引导商贸业态转型升级，通过线上线下结合、跨界多元融合、创新经营模式等方式助力商贸繁荣。通过五年努力，培育各类市场主体超 10 万户，在 2020 年基础上翻一番。

扩大有效投资增长空间。实施新一轮扩大有效投资行动，优化投资结构，加大在“两新一重”建设上的投入，着重补齐市政工程、农业农村、生态环保、公共卫生、民生保障等领域短板。推动企业设备更新和技术改造，扩大战略性新兴产业投资。大力推进项目“双进双产”，推行产业链精准招商。完善省市县长项目等重点项目工程推进机制，持续召开每月重大项目推进例会和乡镇党委书记例会，深化实施开发区、各镇项目专场会制度，落实“一个项目、一个领导、一个专班、一事一协调、一月一推进”的“五个一”工作机制，健全项目全生命周期管理机制，提升项目落地率、达产率。发挥政府投资撬动作用，激发民间投资活力，形成市场主导的投资内生增长机制。

第二节　争当融入长三角一体化发展先行军

实施融沪接苏首位战略。全方位融入上海大都市圈，建设沪苏湖绿色智造廊道，紧盯上海电气设备、机电设备、数字经济等高端装备制造产业转移，建设长三角绿色智造联动发展南浔合作园。参与 G60 科创走廊建设，对接上海张江、松江临港科技城等创新策源地，推动南浔（上海）科创中心、南浔青浦绿地中心等人才科创“飞地”扩容提质，大力引进“名院名所名校”、高层次人才来浔设立科研院所，打通政产学研转化通道，打造上海科创成果转化基地。对接上海自贸区临港新片区、虹桥商务区、进口博览会，创建自贸区协作区。开发城南“田野牧歌”式高端康养综合体，吸引上海高端康养群体和优质教育医疗资源，成为上海后花园。提升南浔绿色农产品品牌，打造上海优质农产品供应基地。

联动杭州都市区一体化发展。对接融入省大湾区、大都市区战略，重点加强与杭州、嘉兴的一体化发展，加快推进苏台高速、湖杭高速等重点交通项目建设，谋划城际铁路线，构筑同城化交通网。加强数字经济、智能制造、文旅休闲等领域的产业协作和创新协同，加强光电信息产业与杭州数字经济的链式合作，助力提升首位产业能级，共推大运河文化带保护开发。推进公共服务同城化共建共享，鼓励跨区域医联体建设，柔性引进在杭医师资源，进一步加大杭州优质中小学教育和高等教育资源的引进力度。示范推进嘉湖一体化，实施“五个一”标志性工程，高水平建设练市—乌镇嘉湖一体化先行区。

专栏 7-2　嘉湖一体化先行区

发展定位。长三角区域展现中国特色社会主义制度优越性的重要窗口、江南平原水乡践行“两山”转化的样板地、国家城乡融合发展的试验示范地。

发展导向。以数字经济为主攻方向，着力加强文旅深度合作，统筹基础配套多网融合，谋划嘉湖城际铁路和南北向综合交通廊道，推进多领域一体化创新合作，打造以两个地级市的湖羊特色优势产业为主导的国家优势特色产业集群，为长三角一体化发展、省内一体化合作探索可复制可推广的实践经验。

预期目标。建设好“嘉湖光谷”，园区产值规模破百亿、创税近 10 亿元，吸纳 3 家以上产业细分龙头企业及 20 余家产业上下游配套企业集聚园区发展，努力打造成为全区高质量发展的主阵地、主引擎。

紧密对接苏南地区。发挥与苏南地区的毗邻优势，重点加强产业协作、设施衔接、环境共保、服务共享等领域的一体化合作。主动对接沪苏湖绿色智造廊道沿线的汾湖高新区、吴江高新区，探索项目共引、服务共融、利益共享模式，深化外资引进、装备制造、光电信息等领域的项目和人才合作。先行复制推广长三角生态绿色一体化示范区创新制度，建设紧密型联动发展区。深化江南古镇游、运河文化游、乡村生态游合作，共塑旅游品牌，共拓旅游市场，共推江南水乡古镇联合申遗，共建环太湖生态文化旅游圈。打通省际断头路、瓶颈路。推行政务服务“异地通办”、社会保险互联互通互认，便利人员往来和资源要素流通。

深化与其他地区的合作。主动融入长江经济带建设，加强与上海港、宁波舟山港的紧密衔接，建设港口集疏运体系，打造集装箱水陆联运中转中心。全面对接省“四大建设”战略，发挥省际区位和特色产业优势，提高区域影响力和辨识度。积极组织或参加省内外各类展会、论坛，定期赴省内外开展宣传推介、人才招引、项目招商。加强与港澳台地区交流合作，引进港澳台资企业来浔投资兴业，鼓励符合条件的本土企业到香港上市融资。继续做好对口支援和帮扶工作，携手对口支援和帮扶地区迈向现代化。

第三节　建设更高水平开放型经济

建设高质量外资集聚地。落实外商投资准入负面清单管理制度，营造公平竞争市场环境。依托产业园区、特色小镇、小微企业园等承载平台和驻外招商局，招引欧美、日韩高质量外资和港资台资企业，吸引产业链关键环节、薄弱环节的外资项目落户。创新利用外资方式，鼓励境外投资者以并购、融资租赁、境内股权出资等方式投资，推动外资利用从以资金为主向以创新、管理和人才为主转变。支持南浔企业在海外证券市场上市融资，多渠道利用外资。“十四五”期间，力争累计实际利用外资 10 亿美元，引进世界 500 强投资企业 3 家。

建设浙北新型贸易中心。深入参与“一带一路”建设，培育一批具有较高知名度和影响力的自主品牌展会平台，办好出口网上交易会，开拓新兴外贸市场，开启“买卖全球”贸易格局，建设省级进口贸易促进创新示范区。优化贸易产品结构，提升高附加值产品出口比重，培育出口自主品牌，争创中国（浙江）自贸区联动创新区。提升发展数字贸易，推进国家跨境电商综合试验区试点建设，高水平建设南浔跨境电商产业（孵化）园、浙北绿色家居电商孵化园等平台，建设公用型海外仓，嵌入全球贸易体系核心。深化“跨境电商+产业集群”模式，布局建设“N 园区+N 个电创园（楼）”培育争创市场采购贸易试点。提质服务贸易，发展制造研发、工业设计、涉外旅游等特色服务贸易产业，加快文化旅游“走出去”。提升建设国贸云商等省级外贸综合服务平台，提供孵化培育、创业融资等综合性外贸服务。完善“出口订单+清单”系统，加强监测预警和风险应对。

加快“走出去”步伐。支持本土企业跨国发展，鼓励赴“一带一路”沿线国家和地区投资，参与建设境外经贸合作区，设立生产基地、物流配送中心、品牌展销中心等，打造根植南浔、面向全球的产业链格局。鼓励企业通过并购国际品牌、技术、营销渠道等方式向全球产业链、创新链上下游拓展，推动产品、设备、技术、标准和服务一体化“走出去”，培育一批具有国际竞争力的本土跨国企业和国际品牌。支持有条件企业通过境外直接投资设立、参股收购各类科技研发机构。参与搭建省市境外投资服务平台，为“走出去”企业提供投资管理、政策解读、招商信息、风险解析，以及金融、财税、法律等“一站式”专业服务，维护企业海外投资利益。

第四节　激发市场发展活力

壮大升级各类市场主体。支持民营企业实施技术改造和核心技术攻关，鼓励开展产品和服务创新。加大民营企业融资支持力度，实施小微企业信贷“增氧”计划和金融服务“滴灌”工程，引导社会资本参与化解民营企业流动性风险，支持开展针对小微企业的融资担保和再担保业务。深入实施“雄鹰行动”，持续开展“金象金牛”“新象新牛”大企业培育，形成一批竞争优势明显、产业带动作用强的产业链领军企业。深化“雏鹰行动”，培育一批细分行业的“隐形冠军”“单打冠军”。深入实施“小升规”行动，加大小微企业精准帮扶力度，激发小微企业内生活力。落实法治化营商环境条例，营造亲清政商关系。分层分类深化国资国企改革，推进国企改革系列政策落实落地，优化国有经济布局结构和投资方式，持续做大做强做优国有资本和国有企业。

深化资源要素市场化配置改革。深化“亩均论英雄”改革，引导资源要素更多向优质企业、优势产业和优势区域集中。完善土地管理制度，深入实施“标准地+承诺制”改革，支持土地复合利用，创新工业用地供应方式，推动低效用地再开发，全面推进服务业“标准地”改革。加快培育技术和数据要素市场。提升建设资源要素交易综合平台，推动土地、排污权、用能、碳排放权等开展市场化交易。创新绿色金融产品，加大对绿色发展、美丽乡村建设、老旧小区改造等领域的金融服务。加强要素交易规范化监管，建立健全数据产权交易和行业自律机制。

完善市场经济基础性制度。健全归属清晰、权责明确、保护严格、流转顺畅的现代产权制度，依法平等保护各类产权，实现产权有效激励。全面落实市场准入负面清单制度，提升市场准入政策透明度和负面清单使用便捷度。完善公平竞争审查制度，改革生产许可制度。建立健全市场主体退出制度，完善企业破产重整制度，畅通退出渠道，降低退出成本。推动平台经济和互联网金融规范发展、创新发展、有序发展、健康发展，进一步营造公平竞争的市场环境。

第五节　打造一流营商环境

提升营商环境便利化水平。深入推进“放管服”改革，深化“一窗受理、集成服务”，更大范围内实行告知承诺机制，探索极简审批，实现政务服务事项无差别受理、同标准办理、全过程监控，形成“好差评”评价闭环。深入实施商事制度改革，加快“证照分离”全覆盖，提升企业开办、注销便利化程度。高起点推动政务服务 2.0 建设，持续深化“互联网+政务服务”，构建“云服务”智慧平台，全面推行个人、企业“一件事”全流程“最多跑一次”。参与实施长三角政务服务异地可办、一网通办。推动政务服务事项向乡镇、村（社区）、银行邮政代办点延伸，实现办事去中心化、镇域通办、就近能办。创新监管模式和执法方式，探索“互联网+监管”，实施包容审慎监管，支持新产业、新业态、新模式创新发展。

持续降低企业生产经营成本。严格落实降本减负政策，开展降低实体经济生产经营成本行动，有效降低企业生产经营成本。鼓励采取长期租赁、先租后让、租让结合等出让方式，降低企业用地和房租成本。开展工商企业参与省电力用户与发电企业直接交易试点，加强供热供气保障，降低企业综合用能成本。强化金融支持力度，充分发挥政府性融资担保作用，建立融资绿色通道，延展金融服务功能，引导企业开展直接融资，降低融资风险和成本。加强涉审中介市场管理，完善“中介超市”建设应用，规范涉企中介服务收费，有效降低企业制度性交易成本。优化政府服务业务流程，加强数字技术应用，降低政策遵从成本。

建设“信用南浔”。建设信用示范区，完善区信用信息平台和信用网站，加强公共信用信息归集，提升信用信息归集覆盖面。扩大“信易+”应用场景，推动在政务服务、公共服务、事中事后监管等场景嵌入应用，实现全方位征信、全数据入信、全社会用信。建立健全行业信用评价体系，逐步实施分级分类监管，推进市场信用评价发展，发展信用服务市场。推进信用联合奖惩，推动各行业各领域制定红黑名单认定标准，完善守信联合激励和失信联合惩戒机制。建立健全信用修复机制。积极参与长三角信用一体化建设。

第八章　建设多元参与、整体智治的现代治理体系

全面落实总体国家安全观，推动民主法治建设创新实践，努力建设经济稳中有进、人民安居乐业、社会安定有序的平安中国示范区，成为民主强、法治兴、风气正的示范样本。

第一节　建设更高水平的平安南浔

维护政治经济安全。严格落实国家安全责任制，建立健全国家安全风险研判和防范机制。加强国家安全教育，提升全民国家安全意识。完善国防动员体系，巩固军政军民团结。完善经济运行监测机制，强化经济风险识别预警和应对。加强政府投资项目审核，促进财政资金统筹使用。强化行政支出动态监管，完善财政内控制度建设。践行能源安全新战略，构建绿色能源保障体系。深化金融安全管理，推进融资平台转型，加强政府债务金融风险防范。深入开展企业精准服务，重点关注企业“两链”风险，增强银企对接，积极化解处置不良贷款和上市公司股权质押风险。提高金融法治化水平，加强金融监管队伍和人才体系建设。

保障人民群众生命安全。提升食品安全保障水平，推进“厨房革命”“食安校园”等建设，落实食品安全主体责任，提升预防、应对、控制重大食品安全事件的能力。推广企业安全生产“无隐患”管理模式，健全安全生产长效机制，严格安全生产责任追究。深化自然灾害风险隐患调查评估和监测预警，推进全民救护知识普及，加强现代人民防空建设，推广巨灾保险机制，打造防灾减灾救灾群防群治新格局。完善突发公共事件总体应急预案以及各类专项预案、部门预案，深化“1+X”责任体系。健全应急管理综合行政执法体系，推进消防安全监管执法规范化。完善区～乡镇应急管理委员会体系，推动区应急管理科技服务站建设，提升应急管理数字化水平，健全基层应急救援队伍能力和救援物资储备建设。

维护社会安全稳定。坚持和发展新时代“枫桥经验”，打造自治、法治、德治、智治“四治”融合的社会治理新样本。广泛开展“最美家风+”活动，以家风促乡风、企风、校风、政风建设。推广“社工+义工”服务模式，打造以社区为平台、社会组织为支撑、专业社工为主力的“三社联动”社区治理新常态。推广“未来社区”数字精益管理理念，进一步推进精密智治基层社会治理示范区建设。深化“雪亮工程”，加强智慧警务建设，完善“六控一体”的立体化信息化社会治安防控体系，加强对暴力恐怖、黑恶势力、新型犯罪等防范打击。

加强矛盾纠纷调处化解。深入开展矛盾纠纷、安全隐患“两个排查见底”行动，完善人民调解、行政调解、司法调解联动工作机制，持续打响“春燕工作室”“老娘舅”等基层治理品牌。全面优化区社会矛盾纠纷调处化解中心、镇（开发区）分中心、村（社区）“微中心”三级网络，实现群众纠纷化解和信用诉求“最多跑一地”。建设诉源治理南浔品牌，加快推进专业性调解驿站全区覆盖，推进信访工作信息化、法治化、智能化，开展“无信访积案区县”创建。建设社会心理服务站，推进特殊人群心理矫正服务。推进网络生态“浔情哨”工程，加强网络空间安全治理。

专栏 8-1 诉源治理南浔品牌打造工程

围绕“无讼是最高境界，非诉是最佳方式，诉讼是最后途径”的纠纷化解理念，推进诉源治理，坚持精密智治，推动解纷平台建设，构建人民调解和行业调解、诉前委托委派调解、立案调解和简案速裁“三道过滤网”，深入推进社会矛盾纠纷调处化解中心提升、矛盾纠纷和安全隐患排查“两见底”、欠薪清零、“三员联动+”诉源治理微治理平台打造、“无隐患创建”模式提升、“无讼村（社区）”标准化创建、多元调解南浔品牌提升、信访工作“三清两创”提升、法治宣传服务保障、“双创双全”组织力提升十大行动，推进平安南浔建设持续创优。

第二节　建设更高水平的法治南浔

健全人民当家作主制度。支持和保障区人大及其常委会依法行使各项权力。建立完善区人大常委会领导联系镇（开发区）机制，落实“双联系”制度，深化“局长走进人大代表联络站”活动，不断拓宽人民代表同人民群众的联系渠道。完善民生重大事项人大代表票决制。坚持和完善中国共产党领导的多党合作和政治协商制度，充分发挥民主党派、工商联和无党派人士作用，加强人民政协专门协商机构建设，提高建言资政和凝聚共识水平。完善大统战工作格局，健全同党外知识分子、非公有制经济人士、新的社会阶层人士、新乡贤的沟通联络机制，健全民族宗教工作体制机制，加快少数民族事业发展，创新完善新时代侨务工作机制。拓展社区居民议事厅等“开放空间”，规范“居民说事”流程。建设“微信议事厅”“网格议事厅”等线上平台。

推进法治政府建设。全面贯彻实施宪法，落实宪法宣誓制度，开展法治浙江（法治政府）建设示范区创建。严格重大行政决策目录管理制度、“开门决策”制度及决策执行跟踪评估制度。完善部门权力清单和责任清单，全面推行主动公开基本目录制度。加快构建“大综合、一体化”行政执法机制，深化练市镇“一支队伍管执法”省级试点建设，全面推进“综合查一次”创新实践。严格“五个一律”铁规标准，创新推广联合执法督察模式。推进基层法治政府建设实践典型创建。健全行政复议机制，落实行政争议化解“三长”包案和领导批示督办制度。深化司法体制综合配套改革，推进司法队伍专业化建设，全面推进办案智能化，强化案件监督机制，提升办案质效，增强司法公信力。深化智慧法院建设，推行移动微法院掌上办案模式。推进行政诉讼制度和民事诉讼制度改革。

深化法治社会建设。完善基层“法治办+司法所+法律顾问”三位一体法律服务体系，推进水哥法官工作室站点驻村、法官联村工程，建设乡镇合法性审查队伍，全力推进法治乡村建设。积极开展“八五”普法，落实“谁执法，谁普法”的普法责任制，推广“云普法”。依托未成年人道德法治体验馆、文兴滨水公园法治文化主题园等法治宣传阵地，弘扬宪法精神，开展民法典联动宣传教育，推进基层鱼米之乡示范带、丝绸之源示范带、笔墨书香示范带三大法治文化示范带建设。建立健全立体化、全覆盖的领导干部学法体系，推进领导干部学法守法。

第三节　建设更高水平的清廉南浔

落实落细管党治党政治责任。全面落实党风廉政建设责任制，持续推进全面从严治党，营造政治清明、政府清廉、干部清正、政商亲清、社会清和、文化清朗的良好发展氛围。锲而不舍落实中央八项规定精神，持续纠治享乐主义奢靡之风和形式主义、官僚主义，深化作风建设，推进基层减负。

加强对权力运行的有效监督。持续深化纪检监察体制改革，健全党统一领导、全面覆盖、权威高效的监督体系，充分发挥巡察利剑作用，强化对公权力运行的科学制约和有效监督。健全人大监督、民主监督、行政监督、司法监督、群众监督、舆论监督等制度，实现多种监督力量的贯通协同、同向发力。

营造风清气正的政治生态。推进“三不”一体机制建设，始终坚持“严”的主基调，精准运用“四种形态”，坚决查处重点领域和群众身边腐败问题，重点查处不收敛不收手的违纪违法问题，建立健全问题归集治理机制，持续深化标本兼治。扎实推进机关、乡村（社区）、工程等清廉单元建设，大力建设清廉文化，加强对党员干部廉政教育和清廉文化浸润。

第九章　凝聚全社会智慧力量，推动规划有序实施

坚持党的全面领导，发挥规划战略导向作用，充分运用财政、金融、就业、产业等政策手段，引导市场主体行为，调动多元主体积极性，建立制度健全、科学规范、运行有效的规划体制，确保有序完成规划目标任务。

第一节　坚持党的全面领导

坚持和完善党领导经济社会发展的体制机制，发挥各级党委在组织中的领导核心作用，织密建强上下贯通、执行有力的组织体系，打造政治过硬、具有现代化建设能力的干部队伍。全面履行政府职能，运用公共资源推动实现规划目标任务，引导市场主体围绕规划目标同向发力。充分发挥人大、政协和社会各界对发展《纲要》的指导和监督作用，调动工会、共青团、妇联等群团和社会组织等多方力量，广泛动员全社会力量，共同推动规划实施。

第二节　发挥规划的战略导向作用

建立健全以发展规划纲要为统领，以空间规划为基础，以专项规划、区域规划为支撑的规划体系。落实好“十四五”规划各项目标任务，科学编制实施国土空间规划、专项规划、区域规划、年度计划、重大行动计划和实施方案等。加强对《纲要》实施情况的协调和督导，完善《纲要》实施情况动态监测、评估和修订机制，建立完善现代化统计体系，把《纲要》实施情况作为改进政府工作和考核评价的重要依据。

第三节　强化规划实施要素保障

建立健全“项目跟着规划走、要素跟着项目走”机制，有效保障《纲要》提出的重大改革、重大政策、重大平台、重大项目所需的要素资源。加强财政预算与《纲要》实施的衔接协调，合理统筹安排财政支出规模和结构，保障重大事项有序推进。优化金融要素资源配置结构，引导和鼓励金融机构加大对规划明确的薄弱领域、重大产业、重大项目的支持。积极争取中央、省、市财政资金和产业基金支持。研究制定保障重大项目实施的用地、用水、用能等相关配套政策。加强各项政策的协调配合，推动要素保障和政策扶持相结合，确保重大项目有效落地，顺利推进。

《湖州市南浔区国民经济和社会发展第十四个五年规划和二〇三五年远景目标纲要》是开启高水平全面建设社会主义现代化新征程的行动纲领。新蓝图催人奋进，新跨越使命光荣。全区上下要更加紧密团结在以习近平同志为核心的党中央周围，众志成城、开拓进取，勇挑重担、逐梦前行，为重塑水晶晶南浔，建设美丽繁华新江南，高质量打造湖州“开放东大门、创业新高地”，高水平建设社会主义现代化共同富裕示范样本而努力奋斗！

附件 1

“十四五”重大平台清单一览表

表 17

序号	平台名称	规划面积和四至范围	“十四五”目标	牵头单位	配合单位
1	南浔开发区 长三角光电湾	规划总面积 947 公顷，位于頔塘以南、白米塘以西、湖浔大道以北、丁泾塘以东地块	重点发展液晶显示、集成电路等各类光电产业，计划到 2025 年，实现工业总产值超 1000 亿元，税收超 100 亿元。计划引进企业 100 余家，实现投资 1000 亿元以上	开发区管委会	区发改经信局
2	长三角绿色 智造联动发展南浔合作园	规划面积 4.29 平方千米。选址位于湖浔大道以南、南浔大道以西、三环南路以北、白米塘以东	重点发展数字经济、2.5 代产业，到 2025 年，南浔合作园累计引进 100 家以上专精特新企业，项目全部投产达产后总产值 250 亿元以上，预期年税收 15 亿元以上	高新区管委会	区科技局
3	“练市—乌镇”嘉湖一体化合作先行区	练市区域 5 平方千米作为嘉湖一体化发展先行区	全力将嘉湖一体化先行区打造成为长三角区域展现中国特色社会主义制度优越性的重要窗口、江南平原水乡践行“绿水青山就是金山银山”转化的样板地、国家城乡融合发展的试验区	练市镇政府	区长三办
4	南浔（上海）科创中心	上海市松江区漕松路 1 号，松江漕河泾园区淘米科技园 2 幢，商务办公建筑面积约 11000 平方米	聚焦科技人才项目，重点发展智能制造、电子信息、新材料、新能源等战略性新兴产业；到 2025 年，科创中心生产总值达到 1.2 亿元以上，累计引进项目 80 个，实现税收 1200 万元以上	区人才办	区科技局
5	南浔高新区（科技新城）	规划面积 10 平方千米。选址位于湖浔大道以南、南浔大道以东、三环南路以北、浔练公路以西	以高铁枢纽为核心，重点打造多功能产业布局，到 2025 年形成南浔 CBD、酒店、商业、商务办公、科创、休闲公园等多种业态，形成新城形象展示区	高新区（科技新城）	南浔镇
6	南浔区农业 高新技术产业示范区	规划面积约 80 平方千米，涉及练市、双林、菱湖、和孚、旧馆、石淙 6 个镇域的 28 个行政村	重点打造集精品农业、美丽乡村、产村融合于一体的特色农旅小镇，到 2025 年，形成带动强、层次深、可复制、辐射广的乡村新型业态	区农高区 指挥部	属地政府
7	南浔区西部 省级现代农业园区	规划总面积 83 平方千米。四至范围：东到和新线—排塘港，南至沙浦港，西至东苕溪，北到京塘港与东苕溪交汇处	重点发展现代渔业产业，到 2025 年，农牧渔业总产值达 12 亿元	区农业农村局	区农合联
8	菱湖农村产业融合发展示范园	规划区面积 4.4 平方千米，建设面积 1 平方千米，东至勤劳村，南至公园南路，西至龙溪港，北至陈邑村。拓展区面积约为 3.75 平方千米，位于规划区东侧	重点发展现代渔业产业，到 2025 年，示范园一二三产业实现总产值 5.9 亿元	区农业农村局	区农合联、区自然资源和规划分局、菱湖镇

附件 2

“十四五”重大项目清单一览表

表 18

领域	序号	项目名称	项目类型	项目期限	建设内容和规模	总投资规模（亿元）	“十四五”期间计划投资（亿元）	建设单位
一、交通建设工程包	合计：11					384.22	356.29	
（一）铁路和轨道交通	1	沪苏湖铁路（南浔段）	续建	2020—2023	起自上海松江区，经吴兴、南浔区、吴江区等，终点接入湖州高铁站，南浔段全长约 22 千米	36.00	30.00	区政府
	2	如通苏湖城际（南浔段）	新建	2022—2025	线路自南浔镇和震泽镇交界处引出，经南浔站后向西走行，进入旧馆镇后向北进入织里镇，于旧馆镇和织里镇城区南侧交接处设织里站。南浔境内 23 千米；技术标准 160～200 千米/小时	65.00	65.00	城际铁路建设有限公司
	3	水乡城际旅游线	新建	2022—2025	起点上海青浦，途经苏州吴江、湖州南浔，终点海宁盐官古城，串联江南六大古镇。南浔境内约 18 千米；技术标准 160～200 千米/小时	50.00	50.00	城际铁路建设有限公司
	4	沪苏湖铁路南浔站交通枢纽工程及配套工程	续建	2020—2024	拟在沪苏湖铁路南浔站站前广场及站前广场地下车场；社会车、出租车、非机动车、机场大巴及公交车停车场；站房两侧人行通道；站后广场等景观广场建设。新建南浔站周边新建配套交通枢纽设施及附属道路工程，总用地面积约 25.58 万平方米（25.6 公顷）。站西配套商业；站东长途客运站及客运站地下室；环核心区周边市政道路	21.92	20.82	交通局、交通投资集团
（二）公路	1	苏台高速	续建	2020—2023	1. 苏台高速公路南浔至桐乡段及桐乡至德清联络线工程（一期）：南浔段主线长 10.2 千米，主线同步建设桃源互通连接线 2.0 千米，南浔东互通连接线 4.3 千米，连接线全长 6.3 千米，总投资约 53.5 亿元 2. 苏台高速公路（二期）：南浔段全长约 2.8 千米，总投资 13.6 亿元	67.10	62.10	交通投资集团
	2	平湖至安吉公路南浔区练市至和孚段（S302）	续建	2019-2022	按一级公路标准扩建，双向六（四）车道，路线全长约 33.63 千米	12.77	8.53	交通投资集团
	3	吴兴至建德公路吴兴织里至南浔菱湖段工程（规划 214 省道）	新建	2021—2024	全长约 14 千米，按一级公路标准建设，路基 24.5 米，双向四车道	18.00	18.00	交通投资集团
	4	S213 规划省道	续建	2019—2024	①南浔至临安公路南浔区南浔至练市段（S213）：按一级公路建设，路基 26 米，路面 25 米，主线全长约 19.15 千米，总投资约 17.7 亿元 ②吴兴至余杭公路南浔潘家湾至硬长桥段公路工程（规划 213 省道）隧道段：项目按一级公路标准建设，双向六车道，主线全长约 13.27 千米，其中新建路段约 7.33 千米，迁西路连接线长约 5.462 千米，隧道段长约 3.68 千米，总投资约 33.7 亿元 ③南浔至临安公路南浔区练市至菱湖段（S213）南延：按一级公路建设，路基 26 米，路面 25 米，主线全长约 22.58 千米。其中新建段约 13.21 千米，利用千善线拓宽段约 9.372 千米，总投资约 19.2 亿元	70.60	62.06	交通投资集团

续表 18

领域	序号	项目名称	项目类型	项目期限	建设内容和规模	总投资规模（亿元）	“十四五”期间计划投资（亿元）	建设单位
（二）公路	5	三新线	续建	2019—2024	①三新线双林镇（頔浔大道至环城南路段）改建工程：拓宽 12 米，全长 6 千米，总投资约 3.5 亿元 ②三新公路南浔区双林镇至德清县新市镇改建工程：按一级公路标准改建，双向四车道，路基宽度 24.5 米，全长约 12 千米，总投资约 8.19 亿元 ③三新线北延：全长 4.535 千米，按一级公路标准建设，拓宽 12 米，改建后路基 24.5 米，双向四车道，总投资约 3.94 亿元	15.63	13.63	交通投资集团
	6	远期 318 国道	续建	2020—2023	远期 318 国道路线全长约 37.3 千米，其中新建段约 22.9 千米，利用 G318 南移段约 14.5 千米；新建段中，南浔区段约 22.1 千米。道路等级为一级公路，设计速度为 80 千米/小时，双向六车道，路基全宽 33 米	24.20	24.15	交通投资集团
（三）物流枢纽	1	南浔农产品批发交易市场	续建	2020—2022	用地 6.7 公顷，按二级中型农产品批发市场标准建设	3.00	2.00	城投集团
二、生态环保、城市更新和水利设施工程包	合计：18					338.90	229.24	
（一）治水治土治气	1	南浔区”百漾千河”综合治理项目丁泾塘等河道治理工程	续建	2019—2021	主要包括 6 条骨干河道的综合治理，共治理长度约 50 千米，其中建设堤防、护岸约 85 千米	10.65	4.90	水利建设投资有限公司
	2	南浔区污水处理设施建设项目	续建	2020—2022	含城乡污水处理设施建设项目、开发区新城污水处理厂一期工程、頔浔大道污水干管工程等	9.30	5.75	新城集团、城投集团
（二）生态环境修复	1	南浔区全域土地综合整治	续建	2020—2021	本项目对南浔区范围内开发区、南浔镇、练市镇、菱湖镇、和孚镇、善琏镇、千金镇等相关乡镇实施土地整治、生态修复、基础设施配套工程。土地整治主要包含建设用地复垦、土地开发、旱地改水田、高标准农田建设，通过土地平整和灌排水等工程，进行土地提质增效；生态修复治理实施内容包含农村人居环境提升、村域绿道、河道清淤整治、美丽河湖整治、生态公墓建设等；规划新农村社区基础设施配套工程，各行政村内农村道路、亮化、停车场等，农业项目开发、乡村旅游设施配套等	63.32	48.32	相关镇人民政府
	2	南浔区湿地公园及水系生态治理项目	续建	2020—2025	1. 阳安塘湿地公园及水系整治、项目总投资约 1.5 亿元，打造高铁周边水系生态廊道以及人群休憩场所 2. 菱湖国家级湿地公园建设，总投资 1.8 亿元，主要包括：湿地水域生态性清淤修复、“桑基鱼塘”模式业态规划保护利用、湿地公园保护与管理运作设施建设等内容	3.30	2.80	高新区（科技新城）、菱湖镇人民政府

续表 18

领域	序号	项目名称	项目类型	项目期限	建设内容和规模	总投资规模（亿元）	“十四五”期间计划投资（亿元）	建设单位
（三）公共设施					合计：14			
（1）城市公共基础设施	1	南浔绿地中心	续建	2020—2024	占地 8 公顷，建设结构主体不低于 200 米超高层两座及相关多功能群房。打造智能办公、高端商贸、文娱休闲等经济业态，引进国内知名企业及研究院入驻	25.00	23.00	高新区（科技新城）
	2	高铁新城基础配套设施项目	续建	2020—2025	打造高铁新城 10 平方千米内二横二纵道路及管线等基础设施建设	15.00	14.50	高新区（科技新城）
	3	頔塘北岸旧城改造	续建	2020—2021	拆迁范围：318 国道以南：南至頔塘、东至浙苏省界、西至鑫达物流；318 国道以北：北至强园路、东至东丁路、西至六里桥港（除同心农民新村，丁家港农民新村及宅基地住房）。盘活土地约 156 公顷，共涉及企业约 126 家，住宅户 214 户	30.00	26.00	开发区
	4	菱湖镇公共基础设施提升工程	续建	2020—2022	项目计划总投资 10.6 亿元，主要包括菱湖镇老工业园区市政基础设施提升、平台拓展 33 公顷，农户拆迁、菱湖镇老工业园区市政基础设施提升、平台拓展 33 公顷，农户拆迁，镇区公共停车系统设施建设，切实规范菱湖镇区停车收费，加强镇区违法监管力度，项目拟对费家田路、外环东路北段路、振菱路、工业东路、吉兆北路、竹墩路、利胜路、工业南路等道路以及光浩公园、玉园公园进行改造提升，新增停车位约 4278 个。拟以 TOT 的形式收购现有 10 个地上地下配套公共停车场的所有权和镇区内主要道路泊车位特许经营权（特许经营期限有效期为 15 年），并通过 5G 技术配套改造建设智慧停车系统	10.60	8.60	菱湖镇
	5	南浔城区公园及城市绿道建设（新建、改建）	续建	2020—2022	本项目涵盖南浔城区六个公园和中心城区绿道：南林公园、水晶晶公园（江蒋漾公园）、頔塘南岸公园 （振浔污水厂段-城市阳台）、沈庄漾公园、西郊公园、褚家漾公园和中心城区绿道，总投资 4.6 亿元	4.60	4.10	区政府
（2）教育	1	浙江水利水电学院新校区及周边配套建设项目	续建	2020—2022	项目总占地面积 107 公顷，地上建筑面积 45 万平方米，校园容纳学生 1.5 万人	30.00	28.00	教育局、旅投集团
	2	新南浔高中项目	续建	2019—2021	总用地面积约 15.8 公顷，建设总面积约 126401 平方米，校园容纳学生 2000 人	8.55	2.00	教育局、旅投集团
	3	南浔区中小学提升工程	续建	2020—2025	按照标准化中小学建设要求，拟新建（改建）12 所中小学，双林二中整体改建、湖师院南浔附属小学教育集团（褚家漾校区）、南浔实验小学教育集团（高铁新城校区）、浙江水利水电学院附属学校、和孚中学、马腰小学、南浔水晶晶教育集团（塘北校区）、浔溪中学教育集团（城南校区）、菱湖实验小学、练市小学（练溪校区）、旧馆小学、南浔实验小学教育集团（适园路校区），主要建设内容包括新建教学楼、食堂、专用教室楼及其他辅助用房、400 米运动场、室内体育运动场地、教育设施设备等	25.90	24.80	教育局
	4	浙江同济职业技术学院	新建	2021—2023	原南浔高中改造，建成产教融合基地，在校大学生 8000 人，教职工 500 人左右	2.00	2.00	

续表 18

领域	序号	项目名称	项目类型	项目期限	建设内容和规模	总投资规模（亿元）	“十四五”期间计划投资（亿元）	建设单位
（3）医疗卫生	1	南浔中心城区公共卫生及医疗能力综合提升项目	续建	2018—2022	含南浔区中医院迁建项目、南浔区人民医院公共卫生综合楼、南浔区人民医院健康管理科教综合楼	7.74	5.49	
	2	南浔城镇公共卫生及医疗能力综合提升项目	续建	2018—2022	含南浔区练市人民医院异地新建、双林院区医疗综合大楼项目、区医疗集团善琏院区改扩建项目、区医疗集团旧馆院区新建项目、区医疗集团千金院区新建项目、菱湖分院公共卫生楼和康复楼	10.18	7.22	
（4）住房保障	1	南浔中心城区老旧小区总体改造工程	续建	2020—2023	对中心城区适园小区、高龙小区、广惠花园等 49 个老旧小区开展环境整治、管网整治、建筑整治、道路整治工程。另外还配套社区垃圾分类回收设施、社区亮化、街巷休憩设施等	11.00	9.50	住建局
	2	頔塘未来社区	续建	2018—2022	规划单元东至嘉业路、南至同心路、西至南林路、北至长湖申航道，区域总面积 88.3 公顷；实施单元区东至嘉业路、南至泰安路、西至南林路、北至长湖申航道，区域总面积 28.5 公顷，建筑面积 77 万平方米	61.76	6.76	城投集团
	3	南浔区农村危旧房改造、人居环境提升项目	续建	2020—2022	对菱湖、善琏、旧馆、石淙 4 个镇相关村的农村危房和老旧农房改造提升 6700 户，配套基础设施建设等。覆盖全区 100 个行政村，进行垃圾分类、村庄基础设施、公共服务等提升，推进新时代美丽乡村建设	10.00	5.50	相关镇人民政府
三、高新技术与产业工程包	合计：33					1287.51	901.6	
（一）数字经济	1	物联网通云平台浙江中心基地	续建	2019—2021	用地 11 公顷，建设厂房建筑面积 7.3 万平方米，采购相关自动分拣设备、扫描设备、高位叉车及自动货架平台等设备，满足现代物流企业的运营需求。项目进行仓储设施的开发、经营、管理，物流金融、物联网平台结算中心等	13.54	11.04	湖州维龙仓储服务有限公司
	2	弗兰德科技有限公司 5G 基站天线总部基地项目	续建	2020—2022	拟用地 24 公顷，年产 80 万台（套）5G 基站天线和滤波器等核心零部件生产	55.00	45.00	弗兰德科技有限公司
（二）高端装备制造与新材料	合计：14					517.01	462.86	
（1）机器人与智能制造	1	特种线材智能制造总部项目	续建	2020—2023	总用地 32 公顷，落户练市高新技术产业园区，建设该集团的智能制造总部，从事特种线材的研发生产，预计达产后产值不少于 50 亿元，税收不少于 1.5 亿元	32.00	31.30	浙江长城电子科技集团有限公司
	2	浙江泰嘉光电科技有限公司超薄玻璃基板深加工项目项目	续建	2020—2023	用地 47 公顷，新建建筑面积 62 万平方米，建设生产厂房、动力厂房、办公楼、研发楼等建筑 15 栋，以及消防设施、环保设施、室外工程等在内的液晶面板生产销售基地	160.00	136.00	浙江泰嘉光电科技有限公司

续表18

领域	序号	项目名称	项目类型	项目期限	建设内容和规模	总投资规模（亿元）	“十四五”期间计划投资（亿元）	建设单位
（1）机器人与智能制造	3	浙江高裕家居科技有限公司年产100万台套智能电动床项目	新建	2021—2022	项目预计总投资15亿元，拟用地7公顷，落户地为练市镇，主要从事智能电动床生产	11.68	11.68	浙江高裕家居科技有限公司
	4	浙江久立钢构工程有限公司年产7万吨模块化钢结构件项目	续建	2020—2021	本项目新征土地8.4公顷，新建厂房100385平方米（计容面积），新增数控火焰切割机、等离子切割机、悬臂式双丝埋弧焊机、组立机等生产设备184台/套，项目建成后形成6条结构件生产线，年产7万吨各类模块化结构件生产能力。项目达产后，预计新增年销售收入63230万元，实现利税10640.39万元	12.00	11.00	浙江久立钢构工程有限公司
	5	年产25万吨聚酯切片、15万吨差别化工业丝智能生产建设项目	续建	2020—2022	本项目用地6.3公顷，新建聚酯车间、纺丝车间、仓库等建筑物73581平方米，采用直接酯化、连续缩聚的五釜流程工艺技术，进口世界先进固相缩聚装置、新型纺丝牵伸卷绕机，配套国产设备和公用设备，形成年产 25 万吨聚酯切片、15 万吨差别化工业丝的生产能力	20.00	19.00	浙江尤夫高新纤维股份有限公司
	6	浙江海顺新材料有限公司复合材料及组合容器项目	续建	2020—2022	新型药用包装材料与技术的开发和生产（中性硼硅药用玻璃，化学稳定性好、可降解、具有高阻隔性的功能性材料，气雾剂、粉雾剂、自我给药、预灌封、自动混药等新型包装给药系统及给药装置）	15.00	14.00	浙江海顺新材料有限公司
	7	黄河旋风华东总部基地项目	新建	2021—2023	计划总投资65亿元，固定资产投资60亿元，拟用地27公顷，落户地为开发区，主要从事智能锻造压机研发制造	65.00	65.00	河南黄河实业集团股份有限公司
（2）汽车（含新能源汽车）及关键零部件	1	年产2000套智能制造装备项目	续建	201—2021	总用地9.2公顷，其中一期4.8公顷、二期4.4公顷，新建建筑面积120297 平方米，主要经营范围为汽车零件智能装备，主要供应国内主流一线品牌车厂及国外汽车整机厂，以及汽车领域五金零配件产品、模（检、夹）具及整车工艺智能装备研发、设计、制造、销售及技术开发，五金加工，仓储物流，贸易及维修服务。智能自动化装备及配件的研发、制造和销售，各类耗材、钢料、日用百货的批发，汽车工程技术咨询服务及相关软件开发等	10.64	6.64	湖州南浔鼎旭科技发展有限公司
	2	年产50万套电驱总成项目	新建	2021—2023	计划总投资25亿元，固定资产投资22亿元，拟用地17公顷，落户地为开发区，主要从事电动汽车电驱总成研发制造	25.00	25.00	浙江零跑科技有限公司
（3）航空和轨道交通	1	年产航空、航天结构件20万件、传感器2万套项目（湖州）	续建	2019—2021	用地7.7公顷，建筑面积124290平方米，购置实验室研究中心单元、五轴数控加工中心、三轴数控加工中心、四轴回转台等设备 151 台（套）	8.04	6.94	浙江星祥益精密制造有限公司
（4）新能源装备	1	年产各类专业照明设备30万套项目	续建	2020—2021	新征土地 7.5 公顷，总建筑面积 13.04 万平方米，购置自动螺纹紧固机、移动产品流水线、铣钻床、螺杆式空压机等设备以及其他配套设备共236台（套）。项目建成后，将形成年产30万套各类专业照明产品的生产能力	5.10	4.60	华荣照明有限公司

续表 18

领域	序号	项目名称	项目类型	项目期限	建设内容和规模	总投资规模（亿元）	“十四五”期间计划投资（亿元）	建设单位
（5）新材料	1	浙江大东吴绿色建筑集成产业基地项目	续建	2019—2021	用地 43.8 公顷，总建筑面积 476206 平方米；将建设厂房和办公楼；项目建成后将形成六大中心，分别为科技研发中心、装配式建筑结构智造中心、一体化集成装饰中心、绿色节能墙体智造中心、装配式地下结构构件智造中心、混凝土生产及回收处理中心	32.55	12.00	浙江大东吴绿色集成建筑发展有限公司
	2	华尚光电高导通透明硅基电路板及光通讯芯片产业项目	续建	2020—2022	拟用地 27 公顷，新建建筑面积 45 万平方米，主要从事高导通透明硅基电路板及光通信芯片生产	100.00	99.70	华尚光电科技有限公司
	3	年产 10 万吨耐高温、耐低温和高防腐特种管道项目	新建	2021—2023	计划总投资 20 亿元，固定资产投资 17 亿元，拟用地 22.8 公顷，落户地为开发区，主要从事特种管道研发生产	20.00	20.00	上上德盛集团股份有限公司
（三）健康产业	1	南浔水晶晶颐养中心	续建	2019—2021	总用地面积约为 51196 平方米（5.1 公顷），工程总建筑面积约 69600 平方米。地上建筑面积 67500 平方米，容积率 1.32，地下建筑面积 210 平方米。总床位数 1428 床。其中护理老人床位 740 床，自理老人床位 568 床，重度残疾人托养中心 120 床	3.80	1.30	湖州南浔福利建设投资有限公司
（四）节能环保	1	新型保温材料制造项目	续建	2020—2021	用地 8 公顷，新建建筑面积约 12 万平方米，购置各类生产设备 630 余台套，建造建筑产业化 PC 预制构件生产基地，形成年产 100 万立方米加气混凝土板材及 6000 万块烧结页岩保温砖生产能力	13.00	7.00	湖州鑫德建材科技有限公司
	2	反渗透膜压力容器、净水器、软水罐等水处理设备项目	续建	2020—2023	项目用地 9.5 公顷，新增建筑面积 128476 平方米，购置软水罐生产线、膜壳生产线、净水机生产线以及研发设备等，可实现年产软水罐 90 万只、膜壳 6 万支、净水器 16 万台的生产能力	11.50	10.50	唯赛勃环保设备有限公司
（五）旅游	1	南浔古镇旅游服务配套提升项目	续建	2020—2023	项目总用地面积约 22 公顷，建设内容包含太阳酒店、渔人码头及配套旅游设施，总建筑面积 226811 平方米。争创南浔地标性建筑	29.00	26.00	湖州南浔旅投旅游开发有限公司
	2	南浔国际会展中心（大象酒店及会展中心）	续建	2020—2023	在湖浔大道以南，浔练公路以东，用地 27.7 公顷，规划建筑面积约 40 万平方米	35.00	29.00	城投集团
	3	城南片区“上海小镇”	谋划	2021—2025	建设规模约 420 公顷，主要打造成为长三角区域高端康养、文旅产业示范区	200.00		南浔镇
	4	江南（湖州）运河古镇集群提升建设项目	续建	2020—2025	依据《长城、大运河、长征国家文化公园建设方案》，结合南浔古镇项目建设情况，实施保护传承工程、研究发掘工程、数字再现工程、文旅融合工程及环境配套工程等五大工程建设，共计 46 个项目，投资约 30 亿元	30.00	15.50	旅投集团
（六）时尚	1	嘉亨化妆品集团总部项目	续建	2019—2022	用地面积 15.5 公顷，总建筑面积约 233500 平方米，分两期实施，其中一期建设 69939 平方米，购置真空乳化锅、全自动罐装线等设备 384 台（套），二期建设 163561 平方米，购置注塑机、吹瓶机等设备 1103 台（套）。项目全部达产后可年产 13 万吨化妆品、11 亿件塑料包装容器	21.66	20.40	湖州嘉亨实业有限公司

续表 18

领域	序号	项目名称	项目类型	项目期限	建设内容和规模	总投资规模（亿元）	“十四五”期间计划投资（亿元）	建设单位
（七）创新平台	1	大东吴（练市）绿色智造产业园	续建	2018—2022	盘活存量用地 15 公顷，新建厂房 186409 平方米，并对原有厂房进行改造。园区将分两期四标段实施建设，共约 70 幢厂房，层高拟建 2～13 层不等，采用国内外绿色建筑技术示范应用，运用绿色金融推动，形成绿色智造企业集聚	15.00	10.00	湖州大东吴绿色智造产业园有限公司
	2	长三角绿色智造联动发展南浔合作园	续建	2020—2025	项目总投资 50 亿元，总用地 73 公顷，主要引进一批数字经济、智能制造项目	50.00	45.00	
	3	上元产业港项目	续建	2020—2023	项目拟用地 9.3 公顷，建设先进装备制造、信息科技等产业港	10.00	9.00	上元集团、菱湖镇
	4	南浔经济开发区长三角光电湾建设项目	谋划	2021—2024	总规划面积 947 公顷，该项目以总投资 160 亿元的合丰泰 G8.5 玻璃基板深加工项目为依托，重点发展液晶显示、光能源、光照明、芯片封装等各类光电产业。力争通过五年的开发建设，引进半导体、彩色滤光片、驱动 IC、偏光板、背光源组件等上下游光电平配套企业不少于 30 家	70.00		新城集团
	5	科创云谷	续建	2020—2025	占地 25 公顷，分两期建设，总建筑面积约 36 万平方米，主要打造科创研发及配套人才公寓、湿地公园	35.00	33.00	高新区（科技新城）
	6	高新区（科技新城）智谷	新建	2021—2025	占地 70 公顷，总建筑面积约 120 万平方米，分两期建设，主要打造智能高端装备、5G 新基建设备、高端芯片、高端智能工业现代化设备等区及配套项目	100.00	100.00	高新区（科技新城）
	7	高新区永动智环（含科创中心）	新建	2021—2025	用地面积约 21 公顷，总建筑面积 240200 平方米，建设内容包括永动智环核心建筑、中试及高端生产、综合服务中心、高端生产园区、人才公寓及相关配套	8.00	8.00	高新区
（八）其他	1	湖州市南浔区国家级农业高新技术产业示范区创建	续建	2020—2025	根据国家农业高新技术产业示范区建设要求，围绕产业集聚化、产能绿色化、管理数字化、三产融合化、体制创新化、利益联结化的“六化”目标，重点打造六个层次的示范区，规划面积约 116 平方千米	20.00	19.00	农高区指挥部、相关镇人民政府
	2	长三角嘉湖一体化先行示范区	续建	2020—2023	以练市-乌镇跨市际合作平台为重点，推动练市、乌镇两地政府成立嘉湖一体化先行区建设协调推进领导小组，建立定期联席会议会商制度，促进产业深度对接、机制协同创新、理念创新示范，探索推进多领域一体化创新合作，建设嘉湖一体化发展先行区，共同打造一体化先行区的启动区和重点产业合作平台	50.00	49.00	相关镇人民政府

统计资料

·2021年南浔区国民经济和社会发展统计公报·

2021年，面对复杂严峻的国内外形势，南浔区坚持以习近平新时代中国特色社会主义思想为指导，全面贯彻中共十九大和十九届历次全会精神，统筹推进疫情防控和社会经济发展，全力推进数字化改革，高质量发展建设共同富裕示范区，各项工作落实见效，经济社会发展迈上新台阶，实现"十四五"良好开局。

一、综合

初步核算，2021年，南浔区地区生产总值为528.95亿元，比2020年增长8.5%。分产业看，第一产业增加值28.28亿元，增长2.6%；第二产业增加值309.69亿元，增长9.4%；第三产业增加值190.98亿元，增长8.2%。三次产业增加值结构比为5.4∶58.5∶36.1，第三产业比重比2020年提高0.3个百分点。

2021年南浔区生产总值各行业增加值情况一览表

表19

	总量（亿元）	可比价增幅（%）
地区生产总值	528.95	8.5
#第一产业	28.28	2.6
第二产业	309.69	9.4
#工业	287.99	9.3
建筑业	21.73	10.3
第三产业	190.98	8.2
#交通运输、仓储和邮政业	4.78	9.5
批发和零售业	41.87	13.2
住宿和餐饮业	8.70	6.5
金融业	49.01	9.6
房地产业	22.17	1.1
营利性服务业	27.98	7.6
非营利性服务业	32.89	6.0

二、农业和农村

全年实现农林牧渔业总产值52.32亿元，比2020年增长4.1%。其中农业产值11.48亿元，下降1.1%；林业产值0.03亿元，与2020年持平；牧业产值7.26亿元，增长1.7%；渔业产值28.25亿元，增长6.8%。经济作物播种面积9547公顷，其中蔬菜面积5827公顷，果用瓜600公顷；油菜籽产量0.66万吨；生猪出栏6.94万头，下降2.3%；蚕茧产量0.19万吨，下降 11.6%；家禽出栏 1678.54 万羽，增长 13.7%；禽蛋产量 0.44 万吨，下降 33.7%；水产品产量 19.76 万吨，增长 6.05%。

全年引进投资 1000 万元以上的农业项目 75 个，创建市级农业“大好高”项目 15 个，数量居全市首位；竣工投产重点项目 16 个；累计建成池塘内循环养殖跑道 496 条，发展稻渔综合种养 4333 公顷；已发展“红美人”柑橘 279 公顷，新流转 33 公顷土地；新增家庭农场注册 1789 家，累计达 2976 家，创建市级农业龙头企业 5 家。

三、工业

全区规模以上工业实现增加值 178.00 亿元，按可比价计算，比 2020 年增长 9.0%，其中轻工业 46.64 亿元，重工业 131.36 亿元，分别增长 12.2%和 7.9%。31 个大类行业中，有 27 个行业增加值实现增长，6 个行业超过 10 亿元。其中，通用设备制造业 28.77 亿元，增长 2.8%；电气机械和器材制造业 28.52 亿元，增长 17.2%；金属制品业 21.40 亿元，增长 11.7%；非金属矿物制品业 11.88 亿元，增长 4.0%。从重点产业看，高新技术产业 96.74 亿元，增长 8.5%，占比为 54.3%；战略性新兴产业 61.81 亿元，增长 7.8%，占比为 34.7%；装备制造业 83.42 亿元，增长 12.9%，占比为 46.9%（注：有的企业在 3 个重点产业中属于其中的 2 个，甚至 3 个，在统计时增加值重复计算）。

全年规模以上工业实现营业收入 1275.38 亿元，比 2020 年增长 28.4 %；利税 78.91 亿元，其中利润 50.14 亿元，分别增长 8.9 %和 4.9 %。电气机械和器材制造业，金属制品业，通用设备制造业，木材加工和木、竹、藤、棕、草制品业营业收入均超 100 亿元，共实现营业收入 781.03 亿元，占全部规模以上工业的 61.2%。6 个行业利税超过 5 亿元，其中，金属制品业 12.80 亿元，增长 13.9%，通用设备制造业 16.46 亿元，增长 14.5%；电气机械和器材制造业 11.31 亿元，增长 12%；非金属矿物制品业 8.55 亿元，增长 22.5%；纺织业 7.78 亿元，增长 37.3%。

四、固定资产投资和建筑业

全年固定资产投资额比 2020 年增长 29.8%，分产业看，工业投资增长 40.1%，服务业投资增长 24.5%。从结构性看，民间投资增长 18.3%，交通投资增长 571.1%，高新技术产业投资增长 50.0%，生态环保、城市更新和水利设施投资下降 7.0%。

全年完成房地产开发投资 78.65 亿元，比 2020 年下降 2.7%。全年房屋施工面积 483.48 万平方米，下降 1.6%，其中新开工面积 100.02 万平方米，下降 37.3%；商品房销售面积 112.12 万平方米，下降 13.1%，其中住宅 89.28 万平方米，下降 20.9%；商品房销售额 120.76 亿元，下降 9%，其中住宅 102.16 亿元，下降 15.7%。

全区年末拥有建筑企业 52 家，其中在库总承包一级资质企业 6 家。全年完成建筑业增加值 21.73 亿元，占 GDP 比重为 4.1%；房屋建筑施工面积 519.5 万平方米，增长 39.1%；竣工面积 174.6 万平方米，增长 27.1%。

五、国内贸易

全年社会消费品零售总额比 2020 年增长 9.1%。限额以上批发业销售额 261.38 亿元，增长 36.7%；限额以上零售业销售额 12.38 亿元，增长 17.5%；限额以上住宿业营业额 1.30 亿元，增长 12.6%；限额以上餐饮业营业额 1.98 亿元，增长 3.3%。限额以上批发零售业销售额 273.76 亿元，增长 35.7%。其中，金属材料类 123.34 亿元，增长 21.6%；食品、饮料、烟酒类 15.39 亿元，增长 126.9%；石油及制品类 7.28 亿元，增长 52.7%；化工材料及制品类 15.69 亿元，增长 57.0%。

六、对外经济

全年实现外贸进出口总额 147.37 亿元，比 2020 年增长 18.9%。其中，出口 126.95 亿元，增长 16.0%；进口 20.421 亿元，增长 41.3%。按贸易方式分，一般贸易出口 111.76 亿元，增长 12.7%；加工贸易出口 5.40 亿元，下降 43.2%。按企业性质分，内资企业出口 88.51 亿元，增长 15.8%；外资企业出口 16.54 亿元，增长 15.6%；流通企业出口 21.9 亿元，增长 17.1%。按主要产品分，木及木制品出口 13.87 亿元，增长 60.3%；塑料、橡胶及其制品出口 16.65 亿元，增长 51.9%。按主要市场分，拉丁美洲出口增长较快，达 70.3%；大洋洲、非洲、欧洲、亚洲、北美洲分别增长 31.9%、20.0%、16.2%、13.2%、7.7%。

全年合同外资 5.30 亿美元；全年实到外资 0.26 亿美元。

七、财政和金融

全年实现财政总收入 73.38 亿元，其中地方财政收入 43.05 亿元，分别比 2020 年增长 9.2%和 6.4%。财政总收入占 GDP 的比重为 13.9%。地方财政收入中，税收收入 38.98 亿元，增长 4.2%，占比为 90.6%。

从主要税种看，增值税、企业所得税和个人所得税分别为17.82亿元、5.58亿元和1.83亿元，分别增长15.6%、16.6%和-18.0%。全年财政支出66.18亿元，比2020年增长19.8%，教育、文化、社会保障和就业、医疗卫生、农林水、节能环保等民生领域共支出39.56亿元，占财政支出的比重59.8%。

全区金融机构年末本外币存款余额828.73亿元，比2020年增长14.3%，人民币存款余额819.76亿元，其中个人储蓄存款522.66亿元，增长13.2%；本外币贷款余额782.29亿元，增长29.3%；年末金融机构不良贷款余额为1.47亿元，比年初增加0.05亿元；不良贷款率为0.19%。

八、教育和科技

全区年末共有小学20所，在校学生总数2.82万人；全年新招生4591人，毕业4014人，小升初比率保持100%。共有初中17所，在校学生总数1.08万人；全年新招生3828人，毕业3334人，初升高比率为99.4%。

全年专利授权量2279项，其中发明专利154项。全区年末拥有国家重点扶持高新技术企业191家，比2020年增加22家；拥有省级高新技术研发中心78家；省级企业研究院29家，科学技术支出1.77亿元。

九、文化、体育和卫生

全区年末拥有剧场、影剧院9个，文化馆、艺术馆3个，全年举办展览353个，组织文艺活动900次；公共图书馆11个，总藏量68.28万册（件）；举办训练班结业人数44135人次；省、市中心村全民健身广场（休闲公园）3个。

文体活动精彩纷呈。成功承办浙江省献礼中国共产党成立100周年音乐作品巡演南浔音乐会、浙江省第二十届群众音乐大赛决赛加工会，举办南浔区庆祝中国共产党成立100周年文艺演出、“水晶晶南浔”第五届文化艺术节等大型线下活动4场和“运河情”等线上活动254期，受众7万余人次。全年开展文化走亲、送戏下乡242场，送书下乡2万册。连续举办南浔古镇桨板公开赛等大型品牌体育赛事，承办健步大运河、省射箭锦标赛等省级以上赛事活动10场，举办群众性赛事300场。

阵地建设提质扩面。建成4个文旅空间、10个文旅公共服务融合示范点，区图书馆新馆完成工程量的90%，区博物馆完成项建、可研和立项申报，区图书馆成为全省首批“满意图书馆”达标单位，区文化馆获评国家一级馆，3家场馆被列入省级公共文化场馆服务功能拓展先行先试单位。全区公共体育场地面积增量达50万平方米。

全区年末拥有医疗卫生机构280个，其中医院8家、卫生院（社区服务中心）13家、门诊部17家、诊所91个、社区卫生服务站144个；拥有医疗床位1641张，其中医院实有床位1474张；卫生技术人员3060人，其中执业医师932人、执业助理医师246人、乡村医生104人、注册护士1139人。

十、人口、就业、人民生活和社会保障

全区年末户籍人口48.64万人，其中男性23.78万人、女性24.87万人；城镇人口18.29万人；60岁以上人口15.78万人，占总人口的32.4%，占比提高0.8个百分点。全年出生人口2755人，出生率为5.66‰；死亡人口4202人，死亡率为8.64‰；人口自然增长率为-2.93‰。全区城镇新增就业17500人，城镇失业人员再就业6356人，困难人员再就业605人，城镇登记失业率2.02%。

据100户城镇居民家庭抽样调查，全年城镇居民人均可支配收入达65733元，比2020年名义上增长9.8%。其中，工资性收入增长11.1%，经营净收入增长6.4%，财产净收入增长13.0%，转移净收入增长14.3%。人均生活消费支出33886元，增长16.7%。据100户农村居民家庭抽样调查，全年农村居民人均可支配收入达41146元，比2020年名义上增长11.1%。其中，工资性收入增长11.7%，经营净收入增长8.9%，财产净收入增长17.4%，转移净收入增长18.9%。人均生活消费支出26017元，增长18.6%。

全面实施“万名创业主体培育”项目，2021年发放创业担保贷款10354万元，涉及425人；发放创业担保贷款贴息672.35万元。培训万名技能人才，筑牢共富根基。聚力高质量发展，深化人力资源供给侧结构性改革，突出重点、精准施策，已打造产业人才培养服务中心1个，建立产教融合联盟3个，举办技能比武29场，已开展职业技能培训20923人次，新增高技能人才5080人。

以“六无六有”综合救助体系为抓手，全方位、系统化保障困难群众的教、住、行、医、用等方面需求。免除困难家庭学生学前教育、高中教育和高等教育阶段费用2846人次、314.65万元；补助低收入群众免费出行费用3.82万元；减免低收入家庭水电、燃气费406.49万元；补助重大疾病专项医疗救助费1072.77万元；开展低收入家庭生活标配“3+1”慈善捐赠行动，补助资金450万元；着力帮扶困难群众就业和创业，提升增收致富能力。2021年，“六无六有”综合救助支出8440.36万元，惠及群众22.97万人次。实现全区低收入群众人均年收入达2.2万元，确保“共富路上一个都不掉队”。

十一、城市建设和环境保护与社会治安

城市基础设施建设进一步提升。完成修编《南浔城区给排水专项规划（2020—2035）》，启动城市内涝和海绵城市2个专项规划，全年完成给排水管网建设46千米，管网排查40.9千米，提标改造11千米。城市污水处理能力显著提升，累计完成专项债投资5亿元，新建完成新城污水处理厂，扩建完成和孚、善琏污水处理厂，启动练市、双林、菱湖、和孚、善琏污水处理厂清洁排放提标改造工程，日处理规模达26万吨。高质量推进节水型社会建设，加强节水宣传教育、节水潜力挖掘，秀水华庭、金象湾、公园一号、香墅湾、逸龙湾5个小区成功创建省级节水型小区，获评数量取得历史性突破。

城市绿化再提升。全年新增城市绿地42公顷，公园绿地约4.6公顷，绿道11.4千米。和孚镇、菱湖镇获评省级园林镇，水晶晶公园获得省级优质综合公园，振浔污水处理厂获评省级园林式单位。南浔大道（适园路—年丰路）、南林路（年丰路—湖浔大道）获评省级绿化美化路，绿化质量和水平得到进一步提升。

全年$PM_{2.5}$平均浓度27微克/米^3，同比下降6.9%；空气质量优良率83.5%。7个县控以上地表水监测断面及4个行政交界出境断面水质均稳定保持在Ⅲ类以上，达标率100%。出台《南浔区喷水织机行业整治提升实施方案》及《南浔区印染行业深化整治指导意见》，喷水织机行业已完成整治提升100家、搬迁入园70家、关停淘汰153家；33家印染企业已明确整治提升目标规划，形成6个集聚点22家企业，推动涉水行业绿色高质量发展。

2021年除火灾事故外，全区发生各类生产安全事故13起，死亡10人。一般以上道路交通事故105次，比2020年下降8.7%，经济损失22.76万元，比2020年下降7.3%；刑事案件立案数1868件，较2020年下降10.2%。火灾累计发生事故34起，比2020年下降15.0%，直接经济损失180.77万元，较2020年下降13.8%；2021年度无较大以上伤亡事故发生。

注：1. 本公报部分数据为初步统计数；部分数据因四舍五入原因，存在分项与合计不等的情况。

2. 生产总值、增加值绝对数按现价计算，增长速度按可比价计算。

3. 地区生产总值数据执行国家统计局2012年制定的《三次产业划分规定》：第一产业是指农、林、牧、渔业（不含农、林、牧、渔服务业）；第二产业是指采矿业（不含开采辅助活动），制造业（不含金属制品、机械和设备修理业），电力、热力、燃气及水生产和供应业，建筑业；第三产业即服务业，是指除第一产业、第二产业以外的其他行业。

4. 按国民经济行业分类（GB/T 4754—2011），农林牧渔业是指农业、林业、畜牧业、渔业以及农林牧渔服务业。

5. 粮食播种面积及产量数据采用粮食生产统计监测调查结果。

6. 主要行业统计范围：①规模以上工业，年主营业务收入2000万元及以上的工业法人单位；②限额以上批发和零售业，年主营业务收入2000万元及以上的批发业、年主营业务收入500万元及以上的零售业法人单位；③限额以上住宿和餐饮业，年主营业务收入200万元及以上住宿和餐饮业法人单位；④固定资产投资，计划总投资500万元及以上项目和全部房地产开发投资；⑤房地产开发经营业包括全部房地产开发经营业法人单位。

• 统计图 •

单位：亿元

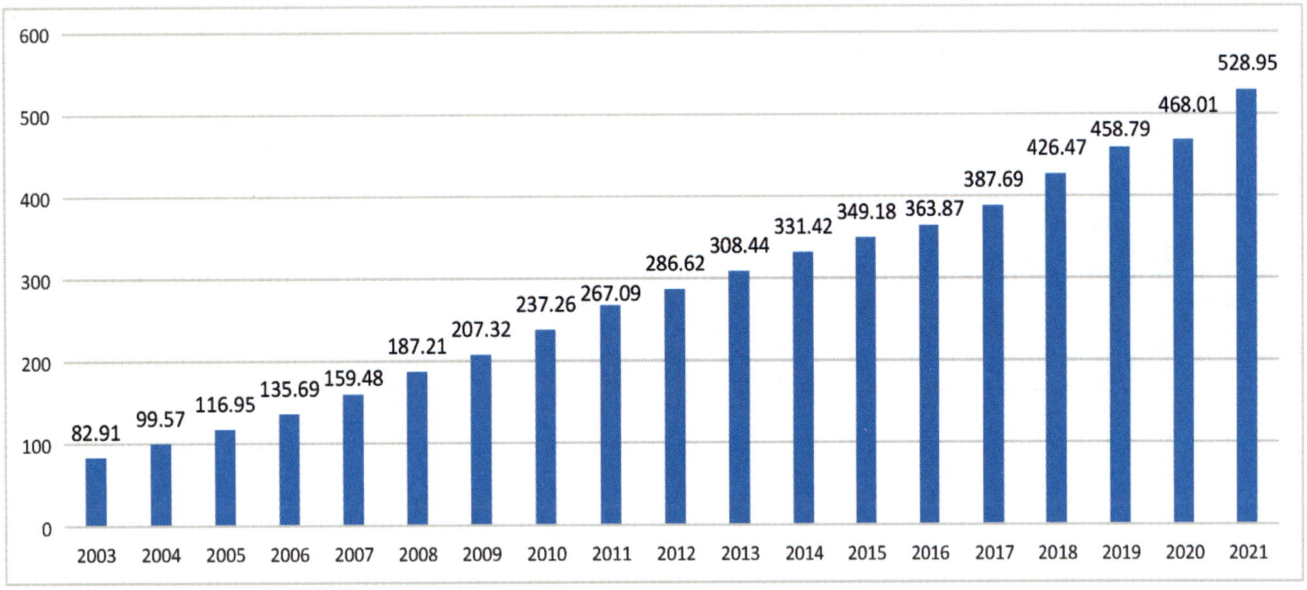

图 3　2003—2021 年南浔区地区生产总值示意图

单位：元

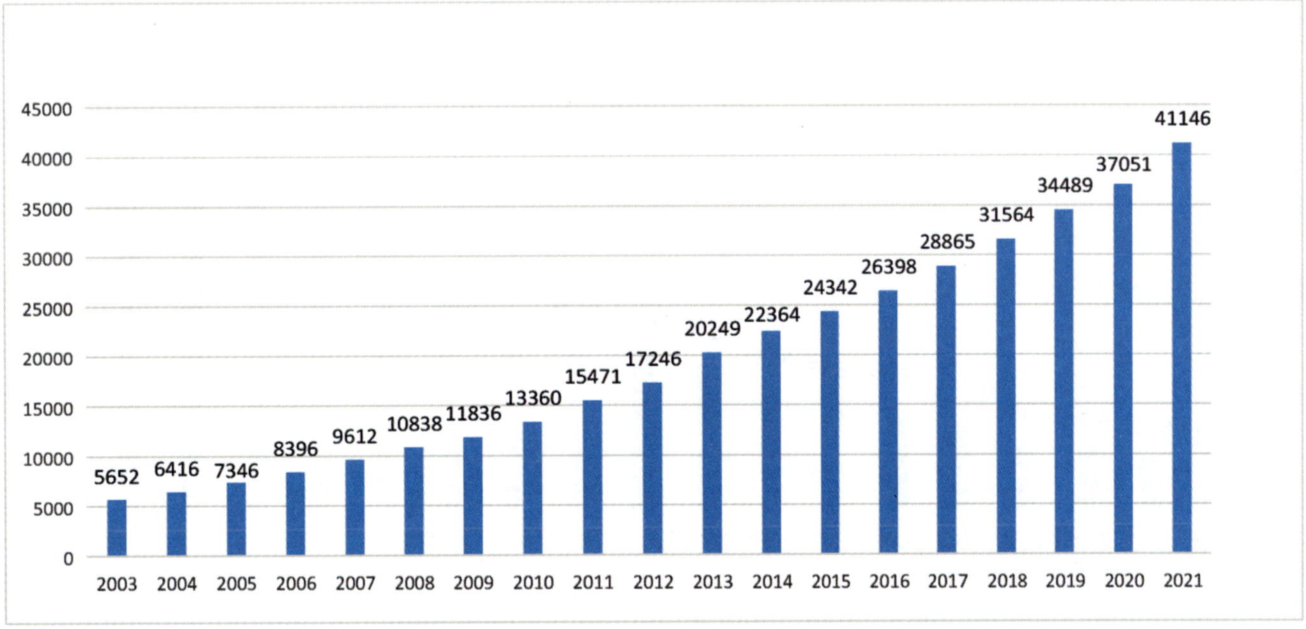

图 4　2003—2021 年南浔区农村居民人均可支配收入示意图

单位：元

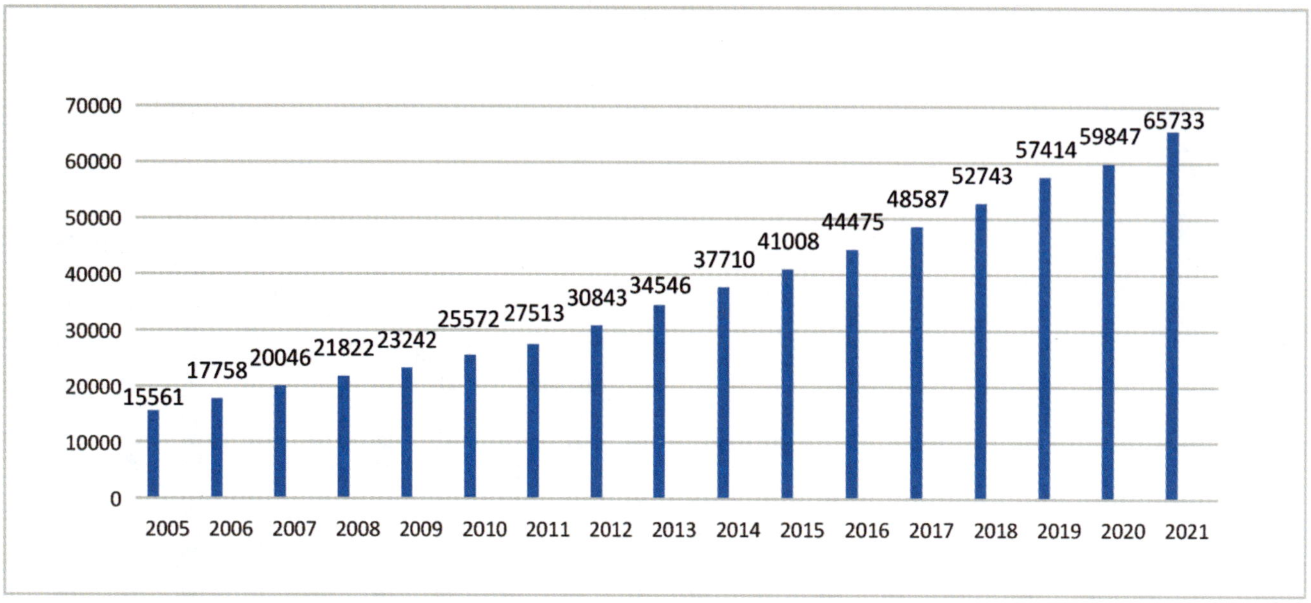

图5　2005—2021年南浔区城镇居民人均可支配收入示意图

单位：亿元

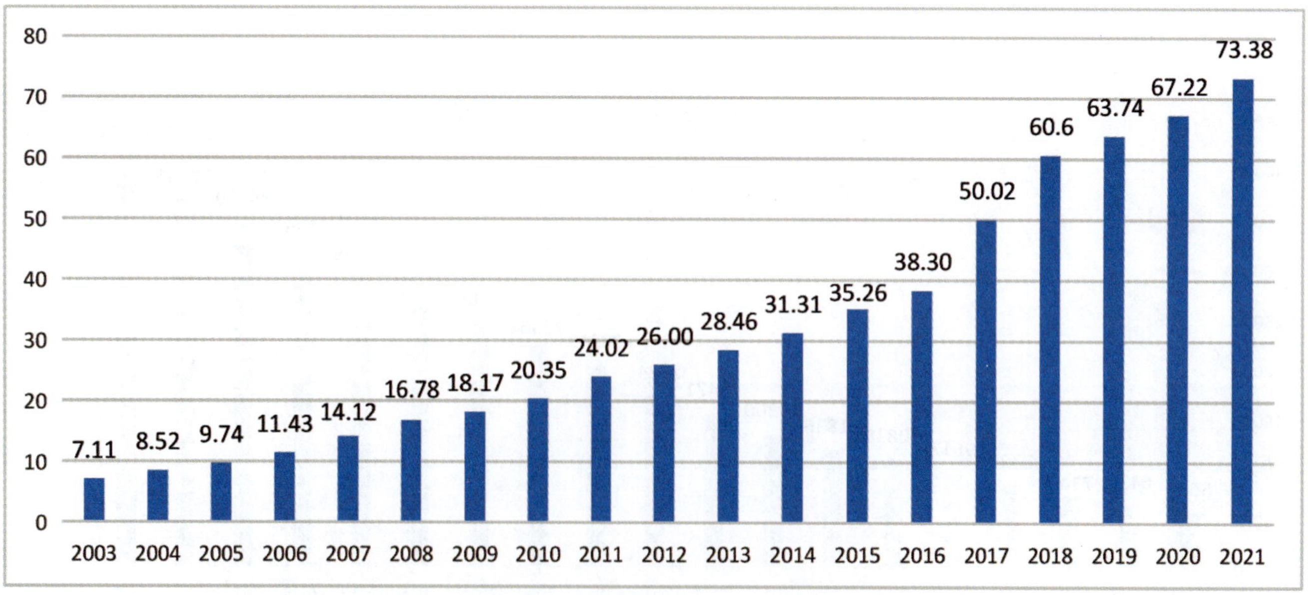

图6　2003—2021年南浔区财政总收入示意图

单位：万美元

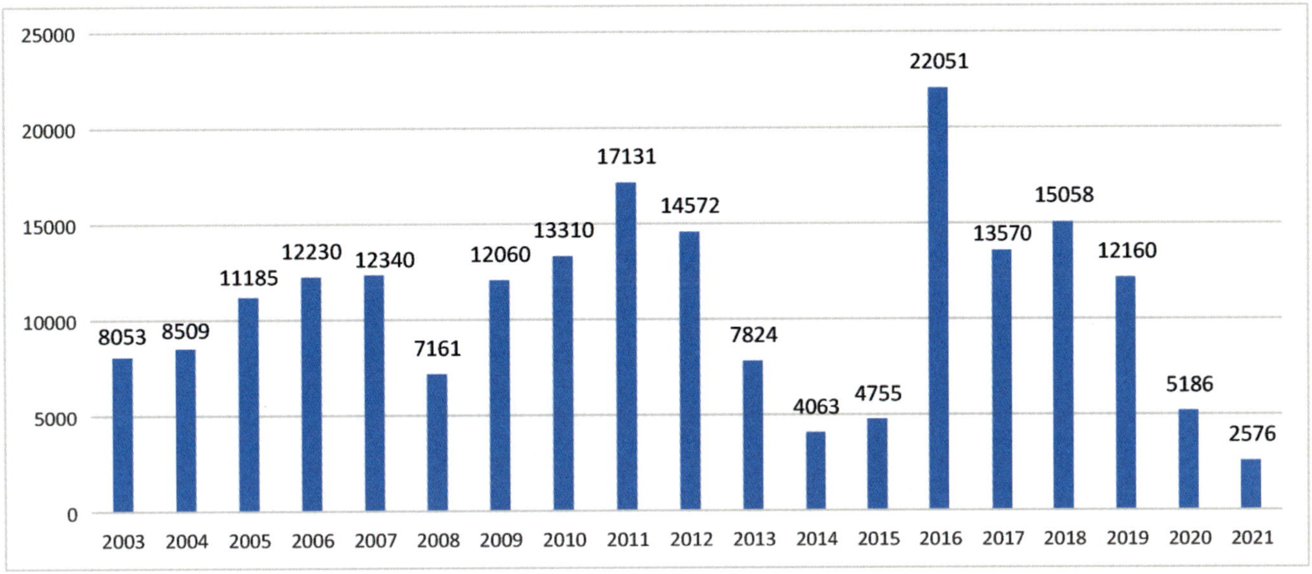

图 7　2003—2021 年南浔区实到外资示意图

单位：万美元、亿元人民币

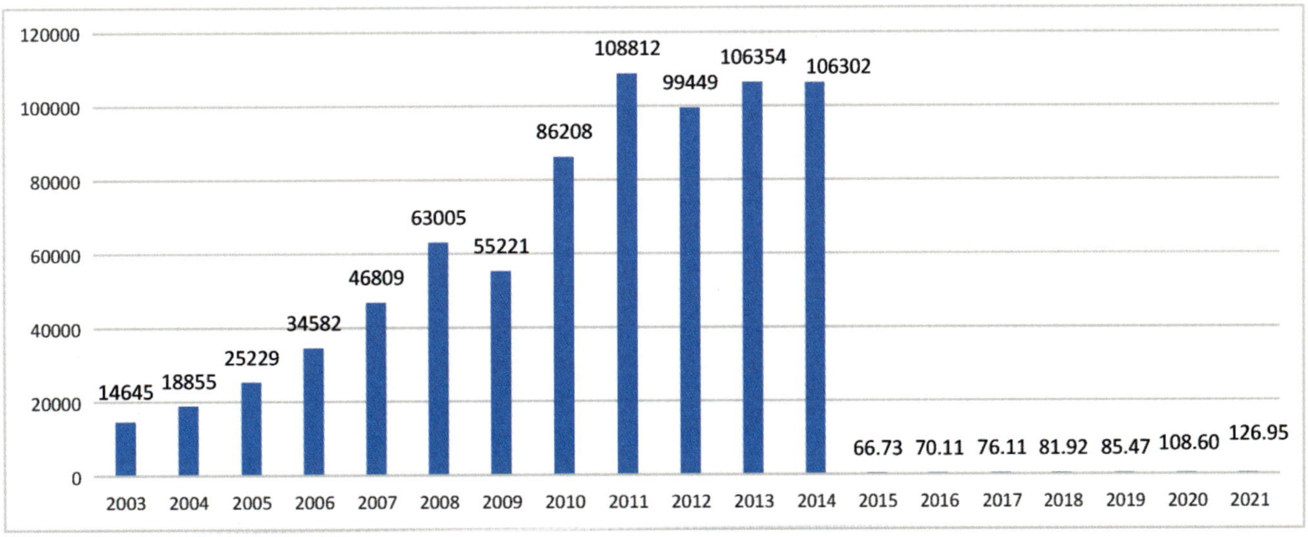

图 8　2003—2021 年南浔区外贸出口额示意图

注：2003—2014 年进出口总额、进口、出口 3 个指标的计量单位为万美元，2015 年开始调整为亿元人民币

• 统计表 •

2021 年南浔地理位置和土地面积一览表

表 20

一、地理位置	
北纬	30°52″～30°53″
东经	120°25″～120°26″
四邻	东南邻桐乡市
	东北毗苏州市吴江区
	南连德清县
	西北接吴兴区
二、区域面积	
土地总面积	702 平方千米
#林地面积	70 平方千米
水域面积	93 平方千米
园地面积	96 平方千米
耕地面积	294 平方千米

2021 年南浔行政区划一览表

表 21

	社　区（个）	村民委员会（个）	村民小组（个）	总户数（户）	户籍人口（人）	土地面积（平方千米）	人口密度（人/平方千米）
全　区	28	221	3920	143100	486442	702	693
南浔镇	12	52	833	37697	132220	141	938
练市镇	2	41	760	23361	83631	123	680
双林镇	5	33	558	19737	65934	99	666
菱湖镇	5	28	574	22584	72032	110	655
和孚镇	3	22	456	15870	51284	86	596
善琏镇	1	15	247	8006	26130	47	556
千金镇		10	198	6370	21219	40	530
石淙镇		7	124	4109	13820	25	553
旧馆街道		13	170	5366	20172	31	651

2003 年以来南浔国民经济主要指标一览表

表 22

	单位	2003 年	2004 年	2005 年	2006 年	2007 年	2008 年	2009 年	2010 年	2011 年	2012 年	2013 年	2014 年	2015 年	2016 年	2017 年	2018 年	2019 年	2020 年	2021 年
生产总值（GDP）	亿元	82.91	99.57	116.95	135.69	159.48	187.21	207.32	237.26	267.09	286.62	308.44	331.42	349.18	363.87	387.69	426.47	458.79	468.01	528.95
	±%	13.5	—	14.8	11.6	13.7	11.4	11.0	8.1	6.6	7.7	8.8	8.0	6.7	3.6	7.5	7.6	7.3	3.3	8.5
#第一产业增加值	亿元	10.58	12.09	12.79	13.23	13.70	17.28	18.05	20.95	23.30	24.30	23.06	21.70	22.39	23.04	23.29	23.12	24.67	26.50	28.28
	±%	5.0	—	2.2	4.4	-5.6	9.4	-1.5	6.7	1.8	1.9	0.4	-6.3	1.9	1.1	1.9	2.9	2.6	4.1	2.6
第二产业增加值	亿元	49.74	61.20	72.24	87.86	105.43	123.53	136.38	153.62	167.87	178.64	187.96	204.60	213.16	216.79	231.02	256.43	275.37	268.71	309.69
	±%	15.1	—	16.0	14.9	17.3	12.1	14.7	6.9	5.0	8.4	9.1	10.0	5.6	2.8	8.0	7.8	7.6	1.7	9.4
#工业增加值	亿元	45.45	55.92	66.67	81.19	100.06	117.17	128.84	142.93	154.92	163.74	175.08	190.61	198.43	200.14	214.12	238.87	255.81	250.46	287.99
	±%	14.3	—	17.0	14.6	20.2	12.6	14.4	5.5	4.7	7.7	10.9	10.1	5.6	3.4	8.6	8.3	8.0	2.5	9.3
第三产业增加值	亿元	22.60	26.27	31.91	34.60	40.35	46.39	52.89	62.68	75.92	83.67	97.42	105.11	113.63	124.03	133.38	146.93	158.76	172.80	190.98
	±%	14.4	—	17.6	7.0	12.7	10.4	5.5	12.1	12.3	8.1	10.3	6.9	10.2	5.6	7.7	8.2	7.5	5.9	8.2
人均生产总值（按户籍人口）	元	16651	19674	23100	26914	31726	37381	41522	47592	53584	57559	62920	67522	71212	74439	79225	86924	93471	95573	108457
人均生产总值增长速度	%	—	—	14.8	12.0	14.0	11.5	11.5	8.2	6.6	7.9	10.5	7.9	6.8	4.1	7.4	7.4	7.2	3.5	9.0
财政总收入	亿元	7.11	8.52	9.74	11.43	14.12	16.78	18.17	20.35	24.02	26.00	28.46	31.31	35.26	38.30	50.02	60.6	63.74	67.22	73.38
	±%	23.3	23.3	14.3	17.3	23.6	18.8	8.3	12.0	18.0	8.3	9.5	10.0	9.1	8.6	30.5	20.8	5.2	5.5	9.2
#一般公共预算收入	亿元	2.90	3.02	4.06	4.81	6.25	7.38	8.48	10.01	12.02	12.88	14.16	15.02	17.90	21.73	28.97	35.16	37.93	40.46	43.05
	±%	29.2	22.4	20.3	18.3	29.9	18.1	14.9	18.0	20.1	7.1	9.9	6.1	11.7	11.7	32.6	20.6	7.9	6.7	6.4
一般公共预算支出	亿元	2.00	2.43	2.95	3.47	4.50	6.20	7.75	9.62	11.12	12.30	14.58	17.25	23.91	27.01	32.59	40.2	49.01	55.22	66.18
	±%	—	21.8	21.2	17.7	29.8	37.7	25.1	24.2	15.5	10.7	18.5	18.3	32.4	13.0	20.7	23.3	21.9	12.7	19.8
农林牧渔业总产值	亿元	—	21.48	22.95	24.85	28.16	33.18	31.67	36.58	41.28	42.92	44.35	41.67	41.64	43.43	43.19	41.22	44.64	48.73	52.32
	±%	—	—	9.7	8.3	13.3	10.8	4.6	3.1	3.1	2.5	0.5	-1.1	2.4	2.5	0.4	1.8	7.9	4.4	4.1
农林牧渔业增加值	亿元	10.58	12.09	12.79	13.23	13.70	17.28	18.05	20.95	23.30	24.30	25.20	24.32	25.13	26.02	26.18	25.98	27.73	29.78	31.83
	±%	5.0	8.2	2.2	4.4	-5.6	8.5	4.3	3.6	2.8	2.2	0.8	-3.9	2.1	2.2	2.5	3.1	3.1	4.5	3.1
规模以上工业企业数	个	289	329	399	491	534	679	690	735	442	460	477	482	495	546	650	956	1119	1076	1079

续表 22

	单位	2003 年	2004 年	2005 年	2006 年	2007 年	2008 年	2009 年	2010 年	2011 年	2012 年	2013 年	2014 年	2015 年	2016 年	2017 年	2018 年	2019 年	2020 年	2021 年
规模以上工业总产值	亿元	160.03	205.46	271.66	311.58	412.71	473.80	472.69	555.02	604.89	615.10	653.90	704.05	733.36	734.36	780.58	856.84	923.62	950.01	1162.77
规模以上工业增加值	亿元	—	—	—	—	—	—	—	—	71.70	84.66	98.11	112.38	123.45	125.50	128.71	137.85	147.84	142.63	175.15
规模以上工业主营业务收入	亿元	155.94	202.03	272.04	311.33	407.31	470.41	466.37	541.04	589.70	609.11	645.46	691.74	711.63	705.36	763.86	857.69	918.98	950.83	1232.61
规模以上工业利税总额	亿元	12.16	15.55	19.55	21.80	29.29	30.61	31.81	39.28	41.82	48.49	58.71	69.59	73.58	74.73	83.1	70.23	77.44	73.15	81.25
#利润总额	亿元	6.46	8.50	10.79	12.44	16.78	17.12	18.55	24.26	26.55	32.00	38.41	45.92	47.42	50.62	59.73	44.47	49.44	48.04	51.51
研究与试验发展经费内部支出	亿元	0.47	0.73	1.14	1.65	2.60	3.08	4.09	4.71	5.32	6.84	8.01	8.83	8.88	9.92	10.59	12.00	14.85	16.57	17.64
R&D 经费支出占 GDP 比重	%	0.6	0.7	1.0	1.2	1.6	1.6	2.0	2.0	2.0	2.4	2.6	2.7	2.5	2.8	2.7	2.81	3.24	3.54	3.34
全社会用电量	亿千瓦时	13.81	14.83	17.07	18.96	—	20.82	22.24	25.45	29.33	30.22	33.79	35.78	37.14	40.92	44.41	47.95	50.11	48.65	55.54
	±%	17.6	8.4	13.3	11	—	—	6.8	14.4	15.2	3.1	11.8	5.9	3.8	10.2	8.5	8.0	4.5	-2.9	14.2
#工业用电量	亿千瓦时	11.45	12.55	14.06	15.48	—	16.89	18.06	20.61	23.88	23.89	26.44	28.75	29.46	31.90	34.65	37.28	38.85	36.87	42.16
	±%	20.7	13	10.9	10.1	—	—	6.9	14.1	15.9	0.0	10.7	8.7	2.5	8.3	8.6	7.5	4.2	-5.1	14.4
固定资产投资	亿元	32.55	44.68	47.45	57.35	65.60	80.97	91.24	105.49	104.27	121.01	133.88	157.77	182.30	200.9	218.25	—	—	—	—
	±%	—	37.3	6.2	20.9	14.4	23.4	12.7	15.6	-1.2	16.1	10.6	17.8	15.6	10.2	13.5	8.3	13.5	7.6	20.1
#工业	亿元	—	30.76	30.16	35.14	43.25	48.63	54.97	66.11	64.22	72.84	77.25	84.37	90.86	100.28	107.41	—	—	—	—
	±%	—	—	-2.0	16.5	23.1	12.4	13.0	20.3	-2.9	13.4	6.0	9.2	7.7	10.4	13.1	-36.3	29.5	28.6	40.1
服务业	亿元	—	12.58	16.93	20.52	19.77	24.39	34.97	37.71	39.58	45.26	54.82	73.32	91.44	100.62	110.85	—	—	—	—
	±%	—	—	34.6	21.2	-3.6	23.4	43.4	7.8	4.9	14.4	21.1	33.7	24.7	10.0	13.9	40.1	8.1	-0.8	9.8
#房地产开发投资	亿元	—	4.39	5.44	5.47	4.90	4.25	9.78	10.01	18.69	14.58	16.37	24.22	30.54	22.36	25.60	78.09	68.30	80.82	78.65
	±%	—	—	24.0	0.6	-10.5	-13.3	130.4	2.3	86.8	-22.0	12.2	48.0	26.1	-26.8	14.5	205.1	-12.5	18.3	-2.7
商品房销售面积	万平方米	—	—	—	—	—	21.74	31.02	34.67	31.54	19.17	22.24	25.07	39.85	57.32	67.28	118.06	106.56	129.03	112.12
	±%	—	—	—	—	—	—	42.7	11.8	-9.0	-39.2	16	12.7	58.9	43.9	17.4	75.5	-9.7	21.1	-13.1
社会消费品零售总额	亿元	—	34.61	34.61	40.01	46.66	55.77	64.25	76.01	89.23	103.08	109.87	125.48	138.18	152.18	169.27	184.44	200.35	—	—
	±%	—	15.2	15.2	15.6	16.6	19.5	15.2	18.3	17.4	15.5	14.1	14.2	10.1	11.0	11.2	9.7	8.6	-6.1	9.1

续表 22

	单位	2003年	2004年	2005年	2006年	2007年	2008年	2009年	2010年	2011年	2012年	2013年	2014年	2015年	2016年	2017年	2018年	2019年	2020年	2021年
进出口总额	亿元	20679	23401	32312	45351	66921	87001	75944	116248	149291	141625	141332	128541	81.46	81.01	89.49	94.31	98.78	123.11	147.37
	±%	42.7	13.3	38.2	40.1	48.2	24.1	-7.5	62.6	29.0	-5.0	0.2	-9.0	3.1	-0.3	10.5	5.4	4.4	24.3	18.9
#进口	亿元	6034	4546	7083	10769	20112	23996	20723	30040	40479	42176	34978	22239	14.73	10.90	13.38	12.39	13.31	14.51	20.42
	±%	91.3	-16.9	45.1	49.8	86.8	19.2	17.7	61.3	34.8	4.2	-15.8	-36.6	7.8	-26.0	22.7	-7.4	-0.8	7.9	41.3
出口	亿元	14645	18855	25229	34582	46809	63005	55221	86208	108812	99449	106354	106302	66.73	70.11	76.11	81.92	85.47	108.60	126.95
	±%	29.2	25.7	40.3	36.8	35.4	26.1	-14.3	63.1	26.9	-8.4	6.9	0.2	2.1	5.4	8.6	7.7	5.3	26.9	16.0
合同外资	万美元	18150	27128	27444	28830	32620	18870	25743	33415	31910	11416	9741	3370	11724	25506	26116	44710	78979	45660	53023
	±%	-6.2	50.1	1.2	5.0	13.1	-42.2	36.4	29.8	-4.5	-64.2	-14.7	-65.4	248.0	117.6	2.4	71.2	76.6	-42.2	16.1
实到外资	万美元	8053	8509	11185	12230	12340	7161	12060	13310	17131	14572	7824	4063	4755	22051	13570	15058	12160	5186	2576
	±%	37.8	5.2	31.4	9.3	0.9	-42.0	68.5	10.3	28.7	-14.9	-46.3	-48.1	17.0	363.7	-38.5	11.0	-19.2	-57.4	-50.3
金融机构年末本外币存款余额	亿元	63.11	70.85	75.97	93.37	103.14	132.23	170.26	218.08	245.57	263.04	300.37	341.20	366.89	410.37	468.08	514.75	603.43	725.16	828.73
#城乡居民人民币储蓄存款余额	亿元	48.68	55.25	59.48	71.16	77.73	101.43	122.17	143.79	167.49	186.32	219.37	248.69	271.94	301.21	323.05	361.88	411.83	461.90	522.66
金融机构年末本外币贷款余额	亿元	42.08	41.60	44.74	57.80	74.31	86.40	122.80	160.11	171.12	187.00	211.68	314.35	257.23	283.96	325.34	399.19	454.89	598.13	782.29
年末总户数	户	144890	145984	145789	145952	145249	146115	145449	144742	144150	143378	142828	142833	142385	142190	142088	142091	142377	142723	143100
年末户籍总人口	人	496189	495319	493625	492983	492317	491266	490401	490552	491029	490578	489853	491803	488877	488747	489970	491277	490408	488971	486442
人口自然增长率	‰	-3.95	-1.47	-2.96	-2.13	-1.98	-3.06	-2.55	-2.15	-1.18	-1.50	-0.49	1.90	-2.78	-0.71	0.48	-0.72	-0.93	-1.82	-2.97
城镇居民人均可支配收入	元	—	—	15561	17758	20046	21822	23242	25572	27513	30843	34546	37710	41008	44475	48587	52743	57414	59847	65733
	±%	—	—	—	14.1	12.9	8.9	6.5	10	7.6	12.1	9.7	9.2	8.7	8.5	9.2	8.6	8.9	4.2	9.8
农村居民人均可支配收入	元	5652	6416	7346	8396	9612	10838	11836	13360	15471	17246	20249	22364	24342	26398	28865	31564	34489	37051	41146
	±%	—	13.5	14.5	14.3	14.5	12.8	9.2	12.9	15.8	11.5	10.5	10.4	8.8	8.4	9.3	9.4	9.3	7.4	11.1
职工平均工资	元	—	18155	19355	19967	21624	25440	27086	31438	37277	41540	48957	55630	61355	67010	72570	82878	87271	65517	74475
	±%	—	—	6.6	3.2	8.3	17.2	6.5	16.1	18.6	11.4	17.9	13.6	10.3	9.7	8.3	14.2	5.3	3.7	13.7
城镇登记失业率	%	4.2	3.8	3.8	3.8	3.1	3.4	3.0	3.1	3.0	3.0	2.7	2.99	2.69	2.46	2.09	2.33	1.79	1.52	2.02

说明：1. 2011 年开始规模以上工业统计口径调整为年主营业务收入 2000 万元及以上，固定资产投资统计口径调整为 500 万元及以上项目；
2. 2003—2014 年进出口总额、进口、出口三个指标的计量单位为万美元，2015 年开始调整为亿元；
3. 按三次产业划分规定（2012 年），第一产业是指农、林、牧、渔业（不含农、林、牧、渔服务业）；按国民经济行业分类（GB/T 4754—2011），农林牧渔业是指农业、林业、畜牧业、渔业以及农林牧渔服务业；
4. 职工平均工资，2003—2019 年为非私营单位口径，2020 年开始为规上单位口径

2020—2021 年南浔人口、婚姻一览表

表 23

	单位	2021 年	2020 年	±%
总户数	户	143100	142723	0.3
总人口数	人	486442	488971	-0.5
乡村人口	人	303543	305898	-0.8
城镇人口	人	182899	183073	-0.1
男	人	237778	239364	-0.7
女	人	248664	249607	-0.4
0~17 岁	人	56322	56862	-0.9
18~34 岁	人	90964	95693	-4.9
35~59 岁	人	181401	181486	0.0
60 岁以上	人	157755	154930	1.8
出生人口	人	2755	3302	-16.6
人口出生率	‰	5.65	6.74	—
死亡人口	人	4202	4192	0.2
人口死亡率	‰	8.62	8.56	—
自然增长人口	人	-1447	-890	—
自然增长率	‰	-2.97	-1.82	—
迁入人口	人	4245	4452	-4.6
市内迁入	人	1433	2300	-37.7
省内迁入	人	429	519	-17.3
省外迁入	人	2383	1633	45.9
迁出人口	人	5319	5002	6.3
迁往市内	人	3614	3600	0.4
迁往省内	人	1199	912	31.5
迁往省外	人	506	490	3.3
结婚登记	对	1895	2269	-16.5
离婚登记	对	553	1043	-47.0

2021年南浔地区生产总值一览表

表 24　　　　单位：亿元

	2021年	±%
生产总值（GDP）	528.95	8.5
第一产业	28.28	2.6
第二产业	309.69	9.4
#工业	287.99	9.3
建筑业	21.73	10.3
第三产业	190.98	8.2
#农、林、牧、渔服务业	3.54	7.3
交通运输仓储及邮政业	4.78	9.5
批发和零售业	41.87	13.2
住宿和餐饮业	8.70	6.5
金融业	49.01	9.6
房地产业	22.17	1.1
营利性服务业	27.98	7.6
非营利性服务业	32.89	6.0

2021 年南浔地方财政收入一览表

表 25

单位：万元

	全区	±%	开发区	南浔镇	练市镇	双林镇	菱湖镇	和孚镇	善琏镇	千金镇	石淙镇	旧馆街道
财政总收入	733755	9.2	209899	184241	70801	74794	52472	65011	20149	7995	10769	37624
#一般公共预算收入合计	430457	6.4	114677	104175	35520	36237	26865	32840	9614	4637	5261	18509
（一）税收收入小计	389784	4.2	110068	100544	33642	34532	25661	31207	9066	4415	4913	17159
1. 增值税	178158	15.6	44152	29241	16589	19396	15676	15387	5723	1968	3181	11142
2. 企业所得税（40%）	55770	16.6	12268	15365	4678	6890	3246	9335	1711	570	603	1104
3. 个人所得税（40%）	18261	-18.0	4960	4336	2867	1222	571	868	87	170	209	248
4. 城市维护建设税	20035	13.5	5047	4377	2226	2143	1385	1934	651	263	419	1590
5. 其他地方各税	59787	-18.9	17972	25828	4155	2870	3615	2850	424	500	244	1178
6. 耕地占用税	13757	23.3	5259	3302	808	999	403	633	301	365	180	1507
7. 契税	44016	-6.6	20410	18095	2319	1012	765	200	169	579	77	390
（二）非税收收入小计	40673	32.7	4609	3631	1878	1705	1204	1633	548	222	348	1350
1. 专项收入	19647	24.3	4609	3631	1878	1705	1204	1633	548	222	348	1350
其中：（1）教育费附加收入	10288	—	2761	2179	1127	1023	737	980	329	133	209	810
（2）地方教育附加收入	6858	—	1848	1452	751	682	467	653	219	89	139	540
（3）残疾人就业保障金	2496	—	—	—	—	—	—	—	—	—	—	—
2. 行政性收费收入	5910	38.4	—	—	—	—	—	—	—	—	—	—
3. 罚没收入	14116	49.6	—	—	—	—	—	—	—	—	—	—
4. 其他收入	1000	-13.4	—	—	—	—	—	—	—	—	—	—

2020—2021 年南浔利用外资及港澳台资一览表

表 26

	单位	2021 年	2020 年	±%
外资审批项目数	个	30	18	66.7
#新批企业	家	19	14	35.7
增资项目	个	8	4	100.0
减资项目	个	3	0	—
外资项目总投资	万美元	55694	29810	86.8
外资项目注册资本	万美元	52194	18589	180.8
实到外资合计	万美元	2576	5186	-50.3
开发区	万美元	20	1450	-98.6
南浔镇	万美元	101	33	206.1
练市镇	万美元	79	2622	-97.0
双林镇	万美元	99	237	-58.2
菱湖镇	万美元	1439	325	342.8
和孚镇	万美元	232	57	307.0
善琏镇	万美元	0	15	-100.0
千金镇	万美元	590	434	35.9
石淙镇	万美元	16	0	—
旧馆街道	万美元	0	13	-100.0
合同外资及港澳台资	万美元	53023	45658	16.1
#第一产业	万美元	0	292	-100.0
第二产业	万美元	49695	39272	26.5
第三产业	万美元	3328	6094	-45.4
#中国香港地区	万美元	25182	37290	-32.5
美　国	万美元	822	0	—
加拿大	万美元	0	0	—
中国台湾地区	万美元	20500	0	—
全区累计批准外商投资企业数	家	348	329	5.8
总投资	亿美元	75.27	69.7	8.0
合同外资	亿美元	48.36	43.06	12.3
实到外资	亿美元	17.57	17.31	1.5

2021 年南浔进出口总额一览表

表 27 单位：万元

	2021 年	±%
进出口总额	1473743	18.9
#开发区	510645	41.5
南浔镇	165926	10.0
练市镇	164844	48.7
双林镇	261818	-8.9
菱湖镇	149087	30.5
和孚镇	119811	-0.4
善琏镇	15232	14.2
千金镇	34994	8.0
石淙镇	46350	22.8
旧馆街道	5037	-56.0
出口	1269538	16.0
#开发区	418904	27.9
南浔镇	133019	13.2
练市镇	161555	49.7
双林镇	211300	-8.6
菱湖镇	143547	27.1
和孚镇	117553	0.1
善琏镇	14961	23.5
千金镇	34994	8.3
石淙镇	28669	16.8
旧馆街道	5037	-56.0
进口	204205	41.3

2021 年南浔对外及对港贸易一览表

表 28 单位：万元

	2021 年	±%
一、出口按贸易方式分		
#一般贸易	1117555	12.7
加工贸易	53984	-43.2
其他贸易	98000	1161.7
二、出口按企业性质分		
#外资企业	165423	15.6
内资企业	885087	15.8
流通企业	219028	17.1
三、出口按地区分		
亚洲	619849	13.2
东盟	228732	17.7
印度	79545	33.3
韩国	36436	-13.8
中国香港地区	6066	-73.5
欧洲	229046	16.2
欧盟	158899	16.5
意大利	24725	94.8
德国	28565	-29.6
北美洲	232221	7.7
加拿大	30446	31.4
美国	201775	4.9
拉丁美洲	82417	70.3
非洲	79554	20.0
大洋洲	26451	31.9
四、出口按产品分		
#食品、饮料	228	-63.4
化学产品	18972	-21.6
塑料、橡胶及其制品	166520	51.9
革、毛皮及制品	9348	0.2
木及木制品	138652	60.3
纺织原料及纺织制品	359597	25.3
贱金属及其制品	148467	-21.9
机电产品	405202	12.9

2020—2021 年南浔金融机构信贷收支一览表

表 29

单位：亿元、%

	2021 年	±%	比年初增减	
			2021 年	2020 年
一、金融机构年末本外币存款余额	828. 73	14. 3	103. 57	121. 72
金融机构人民币存款余额	819. 76	14. 3	102. 57	124. 13
1. 企业存款	275. 10	16. 2	38. 32	65. 20
2. 个人存款	522. 66	13. 2	60. 77	50. 07
#储蓄存款	522. 66	13. 2	60. 77	50. 07
3. 财政性存款	19. 77	16. 7	2. 82	8. 23
二、金融机构年末本外币贷款余额	782. 29	29. 3	177. 07	149. 99
金融机构人民币贷款余额	768. 52	30. 7	180. 54	147. 17
1. 企业贷款	442. 47	40. 8	128. 13	86. 90
#工业贷款	210. 31	27. 7	45. 68	28. 93
商业贷款	10. 98	28. 4	2. 43	-2. 05
农业贷款	4. 23	27. 0	0. 90	1. 23
基本建设贷款	216. 95	57. 4	79. 12	58. 79
#政府性项目贷款	206. 32	50. 6	69. 36	58. 28
2. 个人贷款	326. 04	19. 2	52. 41	60. 27
#个人消费贷款	66. 98	17. 0	9. 74	15. 78
三、票据融资	12. 71	-25. 3	-4. 31	2. 96
#贴现	12. 71	-25. 3	-4. 31	2. 96
四、不良资产（包括抵债资产）	1. 47	3. 2	0. 05	0. 42
1. 不良贷款	1. 47	3. 2	0. 05	0. 42
2. 不良贷款率%	0. 19	-0. 1	-0. 05	0. 01
五、存贷比	94. 40	10. 9	10. 94	8. 02

2003—2021 年南浔主要年份规模以上分行业工业总产值一览表

表 30

单位：万元

	2003 年	2004 年	2005 年	2006 年	2007 年	2008 年	2009 年	2010 年	2011 年	2012 年	2013 年	2014 年	2015 年	2016 年	2017 年	2018 年	2019 年	2020 年	2021 年
总　　计	1600275	2054608	2716589	3115790	4127092	4738015	4726944	5550162	6048892	6151021	6449080	7040541	7333618	7343617	7805760	8568350	9236180	9500104	11627730
农副食品加工业	11759	17947	29707	44168	42675	32569	49700	64923	67138	62848	67881	75460	78820	201266	225086	186766	211959	248396	245614
食品制造业	3656	4254		1579	2276	2858	4271	4365	3295	3684	3123	3089	2576	2744	5801	4827	5347	4574	5196
酒、饮料和精制茶制造业	993	1018	1047	1040	1236	1305	1417	2006	2017	2025	2018	2033	2400	2264	2216	2207	2199	2173	4784
纺织业	350897	396259	495598	696447	842734	820816	814767	872015	859435	876278	807183	762684	852952	864995	914725	847194	976066	803569	1093962
纺织服装、服饰业	190420	215365	310237	70223	85297	118052	128974	122514	106572	125943	211786	152553	165874	144429	109536	75486	81043	68947	84363
皮革、毛皮、羽毛及其制品和制鞋业	61898	95518	109909	120106	128652	103886	89884	79122	64356	76640	84332	60885	52112	50509	41761	37209	30410	18209	22108
木材加工和木、竹、藤、棕、草制品业	77218	179995	282383	400402	625396	889323	903988	1062720	1082945	1085288	1088667	1109860	1113581	1192481	940594	1050320	1202557	1135100	1233739
家具制造业	90494	3538	19615	33519	39504	40237	39589	49847	54615	51538	54688	58256	51162	46571	44319	177033	214606	210467	246936
造纸和纸制品业	8254	12391	7424	7454	16117	29970	31234	35448	39512	40423	41168	38277	44633	49123	69136	82356	81915	125596	108388
印刷和记录媒介复制业	871	3207		45354	1073	2036	4430	5147	7159	7890	7086	8822	9769	11002	14963	7885	10073	7066	53131
文教、工美、体育和娱乐用品制造业	4280	4892				1475	3173	2882	19429	20652	21487	116308	147647	115778	137643	108693	138840	149956	174130
石油加工、炼焦和核燃料加工业							2719	5315	6091	5161	6377	7047	8212	14716	71908	49695	23743	15447	16021
化学原料和化学制品制造业	83650	103540	141899	175485	242457	296824	216560	210843	228277	150231	147441	191580	238796	237208	251366	308577	300236	284653	335790
医药制造业	68490	63742	19231	23811	29168	22518	21384	20610	23800	25332	25487	28538	28279	30235	29759	31347	38468	49378	68132
化学纤维制造业	4255	4838	32764	47075	60245	42840	50411	58436	86037	83296	201989	358812	341569	347618	359579	418275	362824	268767	254530
橡胶和塑料制品业	15730	14048	10728	11576	15813	11907	16397	25116	12755	8990	8366	16431	20984	29005	37687	36477	53487	72674	106881
非金属矿物制品业	92107	124765	109851	126849	153833	150654	152921	154382	174294	147349	156245	207231	206574	223502	296776	447529	603120	795487	926625
黑色金属冶炼和压延加工业	130781	233695	336831	218613	425565	483356	510488	590131	773301	789204	747045	723035	647449	620082	530837	672084	323643	279717	391290
有色金属冶炼和压延加工业	24644	24675	86113	116919	142050	286268	65001	83617	92060	93836	124415	113019	568768	157084	72432	63612	76327	80618	67600
金属制品业	39237	54392	10597	18670	32431	64129	51810	60861	64657	61077	73669	64966	63853	286702	736643	873815	1293221	1354985	1636972
通用设备制造业	47414	67026	107644	154301	199896	275939	323648	432614	483779	599376	760707	955629	997112	1001243	1042438	1004572	1169938	1342207	1475512
专用设备制造业	0	900	6162	9489	10830	12849	17634	47048	48809	81647	58637	62994	62800	53799	61430	58346	72584	42815	77067
汽车制造业	7694	9595	9479	14813	23876	28151	32487	37806	18615	15822	20714	21128	21786	38199	70140	41405	39654	50960	32991
铁路、船舶、航空航天和其他运输设备制造业									14711	16090	17391	18557	9306	15506	35961	15066	3306	6107	6237
电气机械和器材制造业	268669	390420	554271	513964	715791	948691	891571	1163944	1370542	1666766	1652954	1816531	1528664	1528138	1589587	1702533	1575891	1786838	2595551
计算机、通信和其他电子设备制造业	13351	24606	21430	247829	265508	42256	262654	311989	319605	23230	24811	30097	28814	15766	24772	32681	49742	57100	82437
仪器仪表及文化、办公用机械制造							4724	6470									0		
其他制造业	2024	2320	1440	1878	3824	6368	13680	18165	3598	3425	4291	3734	3253	4054	4136	3360	8382	8279	8341
废弃资源综合利用业														2349	3969	31004	36233	31062	23629
电力、燃气及水的生产和供应业	1491	1662	12230	14227	20847	22739	21430	21826	21489	26982	29122	32985	35874	57248	61694	129501	171763	129546	156943
燃气生产和供应业															16740	66448	76334	64639	87387
水的生产和供应业															2126	2045	2272	4774	5448

2021 年度南浔规模以上工业企业分镇（开发区、街道）经济指标一览表

表 31

单位：万元、人、家

指 标 名 称	南浔区	开发区	南浔镇	练市镇	双林镇	菱湖镇	和孚镇	善琏镇	千金镇	石淙镇	旧馆街道
企业单位数（家）	1079	240	150	150	127	100	105	54	19	34	100
亏损企业	106	30	8	16	6	13	15	3		4	11
工业总产值（当年价格）	11627730	3383419	806997	2654081	1312671	840197	1015609	391784	237663	185059	800251
# 新产品产值	4991627	1683891	147717	1455690	518384	169149	468927	146251	98307	19353	283958
年初存货	1073647	289077	86146	228035	188493	70100	83837	25382	9393	12783	80400
# 产成品	476605	124925	31354	98418	79427	30232	33520	12816	7454	6011	52449
资产总计	10679196	3109725	651511	1734312	1433967	731042	1784730	344258	161221	133082	595349
流动资产合计	632608. 5	194698. 5	39994. 1	100049. 6	92757. 6	43104. 4	89749	18945. 2	8800. 1	7080. 5	37429. 5
应收账款	241674. 1	64755. 2	15540	41477. 8	30242. 6	16436. 9	37881. 5	10457. 1	4875. 2	3777. 9	16229. 9
存货	111349. 5	27463. 8	9221. 5	22509. 5	21296. 9	7612. 7	8284. 3	2782. 8	948. 1	1201. 6	10028. 3
# 产成品	476605	124925	31354	98418	79427	30232	33520	12816	7454	6011	52449
长期股权投资	413277	21237	23161	154197	101540	18832	71273	3279	105	505	19148
固定资产原价	3470619	749985	184920	495144	588161	287462	724392	136921	53935	48777	200922
累计折旧	1379126	232682	65553	195324	288457	109790	303726	47103	22338	22546	91609
#本年折旧	221029	46571	11360	28813	36500	19934	48202	7781	3867	3319	14683
固定资产净额	2044943	510772	115336	292134	294842	165043	418174	89125	31597	26164	101757
负债合计	6801813	2060530	421067	952370	665547	426712	1447448	216359	119487	93737	398557
流动负债合计	6143772	1866458	394658	927181	646186	412563	1095356	209604	116284	91456	384026
#应付账款	1814641	529733	109324	203529	179911	106462	431896	62608	50887	19701	120590
所有者权益合计	3841854	1042514	227793	781941	761261	287682	335256	127898	41734	39344	196430
实收资本	1875968	665215	130131	276811	219358	134475	244552	52103	19194	20667	113463
#国家资本	16148	5563	1065	7443	2077						
集体资本	4850				9	4841					

续表 31

单位：万元、人、家

指 标 名 称	南浔区	开发区	南浔镇	练市镇	双林镇	菱湖镇	和孚镇	善琏镇	千金镇	石淙镇	旧馆街道
法人资本	895038	341432	19661	156102	136133	28752	135566	24554	7989	5640	39209
个人资本	743813	199681	103050	113253	76652	71624	62658	27549	11204	12927	65215
港澳台资本	152656	56682	6284		4486	27737	46328			2100	9039
外商资本	63463	61856	72	14		1521					
营业收入	12824053	3939324	838941	2876272	1490741	888105	1109969	415488	248210	188215	828787
#主营业务收入	12326061	3833727	819561	2684158	1391554	852940	1090549	404614	247782	187621	813554
营业成本	11274856	3461943	733187	2622547	1228228	766538	985372	357660	219020	163852	736508
税金及附加	48088	17526	5312	6538	5459	2633	4031	1581	618	723	3668
销售费用	280922	109791	14706	43569	46928	19946	19364	8833	4516	4151	9117
管理费用	379991	133312	32865	46245	46809	32937	39770	13670	5075	6205	23103
研发费用	240534	67719	12957	48675	41556	19715	25554	7451	176	2299	14432
财务费用	129604	16677	6366	18565	4790	8694	62337	2642	1459	1600	6474
#利息费用	136203	25529	6013	21036	5431	6433	61078	1868	1408	1247	6160
利息收入	14244	5596	753	4314	2709	255	349	26	22	4	217
资产减值损失	28998	5574		3120	7209	63	13033		-113		111
其他收益	14096	1490		4936	3580	84	3545	98	363		
投资收益	42191	6844	642	13586	18093	320	2200	97	22	11	377
公允价值变动收益	-2984				-2984						
资产处置收益（损失以“-”号记）	691	710		-10	0	-4	-5		0		
营业利润	495068	135825	34183	105529	128460	37979	-33753	23847	17842	9398	35758
营业外收入	46320	12924	2639	7304	6071	5873	4223	1590	881	1640	2676
营业外支出	26317	4016	1530	3695	2928	3856	6656	717	376	325	2218
利润总额	515071	144734	35292	109639	131601	39996	-36186	24719	18347	10713	36216
所得税费用	67578	19112	4567	11239	14268	4723	6103	3690	771	714	2391
亏损企业亏损总额	112681	11571	1082	1367	3163	3976	87509	261		367	3387
利税总额	812513	226967	58795	153304	176755	61794	-1124	37084	23325	18860	56752

续表 31

单位：万元、人、家

指标名称	南浔区	开发区	南浔镇	练市镇	双林镇	菱湖镇	和孚镇	善琏镇	千金镇	石淙镇	旧馆街道
应缴税费及附加	365019	101346	28069	54904	59422	26521	41166	16055	5749	8862	22926
应付职工薪酬	748693	268932	53852	90917	103279	50864	70722	30088	10615	14796	54628
本年应交增值税	249353	64708	18190	37128	39695	19165	31032	10783	4360	7425	16868
本年销项税额	1550938	447082	91745	364610	240044	90177	119130	50823	28798	22194	96336
本年进项税额	1604816	419163	94923	344610	386120	82414	109720	40724	25903	17561	83677
平均用工人数	79215	21551	7541	10792	11589	6357	7821	4727	1340	2095	5402
期末用工人数	79478	22227	7526	10656	11572	6272	7570	4783	1388	2161	5323
银行贷款余额	166900	44673	116678	177824	105619	120140	485792	41313	24525	20339	130031
资产负债率（%）	63.69	66.26	64.63	54.91	46.41	58.37	81.10	62.85	74.11	70.44	66.95
成本费用利润率（%）	4.19	3.82	4.41	3.94	9.62	4.72	−3.20	6.33	7.97	6.01	4.59
营业收入利润率（%）	4.02	3.67	4.21	3.81	8.83	4.50	−3.26	5.95	7.39	5.69	4.37
每百元资金实现利税（元）	7.61	7.30	9.02	8.84	12.33	8.45	−0.06	10.77	14.47	14.17	9.53
每百元固定资产原值实现利税（元）	23.41	30.26	31.79	30.96	30.05	21.50	−0.16	27.08	43.25	38.67	28.25
每百元营业收入实现利税（元）	6.34	5.76	7.01	5.33	11.86	6.96	−0.10	8.93	9.40	10.02	6.85
流动资产周转率（次/年）	1.76	1.74	1.86	2.50	1.60	1.81	0.99	1.83	2.20	1.98	1.95
全员劳动生产率（元/人）	221107	247311	163270	236373	261018	207227	168280	159963	276728	170813	233213
总资产贡献率	8.75	7.94	9.83	9.80	12.52	9.30	3.34	11.31	15.33	15.11	10.53
流动比率	1.18	1.21	1.14	1.24	1.44	1.19	1.03	1.08	0.97	1.04	1.11
速动比率	0.97	1.01	0.89	0.92	1.10	0.97	0.94	0.91	0.83	0.89	0.88
企业亏损面（%）	9.82	12.50	5.33	10.67	4.72	13.00	14.29	5.56		11.76	11.00
亏损率（%）	17.95	7.40	2.97	1.23	2.35	9.04	170.51	1.04		3.31	8.55
利润总额占利税比重（%）	63.39	63.77	60.03	71.52	74.45	64.72	3220.85	66.66	78.66	56.80	63.82
利税总额占增加值比重（%）	46.39	42.58	47.75	60.10	58.43	46.91	−0.85	49.04	62.90	52.70	45.05
产成品存货周转天数（天）	17.16	16.61	14.79	17.25	23.77	16.57	10.92	19.89	13.27	10.36	21.08
新产品产值率（%）	42.93	49.77	18.30	54.85	39.49	20.13	46.17	37.33	41.36	10.46	35.48

2021 年南浔乡镇农村基本情况一览表

表 32

	单位	全　区	开发区	南浔镇	练市镇	双林镇	菱湖镇	和孚镇	善琏镇	千金镇	石淙镇	旧馆街道
一、村民委员会个数	个	213	21	32	38	29	26	22	15	10	7	13
二、农村住户数、人口												
1. 农村住户数	户	108792	11809	14174	20548	13802	17304	14197	6955	6077	3926	5356
2. 农村人口数	人	403012	48388	57635	78013	50118	62170	48513	23982	20797	13396	20057
#男	人	199686	23926	28222	39054	25100	31082	23806	11747	10251	6498	9862
女	人	203326	24462	29413	38959	25018	31088	24707	12235	10546	6898	10195
三、农村劳动力资源数		234670	27535	33851	47046	27932	37818	26684	13260	13206	7338	11366
#男	人	120850	13691	17584	24477	14325	19546	13347	6734	7452	3694	5831
女	人	113820	13844	16267	22569	13607	18272	13337	6526	5754	3644	5535
四、农村从业人员	人	192362	23956	14909	40694	24905	32860	25620	10887	11975	6556	8780
1. 男	人	99572	11911	7699	21583	12784	17154	12812	5533	6762	3334	4452
#从事农业人员	人	23699	973	2532	5018	2856	6325	2560	1709	1072	654	1188
2. 女	人	92790	12045	7210	19111	12121	15706	12808	5354	5213	3222	4328
#从事农业人员	人	18298	608	1861	4146	2378	3978	2560	1412	926	429	799
五、农村社会基础设施												
1. 自来水受益村数	个	200	21	32	38	29	26	22	15	10	7	13
2. 通有线电视村数	个	200	21	32	38	29	26	22	15	10	7	13
3. 通宽带村数	个	200	21	32	38	29	26	22	15	10	7	13
六、年末常用耕地面积	公顷	25552	1716	3530	5487	3539	3848	2590	2630	1157	1057	962
七、乡镇公共财政预算收入	万元	318508	114677	52857	35520	36237	26865	32840	9614	4637	5261	18509

表 33

2021 年南浔全部固定资产投资完成情况一览表

	全区	开发区	南浔镇	练市镇	双林镇	菱湖镇	和孚镇	善琏镇	千金镇	石淙镇	旧馆街道
一、计划投资（万元）											
1. 计划总投资	18. 3	28. 4	22. 0	-15. 8	-5. 3	-7. 0	14. 5	44. 2	-11. 8	2. 1	-5. 3
其中：本年新开工项目	-39. 1	-90. 2	25. 2	-21. 6	-36. 6	223. 1	22. 4	-27. 6	-100. 0	-24. 0	-36. 6
2. 5000 万元以上自开始建设累计完成投资及房地产开发自开始建设累计完成投资	17. 6	59. 9	10. 5	-7. 7	-39. 6	4. 4	44. 2	122. 6	-50. 3	-3. 3	-39. 6
二、本年完成投资	20. 1	42. 2	21. 5	19. 3	4. 2	20. 2	23. 2	45. 1	-42. 4	17. 1	4. 2
其中：国有投资	25. 4	68. 3	56. 3	11. 5	-98. 1	-19. 3	27. 8	491. 9	27. 9	-30. 1	-98. 1
其中：非国有投资	18. 2	38. 7	6. 5	20. 5	27. 7	33. 2	23. 1	31. 6	-52. 7	122. 4	27. 7
其中：民间投资	18. 3	38. 5	6. 5	19. 1	21. 8	32. 0	41. 1	31. 6	-52. 7	106. 7	21. 8
其中：房地产开发投资	-2. 7	-21. 9	-1. 8	70. 3	49. 3	26. 4	-59. 3	0. 0	0. 0	0. 0	49. 3
其中：投资项目	35. 9	94. 5	97. 1	12. 6	-3. 6	18. 6	39. 4	45. 1	-42. 4	-5. 0	-3. 6
其中：基础设施和公共服务	-0. 4	143. 5	47. 3	-33. 7	-93. 9	-15. 7	76. 7	204. 8	-67. 4	237. 2	-93. 9
1. 电力、燃气及水的生产供应业	-82. 9	0. 0	0. 0	0. 0	-100. 0	0. 0	2073. 9	-75. 1	-100. 0	-100. 0	-100. 0
2. 交通运输业	56. 0	0. 0	-71. 7	-43. 1	0. 0	0. 0	-62. 3	0. 0	0. 0	0. 0	0. 0
3. 邮政业	0. 0	0. 0	0. 0	0. 0	0. 0	0. 0	0. 0	0. 0	0. 0	0. 0	0. 0
4. 信息传输业	-98. 5	0. 0	0. 0	0. 0	0. 0	-98. 5	0. 0	0. 0	0. 0	0. 0	0. 0
5. 水利、环境和公共设施管理业（除土地管理）	5. 1	127. 3	48. 2	-32. 5	-100. 0	-21. 1	35. 9	491. 9	-65. 3	466. 0	-100. 0
其中：公共服务投资	322. 1	0. 0	2037. 4	163. 2	-85. 2	-38. 8	0. 0	28. 4	0. 0	0. 0	-85. 2
1. 教育设施	630. 8	0. 0	0. 0	-91. 7	-89. 3	0. 0	0. 0	-53. 6	0. 0	0. 0	-89. 3
2. 广播、电视、电影和音像业	0. 0	0. 0	0. 0	0. 0	0. 0	0. 0	0. 0	0. 0	0. 0	0. 0	0. 0
3. 文化艺术业	2021. 9	0. 0	0. 0	0. 0	0. 0	0. 0	0. 0	279. 9	0. 0	0. 0	0. 0
4. 体育设施	0. 0	0. 0	0. 0	0. 0	0. 0	0. 0	0. 0	0. 0	0. 0	0. 0	0. 0
5. 卫生设施	21. 5	0. 0	-22. 0	301. 9	30. 0	-38. 8	0. 0	0. 0	0. 0	0. 0	30. 0
其中：工业投资	40. 1	81. 6	3. 0	47. 1	18. 5	24. 8	41. 7	140. 2	46. 4	13. 6	18. 5
其中：工业企业技术改造	-39. 7	-56. 6	-74. 1	-26. 9	-92. 0	78. 3	13. 7	-20. 1	-85. 7	-78. 1	-92. 0

续表 33

	全区	开发区	南浔镇	练市镇	双林镇	菱湖镇	和孚镇	善琏镇	千金镇	石淙镇	旧馆街道
1. 按三次产业分：											
第一产业	43.9	0.0	0.0	0.0	0.0	0.0	0.0	-33.3	-100.0	-100.0	0.0
第二产业	40.1	81.6	3.0	47.1	18.5	24.8	41.7	140.2	46.4	13.6	18.5
第三产业	9.8	10.5	22.8	-15.3	-25.1	17.1	-39.4	-16.8	-68.8	27.2	-25.1
2. 按登记注册类型分：											
内资企业	10.4	2.2	21.2	17.9	-1.1	18.0	36.6	42.4	-42.4	7.3	-1.1
国有企业	78.0	82.9	1876.7	-4.2	-97.8	-19.3	-100.0	491.9	-88.3	0.0	-97.8
集体企业	153.6	0.0	0.0	-50.5	0.0	0.0	-100.0	-44.0	-77.3	-100.0	0.0
股份合作企业	0.0	0.0	0.0	0.0	0.0	0.0	0.0	0.0	0.0	0.0	0.0
联营企业	0.0	0.0	0.0	0.0	0.0	0.0	0.0	0.0	0.0	0.0	0.0
有限责任公司	15.2	31.0	44.3	-35.8	-51.7	42.1	16.8	-12.8	-65.6	-1.5	-51.7
国有独资公司	-17.1	25.7	-71.7	0.0	0.0	0.0	0.0	0.0	0.0	0.0	0.0
其他有限责任公司	20.2	33.7	44.5	-35.8	-51.7	42.1	14.1	-12.8	-65.6	-1.5	-51.7
股份有限公司	61.9	0.0	0.0	137.5	-7.9	-31.1	65.6	0.0	0.0	-100.0	-7.9
私营企业	-7.1	-25.2	-33.9	48.2	35.7	32.7	94.5	138.8	105.6	27.9	35.7
其他企业	278.3	0.0	0.0	0.0	0.0	-100.0	0.0	0.0	0.0	0.0	0.0
港、澳、台商投资企业	-0.3	-100.0	0.0	0.0	1308.7	41.9	-74.6	0.0	0.0	223.8	1308.7
外商投资企业	174.3	226.6	788.1	13.3	0.0	0.0	0.0	0.0	0.0	0.0	0.0
个体经营	0.0	0.0	0.0	0.0	0.0	0.0	0.0	0.0	0.0	0.0	0.0
3. 按建设性质分											
（1）新建	57.5	123.0	102.1	133.2	12.8	10.3	54.2	85.9	-39.5	4.0	12.8
（2）扩建	47.0	-49.1	247.9	-56.3	30.0	0.0	829.0	103.7	0.0	0.0	30.0
（3）改建和技术改造	-42.4	-65.1	10.9	-42.2	-88.3	87.7	-40.4	-38.4	-85.7	-78.1	-88.3
（4）单纯建造生活设施	-98.1	0.0	0.0	0.0	0.0	0.0	0.0	0.0	0.0	-98.1	0.0
（5）迁建	11676.1	0.0	-100.0	0.0	0.0	0.0	102261.5	0.0	0.0	0.0	0.0
（6）恢复	0.0	0.0	0.0	0.0	0.0	0.0	0.0	0.0	0.0	0.0	0.0
（7）单纯购置	-100.0	0.0	0.0	-100.0	0.0	0.0	0.0	0.0	0.0	0.0	0.0

续表 33

	全区	开发区	南浔镇	练市镇	双林镇	菱湖镇	和孚镇	善琏镇	千金镇	石淙镇	旧馆街道
4. 按构成分											
建筑安装工程	13.3	25.5	10.0	-2.4	-5.9	7.0	59.2	44.8	-40.6	61.6	-5.9
设备工器具购置	47.9	475.0	35.7	81.2	-10.0	104.6	-41.4	30.8	-33.8	-56.0	-10.0
其中：购置旧设备	709.0	0.0	1382.0	-73.4	0.0	0.0	0.0	0.0	0.0	0.0	0.0
其中：用于更新的设备	0.0	0.0	0.0	0.0	0.0	0.0	0.0	0.0	0.0	0.0	0.0
其他费用	37.8	49.2	55.7	112.6	47.3	57.7	12.1	70.2	-54.9	-35.3	47.3
其中：旧建筑物购置费	-80.2	0.0	-100.0	0.0	-100.0	-100.0	0.0	0.0	0.0	0.0	-100.0
其中：土地购置费	38.0	50.6	46.2	525.0	61.9	72.9	-2.4	11.6	-56.0	-40.5	61.9
5. 按国民经济行业分 2017											
农、林、牧、渔业	43.9	0.0	0.0	0.0	0.0	0.0	0.0	-33.3	-100.0	-100.0	0.0
农业	61.1	0.0	0.0	0.0	0.0	0.0	0.0	0.0	-100.0	-100.0	0.0
林业	0.0	0.0	0.0	0.0	0.0	0.0	0.0	0.0	0.0	0.0	0.0
畜牧业	41.7	0.0	0.0	0.0	0.0	0.0	0.0	-33.3	0.0	0.0	0.0
渔业	0.0	0.0	0.0	0.0	0.0	0.0	0.0	0.0	0.0	0.0	0.0
农、林、牧、渔专业及辅助性活动	0.0	0.0	0.0	0.0	0.0	0.0	0.0	0.0	0.0	0.0	0.0
采矿业	0.0	0.0	0.0	0.0	0.0	0.0	0.0	0.0	0.0	0.0	0.0
制造业	48.2	81.6	3.0	47.1	19.0	24.8	34.3	157.3	49.3	14.8	19.0
农副食品加工业	-18.3	72.5	0.0	0.0	0.0	0.0	-85.7	28.9	0.0	0.0	0.0
食品制造业	243.4	0.0	0.0	0.0	0.0	0.0	0.0	0.0	0.0	243.4	0.0
酒、饮料和精制茶制造业	-100.0	0.0	0.0	0.0	0.0	0.0	0.0	0.0	0.0	-100.0	0.0
烟草制品业	0.0	0.0	0.0	0.0	0.0	0.0	0.0	0.0	0.0	0.0	0.0
纺织业	96.6	0.0	0.0	49.4	127.3	82.2	197.4	6.4	198.0	-63.0	127.3
纺织服装、服饰业	-31.1	0.0	0.0	-100.0	-100.0	0.0	0.0	0.0	-100.0	0.0	-100.0
皮革、毛皮、羽毛及其制品和制鞋业	0.0	0.0	0.0	0.0	0.0	0.0	0.0	0.0	0.0	0.0	0.0
木材加工和木、竹、藤、棕、草制品业	-72.0	0.0	-100.0	-74.4	0.0	0.0	0.0	0.0	0.0	855.3	0.0
家具制造业	-30.9	0.0	317.6	85.4	0.0	-63.6	-100.0	103.7	0.0	-100.0	0.0

续表 33

	全区	开发区	南浔镇	练市镇	双林镇	菱湖镇	和孚镇	善琏镇	千金镇	石淙镇	旧馆街道
造纸和纸制品业	57.2	0.0	0.0	0.0	-100.0	0.0	0.0	0.0	0.0	-100.0	-100.0
印刷和记录媒介复制业	206.1	206.1	0.0	0.0	0.0	0.0	0.0	0.0	0.0	0.0	0.0
文教、工美、体育和娱乐用品制造业	-100.0	0.0	0.0	-100.0	0.0	0.0	0.0	0.0	0.0	-100.0	0.0
石油、煤炭及其他燃料加工业	0.0	0.0	0.0	0.0	0.0	0.0	0.0	0.0	0.0	0.0	0.0
化学原料和化学制品制造业	28.0	-12.2	0.0	20.1	0.0	41.7	35.1	0.0	0.0	0.0	0.0
医药制造业	39.7	-1.1	-100.0	0.0	-100.0	-100.0	0.0	548.5	-73.6	0.0	-100.0
化学纤维制造业	-73.3	0.0	0.0	0.0	0.0	0.0	-82.5	0.0	0.0	0.0	0.0
橡胶和塑料制品业	124.1	0.0	-100.0	-90.6	-100.0	-14.8	519.8	81.0	0.0	-100.0	-100.0
非金属矿物制品业	-8.4	-56.1	-93.2	-8.5	14.3	0.0	27.3	315.4	-92.2	-59.1	14.3
黑色金属冶炼和压延加工业	-16.6	0.0	0.0	0.0	0.0	0.0	0.0	0.0	0.0	-16.6	0.0
有色金属冶炼和压延加工业	0.0	0.0	0.0	0.0	0.0	0.0	0.0	0.0	0.0	0.0	0.0
金属制品业	120.3	-39.6	0.0	-76.2	49.1	182.3	675.0	0.0	0.0	0.0	49.1
通用设备制造业	-33.4	-78.7	-63.5	104.7	-95.2	0.0	0.0	0.0	-88.8	300.5	-95.2
专用设备制造业	16.6	-9.9	939.7	-22.1	-13.7	129.7	-22.6	0.0	-100.0	115.3	-13.7
汽车制造业	78.1	-100.0	-15.4	0.0	-70.7	0.0	0.0	0.0	0.0	126.6	-70.7
铁路、船舶、航空航天和其他运输设备制造业	-33.2	-14.9	0.0	0.0	0.0	0.0	0.0	0.0	0.0	0.0	0.0
电气机械和器材制造业	-30.4	-40.5	756.6	47.5	-100.0	-100.0	0.0	-38.7	0.0	0.0	-100.0
计算机、通信和其他电子设备制造业	286.1	275.9	-45.6	346.7	2475.3	0.0	0.0	0.0	0.0	0.0	2475.3
仪器仪表制造业	-36.6	0.0	0.0	-100.0	0.0	152.3	0.0	0.0	0.0	0.0	0.0
其他制造业	-100.0	0.0	-100.0	0.0	0.0	0.0	0.0	0.0	0.0	-100.0	0.0
废弃资源综合利用业	0.0	0.0	0.0	0.0	0.0	0.0	0.0	0.0	0.0	0.0	0.0
金属制品、机械和设备修理业	0.0	0.0	0.0	0.0	0.0	0.0	0.0	0.0	0.0	0.0	0.0
电力、热力、燃气及水生产和供应业	-82.9	0.0	0.0	0.0	-100.0	0.0	2073.9	-75.1	-100.0	-100.0	-100.0
电力、热力生产和供应业	-82.8	0.0	0.0	0.0	0.0	0.0	2073.9	-75.1	-100.0	-100.0	0.0
燃气生产和供应业	0.0	0.0	0.0	0.0	0.0	0.0	0.0	0.0	0.0	0.0	0.0
水的生产和供应业	-100.0	0.0	0.0	0.0	-100.0	0.0	0.0	0.0	0.0	0.0	-100.0

续表 33

	全区	开发区	南浔镇	练市镇	双林镇	菱湖镇	和孚镇	善琏镇	千金镇	石淙镇	旧馆街道
建筑业	0.0	0.0	0.0	0.0	0.0	0.0	0.0	0.0	0.0	0.0	0.0
房屋建筑业	0.0	0.0	0.0	0.0	0.0	0.0	0.0	0.0	0.0	0.0	0.0
土木工程建筑业	0.0	0.0	0.0	0.0	0.0	0.0	0.0	0.0	0.0	0.0	0.0
建筑安装业	0.0	0.0	0.0	0.0	0.0	0.0	0.0	0.0	0.0	0.0	0.0
建筑装饰、装修和其他建筑业	0.0	0.0	0.0	0.0	0.0	0.0	0.0	0.0	0.0	0.0	0.0
批发和零售业	-69.0	-100.0	-51.1	-4.4	-100.0	0.0	0.0	0.0	0.0	-100.0	-100.0
批发业	40.1	0.0	0.0	-4.4	-100.0	0.0	0.0	0.0	0.0	0.0	-100.0
零售业	-74.4	-100.0	-60.1	0.0	0.0	0.0	0.0	0.0	0.0	-100.0	0.0
交通运输、仓储和邮政业	22.7	0.0	-71.7	-54.4	0.0	0.0	-62.3	0.0	0.0	-17.6	0.0
铁路运输业	0.0	0.0	0.0	0.0	0.0	0.0	0.0	0.0	0.0	0.0	0.0
道路运输业	32.1	0.0	-71.7	-100.0	0.0	0.0	-62.3	0.0	0.0	0.0	0.0
水上运输业	0.0	0.0	0.0	0.0	0.0	0.0	0.0	0.0	0.0	0.0	0.0
航空运输业	0.0	0.0	0.0	0.0	0.0	0.0	0.0	0.0	0.0	0.0	0.0
管道运输业	0.0	0.0	0.0	0.0	0.0	0.0	0.0	0.0	0.0	0.0	0.0
多式联运和运输代理业	0.0	0.0	0.0	0.0	0.0	0.0	0.0	0.0	0.0	0.0	0.0
装卸搬运和仓储业	-29.7	0.0	0.0	-57.3	0.0	0.0	0.0	0.0	0.0	-17.6	0.0
邮政业	0.0	0.0	0.0	0.0	0.0	0.0	0.0	0.0	0.0	0.0	0.0
住宿和餐饮业	119.5	0.0	245.5	-100.0	0.0	38.3	0.0	0.0	-63.4	0.0	0.0
住宿业	170.9	0.0	359.6	-100.0	0.0	0.0	0.0	0.0	-63.4	0.0	0.0
餐饮业	-40.7	0.0	-100.0	0.0	0.0	38.3	0.0	0.0	0.0	0.0	0.0
信息传输、软件和信息技术服务业	-98.5	0.0	0.0	0.0	0.0	-98.5	0.0	0.0	0.0	0.0	0.0
电信、广播电视和卫星传输服务	0.0	0.0	0.0	0.0	0.0	0.0	0.0	0.0	0.0	0.0	0.0
互联网和相关服务	-98.5	0.0	0.0	0.0	0.0	-98.5	0.0	0.0	0.0	0.0	0.0
软件和信息技术服务业	0.0	0.0	0.0	0.0	0.0	0.0	0.0	0.0	0.0	0.0	0.0
金融业	0.0	0.0	0.0	0.0	0.0	0.0	0.0	0.0	0.0	0.0	0.0
房地产业	1.5	-2.2	-1.4	70.3	48.4	83.1	-59.3	-95.8	-77.3	329.6	48.4
房地产业	1.5	-2.2	-1.4	70.3	48.4	83.1	-59.3	-95.8	-77.3	329.6	48.4

续表 33

	全区	开发区	南浔镇	练市镇	双林镇	菱湖镇	和孚镇	善琏镇	千金镇	石淙镇	旧馆街道
租赁和商务服务业	-15.0	14.6	0.0	-56.2	0.0	0.0	0.0	-44.0	0.0	0.0	0.0
租赁业	0.0	0.0	0.0	0.0	0.0	0.0	0.0	0.0	0.0	0.0	0.0
商务服务业	-15.0	14.6	0.0	-56.2	0.0	0.0	0.0	-44.0	0.0	0.0	0.0
科学研究和技术服务业	-21.6	54.1	0.0	-89.4	0.0	0.0	0.0	150.5	0.0	-75.6	0.0
研究和试验发展	129.9	0.0	0.0	34.3	0.0	0.0	0.0	0.0	0.0	0.0	0.0
专业技术服务业	468.5	0.0	0.0	0.0	0.0	0.0	0.0	0.0	0.0	0.0	0.0
科技推广和应用服务业	-32.2	54.1	0.0	-100.0	0.0	0.0	0.0	150.5	0.0	-75.6	0.0
水利、环境和公共设施管理业	5.1	127.3	48.2	-32.5	-100.0	-21.1	35.9	491.9	-65.3	466.0	-100.0
水利管理业	-49.6	0.0	-60.9	-51.5	0.0	-50.0	0.0	0.0	0.0	0.0	0.0
生态保护和环境治理业	-51.7	0.0	-61.8	0.0	0.0	0.0	0.0	0.0	0.0	0.0	0.0
公共设施管理业	30.5	127.3	97.2	-30.7	-100.0	-20.3	-16.9	491.9	-65.3	466.0	-100.0
土地管理业	0.0	0.0	0.0	0.0	0.0	0.0	0.0	0.0	0.0	0.0	0.0
居民服务、修理和其他服务业	-100.0	0.0	0.0	-100.0	0.0	0.0	0.0	0.0	0.0	0.0	0.0
居民服务业	0.0	0.0	0.0	0.0	0.0	0.0	0.0	0.0	0.0	0.0	0.0
机动车、电子产品和日用产品修理业	0.0	0.0	0.0	0.0	0.0	0.0	0.0	0.0	0.0	0.0	0.0
其他服务业	-100.0	0.0	0.0	-100.0	0.0	0.0	0.0	0.0	0.0	0.0	0.0
教育	630.8	0.0	0.0	-91.7	-89.3	0.0	0.0	-53.6	0.0	0.0	-89.3
教育	630.8	0.0	0.0	-91.7	-89.3	0.0	0.0	-53.6	0.0	0.0	-89.3
卫生和社会工作	29.1	0.0	5.6	301.9	30.0	-38.8	0.0	0.0	0.0	0.0	30.0
卫生	21.5	0.0	-22.0	301.9	30.0	-38.8	0.0	0.0	0.0	0.0	30.0
社会工作	0.0	0.0	0.0	0.0	0.0	0.0	0.0	0.0	0.0	0.0	0.0
文化、体育和娱乐业	2032.6	0.0	0.0	0.0	0.0	0.0	0.0	279.9	0.0	0.0	0.0
新闻和出版业	0.0	0.0	0.0	0.0	0.0	0.0	0.0	0.0	0.0	0.0	0.0
广播、电视、电影和录音制作业	0.0	0.0	0.0	0.0	0.0	0.0	0.0	0.0	0.0	0.0	0.0
文化艺术业	2021.9	0.0	0.0	0.0	0.0	0.0	0.0	279.9	0.0	0.0	0.0
体育	0.0	0.0	0.0	0.0	0.0	0.0	0.0	0.0	0.0	0.0	0.0
娱乐业	0.0	0.0	0.0	0.0	0.0	0.0	0.0	0.0	0.0	0.0	0.0

续表 33

	全区	开发区	南浔镇	练市镇	双林镇	菱湖镇	和孚镇	善琏镇	千金镇	石淙镇	旧馆街道
公共管理、社会保障和社会组织	-100.0	0.0	-100.0	-100.0	0.0	-100.0	0.0	0.0	0.0	-100.0	0.0
中国共产党机关	0.0	0.0	0.0	0.0	0.0	0.0	0.0	0.0	0.0	0.0	0.0
国家机构	-100.0	0.0	-100.0	-100.0	0.0	-100.0	0.0	0.0	0.0	-100.0	0.0
国际组织	0.0	0.0	0.0	0.0	0.0	0.0	0.0	0.0	0.0	0.0	0.0
国际组织	0.0	0.0	0.0	0.0	0.0	0.0	0.0	0.0	0.0	0.0	0.0
三、本年新增固定资产（万元）	-1.4	29.2	-5.8	1705.0	588.6	-92.6	-34.3	0.0	-99.9	-99.1	588.6
四、项目个数（个）											
1. 施工项目个数	2.7	26.3	38.1	-25.0	-10.0	25.0	31.0	9.5	0.0	-45.7	-10.0
其中：本年新开工	-30.8	-15.4	-11.8	-40.7	-22.2	-12.5	0.0	-50.0	-100.0	-27.3	-22.2
2. 本年投产项目个数	-81.8	200.0	-100.0	-50.0	-100.0	-100.0	100.0	-100.0	-100.0	-100.0	-100.0
五、房屋建筑面积（平方米）											
1. 房屋施工面积	-1.6	1.8	-7.9	48.3	-11.8	0.0	0.0	0.0	0.0	0.0	-11.8
其中：住宅	-3.7	-6.3	-10.2	76.9	16.4	0.0	0.0	0.0	0.0	0.0	16.4
2. 房屋竣工面积	15.7	-100.0	0.0	0.0	0.0	0.0	0.0	0.0	0.0	0.0	0.0
其中：住宅	-11.9	-100.0	0.0	0.0	0.0	0.0	0.0	0.0	0.0	0.0	0.0
3. 房屋竣工价值	41.4	-100.0	0.0	0.0	0.0	0.0	0.0	0.0	0.0	0.0	0.0
其中：住宅	-2.9	-100.0	0.0	0.0	0.0	0.0	0.0	0.0	0.0	0.0	0.0
六、本年资金来源合计（万元）											
1. 上年末结余资金	2.6	-64.6	42.0	23.3	28.3	133.4	43.7	0.0	-100.0	0.0	28.3
2. 本年实际到位资金	12.1	-22.9	22.2	-2.0	16.8	57.0	33.0	142.1	-38.1	70.9	16.8
（1）国家预算内资金	-100.0	0.0	0.0	0.0	-100.0	0.0	0.0	0.0	0.0	0.0	-100.0
其中：中央预算资金	0.0	0.0	0.0	0.0	0.0	0.0	0.0	0.0	0.0	0.0	0.0
（2）国内贷款	112.5	-11.4	263.6	63.8	0.0	308.0	368.1	0.0	0.0	-55.3	0.0
（3）债券	888.6	0.0	0.0	0.0	0.0	0.0	0.0	536.5	0.0	0.0	0.0
（4）利用外资	-74.0	0.0	0.0	0.0	0.0	0.0	-74.0	0.0	0.0	0.0	0.0
（5）自筹资金	7.7	-31.4	6.8	12.1	45.2	55.2	55.0	87.1	-38.1	905.6	45.2
（6）其他资金来源	4.4	-17.5	19.3	-38.7	-100.0	-88.9	-30.6	0.0	0.0	0.0	-100.0
七、各项应付款合计（万元）	34.2	150.7	-8.0	-0.8	106.3	-70.7	10.9	-81.9	-100.0	-34.1	106.3
其中：工程款	28.8	132.5	-20.2	-26.1	43.5	-75.4	36.1	-96.3	0.0	0.0	43.5

2005—2021 年主要年份南浔社会消费品零售总额分类情况一览表

表 34

单位：万元

	2005 年	2006 年	2007 年	2008 年	2009 年	2010 年	2011 年	2012 年	2013 年	2014 年	2015 年	2016 年	2017 年	2018 年	2019 年	2020 年	2021 年
社会消费品零售总额	346051	400127	466625	557710	642459	760090	892315	1030845	1098689	1254824	1381799	1521841	1692703	1844396	2003542	1150890	
比上年增长（%）	15.2	15.6	16.6	19.5	15.2	18.3	17.4	15.5	14.1	14.2	10.1	11.0	11.2	9.7	9	-6.2	9.1
按国民经济行业门类分																	
批发和零售业	303461	350207	406685	484265	558822	674402	792817	906725	943212	1078864	1165927	1278347	1408221	1534858.07	1668714		
限额以上	13322	18167	28416	23437	40263	51429	86717	141796	95965	129182	142660	175745	148632	141879	143265		
限额以下	290139	332040	378269	460828	518559	622973	706100	764929	847247	949682	1023267	1102602	1259589	1392978.67	1525449		
其中：批发业							40561	45077	59096	79014	100585	140109	167515	188899	211909		
限额以上							5344	5235	12095	38357	47613	65312	5887	682	3810		
限额以下							35217	39842	47001	40657	52972	74797	161628	188217	208099		
零售业							752256	861648	884116	999850	1065342	1138238	1240706	1345959.389	1456804		
限额以上							69037	136560	83870	90825	95047	110433	142745	141198	139455		
限额以下							683219	725088	800246	909025	970295	1027805	1097961	1204761.489	1317350		
住宿和餐饮业	35989	42550	51683	64552	74177	85688	99499	124120	155477.0174	175960	215872	243494	284482	309538	334829		
限额以上	1850	2169	2427	2444	3635	5130	9190	20916	19817	19624	20477	21420	24042	19992	18728		
限额以下	34139	40381	49256	62108	70542	80558	90309	103204	135660	156336	195395	222074	260440	289546	316100		
其中：住宿业							4060	4496	6766	8117	12035	16257	19322	20792	28842		
限额以上							1952	1887	2962	3090	3961	4792	5552	5698	3783		
限额以下							2107	2609	3804	5027	8074	11464	13770	15094	25059		
餐饮业							95439	119624	148711	167843	203837	227237	265160	288746	305987		
限额以上							7237	19029	16855	16534	16517	16627	18490	14294	14946		
限额以下							88202	100595	131856	151309	187320	210610	246670	274452	291041		
其他	6601	7369	8257	8893													

附　录

• 报　告 •

湖州市南浔区2020年国民经济和社会发展计划执行情况及2021年国民经济和社会发展计划草案的报告

——在湖州市南浔区第四届人民代表大会第五次会议上

湖州市南浔区发展改革和经济信息化局

2021年2月24日

一、2020年国民经济和社会发展计划执行情况

2020年是全面建成小康社会和“十三五”规划的收官之年，面对突如其来的新冠肺炎疫情，在区委、区政府的坚强领导下，全区上下高举习近平新时代中国特色社会主义思想伟大旗帜，全面落实区委“一一二八”工作部署要求，大力倡导“以实绩论英雄”的工作导向，做好“六稳”工作，落实“六保”任务，扎实推进“12233”工程，统筹推进疫情防控和经济社会发展，攻坚克难、砥砺前行，打赢了高水平全面建成小康社会收官战。经济逐步恢复常态，社会发展态势良好。

（一）主要目标执行情况

主要指标稳中有进。实现地区生产总值467.8亿元，增长3.3%；实现财政总收入67.2亿元、一般公共预算收入40.5亿元，分别增长5.5%和6.7%；固定资产投资增长7.6%，其中工业性投入增长28.6%，增幅均居全市第一；完成规上工业增加值155.7亿元，增长4.1%；进出口总额增长24.3%；城镇居民、农村居民人均可支配收入分别增长4.2%和7.4%。

试点示范取得突破。在全国率先通过农业水价综合改革工作试点验收，南浔镇、旧馆镇全域土地综合整治入选国家试点。南浔（上海）科创中心和南浔·广安东西部扶贫协作产业园列入省数字经济“飞地”示范基地，跑道养鱼和老旧小区加装电梯服务获省级标准化试点，南浔古镇和荻港村列入省大花园耀眼明珠培育对象。荣获全国县域数字农业农村发展先进区、省新时代美丽乡村示范区、省乡村振兴产业发展建设示范区、省进口贸易促进创新示范区、省国土资源节约集约模范区。区对口工作成效显著，荣获浙江省东西部扶贫协作组织工作奖、四川省脱贫攻坚奖先进集体。

要素保障成效明显。加大土地供给力度，完成建设用地复垦353公顷、城镇低效用地再开发48.6公顷，全年供应土地492公顷，同比增长49.8%，获得规划额度指标346.8公顷。加强资金要素保障，全区存贷款余额1323.3亿元，其中贷款余额598.1亿元，同比增长31.5%；小微企业贷款余额274.9亿元，同比增长26.4%；绿色信贷余额210.7亿元，同比增长51.9%。争取各类资金23.7亿元，其中争取中央预算内资金2.16亿元，居全省第一。加速人才集聚，启用南浔（上海）科创中心，成立区人才产业集团，出台区人才新政4.0版，引进顶尖、领军人才69人，大学生等各类人才1.98万人，新增高技能人才4270人。

（二）国民经济运行和社会发展基本情况

1. 坚持科学精准施策，工业经济稳步复苏。深入开展“三服务”活动，实施一系列应对疫情支持企业健康发展的扶持政策，兑现扶持资金1.69亿元。实现规上工业增加值155.7亿元，同比增长4.1%，

较一季度回升 8.3 个百分点。实施企业梯度培育行动，入选国家级专精特新“小巨人”企业 2 家、省级“隐形冠军”培育企业5家，完成“个转企”309家、“企升规”139家，新增股改企业41家、新三板挂牌 2 家。不断提升产业质量标准，电梯产业入选全省十大质量提升示范特色产业，新增国际标准 2 项、国家标准34项，新增“品字标”企业25家、“浙江制造精品”4件。促进“两化”深入融合，新增国家两化融合贯标企业 2 家、省级两化融合试点示范企业7家、省级上云标杆企业3家。加快绿色制造，成功创建国家级绿色工厂 1 个、绿色供应链 1 个、绿色产品4个。善琏湖笔厂列入国家工业遗产。

2. 强化需求支撑作用，现代服务业加快发展。出台《关于进一步加快服务业发展的若干意见（试行）》等一系列政策，全年服务业增加值增长5.9%，列三县两区第一。促进消费复苏，组织开展南浔地板直播节等活动30余场，发放电子消费券2000万元。电子商务快速发展，完成网络零售交易额 62.3亿元，增长24.7%；实现跨境电商销售额5.6亿元，增长110.0%。推动全域旅游发展，成功创建全市首个AAAA级景区城，总投资11.7亿元的南浔古镇北部景区20个项目集中开工，丝绸码头旅游集散中心投入运营。启动和孚桑基鱼塘、运河含山保护开发等38个文旅项目，完成投资33.8亿元，建成荻港美食街区、湖笔创意街区等特色街区。房地产市场稳健发展，完成投资80.8亿元，增长18.3%；商品房销售面积 129 万平方米，增长21.1%。新增规上（限上）服务业企业94家，为历年之最；入选省服务业重大项目7个、市服务业“大好高”项目11个。湖州南浔浙北大厦购物中心有限公司入选省级现代服务业重点行业“亩产效益”领跑者，鑫达物流入选省物流新业态新模式发展试点企业。

3. 全面推进乡村振兴，品质农业强势领跑。承办全省乡村产业高质量发展推进会，实现农业增加值30.1亿元，增长4.4%，增幅列全市第一。深化农业“两区”建设，实施千万元以上农业项目 102个，居全市第一。成立农业高新技术产业示范区，成功创建省级农业产业化联合体 2 个，列入省级乡村振兴产业发展建设示范区，争取省级补助资金8000 万元。大力推进农业基地“四个万”建设，累计推广渔业养殖跑道397条、稻虾综合种养4000公顷、万亩“红美人”279公顷、万头湖羊场在建4个，以全省最高分通过省级稻渔综合种养重点示范县验收。新增市级农业“大好高”项目12个，居全市第一。新认定省级示范性家庭农场 4 家，新增市级农业龙头企业 5 家、市级农业绿色发展示范区 7 个。菱湖农村产业融合发展示范园成功列入省级创建名单。

4. 深入实施项目“双进”，有效投入量质齐升。深入贯彻落实“湖九条”“浔九条”，项目招引取得新突破，成功引进华尚光电、弗兰德5G等一批光电产业项目，全年新签约亿元以上项目 163 个，计划总投资752亿元，其中百亿元以上项目2个，5亿元以上项目30个。项目推进扎实有力，开工入库亿元以上项目118个，其中工业项目85个；竣工亿元以上项目 81 个，其中工业项目 59 个。泰嘉光电项目39 万平方米厂房顺利结顶。新增省重大产业项目 6个、省重点建设项目 20 个，省市县长项目落地率100%。平台空间有序拓展，完成頔塘北岸、长三角绿色智造联动发展南浔合作园征拆任务，开发区万亩大平台累计拓展 533 余公顷，嘉湖一体化发展先行区拓展100余公顷。累计完成18个生产制造类小微企业园主体建设，入驻投产企业86家，获评全省首个AAAA数字化小微企业园服务平台，入选省数字化示范小微企业园 2 个。全面开展“五未”土地处置，化解“五未”项目70个，化解率97%。

5. 纵深推进改革创新，市场活力持续迸发。“最多跑一次”改革不断深化，编制全省首个工程建设领域交易管理规范市级标准，在全市率先推出工程建设项目“开工前办一次”，在全市首创“一线办”政务服务审批模式。推进嘉湖一体化，打造全省首个跨区域政务通办圈。高质量做好省定多部门联办“一件事”工作，一窗受理率达100%。练市镇“一支队伍管执法”改革经验做法获选全省竞跑典型案例，农合联“三位一体”改革得到省领导批示肯定，全域土地综合整治绩效评价列全省第二、全市第一。开放合作不断深化，出台稳外贸十条等扶持政策，实现外贸出口总额108.6亿元，增长26.9%。科技创新成效显著，与浙江大学共建智能驱动研究院，与中国计量大学共建标准化研究院，新增国家高新技术企业33家、省科技型企业130家，创建省级企业研究院 7 家，入选省引才项目 8 个、省海外工程师6人。

6. 统筹推进城乡融合，“水晶晶南浔”焕发新姿。加快新一轮城市开发，完成投资 133.1 亿元，太阳酒店·水晶晶广场、大象酒店·国际会展中心、绿地南浔中心三大地标全面开工，浙江水利水电学院南浔校区启动建设，頔塘未来社区工程基本完成，吾悦广场、广弘新天地等城市综合体完成主体工程，水晶晶公园、南林公园正式对外开放。打造“水晶晶南浔”城市品牌，开展“寻找水晶晶女孩”全国选拔赛。美丽城镇加快建设，成功创建省级美丽乡村示范区，菱湖评为美丽城镇省级样板镇，练市镇成功创建省级园林城镇，湖笔小镇、丝绸小镇（荻港片区）正式命名省级特色小镇。交通路网不断完善，沪苏湖高铁全线开工，“水乡旅游线”列入近三年开工项目清单，苏台高速、湖杭高速、S213 北延及隧道段、南林大桥等工程开工建设，湖山大道建成通车，湖盐公路、三新线等工程推进顺利。农村公路大中修完成 36 项，危桥改造完成 14 座，完成 10 条区级景观线和 4 处公路驿站建设。无隐患美丽公路创建完成 17 项，实现全区县道无隐患全覆盖。

7. 持续改善生态环境，绿色发展动能增强。以争创“无违建区”为目标，完成拆违 152.5 万平方米，旧住宅、旧厂区改造 118 万平方米，城中村拆迁 456 户。启动国家生态文明建设示范区创建，淘汰“低散乱”企业 544 家、落后产能 18 家，腾出用能空间 5.6 万吨标准煤。打好治水攻坚战，改造“污水零直排”小区 71 个，完成“污水零直排”区创建任务；创建省级美丽河湖 3 条，县控及以上地表水断面水质全部达标，再获“大禹鼎”。深入开展大气治理，实施木业、电机等行业挥发性有机物源头治理，完成 237 家重点企业源头替代。$PM_{2.5}$ 平均浓度 29 微克/立方米，下降 14.7%；空气优良率 89.4%，上升 8.5 个百分点。持续推进生活垃圾分类，城镇居民小区生活垃圾精准分类实现全覆盖，投放准确率全市第一。

8. 稳步提升公共服务，民生福祉持续增进。强化就业服务，新增城镇就业 3 万余人，城镇失业人员再就业 7314 人，就业困难人员就业 950 人，城镇登记失业率 1.52%。完善救助体系，共帮扶困难群众 15.5 万人次，补助和减免资金 1.6 亿元。提升养老服务水平，新增居家养老服务中心 3 家，升级养老服务综合体 1 家，水晶晶颐养中心完成主体建设。加大教育投入，庆同小学（凤凰校区）、水晶晶新城学校等投入使用，启动南浔实验小学（高铁新城校区）、褚家漾小学等项目，新南浔高中完成主体建设。加快健康南浔建设，菱湖人民医院全面启用，区中医院、练市人民医院新院区项目有序推进，镇级婴幼儿照护服务指导中心实现全覆盖。实施困难人员专项医疗救助制度，不断提升医疗保障水平，桐乡南浔城乡医保实现同城同待遇。文体事业不断提升，区图书馆新馆、双林体育馆、菱湖文体中心等文体项目加快实施，新建城市书房和城镇书房各 1 家，新增社区文化家园 9 家、四星级以上文化礼堂 7 家。建成中心城区绿道 11.8 千米、百姓健身房 10 家，完成省级小康体育村升级工程 20 个。

2020 年，我区大部分经济指标持续回升，15 项 2020 年全区经济社会发展计划指标中，7 项完成或超额完成，8 项较难完成年度目标：地区生产总值目标为增长 8%左右，受严峻复杂宏观环境和国内外疫情冲击等叠加影响，全年增长 3.3%。规上工业增加值目标为增长 8.5%左右，受年初疫情期间停工停产、国外订单取消等影响，全年增长 4.1%。财政总收入和一般公共预算收入目标均为增长 10%左右，受政策调控、企业所得税减少和政策性减收等影响，全年分别增长 5.5%和 6.7%，低于年度目标 4.5 和 3.3 个百分点。固定资产投资目标为增长 15%左右，受疫情影响，项目复工复产被推迟，一季度同比下降 2.9%，后期投资虽持续回暖复苏，全年增长 7.6%，但仍低于年度目标。社会消费品零售总额目标为增长 8%左右，由于疫情对批发、零售、住宿和餐饮业严重冲击，消费市场未恢复常态水平，全年同比下降 6.1%，未完成年度目标。城镇、农村居民人均可支配收入目标为增长 9%左右和 9.5%左右，受疫情影响，城乡居民经营净收入大幅回落，居民增收困难，城镇、农村居民人均可支配收入全年分别增长 4.2%和 7.4%。

二、2021 年国民经济和社会发展主要指标安排建议

对照高质量赶超发展要求，在 2021 年主要经济社会指标安排上，主要基于以下三方面考虑：一是统筹考虑“十四五”良好开局。与全区“十四五”规划纲要相衔接，确保“十四五”开好局、起好步。二是统筹考虑加快赶超。紧紧围绕高质量赶超发展目标，对照市目标安排，力争走在全市前列。三是统筹考虑提升发展质量。充分发挥区位交通、重大战略推进等叠加优势，到南浔创业投资的项目日趋增多，新兴产业加快发展，经济量质提升的前景向好。全区主要经济指标目标初步安排建议如下：

地区生产总值增长 8%。一是从可达性看，2021 年一产、二产、三产增加值增幅初步安排为 2.5%、

9%、8%，根据我区GDP构成，测算得出GDP增幅为8%左右。二是从赶超性看，2021年全省GDP初步目标是6.5%，市安排7.5%以上，其他县区大部分初步安排在8%左右；要加快实现赶超发展的目标，我区安排8%的增长十分必要。三是“十四五”末全区GDP力争达到700亿元，2021年安排增长8%，能够实现“十四五”良好开局。

规上工业增加值增长9%以上。一是2020年累计完成工业企业升规139家，预计2021年新增产值11亿元，有效增大我区规上工业体量。二是考虑原有规上企业自然增长因素。三是2020年有59个重点工业项目竣工，其中泰嘉光电等重大项目投产后将有力拉动工业增长。

财政总收入和一般公共预算收入均增长10%。一是考虑2020年实际增长情况，财政收入增速放缓，减税降费延续性政策影响较大。二是“三大行业”税收增量及结转存量等一定因素。三是预计招商引税项目等一次性因素减少及新投产项目带来的一定增长叠加因素。

固定资产投资增长15%以上，其中工业性投入增长20%以上。一是投资形势趋于向好，随着疫情防控进入常态化，预计2021年我区将延续2020年投资增速逐季回升的态势，保持稳定增长。二是重点项目支撑有力。2021年全区重点实施项目计划安排254个，年度计划投资236.4亿元。其中亿元以上重点产业项目210个，当年计划投资183.4亿元。

社会消费品零售总额增长7.5%。一是目前国家和地方正在积极构建国内国际“双循环”发展新格局，消费潜力将被进一步挖掘，消费环境将不断改善，我区稳消费动力不减。二是预计明年将有南浔浙石油综合能源销售有限公司嘉业综合供能服务站、湖州南浔浙浔能源有限公司旧馆综合供能服务站、南浔二手车交易市场等一批新增限上零售企业，将对我区社会消费品零售总额有一定拉动。

进出口总额、出口总额均增长10%。一是受境外疫情蔓延、中美经贸摩擦等复杂多变的外部市场环境影响，我区外贸企业发展不确定性、不稳定因素加大，预计2021年增速有所放缓。二是各项稳外贸政策措施逐步见效，外贸转型升级逐步推进，“三转”拉动出口显著，如浙江永昌电气股份有限公司等企业出口形势持续向好，外贸出口仍具备较好发展空间。

全社会研究与试验发展经费支出占地区生产总值比重达到3.3%。一是2020年新增国家高新技术企业33家，科技型中小企业130家，科技型企业队伍不断壮大，科技研发投入不断增强。二是2020年新增省级备案众创空间4家，市级众创空间8家，创新能力不断增强。

新增城镇就业人数2.8万人，城镇登记失业率控制在3%以内。一是力争引进20000名大学生和其他各类人才来浔就业创业。二是根据全区劳动力总数以及企业用工需求排摸，2021年我区用工需求与往年基本持平。

城镇居民人均可支配收入增长9%左右，农村居民人均可支配收入增长9.5%左右。一是体现与GDP增速基本同步且农村居民收入略快于城镇居民收入增长的导向。二是从增收面上看，我区出台多项政策措施保障返岗就业，百姓工资收入逐步提升，且全区城乡居民养老金发放标准和覆盖面也持续提升。另外，随着收入分配制度改革不断深化、乡村振兴战略深入实施、强农惠民政策不断加大，农村产业结构进一步优化，农户收入得到进一步提升。

万元生产总值综合能耗和化学需氧量、二氧化硫、氨氮、氮氧化物排放量、$PM_{2.5}$等节能减排指标按市下达任务执行。

三、2021年重点实施项目投资计划安排

2021年，全区重点实施项目计划安排254个，年度计划投资236.38亿元。

（一）重点产业项目。重点产业项目（总投资亿元以上）计划安排210个，总投资972.20亿元，年度计划投资183.44亿元。其中新建项目93个，年度计划投资69.59亿元；续建项目117个，年度计划投资113.85亿元。

（二）政府投资项目。政府投资项目（5000万元以上）计划安排44个，总投资247.27亿元，年度计划投资52.94亿元。其中新建项目15个，总投资41.97亿元，年度计划投资10.41亿元；续建29个，总投资205.30亿元，年度计划投资42.52亿元。

湖州市南浔区2020年预算执行情况及2021年预算草案的报告

——在湖州市南浔区第四届人民代表大会第五次会议上

湖州市南浔区财政局

2021年2月24日

一、2020年预算执行情况

2020年，在区委、区政府的正确领导下，在区人大、区政协的监督支持下，以习近平新时代中国特色社会主义思想为指导，全面贯彻党的十九大和十九届二中、三中、四中、五中全会和习近平总书记在浙江、湖州考察时的重要讲话精神，坚决贯彻落实党中央、省、市、区决策部署，坚持稳中求进工作总基调，主动对标对表“重要窗口”的新目标新定位，攻“六重”，抓“六保”，促“六稳”，全力支持打好“疫情攻坚战、发展主动仗”，全面支撑南浔经济社会的高质量发展、高效能治理，为重塑水晶晶南浔贡献坚强的财政力量。一年来，全区财政预算执行情况良好，有力地促进全区经济社会平稳健康发展。

（一）一般公共预算执行情况

1. 财政收支总体情况

2020年，全区财政总收入完成67.22亿元，增长5.45%，完成预算的95.86%。一般公共预算收入完成40.46亿元，增长6.68%，完成预算的96.99%。

全区一般公共预算支出执行数为55.22亿元，同比增长12.66%，完成预算的105.29%。

当年财政通过争取上级财力补助、调入政府性基金、调入清理财政存量资金等方式，收支相抵，实现区级一般公共预算收支平衡，具体决算情况待市与区体制结算后向人大常委会报告。

2. 财政收支具体执行情况

（1）全区一般公共预算收入情况

主要收入科目情况：

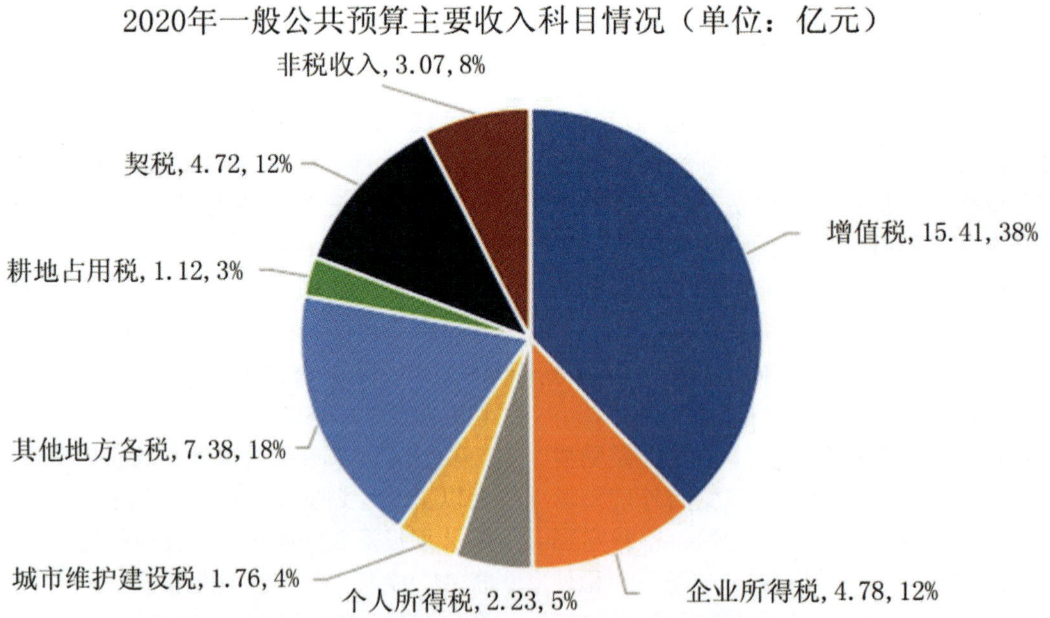

图10　2020年南浔区一般公共预算主要收入科目情况示意图

增值税15.41亿元，增长0.86%；企业所得税4.78亿元，增长1.06%；个人所得税2.23亿元，增长35.96%，主要是股权转让、限售股转让及股息红利分红等因素影响；城市维护建设税1.76亿元，增长 4.51%；耕地占用税 1.12 亿元，下降 69.59%，主要是去年受一次性因素影响；契税 4.72 亿元，增长 93.54%，主要是房地产形式较好，供地较多及房产交易活跃，契税增幅较高；其他地方各税 7.38 亿元，增长 42.91%，主要是房地产形式较好，房地产税及城镇土地使用税增幅较高。非税收入完成 3.07 亿元，下降 7.64%。

（2）全区一般公共预算支出情况

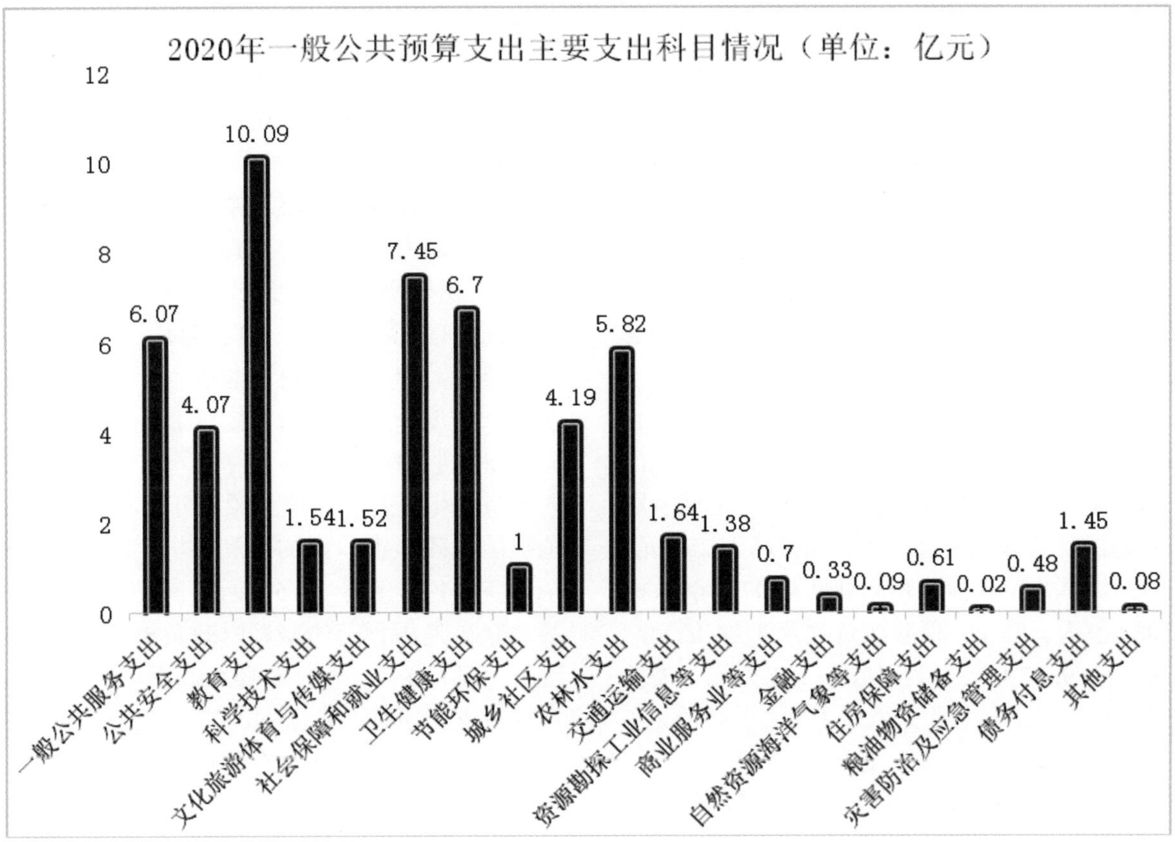

图 11　2020 年南浔区一般公共预算支出主要科目情况示意图

一般公共服务支出 6.07 亿元，增长 19.11%；公共安全支出 4.07 亿元，增长 20.61%；教育支出 10.09 亿元，增长 11.84%；科学技术支出 1.54 亿元，增长 17.63%；文化旅游体育与传媒支出 1.52 亿元，增长 93.2%，主要是新增融媒体运行经费、媒体文化宣传经费等，同时旅游发展专项经费较上年增加较多；社会保障和就业支出 7.45 亿元，增长 3.26%；卫生健康支出 6.7 亿元，增长 13.5%；节能环保支出 1 亿元，增长 7.84%；城乡社区支出 4.19 亿元，下降 0.08%；农林水支出 5.82 亿元，增长 15.06%；交通运输支出 1.64 亿元，增长 35.99%；资源勘探工业信息等支出 1.38 亿元，增长 96.94%，主要是对企业的各类补贴兑现增加较多；商业服务业等支出 0.7 亿元，增长 80.58%，主要是对服务业企业补贴政策兑现增加较多；金融支出 0.33 亿元，增长 931.03%，主要增加了省、市、区各级绿色金改专项资金；自然资源海洋气象等支出 0.09 亿元，增长 154.42%；住房保障支出 0.61 亿元，下降 63.26%，主要是 2019 年存在頔塘南岸安置房项目一次性因素；粮油物资储备支出 0.02 亿元，下降 42.94%；灾害防治及应急管理支出 0.48 亿元，增长 49.19%；其他支出 0.08 亿元，下降 58.56%；债务付息及发行费用支出 1.45 亿元，下降 7.18%。

（二）政府性基金预算执行情况

1. 基金预算收入情况

2020 年，政府性基金预算收入执行数为 71.9 亿元，同比增长 118.62%，完成预算 178.42%。

其中：国有土地使用权出让收入 70.18 亿元；国有土地收益基金收入 0.68 亿元；城市基础设施配套费收入 0.80 亿元；污水处理费收入 0.24 亿元。

2. 基金预算支出情况

根据收入情况，2020 年政府性基金预算支出执行数为 57.52 亿元，同比增长 204.02%，主要是土地出让金安排支出增加较多，同时新增污水处理费对应专项债务收入安排的支出、其他地方自行试点项目收益专项债券收入安排的支出。

主要支出科目情况如下：国有土地使用权出让收入及对应专项债务收入安排的支出 43.21 亿元；污水处理费安排的支出 0.24 亿元；污水处理费对应专项债务收入安排的支出 2.7 亿元；其他政府性基金及对应专项债务收入安排的支出 9.33 亿元；彩票公益金及对应专项债务收入安排的支出 0.28 亿元；地方政府专项债务付息及发行费用支出 0.69 亿元；抗疫特别国债安排的支出 1.04 亿元。

（三）社会保险基金预算执行情况

2020 年，全区社会保险基金收入 13.35 亿元，增加 29.62%，完成预算 103.85%，主要一是城乡居民基本养老保险基础养老金从 215 元提高到 250 元；二是城乡居民基本医疗保险财政补助从 970 元/人提高到 1108 元/人。其中：保险缴费收入 3.84 亿元，财政补贴收入 9.37 亿元，利息收入 191 万元，委托投资收益 233 万元，转移收入 927 万元，其他收入 9 万元。本年社会保险基金预算支出 11.3 亿元，增长 7.51%，完成预算 100.14%；其中：城乡居民基本养老保险基金支出 4.04 亿元，城乡居民基本医疗保险基金支出 4.22 亿元，机关事业基本养老保险基金支出 3.04 亿元。本年社会保险基金收支结余 2.04 亿元，年末滚存结余 5.62 亿元。

（四）国有资本经营预算执行情况

2020年，区级国有资本经营预算收入 6000 万元，主要是区国有资产投资控股有限责任公司参股企业股息、股利上缴收入，调入一般公共预算统筹安排。

（五）地方政府债务情况

2020 年，经省财政厅核定，区人大常委会批准，全区地方政府债务限额为 76.2 亿元，其中一般债务 44.35 亿元，占比 58.20%；专项债务 31.85 亿元，占比 41.80%。2020 年在批准的限额内，通过省代发地方政府债券 15.1 亿元，其中再融资一般债券 1.8 亿元，新增一般债券 0.5 亿元，再融资专项债券 0.8 亿元，新增专项债券 12 亿元。截至 2020 年年末，全区地方债务余额为 75.79 亿元，其中一般债务 44.17 亿元，占比 58.28%；专项债务 31.62 亿元，占比 41.72%。

（六）落实区人大预算决议有关情况

1. 认真落实区四届人大四次会议对预算的决议及区人大财经委对预算的审查意见

按照区四届人大四次会议有关决议，以及区人大财经委审查意见，继续实施积极财政政策并加大力度改革创新，攻坚克难，更好地发挥财政在稳增长、调结构、惠民生、防风险、促改革、保稳定中的积极作用。

聚焦强职能促发展，财政运行平稳有序。一是抢抓机遇助力“六稳”“六保”。抓财政收入增长“复苏期”。积极研判经济形势，统筹谋划发展思路，第一时间组建工作专班，紧盯目标、分解任务，形成压力传导。全年全区财政总收入、一般公共预算收入从一季度下降 2.1%、1.8%回升到增长 5.5%、6.7%，税收占一般公共预算收入比重达 92.42%，收入质量稳步提升。抓债券额度分配“窗口期”。全力抢抓国家政策窗口期的有利时机，积极向上对接，全年获批各类债券 12.5 亿元，其中资金额度居全市第二。二是厉行节约减轻财政负担。大力压减支出过好“紧日子”。严格要求各部门按照非刚性、非重点项目支出压减不低于 10%、日常公用经费支出压减不低于 5%、“三公”经费压减不低于 5%的比例进行压减，全年已超额完成年度压减任务，共压减 2.53 亿元，超过年度压减计划 5.42%。严控预算追加打好“铁算盘”。除应急救灾支出等另有规定的情况外，各部门年度预算一律不再追加，对确需追加预算的事项，实行一年一次性集中审批，确保财政资金用在刀刃上。三是统筹财力护航“两战”“两直”。护航防控阻击战。开通防疫物资政府采购“绿色通道”、主动落实防控人员补助机制、集中财力保障“菜篮子”“米袋子”稳定供给，全年安排疫情防控资金 6528 万元。护航发展主动仗。大力实施“五减”共克时艰行动，认真落实“湖九条”“湖八条”“浔九条”等政策，多措并举助力企业复工复产。全年已兑现财政政策资金 1.69 亿元，减免经营性用房租金 1943.25 万元，共 1964 户。护航“两直”落实战。争取中央“两直”资金 1.12 亿元。对符合补助条件的小微企业按入库数额每户 2000 元、5000 元、10000 元、20000 元进行纾困补助，对符合补助条件的个体工商户按每户 1000 元的标准进行纾困补助，全年已为 2.39 万户小微企业和个体工商户发放补助 4518.7

万元。

聚焦稳企业增动能，支持发展成效显著。一是全力落实减税降费政策。严格执行中央、省各项减税降费政策要求，推动减税降费政策落地见效，切实减轻企业负担。二是全力争取上级支持。积极争取转移支付、债券、乡村振兴、美丽乡村建设等各类上级资金，及时按要求投向相关领域，助力南浔经济高质量发展。三是全力促进消费回暖。通过发放电子消费券形式，撬动消费潜能持续释放，缓解商户现金压力。全区财政共投入资金 565.74 万元，直接撬动市场消费 2887.33 万元。四是全力发挥产业基金杠杆作用。一年来，积极推动政府产业基金运作，引入弗兰德 5G 基站项目落户我区。截至目前，共设立 3 只子基金，规模达 7.5 亿元，到位资金 1.41 亿元。制定出台相关管理办法，设立南浔区国有资本产业投资基金，助推南浔战略性新兴产业项目引进。

聚焦办大事惠民生，重点支出精准到位。一是不断推进集中财力办大事。紧扣区委、区政府重大决策部署，全力支持三大攻坚战、新南浔高中等重大项目建设，为重塑水晶晶南浔提供财力保障。二是不断加大生态环境治理投入。安排生态环保资金 1244 万元支持开展全省污染源普查、土壤污染整治、大气污染防治等工作，切实提升污染防治效果。安排城乡环境建设 5960 万元，有效改善城乡人居环境水平。安排生活垃圾分类和城乡环卫一体化区级资金 3735 万元，大力推进垃圾分类信息系统智能化管理。三是不断强化支农惠民政策落实。建设村级公益事业一事一议财政奖补项目 36 个，计划总投资 2875.70 万元。采取“一卡通”方式兑现各项农业补贴 2648.49 万元，惠及农户 50674 户次。全年投入农村生活污水运维、水价调整财政补贴资金 2022.30 万元，有效改善农村生活用水环境。四是不断扶持农民创新创业。依托农民合作基金、农业“三项补贴”政策综合改革试点资金和省级基层政策性农业信贷担保服务创新试点资金，解决农民创业贷款难、贷款贵问题。截至目前，累计发放 487 笔，共计 2.16 亿元。五是不断支持乡村振兴战略。成功争取省级乡村振兴产业发展示范建设资金 8000 万元和一事一议财政奖补助推美丽乡村建设项目 2000 万元，助力南浔区数字渔业发展和美丽乡村样板村创建。通过资金投入和设立帮扶基金等方式，全力支持欠发达村振兴发展。截至目前，共落实资金 4140 万元，设立帮扶基金 1 个，惠及行政村 43 个；落实物业“造血”项目 13 个，惠及行政村 70 个，村均增收 15 万元以上。六是不断加大政府软投入。坚持教育为本，切实提高教师待遇，推进美丽校园建设，保障校园安全等资金需求，全年教育支出 10.09 亿元，增长 11.84%。落实文化事业资金保障，提升全区文化软实力水平，全年支出 1.52 亿元，增长 93.20%。着力促进卫生健康事业发展，切实提高财政保障水平，全年支出 6.70 亿元，增长 13.50%；城乡居民医保人均财政补助标准到 1108 元，城乡医疗救助专项投入 2010 万元。完善社会保障体系，不断提高群众获得感，全年社会保障和就业支出 7.45 亿元，增长 3.26%。

聚焦增优势添活力，财政改革不断深化。一是深化预算绩效管理。规范和加强预算绩效管理工作，加快建成“三全五有”预算绩效管理体系。一年来，制定预算绩效管理相关文件 7 个；组织开展乡镇、区级部门和局内部 3 个层面专题培训；在全市率先实现乡镇政府财政运行综合绩效评价全覆盖；组织指导部门做好绩效目标申报、绩效运行监控、绩效评价、结果应用等工作，对区级部门 458 个项目 23.29 亿元预算资金实行绩效运行监控；完成评价项目 443 个，涉及资金 15.79 亿元。二是深化国资国企改革。指导国有企业探索发展混合所有制经济，鼓励集团与民营企业组建合作公司，拓展集团业务范围，提高国有资本的配置和运营效率。建立健全国有资产管理制度，先后制定完善了南浔区企业国有资产监督管理等 6 项制度文件，为国有企业的高效运营提供制度保障。牵头制定《南浔区做大做强国有企业三年（2021—2023 年）行动方案》，持续推进国有资本做大做强。三是深化数字财政建设。不断推进政府采购数字化建设，全年实现采购计划 9954 个，采购交易金额 3.82 亿元。拓展统一公共支付平台应用，全力推进非税收线上线下一体化收缴。全年共发生电子支付业务 54.45 万笔，涉及资金 4.07 亿元。首次推行财政电子票据改革，实现票据数字化转型，全区 217 家单位实施了电子票据改革，累计开票 36.34 万张，金额达 25 亿元。依托公共资产网络竞价平台，实现全区行政事业单位和国有企业的资产线上处置全覆盖，有效促进国有资产保值增值。全面推进“乡镇公共财政服务平台+一卡通”建设，实现到人到户的涉农补助和民生补贴资金全部平台化管理；实施平台与社保卡信息对接项目，有效避免到人到户补助补贴资金“多头管理”“一人多卡”等问题，受益人数达105863人次。

聚焦防风险保稳定，财政监管措施有力。一是加强债务管理。全面落实化债责任，全年化解政府隐性债务27.29亿元，完成化解任务115.68%。通过做大财力，优化债务结构，全力推进融资平台转型，政府债务风险得到有效防控，2020年政府债务率控制在绿色安全区内。二是加强政府投资项目审核。加强源头管控，严格执行500万元以上政府投资项目联审制度，核定新建项目22个，总投资68.47亿元，当年计划投资8.14亿元。全年共完成政府投资概算审核项目131个，净核减金额32.01亿元，核减率15.72%；完成控制价及施工图预算审核项目19个，净核减0.75亿元，核减率13.39%。三是加强国库支付动态监管。紧扣资金支付事前、事中、事后“三个环节”，对财政国库资金支付活动进行全过程动态监控，全年直接支付审核4874笔，同比减少1.38%；直接支付审核退回业务83笔，比2020年减少3.49%；动态监控拦截到需再次审核支付业务85条，纠错资金294.35万元。四是加强财政监督工作。履行财政监督职责，维护财经秩序，保障财政资金安全、规范、有效使用。一年来，开展以差旅费为主的区级部门会计信息质量自查及财政重点抽查，完成2019年度财政扶贫资金等4个项目专项资金检查，涉及检查资金共计21702.67万元；对疫情防控和复工复产各项政策落实情况开展常态化监督；加强财政内控制度建设，进一步修改完善和深化“1+9+X”的内控制度体系，风险防控能力进一步增强。五是加强PPP项目规范化管理。在全省率先出台《南浔区PPP项目财政支出管理操作细则（试行）》，并由省国有金融资本运营评价中心转发各市县财政局，为全省规范推进PPP项目起到了良好的示范作用。六是加强财政资金竞争性存放管理。继续开展财政资金竞争性存放，规范财政专户资金管理，加强单位账户审核管理和公款存放监督，筑牢财政资金“安全坝”。

聚焦创党建严纪律，从严治党纵深推进。一是从严抓制度建设。局党委始终以高度的政治责任感和历史使命感，狠抓党风廉政建设主体责任落实，以务实举措对全面从严治党工作进行统筹部署。今年来，制定《2020年度全面从严治党工作要点》《2020年度全面从严治党工作组织领导与责任分工》等。二是从实抓党建引领。党支部始终以“三会一课”为基本制度，继续深化“不忘初心、牢记使命”主题教育做严做实。疫情防控期间，选派60名党员干部下沉各卡点，全力做好疫情防控工作；全年开展“红色星期六”主题党日活动10次，上党课3次，红色教育2次。三是从紧抓清廉财政项目建设。为进一步规范南浔区行政事业单位和企业国有资产交易出租行为，加强国有资产交易出租监督管理，将强化国有资产精细化管理纳入清廉财政项目建设。通过创新资产管理举措，实现国有资产精细化管理，促进国有资产保值增值，推动国有资本做强做优做大。

2. 认真办理人大代表建议

一是高度重视，把办理好代表建议纳入重点工作日程，人大代表建议的受理、交办、转办、督办工作切实落实到责任领导、落实到责任科室和责任人，主动加强与人大代表沟通联系，及时解决建议件中所提问题及建议。二是用心办理，把答复好建议件作为干部考核的依据。将办理过程中干部表现好不好、代表满不满意作为年终评优评先的重要参考依据。今年主办建议件1个，协办3件，得到代表肯定和满意，答复满意率达100%。三是总结提升，把办理建议件作为自我提升的标尺。收集总结在办理过程中的经验，不断提升建议办理工作质效。对已经解决或列入规划准备解决的建议事项进行梳理、跟踪，确保事项解决不打折，做到事事有回音。

各位代表，2020年是“十三五”收官之年。五年来，全局按照“保基本、守底线、促均衡、提质量”的理财要求， 扎实做好生财、聚财、用财三篇文章，走过了一段很不平凡的奋斗历程，交出了一份很不平凡的高分报表，为高水平全面建成小康社会贡献了财政力量。

五年来，我们坚持质量第一，着力做大做优财政收入，财政综合实力稳健提升。2020年全区财政总收入、一般公共预算收入分别为2015年的1.91倍、2.26倍，年均增幅分别为13.8%、17.7%，位居全市第二、第一。一般公共预算收入占财政总收入的比重为60.2%，比2015年提高9.4个百分点，税收收入占一般公共预算收入的比重为92.4%，比2015年提高2.1个百分点。财政收支规模进一步壮大、结构进一步优化、质量进一步提升，为经济社会发展提供了坚实的物质基础和财力保障。

五年来，我们坚持服务大局，着力集中财力办大事，财为政服务能力逐步提升。牢固树立政治机关意识，编好“大事—政策—财力”三张清单，构建以绩效为核心的集中财力办大事财政政策体系，聚焦长三角一体化发展、三大攻坚战、十大专项行动计划等党中央、国务院和省、市、区委重大决策部署，从更长周期、更广范围谋划政策和预算安排，使资金流与决策流、业务流、信息流更好融合，做到重大决策部署推进到哪里、财政服务保障就跟进到哪里。

五年来，我们坚持协同高效，着力实施积极财政政策，财政调控能力显著提升。处理好政府和市场、宏观和微观的关系，综合运用财税政策工具，创新市场化、法治化手段，发挥逆周期调节作用，促进经济平稳健康发展。同时，注重财税政策与金融、投资、产业、区域发展等政策的协同，形成政策合力。积极财政政策的实施，稳定了市场预期，提振了市场信心，有力对冲了经济下行压力，为我区经济稳中有进、培育涵养更多优质税源创造了条件。

五年来，我们坚持民生为本，着力健全民生保障体系，财政为民保障水平持续提升。坚持加大投入与完善制度并行发展，建立健全与经济发展水平相匹配、可持续的民生保障机制，深化科学民生理念，全区财政支出增量用于民生的比例保持在三分之二以上，城乡居民的获得感、幸福感和安全感大大增强。教育、医疗、社保、“三农”、文化、住房等民生支出持续增长，基本养老、基本医疗、城乡低保等保障水平逐年提高，改革发展成果更多更公平惠及人民群众。

五年来，我们坚持改革创新，着力深化财政体制改革，财政治理能力大力提升。大力推进重点领域、关键环节改革，以改革先行带动发展先行。认真贯彻新预算法及其实施条例，预算管理更加科学规范，支出标准体系建设走在全国前列。实施预算绩效管理三年行动，开展整体绩效预算改革，全面提升资金使用绩效，在全市率先实现乡镇政府财政运行综合绩效评价全覆盖。不断推进 PPP 项目规范化改革，在全省首创性地开发建设“南浔区智慧 PPP 信息管理系统”、率先出台《南浔区 PPP 项目财政支出管理操作细则（试行）》，为全省规范推进 PPP 项目起到了良好的示范作用。强化国有资产精细化管理，在全市率先构建“阿里拍卖+”资产管理新模式，实现国有资产处置交易平台化，居全省第二。深化国有企业高质量发展改革，组建五大集团，出台《南浔区做大做强国有企业三年（2021—2023 年）行动方案》，持续推进国有资本做大做强。首次推行财政电子票据改革，实现票据数字化转型，打造缴费取票线上“零跑腿”的服务新模式。

各位代表，过去的财税工作，得到了上级党委政府的充分肯定，取得如此成绩实属不易。这是区委、区政府正确领导和区人大、政协支持指导的结果，是社会各界理解和支持的结果，是全区财税干部职工齐心协力的结果。在看到成绩的同时，我们也清醒地看到当前财政运行中还存在着不少困难和问题，主要表现在：一是财政收入增速趋缓，收支矛盾日益凸显，财政满足经济社会事业发展保障功能还有待于增强。二是政府债务还本付息压力逐年增大与财政稳健运行的矛盾更加突出。三是预算执行的规范性和约束性不够，部门项目支出进度较慢，预算管理有待进一步提高。四是财政监管的触角、范围、力度还有待于延伸、扩展和加强等。五是国资国企监管制度有待进一步健全完善，国企发展核心竞争力还不够高等。对于这些问题，我们将认真分析，找准症结，综合施策，切实加以改进解决。

二、2021 年财政预算草案

（一）财政预算编制指导思想

根据 2021 年度全区经济社会发展目标、国家宏观调控总体要求和跨年度预算平衡的需要，结合对 2021 年财政经济形势的分析和预测，按照区委对经济工作的总体部署以及财政改革总体要求，2021 年，我区财政工作的总体要求是：坚持以习近平新时代中国特色社会主义思想为指引，全面贯彻中央和省市区委全会及经济工作会议精神，紧紧围绕区委“一一二八”工作部署，坚持稳中求进工作总基调，立足新发展阶段，贯彻新发展理念，构建新发展格局，坚持勤俭办一切事，集中财力办大事，全面实施预算绩效管理，统筹推进稳增长、促改革、调结构、惠民生、防风险、保稳定各项工作，扎实做好“六稳”工作、全面落实“六保”任务，为加快重塑水晶晶南浔，建设美丽繁华新江南，打造湖州“开放东大门、创业新高地”，高水平建设社会主义现代化共同富裕示范样本提供坚强的财政保障，以优异成绩迎接“十四五”开局之年和中共建党 100 周年。

（二）2021 年一般公共预算草案

1. 一般公共预算收入

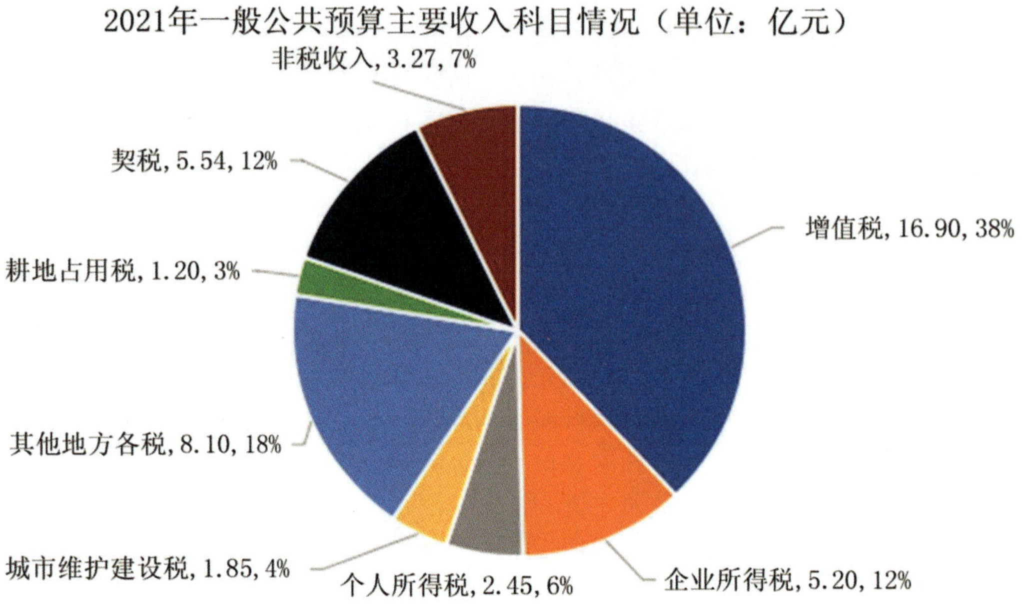

图 12　2021 年南浔区一般公共预算主要收入科目情况示意图

2021 年，全区财政总收入预期完成 73.94 亿元，同比增长 10%；其中：一般公共预算收入预期完成 44.51 亿元，同比增长 10%。

主要收入科目情况：增值税 16.90 亿元，增长 9.65%；企业所得税 5.20 亿元，增长 8.71%；个人所得税 2.45 亿元，增长 10.04%；城市维护建设税 1.85 亿元，增长 4.82%；其他地方各税 8.10 亿元，增长 9.82%；耕地占用税 1.20 亿元，增长 7.58%；契税 5.54 亿元，增长 17.39%；非税收入 3.27 亿元，增长 6.66%。

2. 一般公共预算支出

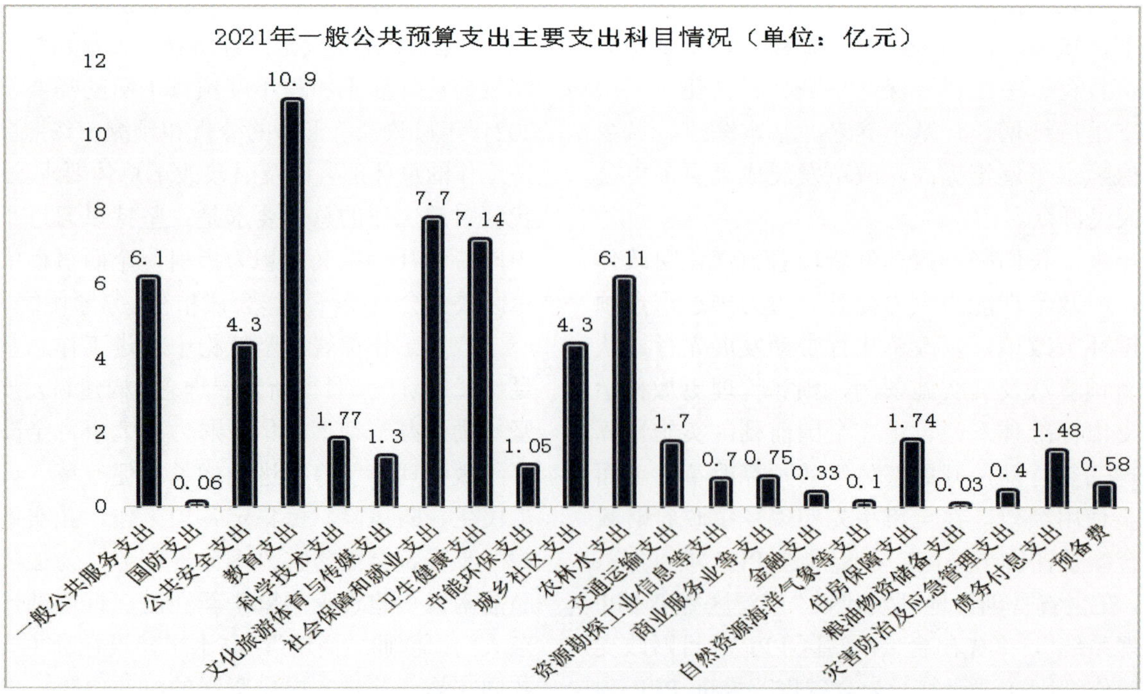

图 13　2021 年南浔区一般公共预算支出主要科目情况示意图

根据2021年一般公共预算收入安排，按照现行财政体制测算，预计当年全区地方财政可用资金为58.73亿元，其中：区级可用财力19.58亿元、上级专项补助19.9亿元、调入资金19.25亿元。根据财政预算收支平衡原则，拟安排2021年全区一般公共预算支出58.53亿元，增长6%。主要支出科目如下：

一般公共服务支出6.1亿元，增长0.43%。国防支出600万元，增长3.99%。公共安全支出4.3亿元，增长5.77%。教育支出10.9亿元，增长8.04%，其中：教育管理事务0.27亿元，普通教育9.6亿元，成人教育0.19亿元，教育费附加安排支出0.79亿元。科学技术支出1.77亿元，增长15.02%，其中：科学技术管理事务480万元，应用研究100万元，技术研究与开发0.95亿元，其他科学技术支出0.75亿元。文化旅游体育与传媒支出1.3亿元，下降14.51%。社会保障和就业支出7.7亿元，增长3.34%。卫生健康支出7.14亿元，增长6.55%。节能环保支出1.05亿元，增长5.11%。城乡社区支出4.3亿元，增长2.61%。农林水支出6.11亿元，增长5.05%，其中：农业支出3.7亿元，林业和草原支出280万元，水利支出1.53亿元，农村综合改革5.08亿元；其他农林水支出0.35亿元。交通运输支出1.7亿元，增长3.78%。

资源勘探工业信息等支出0.7亿元，下降49.35%，因2020年受疫情影响出台对中小微企业的一次性补助政策。商业服务业等事务支出0.75亿元，增长6.99%；金融支出0.33亿元，增长0.33%。自然资源海洋气象等支出0.1亿，增长8.58%，该支出来源主要为上级资金列支。

住房保障支出1.74亿元，增长187.46%，因老旧小区改造项目有上级补助资金1.2亿元。粮油物资储备支出250万元，增长26.26%。灾害防治及应急管理支出0.4亿元，下降15.95%，2020年购买消防车辆1000万元，2021年无须购置。债务付息及发行费用支出1.48亿元，增长1.64%。预备费5800万元。

（三）政府性基金预算草案

1.基金收入预算

拟安排2021年政府性基金收入预算为62.2亿元，下降13.49%，其中：国有土地使用权出让收入60亿元；其他政府性基金收入2.2亿元（主要为土地收益0.7亿元，城市基础设施配套0.8亿元，污水处理费0.7亿元）。

2.基金支出预算

拟安排2021年政府性基金支出预算为37.32亿元，下降35.12%，体制上解16.8亿元，调入一般公共预算19.25亿元，主要支出科目情况：大中型水库移民后期扶持基金支出350万元；城乡社区支出36.14亿元；农林水支出246万元；债务付息支出1.08亿元。

（四）社会保险基金预算草案

2021年，全区社会保险基金收入13.04亿元，减少2.26%，其中：保险缴费收入3.53亿元，财政补贴收入9.32亿元，利息收入0.13亿元，委托投资收益317万元，转移收入286万元。本年社会保险基金预算支出12.26亿元，增长8.46%，其中：居民基本养老保险基金支出4.54亿元，居民基本医疗保险基金支出4.53元，机关事业单位基本养老保险基金支出3.19亿元。本年社会保险基金收支结余0.79亿元，年末滚存结余6.41亿元。

（五）国有资本经营预算草案

2021年，国有资本经营预算收入6000万元，其中：其他利润收入6000万元，安排国有资本经营预算调出资金6000万元，调入一般公共预算统筹安排预算支出。

（六）地方政府债务预算管理

2021年，地方政府债务暂按省财政厅下达的2020年政府债务限额76.2亿元控制。待省财政厅下达后，依法编制调整预算（草案）并提交区人大常委会审议批准。

三、认真抓好2021年预算执行工作

（一）坚持财政收支平衡，着力算好“一本账目”。进一步算好收支平衡账。收入方面，依法依规组织收入，密切关注宏观经济走势、财税改革动向和我区产业发展，深化财税收入“一盘棋”，优化财政、税务信息共享机制，认真分析收入质量、增长态势、增长基础问题，提高征管科学化水平，提升收入执行的计划性、均衡性，着力做大财力“蛋糕”。支出方面，围绕推动高质量发展，进一步优化财政资金使用结构和方式，突出政策重点，把钱用在刀刃上，在扩大内需和供给升级的接合部发力，把资金投向供需共同受益、具有乘数效应的先进制造、民生建设、基础设施短板等领域，促进产业和消费“双升级”。用好地方政府专项债券，加快建立项目储备和前期准备、评估、遴选等工作机制，形成对经济的有效拉动。更加突出以收定支，通过节支改善财政收支平衡状况。

（二）坚持社会事业发展，着力兜牢“两条底线”。一是兜牢民生保障底线。把保障困难群众基本生活等基本民生支出放在优先保障的重要位置，围绕民生大事急事难事，精准发力，补上短板，做好关键时点、困难人群的基本生活保障。同时优化财政支出方向，大力压减一般性支出，取消不必要的项目支出，优先保障“三保支出”，并集中财力支持教育文化、社会保障、医疗卫生等民生事业发展。二是兜牢生态保障底线。支持打好蓝天、碧水、净土保卫战。统筹推进城乡生活垃圾分类，构建完善生活垃圾分类投放、收集、运输、处理“全链条”。

（三）坚持经济赶超发展，着力做实“两篇文章”。一是做实提质增效财政政策文章。加大政府投资力度，重点保障区委、区政府重大投资项目建设，发挥政府投资对经济增长的拉动作用。在当前财政收支平衡压力持续增大形势下，兼顾强化逆周期调节和财政收支平衡的要求，积极的财政政策要从“质”和“量”两方面发力，切实提高财政资源配置效率和使用效益，确保经济实现量的合理增长和质的稳步提升。二是做实助推产业转型升级文章。继续落实中央更大规模减税降费系列政策，助力降低企业生产要素成本和融资成本，切实减轻企业负担，支持实体经济稳定发展。全面落实人才资金保障，运用财政杠杆撬动大众创业、创新和创造。支持产业发展的精准性和有效性，完善产业资金联审机制，强化政策兑现公开性、公平性和反馈机制，加快产业资金的兑现进度，促进产业结构优化升级。

（四）坚持财政平稳运行，着力防控“两种风险”。一是防控政府债务风险。大力推进国资公司的市场化转型，不断增强其运营能力和融资、造血功能，防止国资经营风险传导为财政风险。督促各主体落实五年化债计划，完成分年度化债目标；同时摸清资产底数，多渠道筹集资金，防止出现区域性债务风险。二是防控财政管理风险。不断完善财政内部控制基本制度和内部控制议事规则，构建“1+9+X”内控制度体系，重视内控操作规程的执行。进一步加大政府投资项目审核，合理控制工程造价，提高政府资金，使用绩效。不断提高财政预决算信息公开质量，自觉接受社会公众监督。

（五）坚持现代财政制度，着力推进“两项改革”。 一是推进绩效管理改革。深化预算绩效管理改革，加快构建以绩效为核心的集中财力办大事财政政策体系和资金管理机制，完善深化“三全五有”的预算绩效管理体系；推进部门整体绩效预算改革；建立部门预算绩效管理报告制度；实行预算绩效管理通报和专报制度；逐步扩大预算绩效结果公开范围，落实结果应用，切实提高财政资源配置效率和资金使用效益。二是推进“数字化财政”改革。纵深推进“最多跑一次”改革，加快财政数字化转型，助力营商环境优化。进一步优化完善财政信息系统和大数据分析能力，全面深化专项资金、电子票据、政府采购、资产管理等领域的信息化建设，努力形成用“数据服务、数据管理、数据决策”的财政管理服务新格局，进一步加强财政工作的精细化、科学化、规范化管理水平，提升现代财政治理能力。

（六）坚持党建引领促进，着力深化“两个建设”。一是继续深化党的建设。深入学习贯彻习近平新时代中国特色社会主义思想，继续深化“不忘初心、牢记使命”主题教育，积极推进学习型党组织建设，凝聚思想共识，引领财政事业健康发展。紧紧围绕新时代国企党建工作要求，不断推进国企党建创新发展，以高质量党建引领国企做大做强。二是继续深化从严治党建设。认真落实党中央和上级党委、纪委关于全面从严治党和党风廉政建设的要求，以建设清廉财政为目标，以落实主体责任为抓手，标本兼治，纵深推进全面从严治党和党风廉政建设工作。

各位代表，2021 年全区财政改革工作发展任务依然艰巨，责任重大，我们将在区委的坚强领导下，自觉接受区人大监督，虚心听取区政协意见建议，贯彻区委、区政府各项决策部署，改革创新、真抓实干，持续推进财政改革发展，努力完成各项目标任务，为加快实现南浔经济社会高质量赶超发展做出更大的贡献！

湖州市南浔区人民法院工作报告

——在湖州市南浔区第四届人民代表大会第五次会议上

湖州市南浔区人民法院代院长　沈佩明

2021 年 2 月 24 日

一、2020 年主要工作

2020 年，在区委的正确领导、区人大及其常委会和上级法院的监督指导下，在区政府、区政协和社会各界的关心支持下，区人民法院高举习近平新时代中国特色社会主义思想伟大旗帜，认真执行区四届人大四次会议决议，牢牢把握司法为民、公正司法主线，忠实履行宪法法律赋予的职责，深化“三个建设年”活动，为重塑水晶晶南浔提供有力司法保障。共新收各类案件 10030 件，同比下降 1.41%，办结 10207 件，同比上升 1.7%，结案标的额 25.2 亿元。员额法官人均办案 268.61 件。荣获全国文明单位、全国优秀法院、全省突出贡献法院等市级以上集体荣誉 15 项、个人荣誉 23 项。连续四年获全市法院考核优胜奖，系全市唯一。

（一）服务大局担当有为，积极为经济社会发展保驾护航

坚决保障疫情防控，维护社会秩序稳定。贯彻落实“两手硬、两战赢”部署，全院干警积极投身联防联控一线，累计下沉防控 1340 余人次，四名干警被授予市级以上“抗击新冠肺炎疫情突出个人”荣誉称号。依法从重从快惩处涉疫情犯罪，审结全省首例涉疫情居家隔离人员妨害公务案，最高人民法院、省高级人民法院微信公众号宣传，阅读量均突破 10 万人次，央视《中国新闻》栏目、《人民日报》官方微博等报道，社会效果良好。发布《疫情防控期间企业法律风险防范指南》，全面推行“零接触”线上办案模式，确保司法工作不停摆、不缺位，保障疫情防控大局和社会稳定。全年通过“移动微法院”立案 6393 件，开庭、调解、送达、终本约谈等 13594 次，运用“总对总”“点对点”系统开展网络查控、冻结、扣划、拍卖等措施 5745 次。

积极防范化解风险，助力优化营商环境。发挥法治固根本、稳预期、利长远的保障作用，审结各类涉企案件 2675 件。全面保障企业复工复产，驻企服务专员协调解决困难和问题 103 个，提供法律咨询服务 300 余人次，发送涉企司法建议 6 件。关于涉民营企业产权案件审理情况的调研报告获《人民法院报》刊登，一案例入选省高院《优化营商环境专刊》。出台《企业紧急事态司法应对工作指引》，针对 8 方面紧急事态提出有针对性、可操作的司法应对措施，完善企业权益保护机制，获《人民法院报》头版报道，市、区两级主要领导批示肯定，获评全省十大最佳保障“两手硬”“两战赢”司法成果。健全执破衔接机制，积极探索破产简易程序，审结破产案件 14 件，加快“僵尸企业”有序退出市场。秉持善意文明执行理念，为 102 家符合条件的企业予以信用修复，促进恢复正常生产。在金融协会设立“水哥法官工作室”，推广运用“绿贷通”平台，诉前化解金融纠纷案件 50 件，标的额 4709 万元。深化南浔区知识产权司法保护一体化协同平台建设，获市中院设立知识产权巡回审判点，省高院领导来院调研时予以充分肯定。

深入推进多元解纷，服务基层社会治理。积极打造“三员联动+”微治理品牌，向区委常委会专题汇报，区人大常委会出台决定、区委平安领导小组出台意见，实施十大专项行动，统筹推进精密智治基层社会治理示范区建设。诉讼服务中心入驻区社会矛盾纠纷调处化解中心新址，设置“一室两中心六窗口”，开展指导调解、司法确认、民商事及行政立案等工作，助推“信访打头、调解为主、诉讼断后”的“最多跑一地”机制建设，促使大量纠纷在诉前通过多元渠道化解，一审民商事案件收案同比下降 16.23%。进一步优化法庭布局，增设和孚法庭。全市率先实现 24 小时自助诉讼服务站点乡镇全覆盖，打通诉讼服务“最后一公里”。获评全国法院一站式多元解纷诉讼服务体系建设先进单位，全省法院仅四家获评。

（二）执法办案公正高效，坚持把维护公平正义贯穿始终

依法惩治刑事犯罪，助推平安南浔建设。一审

刑事案件新收 493 件，审结 496 件，同比分别下降 14.26%和 12.37%。判处罪犯 774 人，其中判处 5 年以上有期徒刑 26 人。纵深推进扫黑除恶专项斗争，审结涉恶犯罪 3 件 19 人。强化“打财断血”“黑财清底”，涉恶案件财产刑执行到位 375.26 万元，执行到位率 95.1%，追缴、没收违法财产执行到位率 100%，依法摧毁恶势力经济基础。审结走私、贩卖、运输、制造毒品案件，切实净化社会治安环境。审结非法销售电子烟弹等一批新类型非法经营案件，维护市场经济秩序。审结原浙江广播电视集团浙江卫视总编室主任陶某受贿案等职务犯罪案件 3 件 3 人，持续推进反腐败斗争。推进认罪认罚从宽制度适用，共审结认罪认罚案件 390 件 560 人，占同期结案的 78.63%。坚持宽严相济，对 235 名被告人依法判处非监禁刑。

妥善化解民事纠纷，助推和谐南浔建设。一审民商事案件新收 5633 件，同比下降 0.5%，审结 5844 件，同比上升 4.64%，结案标的额 19.58 亿元。坚持裁判与调解并举，实现规则指引与纠纷化解并重，民事案件调撤率 77.17%，居全省第二。审结追索劳动报酬、交通事故人身损害赔偿、工伤保险待遇等涉民生案件 371 件，切实保障民生权益。审结合同纠纷案件 1879 件，强化市场主体契约和规则意识。审结婚姻家庭、继承、赡养、抚养等案件 577 件，维护家庭和社会伦理秩序。深入推进民间借贷协同治理，民间借贷纠纷案件收案同比下降 17.45%。对 6 名虚假陈述、伪造证据进行虚假诉讼的当事人共处以罚款 6.9 万元，切实维护司法权威。

支持促进依法行政，助推法治南浔建设。一审行政案件新收 134 件，审结 210 件。行政机关负责人出庭应诉率 100%。深化行政争议调解中心建设，加强资源整合与跨域协作，行政争议化解率 73.12%，化解争议数居全市第一。联合区检察院、区司法局妥善化解行政争议 24 件，与德清县行政争议调解中心联合化解涉当地重点项目行政争议，取得良好效果，获省高院刊发信息。在善琏镇设立全市首个行政争议调解中心联络站，强化基层行政争议预防化解。行政非诉审查案件新收 36 件，均裁定准予执行，支持行政机关依法履职。助推法治政府建设，会同区政府、区检察院召开法治政府建设推进会暨府院检联席会议，深化良性互动，发布交叉管辖县区行政审判白皮书，获德清、长兴、安吉县政府主要领导批示肯定，获评湖州市创建全国法治政府建设示范市突出贡献集体。

执行攻坚长效破难，助推信用南浔建设。执行案件新收 3702 件，执结 3589 件。深化完善“驻庭执行”机制，借力基层综治网格执结 2123 件，执行到位金额 1.8 亿元。加大拒执犯罪打击力度，审结拒执案件 25 件 25 人，其中当事人提起刑事自诉 19 件，依法保障胜诉当事人合法权益。做好“六稳”工作、落实“六保”任务，强化涉民生集中执行，执行到位金额 687.23 万元。与区税务局共建执行案件税费征缴协作机制，强化不动产定向询价、民事执行与税费征缴等个案协作，提升民事执行效率。在全市率先发布公告悬赏令对涉黑恶案件被执行人的财产线索进行公开悬赏，引发广泛关注。切实推进执行规范化建设，在中国社科院发布的《湖州法院执行规范化指数报告》中排名全市第一。

（三）深化改革守正创新，努力使司法服务效能提档升级

聚焦科技赋能，推进无纸化办案办公。统筹推进无纸化办案试点工作，争取财政支持，落实专项经费，加快信息化改造升级。强化立案管理，引导辖区律所、金融机构等高频诉讼单位无纸化立案。强化流程管理，全面推广智能送达、电子签名签章、线上文书审批签发等功能，推进政法一体化协同办公系统应用，无纸化送达率、在线签章率均为 100%。强化卷宗管理，推进电子卷宗随案扫描、精细化编目、在线流转、精简归档。法院系统办文等事项全部通过在线平台流转，累计办结 387 件。无纸化办案质效指标居全省法院前列，相关工作经验获省高院刊发信息，省高院副院长朱新力来院调研时予以充分肯定。

聚焦改革增效，强化全方位监督管理。深入推进司法体制综合配套改革，健全落实审判监管长效机制，从严强化院庭长监督管理职责，进一步落实司法责任制。出台类案及关联案件检索规定、民商事案件部分裁判规则指引等，发挥专业法官会议、审判委员会作用，严格防范“类案不同判”。加大案件评查力度，常规评查案件 2392 件、裁判文书 395 份、庭审 84 例，对“四类案件”、二审发回重审、改判案件等开展专项评查，不断提升司法规范化水平。在全省法院案件质量监督大检查中，继续保持无重大瑕疵案件，一般瑕疵、一般问题案件数量全市最低。1 篇裁判文书入选全省十篇最佳裁判文书，2 篇案例分别被最高法院《刑事审判参考》和省高院

《案例指导》收录。健全“三色”预警、院庭长约谈督办等清理长期未结案长效机制，12 个月以上未结案数长期保持清零状态。

聚焦价值引领，开展立体式法治宣传。坚持法治教育从娃娃抓起，创新法治宣传教育模式，开设“法官妈妈云课堂”，在学习强国等平台和全区中小学展播，主导建设的全省体量最大的未成年人道德法治体验馆已投入运行，综合运用人工智能、VR 等技术设备，打造未成年人道德法治教育“第二课堂”，入选全市未成年人思想道德建设十件实事。未成年人法治关爱工作经验被省关工委《新星》杂志刊发，省关工委主任徐宏俊等调研时予以充分肯定。充分发挥司法裁判的规范、指引、评价、教育功能，在微信公众号开辟“树裁判规则、引文明风尚”专栏，编印《社会主义核心价值观典型案例 50 例》《民法典 50 问》等宣传册，开展巡回审判、“法律十进”等活动 40 余次，通过微信、微博、抖音等新媒体宣传阵地发布工作动态、视频 350 余篇，努力讲好司法故事，弘扬社会主义核心价值观。

（四）厚植根基笃行争先，坚决将一流法院建设推向纵深

加强党建统领，坚持政治建院。始终将政治建设摆在首位，扎实开展“两个坚持”专题教育，通过“嘉业讲坛”“法院大讲堂”“红色星期六”等平台完善政治轮训制度，实现学习教育全覆盖。培育“守望天平”党建品牌，深化打造“一支部一特色”，充分发挥支部战斗堡垒作用，获评全省法院党建工作创新案例三等奖。坚持以党建带队建，切实提升思想引领力、基层组织力，形成党建与审判工作有机融合、互相促进的良好局面。

强化文明创建，推进文化兴院。坚持“以法治之光温暖每一个心灵”为核心引领，全面实施思想铸魂、品牌示范、文明实践和文化传承“四大工程”，做文明社会的表率者、引领者，文明创建工作获区委、区政府主要领导批示肯定。打造“党建、法官、廉政、家风、文苑”五大文化长廊，建设 800 余平方米的文明成果展示厅，夯实文化建设基础。打造“温暖志愿者”品牌，常态化参与文明劝导、结对帮扶、敬老服务、法律宣讲等志愿服务活动 900 余人次，获区志愿服务项目大赛银奖。

抓实作风建设，全面从严治院。扎实推进司法规范化水平提升年活动暨执行不力专项治理，深入开展“八查八看”，排查问题 31 个，抓好突出问题整改落实。选任廉政监察员 12 人，常态化开展廉政风险排查，不断健全廉政风险防控机制。认真履行“一岗双责”，严格落实“三个规定”，充分发挥审务督察通报警示作用，坚持抓早抓小、防微杜渐。征集“廉政亲情寄语”109 条，发放“家庭助廉公开信”150 封，发挥家庭促廉助廉作用。组织开展廉政书画摄影作品展、廉政剪纸等廉政文化系列活动，营造风清气正的法院政治生态。

（五）接受监督自觉主动，切实让审判权力运行公开透明

主动接受人大政协监督。向区人大常委会专项报告落实认罪认罚从宽制度工作情况，并根据审议意见抓好整改落实。全力配合区人大常委会开展员额法官评议、专题调研和“四长”走进代表联络站、“宪法日”宣传活动等工作。进一步加强代表委员定向联络工作，座谈、走访在浔各级代表、委员 156 人次，举行“代表委员法院行”活动 3 次，邀请代表、委员旁听庭审、见证执行 24 人次，编印法院工作年报向代表、委员发放，增进对法院工作的了解。

依法接受法律监督。支持、配合检察机关依法履行法律监督职责，区检察院检察长列席审判委员会 5 次，区检察院提请抗诉的 2 件案件依法予以改判。

广泛接受社会监督。支持保障人民陪审员依法履职，共陪审一审普通程序案件 724 件。强化四大公开平台建设，裁判文书实现应上网尽上网，向当事人推送案件节点信息 3.3 万余条，网络庭审直播 1367 次，累计观看人数 62.69 万人次。召开新闻发布会 2 次，举办公众开放日 11 次，及时回应舆论监督和社会关切问题。

各位代表，区人民法院取得的成绩，离不开各级党委、人大、政府、政协和社会各界的关心与支持。在此，我代表区人民法院，向关心支持法院工作的人大代表、政协委员和社会各界人士，表示衷心的感谢和崇高的敬意！

同时，我们清醒地认识到，工作中还存在着不少困难与不足：一是服务区域经济社会发展的能力水平有待提高，保障中心工作的措施有待进一步深化；二是适应审判权运行新机制的监督管理体系还不健全，少数案件质量效率与人民群众期待仍有差距；三是矛盾纠纷多元化解机制有待进一步完善，诉源治理成效与区域治理现代化的要求仍有距离；四是少数干警的司法能力、作风素质与“重要窗口”建设要求还有差距。针对上述问题，我们将切实采

取有效措施，努力加以解决。

二、2021 年工作思路

2021 年，区人民法院总体工作思路是：高举习近平新时代中国特色社会主义思想伟大旗帜，坚持以习近平法治思想为指导，全面贯彻党的十九大和十九届二中、三中、四中、五中全会精神，认真落实省、市、区委和上级法院工作要求，深入推进区委“一一二八”工作部署，更加注重系统观念、法治思维、强基导向，忠诚履职尽责，勇于担当破难，为重塑水晶晶南浔，建设美丽繁华新江南，高质量打造湖州“开放东大门、创业新高地”，高水平建设社会主义现代化共同富裕示范样本提供更加有力的司法保障。

坚持党的领导，不忘初心、忠诚铸魂，更高站位加强思想政治建设。把认真学习贯彻习近平法治思想作为一项重大的政治任务，深入开展大学习、大讨论、大宣传，在学懂弄通做实上下功夫，做到学深悟透、融会贯通、真信笃行，以高度的思想自觉、政治自觉、行动自觉，确保审判执行工作实现政治效果、法律效果、社会效果的有机统一。加强党建标准化规范化建设，严格落实“三会一课”等制度，延伸拓展“一支部一特色”品牌，切实发挥党建对审判执行工作的引领促进作用。

坚持大局观念，围绕中心、主动作为，更高质量保障赶超跨越发展。聚焦区“十四五”规划顺利开局，在服务保障构建新发展格局中展现司法担当。统筹做好疫情防控和审判执行工作，全面深化“三服务”活动，全力防范化解矛盾风险。建立健全扫黑除恶常态化机制，切实巩固扫黑除恶专项斗争成果，加大行政争议实质性化解力度，助推平安南浔、法治南浔建设。加大产权司法保护力度，优化金融、破产审判职能，努力营造稳定公平透明、可预期的法治化营商环境，为南浔经济行稳致远，高水平建设社会主义现代化共同富裕示范样本提供有力保障。

坚持人民立场，践行宗旨、回应关切，更高水平满足群众司法需求。深化司法领域“最多跑一次”改革，重视特殊群体的“数字鸿沟”问题，努力为人民群众提供更加优质高效多元的司法服务。完善综合治理执行难工作大格局，借助基层社会综治网格深化执行协作机制，促进基层治理与执行工作良性互动。落实司法责任制，健全完善院庭长监督管理、随机分案等管理机制，扎实提升审判质效，努力让人民群众在每一个司法案件中感受到公平正义。

坚持创新思维，锐意进取、追求卓越，更高品质打造司法特色品牌。加强智慧法院建设，打造形成全流程、全要素、全覆盖的无纸化办案办公新模式，努力创造更高水平数字正义。因地制宜，深化打造“一庭一品”工程，助力构建共建共治共享的基层社会治理新格局。提档升级“法官妈妈”和“温暖工作室”品牌，以未成年人道德法治体验馆为依托，助推未成年人保护社会治理体系现代化建设。

坚持实绩导向，严管厚爱、凝心聚力，更高标准锻造过硬法院队伍。开展“以实绩论英雄，于质效见真章”主题实践活动，对标对表，争先创优，全面提升战斗力、执行力。结合即将开展的全国政法队伍教育整顿，坚持刀刃向内，自我革命，自觉接受人大、政协和社会各界监督，确保队伍忠诚干净担当。落实从优待警和司法人员履职保障政策措施，进一步提升队伍向心力、凝聚力。

各位代表，征程万里风正劲，重任千钧再扬帆。新的一年，我们将在区委的坚强领导、区人大及其常委会的有力监督下，认真落实本次大会决议，开拓创新、奋发有为，争当新时代司法排头兵，为重塑水晶晶南浔做出新的更大的贡献！

湖州市南浔区人民检察院工作报告

——在湖州市南浔区第四届人民代表大会第五次会议上

湖州市南浔区人民检察院检察长　毕　琳

2021年2月24日

一、2020年主要工作

2020年是极不平凡的一年，面对新冠肺炎疫情大考，我院坚持以习近平新时代中国特色社会主义思想为指导，在区委和上级院的领导下，在区人大及其常委会的监督下，在区政府、区政协和社会各界的关心支持下，紧扣奋力打造“重要窗口”和加快重塑水晶晶南浔，忠实履行法律监督职责，各项检察工作取得新成效。

（一）聚焦“重要窗口”，在服务大局中彰显检察担当

服务保障抗疫复工“两战赢”。积极参与基层一线防控，先后组织900余人次参与一线联防联控，8名院领导走访结对企业，为企业复工复产发放法律风险提示，提供优质检察服务。坚持涉疫案件提前介入，依法从严从快办理涉疫刑事案件3件3人。办理的全省首例居家隔离人员违反居家隔离规定的妨害公务案，取得较好法律效果和社会效果，被最高检评为十大妨害新冠肺炎疫情防控犯罪典型案例，该案被央视新闻、最高检微信公众号、《人民日报》微博等多家媒体报道。疫情期间持续开展野生动物保护、医疗器械治理等公益诉讼专项行动，办理一起非法人工繁育国家重点保护野生动物公益诉讼案，及时开展问题口罩公益诉讼诉前磋商，推动问题口罩综合治理。对“因疫致困”的2名被害人，与市检察院联合开展远程司法救助，努力在战“疫”中传递司法温度。

服务保障“水晶晶南浔”创响创优。结合我区水晶晶南浔建设发展实际，出台《关于充分发挥检察职能、服务保障“水晶晶南浔”建设的工作意见》，创建水晶晶南浔古镇公益诉讼检察创新实践基地，建立“检察公益守护站”，全力护航“水晶晶南浔”城市品牌的打造。我们聚焦群众反映强烈的生态环境等领域突出问题，开展一系列湖河保护专项行动。依法办理污染环境和生态资源类批捕案件5件13人、公诉案件7件8人，办理环境资源领域民事、行政公益诉讼案件6件。我们坚持贯彻恢复性司法理念，做好生态修复和治理，对炼染纺织和木炭企业违法排污造成的生态破坏，依法提起民事公益诉讼，追偿生态损害赔偿金240余万元。并与市生态环境局南浔分局、区人民法院、区财政局联合出台《生态环境损害赔偿资金管理办法》，为生态损害赔偿金的合理使用提供制度保障。

服务保障法治化营商环境。坚持打击与保护并重，以平等保护市场主体合法权益为重点，批捕合同诈骗、非法经营等破坏社会主义市场经济秩序犯罪6人，起诉19人，全力护航民营经济转型发展。妥善办理一起涉民企的职务侵占案，帮助企业追赃挽损100余万元。坚持立足办案提供检察服务，针对办案中发现的风险漏洞，通过检察建议、召开行业座谈会等方式，帮助企业建立合法合规的经营管理机制。坚持服务基层群众，助力无欠薪区创建，在办案的同时帮助18名农民工追回被拖欠工资26万余元。积极拓展司法救助渠道，优化救助效果，办理司法救助案件24件，发放救助金14.7万元。

扎实维护社会和谐稳定。受理提请批准逮捕案件280件467人，批准逮捕221件340人；受理移送审查起诉案件657件968人，提起公诉480件719人。严厉打击故意杀人、抢劫、强奸等严重暴力犯罪17件24人；突出惩治贩卖毒品、容留吸毒等涉毒犯罪29件67人；助力打好防范化解重大金融风险攻坚战，起诉非法吸收公众存款、集资诈骗、网络电信诈骗等犯罪42件189人，成功办理周某某等38人诈骗案、黄某等43人“套路嫖”诈骗案、陈某某等50余人涉跨境网络赌博的帮助信息网络犯罪活动等案。同时把依法办案与化解风险、追赃挽损、维护稳定结合起来，在检察环节为被害人追回赃款578.72万元。

决战决胜扫黑除恶专项斗争。立足扫黑除恶专项斗争决战决胜要求，加强办案攻坚，持续开展“线索清仓”“案件清洁”等“六清”行动。坚持提前介

入，严格依法打击黑恶犯罪，共批捕涉黑恶犯罪 9 件 21 人，受理审查起诉涉黑恶犯罪案件 8 件 42 人，办理了全市影响极大的刘某某等 20 余人黑社会性质组织案件。坚持“打伞破网”“打财断血”一体推进，立案查办保护伞案件 3 件；在涉黑套路贷等案件中，协同公安、法院追回赃款 485 万余元。

深入推进检察环节诉源治理。坚持把诉源治理作为平安创建提升群众幸福感的重要内容。自建区以来（2003—2020 年），检察机关起诉后判处三年以上刑罚的占比从 29. 77%降至 21. 52%，同时，近几年“醉驾”取代盗窃成为刑事追诉第一犯罪。重刑犯罪率下降，反映了我区社会治安形势持续向好，南浔人民收获实实在在的安全感。2020 年，批捕、起诉案件同比分别下降 15. 7%和 5. 5%，我们坚持把“少捕慎诉”作为推进诉源治理，有效减少诉讼增量的有效途径，对不构成犯罪或证据不足的或者情节轻微不需要羁押的决定不捕 128 人、不起诉 227 人，不诉率同比上升 29. 71%。认罪认罚适用率达 89. 51%，充分发挥该制度在减少诉讼对抗，化解社会矛盾中的作用。加强释法说理在不捕不诉及行政争议化解等案件中的作用，增强诉源治理司法公信力。

（二）聚焦公平正义，在增强法律监督实效上彰显检察作为

依法履行刑事检察职能。秉持客观公正立场，坚持把监督贯穿于办案全过程。立案监督 34 人，纠正漏捕漏诉 18 人，对侦查活动书面提出纠正意见 16 件。完善双重审查和员额检察官交叉审查、判后听取律师意见等工作机制，对发现确有错误的刑事判决或适用认罪认罚的被告人提出上诉的，依法提出、提请刑事抗诉 3 件，法院作出改判 2 件。审查办理监察委员会审查起诉职务犯罪案件 6 件 6 人。出台《刑事执行监督案件化办理实施办法》，进一步规范化、案件化推进刑事执行监督工作，执行监督纠正 25 件，发现交付执行、监管活动履职不当 46 人，纠正脱管漏管 12 人。

依法履行民事检察职能。以构建多元化民事诉讼监督格局为导向，加强与法院沟通协调，形成打击虚假诉讼的检法合力，常态化开展虚假诉讼专项监督，对套路贷等案件线索摸排、筛查 50 余条，对 1 起虚假诉讼案件发出再审检察建议，得到法院改判。进一步加大监督、支持法院依法执行的力度，依法化解执行信访矛盾，助力解决执行难问题。坚持监督与息诉并重，对法院的正确裁判，注重释法说理，引导当事人服判息诉 16 件。监督中注重发挥外脑作用，开展互联网专家咨询 2 件，提升监督的专业性和精准度。

依法履行行政检察职能。狠抓区委《推进法治建设、加强检察机关法律监督实施办法》落地见效，坚持以办案为中心，以“案结事了政和”为目标，以行政争议实质性化解专项活动为抓手，全面履行行政检察职能。办理生效裁判监督案件 1 件，行政执行类监督案件 10 件，助推“裁执分离”类案件执行的力度。与区法院、区司法局共同出台《关于进一步推进行政争议实质性化解工作的意见》，对“潜在之诉”“过期之诉”“遗漏之诉”中的行政争议，充分发挥检察机关调查核实和司法审查的专业优势，形成争议化解合力。共办理行政争议化解案件 24 件，与区司法局、法院共同化解一起经历一审、二审、当事人一直申诉长达 18 年的行政争议案件。

依法履行公益诉讼检察职能。坚持公益诉讼聚焦国家利益和社会公共利益、服务保障民生民利。办理行政公益诉讼案件 42 件，民事公益诉讼案件 4 件，推动行政机关开展专项整治十余次。在福寿螺专项治理中，清理福寿螺入侵河道 191 条、农田 72 块；在自动售货机专项检查中，排摸全区食品自动售货设备 53 台，关停违规食品自动售货设备 2 台；在网络外卖平台等行业整治中，对全区入网 700 余家商户就网络外卖平台无信息公示、信息公示不真实、环境卫生脏乱差等情形进行全面检查，督促职能部门查处整改违法商户 18 家，让群众在外卖平台“安心选，放心吃”。办理全市首例文物保护公益诉讼案件，有效维护辖区内古桥文物安全，工作成效获省检察院贾宇检察长批示肯定。

（三）聚焦工作创新，在引领社会法治进步上彰显检察力量

用心守护未成年人健康成长。突出发挥“春燕工作室”品牌在未成年人检察中的引领示范效应，全面强化未成年人关爱救助和综合保护工作。以“一号检察建议”为牵引，扎实助推校园文明建设，与区司法局、区教育局、区公安分局等共同出台工作规则，实行侵害未成年人案件“强制报告制度”、密切接触未成年人行业从业人员“入职查询制度”，并联合开展专项排查，为孩子撑起司法保护的“制度伞”。挂牌成立全省首个中小学道德与法治教学基地“春燕学堂”，与区教育局合作，以法治教育积分制和发展性目标考核，提升未成年法治教育成效。

深化检校合作取得新进展。2018 年与上海社科院签订合作协议加强检校合作项目以来，姚建龙教授学术团队工作室从理论上推动我院未成年检察工作向纵深发展，我们对罪错分级处遇工作先行先试，从制度上起草了《南浔区罪错未成年人分级处遇区域治理实施办法》，以训诫、强制教育、公益服务等不同处遇措施，精准实现临界预防和罪错矫治。在实践中我们对 12 名涉未成年人聚众斗殴案，通过分级处遇的运用，为罪错未成年人保护教育和回归社会提供了最优方案，被评为全省未成年人司法保护精品案例，有关做法获得最高检肯定，六一期间连线最高检全国直播，并多次在全国范围进行经验介绍。

依托智慧赋能助推检察工作转型。牵头做好“政法一体化”提质拓面，推动全区刑事案件和法律监督全面实现单轨制办理，涉案财物处置、看守所换押等一体化协同率达 100%。以疫情期间倡导减少人员流动为契机，通过专线实现检察官远程提审，有效节省诉讼资源；通过浙江检察 App 全面运用，为律师提供案件绑定、在线阅卷、远程具结等服务，实现律师执业在检察环节“一次不用跑”。深化智慧未检 App 运用，实现“云上春燕”等功能一键达，全网接受群众咨询举报、定制法治教育服务，实现监督及时高效、社会化帮教更加精准。结合检察办案工作实际，创新提出的《司法规范化智能监控辅助应用设计》方案，以第二名成绩入选全省智慧检察创新应用设计十佳。

（四）聚焦队伍建设，在激活工作发展根本动能上彰显检察活力

始终坚持政治引领。深入学习贯彻党的十九届五中全会精神和习近平法治思想，牢固树立“四个意识”、坚定“四个自信”、做到“两个维护”。严格执行政法工作条例和重大事项请示报告等制度，坚决落实党中央决策部署和上级重大工作任务，自觉接受党对检察工作的绝对领导。坚持党建工作与检察业务的深度融合，持续抓实意识形态和文化育检工作，广泛开展领导素能培训，邀请上海高校知名专家授课，结合《中华人民共和国民法典》颁布开展多轮次系统培训，创新“浔+青年说”，组织岗位练兵、技能比武、素质训练，提升干警办案能力和队伍专业化水平。

全面落实从严治检。把廉政风险防控纳入南浔检察工作总体布局，扎实构建司法办案廉政风险防控体系，围绕“人、财、物、权”关键环节，强化内部监督管理。优化业务监管、质效评价、绩效考核模式，加强对司法办案的规范引导、对检察官的监督制约，构建全覆盖、边界清、可问责的员额检察官动态管理体系，切实向制度化要战斗力。依托员额检察官联席会议，为疑难复杂案件“把脉会诊”，扎实开展已判决案件的交叉审查，提升精细化办案的水平和能力。坚持“逢问必录”、逐月报告，落实过问或干预、插手司法办案“三个规定”报告制度，加强对检察权运行的日常监督。

扎实规范司法行为。深入开展“执法司法规范化水平提升年”活动，坚持问题导向，深入开展问题查摆、案件质量评查，将司法不规范问题实行销号管理，推动专项治理，完善长效机制，制定了《关于规范认罪认罚案件量刑建议实施细则》等一系列制度，增强司法办案的规范性和法律监督的实效性。以案为鉴，深入开展系列警示教育，引导干警全面认识司法办案风险，主动筑牢思想防线。率先在全省试点推进检察官业绩考评工作，通过业绩考评实现差异评价，传导压力、激发动力，推进检察官管理规范化、现代化。

自觉接受外部监督。自觉接受人大监督，做好接受区人大常委会对检察机关落实认罪认罚从宽专题审议工作，并认真整改。自觉接受民主监督，向政协通报检察工作，认真办理代表委员提出的建议件。深化代表委员联络机制，探索推动公开听证常态化，举办检察宣传周、检察开放日等活动，邀请代表委员、教育界人士、行政执法人员、普通群众走进检察机关，了解检察工作，听取意见建议。加强工作信息和案件信息公开，发布典型案件、特色工作、队伍建设等微博、微信宣传 478 篇，公开法律文书 641 份、程序性信息 1318 条、重要案件信息 16 条，主动接受群众监督。

2020 年，我院各项检察工作取得了新的进步，被中央文明委确定为全国政法系统唯一的“重点工作项目基层联系点”。在争先创优的良好氛围下，涌现出了“CCTV2020 年度法治人物”“全国守望正义——新时代最美检察官”等先进典型人物，6 名干警入选全省检察机关专业人才库、业务能手和“百名检察教官”，4 件案件分别被评为最高检、省院精品案例，2 篇研究课题分获最高检经费资助课题和省院重点课题立项，2 篇获省级理论研究奖项，3 篇在综合性知名刊物上发表，1 次参加联合国儿童基金会在京举办的国际论坛交流，25 个集体和个人荣获市级以上荣誉。南浔检察工作的发展和进步，离不开区委和上级院的坚强领导，离不开区人大及其常委会有力监督，也离不开区政府、区政协和社会各界的大力支持。在此，我代表区检察院向各位表示衷心感谢！

同时，我们也清醒认识到，检察工作还存在一些问题和不足：一是服务保障“重要窗口”建设上还需进一步深化，特别是在找准富有南浔特色的工作切入点和突破口上还需深入探索。二是开展法律监督上还需积极作为，“四大检察”发展不充分不协调问题还需谋划突破。三是回应群众期盼上还需提升质效，办案中凸显优质社会效果的做法和案件还不多。四是队伍建设上还需久久为功，专家型人才还十分缺乏。这些问题我们将紧盯不放，在今后的工作中积极加以改进和解决。

二、2021 年主要工作

各位代表，2021 年是中国共产党成立 100 周年，是全面建设社会主义现代化国家新征程开启之年，也是推进实施“十四五”规划的开局之年。区检察院的总体思路是：高举习近平新时代中国特色社会主义思想伟大旗帜，领悟践行习近平法治思想，深入贯彻党的十九大和十九届二中、三中、四中、五中全会精神，积极履行法律监督职责，丰富检察创新实践，推进社会法治善治，以南浔检察高质量发展服务保障全区经济社会高质量发展，为加快重塑水晶晶南浔，建设美丽繁华新江南，高质量打造湖州“开放东大门、创业新高地”，高水平建设社会主义现代化共同富裕示范样本作出新的贡献。重点做好以下工作：

一是有力履职，推动更高水平平安南浔建设。全面聚焦“十四五”规划和“重要窗口”目标定位，认真落实区委四届十一次全会部署和“一一二八”发展战略，充分发挥检察职能，为我区高水平建设社会主义现代化共同富裕示范样本提供更有力检察保障。重点关注影响社会安定、人民安宁的突出问题，为法治南浔、平安南浔建设贡献力量。全面营造法治化营商环境，不断提高检察机关精准服务的水平。持续加强生态保护、食药安全等检察工作，督促和推进生态治理和行业治理，努力保障“水晶晶南浔”建设。

二是办好实事，促进提升区域治理效能。坚持办好人民群众身边的每一个“小案”，加强对弱势群体司法救助，持续办好检察为民实事，努力传递司法温度。积极贯彻少捕慎诉理念，用好认罪认罚从宽制度，深入参与多元矛盾纠纷化解，在诉源治理中发挥更大检察作用。深度融入法治南浔建设，落实司法责任，强化监督制约，彰显司法权威，着力维护社会公平正义。在推动校园文明建设、常态化扫黑除恶、公益诉讼等工作中，结合检察办案参与社会治理，努力提升南浔区域治理现代化水平。

三是加强监督，做好法律监督高分答卷。持续探索重大监督事项案件化办理机制，提升法律监督规范和刚性。深化刑事诉讼监督机制，发挥检察官诉前主导作用，提升刑事侦查、审判和执行活动监督质效。以贯彻落实《民法典》为契机，坚持以民生民利为重点，积极拓展民事检察监督触角。加强与法院和各行政机关的配合协作，形成良性、互动的行政检察监督关系。依法办理法定领域公益诉讼案件，积极稳妥拓展监督范围，全力守护公共利益。以“春燕工作室”为载体，推动全区创新未成年人保护的司法合力，做好未成年人检察“模范生”。

四是立足队伍，推动检察工作自身高质量发展。坚持以政治建设为引领，开展政法队伍专项整顿，注重将党建工作与检察业务深度融合，突出“浔+”检察文化品牌建设，推动南浔检察工作健康发展。推进队伍专业化建设，突出实务实训、以赛促训，深入开展岗位素能标准培训和专家专题传授相结合，提升检察干警综合素能。坚持和推进司法规范，全面加强纪律作风建设，聚焦正风肃纪，坚持严管厚爱，争取以一流的精神状态打造一流的工作业绩，推动南浔检察工作高质量发展。

各位代表，在新的一年，我们将在区委和上级检察院的坚强领导下，认真落实本次会议决议，更新理念、深化创新、锚定目标、接续奋进，努力打造展示中国检察制度优越性的“小窗口”，为重塑水晶晶南浔，建设美丽繁华新江南，高质量打造湖州“开放东大门、创业新高地”，高水平建设社会主义现代化共同富裕示范样本提供更优质的司法保障。

·表彰名单·

国家级先进集体

2021 中国最具发展潜力百佳县市
南浔区
2021 年度中国营商环境百佳示范县市
南浔区
2021 年全国市辖区旅游综合实力百强区
南浔区
2021 中国最具诗意百佳县市
南浔区
“推进质量工作成效突出”获国务院督查激励
南浔区
全国信访工作“三无”县（市、区）
南浔区
全国第四批县域节水型社会达标县（区）
南浔区
2021 年全国县域农业农村信息化发展先进县
南浔区
全国农民合作社质量提升整县推进试点单位
南浔区
全国农业社会化服务创新试点县
南浔区
第六届“万步有约”健走激励大赛全国优秀健走示范区
南浔区
全国第一批节约型机关
区政府办公室　区教育局
2020—2021 年度全国“五好”县级工商联
区工商联
2021 年度全国民营企业调查点工作先进示范单位
区工商联
第十批国家新型工业化产业示范基地
装备制造（智能电梯）·浙江湖州南浔经济开发区
2021 年度国家级绿色工厂
森赫电梯股份有限公司
浙江长城电工科技股份有限公司
第五次全国文化馆评估定级上等级馆（一级馆）
南浔区文化馆
第九批中国华侨国际文化交流基地
湖州桑基鱼塘研学文化交流基地
2021 年度全国青少年校园足球特色学校
菱湖实验小学
2021 年度全国足球特色幼儿园
上外附属浙江宏达南浔幼儿园
2021 年度国家级绿色工业园区
南浔经济开发区
国家现代农业全产业链标准化试点基地
南浔区鲜食葡萄全产业链标准化试点基地
2021 年全国工人先锋号
沃克斯迅达电梯有限公司数控班组
全国五一巾帼标兵岗
善琏湖笔厂项目演示车间
2020—2021 年度全国“安康杯”竞赛活动优胜单位
怡达快速电梯有限公司
2021 年度国家级绿色设计产品
一、涤纶磨毛印染布
浙江彩蝶实业股份有限公司（高效阻燃型涤纶纤维面料）
浙江彩蝶实业股份有限公司（防紫外线的弹性面料）
浙江彩蝶实业股份有限公司（抗静电低缩率涤纶面料）
二、滚筒洗衣机用无刷直流电动机
湖州越球电机有限公司（滚筒洗衣机用无刷直流电动机）
三、交流电动机
浙江弗尔德驱动科技有限公司（永磁同步无齿轮曳引机）
四、小功率电动机
湖州太平微特电机有限公司（电梯门机专用电动机）

第三批国家级专精特新“小巨人”企业
湖州市菱湖新望化学有限公司
全国群众体育先进单位
区文广旅体局
国家一级文化馆
区文化馆
全国农民用水合作示范组织
双林镇簖桶兜村股份经济合作社
第二批全国乡村治理示范村
练市镇水口村
2021 年全国乡村特色产业亿元村
和孚镇新获村　千金镇东马干村　菱湖镇陈邑村
全国“青少年维权岗”
区人民法院刑事审判庭
2021 年度司法宣传和通联工作先进单位
区人民法院
二〇二一年度全国检察宣传先进单位
区人民检察院
2021 年度国家级绿色供应链管理企业
恒达富士电梯有限公司
湖州太平微特电机有限公司
工业和信息化部“能效之星”装备产品
浙江弗尔德驱动科技有限公司[永磁同步电动机FRD（40W-0800-200）]
2021 年全国农业产业强镇创建单位
和孚镇
第八批“全国民主法治示范村（社区）”
和孚镇民当村
扫黑除恶专项斗争公安部通报表扬单位
区公安分局扫黑除恶办公室
全国税务系统文明单位
区税务局
全国综合减灾示范社区
善琏镇车家兜村
银行业营业网点文明规范服务千佳示范单位
南浔银行营业部
2021 年中国地方金融十佳农村商业银行
南浔银行

国家级先进个人

全国公安机关成绩突出青年民警
胡春强（区公安分局双林派出所所长）
2021 年中国好人
敬业奉献好人：张开荣（善琏镇）
助人为乐好人：姚玉林（菱湖镇六堡里村）
全面推行河长制湖长制先进个人
优秀河（湖）长：单永杰（区政府）
先进工作者：乔慧明（南浔挂职干部）
全国法院党建工作先进个人
沈晓婷（区人民法院）
全国普法工作先进个人
温奕弋（区人民法院）
全国群众体育先进个人
沈建新（区文广旅体局）
《“党史学习教育”在建设“重要窗口”中的有机关联、时代价值与实践转化》获《中国审判》“延安杯”庆祝建党 100 周年有奖征文特别奖
秦伟祥（区人民法院）
洪金凤（区人民法院）
农工民主党中央理论研究优秀论文三等奖
虞芸芸（农工民主党南浔区总支）
应急管理部个人奖励
毛云龙（区应急管理局）
全国个私协会系统“小个专”党建工作突出个人
朱霞芬（区市场监督管理局）
2021 年度《中国农村信用合作报》优秀通讯员
张仲恒（南浔银行）

省级先进集体

浙江省 2021 年度平安县（市、区）
南浔区
2021 年度新时代美丽城镇建设优秀县（市、区）
南浔区
2021 年度“五水共治”工作优秀县（市、区）“大禹鼎”银鼎
南浔区
2021 年度法治浙江（法治政府）建设优秀单位
南浔区
2021 年度全省建筑工业化优秀县（市、区）
南浔区
2021 年度全省建筑节能与绿色建筑优秀县（市、区）
南浔区
第二批省级数字乡村建设试点县
南浔区
2021 年度平安建设工作先进集体
南浔区
省级渔业转型发展先行区
南浔区
全省“三农”新型基础设施试点县
南浔区
首批健康浙江行动示范样板
南浔区
浙江省特色产业农业“机器换人”高质量发展先行县
南浔区（水产）
浙江“农业产业大脑”第一批建设先行单位
南浔区（渔业产业大脑）
浙江省旅游业“微改造、精提升”2021 年度实践案例评选活动综合实践奖
南浔区
“实施乡村振兴战略、高水平推进农业农村现代化成效明显”获省政府督查激励
南浔区
“落实投资新政、实施省市县长项目工程、优化投资结构等工作成效较好”获省政府督查激励
南浔区
“实施全域土地综合整治与生态修复工程、节约集约利用土地、批而未供土地消化利用、闲置土地处置工作较好”获省政府督查激励
南浔区
“督查中发现落实有关重大政策措施成效明显、创造典型经验做法”获省政府督查激励
南浔区
“全面推行强村公司　持续壮大村集体经济”案例入选浙江省共同富裕示范区“典型案例清单”
南浔区
第一批累计三年健康浙江建设考核优秀
南浔区
第三批浙江省全域旅游示范县（市、区）
南浔区
2020—2021 年度全省平安建设先进集体
区委政法委
2021 年全省人大信息工作成绩突出单位
区人大机关
2021 年度全省政务信息工作考核二等奖
区政府办公室
全省老干部工作先进集体
区委组织部
2021 年全省“扫黄打非”工作成绩突出集体
区委宣传部
2021 年度全省宣传信息工作先进单位
区委宣传部
浙江省消除集体经济薄弱村工作成绩突出集体
区农业农村局
浙江省粮食增产保供成绩突出集体
区农业农村局
浙江省先进基层党组织
区市场监督管理局练市分局党支部
久立集团股份有限公司党委
全省农村土地承包经营权确权登记颁证成绩突出集体
双林镇人民政府
2021 年度全省“五水共治”工作考核优秀乡镇（街道）
练市镇

第一批浙江省“五水共治”实践窗口

和孚镇荻港

全省第一批低（零）碳乡镇（街道）试点创建单位

练市镇

全省首批大花园耀眼明珠

南浔古镇

2021年浙江省AAAA级景区镇

石淙镇　练市镇

2021年浙江省AAA级景区街道

旧馆街道

2021年度浙江省园林城镇

和孚镇　菱湖镇

2021年度浙江省智慧景区

南浔古镇景区

“旅游大脑+智慧旅游”落地未来社区全省首批试点单位

南浔区頔塘社区

浙江省森林城镇

千金镇

2021年浙江省人民政府质量管理创新奖

浙江久立特材科技股份有限公司

2021年度浙江省智慧景区

南浔古镇景区

浙江省2020—2021年忠实践行“八八战略”奋力打造“重要窗口”立功竞赛先进集体

湖州南浔旅游投资发展集团有限公司

浙江泰嘉光电科技有限公司

第二届浙江省志愿服务项目大赛

一、银奖

“浔亲圆梦”寻亲志愿服务项目

二、优秀项目奖

“银雁返乡”助力渔业产业振兴志愿服务项目

2021年浙江省现代化学校

双林庆同小学　浔溪中学

上海外国语大学附属浙江宏达南浔学校

菱湖镇成人文化技术学校

双林镇成人文化技术学校

浙江省2021年度省级“民主法治村（社区）”

东迁街道江蒋漾村　东迁街道南林社区

南浔镇增山社区　南浔镇和睦兜村

练市镇朱家埭村　练市镇杨树河村

双林镇后坝村　双林镇邢窑村

菱湖镇新庙里村　菱湖镇射中村

和孚镇陈塔村　和孚镇新荻村

善琏镇窑里村　旧馆街道麒麟村

千金镇朝阳村

第四批省级引领型农村社区

练市镇水口村　练市镇农兴村

善琏镇善琏村　菱湖镇千丰村

双林镇华桥村　南浔镇永联村

千金镇石桥村

2021年度省级高标准农村生活垃圾分类示范村

练市镇施浩村　练市镇农兴村　旧馆街道港胡村

2021年度新时代美丽城镇建设省级样板

练市镇

2021年度新时代美丽城镇建设基本达标

和孚镇

2021年浙江省电子商务示范村

和孚镇重兆村

旧馆街道新兴港村

浙江省2021年新一代信息技术与制造业融合发展试点示范企业

浙江巨美家科技有限公司

浙江弗尔德驱动科技有限公司

湖州太平微特电机有限公司

浙江省2021年度地方水利改革创新最佳实践案例

区水利局（南浔区幸福河湖建管体制及指数构建）

全省农业农村数字化改革第一批“优秀应用”

区农业农村局（“智慧渔管家”）

浙江数字乡村“先锋”榜（数字化场景先行村）

旧馆街道港胡村

2021年省级精品绿色农产品基地

南浔红美人柑橘精品绿色农产品基地

2021年浙江省“未来工厂”试点企业

浙江东通光网物联科技有限公司

2020—2021年度浙江省青年文明号单位

区公安分局城西派出所刑侦中队

区人民法院菱湖人民法庭

区税务局菱湖税务所　区中医院儿科

邮政储蓄银行南浔区支行

2021年度“浙江省善治示范村”

东迁街道同心村　东迁街道丁家港村

东迁街道东迁村　东迁街道东上林村

东迁街道富强村　东迁街道李家河村

东迁街道马嘶村　东迁街道圣驾桥村
东迁街道坞仁村　东迁街道庠上村
度假区管委会浔东村　和孚镇佛堂兜村
和孚镇横港村　和孚镇四联村
和孚镇张村村　旧馆街道载旺村
旧馆街道祝良村　练市镇达井村
练市镇练南村　练市镇施浩村
练市镇姚庄村　练市镇朱家兜村
菱湖镇陈邑村　菱湖镇达民村
菱湖镇菱东村　菱湖镇千丰村
菱湖镇勤俭村　菱湖镇思溪村
菱湖镇新庙里村　菱湖镇永福村
南浔镇柏树村　南浔镇和睦兜村
南浔镇施家浜村　南浔镇适溪村
南浔镇兴隆村　千金镇东马干村
千金镇东驿达村　千金镇朝阳村
善琏镇卜家堰村　善琏镇车家兜村
善琏镇港南村　善琏镇平乐村
石淙镇石淙村　双林镇倪家滩村
双林镇千亩山村　双林镇新丰兜村

浙江省第一批数字农业工厂

一、数字农场

湖州南浔农业农村建设发展有限公司（南浔区果蔬高新科技孵化园）

南浔新欣现代农业发展有限公司（红美人柑橘数字农业工厂）

星光农业发展有限公司（星光粮油数字农业工厂）

二、数字牧场

湖州南浔世荣湖羊养殖家庭农场（世荣湖羊数字牧场）

湖州南浔农发牧业有限公司（南浔农发生猪数字牧场）

湖州南浔温氏畜牧有限公司（千金温氏肉鸡数字牧场）

三、数字渔场

南浔菱湖盛江家庭农场（菱湖盛江数字渔业基地）

湖州南浔星光渔业科技发展有限公司（星光水产生态智能化数字渔业基地）

浙江东渔生态养殖有限公司（漾东千亩跑道鱼数字渔场）

浙江省党外知识分子思想教育基地

费新我艺术馆

民盟浙江省委员会脱贫攻坚先进集体

民盟南浔区总支

九三学社浙江省委员会组织建设先进基层组织

九三学社南浔区基层委

浙江省宗教活动场所消防安全标准化管理“百优争创”活动优秀单位

南浔宝云寺

2021 年省级宗教法治宣传教育基地

南浔天主教堂

全省首批示范级文化和旅游 IP

南浔古镇

浙江省华侨国际文化交流基地

双林庆同小学

浙江省 2021 年度五星级侨胞之家

和孚镇荻港村侨胞之家

浙江省 2021 年度四星级侨胞之家

练市侨胞之家

浙江省 2021 年度三星级侨胞之家

菱湖镇侨胞之家

浙江省首批标准化离退休干部党支部

区人民法院退休干部党支部

全省法院信息工作先进集体二等奖

区人民法院

2021 年全省机关党建优秀课题研究成果二等奖

区人民法院机关党委联合调研组

浙江省“学习强国”“学习之星”先进组织

区教育局党委

浙江省巾帼文明岗

双林镇中心幼儿园

浙江省依法治理创建活动成绩突出单位

区司法局

省级金牌人民调解工作室

南浔镇人民调解委员会老温调解工作室

全省司法行政系统 2021 年度政务信息工作考核优秀单位

区司法局

全省普法工作先进单位

区委宣传部

全省人力资源和生活保障系统绩效考核优秀单位

区人力社保局

浙江省2021年美丽河湖
金家漾水系　江蒋漾水系
浙江省特色农产品优势区
南浔区优质黄鸡特色农产品优势区
2021年度促消费和批发零售业改造提升成绩突出集体
区商务局
第一批省级夜间文化和旅游消费集聚区
南浔古镇景区
浙江省文化和旅游企业梯度培育计划第一批骨干企业
湖州荻港徐缘生态旅游开发有限公司
浙江省文化和旅游企业梯度培育计划第一批新锐企业
湖州南浔旅游投资发展集团有限公司
第四批省级民族团结重点培育单位
浙江宏达南浔学校
古镇旅游度假区镇东社区党群服务中心
浙江省第一批“ 满意图书馆”
南浔图书馆
“诗画浙江·百县千碗”省级美食体验（示范）店
湖州南浔巨人君澜度假酒店有限公司
湖州南浔花园名都大酒店有限公司
2021年浙江省工业旅游示范基地
久盛地板有限公司
“十三五”省体育场地设施建设突出贡献奖
区文广旅体局
2021 长三角地区公共图书馆阅读马拉松大赛优秀组织奖
南浔图书馆
浙江省“2021年度先进县（市、区）医疗保障局”
区医疗保障局
全省审计机关优秀审计项目一等奖
区审计局
2021年度全省优秀县级审计机关
区审计局
全省市场监管系统“三比一讲”争先创优竞赛一等奖
区市场监督管理局
全省市场监管系统微视频风采大赛三等奖
区市场监督管理局
数字经济系统省级应用项目示范试点单位
区政务办
浙江省2021年度县乡法治政府建设“最佳实践”项目
区政务办（打造优质高效营商环境升级版）
全省供销合作社系统2021年度综合业绩考评优秀单位
区供销社
2021年度全省20强县级社
区供销社
2021年度全省供销社清产核资工作优秀单位
区供销社
全省扫黑除恶专项斗争先进集体
区公安分局
全省公安系统扫黑除恶专项斗争集体二等功
区公安分局扫黑除恶办公室
全省公安系统集体二等功
区公安分局巡特警大队
2021年度浙江省“最美警队”
区公安分局景区派出所
浙江省全面建设先进单位
区人武部
浙江省征兵工作先进单位
区人武部
浙江省安全管理工作先进单位
区人武部
2021 年全省“示范数字档案室”和省级单位“规范化数字档案室
区自然资源和规划分局
2021年度浙江省优秀古迹遗址保护工程
湖州南浔旅游投资发展集团有限公司（小莲庄—馨德楼、走马楼修缮工程）
浙江省税务系统先进集体
区税务局纳税服务股（办税服务厅）
2020—2021年度浙江省青年文明号
区税务局菱湖税务所
第一批省级“新星”产业群（培育）
南浔光电通信产业群
2021年度全省中小微企业培育工作成绩突出集体
南浔经济开发区管理委员会
全国示范性退役军人服务中心（站）
（由省退役军人服务管理中心发文公布）
南浔经济开发区退役军人服务站
第二批省级示范慈善分会
东迁街道
2021年省级绿色低碳工业园区
南浔智能机电高新技术产业园区
2021年浙江省电商镇
南浔镇　旧馆街道
2021年浙江省数字生活新服务特色镇
南浔镇

第五批全省扫黄打非进基层示范点
南浔镇
浙江省第七次人口普查省级成绩突出集体
南浔镇人民政府
2021 年度浙江省数字化示范小微企业园
南浔镇小微企业园
浙江省“四好”商会
南浔镇商会
浙江“枫桥式”司法所
南浔司法所
全省防汛防台先进集体
练市镇
浙江省 2021 年度省级“民主法治村（社区）”
东迁街道江蒋漾村
东迁街道南林社区
南浔镇增山社区
南浔镇和睦兜村
练市镇朱家埭村
练市镇杨树河村
双林镇后坝村　双林镇邢窑村
菱湖镇新庙里村　菱湖镇射中村
和孚镇陈塔村　和孚镇新获村
善琏镇窑里村　旧馆街道麒麟村
千金镇朝阳村
2021 年度全省农行百佳网点
中国农业银行南浔双林支行
2021 年度安全保卫省分行级“三化三达标”先进单位
中国农业银行南浔双林支行
省级伴手礼企业
湖州善琏湖笔四厂
湖州菱湖东方丝绸科技有限公司
省级农村文化礼堂示范乡镇
练市镇
省级 2021 年“活力”主题文化礼堂
练市镇达井村
省级高质量就业村
练市镇水口村
浙江省特级文化站
练市镇综合文化站
浙江省残疾人工作突出集体
练市镇
浙江省新时代乡村集成改革工作成绩突出集体
千金镇政府
“全省全域土地综合整治乡镇综合绩效评价”第一名
千金镇
浙江省“优秀典型农民用水管理主体”
旧馆街道
浙江省“农业灌溉优秀典型泵站机埠”
旧馆街道
浙江省第二批商贸特色镇
旧馆街道　双林镇
浙江省第二批商贸发展示范村
旧馆街道新兴港村
全省工行系统 2021 年优质服务五星级网点
中国工商银行南浔支行营业部
2021 年度浙江省财贸系统工人先锋号
中国建设银行南浔支行营业部
全省建行系统新资金拓展优胜支行
中国建设银行南浔支行
全省农信系统先进基层党组织
南浔银行菱湖支行党支部
浙江政务短视频联盟优秀组织
区融媒体中心

省级先进个人

2020—2021 年度全省平安建设先进个人
熊宛斌（区公安分局刑侦大队大队长）
浙江省“担当作为好支书”
钱建强（旧馆街道港胡村党总支书记）
沈方根（怡达快速电梯有限公司党支部书记）
浙江省优秀共产党员
张开荣（善琏镇）
吴博习［高新区（南浔镇、度假区）］

浙江省优秀党务工作者

汤海明（和孚镇民当村党总支书记）

沈学能（菱湖镇渔业产业党委书记）

2021 年浙江省兴村（治社）名师

钱建强（旧馆街道港胡村党总支书记）

2021 年浙江省中小学教坛新秀

韩晓鸣（南浔锦绣实验学校）

王　伟（双林第二中学）

全省统战系统先进工作者

严振华（区委统战部）

全省先进老干部工作者

沈利建（区委组织部）

2020—2021 年度浙江省青年岗位能手

佴启亮（浙江久立特材科技股份有限公司）

2021 年浙江好人

一、助人为乐好人

姚子宝（善琏镇观音堂村理发店业主）

姚玉林（菱湖镇六堡里村村民）

二、敬业奉献好人

张开荣（善琏镇公共事业服务中心主任）

三、孝老爱亲好人

沈水娟（石淙镇银子桥村村民）

四、见义勇为好人

孙培清（和孚镇和孚村村民）

第六批浙江省非物质文化遗产代表性传承人

徐永艳（辑里湖丝手工制作技艺）

马志良（湖笔制作技艺）

杨水珍（南浔传统养蚕习俗）

2021 年度全省宣传信息工作先进个人

王志刚（区委宣传部）

2021 年度全省社会舆情工作先进个人

王志刚（区委宣传部）

2021 年度浙江省数字乡村建设工作突出贡献个人

沈　彪（区委宣传部）　陈　宇（区农业农村局）

钱秋霞（区农业农村局）

2021 年度全省农业农村系统农业和渔业执法工作先进个人

费良明（区农业农村局）

2021 年浙江省农业职业技能大赛动物检疫检验项目一等奖

孙雯燕（区动物疫病预防控制和畜产品安全监测中心）

浙江金蓝领

孙雯燕（区动物疫病预防控制和畜产品安全监测中心）

浙江省农村土地承包经营权确权登记颁证成绩突出个人

盛雅萍（区农业农村局）

浙江省新时代乡村集成改革工作成绩突出个人

尉洪华（区农业农村局）

浙江省农业技术能手

孙雯燕（区动物疫病预防控制和畜产品安全监测中心）

2021 年省级文化示范户

姚松泉（善琏镇）　朱剑平（旧馆街道）

王一士（南浔镇）　尹金荣（练市镇）

陈月荣（和孚镇）

2021 年省级乡村文化能人

薛水萍（善琏镇）　沈　虹（善琏镇）

沈根发（练市镇）　潘静霞（千金镇）

沈丽华（双林镇）　吴恩凤（双林镇）

杨晓红（石淙镇）　孙武先（菱湖镇）

林百雄（菱湖镇）　赵微坚（菱湖镇）

张胜杰（和孚镇）　孙央囡（和孚镇）

首届浙江省“仁心仁术奖”

邵建美（菱湖镇中心卫生院）

浙江省 2020—2021 年忠实践行“八八战略”奋力打造“重要窗口”立功竞赛先进个人

邱建德（浙江久立钢构工程有限公司）

2021 年“浙江工匠”培养项目人员

钱菊平（星光农机股份有限公司）

沈雪萍（浙江巨人机电有限公司）

钱建粱（善琏双喜湖笔有限公司）

王安新（浙江富钢金属制品有限公司）

茹晓英（森赫电梯股份有限公司）

吴海峰（湖州鑫富新材料有限公司）

付　伟（浙江东洋环境工程有限公司）

浙江省人大工作研究会理论研讨会优秀论文三等奖

钟可光（区人大办公室）

2021 年度全省政务信息工作考核优秀个人

许　雯（区政府办公室）

浙江民建为全面建成小康社会作贡献成绩突出个人

殷　彤（民建南浔区基层委）

2021 年度浙江省九三学社优秀社员
陈　云（九三学社南浔区基层委）
全省工商联服务“两个健康”工作成绩突出个人
冯旭康（区工商联）
全省侨联系统侨务工作成绩突出个人
周桂珠[南浔区为侨法律服务站、北京隆安（湖州）律师事务所]
全省侨联系统抗击新冠肺炎疫情成绩突出个人
张正华（浙江省蔡崇信公益基金会）
全省法院诉源治理先进个人
吴　微（区人民法院）
全省法院系统个人二等功
吴　微（区人民法院）
全省法院信息工作先进个人
姚梦瑋（区人民法院）
全省法院党建工作先进个人
沈晓婷（区人民法院）
全省法院英雄模范学习宣传主题征文一等奖
潘墨钦（区人民法院）
2020—2021 年度政法宣传工作优秀通讯员
茹　玉（区人民法院）
全省政法系统执法办案、矛盾纠纷调解成绩突出个人
陆文超（区人民法院）
全省检察机关公益诉讼勘验取证业务竞赛能手
郑文清（区人民检察院）
全省法律监督（扫黑除恶）成绩突出个人
许健健（区人民检察院）
第三届浙江省检察机关未成年人检察业务竞赛能手
陈胜男（区人民检察院）
全省检察机关数字检察办案骨干
许芸华（区人民检察院）
邹　洁（区人民检察院）
全省检察机关自侦办案骨干
毕　琳（区人民检察院）
2021 年度浙江省中小微企业培育工作成绩突出个人
皇　华（区发改经信局）
2021 年度全省信息宣传工作优秀信息员
朱国华（区退役军人服务中心）
浙江省退役军人服务保障体系建设先进个人
计丹红（区拥军关爱协会）
浙江省普法工作成绩突出个人
吴　丹（区人大监察司法委）
全省社区矫正工作成绩突出个人
杨晓俊（区司法局）
全省司法行政系统 2021 年度政务信息工作考核优秀个人
沈梦丽（区司法局）
全省普法工作先进个人
简国华（区司法局）
沈勐儿（区人民检察院）
全省基层农信担保服务先进个人
章欣莹（区财政局）
全省新时代美丽城镇建设 2021 年度成绩突出个人
杨位国（区住建局）
全省人民防空工作先进个人
方惠芬（区住建局）
浙江省生活垃圾分类工作成绩突出个人
周　钰（区住建局）
“迎建党百年　享美好生活”浙江省第七届群星视觉艺术综合大展——优秀书法作品展
胡　韵（区文化馆）
“迎建党百年　享美好生活”浙江省第七届群星视觉艺术综合大展——优秀美术作品展
彭　苑（区文化馆）
“迎建党百年　享美好生活”浙江省第七届群星视觉艺术综合大展——优秀摄影作品展
沈勇强（区文化馆）
2021 长三角地区公共图书馆阅读马拉松大赛特别贡献奖
张朱恒霁（区图书馆）　蔡志康（区图书馆）
“生命英雄 · 免疫英雄”浙江推选活动先进个人
彭财伟（区疾病预防控制中心）
2021 年度浙江省审计系统大数据审计案例评选优秀奖
孙益岚（区审计局）　沈冯欢（区审计局）
浙江省第七次人口普查省级成绩突出个人
万伟慧（区统计局）
2021 年全省基层执法人员食品抽样技能比武决赛二等奖
李　瑶（区市场监督管理局千金市场监管所）
全省市场监管系统食品安全法律知识竞赛优秀个人奖
陈　凯（区市场监督管理局）
2021 年度全省供销社清产核资工作优秀个人
曹　超（区供销社）

2021 年度基层农信担保服务先进个人
徐　平（区供销社）
全省卷烟打假打私工作成绩突出个人
张　明（区公安分局环侦大队）
2021 年度浙江省“最美辅警”
吴斌杰（区公安分局菱湖派出所）
2021 年度浙江省“最美警嫂”
巩蔚岚（民警曹威涛妻子）
浙江省生态文化建设突出贡献个人
吕　培（区自然资源和规划分局）
2021 年度浙江省不动产登记成绩突出个人
张黎明（区自然资源和规划分局南浔自然资源所）
浙江省林业规划财务工作突出贡献个人
吴晓霞（区自然资源和规划分局）
全省税务系统先进工作者
徐　毅（区税务局）
浙江青年工匠
钱志学（恒达富士电梯有限公司）
浙江省农村宅基地工作成绩突出个人
余　溢（善琏镇）
浙江省老年人体育先进个人
沈　虹（善琏镇）
沈建民（千金镇）
浙江省生猪增产保供成绩突出个人
朱国荣（善琏镇）
浙江省优秀工会工作者
金伟国（千金镇）
第四届浙江省“最美文化礼堂人”
潘雪礼（旧馆街道港胡村）
全省农行系统优秀共产党员
丁　琴（中国农业银行南浔支行）
2021 年度全省农行系统“优秀服务传导师”
翁　佳（中国农业银行南浔东迁支行）
2021 年全省农行系统“夏融行动”小微金融提质增效活动优秀个人
赵宇翔（中国农业银行南浔支行）
2021 年度全省农行系统百名优秀柜面经理
顾妙华（中国农业银行南浔练市支行）
全省农行系统 2021 年机构客户“找差距、填空白、补短板、强弱项”专项营销活动机构对公业务先进个人
黄建银（中国农业银行南浔双林支行）
个人外汇业务精英工匠
吴颂华（中国建设银行南浔支行）
资产配置精英工匠
钱晓燕（中国建设银行南浔支行）
私人银行精英工匠
施建利（中国建设银行南浔支行）
快捷支付拓展精英工匠
沈青卉（中国建设银行南浔支行）
裕农通拓展精英工匠
屠菲菲（中国建设银行南浔支行）
住房租赁精英工匠
徐晓冬（中国建设银行南浔支行）
全省中行系统十佳客户经理
屠国丽（中国银行南浔区支行）
中国银行浙江省分行“优秀女员工”
沈霆波（中国银行南浔区支行）
全省农信系统优秀共产党员
朱新林（南浔银行）
全省农信系统优秀党务工作者
沈　萍（南浔银行）
全省农户小额普惠贷款推广工作优秀个人
杨新龙（南浔银行）
中国电信股份有限公司浙江公司 2021 年度优秀员工
杨志彦（中国电信股份有限公司湖州分公司南浔区分局）
张凌云（中国电信股份有限公司湖州分公司南浔区分局）
浙江之声新闻宣传工作优秀通讯员
方思懿（区融媒体中心）
全省防台宣传报道先进个人
戴佩佩（区融媒体中心）
“共享联盟·最佳报道”个人
高曙瑛（区融媒体中心）

市级（市委、市政府表彰）先进集体

2021 年度统战工作目标责任制考核优秀单位

南浔区

2021 年湖州市防范化解金融风险工作优秀区县

南浔区

2021 年度上市工作优秀区县

南浔区

2022 年湖州市模范集体

沃克斯迅达电梯有限公司
浙江睿高新材料股份有限公司
浙江富钢金属制品有限公司
星光农业发展有限公司

湖州市先进基层党组织

南浔实验幼儿园党支部　区农业农村局党总支
区公安分局菱湖派出所党支部
区疾病预防控制中心党支部
区税务局收入核算股党支部
南浔镇增山社区党总支　区政务办机关党总支
练市镇水口村党总支　双林镇儒林村党总支
双林镇农业党支部　菱湖镇竹墩村党总支
千金镇石桥村党总支　菱湖中学党总支
旧馆街道新兴港村党支部
森赫电梯股份有限公司党支部
浙江久安公益事业有限公司党总支

湖州市产业创强争先战成绩突出集体

一、科技加速推进成绩突出集体
区科技局
二、人才聚引推进成绩突出集体
双林镇政府
三、招商攻坚推进成绩突出集体
开发区管委会
四、冠军领航推进成绩突出集体
和孚镇政府
五、平台提升推进成绩突出集体
区发改经信局

湖州市改革突破争先战成绩突出集体

一、共同富裕成绩突出集体
区委宣传部　区委编办
二、数字化改革成绩突出集体
区发展改革和经济信息化局　区商务局
三、优化营商环境成绩突出集体
区自然资源和规划分局

湖州市开放融合争先战成绩突出集体

一、推进长三角一体化发展（含大都市区建设）成绩突出集体
南浔区长三办
二、对口工作（含山海协作）成绩突出集体
区发改经信局
三、枢纽门户城市建设成绩突出集体
区交通局
四、推进国家跨境电子商务综合试验区成绩突出集体
区商务局

湖州市美丽提标争先战成绩突出集体

一、碳达峰行动成绩突出集体
练市镇政府
二、垃圾分类引领行动成绩突出集体
区住建局
三、美丽乡村领跑行动成绩突出集体
区农业农村局
四、城市品牌示范行动成绩突出集体
区委宣传部

湖州市社会治理、平安建设（风险防控争先战）先进集体

一、风险防控争先战先进集体
区委宣传部　区委政法委　区信访局
区公安分局　区人民检察院第六检察部
南浔镇政府　练市镇政府　双林镇政府
善琏镇政府　东迁街道办事处
二、市域社会治理现代化先进集体
区委组织部　区司法局　区应急管理局
区人民法院　和孚镇政府
三、青少年心理健康护航行动先进集体
区社会（青少年）心理健康服务工作专班
区人民法院
四、“双减”工作先进集体
区综合行政执法局
五、平安湖州建设先进集体
区中医院　区市场监督管理局南浔分局

区消防救援大队　区公安分局练市派出所
东迁街道浔北村　练市镇西堡村
双林镇邢窑村　菱湖镇政府
和孚镇社会矛盾纠纷调处化解中心
善琏镇社会治理办　和孚镇新荻村妇联
六、“人民满意政法单位”
区司法局东迁司法所
七、平安乡镇（街道、开发区）
和孚镇　善琏镇　双林镇　练市镇　石淙镇
菱湖镇　东迁街道　旧馆街道　千金镇
八、平安建设优秀乡镇（街道）
和孚镇　善琏镇

湖州市人才强市创新强市建设先进集体
一、“人才创新鼎”
浙江久立特材科技股份有限公司
湖州越球电机有限公司
二、人才科技工作先进集体
浙江睿高新材料股份有限公司
华尚光电（浙江）股份有限公司
森赫电梯股份有限公司
区委组织部　南浔开发区　练市镇

市第七次人口普查成绩突出集体
区统计局　开发区管委会　练市镇政府
双林镇政府　菱湖镇政府　和孚镇政府

湖州市扫黑除恶专项斗争集体二等功
区公安分局

湖州市扫黑除恶专项斗争集体三等功
区委政法委　区纪委监委

湖州市扫黑除恶专项斗争集体嘉奖
区委组织部　区人民法院　区人民检察院
区市场监督管理局

2021 年度优秀县处级党委（党组）理论学习中心组
区委宣传部

湖州市创建全国法治政府建设示范市突出贡献集体
区人民法院

湖州市首批标准化离退休干部党支部
区人民法院退休干部党支部

湖州市示范型离退休干部党支部
区人民法院退休干部党支部

湖州市志愿项目大赛铜奖
练市镇（“武动练溪”非遗传承志愿服务项目）

2021 年湖州市政府质量奖企业
浙江睿高新材料股份有限公司

2021 年湖州市农产品质量奖产品
南浔世荣湖羊养殖家庭农场生产的世荣牌湖州湖羊

2021 年新认定市级现代农业园区（精品园）
南浔千金宇晨羊业精品园
南浔石淙雄云稻虾精品园

2021 年新认定市级重点农业龙头企业
湖州南浔国鑫家庭农场有限公司
浙江坤伦有机肥料有限公司
湖州康润饲料有限公司　浙江本道农业有限公司
湖州佳良粮油股份有限公司

2021 年湖州市服务业标杆企业
一、批发业
久立集团股份有限公司
湖州产投生态农业有限公司
二、零售业
南浔浙北大厦购物中心有限公司
三、住宿、餐饮业
湖州荻港徐缘生态旅游开发有限公司
四、休闲旅游业
浙江南浔古镇旅游发展有限公司
湖州南浔新国际旅游有限公司
五、绿色金融业
浙江南浔农村商业银行股份有限公司
六、现代物流业
湖州鑫达国际物流有限公司
七、数字服务业
湖州市南浔创业测绘与土地规划院股份有限公司
八、其他新型业态、产业融合等
湖州南浔新城吾悦商业管理有限公司
浙江宾开保安服务有限公司

2021 年度湖州市“示范美丽小区”
南浔镇金凯地　开发区（东迁街道）嘉和花苑
菱湖镇梦湖花苑　善琏镇展望家园

2021 年度湖州市“美丽小区”
古镇旅游度假区华龙花苑
古镇旅游度假区江南电缆厂公寓
古镇旅游度假区高龙小区
古镇旅游度假区铁马小区　和孚镇金旺家园
旧馆街道石桥头小区　练市镇江南丽园
千金镇向阳小区　石淙镇利铭花园
双林镇天虹苑　南浔镇浔溪秀城

2021 年度湖州市“示范美丽街巷”

古镇旅游度假区东大街

2021 年度湖州市“美丽街巷”

古镇旅游度假区虹阳路
古镇旅游度假区泰安东路
古镇旅游度假区适园东路　善琏镇湖笔街
和孚镇星光大街　旧馆街道同心路
开发区（东迁街道）南浔大道
开发区（东迁街道）联谊路
开发区（东迁街道）向阳路　练市镇万兴路
练市镇能源路　菱湖镇酱园弄　菱湖镇油车潭弄
南浔镇人瑞东路　南浔镇嘉业路
双林镇虹凤南路　双林镇镇胜路　千金镇向阳路
石淙镇利铭路

湖州市绿化美化精品道路

花乌线

湖州市 2021 年度第一批农村生活垃圾分类处理标杆村

东迁街道：西阳村　三田洋村
南浔镇：永联村　灯塔村　横街村　息塘村　杨华村　兴隆村
练市镇：钟家墩村　李家兜村　施浩村　达井村　大虹桥村　杨树河村　蔡家桥村　新华村
双林镇：新丰兜村　赵家兜村　花盘兜村　洋滩村　曹桥村
菱湖镇：勤俭村　卢介庄村　许联村　南双林村
和孚镇：民当村　佛堂兜村　张村村　陶家墩村　长超村　重兆村
善琏镇：和平村　夹塘村　施家桥村
旧馆街道：北港村　祝良村
千金镇：朝阳村　金城村　里浩村
石淙镇：姚家坝村

湖州市第一批“无废城市细胞”

练市镇工业园区

2021 年度湖州市纳税大户名单

久立集团股份有限公司
巨人通力电梯有限公司
浙江长城电工科技股份有限公司
浙江富钢集团
浙江尤夫高新纤维股份有限公司

2021 年度湖州市“金象”企业

久立集团股份有限公司
浙江长城电工科技股份有限公司

2021 年度湖州市“金牛”企业

巨人通力电梯有限公司
浙江洪波科技股份有限公司

湖州市 2021 年度企业慈善捐赠奖

浙江南浔农村商业银行股份有限公司
久立集团股份有限公司
浙江西西米亚羊绒时装有限公司
浙江长城电工科技股份有限公司
浙江富钢金属制品有限公司
谱拉歌世服饰有限公司
湖州南浔和通房地产开发有限公司
浙江东通光网物联科技有限公司

湖州市 2021 年度乡镇（街道）慈善分会慈善捐赠奖

练市镇慈善分会
南浔镇慈善分会
东迁街道慈善分会
双林镇慈善分会
旧馆街道慈善分会
菱湖镇慈善分会

湖州市 2021 年度村（社区）慈善工作站（分会）慈善捐赠奖

东迁街道同心村慈善工作站
菱湖镇射中村慈善工作站
练市镇洪福村慈善工作站
南浔镇联谊村慈善工作站
善琏镇车家兜村慈善工作站
练市镇新联村慈善工作站
善琏镇姚家桥村慈善工作站
练市镇新华村慈善工作站
石淙镇镇西村慈善工作站

市级（市委、市政府表彰）先进个人

2022 年湖州市劳动模范

王　韬（湖州越球电机有限公司首席科学家）
方　黎（湖州江南恒盛炼染有限公司技术科长）
严惠良（浙江东通光网物联科技有限公司制造部车间主任）
李东流（森赫电梯股份有限公司董事长）
杨鸿梁（浙江江潮电机实业有限公司制造部经理助理）
沈春芳（区教育局教育工会专职副主席）
沈根兴（湖州南浔新奥燃气有限公司党支部书记、副董事长兼常务副总经理）
金根良（湖州高强新材料有限公司机电维修组组长）
施　屹（浙江彩蝶实业股份有限公司技术科长）
施泉兵（久立集团股份有限公司发展部经理）
都勤学（浙江浔味堂食品股份有限公司董事长）
顾正鞲（浙江长城电工科技股份有限公司董事长兼总经理）
徐敏利（湖州荻港徐缘生态旅游开发有限公司农产品开发负责人）
梅群锋（菱湖人民医院医保科科长）

湖州市“担当作为好支书”

张荣华（南浔镇神墩村党总支书记）
沈金强（菱湖镇永丰村党总支书记）
沈志平（石淙镇石淙村党委书记）
马志刚（东迁街道东迁村党总支书记）
杨丽花（南浔镇浔南社区党支部书记）
费　喆（区政务办机关第五党支部书记）
黄烽杰（区公安分局和孚镇派出所党支部书记）
陆建龙（区中医院党总支书记）
钮桂香（双林镇农业党支部书记）
沈寅忠（湖州南浔旅游投资发展集团有限公司第二党支部书记）
姚月平（南浔锦绣实验学校党总支书记）
沈学能（菱湖渔业协会党支部书记）
钱　江（浙江巨人集团有限公司党委书记）
仲　华（浙江正导电缆有限公司党支部书记）
蔡兴强（久立集团党委书记）

湖州市优秀共产党员

何俊奇（区发改经信局）
杨祖艳（练市镇第一中学）
胡春强（区公安分局双林派出所）
沈海滨（菱湖人民医院）
许益斌（区安全生产监察大队）
温奕弋（区人民法院未成年人案件综合审判庭）
沈寅忠（南浔旅游投资发展集团规划建设部）
虞金狗（南浔镇辽西村）
沈金强（菱湖镇永丰村）　杨伟红（双林镇妇联）
莫海平（石淙镇党建办公室）
钱建强（旧馆街道港胡村）
钱　江（浙江巨人集团有限公司）
徐永华（浙江长城电工科技股份有限公司）
王晓华（善琏湖笔厂技术中心）
邵明元（湖州越球电机有限公司）

湖州市优秀党务工作者

王国财（区委办公室）　钱小英（花林小学）
邢斌斌（区公安分局南浔派出所）
毛建强（区卫生健康局、区医疗集团）
皇甫旦文（区市场监管局）
宋铮铮（菱湖镇社会事务办公室、西栅社区）
李正志（千金镇党委）
沈宏飞（练市镇松亭村）
杨国琴（善琏镇观音堂村）
陈冠峰（旧馆街道载旺村）
陈明海（古镇旅游度假区百间楼社区）
沈方根（怡达快速电梯有限公司）
董卫兵（浙江久立特材股份有限公司小焊管分厂）
褚赞美（星光农机股份有限公司）
吴丽丽（浙江富钢金属制品有限公司）

湖州市产业创强争先战成绩突出个人

一、科技加速推进成绩突出个人

陈　涛（区科技局）　费青青（双林镇）
刘万兵（恒达富士电梯有限公司）

二、人才聚引推进成绩突出个人

陈　伟（区委组织部）　沈杨欢（菱湖镇）
蔡建军（开发区管委会）

三、招商攻坚推进成绩突出个人
李晓锋（区委统战部）　赵晓武（区商务局）
韦国栋（菱湖镇）　陈发兵（开发区管委会）
四、冠军领航推进成绩突出个人
许惠芳（区发改经信局）
陈　建（旧馆街道）　费华娟（练市镇）
五、平台提升推进成绩突出个人
姚海燕（区发改经信局）
张淑君（开发区管委会）
董月超（高新区管委会）

湖州市改革突破争先战成绩突出个人

一、共同富裕成绩突出个人
马　烽（区委编办）
叶文龙（区融媒体中心）
陈春燕[区人大监察和司法（法制）工委]
王青瑶（区民政局）
娄　婷（区农业农村局）
张浩旻（区供销社）　陈　勇（练市镇）
唐　颖（东迁街道）
二、数字化改革成绩突出个人
沈　宇（区纪委区监委）
杜菲菲（区委编办）　邹贤华（区科技局）
沈敏毅（区水利局）
陈旭清（区农业农村局）
姚玉麟（区卫生健康局）
施永伟（区应急管理局）
沈增赟（区大数据局）
三、“两山”集成改革成绩突出个人
杨德民（区委办公室）
四、优化营商环境成绩突出个人
陈伟涛（区政务办）

湖州市开放融合争先战成绩突出个人

一、推进长三角一体化发展（含大都市区建设）成绩突出个人
沈海峰（区交通局）　王　良（区长三办）
沈红芳（区政务办）　潘晓明（练市镇）
褚　斌（高新区）
二、对口工作（含山海协作）成绩突出个人
戴　晶（区发改经信局）
徐　杰（区供销社）　吴　昊（菱湖镇）
徐国平（旧馆街道）
祝小波（南浔高级中学）
三、枢纽门户城市建设成绩突出个人
孙钟良（区交通局）　刘　晶（区交投集团）
四、汇聚海内外湖州人智慧力量成绩突出个人
戴明福（区委统战部）　於　丽（区科技局）
五、推进国家跨境电子商务综合试验区成绩突出个人
陆惠明（练市镇）

湖州市美丽提标争先战成绩突出个人

一、美丽环境提升行动成绩突出个人
孙芳芳（区生态环境分局）
陆佳瑶[区治水办（河长办）]
二、碳达峰行动成绩突出个人
杨慧华（区政府办公室）
刘文韬（区发改经信局）
沈小会（区环境应急与事故调查中心）
三、垃圾分类引领行动成绩突出个人
金　艳（区卫生健康局）
汪秋莉（区综合执法局）　孙元芳（南浔镇）
四、美丽城市提质行动成绩突出个人
骆小平（区建设局）　褚贺丞（区建设局）
沈建国（区综合执法局）
杜文娟（区综合执法局）
陈红兵（和孚镇）　潘静洁（旧馆街道）
五、美丽乡村领跑行动成绩突出个人
方建强（区农业农村局）
沈　良（区农业农村局）
范洁涛（区农业农村局）
周宇敏（和孚镇）　何国华（石淙镇）
六、城市品牌示范行动成绩突出个人
刘厚平（南浔旅游投资发展集团有限公司）

湖州市社会治理、平安建设（风险防控争先战）先进个人

一、风险防控争先战先进个人
单永杰（区政府）　吴冠宇（区政府）
管霞铃（区委政法委）
吴学伦（区委政法委）　姜向东（区信访局）
王新泉（菱湖镇第一中学）
周国龙（区公安分局）
陆才华（区公安分局）
胡　赟（区公安分局）
周　翔（区公安分局菱湖派出所）
吴　斌（区公安分局旧馆派出所）

杨晓俊（区司法局）　何琪虎（区财政局）
李雪峰（区劳动保障监察大队）
钱云飞（区住建局）
宋　丽（区退役军人服务中心）
刘明明（区应急管理局）
曹梦艺（区金融发展服务中心）
沙　鎏（区人民法院）　冯向明（练市镇）
黄权飞（双林镇）　胡阿英（菱湖镇）
蒋斌斌（和孚镇）　王佰宏（千金镇）
杨秋文（石淙镇）　张丹峰（东迁街道）

二、市域社会治理现代化先进个人
陈纯志（区委）　胡新强（区纪委区监委）
钟震海（区委政法委）
莫欣庆（区公安分局菱湖派出所）
田佳瑶（区市场监管局）
戴水泉（区综合执法局）
邹　洁（区人民检察院）
李小强（区邮政管理局）
毛锋华（区消防救援大队）
徐　新（双林综合高级中学）
徐　浩（南浔镇新渔社区）
朱　华（善琏镇）　黄瑞春（石淙镇）
沈　凯（东迁街道）　王亮亮（旧馆街道）
钱　旻（古镇旅游度假区管委会）

三、青少年心理健康护航行动先进个人
王佳琪（区委宣传部）　沈　晔（长超小学）
俞宁宁（南浔锦绣实验学校）
方其娟（开发区实验学校）
朱惠芳（南浔镇堰四幼儿园）
朱旭萍（区民政局）
沈丽萍（南浔区致心园社会工作服务中心）
沈庆华（菱湖人民医院）
陆佳丽（区人民检察院）
吴子豫（南浔镇纪委）
王新英（练市镇再兴社区）
莫萍华（双林镇土山村）
赵志强（菱湖中学）
莘根荣（区公安分局南浔派出所）

四、“双减”工作先进个人
钟文华（区公安分局）　孙娟娟（南浔镇）

五、平安湖州建设先进个人
沈洪亮（区委政法委）　曾林子（区委编办）
沈　斌（区信访局）
朱国新（水晶晶新城学校）
蔡　亮（区公安分局）
邵忠贤（区公安分局千金派出所）
朱迪晖（区民政局）
沈　宁（区司法局东迁司法所）
程华斌（区交通局）
吴　杰（区应急管理局）
邱剑锋（区人民法院）
赵　晨（区人民检察院）　牟　锋（南浔镇）
江云妹（练市镇新联村）　王文鼎（双林镇）
卜丽萍（善琏镇）　吴博文（石淙镇）
戚　明（旧馆街道）

六、“人民满意政法干警”
何文彬（区委政法委）
杨云龙（区公安分局）

湖州市人才强市创新强市建设先进个人

一、杰出人才奖
刘正东（中国工程院院士，浙江久立特材科技股份有限公司首席科学家）

二、创新领跑者
弗朗索瓦·沃尔特·费尔南德斯（沃克斯迅达电梯有限公司海外业务总经理、研发总监）
韩庚欣（湖州三峰能源科技有限公司技术总监）
王琪冰（森赫电梯股份有限公司研究院院长）
沈　杰（浙江庆渔堂农业科技有限公司董事长）

三、青年人才新锐
佴启亮（浙江久立特材科技股份有限公司总经理助理）
王　韬（湖州越球电机有限公司首席科学家）
梁　昆（浙江江潮电机实业有限公司研究院副院长）
张曦明［乐虹智能科技（浙江）有限公司总经理］
沈少魁（浙江洪波科技股份有限公司车间主任）
谢莹荣（湖州南浔世荣湖羊养殖家庭农场总经理）
徐　萍（湖州浔古文化影视有限公司总经理）

四、人才科技工作先进个人
施泉兵（久立集团股份有限公司副总经理）

诸晓飞（区委组织部人才工作科科长）
於　丽（区科技局局长）
仰舜艺[区驻上海专职招商引才员（练市镇社会事务办公室干部）]
周剑明（湖州南浔人才产业集团有限公司党委书记、董事长）

五、十佳农业科技先进个人
金勤生（区农业农村局农业技术推广服务中心研究员）

六、银杏奖
朱火江（浙江富钢金属制品有限公司董事长）
钱　江（浙江巨人控股有限公司董事长）

七、湖州市新时代中国特色社会主义事业优秀建设者
沈方根（怡达快速电梯有限公司董事长）
施文美（湖州太平微特电机有限公司副总经理、研发中心主任）
顾林祥（浙江长城电子科技集团有限公司董事长）

2021 年度湖州好人

姚玉林（菱湖镇六堡里村）
张开荣（善琏镇公共事业服务中心）
沈水娟（石淙镇银子桥村）
孙培清（和孚镇和孚村）
晋红妹（练市镇凌家堰村）
曲　珍（菱湖中学）
杨永秀（南浔镇联谊村）
吴斌杰（区公安分局菱湖派出所）
王松鹤（练市镇“春水德”茶饮店）
沈光明（区公安分局）

市第七次人口普查成绩突出个人

朱建勤（区公安分局）　温宗烨（区财政局）
金　伟（区统计局）　王　斌（南浔镇）
黄海英（南浔镇江南社区）
葛振祥（南浔镇增山社区）
温亮亮（南浔镇朱坞社区）
池雨莱（练市镇）　汤菊英（练市镇再兴社区）
沈　洁（练市镇万兴社区）
施玲红（练市镇庄家村）
邵乐怡（双林镇邢窑村）
俞　斌[双林镇镇南（板桥）社区]
杨菊芳（菱湖镇）　李小艳（菱湖镇竹墩村）
沈红英（菱湖镇西栅社区）
陆思琦（和孚镇）　施菊萍（和孚镇群益村）
章平平（善琏镇）　王红梅（善琏镇皇坟村）
钱晓燕（旧馆街道）　沈中洋（旧馆街道）
茹红良（千金镇）　李国琴（千金镇千金村）
占小凤（石淙镇）　丁翻翻（石淙镇花园湾村）
沈铃敏（古镇旅游度假区辽里社区）
钱晨怡（古镇旅游度假区百间楼社区）
钱丽芳（古镇旅游度假区镇东社区）
张淑君（开发区）　沈　慧（东迁街道江蒋漾村）
罗国琴（东迁街道直港新村）

2021 年度湖州市中心城区老旧小区线网整治工作突出贡献个人

谭国伟（区委宣传部）　董耀顺（区住建局）

湖州市扫黑除恶专项斗争个人二等功

何文彬（区委政法委）

湖州市扫黑除恶专项斗争个人三等功

单永杰（区政府、区公安分局）
徐小明（区人民法院）　沈振华（区委宣传部）

湖州市扫黑除恶专项斗争个人嘉奖

毕　琳（区人民检察院）　胡元勇（区司法局）
沈国泉（区纪委监委）　孙　晖（区财政局）
朱宏明（区公安分局禁毒大队）
杨事成（区人民检察院）
吴素隆（区市场监督管理局）

2021 年度国家绿色金融改革创新试验区建设优秀个人

陆芳芳（区金融发展服务中心）

全市法院十佳青年

吴　微（区人民法院）　潘晓勤（区人民法院）

全市最美法院人

沙　鎏（区人民法院）

2021 年湖州市防范化解金融风险工作优秀个人

平臻宏（区金融发展服务中心）

2021 年湖州市绿色家庭名单

钱培华家庭　潘根根家庭　沈金财家庭
孙永祥家庭　孙水林家庭　鲍鑫芳家庭
姚树荣家庭　洪小琴家庭　蔡海华家庭
沈志泉家庭　沈建凤家庭　朱荣华家庭
丁海生家庭　孙　香家庭　顾建国家庭
冯荣强家庭

2021 年度湖州“最美家庭”

一、科学家教类
简小龙家庭（南浔镇）

汤荣芳家庭（练市镇）

二、孝老爱亲类

叶建美家庭（善琏镇）

三、热心公益类

陆伟东家庭（东迁街道）

湖州市2021年度招商引才能手

金牌能手：陈发兵（开发区投资促进局）

铜牌能手：邹敦钦（开发区招商服务中心）

湖州市2021年度项目服务能手

金牌能手：赵岂萍（区发改经信局）

铜牌能手：钱　磊（区自然资源和规划分局南浔自然资源所）

张晓科（开发区企业发展服务中心）

湖州市2021年度“以商引商”突出贡献个人

沈恩明（湖州南洋电机有限公司）

湖州市2021年度项目“双进双产”项目服务能手

银牌能手：田　力（区金融发展服务中心）

铜牌能手：黄惠彬（和孚镇政府）

2021年度沪苏驻点招商引才工作先进个人

吴书谊（千金镇）

区级（区委、区政府表彰）先进集体

南浔区2021年度重点工作成绩突出集体

一、护航区委、区政府中心工作成绩突出集体

开发区管理委员会　旧馆街道　区纪委监委

区委组织部　区委宣传部　区委政法委

区融媒体中心　区发改经信局

区综合行政执法局

区机关事务管理服务中心

区公安局分局交警大队

二、保密工作成绩突出集体

开发区管理委员会　善琏镇人民政府

千金镇人民政府　区教育局

区自然资源和规划分局

三、招才引智工作成绩突出集体

区教育局　区人才集团

四、新时代文明实践与志愿服务工作成绩突出集体

南浔镇增山社区居民委员会

双林镇后坝村村民委员会

和孚镇人民政府　千金镇人民政府

区委宣传部　团区委

五、统战工作成绩突出集体

菱湖镇人民政府　千金镇人民政府

民革南浔区总支　民盟南浔区总支

区新生代企业家联谊会

六、开放融合工作成绩突出集体

菱湖镇人民政府　旧馆街道　区委统战部

区发改经信局　区人力社保局　区交通局

区商务局　区文广旅体局　区政务办

团区委

七、综合救助工作成绩突出集体

菱湖镇人民政府　旧馆街道　区民政局

区人力社保局　区医保局

八、法治南浔（法治政府）建设工作成绩突出集体

开发区管理委员会　善琏镇人民政府

区委办　区委政法委　区委编办

区人大监察司法委　区司法局　区审计局

区政务办　区人民法院

九、根治欠薪工作成绩突出集体

开发区管理委员会　南浔镇便民服务中心

练市镇公共事业服务中心

双林镇公共事业服务中心　菱湖镇人民政府

善琏镇人民政府　区信访局　区人力社保局

区住建局　区公安分局

十、文化遗产和保护工作成绩突出集体

善琏镇人民政府　练市镇便民服务中心

区文物局　区文化市场综合行政执法队

区文化馆　区旅投集团

十一、应急管理（防汛防台）工作成绩突出集体

开发区管理委员会

南浔镇迎春村村民委员会

练市镇姚庄村村民委员会

双林镇应急管理站　区教育安全管理中心

区水利局　区应急管理局

区公用事业管理中心　区消防救援大队

区公安分局巡特警大队

十二、"美丽城市"创新实践示范样本工作成绩突出集体
和孚镇人民政府　善琏镇人民政府
区住建局　区综合行政执法局旧馆中队
区综合行政执法局千金中队
南浔环境卫生管理所
十三、三服务工作成绩突出集体
开发区管委会　善琏镇人民政府
区纪委监委　区委政法委　区应急管理局
十四、国防动员和征兵工作成绩突出集体
双林镇人武部　菱湖镇人武部
石淙镇人武部　旧馆街道人武部
区教育局　区交投集团
区旅投集团　南浔区中医院
浙江正导电缆有限公司
浙江巨人集团有限公司

南浔区2021年度"重塑水晶晶南浔"重点工作先进集体

一、共同富裕工作先进集体
区纪委监委　区委组织部　区融媒体中心
区民政局　区人力社保局
二、数字化改革工程先进集体
区委统战部　区委政法委　区司法局
区应急管理局　区政务办
三、交通强区工作先进集体
区发改经信局　区财政局　区交通局
区交投集团　区自然资源和规划分局
四、城乡建设与管理工作先进集体
区委编办　区综合行政执法局东迁中队
区综合行政执法局南浔中队　区旅投集团
区新城集团
五、頔塘北岸二期改造提升和南浔镇三大片区征迁清零"百日攻坚"行动工作先进集体
开发区管理委员会　和孚镇人民政府
千金镇人民政府　区委办　区委组织部
区税务局　区审计局　南浔镇征迁服务中心
六、融资工作成绩突出先进集体
区旅投集团　区交投集团
七、重大项目推进工作先进集体
开发区管理委员会　和孚镇人民政府
区统计局　区自然资源和规划分局
区生态环境分局
八、招商引资工作先进集体
菱湖镇人民政府　和孚镇人民政府
石淙镇人民政府　旧馆街道办事处
区商务局
九、工业经济高质量发展工作先进集体
菱湖镇人民政府　旧馆街道办事处
区发改经信局
十、创新评动力工作先进集体
和孚镇人民政府　善琏镇人民政府
区统计局
十一、乡村产业高质量发展工作先进集体
菱湖镇人民政府　旧馆街道办事处
区委组织部　区水利局
十二、农业水价综合改革项目工作先进集体
善琏镇人民政府　旧馆街道办事处
练市镇公共事业服务中心
十三、工程领域专项整治工作先进集体
区纪委监委　区交通局　区审计局
区旅投集团
十四、健康南浔建设工作先进集体
菱湖镇人民政府　善琏镇人民政府
旧馆街道办事处　区教育局
区文化和广电旅游体育局　区公安分局
区妇女联合会　区红十字会
十五、多层次医疗保障体系建设工作先进集体
区医疗保障局　善琏镇社会发展办
十六、清廉南浔建设工作先进集体
南浔镇浔南社区　练市镇水口村
善琏镇农业农村办公室　区委统战部
区委宣传部　区审计局
十七、疫情防控工作先进集体
菱湖镇人民政府　旧馆街道办事处
区交通局　区商务局
区文化广电旅游体育局　区公安分局
十八、全域土地整治和生态修复工程工作先进集体
菱湖镇人民政府　善琏镇人民政府
旧馆街道办事处　区人大农工委
区委政法委　区审计局
十九、污染防治工作先进集体
菱湖镇人民政府　和孚镇人民政府
善琏镇人民政府　旧馆街道办事处

区综合执法局　区生态环境分局
二十、人居环境工作先进集体
善琏镇人民政府　南浔镇永联村
练市镇朱家埭村
二十一、生活垃圾精准分类工作先进集体
菱湖镇人民政府　石淙镇人民政府
区教育局
二十二、四边三化、三改一拆工作先进集体
菱湖镇人民政府　善琏镇人民政府
旧馆街道办事处

南浔区 2021 年度平安建设和社会治理成绩突出集体

开发区管理委员会
东迁街道浔北片区社会治理联动工作站
南浔镇浔南社区
练市镇镇区片区社会治理联动工作站
练市镇朱家埭村　双林镇洋滩村　菱湖镇永福村
和孚镇社会矛盾纠纷调处化解中心
善琏镇人民政府　千金镇东驿达村
石淙镇人民政府　旧馆街道港胡村
区委政法委　区司法局
区综合行政执法服务中心　区人民法院
区人民检察院第五检察部　区消防救援大队
区公安分局　区公安分局善琏派出所
区生态环境分局　南浔区人民医院
浙江浩圣电梯导轨有限公司
浙江技鸣电工器材有限公司
湖州新利商标制带有限公司

南浔区先进基层党组织

开发区机关第二党支部
东迁街道圣驾桥村党总支
东迁街道李家河村党支部
东迁街道洋南村党总支
东迁街道坞仁村党总支
浙江世友木业有限公司党支部
浙江东通光网物联科技有限公司党支部
湖州南浔浔味堂食品有限公司党支部
浙江荣泰健康科技有限公司党支部
南浔镇机关第一党支部
南浔镇机关第四党支部
南浔镇潘港桥村党总支
南浔镇迎春村党总支　南浔镇新安村党总支
南浔镇浔南社区党支部
浙江星科木业有限公司党支部
湖州市南浔丽菁大酒店有限公司党支部
区创新创业联合党支部
练市镇综合行政执法队党支部
区自然资源和规划分局练市自然资源所党支部
练市镇朱家埭村党总支　练市镇车塔村党支部
练市镇新丰村党总支　练市镇再兴社区党总支
湖州太平微特电机有限公司党支部
湖州协鑫环保热电有限公司党支部
湖州鼎盛机械制造有限公司党支部
双林镇工业园区党支部　双林镇邢窑村党总支
双林镇新丰兜村党总支　双林镇倪家滩村党总支
双林镇虹桥社区党总支
谱拉歌世服饰有限公司党支部
湖州市磨料磨具光整研磨行业协会党支部
湖州菁诚纺织品有限公司党支部
湖州华尔泰服饰制造有限公司党支部
菱湖镇农业党支部　菱湖镇环卫所党支部
菱湖镇勤俭村党总支　菱湖镇山塘村党总支
菱湖镇卢介庄村党总支　菱湖镇王家墩村党总支
湖州新利商标制带有限公司党支部
浙江睿高新材料股份有限公司党支部
湖州展望药业有限公司党支部
和孚镇机关党总支　和孚镇漾东村党委
和孚镇民当村党总支　和孚镇荻港村六老党支部
和孚镇和孚社区党支部
浙江尤夫高新纤维股份有限公司党支部
湖州南太湖环保能源有限公司党支部
善琏镇公共事业服务中心党支部
善琏镇城管中队党支部　善琏镇港南村党总支
善琏镇善琏村党支部　善琏镇蒙溪社区党支部
湖州韵峰丝绸有限公司党支部
千金镇便民服务中心党支部
千金镇千金村党总支　千金镇朝阳村党总支
南浔温氏畜牧有限公司党支部
石淙镇便民服务中心党支部
区自然资源和规划分局石淙自然资源所党支部
石淙镇集镇党支部
菱湖万事美毛纺织公司党支部
旧馆街道载旺村党总支　旧馆街道港胡村党总支
旧馆街道创业创新产业园党支部
浙江富钢金属制品有限公司党总支
浙江杨艺园林工程有限公司党支部

浙江长方木业有限公司党支部
区委办机关党支部　区政协机关党支部
区委宣传部机关党支部　区委统战部机关党支部
区委政法委机关党支部　区委编办机关党支部
区信访局机关党支部　浔溪中学党总支
湖州师范学院南浔附属小学党支部
罗开富小学党支部　菱湖一中党支部
区水利局机关党支部
区文化和广电旅游体育局机关党支部
区医疗集团党委　练市人民医院党总支
菱湖人民医院党委　和孚镇卫生院党支部
区退役军人局机关党支部　区审计局机关党支部
古镇旅游度假区辽里村党支部
区人民法院机关党委　区总工会机关党支部
区供销社党支部　区公安分局机关第二党支部
区公安分局机关第六党支部
区公安分局南浔派出所党支部
区公安分局千金派出党支部
区税务局练市税务所党支部

南浔区扫黑除恶专项斗争中表现突出集体（行政奖励）

一、集体三等功

双林镇　石淙镇　旧馆街道　区纪委监委
区委政法委　区人民法院刑事审判庭
区人民检察院　区公安分局刑侦大队

二、集体嘉奖

南浔镇　练市镇　菱湖镇　东迁街道
区委办　区政府办　区委组织部
区委宣传部　区信访局　区司法局
区财政局　区市场监管局　区税务局

南浔区 2021 年“最美家风·移风易俗示范村”（10 个）

南浔镇横街村　练市镇丰登村　双林镇华桥村
菱湖镇竹墩村　和孚镇陈塔村
善琏镇观音堂村　千金镇南窑桥村
石淙镇石淙村　旧馆街道港胡村
东迁街道坞仁村

南浔区 2021 年“最美家风·移风易俗示范企业”（10 个）

浙江弗尔德驱动科技有限公司
浙江长城电工科技股份有限公司
湖州高林不锈钢管制造有限公司
湖州领先丝带有限公司
浙江裕丰新材料有限公司
湖州南浔御豪家居有限公司
湖州巨旺墙体材料有限公司
湖州杰盛高科纺织有限公司
浙江富钢金属制品有限公司
巨人通力电梯有限公司

2021 年南浔区“慈善杰出贡献单位”

浙江省蔡崇信公益基金会
浙江南浔农村商业银行股份有限公司

2021 年南浔区“慈善突出贡献单位”

亨通慈善基金会
浙江荣泰健康电器有限公司
浙江巨人集团有限公司
沃克斯迅达电梯有限公司
浙江世友木业有限公司
天奥电梯（中国）有限公司
怡达快速电梯有限公司
恒达富士电梯有限公司
湖州南洋进出口有限公司
湖州南浔新奥燃气有限公司
久盛地板有限公司
湖州南浔城建工程有限公司
湖州南浔圣船混凝土有限公司
浙江菱城建设工程有限公司
浙江练南建设集团有限公司
浙江清湖建材股份有限公司
森赫电梯股份有限公司
浙江鹏图纺织有限公司
浙江彩蝶实业股份有限公司
浙江长城电工科技股份有限公司
浙江洪波科技股份有限公司
久立集团股份有限公司
湖州刚强混凝土有限公司
湖州菁诚纺织品有限公司
浙江湖磨抛光磨具制造有限公司
谱拉歌世服饰有限公司
湖州市菱湖三狮水泥有限公司
湖州南太湖电力科技有限公司
浙江大东吴建筑科技有限公司
浙江正信石油科技有限公司
浙江江潮电机实业有限公司
浙江富钢金属制品有限公司
湖州南浔和通房地产开发有限公司

2021 年南浔区“慈善贡献单位”

湖州市南浔福强木业制造厂
湖州巨赢纺织有限公司
浙江森林之星文化地板有限公司
浙江科宁电机有限公司
湖州越球电机有限公司
浙江星科木业有限公司
湖州南浔新龙电机有限公司
浙江正导电缆有限公司
浙江品阁木业有限公司
湖州高盛毛纺有限公司
湖州喜得宝丝绸有限公司
浙江三行电气科技有限公司
湖州太平微特电机有限公司
湖州刚强水泥有限公司
湖州求精汽车链传动有限公司
浙江湖州新京昌电子有限公司
湖州长辉金属表面处理技术有限公司
浙江湖州新京福纺织染整有限公司
湖州新仲湖针织制衣有限公司
湖州盛利染整有限公司
湖州高翔水泥有限公司
湖州新利商标制带有限公司
湖州领先丝带有限公司
浙江睿高新材料股份有限公司
湖州宏菱水泥有限公司
湖州美信佳商品混凝土有限公司
星光农机股份有限公司
湖州新隆龙丝绸印花有限公司
湖州三佳纺织有限公司
湖州丰诚纺织有限公司
湖州神龙服饰染整有限公司
湖州繁华绢纺有限公司
湖州高强新材料有限公司
湖州南浔华统肉制品有限公司
湖州德海新型建材有限公司
湖州江南恒盛炼染有限公司
湖州浙北供应链管理有限公司
湖州众驰建材有限公司
浙江杨艺园林工程有限公司
湖州新嘉房地产开发有限公司
湖州南浔置信置业发展有限公司
湖州新城悦安房地产开发有限公司
湖州申浔置业有限公司
广东省海伦堡慈善基金会
湖州世茂房地产开发有限公司
湖州南浔古镇置业发展有限公司
湖州悦馨置业有限公司
新黄浦（浙江）投资发展有限公司
湖州南浔富瑞房地产开发有限公司
湖州南浔富业房地产开发有限公司
湖州华纺房地产有限公司

2021 年开发区、高新区（南浔镇、度假区）、各镇（街道）综合绩效目标考核奖

一、“以实绩论英雄 贡献占比大比拼”考核（按得分高低排序）

开发区（东迁街道） 双林镇
高新区（南浔镇、度假区） 练市镇
菱湖镇 善琏镇 旧馆街道 和孚镇
千金镇 石淙镇

二、基础性考核

一等奖：开发区（东迁街道） 练市镇
双林镇 菱湖镇
高新区（南浔镇、度假区）
善琏镇
二等奖：旧馆街道 千金镇
三等奖：和孚镇 石淙镇

2021 年度南浔区城乡人居环境长效管理考核奖

一、城乡人居环境长效管理镇（街道、度假区）考核奖

一等奖：善琏镇 练市镇 双林镇
二等奖：东迁街道 菱湖镇 南浔镇
旧馆街道 和孚镇
三等奖：古镇旅游度假区 千金镇 石淙镇

二、城乡人居环境长效管理行政村考核奖

（一）规划区外行政村考核奖

一等奖：练市镇朱家埭村 南浔镇永联村
练市镇丰登村 双林镇华桥村
南浔镇柏树村 和孚镇群益村
善琏镇窑里村 练市镇西堡村
千金镇石桥村 菱湖镇山塘村
二等奖：练市镇民安村 东迁街道祐村村
练市镇松亭村 善琏镇港南村
和孚镇民当村 善琏镇观音堂村
双林镇新丰兜村
双林镇七星桥村

东迁街道英雄村　菱湖镇许联村
三等奖：和孚镇新荻村　双林镇邕山圩村
菱湖镇杨港村
旧馆街道新兴港村
南浔镇计家兜村
练市镇李家兜村
和孚镇横港村　菱湖镇竹墩村
练市镇荃步村　双林镇向阳村
双林镇曹桥村　和孚镇漾东村
东迁街道坞仁村
（二）规划区内行政村（社区）考核奖
一等奖：东迁街道方丈港村
东迁街道洋南村
练市镇建新村　双林镇东双林村
南浔镇新安村　善琏镇善琏村
菱湖镇南浜村　练市镇新联村
东迁街道同心村　练市镇练南村
二等奖：练市镇新会村　练市镇练溪社区
双林镇吴家庄村
菱湖镇王家墩村
和孚镇和孚社区
东迁街道江蒋漾村
菱湖镇菱水社区
和孚镇长超社区
菱湖镇东河村　度假区浔东村
三等奖：东迁街道丁家港村
练市镇朱家兜村
善琏镇蒙溪社区　练市镇洪福村
东迁街道李家河村
练市镇新丰村
古镇旅游度假区辽里村
南浔镇朱坞村　东迁街道东迁村
南浔镇辽西村

2021 年区级部门综合目标绩效考核奖

一等奖
党群综合类：区纪委监委　区委办公室
区人大机关　区政府办公室
区政协机关　区委统战部
区委宣传部　区总工会
区委组织部　区审计局
区信访局
经济建设类：区发改经信局　区农业农村局
区市场监管局　区文广旅体局
区自然资源和规划分局
区商务局　区水利局　区税务局
社会发展类：区教育局　区卫生健康局
区退役军人事务局
政法执法类：区应急管理局　区司法局
区公安分局　区委政法委
区人民检察院　区人民法院
二等奖
区交通局　区生态环境分局　区融媒体中心
区政务办　区人力社保局　区妇联
区住建局　区委编办　区医保局　区民政局
区综合执法局　区科技局　南浔邮政管理局
区机关事务中心
三等奖
区供销社　区残联　团区委
区网络传输中心　区财政局
年度工作进步奖
区妇联　区住建局　区交通局

南浔区人民政府行政奖励（集体嘉奖）

区发改经信局　区农业农村局　区卫生健康局
区市场监管局　区自然资源和规划分局

区第七次人口普查成绩突出集体

善琏镇人民政府

2021 年度南浔区金融支持地方经济社会发展综合奖

一等奖
浙江南浔农村商业银行股份有限公司
中国工商银行股份有限公司湖州南浔支行
中国农业银行股份有限公司湖州南浔支行
二等奖
湖州银行股份有限公司菱湖支行
中国建设银行股份有限公司湖州南浔支行
中国银行股份有限公司南浔区支行
中国人民财产保险股份有限公司湖州市南浔支公司
三等奖
上海浦东发展银行股份有限公司湖州南浔小微企业专营支行
浙江泰隆商业银行股份有限公司湖州南浔小微企业专营支行
中国平安财产保险股份有限公司南浔支公司
中国人寿保险股份有限公司湖州市南浔区支公司

2021 年度南浔区“三优”农业企业

星光农业发展有限公司

湖州南浔温氏畜牧有限公司
湖州绿腾生态农业有限公司
湖州南浔和孚荻港徐缘渔庄
湖州神牛生态农业发展有限公司
浙江庆渔堂农业科技有限公司
湖州南浔浔稻生态农业有限公司
浙江天辰生态农业科技有限公司
湖州练市年丰湖羊生态养殖场
浙江本道农业有限公司
湖州南浔世荣湖羊养殖家庭农场
南浔菱湖盛江家庭农场
南浔善琏丰韵家庭农场
湖州练美农业发展有限公司
湖州南浔康源生态农业专业合作社

南浔区2021年度人大代表建议和政协提案及办理工作成绩突出集体

区发改经信局　区教育局　区民政局
区人力社保局　区住建局　区交通局
区文广旅体局　区综合行政执法局　区公安分局
区自然资源和规划分局　民建南浔区基层委
农工党南浔区总支　民革南浔区总支
九三学社南浔区基层委　双林镇政协工作联络组
善琏镇政协工作联络组　千金镇政协工作联络组

2021年南浔区志愿服务“六个最美、百名优秀”先进典型选树荣获“最佳志愿服务项目”

区人民法院温暖宣讲团

2021年度南浔区政府质量奖

湖州南洋电机有限公司　浙江联大科技有限公司
浙江弗尔德驱动科技有限公司
浙江菱格木业有限公司
湖州南浔浔味堂食品有限公司
湖州市南浔创业测绘与土地规划院股份有限公司
浙江郎立电工器材有限公司

2021年度南浔区进出口超亿美元企业

浙江久立特材科技股份有限公司
浙江巨美家科技有限公司

2021年度南浔区外贸出口十强企业

浙江尤夫高新纤维股份有限公司
湖州南洋电机有限公司
浙江联大科技有限公司
浙江彩蝶实业股份有限公司
湖州市对外贸易股份有限公司
浙江品阁木业有限公司
浙江正导电缆有限公司
湖州霍普生物科技有限公司
湖州国贸云商供应链管理有限公司
浙江伟康电机有限公司

2021年度南浔区服务业纳税十强企业

浙江南浔农村商业银行股份有限公司
湖州富盈再生物资回收有限公司
湖州银行股份有限公司南浔支行
湖州南浔浔商小额贷款有限公司
湖州鸿肃商贸有限责任公司
湖州市城兴建材贸易股份有限公司
湖州南浔国际建材城有限公司
湖州南浔民间融资服务中心有限公司
湖州南浔浙北大厦购物中心有限公司
久立集团股份有限公司

2021年度南浔区服务业规模二十强企业

（一）金融业

浙江南浔农村商业银行股份有限公司
中国工商银行股份有限公司湖州南浔支行
中国农业银行股份有限公司湖州南浔支行
中国建设银行股份有限公司湖州南浔支行

（二）批发业

久立集团股份有限公司
湖州富盈再生物资回收有限公司
湖州市对外贸易股份有限公司
湖州南浔交通实业发展集团有限公司

（三）零售业

湖州南浔浙北大厦购物中心有限公司
湖州南浔力创汽车销售服务有限公司
湖州南浔浙北大厦超市有限公司

（四）住宿餐饮业

湖州荻港徐缘生态旅游开发有限公司
湖州南浔花园名都大酒店有限公司
湖州南浔巨人君澜度假酒店有限公司

（五）其他营利性服务业

浙江玖象建材市场经营管理有限公司
湖州市南浔区保安服务有限公司
浙江南浔古镇旅游发展有限公司
浙江宾开保安服务有限公司

（六）房地产业

湖州南浔頔塘复兴建设有限公司

湖州新城悦安房地产开发有限公司

2021 年度南浔区其他营利性服务业十强企业

浙江玖象建材市场经营管理有限公司
湖州市南浔区保安服务有限公司
浙江南浔古镇旅游发展有限公司
浙江宾开保安服务有限公司
湖州市南浔创业测绘与土地规划院股份有限公司
湖州南浔新城吾悦商业管理有限公司
湖州南浔国际建材城有限公司
湖州南浔雷博人力资源服务有限公司
浙江平城保安服务有限公司
湖州南浔新国际旅游有限公司

2021 年度南浔区批发业十强企业

久立集团股份有限公司
湖州富盈再生物资回收有限公司
湖州市对外贸易股份有限公司
湖州南浔交通实业发展集团有限公司
湖州弘城实业开发有限公司
湖州昌隆物流有限公司
久盛地板销售（浙江）有限公司
湖州伏牛汽车零部件有限公司
湖州南浔鑫隆贸易有限公司
湖州菱益贸易有限公司

2021 年度南浔区零售业十强企业

湖州南浔浙北大厦购物中心有限公司
湖州南浔力创汽车销售服务有限公司
湖州南浔浙北大厦超市有限公司
湖州市南浔安达加油站有限公司
湖州南浔华威汽车销售服务有限公司
浙江愚公生态农业发展有限公司
湖州双林浙北大厦超市有限公司
湖州南浔吉麦隆超市虹阳路加盟店
湖州南浔新欣现代农业发展有限公司
湖州南浔时代通讯商贸有限公司

2021 年度南浔区住宿餐饮业十强企业

湖州荻港徐缘生态旅游开发有限公司
湖州南浔花园名都大酒店有限公司
湖州南浔巨人君澜度假酒店有限公司
湖州市广弘酒店经营管理有限公司
湖州南浔蝶来大酒店有限公司
湖州南浔博阳酒店有限公司
湖州南浔都市聚落酒店有限公司
湖州市南浔丽菁大酒店有限公司
湖州南浔金象湖酒店有限公司
湖州南浔澜海渔村酒店有限公司

2021 年度南浔区“嘉业鼎”获得企业

巨人通力电梯有限公司
浙江巨人集团有限公司
久立集团股份有限公司
浙江富钢金属制品有限公司

2021 年度南浔区“新象”企业

久立集团股份有限公司
巨人通力电梯有限公司
浙江富钢金属制品有限公司
浙江长城电工科技股份有限公司
浙江尤夫高新纤维股份有限公司
恰达快速电梯有限公司
浙江世友木业有限公司
浙江洪波科技股份有限公司

2021 年度南浔区“新牛”企业

沃克斯迅达电梯有限公司
恒达富士电梯有限公司
浙江大东吴绿色集成建筑发展有限公司
浙江彩蝶实业股份有限公司
湖州求精汽车链传动有限公司
久盛地板有限公司
浙江巨人集团有限公司
湖州新利商标制带有限公司
森赫电梯股份有限公司
浙江正信石油科技有限公司

2021 年度南浔区“新象新牛”培育企业

湖州南太湖电力科技有限公司
湖州南洋电机有限公司
湖州领先丝带有限公司
华荣照明有限公司
湖州海通管桩有限公司
湖州展望药业有限公司
浙江联大科技有限公司
德森克电梯（中国）有限公司
湖州协鑫环保热电有限公司
湖州锐狮标准件制造有限公司
浙江品阁木业有限公司
浙江荣泰健康电器有限公司
湖州越球电机有限公司
湖州新奥克环保科技有限公司
浙江江潮电机实业有限公司

天奥电梯（中国）有限公司
浙江湖磨抛光磨具制造有限公司
浙江弗尔德驱动科技有限公司
浙江正导电缆有限公司
湖州德奥机械设备有限公司
湖州鑫富新材料有限公司
浙江宏旭智能制造有限公司
谱拉歌世服饰有限公司
湖州高强新材料有限公司
浙江科宁电机有限公司
湖州菁诚纺织品有限公司
湖州新溪五星丝绸有限公司
浙江睿高新材料股份有限公司
湖州市菱湖新望化学有限公司
浙江伟康电机有限公司
浙江浔味堂食品股份有限公司
浙江东通光网物联科技有限公司
浙江技鸣电工器材有限公司
湖州霍普生物科技有限公司
湖州南浔温氏佳味食品有限公司
湖州高裕家居科技有限公司
蒙特费罗（湖州）电梯部件有限公司
浙江郎立电工器材有限公司
湖州欣旺热能有限公司
湖州南浔华统肉制品有限公司
湖州市南浔弘鑫铜业有限公司
浙江三行电气科技有限公司
星光农机股份有限公司
浙江泰嘉光电科技有限公司
联威新材料科技（湖州）有限公司
湖州嘉亨实业有限公司

2021年度南浔区规模百强工业企业

冠　军

久立集团股份有限公司

亚　军

浙江长城电工科技股份有限公司

季　军

浙江洪波科技股份有限公司

前十强

巨人通力电梯有限公司
浙江富钢金属制品有限公司
浙江尤夫高新纤维股份有限公司
浙江三行电气科技有限公司
浙江巨人集团有限公司
沃克斯迅达电梯有限公司
浙江世友木业有限公司

前二十强

湖州南洋电机有限公司
恒达富士电梯有限公司
浙江大东吴绿色集成建筑发展有限公司
湖州南浔新奥燃气有限公司
怡达快速电梯有限公司
浙江江潮电机实业有限公司
浙江正信石油科技有限公司
浙江彩蝶实业股份有限公司
湖州众驰建材有限公司
浙江荣泰健康电器有限公司

前五十强

浙江东通光网物联科技有限公司
浙江正导电缆有限公司
湖州海通管桩有限公司
浙江科宁电机有限公司
蒙特费罗（湖州）电梯部件有限公司
湖州建臣建材有限公司
湖州高强新材料有限公司
森赫电梯股份有限公司
久盛地板有限公司
湖州南浔华统肉制品有限公司
浙江浔味堂食品股份有限公司
湖州新利商标制带有限公司
浙江伟康电机有限公司
湖州南浔圣船混凝土有限公司
浙江联大科技有限公司
湖州南太湖电力科技有限公司
湖州南浔温氏佳味食品有限公司
湖州市南浔弘鑫铜业有限公司
浙江湖磨抛光磨具制造有限公司
湖州新奥克环保科技有限公司
湖州刚强混凝土有限公司
湖州越球电机有限公司
天奥电梯（中国）有限公司
湖州美信佳商品混凝土有限公司
湖州展望药业有限公司
湖州上建华煜混凝土有限公司
浙江技鸣电工器材有限公司
湖州欣旺热能有限公司

湖州霍普生物科技有限公司
星光农机股份有限公司
前百强
浙江弗尔德驱动科技有限公司
浙江品阁木业有限公司
浙江郎立电工器材有限公司
湖州高裕家居科技有限公司
华荣照明有限公司
湖州领先丝带有限公司
湖州求精汽车链传动有限公司
湖州恒新商标制带有限公司
浙江睿高新材料股份有限公司
湖州裕达线缆有限公司
湖州南浔新龙电机有限公司
湖州市菱湖三狮水泥有限公司
湖州绿田新材料有限公司
湖州耀东包装有限公司
湖州协鑫环保热电有限公司
浙江金龙马亚麻科技有限公司
德森克电梯（中国）有限公司
谱拉歌世服饰有限公司
湖州合欣包装机械有限公司
湖州力维纸业科技股份有限公司
湖州太平微特电机有限公司
浙江清湖建材股份有限公司
湖州市菱湖新望化学有限公司
湖州五兴达丝绸整理有限公司
湖州通宝精细化工有限公司
湖州刚强水泥有限公司
湖州市练市三峰线缆厂
湖州长辉金属表面处理技术有限公司
湖州周吴鼎盛化工有限公司
湖州宏菱水泥有限公司
浙江国富纺织科技有限公司
湖州汇丰电工科技有限公司
安川双菱电梯有限公司
湖州福美达纺织有限公司
湖州天洋线缆有限公司
湖州菁诚纺织品有限公司
湖州南美纺织有限公司
浙江卫曼智能科技股份有限公司
浙江丝之美服饰染整有限公司
国能浙江南浔天然气热电有限公司
浙江华夏电梯股份有限公司
浙江未来家木业有限公司
湖州乐通电子科技有限公司
浙江丽象木业有限公司
湖州鑫冠纺织品科技有限公司
湖州巨力铝型材有限公司
海达门控有限公司
湖州鹏图新材料有限公司
湖州南浔上福线缆有限公司
湖州精进机械有限公司

2021 年度南浔区税收百强工业企业

冠　军
久立集团股份有限公司
亚　军
巨人通力电梯有限公司
季　军
浙江富钢金属制品有限公司
前十强
浙江长城电工科技股份有限公司
浙江尤夫高新纤维股份有限公司
怡达快速电梯有限公司
浙江世友木业有限公司
沃克斯迅达电梯有限公司
恒达富士电梯有限公司
浙江大东吴绿色集成建筑发展有限公司
前二十强
浙江彩蝶实业股份有限公司
湖州求精汽车链传动有限公司
久盛地板有限公司
浙江巨人集团有限公司
湖州新利商标制带有限公司
森赫电梯股份有限公司
浙江正信石油科技有限公司
湖州南浔新奥燃气有限公司
湖州南太湖电力科技有限公司
湖州南洋电机有限公司
前五十强
湖州领先丝带有限公司
华荣照明有限公司
湖州众驰建材有限公司
浙江洪波科技股份有限公司
湖州海通管桩有限公司
湖州展望药业有限公司

湖州南浔圣船混凝土有限公司
浙江联大科技有限公司
德森克电梯（中国）有限公司
湖州协鑫环保热电有限公司
湖州江南恒盛炼染有限公司
湖州美信佳商品混凝土有限公司
湖州锐狮标准件制造有限公司
浙江品阁木业有限公司
浙江荣泰健康电器有限公司
湖州越球电机有限公司
湖州新奥克环保科技有限公司
浙江江潮电机实业有限公司
天奥电梯（中国）有限公司
浙江湖磨抛光磨具制造有限公司
湖州刚强混凝土有限公司
湖州上建华煜混凝土有限公司
湖州建臣建材有限公司
湖州吉昌化学有限公司
浙江弗尔德驱动科技有限公司
浙江正导电缆有限公司
湖州德奥机械设备有限公司
湖州金騄印染实业有限公司
湖州鑫富新材料有限公司
浙江宏旭智能制造有限公司

前百强

谱拉歌世服饰有限公司
湖州宏菱水泥有限公司
浙江清湖建材股份有限公司
湖州高强新材料有限公司
浙江科宁电机有限公司
湖州菁诚纺织品有限公司
湖州新溪五星丝绸有限公司
湖州长辉金属表面处理技术有限公司
湖州旺能再生能源开发有限公司
湖州南浔万投太阳能电力有限公司
湖州巨赢纺织有限公司
湖州盛利染整有限公司
浙江睿高新材料股份有限公司
湖州市菱湖新望化学有限公司
湖州三印丝绸炼染有限公司
湖州尤夫丝带织造有限公司
浙江欧菱电梯配件有限公司
浙江湖州新京昌电子有限公司
国能浙江南浔天然气热电有限公司
浙江华夏电梯股份有限公司
湖州鑫诚大自然木业有限公司
湖州得盛印染有限公司
浙江伟康电机有限公司
湖州南太湖环保能源有限公司
苏迅电梯有限公司
湖州龙祥染整有限公司
湖州新仲湖针织制衣有限公司
安川双菱电梯有限公司
湖州乐通电子科技有限公司
浙江菱格木业有限公司
湖州精进机械有限公司
浙江湖州新京福纺织染整有限公司
浙江丝之美服饰染整有限公司
湖州刚强水泥有限公司
湖州喜得宝丝绸有限公司
浙江浔味堂食品股份有限公司
浙江贝亚克木业有限公司
默纳克电梯有限公司
湖州鼎盛机械科技股份有限公司
浙江金龙马亚麻科技有限公司
浙江永吉木业有限公司
湖州绿田新材料有限公司
湖州旭通建筑材料有限公司
湖州高翔水泥有限公司
浙江金隆木业有限公司
湖州市菱湖新阳水泥有限公司
广能智能装备（浙江）有限公司
湖州欣富染整有限公司
湖州力维纸业科技股份有限公司
浙江东洋环境工程有限公司

区级（区委、区政府表彰）先进个人

南浔区 2021 年度重点工作成绩突出个人

一、护航区委区政府中心工作成绩突出个人

侯建忠（旧馆街道）
王笔辉[旧馆街道（区委办挂职）]
嵇海兵（区委办）
杨宇波（区大数据服务中心）
吴　灏（区政府办大数据服务中心）
王剑娟（区委组织部）
王志刚（区委宣传部）
丁一平（区发改经信局）
马小红（区司法局）　陈康兴（区文化馆）
沈国兵（区卫生健康局）
施朝良（机关事务管理服务中心）
许亚萍（区旅投集团）
姜　波（区新城集团）
钱飞华（区公安分局南浔派出所）

二、保密工作成绩突出个人

惠耀莹（和孚镇）　邢江飞（区委办）
项张杰（区委统战部）
管霞铃（区委政法委）　熊旭娟（区档案馆）
潘文文（区政务办）　陈莉莉（区科技局）
陆　鑫（区医保局）　官儒奇（区总工会）
宣　颖（区税务局）

三、招才引智工作成绩突出个人

屠培峰（开发区）　钟　明（南浔镇）
孙　笠（练市镇）　王　斌（双林镇）
黄富春（菱湖镇）　王允捷（和孚镇）
杜　杰（善琏镇）　童　哲（千金镇）
费欣怡（石淙镇）　严斌斌（旧馆街道）
郭　泓（区委组织部）
王建良（区发改经信局）
沈春芳（区教育局）　孙玮洁（区科技局）
林毅飞（区人力社保局）
罗振山（区市场监督管理局）
赵晓武（区商务局）
高智慧（区人才产业集团）

四、新时代文明实践与志愿服务工作成绩突出个人

蒋淦云（区城投集团）
周　婉（区旅投集团）
付志鹏（湖州南浔交通水利投资建设集团有限公司）
邱非飞（浙江南浔农村商业银行股份有限公司）
陈玲玲（菱湖一中教育集团下昂校区）
吴欣萍（湖州市南浔区心理健康协会）
唐国强（湖州南浔以琳房产中介）
周平华（湖州南浔四和装修服务部）
杨明明（湖州市南浔区协和社会服务中心）

五、统战工作成绩突出个人

吴斌元[高新区（南浔镇、度假区）]
冯玉芬（练市镇）　张　颖（双林镇）
陈　云（区政府办公室）
王　瑶（区教育局）
程　萍（区卫生健康局）
蔡圣强（区公安分局）
周婷婷（区宗教事务所）

六、开放融合工作成绩突出个人

张义义（南浔镇）　张红建（和孚中学）
文　涛（区政协机关）
何　海（区政协机关）
施国良（区委组织部）
蒋　敏（湖州师范学院南浔附属小学）
吴　豪（区农业农村局）
张丽玲（区中医院）　屠晓春（区人民医院）
王杰华（区审计局）　徐勇剑（区慈善总会）
侯珏宇（区城投资产经营集团有限公司）
吴其峰（区交通水利投资建设集团有限公司）
王　寅（区旅投集团浔广旅游发展有限公司）
陆　萍（区人才集团）

七、综合救助工作成绩突出个人

沈桂强（双林镇）　陆立英（善琏镇）
沈永良（旧馆街道）　朱惠冰（区民政局）
王佳妮（区民政局）　陆国强（区教育局）
谢骁骁（区人社局）　李　梅（区医保局）

八、法治南浔（法治政府）建设工作成绩突出个人

高小平（南浔司法所）　张红明（和孚镇）

史　雯（旧馆街道）
胡颖颖（区外事服务中心）
姚明华（区纪委区监委第一纪检监察室）
胡少华（区委组织部）
汤颖蕾（区委统战部）
朱莉彦（区综合行政执法局）
戴洪珊（区人民检察院）
杨　飞（区公安分局法制大队）

九、根治欠薪工作成绩突出个人

俞兴华（开发区管理委员会）
路文明（南浔镇便民服务中心）
吴　欢（和孚镇工业办）
王建国（千金镇便民服务中心）
方　杰（石淙镇便民服务中心）
朱　力（旧馆街道便民服务中心）
张　诚（区人力社保局）
童振华（区住建局）　杨桂斌（区交通局）
黄　博（区人民法院）
肖雄杰（区公安分局景区派出所）
胡　凯（南浔城投项目管理有限公司）
谢柏春（区交投集团）
归佳卉（区旅投集团）
茅晨坤（区水利建设投资有限公司）

十、文化遗产和保护工作成绩突出个人

陆小芬（南浔镇便民服务中心）
沈晓娟（双林镇便民服务中心）
侯朝阳（菱湖镇）
陈月荣（和孚镇便民服务中心）
沈建民（千金镇便民服务中心）
朱英英（旧馆街道便民服务中心）
吴国平（东迁街道）
翁诚程（古镇旅游度假区）

十一、应急管理（防汛防台）工作成绩突出个人

蒋国民（菱湖镇公共事业服务中心）
曹景龙（和孚镇公共事业服务中心）
朱国荣（善琏镇公共事业服务中心）
马新华（千金镇公共事业服务中心）
杨郑南（石淙镇公共事业服务中心）
郭乾乾（旧馆街道）
陆泽杰（区民宗局）
金雨春（区建设工程质量与安全管理中心）
孙建华（区公路管理中心）
金杨翔（区水利局）
樊金艳（区商务局）
范　彬（区应急管理科技教育中心）
胡陈斌（区消防救援大队南林路站）
俞良良（区人武部）
姚国华（区公安分局和孚派出所）

十二、退役军人服务保障体系建设工作成绩突出个人

王建强（南浔镇残联）
孙俊阳（练市镇便民服务中心）
张琛妍（双林镇便民服务中心）
简露斌（菱湖镇人武部）
杨智周（和孚镇退役军人服务站）
宋炳林（善琏镇退役军人服务站）
宋战良（千金镇退役军人服务站）
严水江（石淙镇退役军人服务站）
郑　龙（旧馆街道退役军人服务站）
沈耀英（东迁街道退役军人服务站）

十三、“美丽城市”创新实践示范样本工作成绩突出个人

朱晓锋（双林镇）
沈汉圣（菱湖镇公共事业服务中心）
姜梦帆（善琏镇）　沈海平（千金镇）
吴佳华（石淙镇）　张旭良（旧馆街道）
费恩丽（南浔环境卫生管理所）
沈云祥（区综合行政执法局）
徐新强（区公安分局交警大队）
沈建平（区旅投集团）
冯　祥（通信产业服务有限公司南浔事业部）

十四、三服务工作成绩突出个人

朱龙飞（练市镇公共事业服务中心）
燕　斐（旧馆街道）
吴　英[区委办挂职（东迁街道）]
褚小龙（区委组织部）
徐淑敏（区综合行政执法局）
温佳玲（区生态环境分局）
高芳瑜（区市场监管局）
平臻宏（区金融发展服务中心）

十五、国防动员和征兵工作成绩突出个人

高栋梁（南浔镇人武部）
陆建芳（南浔镇人武部）
褚国斌（南浔镇人武部）
施惠斌（南浔镇浔南社区）
施金龙（练市镇莲墩村）

陆伟明（练市镇新丰村）
施　扬（练市镇水口村）
沈斌凤（练市镇再兴社区）
沈　亮（双林镇人武部）
盛云波（双林镇人武部）
沈　振（双林镇爱国路社区）
姚旭栋（双林镇岂山圩村）
沈钱勇（菱湖镇新庙里村）
袁小锋（和孚镇人武部）
吴家洛（和孚镇张村村）
黄旭强（善琏镇蒙溪社区）
沈　国（善琏镇车家兜村）
朱国华（善琏镇人武部）
牟鹏飞（千金镇人武部）
潘建平（千金镇石桥村）
杨海斌（石淙镇镇西村）
严晓东（石淙镇人武部）
沈永良（旧馆街道人武部）
朱金强（旧馆街道寺桥村）
方雪江（东迁街道人武部）
朱佳奇（东迁街道李家河村）
邹龙龙（东迁街道西阳村）
詹家峰（区发改经信局）
陈　龙（区交通局）
施利明（区综合行政执法局菱湖中队）
袁　峰（区供销社理事会）
鲍卫新（区公安分局城西派出所）
钱贞臣（区文化传媒发展有限公司）
张国荣（区中医院）
留　旦（区中医院）
邱　松（湖州市浙安汽车运输有限公司）
冯丽丽（湖州太平微特电机有限公司）
徐宏吉（湖州展望药业有限公司）
王军华（湖州鑫富新材料有限公司）
钱学敏（南太湖电力科技有限公司）

南浔区 2021 年度“重塑水晶晶南浔”重点工作先进个人

一、共同富裕工作先进个人
慎雪伟（双林镇）　蔡建良（石淙镇）
周建军（区委办）　沈洪亮（区委政法委）
阮文康（区发改经信局）
王慧芳（区商务局）　邱　芬（区教育局）
程　豪（区农业农村局）

二、数字化改革工程先进个人
张彦婷（区委办）　郭根花（区交通局）
顾　恒（区卫生健康局）
吴建平（区市场监管局）
刘　慧（区文广旅体局）
张国群（区人力社保局）
沙　鋆（区人民法院）
顾伟民（区邮政管理局）

三、交通强区工作先进个人
韦小泉（开发区）　张慧莹（南浔镇）
钱佳力（练市镇）　沈国铭（双林镇）
沈建强（菱湖镇）　方子崴（区政府办）
吕昱宏（区交通局）　张文迪（区交通局）
陈海熙（区交投集团）
徐惠杰（区交投集团）

四、城乡建设与管理工作先进个人
丁佳蓉（开发区）　周威健（高新区）
蔡果夫（南浔镇）　陆　斌（石淙镇）
林芳叶（区住建局）　叶晓慧（区住建局）
严政振（区综合执法局东迁中队）
袁　平（区综合执法局综合行政执法服务中心）
张　超（区综合执法局机动中队）
周其书（区综合执法局公用事业管理中心）

五、頔塘北岸二期改造提升和南浔镇三大片区征迁清零“百日攻坚”行动工作先进个人
沈浩东（南浔镇马腰村）
唐忠明（南浔镇杨华村）　钱新荣（南浔镇）
蔡启文（南浔镇）　高远航（练市镇）
孙　慧（双林镇）　吴杨晟（菱湖镇）
钟　炜（东迁街道）　计瑜萍（东迁街道）
周杨晨（区政府办）　胡凯玲（区政府办）
胡　晓（区委政法委）　徐渊潮（区档案局）
沈益平（区人大）　陆建军（区水利局）
章荣明（区机关事务管理服务中心）
陈英辉（区政务办）
汪　敏（古镇旅游度假区）
施宏坤（区交投集团）
李晓锋（区新城集团）

六、融资工作成绩突出先进个人
马　伟（开发区）　相　燕（练市镇）

沈志强（和孚镇） 姜佩佩（旧馆街道）
杨利中（区财政局） 董旭鹏（区城投集团）
韩 婷（区交投集团）
孙晓明（区人才集团）

七、重大项目推进工作先进个人

陈莉华（南浔镇） 何慧仙（双林镇）
钱明华（善琏镇） 盛腾达（区纪委监委）
韦旭东（区政府办）
姚国祥（区发改经信局）
吴 琳（区发改经信局）
朱 瑛（区重点办） 王 俊（区住建局）
刘 晶（区交投集团）

八、招商引资工作先进个人

金 珍（开发区） 陆明芳（双林镇）
周高颖（菱湖镇） 吴嘉斌（和孚镇）
戴晓岚（善琏镇） 何学萍（旧馆街道）
杨红艳（区商务局） 俞芳英（区商务局）
汤乐瑶（区商务局） 徐 蓉（区人才集团）

九、工业经济高质量发展工作先进个人

李兆杰（和孚镇） 费 翔（千金镇）
吴 恺（区政府办）
钱 杰（区发改经信局）
吕国英（区统计局） 董佳琪（区税务局）

十、创新评动力工作先进个人

杜旭芳（开发区）
施学方（高新区湖州南浔绿色产业谷有限公司）
沈丽华（双林镇） 皇 华（区发改经信局）
吴 平（区科技局） 章利强（区税务局）

十一、乡村产业高质量发展工作先进个人

陈 辉（练市镇） 沈国康（双林镇）
陆明峰（善琏镇） 李 杰（区委办）
姚晓杰（区民政局）
张孟迪（区农业农村局）
金敏华（区农业农村局）
钱永强（区商务局）

十二、农业水价综合改革项目工作先进个人

钱 俞（南浔镇迎春村） 胡敏骏（双林镇）
柳 叶（和孚镇） 冯国强（千金镇）
陆潘萍（石淙镇） 郭 倩（区水利局）

十三、工程领域专项整治工作先进个人

田建强（旧馆街道） 谢丽红（区纪委监委）
沈 岐（区政协） 周洁昕（区住建局）
车爱萍（区审计局） 俞 杨（区审计局）

十四、健康南浔建设工作先进个人

李学方（南浔镇） 朱月华（区卫生健康局）
严 铮（区文化广电旅游体育局）
张 霞（南浔实验小学）

十五、多层次医疗保障体系建设工作先进个人

陆国铭（练市镇） 徐娟英（双林镇）
万梅珍（区医疗保障局）
钱佳丽（区医疗保障局）

十六、清廉南浔建设工作先进个人

董晓鹓（双林镇）
宋铮铮（菱湖镇西栅社区）
蔡建方（和孚镇）
姚鑫良（千金镇东马干村）
沈小平（石淙镇姚家坝村）
王海峰（东迁街道同心村）
沈建强（旧馆街道新兴港村）
毕 然（南浔银行）
钱 琴（湖州师范学院南浔附属小学）
张建娣（南浔医疗集团菱湖分院）
沈吴祥（区纪委监委驻区委宣传部纪检监察组）
倪笑彬（区纪委监委驻区府办纪检监察组）

十七、疫情防控工作先进个人

李 玲（南浔镇） 施旭明（练市镇）
邱明英（和孚镇） 陈思雨（善琏镇）
吴书谊（千金镇） 戚伟敏（石淙镇）
潘虹丽（东迁街道） 沈月美（旧馆街道）
陆丰平（旧馆街道）
李佳凤（古镇旅游度假区）
彭 梦（区防控办）
王津津（区卫生健康局）
刘彬辉（区疾病预防控制中心）
叶有德（区公安分局旧馆派出所）
吴凯凯（区公安分局刑侦大队）
杨 勇（区纪委监委驻区委办纪检监察组）
吴 洁（区文化和广电旅游体育局）
陆明鸿（区建设工程质量与安全管理服务中心）
费武平（区机关事务管理服务中心）
沈国荣（南浔实验小学）

十八、全域土地整治和生态修复工程工作先进个人

张丹峰（开发区）　陈德元（和孚镇云北村）
宋根荣（千金镇石桥村）
费建新（石淙镇羊河坝村）
沈建国（旧馆街道）　沈　菲（区水利局）
沈　艳（区审计局）
周丹亭（区自然资源和规划分局）
钱超群（区自然资源和规划分局）
金立平（区城投集团）

十九、污染防治工作先进个人

罗　涛（开发区）　柴俊彦（南浔镇）
姚湘湘（双林镇）　凌小彪（练市镇）
费晓明（千金镇）　严沪翔（石淙镇镇西村）
沈国泉（区纪委监委）
丁凯泓（区交通工程质量安全管理服务中心）
方睿睿（区水利局）
孟凌云（区公安分局环侦大队）

二十、人居环境工作先进个人

高栋梁（南浔镇）　施新惠（东迁街道）
孙元芳（南浔镇）
陆丽娟（双林镇岂山圩村）
傅正一（菱湖镇杨港村）　吴明锋（区委办）
姬春红（区住建局）
沈云飞（区综合行政执法局）

二十一、生活垃圾精准分类工作先进个人

陆中华（菱湖镇环境卫生管理所）
沈卫英（和孚镇）　朱　渊（千金镇）
金树新（旧馆街道）　霍晓瑜（区民政局）
应一飞（区商务局）
方燕琴（南浔环境卫生管理所）
郑雅琴（区金融发展服务中心）

二十二、四边三化、三改一拆工作先进个人

陆利鸿（练市镇）　顾振宇（双林镇）
罗黎明（菱湖镇）
金建锋（区交通局公路中心练市站）
杨妍丽（古镇旅游度假区）
沈国华（区自然资源和规划分局）
徐国卫（区自然资源和规划分局练市自然资源所）
宁磊斌（区自然资源和规划分局南浔自然资源所）

南浔区2021年度平安建设和社会治理成绩突出个人

王惠荣（南浔镇）
叶　正（区公安分局南浔派出所）
沈国兴（练市镇）　陆建平（练市镇荃步村）
黄　磊（双林镇）　周聪聪（双林镇后坝村）
顾宏峰（菱湖镇）　邹国强（和孚镇）
姚小良（区公安分局和孚派出所）
汤民峰（善琏镇）　金玉肯（千金镇金城村）
管世杰（石淙镇）
陈景军（区公安分局旧馆派出所）
顾　蕾（东迁街道）　莫国祥（东迁街道浔北村）
孔云娟（度假区司法所）
辅国平（区纪委区监委驻法院纪检组）
吴学恒（区委组织部）　余　丹（区委宣传部）
董伟萍（区平安建设信息中心）
徐　喆（区社会矛盾纠纷调处化解中心）
沈小平（区教育局）　沈　丹（区财政局）
高晓育（区劳动保障监察大队）
魏妙旗（区住建局）　程华斌（区交通局）
章　晗（区应急管理局）
沈建国（区市场监督管理局南浔分局）
朱富良（区公安分局网安大队）
邬艳莺[北京隆安（湖州）律师事务所]

南浔区人民政府嘉奖

吴斌杰（菱湖镇思溪村）
汪人立（和孚镇重兆村）
张洪叶（安徽省凤台县杨村镇后海村）
章侣佳（菱湖镇卢介庄村）

南浔区优秀共产党员

朱　伟（开发区）　杜旭芳（开发区）
谢利峰（湖州南浔新城投资发展集团有限公司）
方金法（东迁街道丁家港村）
莫国祥（东迁街道浔北村）
戴仁珠（东迁街道马嘶村）
张建明（东迁街道祐村村）
徐新康（浙江伟康电机有限公司）
林谦元（湖州南洋电机有限公司）
许　蔚（南浔镇）　沈　瑜（南浔镇）
陆永兴（南浔镇辽西村）
吴贤明（南浔镇施家浜村）
张荣华（南浔镇神墩村）

沈　蓓（南浔镇江南社区）
方根才（湖州南林农贸综合市场有限公司）
邵海龙（久盛地板有限公司）
钟大志（浙江弗尔德驱动科技有限公司）
邱森彪（练市镇）　施旭明（练市镇）
朱玉良（练市镇水口村）
李美香（练市镇农兴村）
钟丽黎（练市镇慈姑桥村）
姚　杰（练市镇庄家村）
施发明（湖州练城物业管理有限公司）
沈　科（浙江练南建设集团有限公司）
陈增荣（浙江正导电缆有限公司）
沈国铭（双林镇）　朱文良（双林镇）
王　斌（双林镇）　孙金泉（双林镇儒林村）
杨国强（双林镇跳家扇村）
徐建平（双林镇曹桥村）
丁新华（湖州三林塑料制品有限公司）
王红艳（湖州新京昌电子有限公司）
陆卫祥（湖州新飞碟胶粘带有限公司）
李培华（菱湖镇）　沈汉圣（菱湖镇）
方勤松（菱湖镇杨港村）
谈继良（菱湖镇射中村）
章建宇（菱湖镇建丰村）
金水发（菱湖镇费家埭村）
沈　杰（浙江庆渔堂农业科技有限公司）
章建龙（湖州新溪五星丝绸有限公司）
盛　军（浙江伏牛钢板弹簧有限公司）
吴慧丽（和孚镇）　李兆杰（和孚镇）
孙建成（和孚镇佛堂兜村）
孙顺兴（和孚镇吴兴塘村）
吴建龙（和孚镇新荻村）
倪　威（湖州荻港徐缘生态旅游开发有限公司）
施飞飞（善琏镇）　嵇芸丽（善琏镇）
唐国琴（善琏镇含山村）
沈应珍（善琏镇卜家堰村）
邱昌明（善琏湖笔厂）
杨鸿粱（浙江江潮电机实业有限公司）
徐　浩（千金镇）　宋根荣（千金镇石桥村）
姚国平（千金镇南窑桥村）
吴海强（湖州市菱湖新阳水泥有限公司）
费玉婷（石淙镇）　沈志平（石淙镇石淙村）
叶　美（石淙镇银子桥村）
陆志根（湖州新奥克环保科技有限公司）
侯建忠（旧馆街道）　慎纪康（旧馆街道）
王亮亮（旧馆街道）　冯国防（旧馆街道塘南村）
薛利强（旧馆街道祝良村）
张加林（区人大办公室）　王剑娟（区委组织部）
祝　原（区文化传媒发展有限公司）
鲍明国（菱湖三中）　沈玉民（菱湖实验小学）
陈慧武（和孚镇中心幼儿园）
王青瑶（区民政局）　朱建强（区人力社保局）
陈　枫（区交通局）
朱　霞（区动物疫病预防控制和畜产品安全监测中心）
金　艳（区卫生健康局）　祁方宇（区人民医院）
茹锦芳（千金镇卫生院）
周晓英（区医疗保障局）
赵　钢（区综合行政执法局南浔中队）
郑晓桢（古镇旅游度假区）
曹振伟（古镇旅游度假区硬长桥村）
朱晓华（古镇旅游度假区辽里社区）
沈红芳（区政务办）
严凤英（区妇女儿童发展中心）
杨芸芸（区残联）
张　清（区城市投资集团项目管理有限公司）
孙　易（区交通投资集团有限公司）
何俊恒（区公安分局城西派出所）
李海涛（区公安分局景区派出所）
吴党民（区公安分局菱湖派出所）
方　旭（区公安分局旧馆派出所）
朱丹屏（区自然资源和规划分局）
阴　志（区消防救援大队南林路站）

南浔区优秀党务工作者

钱丽丽（东迁街道）
钱伟强（区市场监管局东迁所）
陆　娟（区综合行政执法局开发区中队）
沈　慧（东迁街道江蒋漾村）
徐争霞（东迁街道庠上村）
王海峰（东迁街道同心村）
顾亚瑛（巨人通力电梯有限公司）
潘国琴（浙江湖州梅月针织有限公司）
陈忠华（湖州鸿德电机有限公司）
顾　亭（南浔镇）　褚忠惠（南浔镇）
沈越青（南浔镇）　钱明波（南浔镇永联村）
张雪东（南浔镇适溪村）
冯丽萍（南浔镇兴隆村）

杨雅萍（南浔镇辽西社区）
褚寒超（湖州市南浔通惠金洁链条制造有限公司）
贝　耿（浙江金狮电梯有限公司）
沈欣荣（练市镇）　章金南（练市镇）
戴发明（练市镇房地产管理所）
张欣欣（练市镇）　冯慧明（练市镇新会村）
俞　伟（练市镇西堡村）
沈子明（湖州高盛毛纺有限公司）
王庆明（森赫电梯股份有限公司）
杨　英（恒达富士电梯有限公司）
史红霞（双林镇便民服务中心）
沈新根（双林镇）　顾建明（双林镇）
沈夏霞（双林镇）　王　玮（双林镇箍桶兜村）
朱剑平（双林镇华桥村）
袁丽芳（双林镇东双林村）
高伟伟（湖州高林不锈钢管制造有限公司）
徐新泉（湖州长辉金属表面处理技术有限公司）
嵇琴琴（菱湖镇）　沈　思（菱湖镇）
吴剑芳（菱湖镇菱东村）
俞　辉（菱湖镇千丰村）
金　辉（菱湖镇陈邑村）
杨　英（菱湖镇北栅社区）
何福行（湖州领先丝带有限公司）
潘丽丽（浙江智源办公设备制造有限公司）
费立新（湖州荣德粮油有限公司）
严加佑（和孚镇便民服务中心）
王允捷（和孚镇）　邱树荣（和孚镇陶家墩村）
汤泉涌（和孚镇云东村）
朱柏瑛（浙江裕丰新材料有限公司）
冯秋红（星光农机股份有限公司）
沈　虹（善琏镇便民服务中心）
吴新娥（区老年大学善琏教学点）
肖顺荣（善琏镇皇坟村）
宇惠芳（善琏镇和平村）
陈　华（浙江丽童家居有限公司）
胡桂祥（湖州新隆龙丝绸印花有限公司）
宋文鑫（千金镇里浩村）
姚鑫良（千金镇东马干村）
沈欢欢（湖州高强新材料有限公司）
吴建新（石淙镇花园湾村）
杨赞贤（湖州江南恒盛炼染有限公司）
姚爱勤（湖州德海新型建材有限公司）
钱晓燕（旧馆街道）　潘静洁（旧馆街道）
严斌斌（旧馆街道）　高俊峰（旧馆街道三桥村）
郑月亮（旧馆街道寺桥村）
嵇鹏飞（湖州盈彬大自然木业有限公司）
于文广（区纪委区监委）
胡凯玲（区政府办公室）　熊旭娟（区档案馆）
嵇韡宏（区发改经信局）　陈熠媚（区教育局）
严伟民（南浔实验小学）
姚月平（南浔锦绣实验学校）
唐国平（双林庆同小学）　孙玮洁（区科技局）
李云芸（区法律援助中心）　施　卓（区财政局）
周　青（区住建局）　王　静（区商务局）
费洪亮（区卫生健康局）
韩　丹（区卫生计生行政执法大队）
黄小华（区中医院）
周培新（南浔安康康复医院）
陈艳梅（区应急管理局）
邵柳斌（区市场监管局机关）
潘洁莹（区统计局）
汤富琴（区机关事务管理服务中心）
汪　敏（古镇旅游度假区）
应晓岚（古镇旅游度假区适园社区）
沈勐儿（区人民检察院）
丁云飞（区青少年活动中心）
顾雅芬（南浔旅游投资发展集团有限公司）
沈旭华（区公安分局）
陆琳凯（区公安分局练市派出所）
杨松涛（区公安分局和孚派出所）
蔡国栋（区生态环境分局）
周　道（区邮政管理局）

南浔区 2021 年度“新时代南浔好人”

一、第一季度“新时代南浔好人”

晋红妹（练市镇凌家堰村）
沈雪萍（浙江巨人控股有限公司）
张秋鸿（区医疗集团南浔院区）
齐多宜（旧馆镇潘家庄村）
沈光明（区公安分局）
沈国强（湖州越球电机有限公司）
蒋惠芳（区医疗集团消毒供应中心）
杨金龙（石淙镇石淙村）
吴羽佳（和孚镇公共事业服务中心）
张开荣（善琏镇公共事业服务中心）
徐阿琴（双林镇莲花兜村）
范　翔（菱湖人民医院）

钱爱玉（旧馆镇寺桥村）
潘雪礼（旧馆镇港胡村）
沙　鋆（区人民法院）

二、第二季度“新时代南浔好人”

孙培清（和孚镇和孚村）
朱　骏（湖州优彩新材料股份有限公司）
李剑平（古镇旅游度假区百间楼社区）
沈勐儿（区人民检察院）
付　伟（浙江东洋环境工程有限公司）
沈信清（石淙镇镇西村）
钱阿林（双林镇三田洋村）
郑奇玮（南浔郑氏家庭农场）
朱惠芳（南浔区协和社会服务中心）
佘根法（南浔“野荸荠”老字号）
高水根（湖州高林不锈钢管制造有限公司）
徐建勇（区公安分局双林派出所）
谈令云（善琏镇和平村）
谢莹荣（世荣湖羊养殖家庭农场）
李珠琴（善琏镇窑里村）
陈月荣（和孚镇综合宣传文化站）
钱建强（旧馆街道港胡村）

三、第三季度“新时代南浔好人”

王松鹤（练市“春水德”茶饮店）
陶巍巍（居住双林镇曹桥村）
雷应红（中国电信湖州分公司南浔开发区支局）
戴银华（练市人民医院）
吴斌杰（区公安分局菱湖派出所）
曲　珍（菱湖中学）
许鑫艳（南浔区梦回公益志愿服务组织）
俞阿定（和孚镇陈塔村）
陆森江（双林镇黄龙兜村）
蔡金文（练市镇社会事务办）
施旭良（双林镇倪家滩村）
沈剑峰（南浔镇伍林村）
汤　泳（区综合行政执法局旧馆中队）
潘静霞（千金镇成人文化技术学校）
何文清（千金镇朝阳村）

四、第四季度“新时代南浔好人”

杨剑忠（练市镇综合执法办公室）
朱峻涛（区公安分局城西派出所）
沈钰婷（湖州新我电商创业园）
杨子凤（双林镇箍桶兜村）
王　燕（旧馆街道载旺村幸福邻里中心）
张丽玲（区中医院）
王　伟（双林镇第二中学）
吴欣萍（区心理健康协会）
沈建中（区中医院）
陆新宏（湖州宏雁机械有限公司）
沈利伟（区公安分局练市派出所）
杨斌斌（中石化湖州石油分公司苏台山油库）
李东波（菱湖镇美丽城镇办公室）
沈新发（湖州兴发防水材料股份有限公司）
钱菊平（星光农机股份有限公司）
徐奕天（区市场监管局）
潘文贤（区纪委监委驻检察院纪检监察组）
蔡顺龙（区政务服务管理办公室）

2021 年南浔区“十大杰出青年”

张开荣（善琏镇公共事业服务中心）
马晓杰（南浔实验小学）
邢斌斌（区公安分局南浔派出所）
阴　志（区消防救援大队）
杨鑫怡（区自然资源和规划分局）
童伟祥（菱湖人民医院）
顾　晓（浙江湖州左洲文化有限公司）
戴圣辉（区审计局）
李　仁（森赫电梯股份有限公司）
吴　微（区人民法院和孚法庭）

2021 年南浔区“十大优秀青年”

蔡小敏（菱湖镇第一中学）
王琦旻（湖州三零科技股份有限公司）
应晓岚（古镇旅游度假区适园社区）
朱寅敏（湖州市新闻传媒中心南浔分中心）
沈　丹（区财政票据管理中心）
何仪文（湖州市禾橙娱乐潮童基地）
沈勐儿（区人民检察院）
孟鹏飞（区纪委监委）
温建春（区市场监督管理局）
李宏雁（区税务局）

南浔区“十佳政法干警”

董伟萍（区委政法委）　邵钧伟（区人民法院）
沙　鋆（区人民法院）　冯彩剑（区人民检察院）
赵　晨（区人民检察院）
罗　翔（区公安分局交警大队）
吴凯凯（区公安分局刑侦大队）
徐建勇（区公安分局双林派出所）

杨晓俊（区司法局）　万双林（区司法局）

南浔区扫黑除恶专项斗争中表现突出个人（行政奖励）

一、个人三等功

沈　亮（南浔镇党委）
陆才华（区公安分局练市派出所）
莫欣庆（区公安分局菱湖派出所）
费国强（区公安分局和孚派出所）
陈显清（东迁街道社会治理办公室）
王征中（区纪委监委第四纪检监察室）
陈志方（区纪委监委第二纪检监察室）
吴　丹（区人大监察司法委）
鲍劲松（区政协社法民宗委）
周海淇（区委组织部）
沈中心（区委宣传部）
朱建学（区委政法委）　简国华（区司法局）
金　辉（区人民法院）
漆　涛（区人民法院）
邹　洁（区人民检察院）
陆佳丽（区人民检察院）
陆琳凯（区公安分局练市派出所）
陈　豪（区公安分局刑侦大队）
沈生琛（区公安分局刑侦大队重案中队）

二、个人嘉奖

朱欢怡（双林镇社会治理办公室）
张红明（和孚镇社会治理办公室）
杨雪锋（善琏镇社会治理办公室）
沈旭荣（千金镇社会治理办公室）
张强亮（区公安分局石淙派出所）
吴　斌（区公安分局旧馆派出所）
费建民（古镇旅游度假区管委会）
沈　伟（区纪委区监委第一纪检监察室）
沈　宇（区纪委区监委党风政风监督室）
朱权达（区委办）
杨祯妮（区级机关团工委）
施国良（区委组织部）
沈　彪（区委宣传部）
戴明福（区委统战部）
沈新发（区委政法委）
吴学伦（区委政法委）
凌慧琪（区社会矛盾纠纷调处化解中心）
郑雅琴（区金融发展服务中心）
温卫明（区教育局教育安全管理中心）
陈炳龙（区民政局）　孙贞贞（区司法局）
杨旭荣（区财政局）　钱雅斌（区住建局）
施海峰（区交通局）　孙国华（区水利局）
莫林江（区农业农村局）
陆雅明（区文广旅体局）
周亦雄（区卫生健康局）
吴素隆（区市场监管局综合行政执法队）
徐小明（区人民法院）
牛雪佳（区人民法院）
陆方方（区人民法院）
万　钰（区人民检察院）
张严勇（区人民检察院）
李佳琪（区人民检察院）
费东东（区公安分局经侦大队）
徐　勇（区公安分局双林派出所）
陈景军（区公安分局旧馆派出所）
乔　京（区公安分局双林派出所）
王立昂（区公安分局南浔派出所）
劳晨晨（区公安分局刑科室）
孙欢欢（区公安分局网安大队）
杨　飞（区公安分局法制大队）
胡　杰（区自然资源和规划分局）
余丽华（区税务局）

2021年南浔区志愿服务“六个最美、百名优秀”先进典型选树荣获“最美志愿者”

沙　鎏（区人民法院）

南浔区2021年“最美家风·移风易俗示范家庭”（50户）

姚茂泉家庭（南浔镇息塘村）
姚茂生家庭（南浔镇息塘村
杨小荣家庭（南浔镇朱坞村）
沈应中家庭（南浔镇堰四社区）
沈瑞芳家庭（南浔镇增山社区）
徐光金家庭（南浔镇联谊村）
王阿大家庭（练市镇花林村）
陆亚红家庭（练市镇悦新村）
沈新花家庭（练市镇车塔村）
董发珍家庭（练市镇万兴社区）
施忠华家庭（练市镇再兴社区）
蒋小卫家庭（练市镇再兴社区）
吴金发家庭（双林镇华桥村）
杨剑顺家庭（双林镇华桥村）
汤金夫家庭（双林镇华桥村）

杨炳华家庭（双林镇华桥村）
翟海峰家庭（双林镇和睦社区）
施央兴家庭（双林镇倪家滩村）
吴汉江家庭（菱湖镇思溪村）
杨逸敏家庭（菱湖镇下昂社区）
姚国平家庭（菱湖镇射中村）
吴根华家庭（菱湖镇杨港村）
顾国章家庭（菱湖镇南双林村）
丁根初家庭（菱湖镇东河村）
章宇民家庭（和孚镇荻港村）
徐云其家庭（和孚镇陈塔村）
潘国荣家庭（和孚镇新荻村）
胡石荣家庭（和孚镇和孚社区）
陆　明家庭（和孚镇重兆社区）
沈林昌家庭（善琏镇蒙溪社区）
陆时芳家庭（善琏镇港南村）
谢新根家庭（善琏镇善琏村）
童元祥家庭（善琏镇观音堂村）
金水元家庭（千金镇金城村）
施宝根家庭（千金镇里浩村）
黄银毛家庭（千金镇千金村）
胡飞飞家庭（千金镇西马干村）
沈建良家庭（石淙镇姚家坝村）
顾丽英家庭（石淙镇花园湾村）
陆纪仁家庭（石淙镇石淙村）
王勇平家庭（石淙镇羊河坝村）
邱国英家庭（旧馆街道潘家庄村）
谈建华家庭（旧馆街道寺桥村）
万桂生家庭（旧馆街道港胡村）
凌　平家庭（旧馆街道光明村）
闵新荣家庭（东迁街道坞仁村）
陆荣林家庭（东迁街道圣驾桥村）
沈文光家庭（东迁街道庠上村）
姬强明家庭（东迁街道东迁村）
李广健家庭（东迁街道同心村）

南浔区 2021 年“最美家风·移风易俗示范教师”（10 名）

吴佩佩（南浔锦绣实验学校）
李　瞰（湖州师范学院南浔附属小学）
陈　洁（练市小学）　徐秋秋（双林庆同小学）
姚泉林（水晶晶新城学校）　唐卫琴（马腰小学）
费斌杰（石淙学校）　费雪萍（菱湖实验小学）
倪吉娣（泉生小学）　周　叶（善琏学校）

南浔区 2021 年“最美家风·移风易俗示范少年”（10 名）

陈　琢（浙江宏达南浔学校）
范佳乐（练市镇第一中学）
魏为欣（菱湖一中教育集团下昂校区）
黄语芹（和孚中学）　李心悦（三长学校）
平峻豪（浔溪中学）　鲍宏泽（重兆小学）
霍茹昕（千金小学）　江行薇（花林小学）
徐项屹（南浔实验小学）

南浔区 2021 年“最美家风·移风易俗示范标兵”（10 名）

刘夕琦（区委宣传部）　钟震海（区委政法委）
徐玉明（区教育局）　姚勇明（区科技局）
周建莉（区市场监管局）　陈英辉（区政务办）
冯永良（区税务局）　慎雪伟（双林镇）
姚盈盈（善琏镇）　陆琴芳（东迁街道）

南浔区 2021 年度人大代表建议和政协提案及办理工作成绩突出个人

张银发（湖州银达电机厂）
仲　华（浙江正导电缆有限公司）
冯海祥（浙江三行电气科技有限公司）
嵇兴林（浙江湖磨抛光磨具制造有限公司）
胡桂祥（湖州新隆龙丝绸印花有限公司）
严　俊（南浔温氏畜牧有限公司）
钱勤林（湖州惠众建材有限公司）
沈方根（怡达快速电梯有限公司）
沈晓龙（双林中学）　谈继良（菱湖镇射中村）
徐杰萍（菱湖镇东栅社区）　陈晓丽（重兆小学）
叶　美（石淙镇银子桥村）
戴仁珠（东迁街道马嘶村）
沈利英（古镇旅游度假区夏家桥社区）
秦玉明（湖州立华路桥工程有限公司）
殷　彤[汉宇装饰材料（湖州）有限公司]
吴钰桦（湖州鲜的食品有限公司）
何　伟（湖州印象文化发展有限公司）
汪建辉（巨人通力电梯有限公司）
张正华（浙江省蔡崇信公益基金会）
沈　岐（区政协机关）　於　丽（区科技局）
何小波（区城投集团）　陈　宇（区农业农村局）
姚明星（区教育局）
李敏丽（双林镇房地产管理所）
余　溢（善琏镇人民政府）
蔡　锋（南浔高级中学）

王　琴（南浔锦绣实验学校）

2021 年度反映社情民意信息先进个人

孙水根　章　昊　顾奕超　邵　枫　赵朱慧

董明华　唐利华

区第七次人口普查成绩突出个人

吴齐芬（善琏镇政府）　王荣荣（善琏镇政府）

谈国平（善琏镇政府）

各级各类文明荣誉称号

一、全国文明称号（6 个）

1. 全国文明镇（1 个）

练市镇

2. 全国文明单位（2 个）

南浔区人民法院

浙江南浔农村商业银行（本部）

3. 全国文明村（3 个）

南浔镇息塘村

练市镇荃步村

和孚镇荻港村

二、省级文明称号（51 个）

1. 省级文明镇（3 个）

和孚镇　善琏镇　千金镇

2. 省级文明单位（27 个）

南浔区税务局　南浔区市场监督管理局

南浔区人民检察院　南浔区公路管理局

沃克斯迅达电梯有限公司

南星家居科技（湖州）有限公司

中国农业银行湖州南浔支行　湖州市南浔中学

中国移动通信集团浙江有限公司南浔分公司

久盛地板有限公司

中国建设银行湖州南浔支行　南浔区人民医院

中国工商银行湖州南浔支行

南浔镇马腰幼儿园　浔溪中学

浙江长城电子科技集团有限公司

湖州太平微特电机有限公司

森赫电梯股份有限公司　双林庆同小学

久立集团股份有限公司　湖州市双林中学

谱拉歌世服饰有限公司　湖州市菱湖中学

浙江南浔农村商业银行和孚支行　和孚中学

星光农机股份有限公司

浙江南浔农村商业银行旧馆支行

3. 省级文明村（20 个）

东迁街道袥村村　南浔镇横街村

南浔镇迎春村　南浔镇灯塔村　双林镇华桥村

双林镇千亩山村　双林镇七星桥村

双林镇向阳村　菱湖镇杨港村　菱湖镇竹墩村

和孚镇吴兴塘村　和孚镇重兆村

和孚镇漾东村　和孚镇陈塔村　和孚镇横港村

和孚镇长超村　和孚镇民当村

旧馆街道潘家庄村　旧馆街道港胡村

石淙镇花园湾村

4. 省级文明社区（1 个）

菱湖镇东栅社区

三、市级文明称号（231 个）

1. 市级文明镇（4 个）

菱湖镇　石淙镇　双林镇　旧馆镇

2. 市级文明单位（106 个）

湖州市公安局南浔区分局

南浔区综合行政执法局　南浔区财政局

湖州广播电视总台南浔广播电视中心

南浔区农业农村局

南浔区文化广电旅游体育局

湖州市消防救援支队南浔区大队

南浔区图书馆

湖州市住房公积金管理中心南浔区业务管理部

南浔区档案馆

湖州市自然资源与规划局南浔分局

湖州南浔城建投资发展有限公司

南浔区机关事务管理服务中心

湖州市南浔新城投资发展公司

浙江南浔农村商业银行股份有限公司东迁支行

浙江巨人控股有限公司

浙北高速申苏浙皖浙苏收费所

怡达快速电梯有限公司

湖州银行股份有限公司南浔支行

中国银行股份有限公司南浔区支行

中国人民财产保险股份有限公司湖州市南浔支公司

中国联合网络通信有限公司南浔区分公司

浙江南浔农村商业银行股份有限公司南浔支行
湖州市水务集团有限公司南浔分公司
中国电信股份有限公司湖州分公司南浔区分局
中国人寿保险股份有限公司湖州市南浔区支公司
南浔新区幼儿园
浙江南浔农村商业银行股份有限公司马腰支行
南浔实验幼儿园　南浔镇横街幼儿园
湖州东方汽车有限公司
浙江南浔农村商业银行股份有限公司横街支行
南浔区中医院
湖州市南浔通惠金洁链条制造有限公司
浙江久安公益事业有限公司　南浔镇幼儿园
湖州市公安局南浔区分局南浔派出所
南浔镇国土资源管理所
浙江彩蝶实业股份有限公司
南浔区市场监督管理局练市镇分局
中国农业银行股份有限公司湖州练市支行
浙江南浔农村商业银行股份有限公司练市支行
南浔区综合行政执法局练市中队
浙江正导电缆有限公司
湖州市公安局南浔区分局练市派出所
中国邮政集团公司湖州市练市支局
练市人民医院　练市镇中心幼儿园
湖州练市自来水有限公司
练市镇成人文化技术学校
湖州练南建设工程有限公司
湖州菱城建设工程有限公司
浙江洪波科技股份有限公司
湖州协鑫环保热电有限公司
练市镇国土资源管理所
中国移动通信集团浙江有限公司南浔分公司练市营业厅
双林镇房地产管理所
湖州电力局客户服务中心双林供电营业所
南浔区市场监督管理局双林镇分局
中国农业银行股份有限公司湖州双林支行
浙江省电信公司湖州市分公司双林支局
浙江南浔农村商业银行股份有限公司双林支行
湖州双林自来水有限公司
湖州市自然资源和规划局双林镇自然资源所
双林镇中心幼儿园
南浔区人民法院双林人民法庭
湖州新仲湖针织制衣有限公司
湖州菁诚纺织品有限公司
浙江湖州新京昌电子有限公司
双林文化中心
中国移动通信集团浙江有限公司湖州双林营业厅
南浔区人民法院菱湖人民法庭
浙江省电信公司湖州市分公司菱湖支局
菱湖人民医院
浙江南浔农村商业银行股份有限公司菱湖支行
菱湖镇幼儿园　湖州菱湖自来水有限公司
菱湖新世纪幼儿园
南浔区市场监督管理局菱湖镇分局
湖州市公安局南浔区分局菱湖派出所
菱湖镇环境卫生管理所
湖州市自然资源和规划局菱湖镇自然资源所
菱湖镇下昂幼儿园
湖州荣凯植物提取有限公司
湖州市公安局南浔区分局和孚派出所
和孚镇中心幼儿园　和孚镇社区卫生服务中心
湖州市自然资源和规划局和孚镇自然资源所
和孚镇宣传文化中心
湖州中核苏阀一新铸造有限公司
善琏镇卫生院　善琏镇成人文化技术学校
浙江南浔农村商业银行股份有限公司善琏支行
善琏镇中心幼儿园　湖州市善琏湖笔厂
南浔区市场监督管理局善琏所　旧馆镇卫生院
旧馆贝贝乐幼儿园
浙江富钢金属制品有限公司
浙江南浔农村商业银行股份有限公司千金支行
千金镇中心幼儿园
浙江南浔农村商业银行股份有限公司石淙支行
石淙镇中心幼儿园
湖州市公安局南浔区分局石淙派出所
石淙镇国土资源管理所　南浔镇房地产管理所

3. 市级文明村（81 个）

东迁街道英雄村　东迁街道丁家港村
东迁街道同心村　东迁街道方丈港村
东迁街道庠上村　东迁街道东上林村
东迁街道马嘶村　东迁街道洋南村
东迁街道坞仁村　南浔镇丁家桥村
南浔镇马腰村　南浔镇屯圩村　南浔镇永联村
南浔镇柏树村　南浔镇兴隆村　南浔镇伍林村

练市镇练南村　练市镇水口村　练市镇姚庄村
练市镇庄家村　练市镇新联村
练市镇朱家兜村　练市镇农兴村
练市镇悦新村　练市镇朱家埭村
练市镇建新村　练市镇中心村　练市镇金塔村
练市镇车塔村　练市镇洪福村
练市镇花林村　练市镇钟家墩村
双林镇新丰兜村　双林镇莲花兜村
双林镇勤裕村　双林镇黄龙兜村
双林镇周家兜村　双林镇雉头村
双林镇花盘兜村　双林镇俞家埭村
菱湖镇山塘村　菱湖镇陈邑村　菱湖镇建丰村
菱湖镇勤劳村　菱湖镇菱东村　菱湖镇思溪村
菱湖镇许联村　和孚镇新荻村　和孚镇四联村
和孚镇云北村　和孚镇复乐村　和孚镇李市村
和孚镇群益村　善琏镇姚家桥村
善琏镇车家兜村　善琏镇施家桥村
善琏镇砖溪村　善琏镇宏建村　善琏镇港南村
善琏镇皇坟村　善琏镇善琏村
善琏镇观音堂村　善琏镇和平村
善琏镇平乐村　旧馆街道塘南村
旧馆街道祝良村　旧馆街道麒麟村
旧馆街道载旺村　旧馆街道光明村
千金镇东驿达村　千金镇东马干村
千金镇南窑桥村　千金镇石桥村
千金镇商墓村　千金镇朝阳村　千金镇千金村
千金镇西马干村　石淙镇羊河坝村
石淙镇姚家坝村　石淙镇石淙村
度假区硬长桥村

4. 市级文明校园（32个）

南浔开发区实验学校　南浔锦绣实验学校
南浔镇横街小学　南浔镇三长学校
南浔镇马腰小学　南浔实验小学
南浔镇横街中学　湖州师范学院南浔附属小学
练市国强小学　湖州市练市中学
练市镇花林小学　练市镇洪塘小学
练市镇练市小学　练市镇第一中学
双林第二中学　双林镇镇西小学
双林镇罗开富小学　双林综合高级中学
菱湖镇第一中学　菱湖镇第五小学
菱湖镇第三中学　菱湖镇第三小学
菱湖实验小学　泉生小学　和孚镇重兆小学
和孚镇长超小学　善琏学校　善琏镇含山小学
旧馆街道中心小学　旧馆中学
千金镇中心小学　千金中学

5. 市级文明社区（8个）

南浔镇江南社区　练市镇再兴社区
双林镇爱国路社区　双林镇新街社区
双林镇虹桥社区　菱湖镇南栅社区
菱湖镇下昂社区　南浔古镇管委会适园社区

四、区级文明称号（320个）

1. 区级文明单位（163个）

南浔区教育局　南浔区纪律检查委员会
南浔区发展改革和经济信息化局
南浔区水利局　南浔区政务服务中心
南浔区统计局　南浔区司法局　南浔区审计局
南浔区住房和城乡建设局　南浔区科学技术局
南浔区疾病预防控制中心
南浔区卫生计生行政执法大队
南浔区应急管理局
南浔古镇旅游度假区管理委员会
南浔城市投资发展集团有限公司
南浔区交通投资集团有限公司
南浔区融媒体中心　南浔区交通局
南浔旅游投资发展集团有限公司
南浔区供销合作社联合社
浙江康辉木业有限公司
浙江双禾建设有限公司
浙江睿高新材料股份有限公司
南浔区综合行政执法局善琏中队
南浔区千金镇便民服务中心
浙江杨艺园林工程有限公司
东迁卫生院　浙江伟康电机有限公司
巨人通力电梯有限公司
湖州市公安局南浔区分局城西派出所
南浔思进小学　南浔镇东迁幼儿园
湖州东科电子石英股份有限公司
浙江湖州梅月针织有限公司
开发区浔溪小学　浙江联合电梯有限公司
开发区自然资源所　湖州市南洋电机有限公司
浙江东通光网物联科技有限公司
湖州越球电机有限公司
国电湖州南浔天然气热电有限公司
南浔区综合行政执法局开发区中队
湖州市横街卫生院
湖州银都铝业有限公司　三长卫生院

湖州万士乐建筑工程机械有限公司
国网湖州供电公司南浔供电分公司南浔供电所
中国邮政储蓄银行股份有限公司湖州市泰安路营业所
浙江万佳文化科技有限公司
湖州谊联皮具有限公司　马腰卫生院
浙江金三角家私有限公司
湖州市南浔三亚家私有限公司
交通银行股份有限公司湖州南浔支行
中国太平洋财产保险股份有限公司湖州市南浔支公司
南浔镇三长幼儿园　南浔镇利民小学
浙江长征电影碳棒有限公司
海达门控有限公司
南浔镇成人文化技术学校
湖州南浔城建工程有限公司
浙江大明家具有限公司
湖州南浔新龙电机有限公司
湖州市南浔区保安服务有限公司
湖州南浔阳光培训学校有限公司
上外附属浙江宏达南浔幼儿园
浙江泰隆商业银行股份有限公司湖州南浔小微企业专营支行
嘉兴银行股份有限公司湖州南浔支行
上海浦东发展银行股份有限公司湖州南浔小微企业专营支行
浙江永吉木业有限公司
湖州南浔花园名都大酒店有限公司
湖州市南浔丽菁大酒店有限公司
浙江平城保安服务有限公司
中国电信股份有限公司湖州分公司南浔分局练市支局
湖州市洪塘众立铸造有限公司
中国工商银行股份有限公司湖州练市支行
国网湖州供电公司南浔供电分公司练市供电所
湖州天阁黏合剂有限公司
练市镇便民服务中心（文化体育）
练市镇总工会　恒达富士电梯有限公司
浙江正豪钢结构工程有限公司
南浔区人民法院练市人民法庭
浙江依多金控股有限公司　练市镇洪塘幼儿园
南浔区税务局练市税务所
湖州鼎盛机械制造有限公司
湖州高裕家居科技有限公司
浙江三行电气科技有限公司
湖州市富顺达丝纺有限公司　双林人民医院
南浔区综合行政执法局双林中队
双林镇环境卫生管理所　湖州双林商标制带厂
浙江湖州新京福纺织染整有限公司
湖州盛利染整有限公司
湖州市南浔费新我艺术馆
湖州银行股份有限公司双林小微企业专营支行
浙江众立不锈钢管股份有限公司
湖州星星研磨有限公司
湖州鲜的食品有限公司
湖州三林塑料制品有限公司
湖州宏菱水泥有限公司　菱湖镇房地产管理所
菱湖镇公共事业服务中心
湖州鑫富新材料有限公司
菱湖镇便民服务中心
中国建设银行股份有限公司湖州菱湖支行
湖州市菱湖三狮水泥有限公司
中国农业银行股份有限公司湖州菱湖支行
湖州新利商标制带有限公司
湖州新溪五星丝绸有限公司
菱湖镇成人文化技术学校
中国移动通信集团浙江有限公司南浔分公司菱湖营业厅
湖州银行股份有限公司菱湖支行
中国工商银行股份有限公司湖州菱湖支行
南浔区菱湖渔业协会
南浔区综合行政执法局菱湖中队
湖州金利孚刀具有限公司
国网湖州供电公司南浔供电分公司和孚供电所
和孚镇成人文化技术学校　和孚镇重兆幼儿园
和孚镇公共事业服务中心
申嘉湖杭高速公路和孚收费中心所
浙江裕丰新材料有限公司
湖州南太湖环保能源有限公司
南浔区市场监督管理局和孚所
南浔区综合行政执法局和孚中队
中国电信南浔分公司善琏支局
善琏房地产管理所
湖州市公安局南浔区分局善琏派出所
湖州繁华绢纺有限公司
湖州市含山永明制刷有限公司

湖州韵峰丝绸有限公司
湖州善琏双喜湖笔有限公司
湖州永盛机械铸造有限公司
湖州科峰磁业有限公司
浙江卓旺农业科技有限公司
湖州市自然资源和规划局南浔分局善琏镇自然资源所
浙江江潮电机实业有限公司
善琏镇便民服务中心（宣传文化中心）
浙江丽童家居有限公司
湖州市公安局南浔区分局旧馆派出所
浙江大友木业有限公司　旧馆镇时代幼儿园
湖州市自然资源和规划局南浔分局旧馆镇自然资源所
南浔区综合行政执法局旧馆中队
旧馆镇便民服务中心（宣传文化中心）
旧馆镇成人文化技术学校
湖州市公安局南浔区分局千金派出所
千金镇卫生院　湖州南浔温氏畜牧有限公司
湖州南浔华统肉制品有限公司
湖州高强新材料有限公司
南浔区综合行政执法局千金中队
石淙镇卫生院　石淙镇石淙学校
湖州江南恒盛炼染有限公司
石淙镇公共事业服务中心
石淙镇便民服务中心
南浔区综合行政执法局石淙中队
石淙镇成人文化技术学校
浙江南浔古镇旅游发展有限公司

2. 区级文明村（107个）

东迁街道圣驾桥村　东迁街道戴家桥村
东迁街道李家河村　东迁街道富强村
东迁街道直港巷村　东迁街道江蒋漾村
东迁街道西阳村　东迁街道东迁村
东迁街道浔北村　东迁街道三田洋村
东迁街道宝山村　南浔镇辑里村
南浔镇浔南村　南浔镇三长村
南浔镇施家浜村　南浔镇和睦兜村
南浔镇杨华村　南浔镇辽西村　南浔镇朱坞村
南浔镇计家兜村　南浔镇神墩村
南浔镇潘港桥村　南浔镇南林村
南浔镇泗洲村　南浔镇适溪村
南浔镇联谊村　南浔镇新安村　南浔镇前洪村
练市镇李家兜村　练市镇莲墩村
练市镇民安村　练市镇施浩村　练市镇横塘村
练市镇慈姑桥村　练市镇松亭村
练市镇达井村　练市镇蔡家桥村
练市镇白水河村　练市镇丰登村
练市镇西堡村　练市镇北堡村　练市镇新丰村
练市镇大虹桥村　练市镇严家圩村
练市镇杨树河村　练市镇召林村
练市镇新会村　练市镇新华村
练市镇凌家堰村　双林镇箍桶兜村
双林镇吴家庄村　双林镇倪家滩村
双林镇土山村　双林镇显洪村　双林镇儒林村
双林镇东双林村　双林镇曹桥村
双林镇岂山圩村　双林镇邢窑村
双林镇后坝村　双林镇洋滩村
双林镇黄泥兜村　双林镇跳家扇村
双林镇赵家兜村　双林镇花城村
菱湖镇六堡里村　菱湖镇东河村
菱湖镇南双林村　菱湖镇永福村
菱湖镇下昂村　菱湖镇三溪村
菱湖镇新庙里村　菱湖镇卢介庄村
菱湖镇勤俭村　菱湖镇费介埭村
菱湖镇千丰村　菱湖镇杨介巷村
菱湖镇射中村　菱湖镇南浜村　菱湖镇达民村
菱湖镇王家墩村　菱湖镇永丰村
和孚镇佛堂兜村　和孚镇和孚村
和孚镇陶家墩村　和孚镇河东村
和孚镇云东村　和孚镇新胜村
和孚镇双福桥村　和孚镇张村村
善琏镇窑里村　善琏镇卜家堰村
善琏镇夹塘村　善琏镇含山村
旧馆街道新兴港村　旧馆街道罗汉村
旧馆街道三桥村　旧馆街道寺桥村
旧馆街道北港村　千金镇金城村
千金镇里浩村　石淙镇银子桥村
石淙镇南坝村　石淙镇镇西村
度假区浔东村　度假区辽里村
度假区沈庄漾村

3. 区级文明校园（25个）

南浔开发区实验幼儿园
南浔区南浔塘北花田幼儿园

南浔区诺亚舟幼儿园　南浔区水晶晶新城学校
南浔实验幼儿园朝阳园区
南浔镇香墅湾幼儿园
南浔区月亮湾金摇篮幼儿园
南浔区秀城幼儿园　南浔镇少儿教育辅导中心
南浔镇堰四幼儿园　南浔区华府艺术幼儿园
南浔镇金象湖实验幼儿园
南浔区金苹果幼儿园　南浔区城之南幼儿园
上海外国语大学附属浙江宏达南浔学校
南浔向阳小学　练市儒尔贝幼儿园
练市镇景月湾幼儿园　练市镇花林幼儿园
双林镇中心幼儿园镇西分园
双林镇博雅幼儿园　双林镇爱心幼儿园
和孚镇中心幼儿园长超分园
善琏镇含山幼儿园　旧馆街道中心幼儿园

4. 区级文明社区（25 个）

东迁街道南林社区　南浔镇朱坞社区
南浔镇堰四社区　南浔镇增山社区
南浔镇辽西社区　南浔镇浔南社区
南浔镇新渔社区　练市镇万兴社区
练市镇练溪社区　双林镇板桥社区
双林镇龙古兜社区　双林镇三桥社区
菱湖镇西栅社区　菱湖镇北栅社区
菱湖镇菱水社区　和孚镇长超社区
和孚镇重兆社区　和孚镇和孚社区
善琏镇蒙溪社区　旧馆街道大洋社区
度假区泰安路社区　度假区辽里社区
度假区镇东社区　度假区夏家桥社区
度假区百间楼社区

（编辑部收集整理　排序不分先后）